THE MI

IT

DICTIONARY

THE MINSTER ITALIAN *DICTIONARY*

MINSTER BOOKS

First published in 1976 by
The Hamlyn Publishing Group Limited
Published in 1983 by Newnes Books.
Michelin House, 81 Fulham Road,
London SW3 6RB

This 1992 edition reprinted exclusively for MINSTER BOOKS

ISBN 0 600 36566 2

Printed at Thomson Press (India) Ltd.
Faridabad (Haryana)

Foreword

This dictionary aims to give concise and accurate definitions of 24,000 of the most important words in use in the English and Italian languages today.

A pronunciation system based on the International Phonetic Alphabet is used (see *Key to symbols used in pronunciation*). Pronunciation is given for all headwords in both sections of the dictionary, and also for selected subentries in the Italian-English section.

Modern technical, commercial, and informal usage is given particular attention, in preference to outmoded terms or other expressions not in common contemporary use. Definitions are numbered in order to distinguish senses, and abbreviations are used to indicate use in specific technical, scientific, or commercial fields (see *Abbreviations used in the Dictionary*). An additional feature is the inclusion of idiomatic expressions and phrases, so necessary for the understanding and use of the foreign language.

This dictionary, with its emphasis on modernity, together with its compact form and clear typeface, should prove indispensable in the home, at school, in the office, and abroad.

Abbreviations used in the Dictionary

adj	adjective
adv	adverb
anat	anatomy
arch	architecture
aux	auxiliary
aviat	aviation
bot	botany
cap	capital
comm	commerce
conj	conjunction
cul	culinary
def art	definite article
derog	derogatory
dom	domestic
educ	education
fam	familiar
fml	formal
game	cards, chess, etc.
gram	grammar
geog	geography
indef art	indefinite article
inf	informal
infin	infinitive
interj	interjection
invar	invariable
lit	literature
m	masculine
math	mathematics
med	medical
mil	military
min	minerals
mod	modal
mot	motoring
mus	music
n	noun
naut	nautical
neg	negative
pers	person
phot	photography
pol	politics
poss	possessive
pref	prefix
prep	preposition
pron	pronoun
rel	religion
s	singular
sci	science
sl	slang
suff	suffix
tab	taboo
Tdmk	trademark
tech	technical
Th	theatre
US	United States
v	verb
vi	intransitive verb
v imp	impersonal verb
vr	reflexive verb
vt	transitive verb
zool	zoology

Notes on the use of the Dictionary

Irregular plural forms of Italian nouns are shown immediately after the part of speech; the gender of the plural is given only if it differs from that of the singular:–

e.g. **uomo** . . . *nm, pl* **uomini**
uovo . . . *nm, pl* **uova** *f*

Nouns or adjectives that do not change in the plural are marked as invariable:–

e.g. **re** . . . *nm invar* king.

Feminine forms of nouns are not shown when they can be derived in a regular way from the masculine form. Both masculine and feminine forms are shown when different translations are required, e.g. *figlio* son, *figlia* daughter.

When the same word may be both an adjective and a noun, the gender of the noun is given only when it is fixed. Thus, **segreto** . . . *adj,nm* (secret) indicates that the word is an adjective or a masculine noun; **adulto** . . . *adj,n* indicates that the word is an adjective or a masculine or feminine noun (*l'adulto, l'adulta*).

Adverbs derived from adjectives are not shown in either section of the dictionary unless a separate translation is required, or unless the formation is irregular. Italian adverbs are considered regular if they are formed by adding *-mente* to the feminine singular of the adjective, e.g. *lenta—lentamente*, or by dropping the final *e* of a feminine adjective ending in a vowel followed by *-le* or *-re* and adding *-mente*, e.g. *facile—facilmente*. English adverbs are considered regular if they are formed by adding *-ly* to the adjective.

Irregular verbs are marked with an asterisk in the headword list of both sections of the dictionary. The principal parts of all these verbs, except compounds, are shown in the verb tables. For the conjugation of compounds the reader should refer to the base form, e.g. for *aggiungere*, see *giungere*.

A swung dash (~) before a change of part of speech indicates that the part of speech refers to the headword, not the preceding subentry shown in heavy type.

Key to symbols used in pronunciation

English

Vowels

						Consonants	
iː	meet	u	put	ai	fly	θ	thin
i	bit	uː	shoot	au	how	ð	then
e	get	ʌ	cut	ɔi	boy	ŋ	sing
æ	hat	ə	ago	iə	here	j	yes
ɑː	heart	əː	sir	ɛə	air	ʃ	ship
ɔ	hot	ei	late	uə	poor	ʒ	measure
ɔː	ought	ou	go			tʃ	chin
						dʒ	gin

ˈ indicates that the following syllable is stressed, as in *ago* (əˈgou).
ˌ placed under an *n* or *l* indicates that the *n* or *l* is pronounced as a syllable, as in *button* (ˈbʌtn̩) and *flannel* (ˈflænl̩).

Italian

Vowels				Consonants			
i	vino	o	notte	j	ieri	ʎ	gli
e	sera	ɔ	brodo	ʃ	uscire	ʎʎ	aglio
ɛ	bello	u	rupe	tʃ	cercare	ɲɲ	bagno
a	gatto			dʒ	cagionare		

ˈ indicates that the following syllable is stressed, as in *bello* (ˈbɛllo).

English irregular verbs

Infinitive	Past Tense	Past Participle
abide	abode *or* abided	abode *or* abided
arise	arose	arisen
awake	awoke *or* awaked	awoke *or* awaked
be	was	been
bear[1]	bore	borne *or* born
beat	beat	beaten
become	became	become
begin	began	begun
bend	bent	bent
bet	bet	bet
beware[2]		
bid	bid	bidden *or* bid
bind	bound	bound
bite	bit	bitten *or* bit
bleed	bled	bled
blow	blew	blown
break	broke	broken
breed	bred	bred
bring	brought	brought
build	built	built
burn	burnt *or* burned	burnt *or* burned
burst	burst	burst
buy	bought	bought
can	could	
cast	cast	cast
catch	caught	caught
choose	chose	chosen
cling	clung	clung
come	came	come
cost	cost	cost
creep	crept	crept
crow	crowed *or* crew	crowed
cut	cut	cut
deal	dealt	dealt
dig	dug *or* digged	dug *or* digged
do	did	done
draw	drew	drawn
dream	dreamed *or* dreamt	dreamed *or* dreamt
drink	drank	drunk
drive	drove	driven
dwell	dwelt	dwelt
eat	ate	eaten
fall	fell	fallen
feed	fed	fed
feel	felt	felt
fight	fought	fought
find	found	found
flee	fled	fled
fling	flung	flung
fly	flew	flown
forbid	forbade *or* forbad	forbidden *or* forbid
forget	forgot	forgotten *or* forgot
forgive	forgave	forgiven
forsake	forsook	forsaken
freeze	froze	frozen
get	got	got
give	gave	given
go	went	gone
grind	ground	ground
grow	grew	grown
hang[3]	hung *or* hanged	hung *or* hanged
have	had	had
hear	heard	heard
hide	hid	hidden *or* hid
hit	hit	hit
hold	held	held
hurt	hurt	hurt
keep	kept	kept
kneel	knelt	knelt
knit	knitted *or* knit	knitted *or* knit
know	knew	known

English irregular verbs

Infinitive	Past Tense	Past Participle
lay	laid	laid
lead	led	led
lean	leant *or* leaned	leant *or* leaned
leap	leapt *or* leaped	leapt *or* leaped
learn	learnt *or* learned	learnt *or* learned
leave	left	left
lend	lent	lent
let	let	let
lie	lay	lain
light	lit *or* lighted	lit *or* lighted
lose	lost	lost
make	made	made
may	might	
mean	meant	meant
meet	met	met
mow	mowed	mown
must		
ought		
panic	panicked	panicked
pay	paid	paid
picnic	picnicked	picnicked
put	put	put
quit	quitted *or* quit	quitted *or* quit
read	read	read
rid	rid *or* ridded	rid *or* ridded
ride	rode	ridden
ring	rang	rung
rise	rose	risen
run	ran	run
saw	sawed	sawn *or* sawed
say	said	said
see	saw	seen
seek	sought	sought
sell	sold	sold
send	sent	sent
set	set	set
sew	sewed	sewn *or* sewed
shake	shook	shaken
shall	should	

Infinitive	Past Tense	Past Participle
shear	sheared	sheared *or* shorn
shed	shed	shed
shine	shone	shone
shoe	shod	shod
shoot	shot	shot
show	showed	shown
shrink	shrank *or* shrunk	shrunk *or* shrunken
shut	shut	shut
sing	sang	sung
sink	sank	sunk
sit	sat	sat
sleep	slept	slept
slide	slid	slid
sling	slung	slung
slink	slunk	slunk
slit	slit	slit
smell	smelt *or* smelled	smelt *or* smelled
sow	sowed	sown *or* sowed
speak	spoke	spoken
speed	sped *or* speeded	sped *or* speeded
spell	spelt *or* spelled	spelt *or* spelled
spend	spent	spent
spill	spilt *or* spilled	spilt *or* spilled
spin	spun	spun
spit	spat *or* spit	spat *or* spit
split	split	split
spread	spread	spread
spring	sprang	sprung
stand	stood	stood
steal	stole	stolen
stick	stuck	stuck
sting	stung	stung
stink	stank *or* stunk	stunk
stride	strode	stridden
strike	struck	struck

Infinitive	Past Tense	Past Participle
string	strung	strung
strive	strove	striven
swear	swore	sworn
sweep	swept	swept
swell	swelled	swollen *or* swelled
swim	swam	swum
swing	swung	swung
take	took	taken
teach	taught	taught
tear	tore	torn
tell	told	told
think	thought	thought
throw	threw	thrown
thrust	thrust	thrust
traffic	trafficked	trafficked
tread	trod	trodden *or* trod
wake	woke	woken
wear	wore	worn
weave	wove	woven *or* wove
weep	wept	wept
will	would	
win	won	won
wind	wound	wound
wring	wrung	wrung
write	wrote	written

[1] when *bear* means *give birth to*, the past participle is always *born*.

[2] used only in the infinitive or as an imperative.

[3] the preferred form of the past tense and past participle when referring to death by hanging is *hanged*.

Italian irregular verbs

Infinitive	Present Indicative	Past Definite	Future	Past Participle
accendere	accendo	accesi	accenderò	acceso
accludere	accludo	acclusi	accluderò	accluso
accorgersi	mi accorgo	mi accorsi	mi accorgerò	accorto
addurre	adduco	addussi	addurrò	addotto
affiggere[2]	affiggo	affissi	affiggerò	affisso
affliggere	affliggo	afflissi	affliggerò	afflitto
alludere	alludo	allusi	alluderò	alluso
andare	vado	andai	andrò	andato
annettere	annetto	annessi	annetterò	annesso
apparire	apparisco *or* appaio	apparvi *or* apparsi	apparirò	apparso
appendere	appendo	appesi	appenderò	appeso
aprire	apro	aprii *or* apersi	aprirò	aperto
ardere	ardo	arsi	arderò	arso
assalire	assalgo *or* assalisco	assalsi *or* assalii	assalirò	assalito
assistere	assisto	assistei	assisterò	assistito
assolvere	assolvo	assolsi	assolverò	assolto
assumere	assumo	assunsi	assumerò	assunto
avere	ho	avessi	avrò	avuto
bere	bevo	bevvi *or* bevei	berrò	bevuto
cadere	cado	caddi	cadrò	caduto
chiedere	chiedo	chiesi	chiederò	chiesto
chiudere	chiudo	chiusi	chiuderò	chiuso
cingere	cingo	cinsi	cingerò	cinto
cogliere	colgo	colsi	coglierò	colto
coincidere	coincido	coincisi	coinciderò	coinciso
comparire	comparisco *or* compaio	comparvi *or* comparsi	comparirò	comparso
comprimere	comprimo	compressi	comprimerò	compresso
concedere	concedo	concessi *or* concedei	concederò	concesso *or* conceduto
concludere	concludo	conclusi	concluderò	concluso
connettere	connetto	connessi	connetterò	connesso
conoscere	conosco	conobbi	conoscerò	conosciuto
coprire	copro	coprii *or* copersi	coprirò	coperto
correre	corro	corsi	correrò	corso
costruire	costruisco	costrussi	costruirò	costrutto

Infinitive	Present Indicative	Past Definite	Future	Past Participle
crescere	cresco	crebbi	crescerò	cresciuto
cuocere	cuocio	cossi	cuocerò	cotto
dare	do	diedo *or* detti	darò	dato
decidere	decido	decisi	deciderò	deciso
deludere	deludo	delusi	deluderò	deluso
deprimere	deprimo	depressi	deprimerò	depresso
difendere	difendo	difesi	difenderò	difeso
dipendere	dipendo	dipesi	dipenderò	dipeso
dipingere	dipingo	dipinsi	dipingerò	dipinto
dire	dico	dissi	dirò	detto
dirigere	dirigo	diressi	dirigerò	diretto
discutere	discuto	discussi	discuterò	discusso
dissuadere	dissuado	dissuasi	dissuaderò	dissuaso
distinguere	distinguo	distinsi	distinguerò	distinto
dividere	divido	divisi	dividerò	diviso
dolere	dolgo	dolsi	dorrò	doluto
dovere	devo *or* debbo	dovei	dovrò	dovuto
eludere	eludo	elusi	eluderò	eluso
emergere	emergo	emersi	emergerò	emerso
erigere	erigo	eressi	erigerò	eretto
escludere	escludo	esclusi	escluderò	escluso
esigere	esigo	esigei	esigerò	esatto
esistere	esisto	esistei	esisterò	esistito
espellere	espello	espulsi	espellerò	espulso
esplodere	esplodo	esplosi	esploderò	esploso
esprimere	esprimo	espressi	esprimerò	espresso
essere	sono	fui	sarò	stato
estinguere	estinguo	estinsi	estinguerò	estinto
evadere	evado	evasi	evaderò	evaso
fare	faccio	feci	farò	fatto
fendere	fendo	fendei	fenderò	fesso *or* fenduto
figgere	figgo	fissi	figgerò	fisso
fingere	fingo	finsi	fingerò	finto
fondere	fondo	fusi	fonderò	fuso
frangere	frango	fransi	frangerò	franto
friggere	friggo	frissi	friggerò	fritto
giacere	giaccio	giacqui	giacerò	giaciuto
giungere	giungo	giunsi	giungerò	giunto
illudere	illudo	illusi	illuderò	illuso

Italian irregular verbs

Infinitive	Present Indicative	Past Definite	Future	Past Participle
immergere	immergo	immersi	immergerò	immerso
imprimere	imprimo	impressi	imprimerò	impresso
incidere	incido	incisi	inciderò	inciso
includere	includo	inclusi	includerò	incluso
infliggere	infliggo	inflissi	infliggerò	inflitto
invadere	invado	invasi	invaderò	invaso
istruire	istruisco	istrussi	istruirò	istrutto
leggere	leggo	lessi	leggerò	letto
mettere	metto	misi	metterò	messo
mordere	mordo	morsi	morderò	morso
morire	muoio	morii	morrò *or* morirò	morto
mungere	mungo	munsi	mungerò	munto
muovere	muovo	mossi	muoverò	mosso
nascere	nasco	nacqui	nascerò	nato
nascondere	nascondo	nascosi	nasconderò	nascosto
negligere	negligo	neglessi	negligerò	negletto
nuocere	nuoccio	nocqui	nuocerò	nociuto
offendere	offendo	offesi	offenderò	offeso
offrire	offro	offersi	offrirò	offerto
opprimere	opprimo	oppressi	opprimerò	oppresso
parere	paio	parvi *or* parsi	parrò	parso
percuotere	percuoto	percossi	percuoterò	percosso
perdere	perdo	persi *or* perdei	perderò	perso *or* perduto
persuadere	persuado	persuasi	persuaderò	persuaso
piacere	piaccio	piacqui	piacerò	piaciuto
piangere	piango	piansi	piangerò	pianto
piovere	piove	piovve	pioverà	piovuto
porgere	porgo	porsi	porgerò	porto
porre	pongo	posi	porrò	posto
potere	posso	potei	potrò	potuto
premere	premo	premei *or* pressi	premerò	premuto
prendere	prendo	presi	prenderò	preso
presumere	presumo	presunsi	presumerò	presunto
propendere	propendo	propendei	propenderò	propenso
proteggere	proteggo	protessi	proteggerò	protetto
provvedere	provvedo	provvidi	provvederò	provveduto *or* provvisto

Infinitive	Present Indicative	Past Definite	Future	Past Participle
prudere	prudo	prudei	pruderò	
pungere	pungo	punsi	pungerò	punto
radere	rado	rasi	raderò	raso
redigere	redigo	redassi	redigerò	redatto
reggere	reggo	ressi	reggerò	retto
rendere	rendo	resi	renderò	reso
reprimere	reprimo	repressi	reprimerò	represso
ridere	rido	risi	riderò	riso
riflettere	rifletto	riflessi *or* riflettei	rifletterò	riflesso *or* riflettuto
rifulgere	rifulgo	rifulsi	rifulgerò	
rilucere	riluco	rilussi *or* rilucei	rilucerò	
rimanere	rimango	rimasi	rimarrò	rimasto
risolvere	risolvo	risolsi	risolverò	risolto
rispondere	rispondo	risposi	risponderò	risposto
rodere	rodo	rosi	roderò	roso
rompere	rompo	ruppi	romperò	rotto
salire	salgo	salii	salirò	salito
sapere	so	seppi	saprò	saputo
scegliere	scelgo	scelsi	sceglierò	scelto
scendere	scendo	scesi	scenderò	sceso
sciogliere	sciolgo	sciolsi	scioglierò	sciolto
scomparire	scomparisco *or* scompaio	scomparvi *or* scomparsi	scomparirò	scomparso
sconnettere	sconnetto	sconnessi	sconnetterò	sconnesso
scoprire	scopro	scoprii *or* scopersi	scoprirò	scoperto
scorgere	scorgo	scorsi	scorgerò	scorto
scrivere	scrivo	scrissi	scriverò	scritto
scuotere	scuoto	scossi	scuoterò	scosso
sedere	siedo *or* seggo	sedei	sederò	seduto
seppellire	seppellisco	seppellii	seppellirò	seppellito *or* sepolto
soffrire	soffro	soffersi *or* soffrii	soffrirò	sofferto
solere	soglio			solito
sommergere	sommergo	sommersi	sommergerò	sommerso
sopprimere	sopprimo	soppressi	sopprimerò	soppresso

Italian irregular verbs

Infinitive	Present Indicative	Past Definite	Future	Past Participle
sorgere	sorgo	sorsi	sorgerò	sorto
sospendere	sospendo	sospesi	sospenderò	sospeso
spandere	spando	spansi	spanderò	spanto
spargere	spargo	sparsi	spargerò	sparso
sparire	sparisco	sparvi	sparirò	sparso
	or spaio	*or* sparsi		
spegnere	spengo	spensi	spegnerò	spento
spendere	spendo	spesi	spenderò	speso
spingere	spingo	spinsi	spingerò	spinto
stare	sto	stetti	starò	stato
stringere	stringo	strinsi	stringerò	stretto
strudere	strudo	strudei	struderò	
struggere	struggo	strussi	struggerò	strutto
succedere	succedo	successi	succederò	successo
		or succedei		*or* succeduto
tacere	taccio	tacqui	tacerò	taciuto
tendere	tendo	tesi	tenderò	teso
tenere	tengo	tenni	terrò	tenuto
tingere	tingo	tinsi	tingerò	tinto
toglieré	tolgo	tolsi	toglierò	tolto
			or torrò	
torcere	torco	torsi	torcerò	torto
trarre	traggo	trassi	trarrò	tratto
uccidere	uccido	uccisi	ucciderò	ucciso
udire	odo	udii	udirò	udito
ungere	ungo	unsi	ungerò	unto
uscire	esco	uscii	uscirò	uscito
valere	valgo	valsi	varrò	valso
				or valuto
vedere	vedo	vidi	vedrò	veduto *or* visto
venire	vengo	venni	verrò	venuto
vincere	vinco	vinsi	vincerò	vinto
vivere	vivo	vissi	vivrò	vissuto
volere	voglio	volli	vorrò	voluto
volgere	volgo	volsi	volgerò	volto

[1] All other verbs ending in *-urre* are conjugated like *addurre.*

[2] Most *-ere* verbs have the alternative endings of *-ei* or *-etti* in the Past Definite.

A

a, ad (a, ad) *prep* 1 to. 2 at 3 in. 4 with 5 by. **a dieci chilometri** ten kilometres away.

abate (a'bate) *nm* abbot.

abbagliare (abbaʎ'ʎare) *vt* dazzle **abbagliante** *adj* dazzling.

abbaiare (abba'jare) *vi* bark. **can che abbaia non morde** his bark is worse than his bite

abbaino (abba'ino) *nm* skylight.

abbaio (ab'bajo) *nm* bark.

abbandonare (abbando'nare) *vt* abandon, leave, desert. **abbandonarsi a** *vr* 1 indulge in. 2 give free rein to. **abbandonato** *adj* abandoned, deserted.. **abbandono** *nm* neglect.

abbassare (abbas'sare) *vt* lower. **abbassarsi** *vr* 1 subside. 2 (of temperature) fall. **abbassamento** *nm* 1 lowering. 2 fall.

abbastanza (abbas'tantsa) *adv* 1 enough. 2 rather, quite.

abbattere (ab'battere) *vt* 1 knock down. 2 defeat, overthrow. 3 dishearten **abbattimento** *nm* dejection.

abbazia (abbat'tsia) *nf* abbey.

abbellire (abbel'lire) *vt* adorn, embellish **abbellimento** *nm* embellishment.

abbeveratoio (abbevera'tojo) *nm* drinking trough.

abbi ('abbi) *v see* **avere.**

abbia ('abbja) *v see* **avere.**

abbiamo (ab'bjamo) *v see* **avere.**

abbiente (ab'bjɛnte) *adj* well-to-do, wealthy

abbigliare (abbiʎ'ʎare) *vt* dress up, adorn **abbigliamento** *nm* clothing

abboccare (abbok'kare) *vt* 1 bite. 2 grip **abboccarsi** *vr* confer **abboccamento** *nm* interview, talk.

abbonare (abbo'nare) *vt* 1 deduct 2 subscribe **abbonarsi** *vr* 1 subscribe 2 take out a season ticket **abbonamento** *nm* 1 subscription 2 season ticket. **abbonato** *nm* subscriber

abbondare (abbon'dare) *vi* abound, be plentiful **abbondante** *adj* abundant **abbondanza** (abbon'dantsa) *nf* abundance

abbordare (abbor'dare) *vt* 1 approach. 2 broach.

abborracciare (abborrat'tʃare) *vt* bungle, do carelessly.

abbottonare (abbotto'nare) *vt* button (up).

abbozzare (abbot'tsare) *vt* sketch, outline. **abbozzo** (ab'bɔttso) *nm* sketch, rough draft.

abbracciare (abbrat'tʃare) *vt* 1 embrace, hug. 2 comprise. **abbraccio** *nm* embrace, hug.

abbreviare (abbre'vjare) *vt* abbreviate, shorten. **abbreviazione** *nf* abbreviation.

abbronzare (abbron'dzare) *vt* tan. **abbronzarsi** *vr* become sun-tanned. **abbronzato** *adj* sunburnt, tanned **abbronzatura** *nf* suntan.

abbrustolire (abbrusto'lire) *vt* 1 toast 2 burn.

abbuono (ab'bwɔno) *nm* 1 discount 2 handicap.

abdicare (abdi'kare) *vi* **abdicare a** abdicate, renounce. **abdicazione** *nf* abdication

aberrazione (aberrat'tsjone) *nf* aberration

abete (a'bete) *nm* fir tree.

abietto (a'bjɛtto) *adj* abject, vile.

abiezione (abjet'tsjone) *nf* abjection, degradation.

abile ('abile) *adj* 1 capable, skilful. 2 suitable **abilità** *nf* ability, skill.

abilitare (abili'tare) *vt* 1 train, equip 2 qualify **abilitazione** *nf* qualification, diploma

Abissinia (abis'sinia) *nf* Abyssinia **abissino** *adj,n* Abyssinian

abisso (a'bisso) *nm* abyss, chasm

abitare (abi'tare) *vt* inhabit, occupy *vi* dwell, live. **abitante** *nm* inhabitant **abitato** *adj* inhabited *nm* built-up area **abitazione** *nf* dwelling.

abito[1] ('abito) *nm* 1 clothes 2 suit **abito da sera** evening dress

abito[2] ('abito) *nm* habit

abituare (abitu'are) *vt* accustom **abituarsi a** *vr* get used to **abituale** *adj* habitual.
abitudine (abi'tudine) *nf* habit, custom
abolire (abo'lire) *vt* **1** abolish **2** annul **abolizione** *nf* abolition
abominevole (abomi'nevole) *adj* abominable
aborigeno (abo'ridʒeno) *adj* native, aboriginal *nm* Aborigine
aborrire (abor'rire) *vt* abhor, loathe
abortire (abor'tire) *vi* **1** abort, miscarry. **2** fail **aborto** (a'bɔrto) *nm* abortion.
abrasione (abra'zjone) *nf* abrasion
abrasivo (abra'zivo) *adj,nm* abrasive.
abside ('abside) *nf* apse
abusare (abu'zare) *vt* abuse, misuse, take advantage of **abusivo** *adj* unauthorized **abuso** *nm* abuse, misuse
accademia (akka'dɛmja) *nf* academy, institute. **accademico** *adj* academic.
accadere* (akka'dere) *vi* happen, occur, take place. **accaduto** *nm* event, occurrence.
accampare (akkam'pare) *vt* **1** camp. **2** allege. **3** set forth. **accamparsi** *vr* camp **accampamento** *nm* encampment, camp.
accanirsi (akka'nirsi) *vr* **1** rage. **2** persist. **accanimento** *nm* **1** fury. **2** tenacity. **accanito** *adj* **1** fierce. **2** obstinate.
accanto (ak'kanto) *adv,prep* near. **accanto a** beside
accantonare (akkanto'nare) *vt* set aside.
accappatoio (akkappa'tojo) *nm* beach or bath robe.
accarezzare (akkaret'tsare) *vt* caress, stroke.
accavallare (akkaval'lare) *vt* overlap. **accavallare le gambe** cross one's legs.
accecare (attʃe'kare) *vt* blind.
accelerare (attʃele'rare) *vi* accelerate. *vt* quicken. **accelerato** *nm* slow train. **acceleratore** *nm* accelerator.
accendere* (at'tʃɛndere) *vt* **1** light. **2** switch on. **accendersi** *vr* catch fire. **accendino** (attʃen'dino) *nm also* **accendisigaro** (attʃendi'sigaro) cigarette lighter.
accennare (attʃen'nare) *vi* **1** nod, beckon. **2** mention, refer. *vt* point out, indicate. **accenno** *nm* **1** sign, nod. **2** mention.
accensione (attʃen'sjone) *nf* ignition.
accento (at'tʃɛnto) *nm* **1** accent. **2** tone. **3** stress.
accentrare (attʃen'trare) *vt* centralize, concentrate.
accentuare (attʃentu'are) *vt* accentuate, stress.
accertare (attʃer'tare) *vt* assure, verify
accesi (at'tʃesi) *v* see **accendere.**
acceso (at'tʃeso) *v* see **accendere.** *adj* **1** alight, bright **2** flushed
accesso (at'tʃɛsso) *nm* **1** access **2** fit **accessibile** (attʃes'sibile) *adj* accessible
accessorio (attʃes'sɔrjo) *adj,nm* accessory
accetta (at'tʃetta) *nf* hatchet
accettare (attʃet'tare) *vt* accept, agree **accettazione** *nf* acceptance
acchiappare (akkjap'pare) *vt* catch, grab hold of, seize
acciaio (at'tʃajo) *nm* steel **acciaio inossidabile** stainless steel **acciaieria** *nf* steelworks
accidente (attʃi'dɛnte) *nm* **1** accident, misfortune **2** *med* fit **non capire un accidente** not to understand a thing. **accidentale** *adj* accidental **accidenti!** *interj* damn!
accigliarsi (attʃiʎ'ʎarsi) *vr* frown, knit one's brow **accigliato** *adj* **1** frowning **2** preoccupied
acciocché (attʃok'ke) *conj* so that, in order that.
acciuga (at'tʃuga) *nf* anchovy **pigiati come acciughe** packed like sardines
acclamare (akkla'mare) *vt* acclaim, cheer **acclamazione** *nf* acclamation
acclimatare (akklima'tare) *vt* acclimatize.
accludere* (ak'kludere) *vt* enclose
accoccolarsi (akkokko'larsi) *vr* crouch, squat
accogliere* (ak'kɔʎʎere) *vt* **1** greet, welcome, receive. **2** accept. **accogliente** (akkoʎ'ʎɛnte) *adj* hospitable, cosy.
accomodare (akkomo'dare) *vt* **1** repair **2** adjust. **3** tidy. *vi* suit **accomodarsi** *vr* take a seat. **accomodamento** *nm* compromise **accomodante** *adj* easy-going.
accompagnare (akkompaɲ'ɲare) *vt* accompany, escort. **accompagnamento** *nm* **1** accompaniment. **2** procession.
acconciare (akkon'tʃare) *vt* **1** prepare. **2** adorn.
acconciatura (akkontʃa'tura) *nf* hairstyle.
accondiscendere (akkondiʃ'ʃɛndere) *vi* concede, condescend.
acconsentire (akkonsen'tire) *vi* consent, approve.
accorciare (akkor'tʃare) *vt* shorten. *vi* become shorter.
accordare (akkor'dare) *vt* **1** grant. **2** tune **3** match. **accordarsi** *vr* agree.
accordo (ak'kɔrdo) *nm* agreement. **andare**

d'accordo get on well. **d'accordo** okay, very well **essere d'accordo** agree.
accorgersi* (ak'kɔrdʒersi) *vr* notice, realize
accorrere* (ak'korrere) *vi* run up, come running
accorsi (ak'kɔrsi) *v* see **accorgersi.**
accorto (ak'kɔrto) *v* see **accorgersi.** *adj* shrewd **accortezza** (akkor'tettsa) *nf* shrewdness
accostare (akkos'tare) *vt* bring near **accosto** *adv* near by.
accovacciarsi (akkovat'tʃarsi) *vr* crouch, huddle.
accreditare (akkredi'tare) *vt* credit
accrescere* (ak'kreʃʃere) *vt* increase.
accumulare (akkumu'lare) *vt* amass, store, accumulate
accurato (akku'rato) *adj* thorough, careful. **accuratezza** (akkura'tettsa) *nf* care.
accusare (akku'zare) *vt* accuse, charge. **accusa** *nf* accusation, charge
acerbo (a'tʃerbo) *adj* bitter, unripe, sour
acero ('atʃero) *nm* maple tree.
aceto (a'tʃeto) *nm* vinegar. **sott'aceto** in vinegar.
acido ('atʃido) *adj,nm* acid **acidità** *nf* acidity
acne ('akne) *nm* acne.
acqua ('akkwa) *nf* water. **acqua potabile** drinking water.
acquaforte (akkwa'fɔrte) *nf* **1** nitric acid. **2** etching.
acquaio (ak'kwajo) *nm* kitchen sink.
acquaragia (akkwa'radʒa) *nf* turpentine.
acquario (ak'kwarjo) *nm* **1** aquarium **2** *cap* Aquarius.
acquatico (ak'kwatiko) *adj* aquatic.
acquavite (akkwa'vite) *nf* eau-de-vie.
acquazzone (akkwat'tsone) *nm* heavy shower downpour.
acquedotto (akwe'dotto) *nm* aqueduct.
acquerello (akkwe'rɛllo) *nm* watercolour
acquistare (akkwis'tare) *vt* **1** buy, acquire **2** obtain. **3** gain. **acquisto** *nm* purchase
acre ('akre) *adj* **1** bitter **2** pungent **3** acrid **acredine** (a'krɛdine) *nf* bitterness
acrilico (a'kriliko) *adj* acrylic.
acro ('akro) *nm* acre.
acrobata (a'krɔbata) *nm* acrobat **acrobatico** (akro'batiko) *adj* acrobatic **acrobazia** *nf* acrobatics.
acustica (a'kustika) *nf* acoustics **acustico** (a'kustiko) *adj* acoustic.
acuto (a'kuto) *adj* **1** sharp, acute. **2** intense.
ad (ad) *prep* see **a.**
adaguarsi (ada'dʒarsi) *vr* settle oneself
adagio (a'dadʒo) *adv* slowly, carefully.
adattabile (adat'tabile) *adj* adaptable.
adattare (adat'tare) *vt* adapt, convert **adatto** *adj* suitable.
addensare (adden'sare) *vt* thicken **addensarsi** *vr* thicken.
addetto (ad'detto) *adj* **1** assigned. **2** attached *nm* attaché.
addietro (ad'djɛtro) *adv* **1** behind. **2** ago, before.
addio (ad'dio) *interj* goodbye! farewell!
addirittura (addiri'tura) *adv* even, quite.
additare (addi'tare) *vt* indicate, point out.
addizionare (additsjo'nare) *vt* add (up). **addizionatrice** *nf* adding machine. **addizione** *nf* addition.
addolcire (addol'tʃire) *vt* **1** sweeten. **2** soothe.
addome (ad'dɔme) *nm* abdomen.
addomesticare (addomesti'kare) *vt* tame, train.
addormentare (addormen'tare) *vt* put to sleep. **addormentarsi** *vr* fall asleep.
addossare (addos'sare) *vt* **1** lean. **2** saddle, burden. **addossarsi** *vr* undertake.
addosso (ad'dɔsso) *prep,adv* **1** on, upon. **2** close, against. **levarsi d'addosso** get rid of. **mettere le mani addosso** hit, manhandle. **mettersi addosso** put on.
addotto (ad'dotto) *v* see **addurre.**
adduco (ad'duko) *v* see **addurre.**
addurre* (ad'durre) *vt* **1** allege. **2** quote.
addussi (ad'dussi) *v* see **addurre.**
adeguare (ade'gware) *vt* make equal. **adeguarsi** *vr* adapt **adeguato** *adj* **1** fitting. **2** fair.
adempiere (a'dempjere) *vt* carry out, fulfil. **adempimento** *nm* fulfilment.
adenoidi (ade'nɔidi) *nf pl* adenoids.
aderire (ade'rire) *vt* **1** adhere, stick. **2** support. **aderente** (ade'rɛnte) *nm* adherent. *adj* close fitting.
adescare (ades'kare) *vt* bait, lure.
adesione (ade'zjone) *nf* **1** adhesion **2** assent **adesivo** *adj* adhesive.
adesso (a'dɛsso) *adv* now. **per adesso** for the moment.
adiacente (adja'tʃɛnte) *adj* adjacent.
adibire (adi'bire) *vt* **1** use as. **2** convert, adapt
adirarsi (adi'rarsi) *vr* get angry. **adirato** *adj* angry.
adito ('adito) *nm* access, entrance.

adocchiare (adok'kjare) *vt* eye up, ogle.

adolescente (adoleʃ'ʃɛnte) *adj,n* adolescent. **adolescenza** (adoleʃ'ʃɛntsa) *nf* adolescence, teens.

adombrare (adom'brare) *vt* **1** shade, conceal. **2** outline. **adombrarsi** *vr* take offence.

adoperare (adope'rare) *vt* use.

adorare (ado'rare) *vt* adore, worship. **adorabile** (ado'rabile) *adj* adorable, charming. **adorazione** (adorat'tsjone) *nf* adoration.

adornare (ador'nare) *vt* adorn.

adottare (adot'tare) *vt* adopt. **adozione** *nf* adoption.

adrenalina (adrena'lina) *nf* adrenaline.

adriatico (adri'atiko) *adj* Adriatic **(Mare) Adriatico** *nm* Adriatic (Sea).

adulazione (adulat'tsjone) *nf* adulation.

adulterare (adulte'rare) *vt* **1** adulterate. **2** tamper with.

adulterio (adul'tɛrjo) *nm* adultery.

adulto (a'dulto) *adj,n* adult.

adunare (adu'nare) *vt* assemble, gather together. **adunanza** (adu'nantsa) *nf* meeting.

adunque (a'dunkwe) *conj,adv* then.

aerare (ae'rare) *vt* air, ventilate.

aereo (a'ɛreo) *adj* aerial. *nm* aeroplane.

aerodinamica (aerodi'namika) *nf* aerodynamics

aerodromo (ae'rɔdromo) *nm* aerodrome, airfield.

aeronautica (aero'nautika) *nf* **1** aeronautics **2** airforce.

aeroplano (aero'plano) *nm* aeroplane.

aeroporto (aero'pɔrto) *nm* airport.

aerosol (aero'sɔl) *nm invar* aerosol.

afa ('afa) *nf* sultry heat.

affabile (af'fabile) *adj* affable, friendly.

affaccendarsi (affattʃen'darsi) *vr* busy oneself

affacciarsi (affat'tʃarsi) *vr* appear.

affamato (affa'mato) *adj* **1** starving, hungry. **2** eager.

affannare (affan'nare) *vt* trouble, worry. **affanno** *nm* worry, anxiety.

affare (af'fare) *nm* **1** affair, thing. **2** *pl* business. **uomo d'affari** *nm* business man. **affarista** *nm* speculator.

affascinare (affaʃʃi'nare) *vt* fascinate, bewitch. **affascinante** *adj* fascinating.

affastellare (affastel'lare) *vt* bundle, pile up.

affaticare (affati'kare) *vt* **1** tire. **2** strain.

affatto (af'fatto) *adv* completely **non...affatto** not at all.

affermare (affer'mare) *vt* assert, affirm. **affermazione** *nf* affirmation.

afferrare (affer'rare) *vt* grasp, hold on to.

affettare[1] (affet'tare) *vt* affect. **affettato** *adj* affected, studied. **affettazione** *nf* affectation

affettare[2] (affet'tare) *vt* slice, cut. **affettato** *nm* sliced cold ham or salami.

affetto[1] (af'fɛtto) *adj* afflicted, suffering.

affetto[2] (af'fɛtto) *nm* affection, love. **affettuoso** (affettu'oso) *adj* affectionate, loving.

affezionarsi (affettsjo'narsi) *vr* **affezionarsi a** become fond of or attached to. **affezionato** *adj* affectionate. **affezione** *nf* **1** affection. **2** illness, ailment.

affidare (affi'dare) *vt* entrust.

affiggere* (af'fiddʒere) *vt* **1** affix. **2** display.

affilare (affi'lare) *vt* sharpen. **affilato** *adj* sharp.

affiliare (affi'ljare) *vt* affiliate, associate. **affiliarsi** *vr* become a member. **affiliazione** *nf* affiliation.

affinché (affin'ke) *conj* so that, in order that.

affinità (affini'ta) *nf* affinity, resemblance.

affissi (af'fissi) *v see* **affiggere.**

affissione (affis'sjone) *nf* billposting. **è vietata l'affissione** no bills.

affisso (af'fisso) *v* see **affiggere.** *nm* bill, poster.

affittare (affit'tare) *vt* **1** let. **2** rent. **3** hire. **affittasi** to let. **affitto** *nm* **1** rent. **2** lease. **dare in affitto** let.

affliggere* (af'fliddʒere) *vt* **1** afflict. **2** torment.

afflissi (af'flissi) *v* see **affliggere.**

afflitto (af'flitto) *v* see **affliggere.** *adj* afflicted.

afflizione (afflit'tsjone) *nf* affliction.

affluire (afflu'ire) *vi* **1** flow. **2** pour in. **affluenza** (afflu'ɛntsa) *nf* affluence, abundance.

affogare (affo'gare) *vt,vi* **1** drown. **2** suffocate.

affollare (affol'lare) *vt* crowd, throng. **affollarsi** *vr* gather round. **affollato** *adj* crowded.

affondare (affon'dare) *vt,vi* sink.

affresco (af'fresko) *nm* fresco.

affrettare (affret'tare) *vt* hurry, quicken **affrettarsi** (affret'tarsi) *vr* hurry.

affrontare (affron'tare) *vt* confront, face. **affronto** *nm* insult.

affumicare (affumi'kare) *vt* **1** smoke. **2** *cul* cure.

Afganistan (afganis'tan) *nm* Afghanistan. **afgano** *adj,n* Afghan.

afoso (a'foso) *adj* sultry, close.

Africa (ˈafrika) *nf* Africa. **Africa del Sud** South Africa **africano** *adj,n* African.
agenda (aˈdʒɛnda) *nf* **1** diary. **2** notebook.
agente (aˈdʒɛnte) *nm* agent, representative **agente di cambio** stockbroker.
agenzia (adʒenˈtsia) *nf* agency, office **agenzia di viaggi** travel agency.
agevole (aˈdʒevole) *adj* **1** comfortable. **2** reasonable
aggettivo (addʒetˈtivo) *nm* adjective.
agghiacciare (aggjatˈtʃare) *vt* freeze.
aggiornare (addʒorˈnare) *vt* **1** bring up to date. **2** adjourn. **aggiornamento** *nm* **1** revision, bringing up to date **2** adjournment.
aggiudicare (addʒudiˈkare) *vt* award.
aggiungere* (adˈdʒundʒere) *vt* add. **aggiunta** *nf* addition.
aggiustare (addʒusˈtare) *vt* **1** repair. **2** adjust. **3** settle.
aggrappare (aggrapˈpare) *vt* seize. **aggrapparsi** *vr* cling.
aggravare (aggraˈvare) *vt* aggravate. **aggravarsi** *vr* become worse, deteriorate.
aggregare (aggreˈgare) *vt* enrol. **aggregarsi** *vr* join.
aggressione (aggresˈsjone) *nf* assault, attack. **aggressivo** *adj* aggressive.
aggrottare (aggrotˈtare) *vt* **aggrottare le ciglia** frown.
aggruppare (aggrupˈpare) *vt* group together.
agguato (agˈgwato) *nm* ambush. **tendere un agguato** lay an ambush.
agile (ˈadʒile) *adj* **1** agile. **2** alert **agilità** *nf* agility.
agio (ˈadʒo) *nm* ease, comfort.
agire (aˈdʒire) *vi* **1** act, behave. **2** work.
agitare (adʒiˈtare) *vt* **1** shake. **2** trouble. **agitarsi** *vr* **1** toss. **2** worry. **agitato** *adj* restless. **agitatore** *nm* agitator **agitazione** *nf* agitation.
agli (ˈaʎʎi) contraction of **a gli.**
aglio (ˈaʎʎo) *nm* garlic.
agnello (aɲˈɲɛllo) *nm* lamb.
agnostico (aɲˈɲɔstiko) *adj,nm* agnostic.
ago (ˈago) *nm* needle.
agonia (agoˈnia) *nf* agony. **agonizzare** (agonidˈdzare) *vi* be on the point of death.
agopuntura (agopunˈtura) *nf* acupuncture.
agosto (aˈgosto) *nm* August.
agraria (aˈgrarja) *nf* agriculture. **agrario** *adj* agrarian.
agricoltore (agrikolˈtore) *nm* farmer. **agricolo** (aˈgrikolo) *adj* agricultural. **agricoltura** *nf* agriculture
agrifoglio (agriˈfɔʎʎo) *nm* holly.
agro (ˈagro) *adj* **1** bitter **2** harsh
agrumi (aˈgrumi) *nm pl* citrus fruits
aguzzare (agutˈtsare) *vt* **1** sharpen. **2** stimulate. **aguzzo** *adj* sharp, pointed.
ahimé (aiˈmɛ) *interj* alas!
ai (ˈai) contraction of **a i.**
aia (ˈaja) *nf* threshing floor **menare il can per l'aia** beat about the bush.
Aia, L' (ˈaja) *nf* The Hague.
airone (aiˈrone) *nm* heron
aiuola (aˈjwɔla) *nf* flowerbed
aiutare (ajuˈtare) *vt* help, aid **aiutante** *nm* **1** helper **2** adjutant **aiuto** *nm* help.
aizzare (aitˈtsare) *vt* provoke, incite.
al (al) contraction of **a il.**
ala (ˈala) *nf, pl* **ali** wing.
alabastro (alaˈbastro) *nm* alabaster.
alano (aˈlano) *nm* Great Dane.
alba (ˈalba) *nf* dawn, daybreak.
Albania (albaˈnia) *nf* Albania. **albanese** *adj,n* Albanian
albatro (ˈalbatro) *nm* albatross.
albergare (alberˈgare) *vt* **1** house. **2** cherish. *vi* lodge.
albergo (alˈbɛrgo) *nm* hotel. **albergo diurno** toilet facilities **albergo per la gioventù** youth hostel.
albero (ˈalbero) *nm* **1** tree. **2** mast. **3** shaft.
albicocca (albiˈkɔkka) *nf* apricot. **albicocco** *nm* apricot tree.
album (ˈalbum) *nm* album.
alcali (ˈalkali) *nm invar* alkali.
alchimia (alkiˈmia) *nf* alchemy. **alchimista** *nm* alchemist.
alcool (ˈalkool) *nm invar* alcohol. **alcoolico** (alkoˈɔliko) *adj* alcoholic.
alcoolismo (alkooˈlizmo) *nm* alcoholism **alcoolizzato** (alkoolidˈdzato) *adj,n* alcoholic.
alcunché (alkuˈke) *pron* **1** anything. **2** something.
alcuno (alˈkuno) *adj* **1** any. **2** some. *pron* **1** somebody. **2** anybody.
alfabeto (alfaˈbɛto) *nm* alphabet **alfabetico** (alfaˈbɛtiko) *adj* alphabetical.
alfiere (alˈfjɛre) *nm game* bishop.
alfine (alˈfine) *adv* at last.
alga (ˈalga) *nf* seaweed.
algebra (ˈaldʒebra) *nf* algebra.

Algeria (aldʒe'ria) *nf* Algeria. **algerino** *adj,n* Algerian
aliante (ali'ante) *nm* glider.
alibi ('alibi) *nm invar* alibi
alice (a'litʃe) *nf* anchovy.
alienare (alje'nare) *vt* alienate **alienato** *nm* lunatic **alienazione** *nf* **1** alienation **2** insanity
alieno (a'ljɛno) *adj* **alieno da** averse to
alimentare (alimen'tare) *vt* nourish, feed **alimentari** *nm pl* foodstuffs. **negozio di alimentari** *nm* grocer's shop. **alimento** *nm* **1** food **2** *pl* alimony
aliscafo (alis'kafo) *nm* hydrofoil.
alito ('alito) *nm* breath.
all' (al) contraction of **a l'.**
alla ('alla) contraction of **a la.**
allacciare (allat'tʃare) *vt* lace up, fasten
allagare (alla'gare) *vt* flood **allagamento** *nm* flood
allargare (allar'gare) *vt* widen, broaden
allarmare (allar'mare) *vt* alarm **allarmarsi** *vr* take fright. **allarmante** *adj* alarming **allarme** *nm* alarm
alle ('alle) contraction of **a le.**
alleanza (alle'antsa) *nf* alliance.
alleato (alle'ato) *adj* allied. *nm* ally
allegare (alle'gare) *vt* **1** allege **2** enclose **allegazione** *nf* allegation.
allegoria (allego'ria) *nf* allegory **allegorico** (alle'gɔriko) *adj* allegorical
allegro (al'legro) *adj* happy, gay **allegria** *nf* gaiety, joy
allenare (alle'nare) *vt* train **allenamento** *nm* training **allenatore** *nm* coach, trainer
allentare (allen'tare) *vt* loosen, relax.
allergia (aller'dʒia) *nf* allergy **allergico** *adj* allergic
allestire (alles'tire) *vt* **1** prepare **2** stage **allestimento** *nm* preparation
allettare (allet'tare) *vt* lure, entice
allevare (alle'vare) *vt* **1** bring up **2** breed
alleviare (alle'vjare) *vt* alleviate
allibratore (allibra'tore) *nm* bookmaker, turf accountant
allievo (al'ljɛvo) *nm* pupil, student
alligatore (alliga'tore) *nm* alligator
allineare (alline'are) *vt* put in line, line up
allitterazione (allitterat'tsjone) *nf* alliteration
allo ('allo) contraction of **a lo.**
allodola (al'lɔdola) *nf* lark
alloggiare (allod'dʒare) *vt,vi* lodge **alloggio** (al'lɔddʒo) *nm* lodgings.
allontanare (allonta'nare) *vt* remove, take away, avert **allontanarsi** *vr* go away **allontanamento** *nm* removal
allora (al'lora) *adv* **1** then **2** at that time. **3** in that case **d'allora in poi** from then on
allorché (allor'ke) *conj* when.
alloro (al'lɔro) *nm* laurel
allucinazione (allutʃinat'tsjone) *nf* hallucination
alludere* (al'ludere) *vi* allude, hint
alluminio (allu'minjo) *nm* aluminium
allungare (allun'gare) *vt* **1** lengthen, let down (a hem) **2** dilute. **3** hand, pass **4** quicken **allungarsi** *vr* lengthen, stretch.
allusi (al'luzi) *v* see **alludere.**
allusione (allu'zjone) *nf* allusion
alluso (al'luzo) *v* see **alludere.**
almeno (al'meno) *adv* at least.
Alpi ('alpi) *nf pl* Alps. **alpino** *adj* alpine
alpinismo (alpi'nizmo) *nm* mountaineering, (mountain) climbing. **alpinista** *nm* mountaineer, (mountain) climber
alquanto (al'kwanto) *adj* quite a lot (of) *adv* somewhat, rather
alt (alt) *interj* halt! stop!
altalena (alta'lena) *nf* **1** swing. **2** seesaw
altare (al'tare) *nm* altar
alterare (alte'rare) *vt* alter, forge, falsify, adulterate **alterarsi** *vr* **1** go bad, perish **2** become angry **alterazione** *nf* alteration, forgery.
alternare (alter'nare) *vt* alternate **alternarsi** *vr* alternate **alternativa** *nf* alternative **alternativo** *adj* alternative **alterno** (al'tɛrno) *adj* alternate
altero (al'tɛro) *adj* haughty, arrogant
altezza (al'tettsa) *nf* **1** height **2** depth **3** width **4** *cap* Highness **essere all'altezza** be capable
altipiano (alti'pjano) *nm* plateau
altitudine (alti'tudine) *nf* altitude
alto ('alto) *adj* **1** high, tall **2** loud **ad alta voce** aloud ~*adv* high **in alto** upwards **mani in alto** hands up **altoparlante** *nm* loudspeaker
altresì (altre'si) *adv* also, as well
altrettanto (altret'tanto) *adj,pron* as much, as many *interj* the same to you! *adv* equally
altro ('altro) *adj* **1** other **2** different **3** previous **4** next **altro ieri** day before yesterday ~*pron* another **altro che!** yes indeed! **non**

volere altro want nothing more **tutt'altro** on the contrary
altronde (al'tronde) **d'altronde** *adv* **1** besides **2** on the other hand
altrove (al'trove) *adv* elsewhere
altrui (al'trui) *adj invar* of others
alunno (a'lunno) *nm educ* pupil
alveare (alve'are) *nm* beehive
alzare (al'tsare) *vt* **1** raise, lift up **2** erect **alzarsi** *vr* get up, rise **alzarsi in piedi** stand up
amaca (a'maka) *nf* hammock
amare (a'mare) *vt* love **amabile** (a'mabile) *adj* **1** lovable **2** amiable **3** (of wine) sweet **amante** *nm* lover **amato** *adj* loved *nm* loved-one **amatore** *nm* **1** lover **2** connoisseur
amarena (ama'rɛna) *nf* black cherry
amaro (a'maro) *adj* bitter *nm* aperitive **amarezza** *nf* bitterness
amatriciano (amatri'tʃano) **spaghetti all'amatriciana** *nm pl* spaghetti with a sauce made of pork, onion, tomato, and cheese
ambasciata (ambaʃ'ʃata) *nf* embassy **ambasciatore** (ambaʃʃa'tore) *nm* ambassador
ambedue (ambe'due) *adj invar,pron invar* both.
ambidestro (ambi'dɛstro) *adj* ambidextrous.
ambientarsi (ambjen'tarsi) *vr* get used to one's surroundings, find one's feet. **ambiente** (am'bjɛnte) *nm* surroundings, environment, habitat. *adj* surrounding. **temperatura ambiente** *nf* room temperature
ambiguo (am'biguo) *adj* **1** ambiguous **2** dubious. **ambiguità** *nf* ambiguity.
ambito (am'bito) *nm* range, scope
ambivalente (ambiva'lɛnte) *adj* ambivalent.
ambizione (ambit'tsjone) *nf* ambition. **ambizioso** (ambit'tsjoso) *adj* ambitious.
ambo ('ambo) *adj,pron invar* both.
ambra ('ambra) *nf* amber.
ambulante (ambu'lante) *adj* wandering, itinerant.
ambulanza (ambu'lantsa) *nf* ambulance.
ambulatorio (ambula'tɔrjo) *nm* **1** surgery **2** outpatients' department
ameba (a'mɛba) *nf* amoeba.
ameno (a'mɛno) *adj* pleasant, enjoyable.
America (a'mɛrika) *nf* America. **America del Nord/Sud** North/South America **americano** *adj,n* American.
ametista (ame'tista) *nf* amethyst.
amianto (a'mjanto) asbestos.
amichevole (ami'kevole) *adj* friendly.
amico (a'miko) *nm, pl* **amici** friend. **amicizia** (ami'tʃittsja) *nf* friendship
amido ('amido) *nm* starch
ammaccare (ammak'kare) *vt* bruise. **ammaccatura** *nf* bruise
ammaestrare (ammaes'trare) *vt* train, teach **ammaestrato** *adj* tame **ammaestratore** *nm* trainer
ammalarsi (amma'larsi) *vr* fall ill. **ammalato** *adj* sick *nm* sick person, patient
ammansire (amman'sire) *vt* **1** tame. **2** calm down
ammassare (ammas'sare) *vt* amass, accumulate **ammasso** *nm* heap, pile
ammazzare (ammat'tsare) *vt* kill, murder **ammazzarsi** *vr* **1** kill oneself **2** wear oneself out **ammazzatoio** *nm* slaughterhouse
ammenda (am'mɛnda) *nf* **1** amends. **2** fine.
ammettere* (am'mettere) *vt* **1** admit. **2** allow, grant **3** suppose
ammiccare (ammik'kare) *vi* wink. **ammicco** *nm* wink
amministrare (amminis'trare) *vt* **1** administer. **2** manage **amministrativo** *adj* administrative **amministratore** *nm* director, manager. **amministrazione** *nf* administration
ammiraglio (ammi'raʎʎo) *nm* admiral. **ammiragliato** *nm* admiralty
ammirare (ammi'rare) *vt* admire, praise. **ammiratore** *nm* admirer **ammirazione** *nf* admiration
ammissibile (ammis'sibile) *adj* permissible, acceptable.
ammissione (ammis'sjone) *nf* admission **esame di ammissione** *nm* entrance exam.
ammobiliare (ammobi'ljare) *vt* furnish. **ammobiliato** *adj* furnished
ammollare (ammol'lare) *vt* soak.
ammollire (ammol'lire) *vt* soften
ammoniaca (ammo'niaka) *nf* ammonia.
ammonire (ammo'nire) *vt* warn, reprimand **ammonimento** *nm* reprimand, reproof.
ammontare (ammon'tare) *vi* amount.
ammorbidire (ammorbi'dire) *vt* soften.
ammortire (ammor'tire) *vt* **1** deaden. **2** dull, tone down. **ammortizzatore** (ammortiddza'tore) *nm* shock absorber.
ammucchiare (ammuk'kjare) *vt* pile up, amass.
ammuffire (ammuf'fire) *vi* grow mouldy.
ammutinamento (ammutina'mento) *nm* mutiny

amnistia (amnis'tia) *nf* amnesty.
amo ('amo) *nm* fishhook.
amorale (amo'rale) *adj* amoral
amore (a'more) *nm* love. **amore proprio** self-esteem **fare all'amore** or **l'amore** make love. **amoroso** (amo'roso) *adj* loving. *nm* lover.
ampère (ɑ̃'per) *nm* ampere.
ampio ('ampjo) *adj* ample, vast, spacious. **ampiezza** (am'pjettsa) *nf* breadth, abundance.
amplificare (amplifi'kare) *vt* amplify **amplificatore** *nm* amplifier
amputare (ampu'tare) *vt* amputate **amputazione** *nf* amputation
anacronismo (anakro'nizmo) *nm* anachronism
anagramma (ana'gramma) *nm* anagram.
analcolico (anal'kɔliko) *adj* non-alcoholic
anale (a'nale) *adj* anal
analfabeta (analfa'bɛta) *adj* illiterate. *nm* illiterate person **analfabetismo** *nm* illiteracy
analizzare (analid'dzare) *vt* analyse **analisi** (a'nalizi) *nf invar* analysis. **analitico** (ana'litiko) *adj* analytical
analogo (a'nalogo) *adj* analogous **analogia** *nf* analogy
ananas ('ananas) *nm* pineapple
anarchia (anar'kia) *nf* anarchy **anarchico** (a'narkiko) *nm* anarchist
anatomia (anato'mia) *nf* anatomy **anatomico** (ana'tɔmiko) *adj* anatomical
anatra ('anatra) *nf* duck **anatroccolo** (ana'trɔkkolo) *nm* duckling
anca ('anka) *nf* hip, thigh, haunch
anche ('anke) *conj* 1 also, too 2 moreover 3 even. **quand'anche** even if
ancora[1] ('ankora) *nf* anchor
ancora[2] (an'kora) *adv* 1 still 2 yet 3 more 4 again
andare* (an'dare) *vi* 1 go 2 work, function 3 suit. 4 be popular 5 please, be to one's taste. **a lungo andare** in the long run **andare a finire** end up **va'fan culo!** *tab* fuck off! **va'via!** *tab* piss off! **andarsene** *vr* go away, leave **andante** *adj* current, ordinary **andata** *nf* outward journey **biglietto d'andata e ritorno** *nm* return ticket **andatura** *nf* gait.
andirivieni (andir'vjɛni) *nm invar* coming and going.
andito ('andito) *nm* passageway
andrò (an'drɔ) *v* see **andare.**
aneddoto (a'nɛddoto) *nm* anecdote
anelare (ane'lare) *vi* pant, gasp.
anello (a'nɛllo) *nm* ring. **anello di fidanzamento/matrimonio** engagement/wedding ring.
anemia (ane'mia) *nf* anaemia. **anemico** (a'nɛmiko) *adj* anaemic
anemone (a'nɛmone) *nm* anemone. **anestesista** (aneste'zista) *nm* anaesthetist.
anestetico (anes'tɛtiko) *adj,nm* anaesthetic. **anestetizzare** (anestetid'dzare) *vt* anaesthetize.
anfetamina (anfeta'mina) *nf* amphetamine
anfibio (an'fibjo) *adj* amphibious. *nm* amphibian
angariare (anga'rjare) *vt* harass.
angelica (an'dʒɛlika) *nf* angelica.
angelo ('andʒelo) *nm* angel **angelico** *adj* angelic
anglicano (angli'kano) *adj,n* Anglican.
angolo ('angolo) *nm* 1 corner. 2 angle **angolare** *adj* angular
angoscia (an'gɔʃʃa) *nf* anguish, desolation **angoscioso** (angoʃ'ʃoso) *adj* painful, harrowing
anguilla (an'gwilla) *nf* eel.
anguria (an'gurja) *nf* watermelon
anice ('anitʃe) *nm* aniseed
anima ('anima) *nf* 1 spirit 2 mind 3 soul.
animale (ani'male) *nm* 1 animal 2 brute *adj* animal **animalesco** *adj* bestial.
animare (ani'mare) *vt* 1 enliven 2 encourage **animato** *adj* animated, vivacious.
animo ('animo) *nm* 1 mind. 2 courage
animosità (animosi'ta) *nf* animosity
annacquare (annak'kware) *vt* dilute, water down
annaffiare (annaf'fjare) *vt* water (plants, etc) **annaffiatoio** *nm* watering-can.
annali (an'nali) *nm pl* annals.
annata (an'nata) *nf* 1 year 2 crop.
annebbiare (anneb'bjare) *vt* cloud, obscure **annebbiarsi** *vr* 1 become foggy 2 grow dim
annegare (anne'gare) *vt,vi* drown
annettere* (an'nɛttere) *vt* annex **annettere importanza** attach importance **annesso** *nm* annexe.
annichilare (anniki'lare) *vt* annihilate, destroy
annientare (annjen'tare) *vt* reduce to nothing, destroy.
anniversario (anniver'sarjo) *nm* anniversary
anno ('anno) *nm* year **anno scorso** last year **capo d'anno** *nm* New Year's Day **quanti anni hai?** how old are you?

annodare (anno'dare) *vt* 1 knot, tie. 2 conclude.
annoiare (anno'jare) *vt* 1 bore. 2 annoy. **annoiarsi** *vr* be bored.
annotare (anno'tare) *vt* annotate, note, jot down. **annotazione** *nf* entry, note.
annuario (annu'arjo) *nm* yearbook, directory.
annuire (annu'ire) *vi* nod in assent.
annullare (annul'lare) *vt* annul, cancel. **annullamento** *nm* annulment.
annunciare (annun'tʃare) *vt* 1 announce. 2 foretell. **annunciatore** *nm* announcer **annuncio** *nm* announcement, notice.
Annunciazione (annuntʃæt'tsjone) *nf* Annunciation.
annusare (annu'sare) *vt* sniff, smell. **annusare tabacco** take snuff.
annuvolare (annuvo'lare) *vt* darken. **annuvolarsi** *vr* cloud over, darken.
ano ('ano) *nm* anus.
anodo ('anodo) *nm* anode.
anomalia (anoma'lia) *nf* anomaly.
anonimo (a'nɔnimo) *adj* anonymous. **società anonima** *nf* limited company.
anormale (anor'male) *adj* abnormal. **anormalità** *nf* abnormality.
ansare (an'sare) *vi* puff, pant.
ansia ('ansja) *nf* anxiety. **ansioso** (an'sjoso) *adj* anxious.
antagonismo (antago'nizmo) *nm* antagonism **antagonista** *nm* antagonist.
antartico (an'tartiko) *adj,nm* Antarctic.
antenato (ante'nato) *nm* ancestor.
antenna (an'tenna) *nf* 1 antenna, feeler. 2 aerial.
anteprima (ante'prima) *nf* preview.
anteriore (ante'rjore) *adj* 1 front. 2 previous.
antiabbagliante (antiabbaʎ'ʎante) *adj* antiglare. **faro antiabbagliante** *nm* dipped headlight.
antiaereo (antia'ɛreo) *adj* anti-aircraft.
antibiotico (antibi'ɔtiko) *adj,nm* antibiotic.
anticamera (anti'kamera) *nf* antechamber, waiting room.
antichità (antiki'ta) *nf* antiquity.
anticiclone (antitʃi'klone) *nm* anticyclone.
anticipare (antitʃi'pare) *vt* 1 anticipate. 2 *comm* advance. *vi* be early.
anticipo (an'titʃipo) *nm* 1 anticipation. 2 deposit. **in anticipo** ahead of time.
antico (an'tiko) *adj* 1 ancient. 2 old-fashioned. 3 former.
anticonformista (antikonfor'miesta) *nm* nonconformist.
anticongelante (antikondʒe'lante) *nm* antifreeze.
anticorpo (an'tikɔrpo) *nm* antibody.
antidoto (an'tidoto) *nm* antidote.
antifecondativo (antifekonda'tivo) *adj,nm* contraceptive.
antifurto (anti'furto) *adj* anti-theft.
antilope (an'tilope) *nm* antelope.
antipasto (anti'pasto) *nm* hors d'oeuvre.
antipatia (antipa'tia) *nf* dislike, antipathy. **antipatico** (anti'patiko) *adj* disagreeable, unpleasant.
antiquario (anti'kwarjo) *nm* antique dealer.
antiquato (anti'kwato) *adj* antiquated.
antisemita (antise'mita) *adj* anti-Semitic. **antisemitismo** *nm* anti-Semitism.
antisettico (anti'sɛttiko) *adj,nm* antiseptic.
antisociale (antiso'tʃale) *adj* antisocial.
antitesi (an'titezi) *nf invar* antithesis.
antologia (antolo'dʒia) *nf* anthology.
antro ('antro) *nm* 1 cave. 2 den.
antropologia (antropolo'dʒia) *nf* anthropology. **antropologo** (antri'pɔlogo) *nm* anthropologist.
anulare (anu'lare) *nm* ring finger.
anzi ('antsi) *conj* 1 rather. 2 on the contrary.
anziano (an'tsjano) *adj* 1 old, aged. 2 senior **anzianità** *nf* seniority.
anziché (antsi'ke) *conj* rather than.
anzitutto (antsi'tutto) *adv* first of all.
apatia (apa'tia) *nf* apathy. **apatico** *adj* apathetic.
ape ('ape) *nf* bee.
aperitivo (aperi'tivo) *nm* aperitive.
aperso (a'pɛrsi) *v* see **aprire.**
aperto (a'pɛrto) *v* see **aprire.** *adj* 1 open. 2 frank. **all'aperto** in the open air. **apertura** *nf* opening, gap.
apice ('apitʃe) *nm* summit, height.
apostolo (a'pɔstolo) *nm* apostle, disciple.
apostrofo (a'pɔstrofo) *nm* apostrophe.
appagare (appa'gare) *vt* 1 satisfy. 2 quench.
appaio (ap'pajo) *v* see **apparire.**
appalto (ap'palto) *nm* contract.
appannare (appan'nare) *vt* veil, blur.
apparato (appa'rato) *nm* 1 decoration, pomp. 2 apparatus. 3 equipment. **apparato scenico** props.
apparecchiare (apparek'kjare) *vt* set (the table). **apparecchio** *nm* 1 machine, device, set. 2 aeroplane.

apparenza (appa'rɛntsa) *nf* aspect, appearance. **salvare le apparenze** keep up appearances.
apparire* (appa'rire) *vi* appear, seem. **apparizione** *nf* apparition.
apparsi (ap'parsi) *v* see **apparire.**
apparso (ap'parsi) *v* see **apparire.**
appartamento (apparta'mento) *nm* flat.
appartare (appar'tare) *vt* set aside, separate. **appartato** *adj* secluded.
appartenere* (apparte'nere) *vi* belong.
apparvi (ap'parvi) *v* see **apparire.**
appassionare (appassjo'nare) *vt* enthrall, captivate. **appassionarsi** *vr* grow very fond of.
appena (ap'pena) *adv* **1** hardly, scarcely. **2** as soon as. **appena un po'** just a little.
appendere* (ap'pɛndere) *vt* hang. **appendice** *nf* appendix.
appendicite (appendi'tʃite) *nf* appendicitis.
appesi (ap'pesi) *v* see **appendere.**
appeso (ap'peso) *v* see **appendere.**
appestare (appes'tare) *vt* infect.
appetito (appe'tito) *nm* appetite. **appetitoso** (appeti'toso) *adj* appetizing.
appianare (appja'nare) *vt* **1** flatten, level. **2** settle.
appiccare (appik'kare) *vt* **1** hang. **2** attach.
appiccicare (appittʃi'kare) *vt* stick, glue. **appiccicoso** (appittʃi'koso) *adj* sticky.
appiè (ap'pjɛ) *prep* at the foot.
appigionare (appidʒo'nare) *vt* let.
appisolarsi (appizo'larsi) *vr* doze.
applaudire (applau'dire) *vt* applaud, clap. **applauso** (ap'plauzo) *nm* applause.
applicare (appli'kare) *vt* **1** put on, affix. **2** apply. **applicazione** *nf* application.
appoggiare (appod'dʒare) *vt* lean, rest. **appoggio** (ap'pɔddʒo) *nm* support.
apporre* (ap'porre) *vt* add, affix.
apportare (appor'tare) *vt* bring.
apposito (ap'pɔzito) *adj* suitable, proper.
apposta (ap'pɔsta) *adv* on purpose, deliberately.
apprendere* (ap'prɛndere) *vt* learn. **apprendista** *nm* apprentice.
apprensione (appren'sjone) *nf* apprehension.
apprestare (appres'tare) *vt* prepare.
apprezzare (appret'tsare) *vt* appreciate.
approfittare (approfit'tare) *vi* gain, profit. **approfittarsi di** *vr* take advantage of.
approfondire (approfon'dire) *vt* go into thoroughly.
approssimativo (approssima'tivo) *adj* approximate, rough
approvare (appro'vare) *vt* approve. **approvazione** *nf* approval.
appuntamento (appunta'mento) *nm* appointment.
appuntare (appun'tare) *vt* **1** sharpen. **2** point. **3** fix. **appuntare gli orecchi** prick up one's ears **appuntalapis** (appunta'lapis) *nm invar* pencil-sharpener.
appunto[1] (ap'punto) *nm* **1** note. **2** mark.
appunto[2] (ap'punto) *adv* exactly, precisely
appurare (appu'rare) *vt* verify.
aprile (a'prile) *nm* April
aprire* (a'prire) *vt* **1** open. **2** inaugurate **3** unlock. **4** switch on **apribottiglie** *nm invar* bottle opener **apriscatole** (apris'katole) *nm invar* tin-opener
aquila ('akwila) *nf* eagle **aquilone** (akwi'lone) *nm* kite.
Arabia (a'rabia) *nf* Arabia. **Arabia Saudita** (sau'dita) Saudi Arabia. **arabico** (a'rabiko) *adj* Arabic, Arabian. **arabo** *adj* Arab *nm* **1** Arab **2** Arabic
arachide (a'rakide) *nf* peanut.
aragosta (ara'gosta) *nf* lobster
araldo (a'raldo) *nm* herald **araldico** *adj* heraldic
arancia (a'rantʃa) *nf* **1** *bot* orange. **2** orange (colour) **aranciata** *nf* orangeade **arancio** *nm* orange tree **arancione** *adj* orange-coloured
arare (a'rare) *vt* plough **arabile** *adj* arable **aratro** *nm* plough
arazzo (a'rattso) *nm* tapestry
arbitrare (arbi'trare) *vt* **1** judge. **2** umpire, referee **arbitrario** *adj* arbitrary.
arbitrio (ar'bitrjo) *nm* will. **libero arbitrio** free will **arbitro** *nm* **1** judge, arbitrator. **2** umpire, referee
arbusto (ar'busto) *nm* shrub.
arca ('arka) *nf* ark
arcaico (ar'kaiko) *adj* archaic.
arcata (ar'kata) *nf* **1** arch. **2** arcade.
archeologia (arkeolo'dʒia) *nf* archaeology. **archeologico** (arkeo'lɔdʒiko) *adj* archaeological **archeologo** (arke'ɔlogo) *nm* archaeologist.
archetipo (ar'kɛtipo) *nm* archetype.
architetto (arki'tetto) *nm* architect. **architettura** *nf* architecture
archivio (ar'kivjo) *nm* archive.
arciduca (artʃi'duka) *nm* archduke
arciere (ar'tʃɛre) *nm* archer

arcigno (ar'tʃiɲɲo) *adj* sullen.
arcipelago (artʃi'pɛlago) *nm* archipelago.
arcivescovo (artʃi'veskovo) *nm* archbishop.
arco ('arko) *nm* **1** bow. **2** arch. **3** *pl* string instruments.
arcobaleno (arkoba'leno) *nm* rainbow.
ardere* ('ardere) *vt,vi* burn. **ardente** *adj* burning.
ardesia (ar'dezja) *nf* slate.
ardire (ar'dire) *vi* dare. **ardito** *adj* daring, bold.
arduo ('arduo) *adj* **2** arduous. **2** steep.
area ('area) *nf* area, zone.
arena *nf* **1** (a'rena) sand. **2** (a'rɛna) arena. **2** arena.
arenare (are'nare) *vi* run aground.
argento (ar'dʒɛnto) *nm* silver. **argenteo** (ar'dʒɛnteo) *adj* silvery. **argenteria** *nf* silverware. **argentiere** (ardʒen'tijɛre) *nm* silversmith.
argilla (ar'dʒilla) *nf* clay.
argine ('ardʒine) *nm* dyke.
argomento (argo'mento) *nm* **1** topic, subject, theme. **2** summary.
arguto (ar'guto) *adj* shrewd, quick-witted.
aria ('arja) *nf* **1** air. **2** appearance. **3** melody.
arido ('arido) *adj* arid, dry.
arieggiare (arjed'dʒare) *vt* air.
ariete (a'rjɛte) *nm* **1** ram. **2** *cap* Aries.
aringa (a'ringa) *nf* herring.
aristocrazia (aristokrat'tsia) *nf* aristocracy. **aristocratico** (aristo'kratiko) *adj* aristocratic.
aritmetica (arit'mɛtika) *nf* arithmetic.
armadio (ar'madjo) *nm* **1** wardrobe. **2** cupboard.
armare (ar'mare) *vt* arm. **arma** *nf, pl* **armi** arm, weapon.
armata (ar'mata) *nf* **1** army. **2** fleet.
armonia (armo'nia) *nf* harmony. **armonioso** (armo'njoso) *adj* harmonious. **armonizzare** *vt* harmonize, match.
armonica (ar'mɔnika) *nf* harmonica.
arnese (ar'nese) *nm* tool.
arnia ('arnja) *nf* beehive.
aroma (a'rɔma) *nm* smell, aroma.
arpa ('arpa) *nf* harp.
arrabbiarsi (arrab'bjarsi) *vr* lose one's temper, get angry. **arrabbiato** *adj* angry.
arrampicarsi (arrampi'karsi) *vr* climb.
arrangiare (arran'dʒare) *vt* adjust, arrange. **arrangiarsi** *vr* do the best one can.
arrecare (arre'kare) *vt* **1** cause. **2** bring.
arredare (arre'dare) *vt* furnish, equip. **arredamento** *nm* furnishings. **arredi** (ar'rɛdi) *nm pl* furnishings, fittings.
arrendersi* (arren'dersi) *vr* surrender.
arrestare (arres'tare) *vt* **1** stop. **2** arrest. **arresto** (ar'rɛsto) *nm* arrest.
arretrare (arre'trare) *vi* recoil, withdraw. **arretrato** *adj* **1** underdeveloped. **2** in arrears, behind. *nm* arrears.
arricchire (arrik'kire) *vi* become rich. *vt* enrich, adorn. **arricchirsi** *vr* become rich.
arricciare (arrit'tʃare) *vt* **1** curl. **2** wrinkle.
arrischiare (arris'kjare) *vt* risk, endanger.
arrivare (arri'are) *vi* **1** arrive, reach. **2** manage. **3** happen. **arrivo** *nm* arrival. **ben arrivato!** welcome!
arrivederci (arrive'dertʃi) *interj also* **arrivederla** goodbye!
arrogante (arro'gante) *adj* haughty, arrogant. **arroganza** (arro'gantsa) *nf* arrogance.
arrossire (arros'sire) *vi* blush.
arrostire (arros'tire) *vt* roast. **arrosto** (ar'rɔsto) *nm* roast meat. *adj invar* roast.
arrotolare (arroto'lare) *vt* roll up.
arrotondare (arroton'dare) *vt* make round.
arrovesciare (arroveʃ'ʃare) *vt* **1** overturn. **2** turn inside out.
arruffare (arruf'fare) *vt* ruffle. **arruffarsi** *vr* bristle.
arrugginire (arruddʒi'nire) *vt,vi* rust. **arrugginito** *adj* rusty.
arruolare (arrwo'lare) *vt* enlist. **arruolarsi** *vr* join up, enlist.
arsenale (arse'nale) *nm* **1** shipyard. **2** arsenal.
arsenico (ar'sɛniko) *nm* arsenic.
arsi ('arsi) *v see* **ardere**.
arso ('arso) *v see* **ardere**.
arte ('arte) *nf* **1** art. **2** skill. **artefice** (ar'tefitʃe) *nm* craftsman.
arteria (ar'tɛrja) *nf* **1** artery. **2** main road or line.
artico ('artiko) *adj,nm* Arctic.
articolare (artiko'lare) *vt* pronounce clearly, articulate.
articolo (ar'tikolo) *nm* article. **articolo di fondo** newspaper leader.
artificiale (artifi'tʃale) *adj* artificial, false.
artificio (arti'fitʃo) *nm* **1** skill, cunning. **2** affectation.
artigiano (arti'dʒano) *nm* artisan, craftsman. **artigianato** *nm* **1** small industry. **2** handicraft.
artiglieria (artiʎʎe'ria) *nf* artillery.
artiglio (ar'tiʎʎo) *nm* claw, talon.

artista (ar'tista) *nm* **1** artist. **2** entertainer **artistico** (ar'tistiko) *adj* artistic.
artrite (ar'trite) *nf* arthritis.
asbesto (az'bɛsto) *nm* asbestos.
ascella (aʃ'ʃɛlla) *nf* armpit.
ascensore (aʃʃen'sore) *nm* lift.
ascesa (aʃ'ʃesa) *nf* rise, ascent
ascesso (aʃ'ʃɛsso) *nm* abscess
asceta (aʃ'ʃɛta) *nm* ascetic
ascia ('aʃʃa) *nf* axe, hatchet
asciugare (aʃʃu'gare) *vt,vi* dry, wipe **asciugacapelli** (aʃʃugaka'pelli) *nm invar* hair drier **asciugamano** (aʃʃuga'mano) *nm* towel
asciutto (aʃ'ʃutto) *adj* dry
ascoltare (askol'tare) *vt* **1** listen to **2** understand *vi* listen **ascoltatore** *nm* listener
asfalto (as'falto) *nm* asphalt
Asia ('azia) *nf* Asia **asiatico** *adj,n* Asian
asilo (a'zilo) *nm* **1** refuge, shelter **2** nursery school **asilo politico** political asylum
asino ('asino) *nm* **1** donkey, ass **2** fool
asma ('azma) *nf* asthma
asparago (as'parago) *nm, pl* **asparagi** asparagus
aspettare (aspet'tare) *vt* **1** await, wait for **2** expect **aspettarsi** *vr* suspect, expect **sala d'aspetto** *nf* waiting room
aspetto (as'pɛtto) *nm* look, aspect
aspirare (aspi'rare) *vt* inhale *vi* aspire **aspirapolvere** (aspira'polvere) *nm invar* vacuum cleaner
aspirina (aspi'rina) *nf* aspirin
aspro ('aspro) *adj* **1** bitter **2** harsh, rough **asprezza** (as'prettsa) *nf* harshness, severity
assaggiare (assad'dʒare) *vt* taste, try
assai (as'sai) *adv* **1** enough **2** very, much
assalire* (assa'lire) *vt* attack **assalitore** *nm* assailant **assalto** *nm* attack, assault
assassinare (assassi'nare) *vt* **1** murder, kill **2** ruin **assassinio** *nm* assassination, murder **assassino** *nm* assassin, murderer *adj* murderous
asse[1] ('asse) *nm* axle, axis
asse[2] ('asse) *nf* plank **asse da stiro** ironing-board.
assediare (asse'djare) *vt* **1** beseige **2** beset. **assedio** (as'sɛdjo) *nm* seige
assegnare (asseɲ'ɲare) *vt* assign, attach, allot.
assegno (as'seɲɲo) *nm* **1** allowance. **2** cheque **assegno per viaggiatore** traveller's cheque.
assemblea (assem'blɛa) *nf* meeting, assembly
assembramento (assembra'mento) *nm* meeting, demonstration.
assenso (as'sɛnso) *nm* agreement, assent.
assente (as'sɛnte) *adj* absent. **assenza** *nf* absence
assentire (assen'tire) *vi* assent, approve.
asserire (asse'rire) *vt* affirm, assert.
assestare (asses'tare) *vt* **1** put in order, arrange, settle **2** deliver (blow).
assetato (asse'tato) *adj* thirsty, parched.
assettare (asset'tare) *vt* **1** tidy. **2** adjust. **assetto** (as'sɛtto) *nm* order.
assicurare (assiku'rare) *vt* **1** attach, secure. **2** assure **3** insure **assicurazione** *nf* **1** assurance **2** insurance.
assiduo (as'siduo) *adj* **1** diligent. **2** constant.
assieme (as'sjɛme) *adv* together.
assieparsi (assje'parsi) *vr* crowd round.
assimilare (assimi'lare) *vt* assimilate.
assise (as'size) *nf pl* assizes.
assistere* (as'sistere) *vt* aid, assist. *vi* be present, attend **assistente** (assis'tɛnte) *adj,nm* assistant **assistenza** (assis'tɛntsa) *nf* aid, assistance **assistenza sociale** welfare services.
asso ('asso) *nm* ace **piantare in asso** leave in the lurch
associare (asso'tʃare) *vt* **1** associate. **2** admit. **3** unite **associarsi** *vr* join. **associato** *nm* associate **associazione** *nf* association.
assoggettare (assoddʒet'tare) *vt* subject, control
assolsi (as'sɔlsi) *v* see **assolvere.**
assolto (as'sɔlto) *v* see **assolvere.**
assoluto (asso'luto) *adj* absolute, complete.
assolvere* (as'sɔlvere) *vt* acquit **assoluzione** *nf* acquittal.
assomigliare (assomiʎ'ʎare) *vt* compare. *vi* resemble **assomigliarsi** *vr* resemble one another, look alike
assonnato (asson'nato) *adj* sleepy.
assopirsi (asso'pirsi) *vr* doze
assorbire (assor'bire) *vt* absorb **assorbente** (assor'bɛnte) *adj* absorbent. **assorbente igienico** *nm* sanitary towel **carta assorbente** *nf* blotting paper
assordare (assor'dare) *vt* deafen.
assortire (assor'tire) *vt* **1** arrange **2** stock **assortimento** *nm* assortment **assortito** *adj* assorted
assuefare (assue'fare) *vt* accustom **assuefarsi** *vr* get used to

assumere* (as'sumere) *vt* 1 undertake, assume. 2 employ. 3 raise.
assunsi (as'sunsi) *v see* **assumere.**
assunto (as'sunto) *v see* **assumere.**
Assunzione (assun'tsjone) *nf* Assumption.
assurdo (as'surdo) *adj* absurd.
asta ('asta) *nf* 1 lance. 2 mast, pole. 3 auction. **vendere all'asta** auction.
astante (as'tante) *nm* bystander. **astanteria** *nf* casualty ward.
astenersi* (aste'nersi) *vr* abstain. **astensione** *nf* abstention.
asterisco (aste'risko) *nm* asterisk.
astinenza (asti'nɛntsa) *nf* abstinence.
astio ('astjo) *nm* rancour, resentment. **astioso** (as'tjoso) *adj* spiteful.
astratto (as'tratto) *adj,nm* abstract.
astro ('astro) *nm* star.
astrologia (astrolo'dʒia) *nf* astrology. **astrologo** (as'trɔlogo) *nm, pl* **astrologi** astrologer
astronauta (astro'nauta) *nm* astronaut.
astronomia (astrono'mia) *nf* astronomy. **astronomico** (astro'nɔmiko) *adj* astronomical.
astronomo (as'trɔnomo) *nm* astronomer.
astuccio (as'tuttʃo) *nm* box, case.
astuto (as'tuto) *adj* cunning, astute. **astuzia** (as'tuttsja) *nf* cunning, guile.
Atene (a'tene) *nf* Athens.
ateo ('ateo) *nm* atheist. **ateismo** *nm* atheism.
atlante (a'tlante) *nm* atlas.
atlantico (a'tlantiko) *adj* Atlantic. **(Oceano) Atlantico** *nm* Atlantic (Ocean).
atleta (a'tlɛta) *nm* athlete. **atletica** (at'lɛtika) *nf* athletics. **atletico** (a'tlɛtiko) *adj* athletic.
atmosfera (atmos'fɛra) *nf* atmosphere. **atmosferico** (atmo'sfɛriko) *adj* atmospheric.
atomo ('atomo) *nm* atom. **atomico** (a'tɔmiko) *adj* atomic.
atrio ('atrjo) *nm* hall, entrance.
atroce (a'trotʃe) *adj* terrible, atrocious. **atrocità** *nf* atrocity.
attaccare (attak'kare) *vt* 1 attach, hang. 2 attack. 3 begin. *vi* stick. **attaccabrighe** *nm invar* quarrelsome person. **attaccapanni** *nm invar* hanger, peg. **attacco** *nm* attack.
attecchire (attek'kire) *vi* take root.
atteggiare (atted'dʒare) *vt* pose, arrange. **atteggiamento** *nm* 1 pose. 2 attitude.
attempato (attem'pato) *adj* elderly.
attendere* (at'tɛndere) *vt* await, wait for. *vi* apply oneself, attend to. **attendibile** (atten'dibile) *adj* reliable.
attentato (atten'tato) *nm* 1 assassination attempt. 2 outrage.
attento (at'tɛnto) *adj* careful, attentive, close.
attenzione (atten'tsjone) *nf* attention.
attergare (atter'gare) *vt* endorse.
atterrare (atter'rare) *vi* land. **atterraggio** *nm* landing, touchdown.
attesa (at'tesa) *nf* wait, delay.
attestare (attes'tare) *vt* testify, declare. **attestato** *nm* certificate.
attiguo (at'tiguo) *adj* adjacent, next.
attimo ('attimo) *nm* moment.
attirare (atti'rare) *vt* attract.
attitudine[1] (atti'tudine) *nf* aptitude
attitudine[2] (atti'tudine) *nf* attitude.
attivare (atti'vare) *vt* activate, start.
attivo (at'tivo) *adj* active. *nm* assets **attività** *nf* activity.
attizzare (attit'tsare) *vt* 1 poke (fire). 2 incite.
atto[1] ('atto) *nm* act, action. **mettere in atto** put into effect.
atto[2] ('atto) *adj* suitable, apt.
attonito (at'tɔnito) *adj* surprised, amazed.
attorcigliare (attortʃiʎ'ʎare) *vt* twist, coil.
attore (at'tore) *nm* actor.
attorniare (attor'njare) *vt* surround, encircle.
attorno (at'torno) *adv* around. **attorno a** *prep* around.
attrarre (at'trarre) *vt* attract. **attraente** (attra'ɛnte) *adj* attractive. **attrazione** *nf* attraction.
attraversare (attraver'sare) *vt* cross. **attraverso** (attra'vɛrso) *prep* 1 across. 2 through.
attrezzo (at'trettso) *nm* tool, piece of equipment.
attribuire (attribu'ire) *vt* assign, attribute. **attributo** *nm* attribute.
attrice (at'tritʃe) *nf* actress.
attrito (at'trito) *nm* friction.
attuale (attu'ale) *adj* present, current. **attualmente** *adv* at this moment.
attualità (attuali'ta) *nf* 1 tropical subject. 2 *pl* news.
attuare (attu'are) *vt* 1 bring into being. 2 carry out.
attuario (attu'arjo) *nm* actuary.
audace (au'datʃe) *adj* bold, fearless. **audacia** *nf* boldness, daring.
audiovisuale (audjovizu'ale) *adj* audiovisual.
auditorio (audi'tɔrjo) *nm* hall, auditorium.
audizione (audit'tsjone) *nf* 1 hearing. 2 audition.

augurare (augu'rare) *vt* wish. **augurio** (au'gurjo) *nm* **1** wish **2** *pl* best wishes.
aula ('aula) *nf* hall **aula scolastica** classroom
aumentare (aumen'tare) *vt,vi* increase, augment **aumento** *nm* increase.
aureola (au'rɛola) *nf* halo.
aurora (au'rɔra) *nf* daybreak
ausiliare (auzi'ljare) *adj,n* auxiliary **ausiliario** (auzi'ljarjo) *adj* auxiliary
austero (aus'tɛro) *adj* austere, severe
Australia (aus'tralja) *nf* Australia **australiano** *adj,n* Australian
Austria ('austria) *nf* Austria **austriaco** *adj,n* Austrian
autentico (au'tɛntiko) *adj* real, genuine, authentic.
autista (au'tista) *nm* chauffeur
autistico (au'tistiko) *adj* autistic
auto ('auto) *nf invar* car
autobiografia (autobiogra'fia) *nf* autobiography
autoblinda (auto'blinda) *nf* armoured car
autobus ('autobus) *nm* bus.
autocarro (auto'karro) *nm* lorry
automa (au'tɔma) *nm* automaton
automatico (auto'matiko) *adj* automatic
automezzo (auto'mɛddzo) *nm* vehicle
automobile (auto'mɔbile) *nf* car
autonomo (au'tɔnomo) *adj* autonomous **autonomia** (autono'mia) *nf* autonomy
autopsia (autop'sia) *nf* post-mortem
autore (au'tore) *nm* author, composer
autorevole (auto'revole) *adj* authoritative
autorimessa (autori'messa) *nf* garage
autorità (autori'ta) *nf* authority
autoritratto (autori'tratto) *nf* self-portrait
autorizzare (autorid'dzare) *vt* authorize
autostop (autos'tɔp) *nm invar* hitch-hiking **fare l'autostop** hitch
autostrada (autos'trada) *nf* motorway
autotrasporto (autotras'pɔrto) *nm* road transport.
autoveicolo (autove'ikolo) *nm* vehicle
autunno (au'tunno) *nm* autumn
avambraccio (avam'brattʃo) *nm* forearm
avanguardia (avan'gwardja) *nf* **1** vanguard **2** forefront
avanti (a'vanti) *adv* before, ahead *prep* before **avantieri** (avan'tjɛri) *adv* the day before yesterday.
avanzare (avan'tsare) *vt* **1** advance **2** promote **3** precede **4** lend **5** put aside. *vi* **1** proceed **2** be left over **avanzarsi** *vr* approach, near
avanzo (a'vantso) *nm* **1** remainder **2** *pl* leftovers
avaro (a'varo) *adj* mean **avarizia** (ava'rittsja) *nf* meanness
avemmo (a'vemmo) *v* see **avere.**
avena (a'vena) *nf* oats
avere* (a'vere) *vt* **1** have **2** possess **3** get. **4** wear **5** be *v aux* have **avercela con uno** have something against someone **avere da** have to ~*nm* **1** property **2** *pl* possessions
aveste (a'veste) *v* see **avere.**
avesti (a'veste) *v* see **avere.**
avete (a'vete) *v* see **avere.**
avevo (a'vevo) *v* see **avere.**
aviazione (avjat'tsjone) *nf* **1** aviation **2** Air Force **aviatore** *nm* airman, pilot
avido ('avido) *adj* **1** greedy **2** eager **avidità** *nf* greed
avo ('avo) *nm* ancestor
avocado (avo'kado) *nm invar* avocado
avorio (a'vɔrjo) *nm* ivory
avrei (a'vrɛi) *v* see **avere.**
avrò (a'vro) *v* see **avere.**
avuto (a'vuto) *v* see **avere.**
avvampare (avvam'pare) *vi* flare up, burn
avvantaggiare (avvantad'dʒare) *vt* favour **avvantaggiarsi** *vr* profit, make use
avvedersi* (avve'dersi) *vr* become aware, realize
avvelenare (avvele'nare) *vt* poison
avvenire* (avve'nire) *vi* happen, occur *nm* future **avvenimento** *nm* event, happening.
avventato (avven'tato) *adj* rash, imprudent
avventurare (avventu'rare) *vt* risk **avventurarsi** *vr* venture **avventura** *nf* adventure
avverbio (av'vɛrbjo) *nm* adverb
avversario (avver'sarjo) *nm* opponent, adversary
avversione (avver'sjone) *nf* dislike, repugnance, aversion **avverso** (av'vɛrso) *adj* adverse, hostile
avvertire (avver'tire) *vt* **1** inform. **2** warn. **avvertenza** (avver'tɛntsa) *nf* **1** attention. **2** foreword **3** *pl* instructions. **avvertimento** (avverti'mento) *nm* warning
avvezzare (avvet'tsare) *vt* accustom. **avvezzarsi** *vr* become accustomed **avvezzo** (av'vettso) *adj* accustomed
avviare (avvi'are) *vt* **1** start, begin **2** direct **avviarsi** *vr* set out **avviamento** *nm* start

avvicinare (avvitʃi'nare) *vt* approach, bring near. **avvicinarsi** *vr* 1 approach. 2 resemble.
avvilire (avvi'lire) *vt* humiliate. **avvilirsi** *vr* 1 humble oneself. 2 lose heart. **avvilimento** *nm* 1 despondency. 2 degradation.
avviluppare (avvilup'pare) *vt* wrap up.
avvincere (av'vintʃere) *vt* 1 bind. 2 attract.
avvisare (avvi'zare) *vt* 1 announce, inform. 2 warn, advise. **avviso** *nm* 1 announcement. 2 opinion 3 warning.
avvizzire (avvit'tsire) *vi* wither, fade.
avvocato (avvo'kato) *nm* lawyer.
avvolgere (av'vɔldʒere) *vt* 1 roll up. 2 cover.
avvoltoio (avvol'tojo) *nm* vulture.
azalea (addza'lɛa) *nf* azalea.
azienda (ad'dzjɛnda) *nf* business, firm.
azione (at'tsjone) *nf* 1 action. 2 *comm* share **azionista** *nm* shareholder.
azoto (ad'dzɔto) *nm* nitrogen.
azzardare (addzar'dare) *vt,vi* risk, attempt. **azzardarsi** *vr* dare. **azzardo** *nm* 1 risk. 2 chance.
azzuffarsi (attsuf'farsi) *vr* fight, come to blows
azzurro (ad'dzurro) *adj* blue.

B

babbo ('babbo) *nm inf* dad, daddy.
babbuino (babbu'ino) *nm* baboon.
babordo (ba'bordo) *nm naut* port.
bacca ('bakka) *nf* berry.
baccalà (bakka'la) *nm invar* dried cod.
baccano (bak'kano) *nm* din, uproar.
baccarà (bakka'ra) *nm* baccarat.
baccelliere (battʃel'ljɛre) *nm educ* bachelor.
baccello (bat'tʃɛllo) *nm* pod.
bacchetta (bak'ketta) *nf* 1 stick, baton. 2 wand.
baciare (ba'tʃare) *vt* kiss. **bacio** *nm* kiss.
bacino (ba'tʃino) *nm* 1 basin. 2 dock.
baco ('bako) *nm* 1 worm. 2 maggot.
badare (ba'dare) *vi* take care, pay attention. **badare ai fatti suoi** mind one's own business.
badessa (ba'dessa) *nf* abbess.
badia (ba'dia) *nf* abbey.
baffi ('baffi) *nm pl* 1 moustache. 2 whiskers. **leccarsi i baffi** lick one's lips.
bagaglio (ba'gaʎʎo) *nm* baggage, luggage. **fare i bagagli** pack.
bagattella (bagat'tɛlla) *nf* trinket, trifle.
bagliore (baʎ'ʎore) *nm* 1 dazzling light. 2 flash, ray.
bagnare (baɲ'ɲare) *vt* 1 wet. 2 bathe. **bagnarsi** *vr* 1 bathe. 2 get soaked. **bagnato** *adj* soaked.
bagnino (baɲ'ɲino) *nm* bathing attendant.
bagno ('baɲɲo) *nm* 1 bath. 2 bathroom. **fare il bagno** 1 take a bath. 2 go for a bathe. **mettere a bagno** soak.
baia ('baja) *nf geog* bay.
baio ('bajo) *adj* bay. *nm* bay horse.
baionetta (bajo'netta) *nf* bayonet.
balbettare (balbet'tare) *vi* stutter, stammer. *vt* mutter, mumble. **balbuzie** (bal'buttsje) *nf invar* stammer.
balcone (bal'kone) *nm* balcony.
baldacchino (baldak'kino) *nm* canopy.
baldanza (bal'dantsa) *nf* 1 audacity. 2 self-confidence **baldanzoso** (baldan'tsoso) *adj* daring, bold.
baldoria (bal'dɔrja) *nf* merrymaking. **fare baldoria** make merry.
balena (ba'lena) *nf* whale.
balenare (bale'nare) *vi* 1 flash lightning. 2 flash. **baleno** *nm* flash of lightning. **in un baleno** in a moment.
balia[1] ('balja) *nf* nurse.
balia[2] (ba'lia) *nf* power, authority.
balistica (ba'listika) *nf* ballistics. **balistico** (ba'listiko) *adj* ballistic.
balla ('balla) *nf* bale.
ballare (bal'lare) *vt* dance. *vi* 1 dance. 2 sway. **via la gatta i topi ballano** when the cat's away the mice will play.
ballata (bal'lata) *nf* ballad.
ballerina (balle'rina) *nf* ballerina. **ballerino** *nm* dancer.
balletto (bal'letto) *nm* ballet.
ballo ('ballo) *nm* dance, ball.
balneare (balne'are) *adj* seaside.
balocco (ba'lɔkko) *nm* toy, plaything.
balordo (ba'lordo) *adj* foolish, stupid.
baltico ('baltiko) *adj* Baltic. (**Mare**) **Baltico** *nm* Baltic (Sea).
balzare (bal'tsare) *vi* 1 jump. 2 bounce. **balzo** *nm* 1 bounce. 2 crag.
bambagia (bam'badʒa) *nf also* **bambagio** *nm* cottonwool.
bambinaia (bambi'naja) *nf* children's nurse.
bambino (bam'bino) *nm* 1 baby. 2 child, little boy.
bambola ('bambola) *nf* doll.
bambù (bam'bu) *nm invar* bamboo plant.
banale (ba'nale) *adj* trivial, banal.

banana (ba'nana) *nf* banana. **banano** *nm* banana tree.
banca ('banka) *nf comm* bank. **biglietto di banca** *nm* banknote. **banchiere** (ban'kjɛre) *nm* banker.
bancarella (banka'rɛlla) *nf* stall, barrow.
bancarotta (banka'rotta) *nf* bankruptcy.
banchetto (ban'ketto) *nm* banquet.
banchina (ban'kina) *nf* **1** quay. **2** platform
banco ('banko) *nm* **1** bench. **2** counter **3** (in gambling) bank. **4** *geog* bank, reef **banconota** (banko'nɔta) *nf* banknote.
banda[1] ('banda) *nf* side **lasciare da banda** leave aside.
banda[2] ('banda) *nf* band, stripe.
banda[3] ('banda) *nf* band, group.
bandiera (ban'djɛra) *nf* flag.
bandire (ban'dire) *vt* **1** announce, proclaim. **2** banish, exile. **bando** *nm* **1** announcement. **2** ban. **3** banishment. **bandito** *nm* bandit, outlaw.
bangio ('bandʒo) *nm* banjo.
bar (bar) *nm invar* **1** bar, cafe. **2** cocktail cabinet. **barista** *nm* barman. *nf* barmaid.
bara ('bara) *nf* coffin.
baracca (ba'rakka) *nf* hut. **stentare a mandare avanti la baracca** have difficulty in making ends meet.
barattare (barat'tare) *vt* **1** exchange. **2** barter.
barattolo (ba'rattolo) *nm* **1** jar, pot. **2** tin, can.
barba ('barba) *nf* beard. **farsi la barba** shave. **barbuto** *adj* bearded.
barbabietola (barba'bjɛtola) *nf* beetroot.
barbaro ('barbaro) *adj,nm* barbarian.
barbiere (bar'bjɛre) *nm* barber
barbiturato (barbitu'rato) *nm* barbiturate.
barca ('barka) *nf* boat. **barca a remi/vela** rowing/ sailing boat.
barcollare (barkol'lare) *vi* stagger, totter.
bardare (bar'dare) *vt* harness. **bardatura** *nf* harness.
barella (bar'rɛlla) *nf* stretcher.
barile (ba'rile) *nm* barrel, cask.
baritono (ba'ritono) *adj,nm* baritone.
barlume (bar'lume) *nm* glimmer, gleam.
barometro (ba'rɔmetro) *nm* barometer
barone (ba'rone) *nm* baron. **baronessa** *nf* baroness.
barricare (barri'kare) *vt* barricade. **barricata** *nf* barricade.
barriera (bar'rjɛra) *nf* **1** barrier. **2** gate. **3** fence.
baruffa (ba'ruffa) *nf* scuffle, brawl
barzelletta (bardzel'letta) *nf* joke.
basare (ba'zare) *vt* base, found
bascula ('baskula) *nf* weighing machine
base ('baze) *nf* **1** base. **2** basis, foundation **in base a** on the basis of
basetta (ba'zetta) *nf* sideburn, whisker
basilica (ba'zilika) *nf* basilica
basilico (ba'ziliko) *nm* basil
basso ('basso) *adj* **1** low **2** short in stature **3** shallow **4** vulgar, shameful *nm* **1** bottom **2** *mus* bass.
bassofondo (basso'fondo) *nm* shallow, sandbank **bassifondi** *nm pl* underworld, slums
bastardo (bas'tardo) *adj,nm* **1** bastard **2** *zool* mongrel
bastare (bas'tare) *vi* **1** be enough or sufficient **2** last. **basta!** *interj* enough!
bastonare (basto'nare) *vt* beat, cane.
bastone (bas'tone) *nm* **1** stick, cane **2** *pl game* clubs. **bastone da passeggio** walking stick **mettere un bastone tra le ruote** put a spoke in the wheel **bastoncino** (baston'tʃino) *nm* little stick.
battaglia (bat'taʎʎa) *nf* battle
battaglione (battaʎ'ʎone) *nm* battalion
battello (bat'tɛllo) *nm* boat, steamer
battere ('battere) *vt* **1** beat, strike **2** defeat, beat. *vi* beat, knock **battere a macchina** type **battere le mani** clap one's hands. **in un batter d'occhio** in a flash.
batteri (bat'tɛri) *nm pl* bacteria.
batteria (batte'ria) *nf* **1** *mil* battery. **2** set.
battesimo (bat'tezimo) *nm* baptism, christening. **battezzare** (batted'dzare) *vt* baptize, christen.
battibaleno (battiba'leno) **in un battibaleno** *adv* in an instant.
battistero (battis'tɛro) *nm* baptistry.
battitore (batti'tore) *nm* **1** *sport* server. **2** batsman.
battuta (bat'tuta) *nf* **1** blow **2** witty remark. **3** *sport* service.
batuffolo (ba'tuffolo) *nm* wad.
baule (ba'ule) *nm* (luggage) trunk.
bava ('bava) *nf* **1** dribble. **2** foam.
bavaglino (bavaʎ'ʎino) *nm* bib.
bavaglio (ba'vaʎʎo) *nm* gag.
bavero ('bavero) *nm* coat collar
bazzicare (battsi'kare) *vt* frequent.
beatitudine (beati'tudine) *nf* beatitude **Sua Beatitudine** His Holiness

beato (be'ato) *adj* 1 happy. 2 blessed **beato te!** lucky you!
beccaccia (bek'kattʃa) *nf* woodcock **beccaccino** (bekkat'tʃino) *nm* snipe.
beccare (bek'kare) *vt* 1 peck (food). 2 peck, nip. 3 get, catch **beccarsi** *vr* obtain. **beccamorti** (bekka'mɔrti) *nm invar* gravedigger **becco** *nm* 1 beak. 2 point. 3 nib.
becchime (bek'kime) *nm* bird food.
becchino (bek'kino) *nm* gravedigger
befana (be'fana) *nf* 1 old woman supposed to bring gifts to children on the feast of the Epiphany 2 ugly old woman 3 Epiphany.
beffare (bef'fare) *vt* mock, ridicule **beffarsi di** *vr* make fun of **beffa** ('bɛffa) *nf* 1 mockery 2 practical joke.
begli ('bɛʎʎi) *adj* see **bello.**
bei ('bɛi) *adj* see **bello.**
bel (bɛl) *adj* see **bello.**
belare (be'lare) *vi* bleat
Belgio ('bɛldʒo) *nm* Belgium **belga** ('bɛlga) *adj,n* Belgian.
belletto (bel'letto) *nm* make-up
bello ('bɛllo) *adj* **bello, bel** *ms* **bella** *fs* **belli, bei, begli** *m pl* **belle** *f pl* beautiful, handsome, lovely, fine **bell'e fatto** well and truly done **bellezza** (bel'lettsa) *nf* beauty **bellino** *adj* pretty.
benché (ben'ke) *conj* although
bendare (ben'dare) *vt* 1 bind, bandage 2 blindfold **benda** ('bɛnda) *nf* 1 bandage 2 blindfold.
bene ('bɛne) *nm* 1 good 2 *pl* goods, possessions *adv* well **voler bene** love, be fond of.
benedire* (bene'dire) *vt* bless **benedetto** (bene'detto) *adj* holy, blessed
beneducato (benedu'kato) *adj* well-mannered
beneficenza (benefi'tʃɛntsa) *nf* charity
beneficio (bene'fitʃo) *nm* 1 benefit 2 profit
benessere (be'nɛssere) *nm* well-being, welfare
benestante (benes'tante) *adj* well-to-do
benevolo (be'nɛvolo) *adj* well-disposed, kindly **benevolenza** (benevo'lɛntsa) *nf* goodwill, benevolence
beninteso (benin'teso) *adv* of course
benvenuto (benve'nuto) *nm* welcome **dare il benvenuto** welcome
benzina (ben'dzina) *nf* petrol
bere* ('bere) *vt* drink
bernoccolo (ber'nɔkkolo) *nm* bump, lump
berretto (ber'retto) *nm* cap, beret
berrò (ber'rɔ) *v* see **bere.**
bersaglio (ber'saʎʎo) *nm* target.
bestemmia (bes'temmja) *nf* curse, oath. **bestemmiare** *vi* curse, swear.
bestia ('bestja) *nf* 1 beast, animal 2 ignoramus **bestiale** *adj* bestial, brutal.
bestiame (bes'tjame) *nm* livestock.
betoniera (beto'njɛra) *nf* cement-mixer
bettola ('bettola) *nf* pub.
betulla (be'tulla) *nf* birch tree
bevanda (be'vanda) *nf* drink, beverage
bevo ('bevo) *v* see **bere.**
bevuto (be'vuto) *v* see **bere.**
bevvi ('bevvi) *v* see **bere.**
biada ('bjada) *nf* 1 fodder 2 *pl* crops.
biancheria (bjanke'ria) *nf* household linen
bianco ('bjanko) *adj,nm* white **lasciare in bianco** leave blank **pesce in bianco** *nm* boiled fish **riso in bianco** *nm* boiled rice, usually with butter **biancospino** (bjanko'spino) *nm* hawthorn
biascicare (bjaʃʃi'kare) *vt* 1 chew. 2 mumble
biasimare (bjazi'mare) *vt* blame **biasimo** ('bjazimo) *nm* blame.
Bibbia ('bibbja) *nf* Bible
bibita ('bibita) *nf* drink, beverage
biblico ('bibliko) *adj* biblical
bibliografia (bibljogra'fia) *nf* bibliography.
biblioteca (bibljo'tɛka) *nf* library **bibliotecario** *nm* librarian
bicchiere (bik'kjɛre) *nm* glass
bicicletta (bitʃi'kletta) *nf* bicycle
bicipite (bi'tʃipite) *nm* biceps
bidè (bi'dɛ) *nm* bidet
bidone (bi'done) *nm* drum, bin
bieco ('bjɛko) *adj* (of a glance or expression) threatening
biennale (bien'nale) *adj* two yearly *nf* two yearly event
bietta ('bjetta) *nf* wedge
biforcarsi (bifor'karsi) *vr* branch off, fork
bigamia (biga'mia) *nf* bigamy **bigamo** *nm* bigamist *adj* bigamous
bighellonare (bigello'nare) *vi* saunter, idle
bigio ('bidʒo) *adj,nm* grey **pane bigio** *nm* brown bread
bigliardo (biʎ'ʎardo) *nm* 1 billiard table 2 game of billiards **bigliardino** *nm* pinball machine
biglietto (biʎ'ʎetto) *nm* 1 note, card 2 ticket 3 banknote **biglietto d'ingresso** platform tic-

ket. **bigliettaio** *nm* ticket collector. **biglietteria** *nf* ticket office.
bigodino (bigo'dino) *nm* (hair) roller.
bigotto (bi'gɔtto) *adj* bigoted. *nm* bigot.
bilancia (bi'lantʃa) *nf* **1** scales. **2** *cap* Libra. **bilanciare** *vt* **1** balance. **2** weigh.
bilancio (bi'lantʃo) *nm* **1** budget. **2** balance sheet.
bilingue (bi'lingwe) *adj* bilingual.
bimbo ('bimbo) *nm* child.
binario (bi'narjo) *nm* **1** railway track or line **2** platform.
binocolo (bi'nɔkolo) *nm* binoculars
biografia (biogra'fia) *nf* biography **biografico** (bio'grafiko) *adj* biographical
biologia (biolo'dʒia) *nf* biology **biologico** (bio'lɔdʒiko) *adj* biological **biologo** (bi'ɔlogo) *nm* biologist.
biondo ('bjondo) *adj,nm* blond.
birbante (bir'bante) *nm* rascal
birbone (bir'bone) *nm* rogue.
birichino (biri'kino) *adj* naughty *nm* mischievous child.
birillo (bi'rillo) *nm* skittle.
Biro ('biro) *nf invar Tdmk* Biro
birra ('birra) *nf* beer
bis (bis) *adv, interj* encore
bisaccia (bi'zattʃa) *nf* knapsack
bisbigliare (bisbiʎ'ʎare) *vt,vi* whisper **bisbiglio** *nm* whisper
biscia ('biʃʃa) *nf* snake
biscotto (bi'skɔtto) *nm* biscuit
bisestile (bizes'tile) **anno bisestile** *nm* leap year
bisognare (bizoɲ'ɲare) *v imp* **1** be necessary must **2** need **bisogno** *nm* need, want **avere bisogno di** need
bistecca (bis'tekka) *nf* steak
bisticciare (bistit'tʃare) *vi* quarrel, argue **bisticcio** *nm* **1** quarrel **2** pun
bistrattare (bistrat'tare) *vt* ill-treat
bivio ('bivjo) *nm* junction, fork
bizzarro (bid'dzarro) *adj* odd, strange
blandire (blan'dire) *vt* entice
blando ('blando) *adj* **1** mild **2** gentle
blatta ('blatta) *nf* cockroach
blindare (blin'dare) *vt* armour
bloccare *nm* (blok'kare) *vt* block **blocco** *nm* **1** block, lump **2** blockade **3** notepad
blu (blu) *adj,nm* blue
blusa ('bluza) *nf* blouse
boa ('bɔa) *nf* buoy
bobina (bo'bina) *nf* bobbin, spool.
bocca ('bokka) *nf* **1** mouth. **2** opening. **a bocca aperta** open-mouthed. **in bocca al lupo!** good luck! **boccata** *nf* mouthful. **boccone** *nm* mouthful, bite
boccale (bok'kale) *nm* jug.
boccia ('bɔttʃa) *nf* **1** bud. **2** decanter. **3** *sport* bowl
bocciare (bot'tʃare) *vt* fail **essere bocciato** fail
boccio ('bɔttʃo) *nm* bud
bocconi (bok'koni) *adv* face downwards, flat on one's face
boia ('bɔja) *nm invar* executioner
boicottare (boikot'tare) *vt* boycott
bolla ('bolla) *nf* **1** bubble **2** blister.
bollare (bol'lare) *vt* stamp, seal
bolletta (bol'letta) *nf* receipt, note **bollettino** (bollet'tino) *nm* **1** bulletin **2** receipt
bollire (bol'lire) *vt,vi* boil **bollito** *nm* boiled beef **bollitore** *nm* kettle.
bollo ('bollo) *nm* seal, stamp
bolognese (boloɲ'ɲese) *adj* Bolognese **alla bolognese** with meat sauce
bomba ('bomba) *nf* bomb.
bombardare (bombar'dare) *vt* bombard, bomb
bombetta (bom'betta) *nf* bowler hat
bombola ('bombola) *nf* cylinder
bonario (bo'narjo) *adj* good-natured **bonarietà** *nf* kindliness
bontà (bon'ta) *nf* goodness, kindness
borbottare (borbot'tare) *vt* mutter *vi* rumble
bordello (bor'dɛllo) *nm* **1** brothel **2** uproar
bordo ('bordo) *nm* **1** side (of a ship) **2** edge, border **a bordo** on board **giornale di bordo** *nm* ship's log
borghese (bor'gese) *adj* bourgeois **borghesia** *nf* middle class
borgo ('borgo) *nm* **1** village **2** suburb
boria ('bɔrja) *nf* arrogance, pride **borioso** (bo'rjoso) *adj* haughty
borotalco (boro'talko) *nm* talcum powder
borsa[1] ('borsa) *nf* bag, purse **borsa di studio** *educ* grant
borsa[2] (borsa) *nf* stock exchange **borsanera** (borsa'nera) *nf* black market
bosco ('bɔsko) *nm* wood, forest
botanica (bo'tanika) *nf* botany **botanico** *adj* botanical *nm* botanist
botta ('bɔtta) *nf* blow, knock **dare le botte a** spank
botte ('botte) *nf* cask, barrel.

bottega (bot'tega) *nf* **1** shop. **2** workshop. **bottegaio** (botte'gajo) *nm* shopkeeper.
bottiglia (bot'tiʎʎa) *nf* bottle.
bottone (bot'tone) *nm* **1** button. **2** knob, button. **3** bud.
boxe (bɔks) *nf* boxing
bozza ('bɔttsa) *nf* draft, rough sketch. **bozzetto** (bot'tsetto) *nm* outline, sketch.
bozzolo ('bɔttsolo) *nm* cocoon.
braccetto (brat'tʃetto) **a braccetto** *adv* arm in arm.
braccialetto (brattʃa'letto) *nm* bracelet
bracciante (brat'tʃante) *nm* workman, labourer
braccio ('brattʃo) *nm* **1** *pl* **braccia** *f anat* arm. **2** *pl* **bracci** *m* arm, wing **bracciuolo** (brat'tʃɔlo) *nm* arm rest.
braciola (bra'tʃɔla) *nf cul* chop.
bramare (bra'mare) *vt* desire.
branchia ('brankja) *nf zool* gill.
branco ('branko) *nm* flock, herd.
brancolare (branko'lare) *vi* grope.
branda ('branda) *nf* camp bed.
brandello (bran'dɛllo) *nm* tatter, rag. **a brandelli** in shreds.
brano ('brano) *nm* **1** scrap, shred. **2** extract, passage.
branzino (bran'dzino) *nm zool* bass.
Brasile (bra'zile) *nm* Brazil. **brasiliano** *adj,n* Brazilian.
bravo ('bravo) *adj* **1** good, competent **2** skilful **3** honest *interj* well done! **su** or **da bravo!** there's a good boy!
breccia ('brettʃa) *nf* breach
Bretagna (bre'taɲɲa) *nf* Brittany. **bretone** *adj,n* Breton
bretelle (bre'tɛlle) *nf pl* braces
breve ('brɛve) *adj* short, brief. **brevità** *nf* brevity.
brevetto (bre'vetto) *nm* **1** patent. **2** licence.
brezza ('breddza) *nf* breeze.
bricco ('brikko) *nm* jug.
briccone (brik'kone) *nm* rascal, scamp.
briciola ('britʃola) *nf* crumb.
bridge (bridʒ) *nm game* bridge.
briga ('briga) *nf* quarrel, trouble.
brigadiere (briga'djɛre) *nm* **1** brigadier. **2** sergeant.
brigante (bri'gante) *nm* bandit, robber.
brigata (bri'gata) *nf* **1** company, group. **2** brigade.
briglia ('briʎʎa) *nf* bridle.
brillare (bril'lare) *vi* shine, glitter, sparkle. **brillante** *adj* brilliant. *nm* diamond.
brindare (brin'dare) *vi* toast, drink someone's health.
brindello (brin'dɛllo) *nm* rag, tatter.
brindisi ('brindizi) *nm invar* toast. **fare un brindisi** drink a toast.
brio ('brio) *nm* gaiety, vivacity.
brivido ('brivido) *nm* shiver. **fare venire i brividi a qualcuno** give someone the creeps.
brocca ('brɔkka) *nf* jug.
broccolo ('brɔkkolo) *nm* broccoli.
brodo ('brɔdo) *nm* soup, broth.
broglio ('brɔʎʎo) *nm* malpractice
bronchite (bron'kite) *nf* bronchitis.
broncio ('brontʃo) *nm* pout, sulk.
brontolare (bronto'lare) *vi* grumble, mutter.
bronzo ('brondzo) *nm* bronze.
bruciapelo (brutʃa'pelo) **a bruciapelo** *adv* pointblank.
bruciare (bru'tʃare) *vt* burn, set fire to. *vi* burn, blaze. **bruciato** *adj* burnt.
bruco ('bruko) *nm* caterpillar.
brughiera (bru'gjɛra) *nf* moor.
brulicare (bruli'kare) *vi* swarm, teem.
bruno ('bruno) *adj* brown, dark-haired. *nm* brown. **bruna** *nf* brunette.
brusco ('brusko) *adj* **1** sharp. **2** rough. **3** brusque.
brusio (bru'zio) *nm* buzz, bustle.
bruto ('bruto) *adj,nm* brute. **brutale** *adj* brutal. **brutalità** *nf* brutality.
brutto ('brutto) *adj* **1** ugly **2** bad, unpleasant. **fare brutta figura** disgrace oneself
buca ('buka) *nf* hole, cavity, pit. **buca delle lettere** letter-box.
bucaneve (buk'aneve) *nf* snowdrop.
bucare (bu'kare) *vt* **1** pierce, **2** punch (ticket). *vi* get a puncture. **avere le mani bucate** be a spendthrift.
bucato (bu'kato) *nm* washing, laundry.
buccia ('buttʃa) *nf* peel, skin, rind.
buco ('buko) *nm* hole.
buddismo (bud'dizmo) *nm* Buddhism. **buddista** *nm* Buddhist
budello (bu'dɛllo) *nm,pl* **budella** *f* intestine, bowel.
budino (bu'dino) *nm* pudding.
bue ('bue) *nm,pl* **buoi** ox
bufalo ('bufalo) *nm* buffalo.
bufera (bu'fɛra) *nf* blizzard, hurricane.
buffè (buf'fɛ) *nm invar* **1** sideboard **2** buffet.

buffo (ˈbuffo) *adj* funny, amusing.
bugia[1] (buˈdʒia) *nf* candlestick.
bugia[2] (buˈdʒia) *nf* lie. **bugiardo** *nm* liar.
buio (ˈbujo) *nm* darkness, dark. *adj* dark, gloomy.
bulbo (ˈbulbo) *nm* **1** bulb. **2** eyeball.
Bulgaria (bulgaˈria) *nf* Bulgaria. **bulgaro** *adj,n* Bulgarian.
buono (ˈbwɔno) *adj* **1** good. **2** kind. **buon mercaro** cheap. **buono a nulla** good for nothing. **di buon' ora** early. ~*nm* **1** good. **2** bill, bond. **con le buone** gently. **buongustaio** (bwongusˈtajo) *nm* gourmet.
burattino (buratˈtino) *nm* puppet.
burbanza (burˈbantsa) *nf* arrogance. **burbanzoso** (burbanˈtsoso) *adj* haughty.
burlare (burˈlare) *vt* play a trick on. *vi* joke. **burlarsi di** *vr* make fun of. **burla** *nf* joke.
burocrate (buˈrɔkrate) *nm* bureaucrat. **burocratico** (buroˈkratiko) *adj* bureaucratic. **burocrazia** (burokratˈtsia) *nf* bureaucracy.
burrasca (burˈraska) *nf* tempest, storm.
burro (ˈburro) *nm* butter.
burrone (burˈrone) *nm* ravine, gorge.
bussare (busˈsare) *vi* knock.
bussola (ˈbussola) *nf* compass
busta (ˈbusta) *nf* **1** envelope **2** case **bustarella** (bustaˈrɛlla) *nf* bribe.
busto (ˈbusto) *nm* **1** bust **2** corset.
buttare (butˈtare) *vt* throw **buttare via** throw away. **buttarsi** *vr* throw oneself, jump

C

cabina (kaˈbina) *nf* **1** cabin **2** cockpit **cabina telefonica** telephone box
cablogramma (kabloˈgramma) *nm* cablegram
cacao (kaˈkao) *nm* cocoa.
caccia (ˈkattʃa) *nf* hunting **dare la caccia a** hunt. **cacciatore** *nm* hunter
cacciagione (kattʃaˈdʒone) *nf* (hunting) game
cacciare (katˈtʃare) *vt* **1** hunt, shoot. **2** chase **3** thrust, put. **cacciare un urlo** let out a yell **cacciavite** *nm invar* screwdriver
cachi (ˈkaki) *adj,nm* khaki.
cacio (ˈkatʃo) *nm* cheese
cacto (ˈkakto) *nm* cactus
cadavere (kaˈdavere) *nm* corpse
caddi (ˈkaddi) *v* see **cadere.**
cadere* (kaˈdere) *vi* fall **caduta** *nf* **1** fall **2** ruin.

cadetto (kaˈdetto) *nm* cadet.
cadrò (kaˈdrɔ) *v* see **cadere.**
caffè (kafˈfɛ) *nm invar* **1** coffee. **2** bar, cafe. **caffè corretto** coffee with liqueur. **caffè macchiato** coffee with a little milk. **caffelatte** *nm* white coffee. **caffettiera** (kaffetˈtjɛre) *nf* coffee pot.
caffeina (kaffeˈina) *nf* caffeine.
cagionare (kadʒoˈnare) *vt* cause. **cagione** *nf* cause, reason.
cagna (ˈkaɲɲa) *nf* bitch **guardare in cagnesco** scowl. **cagnolino** *nm* puppy.
calabrone (kalaˈbrone) *nm* hornet.
calamaio (kalaˈmajo) *nm* inkstand.
calamaro (kalaˈmaro) *nm* squid.
calamita (kalaˈmita) *nf* magnet.
calare (kaˈlare) *vt* lower, drop. *vi* **1** descend. **2** grow shorter. **3** (of the sun) set **4** lose weight.
calcagno (kalˈkaɲɲo) *nm* heel.
calcare (kalˈkare) *vt* **1** tread, press down **2** stress.
calce (ˈkaltʃe) *nf* lime
calcestruzzo (kaltʃesˈtruttso) *nm* concrete
calcio[1] (ˈkaltʃo) *nm* **1** kick **2** football **calciatore** *nm* footballer
calcio[2] (ˈkaltʃo) *nm* calcium
calcolare (kalkoˈlare) *vt,vi* calculate **calcolatore** *nf* computer **calcolatrice** *nf* calculator, calculating machine
calcolo (ˈkalkolo) *nm* **1** calculation **2** plan **3** *med* stone
caldaia (kalˈdaja) *nf* boiler
caldo (ˈkaldo) *adj* hot, warm **avere caldo** (of a person) be hot **fare caldo** (of weather) be hot. ~*nm* heat
caleidoscopio (kaleidosˈkɔpjo) *nm* kaleidoscope
calendario (kalenˈdarjo) *nm* calendar
calice (ˈkalitʃe) *nm* chalice
calligrafia (kalligraˈfia) *nf* handwriting
callo (ˈkallo) *nm med* corn
calmare (kalˈmare) *vt* soothe, calm (down) **calmante** *nm* sedative, tranquillizer **calmo** *adj* calm
calore (kaˈlore) *nm* heat, warmth **caloroso** *adj* warm, cordial
caloria (kaloˈria) *nf* calorie
calorifero (kaloˈrifero) *nm* radiator
caloscia (kaˈlɔʃʃa) *nf* wellington, galosh
calpestare (kalpesˈtare) *vt* trample **calpestio** *nm* tramping (of feet)
calunnia (kaˈlunnja) *nf* slander.

calvo ('kalvo) *adj* bald. **calvizie** (kal'vittsje) *nf pl* baldness
calza ('kaltsa) *nf* sock, stocking **calzatura** (kaltsa'tura) *nf* footwear **calzino** *nm* sock
calzolaio (kaltso'lajo) *nm* cobbler, shoemaker **calzoleria** (kaltsole'ria) *nf* shoemaker's shop
calzoni (kal'tsoni) *nm pl* trousers **calzoncini** *nm pl* shorts
camaleonte (kamale'onte) *nm* chameleon
cambiale (kam'bjale) *nf* bill of exchange
cambiare (kam'bjare) *vt,vi* change, alter **cambiamento** *nm* change, alteration **cambio** *nm* **1** change **2** *comm* exchange **3** *mot* gears
camera[1] ('kamera) *nf* **1** bedroom, room **2** chamber **Camera dei Comuni/Lords** House of Commons/Lords
camera[2] ('kamera) *nf* camera
camerata[1] (kame'rata) *nf* dormitory
camerata[2] (kame'rata) *nm* comrade
cameriera (kame'rjɛra) *nf* **1** waitress **2** maid **cameriere** (kame'rjɛre) *nm* waiter
camicia (ka'mitʃa) *nf* shirt **camicetta** (kami'tʃetta) *nf* blouse
camino (ka'mino) *nm* **1** fireplace **2** chimney **caminetto** *nm* **1** fireplace **2** mantelpiece
camion ('kamjon) *nm* lorry
cammello (kam'mɛllo) *nm* camel
camminare (kammi'nare) *vi* **1** walk **2** go
cammino (kam'mino) *nm* way, path
camoscio (ka'mɔʃʃo) *nm* chamois (leather)
campagna (kam'paɲɲa) *nf* **1** countryside **2** campaign
campana (kam'pana) *nf* bell **sordo come una campana** deaf as a post **campanello** (kampa'nɛllo) *nm* doorbell **campanile** *nm* belltower
campeggiare (kamped'dʒare) *vi* camp **campeggio** *nm* **1** camping **2** camp camp site **campeggiatore** *nm* camper
campione (kam'pjone) *nm* **1** champion **2** sample, specimen **campionato** *nm* championship
campo ('kampo) *nm* **1** field **2** field sphere **3** *sport* ground **campo di tennis** tennis court
camposanto (kampo'santo) *nm pl* **campisanti** cemetery
camuffamento (kamuffa'mento) *nm* camouflage
Canada (kana'da) *nm* Canada **canadese** (kana'dese) *adj,n* Canadian
canaglia (ka'naʎʎa) *nf* rabble mob
canale (ka'nale) *nm* **1** canal **2** (television) channel
canapa ('kanapa) *nf* hemp
canapè (kana'pɛ) *nm invar* sofa
Canarie (ka'narje) **Isole Canarie** *nf pl* Canary Islands
canarino (kana'rino) *nm* canary
cancellare (kantʃel'lare) *vt* **1** score out, cancel **2** annul
cancelliere (kantʃel'ljɛre) *nm* chancellor **Cancelliere dello Scacchiere** Chancellor of the Exchequer
cancello (kan'tʃɛllo) *nm* gate
cancro ('kankro) *nm* **1** cancer **2** *cap* Cancer
candeggiare (kanded'dʒare) *vt* bleach
candela (kan'dela) *nf* **1** candle **2** spark plug **3** watt
candidato (kandi'dato) *nm* candidate
candito (kan'dito) *adj* candied *nm* candy, sweet
cane ('kane) *nm* dog **fatica da cani** *nf* great effort **tempo da cani** *nm* bad weather
canguro (kan'guro) *nm* kangaroo
canile (ka'nile) *nm* kennel
canna ('kanna) *nf* **1** reed, cane **2** rod **3** pipe, tube
cannella (kan'nɛlla) *nf* cinnamon
cannelloni (kannel'loni) *nm pl* tubes of pasta stuffed with a meat sauce and baked
cannibale (kan'nibale) *nm* cannibal **cannibalismo** *nm* cannibalism
cannocchiale (kannok'kjale) *nm* **1** binoculars **2** telescope
cannone (kan'none) *nm* cannon
cannuccia (kan'nuttʃa) *nf* (drinking) straw
canoa (ka'nɔa) *nf* canoe
canone ('kanone) *nm* canon law
canonico (ka'nɔniko) *nm rel* canon
canonizzare (kanonid'dzare) *vt* canonize
canottaggio (kanot'taddʒo) *nm* boating rowing
canottiera (kanot'tjɛra) *nf* vest, T-shirt
canotto (ka'nɔtto) **1** canoe **2** small boat
cantare (kan'tare) *vt,vi* sing *vi* (of a cock) crow **cantante** *nm* singer
cantiere (kan'tjɛre) *nm* **1** shipyard **2** site yard
cantina (kan'tina) *nf* cellar
canto[1] ('kanto) *nm* **1** song **2** singing **3** crow (of a cock)
canto[2] ('kanto) *nm* side corner **dall'altro canto** on the other hand
cantone (kan'tone) *nm* **1** corner **2** canton

cantoniere (kanto'njɛre) *nm* signalman.
canuto (ka'nuto) *adj* white-haired.
canzonare (kantso'nare) *vt* make fun of. *vi* joke.
canzone (kan'tsone) *nf* song.
caos ('kaos) *nm invar* chaos.
capace (ka'patʃe) *adj* capable, able. **capacità** *nf* 1 capacity. 2 ability.
capanna (ka'panna) *nf* hut **capannone** (kapan'none) *nm* hangar, shed.
caparbio (ka'parbjo) *adj* obstinate, stubborn.
capello (ka'pello) *nm* 1 hair. 2 *pl* hair (of head). **da fare rizzare i capelli** make one's hair stand on end. **spaccare un capello in quattro** split hairs.
capezzale (kapet'tsale) *nm* bolster.
capezzolo (ka'pettsolo) *nm* nipple, teat.
capire (ka'pire) *vt,vi* understand.
capitale (kapi'tale) *adj,nf* capital. *nm comm* capital. **capitalismo** *nm* capitalism **capitalista** *nm* capitalist.
capitano (kapi'tano) *nm* captain.
capitare (kapi'tare) *vi* 1 happen. 2 turn up
capitolo (ka'pitolo) *nm* chapter.
capo ('kapo) *nm* 1 head, mind. 2 top, end. 3 cape. 4 item. 5 chief, leader. **da capo** over again.
capodanno (kapo'danno) *nm* New Year's Day.
capofitto (kapo'fitto) **a capofitto** *adv* headfirst.
capogiro (kapo'dʒiro) *nm, pl* **capogiri** fit of dizziness.
capolavoro (kapola'voro) *nm, pl* **capolavori** masterpiece.
capolinea (kapo'linea) *nm, pl* **capilinea** terminus.
caporale (kapo'rale) *nm* corporal
capostazione (kapostat'tsjone) *nm, pl* **capistazione** station master.
capotreno (kapo'trɛno) *nm, pl* **capitreno** guard.
capovolgere (kapo'vɔldʒere) *vt* overturn.
cappa ('kappa) *nf* cloak, cape.
cappella (kap'pɛlla) *nf* chapel.
cappello (kap'pɛllo) *nm* hat.
cappero (kap'pero) *nm bot* caper **capperi!** *interj* gosh!
cappotta (kap'pɔtta) *nf mot* hood.
cappotto (kap'pɔtto) *nm* overcoat
cappuccino (kapput'tʃino) *nm* coffee with milk
cappuccio (kap'puttʃo) *nm* hood.
capriccio (ca'prittʃo) *nm* whim, caprice. **capriccioso** (kaprit'tʃoso) *adj* capricious, wilful.
Capricorno (kapri'kɔrno) *nm* Capricorn.
caprifoglio (kapri'fɔʎʎo) *nm* honeysuckle.
capriola (kapri'ɔla) *nm* somersault.
capro (kapro) *nm* billy-goat. **capro espiatorio** scapegoat. **capretto** (ka'pretto) *nm* kid.
capsico ('kapsiko) *nm* capsicum.
capsula ('kapsula) *nf* capsule.
carabiniere (karabi'njɛre) *nm* military policeman.
caraffa (ka'raffa) *nf* carafe.
caraibo (kara'ibo) *adj* Caribbean (**Mar dei) Caraibi** *nm* Caribbean (Sea).
caramella (kara'mɛlla) *nf* sweet.
carato (ka'rato) *nm* carat.
carattere (ka'rattere) *nm* 1 character, nature 2 letter, character. **caratteristico** (karatte'ristiko) *adj* typical, characteristic.
carboidrato (karboi'drato) *nm* carbohydrate.
carbone (kar'bone) *nm* coal.
carbonio (kar'bɔnjo) *nm* carbon **carbonico** (kar'bɔniko) *adj* carbonic.
carburante (karbu'rante) *nm mot* fuel.
carburatore (karbura'tore) *nm* carburettor.
carcassa (kar'kassa) *nf* skeleton, carcass.
carcere ('kartʃere) *nm, pl* **carceri** *f* prison.
carciofo (kar'tʃɔfo) *nm* artichoke.
cardiaco (kar'diako) *adj* cardiac **attacco cardiaco** *nm* heart attack.
cardinale (kardi'nale) *nm rel* cardinal *adj* cardinal, principal.
cardine ('kardine) *nm* hinge
cardo ('kardo) *nm* thistle.
carena (ka'rɛna) *nf* keel.
carestia (kares'tia) *nf* scarcity, shortage
carezzare (karet'tsare) *vt* caress, stroke **carezza** *nf* caress.
cariarsi (ka'rjarsi) *vr* decay.
carica ('karika) *nf* appointment, office **in carica** 1 in office 2 in charge.
caricare (kari'kare) *vt* 1 load, fill 2 overload 3 wind up.
caricatura (karika'tura) *nf* caricature
carico ('kariko) *nm* 1 load. 2 weight, responsibility 3 *naut* cargo *adj* laden, loaded
carie ('karje) *nf invar* decay.
carità (kari'ta) *nf* charity, love **per carità!** for heaven's sake! please!
carlinga (kar'linga) *nf* cockpit
carnagione (karna'dʒone) *nf* complexion

carne (ˈkarne) *nf* **1** flesh. **2** meat. **carnale** *adj* carnal.
carneficina (karnefiˈtʃina) *nf* slaughter, massacre.
carnevale (karneˈvale) *nm* carnival.
caro (ˈkaro) *adj* **1** dear, beloved. **2** expensive, dear. *adv* at a high price.
carosello (karoˈzɛllo) *nm* merry-go-round.
carota (kaˈrɔta) *nf* carrot.
carponi (karˈponi) *adv* on all fours.
carrello (karˈrɛllo) *nm* trolley.
carriera (karˈrjɛra) *nf* career, profession.
carro (ˈkarro) *nm* **1** cart. **2** lorry, truck.
carrozza (karˈrɔttsa) *nf* coach, carriage **carrozzeria** *nf mot* bodywork **carrozzina** *nf* pram
carrucola (karˈrukola) *nf* pulley.
carta (ˈkarta) *nf* **1** paper **2** document. **3** map, chart **4** card **carta da lettere** notepaper. **carta d'identità** identity card. **cartacarbone** *nf* carbon paper **cartapecora** (kartaˈpɛkora) *nf* parchment **cartapesta** (kartaˈpesta) *nf* papier-mâché. **cartella** (karˈtɛlla) *nf* **1** folder, file **2** satchel **cartellino** *nm* **1** tag. **2** nameplate. **cartello** (karˈtɛllo) *nm* poster, notice. **cartolina** *nf* postcard. **cartone** *nm* cardboard
cartilagine (kartiˈladʒine) *nf* cartilage.
cartolaio (kartoˈlajo) *nm* stationer. **cartoleria** *nf* stationery shop
cartuccia (karˈtuttʃa) *nf* cartridge.
casa (ˈkasa) *nf* **1** house, home. **2** company, firm. **3** family, house
casalinga (kasaˈlinga) *nf* housewife **casalingo** *adj* **1** domestic. **2** home-made. **3** plain
cascare (kasˈkare) *vi* fall, tumble **cascata** *nf* waterfall
casco (ˈkasko) *nm* helmet, crash helmet
casella (kaˈsɛlla) *nf* pigeonhole **casella postale** post office box
caserma (kaˈzɛrma) *nf* barracks
casino (kaˈsino) *nm* **1** casino **2** *inf* brothel.
caso (ˈkazo) *nm* **1** chance. **2** event, occurrence. **3** case. **4** way, possibility **caso mai** if by chance **far caso di** take into account **in ogni caso** in any case **per caso** by chance
cassa (ˈkassa) *nf* **1** box, case, chest. **2** cash desk **3** bank, fund **4** cash. **cassa da morto** coffin **cassaforte** (kassaˈfɔrte) *nf, pl* **casseforti** strongbox
cassetta (kasˈsetta) *nf* box **cassetta delle lettere** letter-box **cassetto** (kasˈsetto) *nm* drawer **cassettone** (kassetˈtone) *nm* chest of drawers
cassata (kasˈsata) *nf* Neapolitan ice-cream.
casseruola (kasseˈrwɔla) *nf* saucepan.
cassiere (kasˈsjɛre) **1** cashier. **2** treasurer.
casta (ˈkasta) *nf* caste.
castagna (kasˈtaɲɲa) *nf* chestnut. **castagno** *nm* chestnut tree. *adj* chestnut, brown.
castello (kasˈtɛllo) *nm* castle.
castigare (kastiˈgare) *vt* punish. **castigo** *nm* punishment.
casto (ˈkasto) *adj* chaste. **castità** *nf invar* chastity.
castoro (kasˈtɔro) *nm* beaver.
castrare (kasˈtrare) *vt* castrate.
casuale (kazuˈale) *adj* chance.
catacomba (kataˈkomba) *nf* catacomb.
catalogo (kaˈtalogo) *nm* catalogue.
catapulta (kataˈpulta) *nf* catapult.
catarro (kaˈtarro) *nm* catarrh.
catastrofe (kaˈtastrofe) *nf* disaster, catastrophe
catechismo (kateˈkizmo) *nm* catechism.
categoria (kategoˈria) *nf* category, class **categorico** (kateˈgɔriko) *adj* categorical, explicit.
catena (kaˈtena) *nf* chain. **catena di negozi** chain store
catino (kaˈtino) *nm* basin. **catinella** *nf* small basin **piovere a catinelle** rain cats and dogs
catodo (ˈkatodo) *nm* cathode.
catrame (kaˈtrame) *nm* tar
cattedrale (katteˈdrale) *nf* cathedral
cattivo (katˈtivo) *adj* **1** bad, naughty **2** evil.
cattolico (katˈtɔliko) *adj,n* Catholic **cattolicesimo** (kattoliˈtʃezimo) *nm* Catholicism
catturare (kattuˈrare) *vt* **1** capture **2** arrest **cattura** *nf* **1** capture **2** arrest
caucciù (kautˈtʃu) *nm invar* rubber
causa (ˈkauza) *nf* **1** cause, reason **2** *law* case, action **a causa di** owing to, because of
causare (kauˈzare) *vt* cause, produce
caustico (ˈkaustiko) *adj* caustic
cauto (ˈkauto) *adj* cautious, careful **cautela** (kauˈtɛla) *nf* **1** caution **2** precaution
cauzione (kautˈtsjone) *nf* **1** caution money, deposit **2** bail.
cava (ˈkava) *nf* quarry, pit.
cavalcare (kavalˈkare) *vt,vi* ride **cavalcioni** *adv* astride.
cavaliere (kavaˈljɛre) *nm* knight
cavalleria (kavalleˈria) *nf* **1** cavalry **2** chivalry **cavalleresco** *adj* chivalrous.
cavallo (kaˈvallo) *nm* **1** horse **2** *game* knight **a cavallo** on horseback **cavallo a dondolo**

rocking horse. **cavallo di corsa** racehorse. **cavalletto** (kaval'letto) *nm* easel.

cavare (ka'vare) *vt* **1** extract, remove. **2** obtain. **cavarsela** *vr* get out of a difficult situation. **cavatappi** *nm invar* corkscrew.

caverna (ka'vɛrna) *nf* cavern, cave.

caviale (ka'vjale) *nm* caviar.

caviglia (ka'viʎʎa) *nf* ankle.

cavo[1] ('kavo) *adj,nm* hollow. **cavità** *nf* hollow, cavity.

cavo[2] ('kavo) *nm* cable, rope.

cavolo ('kavolo) *nm* cabbage. **cavolfiore** *nm* cauliflower.

ce (tʃe) *pron 1st pers m,f pl* us, to us. *adv* there.

cecità (tʃetʃi'ta) *nf* blindness.

Cecoslovacchia (tʃekoslo'vakkja) *nf* Czechoslovakia. **ceco** *adj,n* Czech. *nm* Czech (language). **cecoslovacco** *adj,n* Czechoslovakian.

cedere ('tʃɛdere) *vi* **1** collapse. **2** yield, give up. *vt* **1** hand over. **2** renounce.

cedola ('tʃɛdola) *nf* **1** coupon. **2** counterfoil.

cedro[1] ('tʃedro) *nm* **1** lime tree. **2** lime (fruit).

cedro[2] ('tʃedro) *nm* cedar.

celare (tʃe'lare) *vt* hide, conceal.

celebrare (tʃele'brare) *vt* celebrate.

celebre ('tʃɛlebre) *adj* famous, well-known **celebrità** *nf* celebrity.

celeste (tʃe'lɛste) *adj* **1** heavenly, celestial. **2** azure.

celibe ('tʃɛlibe) *nm* bachelor.

cella ('tʃɛlla) *nf* cell.

cellula ('tʃɛllula) *nf sci* cell.

celluloide (tʃellu'lɔide) *nf* celluloid.

cemento (tʃe'mento) *nm* **1** cement **2** concrete **cemento armato** reinforced concrete.

cenacolo (tʃe'nakolo) *nm* painting of the Last Supper.

cenare ('tʃenare) *vi* dine, have dinner **cena** *nf* dinner, supper.

cencio ('tʃentʃo) *nm* **1** rag **2** duster, cloth

cenere ('tʃenere) *nf* ash.

Ceneri (tʃe'neri) *nf pl* Ash Wednesday

cenno ('tʃenno) *nm* **1** nod **2** sign. **3** hint **fare cenno di** mention

censimento (tʃensi'mento) *nm* census

censurare (tʃensu'rare) *vt* censure, reprove **censura** *nf* censorship **censore** (tʃen'sore) *nm* censor.

centenario (tʃente'narjo) *nm* **1** centenary **2** centenarian.

centigrado (tʃen'tigrado) *adj* centigrade

centimetro (tʃen'timetro) *nm* centimetre.

cento ('tʃɛnto) *adj,nm* one hundred. **per cento** per cent. **centesimo** (tʃen'tɛzimo) *adj* hundredth. **centinaio** (tʃenti'najo) *nm, pl* **centinaia** *f* about a hundred.

centrale (tʃen'trale) *adj* **1** central. **2** principal. **sede centrale** *nf* head office. ~*nf* centre of production, plant, station. **centrale elettrica** power station. **centralinista** *nm* operator. **centralino** *nm* telephone exchange. **centralizzare** (tʃentralid'dzare) *vt* centralize.

centro ('tʃɛntro) *nm* **1** centre, middle. **2** *sport* centre. **centro avanti** or **attacco** centreforward. **centro mediano** or **sostegno** halfback.

ceppo ('tʃeppo) *nm* **1** stump. **2** log. **3** block.

cera[1] ('tʃera) *nf* wax.

cera[2] ('tʃera) *nf* appearance.

ceramica (tʃe'ramika) *nf* ceramics.

cercare (tʃer'kare) *vt* **1** search. **2** look for, seek *vi* try, attempt. **cercasi** (in newspaper advertisements) wanted. **cerca** *nf* search.

cerchio ('tʃerkjo) *nm* circle.

cereale (tʃere'ale) *adj,nm* cereal.

cerimonia (tʃeri'mɔnja) *nf* ceremony.

cerino (tʃe'rino) *nm* **1** wax match. **2** taper

cerniera (tʃer'njɛra) *nf* hinge. **cerniera lampo** zip (fastener).

cerotto (tʃe'rɔtto *nm med* plaster.

certificare (tʃertifi'kare) *vt* **1** certify **2** confirm **certificato** *nm* certificate.

certo ('tʃɛrto) *adj* **1** sure, certain. **2** certain, particular. *adv* certainly, of course

cervello (tʃer'vɛllo) *nm, pl* **cervella** *f* or **cervelli** *m* brain.

cervo ('tʃɛrvo) *nm* deer.

cesello (tʃe'zɛllo) *nm* chisel.

cesoie (tʃe'zoje) *nf pl* shears.

cespo ('tʃespo) *nm* tuft.

cespuglio (tʃes'puʎʎo) *nm* bush.

cessare (tʃes'sare) *vi* stop, cease.

cesta ('tʃesta) *nf* basket, hamper **cestino** *nm* wastepaper basket. **cestino da viaggio** lunch pack.

ceto ('tʃɛto) *nm* class, rank.

cetriolo (tʃetri'ɔlo) *nm* cucumber

che (ke) *pron invar* **1** who, whom **2** which **3** that **un gran che** something important **un non so che di** a hint of. ~*adj* **1** what? which? **2** what, what a **3** how *conj* **1** that **2** than **3** as. **non...che** only. **ma che!** *interj* also **macchè!** rubbish!

cheto (ˈketo) *adj* quiet **chetichella** (ketiˈkella) **alla cheticella** *adv* furtively, inconspicuously.
chi (ki) *pron* **1** who? whom? **2** those who, he who, whoever. **chi...chi** some some **di chi è?** whose is it?
chiacchierare (kjakkjeˈrare) *vi** chat, chatter, gossip. **chiacchiera** (ˈkjakkjera) *nf* chat, piece of gossip. **fare due chiacchiere** have a chat **chiacchierata** *nf* chat
chiamare (kjaˈmare) *vt* **1** call **2** send for, summon **chiamarsi** *vr* be called **chiamata** *nf* call.
chiarire (kljaˈrire) *vt* clarify, clear up **chiaro** *adj* clear, bright **chiarore** *nm* glimmer **chiaroscuro** *nm Art* light and shade **chiaroveggente** (kjarovedˈdʒɛnte) *adj* clear-sighted
chiasso (ˈkjasso) *nm* hubbub, din **chiassoso** (kjasˈsoso) *adj* noisy
chiavare (kjaˈvare) *vt* have sexual intercourse with.
chiave (ˈkjave) *nf* key **chiudere a chiave** lock. **tenere sotto chiave** keep under lock and key.
chiavistello (kjaviˈstɛllo) *nm* bolt
chiazzare (kjatˈtsare) *vt* stain **chiazza** *nf* stain
chicchirichì (kikkiriˈki) *nm* cock-a-doodle-do
chicco (ˈkikko) *nm* **1** grain **2** (coffee) bean **3** grape.
chiedere* (ˈkjɛdere) *vt* **1** ask **2** ask for, request, beg.
chiesa (ˈkjɛza) *nf* church.
chiesi (ˈkjɛsi) *v see* **chiedere.**
chiesto (ˈkjɛsto) *v see* **chiedere.**
chiglia (ˈkiʎʎa) *nf* keel
chilo (ˈkilo) *nm* kilo **chilogrammo** (kiloˈgrammo) *nm* kilogram. **chilometro** (kiˈlɔmetro) *nm* kilometre **chilowatt** (ˈkilovat) *nm invar* kilowatt.
chimera (kiˈmɛra) *nf* illusion
chimica (ˈkimika) *nf* chemistry **chimico** (ˈkimiko) *adj* chemical. *nm* chemist.
china (ˈkina) *nf* slope, descent.
chinare (kiˈnare) *vt* lower, bend **chinarsi** *vr* stoop, bend.
chincaglieria (kinkaʎʎeˈria) *nf* bric-a-brac, trinkets.
chiocciare (kjotˈtʃare) *vi* cluck.
chiocciola (ˈkjɔttʃola) *nf* snail **scala a chiocciola** *nf* spiral staircase.
chiodo (ˈkjɔdo) *nm* **1** nail. **2** debt.
chiosco (ˈkjɔsko) *nm* kiosk.
chiostro (ˈkjostro) *nm* cloister.
chirurgia (kirurˈdʒia) *nf* surgery **chirurgico** *adj* surgical **chirurgo** *nm, pl* **chirurghi** or **chirurgi** surgeon
chitarra (kiˈtarra) *nf* guitar
chiudere* (ˈkjudere) *vt* **1** close, shut **2** end **3** switch or turn off
chiunque (kiˈunkwe) *pron invar* whoever anyone who
chiusi (ˈkjusi) *v see* **chiudere.**
chiuso (ˈkjuso) *v see* **chiudere.** *adj* shut, closed
chiusura (kjuˈsura) *nf* **1** closure **2** fastening **chiusura lampo** zip fastener
ci (tʃi) *pron, 1st pers m,f pl* **1** us, to us **2** ourselves *adv* here, there
cialda (ˈtʃalda) *nf* waffle
ciambella (tʃamˈbɛlla) *nf* **1** ring shaped bun **2** rubber ring
ciambellano (tʃambelˈlano) *nm* chamberlain
cianuro (tʃaˈnuro) *nm* cyanide
ciao (ˈtʃao) *interj* **1** hello! **2** bye-bye! cheerio!
ciarlare (tʃarˈlare) *vi* chatter, gabble
ciarlatano (tʃarlaˈtano) *nm* charlatan
ciascuno (tʃasˈkuno) *also* **ciascheduno** *adj* each, every *pron* each one, every one
cibare (tʃiˈbare) *vt* feed, nourish **cibo** *nm* food
cicala (tʃiˈkala) *nf* cicada
cicatrice (tʃikaˈtritʃe) *nf* scar
cicca (ˈtʃikka) *nf* butt, cigarette end
cicerone (tʃitʃeˈrone) *nm* guide.
ciclamino (tʃiklaˈmino) *nm* cyclamen
ciclo (ˈtʃiklo) *nm* **1** cycle. **2** bicycle, cycle **ciclismo** *nm* cycling **ciclista** *nm* cyclist
ciclone (tʃiˈklone) *nm* cyclone.
cicogna (tʃiˈkoɲɲa) *nf* stork.
cicoria (tʃiˈkɔrja) *nf* chicory.
cieco (ˈtʃɛko) *adj* blind *nm* blind man
cielo (ˈtʃɛlo) *nm* **1** sky **2** heaven
cifra (ˈtʃifra) *nf* **1** figure, number **2** sum, amount
ciglio (ˈtʃiʎʎo) *nm* **1** *pl* **ciglia** *f* eyelash **2** *pl* **cigli** *m* edge, brim
cigno (ˈtʃiɲɲo) *nm* swan
cigolare (tʃigoˈlare) *vi* squeak, creak.
ciliegia (tʃiˈljɛdʒa) *nf* cherry **ciliegio** *nm* cherry tree.
cilindro (tʃiˈlindro) *nm* cylinder.
cima (ˈtʃima) *nf* summit, top.
cimice (ˈtʃimitʃe) *nf* bug.
ciminiera (tʃimiˈnjɛra) *nf* **1** factory chimney **2** *naut* funnel.
cimitero (tʃimiˈtɛro) *nm* cemetery, graveyard

Cina (ˈtʃina) *nf* China. **cinese** (tʃiˈnese) *adj,n* Chinese. *nm* Chinese (language).
cinema (ˈtʃinema) *nm invar* cinema. **cineasta** *nm* person connected with the cinema.
cinetico (tʃiˈnɛtiko) *adj* kinetic.
cingere* (ˈtʃindʒere) *vt* surround, encircle.
cinghia (ˈtʃingja) *nf* strap, belt.
cinghiale (tʃinˈgjale) *nm* **1** wild boar. **2** pigskin
cinguettare (tʃingwetˈtare) *vi* twitter, chirp.
cinico (ˈtʃiniko) *adj* cynical, sceptical.
cinquanta (tʃinˈkwanta) *adj,nm* fifty **cinquantesimo** *adj* fiftieth.
cinque (ˈtʃinkwe) *adj,nm* five **cinquecento** (tʃinkweˈtʃɛnto) *adj* five hundred. *nm* **1** five hundred. **2** sixteenth century.
cintura (tʃinˈtura) *nm* belt **cintura di sicurezza** seat belt **cinturino** *nm* strap.
ciò (tʃo) *pron invar* that, this. **ciò che** that which
cioccolata (tʃokkoˈlata) *nf also* **cioccolato** *nm* chocolate **cioccolatino** *nm* chocolate sweet
cioè (tʃoˈɛ) *adv* that is to say, that is
ciondolo (ˈtʃondolo) *nm* pendant.
ciottolo (ˈtʃɔttolo) *nm* **1** stone, pebble **2** cobble
cipiglio (tʃiˈpiʎʎo) *nm* scowl, frown.
cipolla (tʃiˈpolla) *nf* onion **cipollina** *nf* spring onion
cipresso (tʃiˈprɛsso) *nm* cypress.
cipria (ˈtʃiprja) *nf* face powder
Cipro (ˈtʃipro) *nm* Cyprus **cipriota** *adj,n* Cypriot
circa (ˈtʃirka) *prep* about, concerning *adv* roughly, approximately, about
circo (ˈtʃirko) *nm* circus
circolare[1] (tʃirkoˈlare) *vi* **1** circulate, spread, flow. **2** move about, circulate **circolante** *adj* mobile *nm* currency **circolazione** *nf* **1** circulation **2** traffic
circolare[2] (tʃirkoˈlare) *adj* circular *nf* circular (letter)
circolo (ˈtʃirkolo) *nm* **1** circle **2** group, club
circoncidere (tʃirkonˈtʃidere) *vt* circumcize
circondare (tʃirkonˈdare) *vt* surround
circonferenza (tʃirkonfeˈrɛntsa) *nf* circumference
circonvallazione (tʃirkonvallatˈtsjone) *nf* ring-road.
circoscrivere (tʃirkosˈkrivere) *vt* limit, restrict.
circostante (tʃirkosˈtante) *adj* surrounding. *nm* bystander
circostanza (tʃirkosˈtanza) *nf* circumstance.
circuito (tʃirˈkuito) *nm* circuit.
cisterna (tʃisˈtɛrna) *nf* tank, cistern **nave cisterna** *nf naut* tanker
citare (tʃiˈtare) *vt* **1** quote, cite. **2** summon **citazione** *nf* **1** quotation **2** summons.
città (tʃitˈta) *nf invar* town, city **cittadino** *nm* citizen.
ciuffo (ˈtʃuffo) *nm* tuft.
civetta (tʃiˈvetta) *nf* **1** owl. **2** flirt.
civico (ˈtʃiviko) *adj* civic
civile (tʃiˈvile) *adj* civil, civilian *nm* civilian.
civiltà (tʃivilˈta) *nf* civilization **civilizzare** (tʃivilidˈdzare) *vt* civilize **civilizzazione** *nf* civilization
clacson (ˈklakson) *nm mot* horn
clamore (klaˈmore) *nm* **1** din, uproar. **2** outcry **clamoroso** (klamoˈroso) *adj* noisy, sensational
clandestino (klandesˈtino) *adj* clandestine
clarinetto (klariˈnetto) *nm* clarinet
classe (ˈklasse) *nf* **1** class. **2** classroom **di classe** of high quality **fuori classe** in a class of its own
classico (ˈklassiko) *adj* classic, classical.
classificare (klassifiˈkare) *vt* classify, class **classificazione** *nf* classification.
clausola (ˈklauzola) *nf* clause
claustrofobia (klaustrofoˈbia) *nf* claustrophobia.
clavicembalo (klaviˈtʃembalo) *nm* harpsichord
clavicola (klaˈvikola) *nf* collarbone
clemenza (kleˈmɛntsa) *nf* mercy, clemency.
cleptomane (klepˈtɔmane) *nm* kleptomaniac **cleptomania** *nf* kleptomania
clero (ˈklɛro) *nm* clergy
cliente (kliˈɛnte) *nm* client, customer **clientela** (klienˈtɛla) *nf* clientele
clima (ˈklima) *nm* climate
clinica (ˈclinika) *nf* **1** clinical medicine **2** clinic, nursing home
cloro (ˈklɔro) *nm* chlorine
clorofilla (kloroˈfilla) *nf* chlorophyll
cloroformio (kloroˈfɔrmjo) *nm* chloroform
cloruro (kloˈruro) *nm* chloride
coabitare (koabiˈtare) *vi* cohabit, live together
coagulare (koaguˈlare) *vt* coagulate. **coagularsi** *vr* coagulate **coagulo** (koˈagulo) *nm* **1** clot. **2** curd.
coalizione (koalitˈtsjone) *nf* coalition
cobra (ˈkɔbra) *nm invar* cobra.
cocaina (kokaˈina) *nf* cocaine
cocchio (ˈkɔkkjo) *nm* coach, carriage

coccinella (kottʃi'nɛlla) *nf* ladybird.
cocco ('kɔkko) *nm* **1** coconut. **2** coconut palm.
coccodrillo (kokko'drillo) *nm* crocodile. **lagrime di coccodrillo** *nf pl* crocodile tears.
cocente (ko'tʃɛnte) *adj* **1** hot, burning. **2** acute.
cociamo (ko'tʃamo) *v* see **cuocere.**
cocomero (ko'komero) *nm* watermelon.
coda ('koda) *nf* **1** tail. **2** queue. **guardare con la coda dell'occhio** look out of the corner of one's eye.
codardo (ko'dardo) *adj* cowardly.
codeina (kode'ina) *nf* codeine.
codesto (ko'desto) *adj* this, that *pron* that one
codice ('kɔditʃe) *nm* code
coerente (koe'rɛnte) *adj* coherent **coerenza** (koe'rɛntsa) *nf* **1** coherence **2** consistency
coesistere (koe'zistere) *vi* coexist.
coetaneo (koe'taneo) *adj,nm* contemporary
cofano ('kɔfano) *nm* **1** chest, casket. **2** *mot* bonnet.
cogliere* ('kɔʎʎere) *vt* **1** pick **2** gather, collect **3** catch **4** hit, strike **cogliere l'occasione** seize the opportunity.
cognato (koɲ'ɲato) *nm* brother-in-law **cognata** *nf* sister-in-law.
cognome (goɲ'ɲome) *nm* surname
coincidere (koin'tʃidere) *vi* coincide. **coincidenza** (kointʃi'dɛntsa) *nf* **1** coincidence. **2** (railway) connection.
coinvolgere (koin'vɔldʒere) *vt* involve.
coito ('kɔito) *nm* coitus, sexual intercourse.
colare (ko'lare) *vt* **1** strain. **2** pour. *vi* drip, trickle **colare a picco** sink. **colapasta** *nm invar* pasta strainer. **colino** *nm* strainer.
colatoio (kola'tojo) *nm* colander.
colazione (kolat'tsjone) *nf* lunch. **prima colazione** breakfast
colei (ko'lɛi) *pron fs* she, that woman.
colera (ko'lɛra) *nm* cholera
colgo ('kɔlgo) *v* see **cogliere.**
colla ('kɔlla) *nf* glue.
collaborare (kollabo'rare) *vi* **1** collaborate. **2** contribute **collaborazione** *nf* collaboration
collana (kol'lana) *nf* **1** necklace. **2** series. **3** collection.
collare (kol'lare) *nm* collar.
collasso (kol'lasso) *nm* collapse.
collaudare (kollau'dare) *vt* test, try **collaudo** *nm* **1** test. **2** approval.
colle ('kɔlle) *nm* hill.
collega (kol'lɛga) *nm* colleague.
collegare (kolle'gare) *vt* join, connect, link **collegamento** *nm* link, connection.
collegio (kol'lɛdʒo) *nm* **1** college. **2** boarding school
collera ('kɔllera) *nf* anger **montare in collera** get angry.
colletta (kol'lɛtta) *nf* collection.
collettivo (kollet'tivo) *adj* collective, joint
colletto (kol'letto) *nm* collar.
collezionare (kollettsjo'nare) *vt* collect. **collezione** *nf* collection **fare collezione di** collect
collina (kol'lina) *nf* hill
collo[1] ('kɔllo) *nm* neck
collo[2] ('kɔllo) *nm* parcel, package
collocare (kollo'kare) *vt* place, put
colloquio (kol'lɔkwjo) *nm* **1** talk, discussion **2** interview
colmare (kol'mare) *vt* fill **colmo** *adj* full, overflowing *nm* **1** top **2** height.
colomba (ko'lomba) *nf* dove **colombo** *nm* pigeon
colonia (ko'lɔnja) *nf* **1** colony **2** summer camp **coloniale** *adj* colonial **colonizzare** (kolonid'dzare) *vt* colonize
colonna (ko'lonna) *nf* column, pillar.
colonnello (kolon'nɛllo) *nm* colonel.
colorire (kolo'rire) *vt* colour. **colore** *nm* **1** colour **2** colouring **di colore** coloured.
colossale (kolos'sale) *adj* gigantic.
colpa ('kolpa) *nf* **1** offence. **2** blame. **3** fault.
colpevole (kol'pevole) *adj* guilty. *nm* culprit.
colpire (kol'pire) *vt* strike, hit. **rimanere colpito** be amazed.
colpo ('kolpo) *nm* **1** blow, stroke, knock. **2** shot **colpo d'aria** draught. **colpo di sole** sunstroke **colpo di Stato** coup d'état. **colpo di telefono** telephone call **colpo d'occhio** glance.
colsi (kɔlsi) *v* see **cogliere.**
coltello (kol'tɛllo) *nm* knife **coltello a serramanico** pen-knife.
coltivare (kolti'vare) *vt* cultivate.
colto[1] ('kɔlto) *v* see **cogliere.**
colto[2] ('kolto) *adj* cultured, learned.
coltura (kol'tura) *nf* **1** cultivation, breeding. **2** culture.
colui (ko'lui) *pron ms* he, that man **coloro** *pron m,f pl* those, those people.
coma ('kɔma) *nm* coma.
comandare (koman'dare) *vt* **1** command, order

2 control. **comandante** *nm* commander **comando** *nm* command, order.

combattere (kom'battere) *vi,vt* fight, combat **combattente** (kombat'tɛnte) *nm* soldier **combattimento** *nm* combat, fight

combinare (kombi'nare) *vt* 1 combine 2 arrange. *vi* 1 agree 2 match **cosa sta combinando?** what is he up to? **combinazione** *nf* 1 combination 2 chance

combustione (kombus'tjone) *nf* combustion

come ('kome) *adv* 1 like, as 2 as well as 3 how *prep* as soon as **come se** as if ~*interj* what! **come?** what did you say?

cometa (ko'meta) *nf* comet

comico ('kɔmiko) *adj* 1 comic 2 funny, comical *nm* comedian, comic

cominciare (komin'tʃare) *vt,vi* begin, start

comitato (komi'tato) *nm* committee, board

comitiva (komi'tiva) *nf* party, group

comizio (ko'mittsjo) *nm* meeting

commedia (kom'mɛdja) *nf* 1 comedy 2 play **commediante** *nm* 1 actor 2 comedian *nf* 1 actress. 2 comedienne

commemorare (kommemo'rare) *vt* commemorate. **commemorativo** *adj* commemorative **commemorazione** *nf* commemoration

commentare (kommen'tare) *vt* 1 annotate 2 comment upon **commentatore** *nm* commentator. **commento** *nm* comment

commercio (kom'mɛrtʃo) *nm* commerce, business, trade. **commerciale** *adj* commercial. **commerciante** *nm* 1 businessman 2 merchant.

commesso (kom'messo) *nm* 1 shop assistant 2 clerk. **commesso viaggiatore** travelling salesman.

commestibile (kommes'tibile) *adj* edible

commettere* (kom'mettere) *vt* commit

commissariato (kommissa'rjato) *nm* commissariat. **commissariato di polizia** police station. **commissario** (kommis'sarjo) *nm* commissioner.

commissione (kommis'sjone) *nf* 1 errand 2 order. 3 commission, committee

commosso (kom'mɔsso) *adj* touched, moved

commozione (kommot'tsjone) *nf* agitation **commozione cerebrale** concussion

commuovere* (kom'mwɔvere) *vt* move, touch, affect.

commutare (kommu'tare) *vt* change

commutatore (kommuta'tore) *nm* switch

comodino (komo'dino) *nm* bedside table.

comodo ('kɔmodo) *adj* 1 comfortable 2 handy 3 convenient 4 useful **stia comodo!** please don't get up! ~*nm* 1 comfort 2 convenience **con comodo** at one's leisure **comodità** *nf* 1 convenience 2 comfort

compagno (kom'paɲɲo) *nm* 1 companion, comrade 2 partner **compagnia** *nf* company

comparativo (kompara'tivo) *adj* comparative

comparire* (kompa'rire) *vi* 1 appear 2 seem

compartimento (komparti'mento) *nm* compartment

compassione (kompas'sjone) *nf* pity, compassion

compasso (kom'passo) *nm* 1 compass 2 pair of compasses

compatire (kompa'tire) *vt* 1 pity 2 sympathize with **compatimento** *nm* pity

compatriota (kompatri'ɔta) *nm* fellow countryman

compatto (kom'patto) *adj* compact

compendio (kom'pɛndjo) *nm* 1 compendium 2 summary

compensare (kompen'sare) *vt* compensate, make up for **compenso** (kom'pɛnso) *nm* compensation

competente (kompe'tɛnte) *adj* 1 apt, suitable 2 competent

competere (kom'pɛtere) *vi* compete **competitore** (kompeti'tore) *nm* competitor **competizione** *nf* competition

compiacere* (kompja'tʃere) *vt* 1 please 2 humour **compiacersi** *vr* 1 delight in 2 deign **compiacente** *adj* obliging **compiacimento** *nm* pleasure

compiangere* (kom'pjandʒere) *vt* pity

compiere ('kompjere) *vt* 1 complete, finish 2 fulfil, accomplish **compiere gli anni** have a birthday

compilare (kompi'lare) *vt* compile

compito (kom'pito) *nm* 1 task 2 homework

compleanno (komple'anno) *nm* birthday **buon compleanno!** happy birthday!

complesso (kom'plɛsso) *adj* complex, complicated *nm* 1 whole, mass 2 complex 3 group, band **nel complesso** on the whole **complessivo** *adj* total, comprehensive

completare (komple'tare) *vt* complete **completo** (kom'plɛto) *adj* 1 complete 2 full *nm* suit

complicare (compli'kare) *vt* complicate **complicato** *adj* complicated **complicazione** *nf* complication

complice (ˈkɔmplitʃe) *nm* accomplice
complimentare (komplimenˈtare) *vt* compliment **complimento** *nm* 1 compliment 2 *pl* congratulations **fare complimenti** stand on ceremony **senza complimenti** without ceremony
complotto (komˈplɔtto) *nm* plot
componente (kompoˈnɛnte) *adj* component *nm,f* 1 component 2 member
comporre* (komˈporre) *vt* compose
comportare (komporˈtare) *vt* 1 tolerate permit 2 involve **comportarsi** *vr* behave **comportamento** *nm* behaviour
compositore (kompoziˈtore) *nm* composer
composizione (kompozitˈtsjone) *nf* composition
composto (komˈposto) *adj* 1 compound 2 calm, sedate composed *nm* compound
comprare (komˈprare) *vt* buy
comprendere* (komˈprɛndere) *vt* 1 include comprise 2 understand, comprehend **comprensibile** (komprenˈsibile) *adj* comprehensible, understandable **comprensione** *nf* comprehension, understanding **comprensivo** *adj* comprehensive
compressa (komˈprɛssa) *nf* 1 compress 2 tablet **compressore** *nm* compressor
comprimere* (komˈprimere) *vt* compress
compromettere (komproˈmettere) *vt* 1 compromise 2 endanger **compromesso** *nm* compromise
compunto (komˈpunto) *adj* 1 contrite 2 solemn
comune (koˈmune) *adj* common, ordinary everyday *nm* 1 town council 2 municipal buildings **comunale** *adj* 1 communal 2 municipal **comunità** *nf* community
comunicare (komuniˈkare) *vt* communicate pass on *vi* communicate, keep in contact **comunicazione** *nf* communication
comunione (komuˈnjone) *nf* communion
comunismo (komuˈnizmo) *nm* communism **comunista** *nm* communist
comunque (koˈmunkwe) *adv* however, anyhow
con (kon) *prep* 1 with 2 by 3 to
conca (ˈkonka) *nf* 1 container 2 basin 3 shell
concavo (ˈkɔnkavo) *adj* concave
concedere* (konˈtʃɛdere) *vt* 1 grant, allow 2 admit.
concentrare (kontʃenˈtrare) *vt* concentrate **concentramento** *nm* concentration **campo di concentramento** *nm* concentration camp **concentrazione** *nf* concentration
concentrico (konˈtʃɛntriko) *adj* concentric
concepire (kontʃeˈpire) *vt* 1 conceive 2 imagine, devise 3 understand
concernere (konˈtʃɛrnere) *vt* concern
concerto (konˈtʃɛrto) *nm* concert
concessi (konˈtʃɛssi) *v* see **concedere.**
concessione (kontʃesˈsjone) *nf* concession
concesso (konˈtʃɛsso) *v* see **concedere.**
concetto (konˈtʃɛtto) *nm* 1 concept idea 2 opinion
concezione (kontʃetˈtsjone) *nf* conception
conchiglia (konˈkiʎʎa) *nf* shell
conciliare (kontʃiˈljare) *vt* 1 reconcile 2 induce **conciliarsi** *vr* 1 be reconciled 2 gain
concilio (konˈtʃiljo) *nm* council
concime (konˈtʃime) *nm* dung, manure
conciso (konˈtʃizo) *adj* concise
concittadino (kontʃittaˈdino) *nm* fellow citizen
concludere* (konˈkludere) *vt* conclude, finish **concludersi** *vr* end, finish **conclusione** *nf* conclusion **conclusivo** (konkluˈzivo) *adj* conclusive
concorrere* (konˈkorrere) *vi* 1 assemble 2 contribute 3 compete 4 concur **concorrente** (konkorˈrɛnte) *nm* competitor **concorrenza** (konkorˈrentsa) *nf* rivalry, competition
concorso (konˈkorso) *nm* competition
concreto (konˈkrɛto) *adj* concrete, actual
condannare (kondanˈnare) *vt* 1 condemn 2 sentence, convict 3 blame **condanna** *nf law* sentence **condannato** *nm* convict
condensazione (kondensatˈtsjone) *nf* condensation
condire (konˈdire) *vt cul* season **condimento** *nm* seasoning, dressing
condiscendere (kondiʃˈʃendere) *vi* 1 yield 2 condescend **condiscendente** (kondiʃʃenˈdɛnte) *adj* 1 indulgent 2 condescending
condividere* (kondiˈvidere) *vt* share
condizione (konditˈtsjone) *nf* condition **condizionale** *adj* conditional **condizionare** *vt* condition **condizionato** *adj* 1 conditioned 2 packed **aria condizionata** *nf* air conditioning
condoglianza (kondoʎˈʎantsa) *nf* condolence sympathy
condolersi* (kondoˈlersi) *vr* 1 grieve 2 sympathize
condotta (konˈdotta) *nf* 1 conduct, behaviour 2

leadership 3 medical practice controlled by local authority.

condotto (kon'dotto) *v* see **condurre.** *nm* tube, pipe.

conducente (kondu'tʃɛnte) *nm* driver

conduco (kon'duko) *v* see **condurre.**

condurre* (kon'durre) *vt* 1 lead, accompany, take. 2 manage, run 3 drive **condursi** *vr* behave.

condussi (kon'dussi) *v* see **condurre.**

conduttore (kondut'tore) *nm* 1 driver 2 *sci* conductor

confarsi (kon'farsi) *vr* suit

confederazione (konfederat'tsjone) *nf* federation

conferire (konfe'rire) *vt* bestow give *vi* confer **conferenza** (konfe'rɛntsa) *nf* 1 conference 2 lecture **conferenziere** (konferen'tsjɛre) *nm* 1 speaker 2 lecturer

confermare (konfer'mare) *vt* confirm **conferma** *nf* confirmation

confessare (konfes'sare) *vt* confess **confessionale** *nm* confessional box **confessione** *nf* confession

confetto (kon'fɛtto) *nm* 1 sweet 2 sugared almond.

confettura (konfet'tura) *nf* jam

confezionare (konfettsjo'nare) *vt* make manufacture **confezione** *nf* 1 manufacture 2 *pl* clothes 3 packaging **confezioni su misura** made-to-measure clothes

confidare (konfi'dare) *vt* confide *vi* trust **confidenza** (konfi'dɛntsa) *nf* 1 confidence trust 2 familiarity **confidenziale** *adj* confidential

confinare (konfi'nare) *vt* confine, banish **confinare con** be adjacent to, border on **confine** *nm* 1 border 2 boundary

confiscare (konfis'kare) *vt* confiscate

conflitto (kon'flitto) *nm* conflict, struggle

confondere* (kon'fondere) *vt* 1 confuse, mix up, mistake 2 perplex, blur **confondersi** *vr* become confused.

conformare (konfor'mare) *vt* conform **conformarsi a** *vr* conform to, comply with **conforme** *adj* similar **conformista** *nm* conformist.

confortare (konfor'tare) *vt* comfort, console **conforto** (kon'fɔrto) *nm* comfort.

confrontare (konfron'tare) *vt* compare **confronto** *nm* comparison **in** or **a confronto di** compared with.

confusione (konfu'zjone) *nf* 1 disorder, confusion 2 embarrassment **confuso** *adj* 1 confused 2 embarrassed

congedare (kondʒe'dare) *vt* dismiss **congedo** (kon'dʒɛdo) *nm* leave, leave of absence

congelare (kondʒe'lare) *vt* freeze **congelarsi** *vr* freeze

congestionare (kondʒestjo'nare) *vt* overcrowd congest **congestione** *nf* congestion

congiungere* (kon'dʒundʒere) *vt* join, link

congiurare (kondʒu'rare) *vi* conspire, plot **congiura** *nf* conspiracy, plot **congiurato** *nm* conspirator

congratularsi (kongratu'larsi) *vr* congratulate **congratulazione** *nf* congratulation

congregare (kongre'gare) *vt* assemble **congregarsi** *vr* congregate

congresso (kon'grɛsso) *nm* 1 congress 2 conference

coniare (ko'njare) *vt* coin

conico ('kɔniko) *adj* conical

conifero (ko'nifero) *adj* coniferous

coniglio (ko'niʎʎo) *nm* rabbit **conigliera** (koniʎ'ʎɛra) *nf* rabbit-hutch

coniugare (konju'gare) *vt* conjugate **coniugazione** *nf* conjugation

coniuge ('kɔnjudʒe) *nm,f* spouse **coniugale** *adj* conjugal

connettere* (kon'nɛttere) *vt* connect

cono ('kɔno) *nm* cone

conobbi (ko'nobbi) *v* see **conoscere.**

conoscere* (ko'noʃʃere) *vt* know be acquainted with **conoscente** (konoʃ'ʃɛnte) *nm* acquaintance **conoscenza** (konoʃ'ʃɛntsa) *nf* 1 knowledge 2 acquaintance 3 consciousness **fare conoscenza di** get to know **conoscitore** *nm* connoisseur, expert

conquistare (konkwis'tare) *vt* conquer **conquista** *nf* conquest

consacrare (konsa'krare) *vt* 1 consecrate, ordain 2 devote

consapevole (konsa'pevole) *adj* aware, informed.

consecutivo (konseku'tivo) *adj* consecutive

consegnare (konseɲ'ɲare) *vt* 1 hand over, deliver, entrust 2 confine **consegna** *nf* delivery **pagamento alla consegna** cash on delivery

conseguire (konse'gwire) *vt,vi* follow, result **conseguente** (konse'gwɛnte) *adj* consequent **conseguenza** (konse'gwɛntsa) *nf* consequence.

consenso (kon'sɛnso) *nm* **1** consent, approval **2** consensus
consentire (konsen'tire) *vi* consent, agree.
conservare (konser'vare) *vt* keep, preserve. **conserva** (kon'sɛrva) *nf* preserve **frutta in conserva** *nf* preserved fruit **conservazione** *nf* preservation
considerare (konside'rare) *vt* **1** examine. **2** consider, regard **considerabile** (konside'rabile) *adj* considerable **considerazione** *nf* consideration
consigliare (consiʎ'ʎare) *vt* advise **consigliarsi** *vr* take advice **consigliere** (konsiʎ'ʎɛre) *nm* councillor
consiglio (kon'siʎʎo) *nm* **1** piece of advice, advice **2** council
consistere (kon'sistere) *vi* consist
consolare (konso'lare) *vt* console **consolazione** *nf* consolation
console ('kɔnsole) *nm* consul **consolato** *nm* consulate
consolidare (konsoli'dare) *vt* consolidate
consonante (konso'nante) *nf* consonant
consorzio (kon'sɔrtsjo) *nm* consortium
consueto (konsu'ɛto) *adj* usual *nm* habit, custom **consuetudine** (konsue'tudine) *nf* habit, custom
consultare (konsul'tare) *vt* consult **consultazione** *nf* consultation **consulto** *nm* consultation
consumare (konsu'mare) *vt* **1** consume, use up **2** commit **consumatore** *nm* consumer **consumo** *nm* consumption
contabile (kon'tabile) *nm* bookkeeper **contabilità** *nf* bookkeeping
contadino (konta'dino) *nm* peasant
contado (kon'tado) *nm* countryside (around a town)
contagioso (konta'dʒoso) *adj* contagious infectious
contaminare (kontami'nare) *vt* contaminate infect **contaminazione** *nf* contamination
contante (kon'tanti) *adj* (of money) ready *nm* cash
contare (kon'tare) *vt* **1** count **2** consider **3** intend *vi* **1** count, have importance **2** rely **contatore** *nm* meter
contatto (kon'tatto) *nm* contact
conte ('konte) *nm* (title) count **contea** *nf* county **contessa** *nf* countess
conteggio (kon'teddʒo) *nm* calculation **conteggio alla rovescia** countdown
contegno (kon'teɲɲo) *nm* appearance, bearing
contemplare (kontem'plare) *vt* contemplate
contemporaneo (kontempo'raneo) *adj,nm* contemporary
contendere* (kon'tɛndere) *vt* dispute, contest
contenere* (konte'nere) *vt* **1** contain, hold **2** repress. **contenersi** *vr* restrain oneself **contenuto** *nm* contents
contentare (konten'tare) *vt* satisfy **contentarsi** *vr* be satisfied **contento** (kon'tɛnto) *adj* happy, glad, pleased
contestare (kontes'tare) *vt* challenge
contiguo (kon'tiguo) *adj* adjoining
continente (konti'nɛnte) *nm* continent **continentale** *adj* continental
continuare (kontinu'are) *vt,vi* continue **continuazione** *nf* continuation
continuo (kon'tinuo) *adj* continual, continuous, unbroken **di continuo** incessantly
conto ('konto) *nm* **1** calculation **2** bill, account **3** esteem, regard **4** notice **5** report **conto alla rovescia** countdown **conto corrente** current account **fare conto** imagine, suppose **per conto mio 1** on my behalf **2** for my part
contorcere* (kon'tɔrtʃere) *vt* twist **contorcersi** *vr* writhe
contorno (kon'torno) *nm* **1** contour **2** border **3** vegetables served with meat course
contrabbandare (kontrabban'dare) *vt* smuggle **contrabbandiere** (kontrabban'djɛre) *nm* smuggler **contrabbando** *nm* smuggling
contrabbasso (kontrab'basso) *nm* double bass
contraccolpo (kontrak'kolpo) *nm* repercussion
contraddire* (kontrad'dire) *vt* contradict **contraddittorio** *adj* contradictory **contraddizione** *nf* contradiction
contraereo (kontra'ɛreo) *adj* anti-aircraft
contraffare* (kontraf'fare) *vt* **1** imitate **2** forge, copy **contraffatto** *adj* counterfeit
contrapporre* (kontrap'porre) *vt* oppose
contrariare (kontra'rjare) *vt* **1** contradict **2** annoy
contrario (kon'trarjo) *adj* **1** opposite, contrary **2** unfavourable, adverse *nm* contrary, opposite **al contrario** on the contrary
contrarre* (kon'trarre) *vt* contract
contrastare (kontras'tare) *vt* **1** oppose, resist **2** dispute *vi* **1** struggle **2** clash **contrasto** *nm* **1** conflict, opposition, clash **2** contrast
contrattare (kontrat'tare) *vt,vi* negotiate
contratto (kon'tratto) *nm* contract

contravvenire* (kontravve'nire) *vi* infringe, violate. **contravvenzione** *nf* 1 infringement 2 fine.

contribuire (kontribu'ire) *vi* 1 contribute 2 help. **contributo** *nm* contribution

contristare (kontris'tare) *vt* sadden, grieve.

contro ('kontro) *prep,adv* against **controffensiva** *nf* counterattack.

controllare (kontrol'lare) *vt* inspect, examine **controllo** (kon'trɔllo) *nm* control. **controllo delle nascite** birth control **controllore** (kontrol'lore) *nm* ticket inspector

controversia (kontro'vɛrsja) *nf* controversy **controverso** (kontro'vɛrso) *adj* controversial

conturbare (kontur'bare) *vt* disturb, upset

contusione (kontu'zjone) *nf* bruise.

convalescenza (konvaleʃ'ʃɛntsa) *nf* convalescence.

convegno (kon'veɲɲo) *nm* meeting.

convenire* (konve'nire) *vi* 1 meet, converge 2 agree. *v imp* 1 suit. 2 be in one's interest **conveniente** (konve'njɛnte) *adj* 1 advantageous. 2 suitable. **convenienza** (konve'njɛntsa) *nf* 1 suitability 2 propriety.

convento (kon'vɛnto) *nm* 1 convent 2 monastery.

convenzione (konven'tsjone) *nf* convention

convergere (kon'vɛrdʒere) *vi* converge.

conversare (konver'sare) *vi* talk, chat, converse. **conversazione** *nf* conversation.

conversione (konver'sjone) *nf* conversion.

convertire (konver'tire) *vt* convert. **convertito** *nm* convert.

convesso (kon'vɛsso) *adj* convex.

convincere* (kon'vintʃere) *vt* persuade, convince.

convitato (konvi'tato) *nm* guest.

convito (kon'vito) *nm* banquet.

convitto (kon'vitto) *nm* boarding school.

convocare (konvo'kare) *vt* summon, convene

convoglio (kon'vɔʎʎo) *nm* convoy, escort.

convulsione (konvul'sjone) *nf* convulsion.

cooperare (koope'rare) *vi* cooperate. **cooperativa** *nf* cooperative. **cooperazione** *nf* cooperation.

coordinare (coordi'nare) *vt* coordinate.

coperchio (ko'pɛrkjo) *nm* lid, cover.

coperta (ko'pɛrta) *nf* 1 blanket. 2 cover. 3 *pl* bed clothes. **copertina** *nf* cover, jacket (of a book). **copertura** *nf* covering.

coperto (ko'perto) *v* see **coprire.**

copia ('kɔpja) *nf* copy. **copiare** (ko'pjare) *vt* copy.

copioso (ko'pjoso) *adj* abundant, copious

coppa ('kɔppa) *nf* 1 goblet 2 *sport* cup 3 tub of ice cream.

coppia ('kɔppja) *nf* pair, couple

coprire* (ko'prire) *vt* 1 cover 2 hide **coprifuoco** (kopri'fwoko) *nm* curfew **copriletto** (kopri'lɛtto) *nm* bedspread

coraggio (ko'raddʒo) *nm* courage, bravery *interj* come on! **coraggioso** (korad'dʒoso) *adj* brave.

corallo (ko'rallo) *nm* coral.

corazzare (korat'tsare) *vt* armour-plate

corbello (kor'bɛllo) *nm* basket.

corda ('kɔrda) *nf* 1 cord, rope 2 *mus* string, bow 3 *mus* chord **cordone** (kor'done) *nm* 1 cord. 2 cordon.

cordiale (kor'djale) *adj* cordial.

coreografo (kore'ɔgrafo) *nm* choreographer **coreografia** *nf* choreography

coricare (cori'kare) *vt* lay down **coricarsi** *vr* go to bed.

cornacchia (kor'nakkja) *nf* crow.

cornamusa (korna'muza) *nf* bagpipes.

cornice (kor'nitʃe) *nf* 1 frame. 2 cornice **mettere in cornice** frame.

corno ('kɔrno) *nm* 1 *pl* **corna** *f* horn (of an animal). 2 *pl* **corni** *m* horn. **fare le corna a** be unfaithful to.

coro ('kɔro) *nm* 1 choir. 2 chorus **coronare** (koro'nare) *vt* crown. **corona** *nf* crown **corona funebre** wreath

corpo ('kɔrpo) *nm* 1 body. 2 corpse 3 corps.

corporazione (korporat'tsjone) *nf* company, corporation.

copulento (korpu'lento) *adj* stout.

corredo (kor'rɛdo) *nm* trousseau.

correggere* (kor'rɛddʒere) *vt* correct

corrente (kor'rɛnte) *adj* 1 running. 2 current *nf* current. **corrente d'aria** draught. **mettere al corrente** bring up-to-date. **tenere al corrente** keep informed.

correre* ('korrere) *vi* 1 run, flow. 2 pass 3 circulate. *vt* run, race.

corretto (kor'rɛtto) *adj* correct.

correzione (korret'tsjone) *nf* correction **correzione di bozze** proofreading.

corrida (kor'rida) *nf* bullfight.

corridoio (korri'dojo) *nm* corridor.

corridore (korri'dore) *nm* 1 runner. 2 rider.

corriera (kor'rjɛra) *nf* bus, coach **corriere** (kor'rjɛra) *nm* 1 courier 2 mail, post

corrispondere* (korris'pondere) *vi* 1 correspond. 2 return. **corrispondente** (korrispon'dɛnte) *nm* correspondent *adj* corresponding. **corrispondenza** (korrispon'dɛntsa) *nf* correspondence, mail

corroborare (korrobo'rare) *vt* corroborate, reinforce.

corrompere* (kor'rompere) *vt* corrupt, contaminate **corrotto** *adj* corrupt, contaminated.

corrucciarsi (korrut'tʃare) *vr* get angry.

corrugare (korru'gare) *vt* wrinkle **corrugare la fronte** frown.

corruzione (korrut'tsjone) *nf* corruption

corsa ('korsa) *nf* 1 run 2 race. 3 journey **di corsa** 1 running. 2 in a hurry **fare una corsa** run.

corsi ('korsi) *v* see **correre.**

corsia (kor'sia) *nf* 1 passage. 2 *med* ward 3 dormitory. 4 lane

corso[1] ('korso) *v* see **correre.**

corso[2] ('korso) *nm* 1 course, progress 2 main street. 3 *educ* course **corso del cambio** exchange rate **in corso** current, valid **lavori in corso** *nm pl* roadworks

corte ('korte) *nf* court. **fare la corte a** court

corteccia (kor'tettʃa) *nf* bark.

corteggiare (korted'dʒare) *vt* court

corteo (kor'tɛo) *nm* procession, cortege.

cortese (kor'teze) *adj* 1 kind 2 courteous **cortesia** *nf* courtesy **fare una cortesia** do a favour. **per cortesia** please

cortile (kor'tile) *nm* 1 courtyard 2 farmyard

cortina (kor'tina) *nf* curtain.

corto ('korto) *adj* short, brief **per farla corta** cut a long story short.

corvo ('kɔrvo) *nm* crow, raven

cosa ('kɔsa) *nf* 1 thing, matter, affair 2 act, deed **che cosa?** what? **(ché) cosa hai?** what is the matter? **per prima cosa** first of all.

coscia ('kɔʃʃa) *nf* thigh, leg (of an animal)

cosciente (koʃ'ʃɛnte) *adj* conscious

coscienza (koʃ'ʃɛntsa) *nf* conscience

coscritto (kos'kritto) *nm* conscript

coscrizione (koskrit'tsjone) *nf* conscription

così (ko'si) *adv* 1 thus, in this way 2 so, therefore **così così** so-so **e così via** and so on. ~*adj* such, similar **cosicché** (kosik'ke) *conj* so that **cosiddetto** *adj* so-called

cosmetico (koz'metiko) *adj,nm* cosmetic

cosmo ('kɔzmo) *nm* cosmos. **cosmico** ('kɔzmiko) *adj* cosmic **cosmonauta** (kozmo'nauta) *nm* cosmonaut

cosmopolita (kozmopo'lita) *adj* cosmopolitan

coso ('kɔso) *nm inf* what's-its-name, what's-his-name.

cospicuo (kos'pikuo) *adj* notable, eminent.

cospirare (kospi'rare) *vi* conspire, plot. **cospiratore** *nm* conspirator. **cospirazione** *nf* conspiracy.

cossi ('kɔssi) *v* see **cuocere.**

costa ('kɔsta) *nf* 1 rib (of a ship). 2 slope, hillside 3 coast.

costà (kos'ta) *adv* there

costante (kos'tante) *adj* firm, constant.

costare (kos'tare) *vi* 1 cost. 2 require. **costo** ('kɔsto) *nm* cost, price. **a tutti i costi** at all costs **costo della vita** cost of living. **costoso** (kos'toso) *adj* dear, expensive.

costeggiare (kosted'dʒare) *vt* skirt, run alongside.

costei (kos'tɛi) see **costui.**

costellazione (kostellat'tsjone) *nf* constellation

costituire (kostitu'ire) *vt* 1 form, constitute, make up. 2 found 3 elect **costituzione** *nf* constitution

costola ('kɔstola) *nf* rib

costoro (kos'toro) see **costui.**

costringere* (kos'trindʒere) *vt* force, oblige

costruire* (kostru'ire) *vt* build, construct

costrussi (kos'trussi) *v* see **costruire.**

costui (kos'tui) *pron ms* that man **costei** *pron fs* that woman **costoro** *pron m,f pl* those people

costumato (kostu'mato) *adj* well-bred

costume (kos'tume) *nm* 1 custom, habit 2 costume **costume da bagno** swimsuit

costura (kos'tura) *nf* seam

cotesto (ko'testo) *adj* that *pron* that one

cotoletta (koto'letta) *nf* cutlet

cotone (ko'tone) *nm* 1 cotton 2 cotton thread

cottimo ('kɔttimo) *nm* piecework

cotto ('kɔtto) *v* see **cuocere.** *adj* 1 cooked 2 *sl* in love

cottura (kot'tura) *nf* cooking

covare (ko'vare) *vt,vi* hatch **covata** *nf* brood

covile (ko'vile) *nm also* **covo** lair, den

cozza ('kɔttsa) *nf* mussel

cozzare (kot'tsare) *vt,vi* butt, collide

crampo ('krampo) *nm* cramp

cranio ('kranjo) *nm* skull

cratere (kra'tɛre) *nm* crater

cravatta (kra'vatta) *nf* tie
creanza (kre'antsa) *nf* breeding, education
creare (kre'are) *vt* **1** create **2** establish **3** appoint. **creativo** *adj* creative **creatore** *nm* creator **creatura** *nf* creature **creazione** *nf* creation
crebbi ('krebbi) *v* see **crescere.**
credenza[1] (kre'dɛntsa) *nf* belief, faith.
credenza[2] (kre'dɛntsa) *nf* sideboard.
credere ('kredere) *vt,vi* **1** believe. **2** think
credito ('kredito) *nm* **1** credit **2** esteem. **3** trust.
credulo ('krɛdulo) *adj* credulous
crema ('krɛma) *nf* cream **cremoso** *adj* creamy.
cremare (kre'mare) *vt* cremate
cremisi ('krɛmizi) *adj,nm* crimson.
crepare (kre'pare) *vi* **1** crack, split **2** *sl* die. **crepa** ('krɛpa) *nf* crack
crepitare (krepi'tare) *vi* crackle
crepuscolo (kre'puskolo) *nm* dusk
crescere* ('kreʃʃere) *vi* **1** grow **2** increase **3** rise **crescita** ('kreʃʃita) *nf* growth
crescione (kreʃ'ʃone) *nm* watercress.
cresima ('krɛzima) *nf* confirmation.
crespo ('krespo) *adj* **1** curly **2** pleated.
cresta ('kresta) *nf* **1** crest **2** comb (of a cock)
cretino (kre'tino) *nm* idiot, fool
cricco ('krikko) *nm tech* jack
criminale (krimi'nale) *adj,nm* criminal.
criniera (kri'njɛra) *nf* mane
cripta ('kripta) *nf* crypt.
crisalide (kri'zalide) *nf* chrysalis.
crisantemo (krizan'tɛmo) *nm* chrysanthemum
crisi ('krizi) *nf invar* crisis
cristallizzare (kristallid'dzare) *vt* crystallize.
cristallo (kris'tallo) *nm* crystal
cristiano (kris'tjano) *adj,n* Christian **cristianesimo** *nm* Christianity.
critica ('kritika) *nf* **1** criticism. **2** *lit* review. **criticare** *vt* criticize **critico** ('kritiko) *adj* critical. *nm* critic
crivellare (krivel'lare) *vt* riddle (with holes) **crivello** (kri'vɛllo) *nm* sieve.
croccante (krok'kante) *nm* nutty sweet.
crocchia ('krɔkkja) *nf* bun, chignon.
crocchio ('krɔkkjo) *nm* group.
croce (kro'tʃe) *nf* cross. **crocevia** (krotʃe'via) *nm* crossroads
crociata (kro'tʃata) *nf* crusade.
crocicchio (kro'tʃikkjo) *nm* crossroads.
crociera (kro'tʃɛra) *nf* cruise.
crocifiggere (krotʃi'fiddʒere) *vt* crucify.
crocifisso (krotʃi'fisso) *nm* crucifix **crocifissione** *nf* crucifixion
croco ('krɔko) *nm* crocus
crollare (krol'lare) *vt* shake *vi* collapse, crumble **crollo** ('krɔllo) *nm* collapse, crash
cromo ('krɔmo) *nm* chrome **cromato** *adj* chromium-plated
cromosoma (kromo'sɔma) *nm* chromosome.
cronaca ('krɔnaka) *nf* **1** chronicle **2** news item, report
cronico ('krɔniko) *adj* chronic
cronista (kro'nista) *nm* reporter, columnist.
cronologico (krono'lɔdʒiko) *adj* chronological.
cronometro (kro'nɔmetro) *nm* chronometer
crosta ('krɔsta) *nf* crust **crostata** *nf* pie, tart.
crostacei (kros'tatʃei) *nm pl* shellfish.
crucciare (krut'tʃare) *vt* annoy **crucciarsi** *vr* **1** get angry **2** worry
cruciale (kru'tʃale) *adj* crucial
crudele (kru'dɛle) *adj* cruel, heartless **crudeltà** *nf* cruelty
crudo ('krudo) *adj* **1** raw **2** harsh, severe
crumiro (kru'miro) *nm* blackleg
cruscotto (krus'kɔtto) *nm* dashboard.
cubo ('kubo) *nm* cube *adj* cubic.
cuccetta (kut'tʃetta) *nf* couchette, berth.
cucchiaio (kuk'kjajo) *nm* **1** spoon. **2** spoonful **cucchiaio da frutta/tavola** dessertspoon/tablespoon **cucchiaino** *nm* teaspoon.
cucciolo ('kuttʃolo) *nm* puppy
cucinare (kutʃi'nare) *vt* cook **cucina** *nf* **1** kitchen **2** cooking.
cucire (ku'tʃire) *vt* sew **cucitura** *nf* seam
cuculo (ku'kulo) *nm* cuckoo
cuffia ('kuffja) *nf* **1** bonnet. **2** bath cap **3** headphones.
cugino (ku'dʒino) *nm* cousin
cui ('kui) *pron invar* **1** whom, which **2** whose, of whom
culla ('kulla) *nf* cradle
culto ('kulto) *nm* cult
cultura (kul'tura) *nf* culture, learning **culturale** *adj* cultural
cumulo ('kumulo) *nm* pile, heap.
cuneo ('kuneo) *nm* wedge.
cunetta (ku'netta) *nf* gutter
cuocere* ('kwɔtʃere) *vt* cook. **cuoco** *nm* cook, chef
cuoio ('kwɔjo) *nm* leather **cuoio capelluto** *nm* scalp
cuore ('kwɔre) *nm* **1** heart. **2** courage **3** *game* hearts. **amico del cuore** *nm* best friend.

cupido ('kupido) *adj* greedy **cupidigia** *nf* greed.
cupo ('kupo) *adj* gloomy, sombre, dark
cupola ('kupola) *nf* dome
cura ('kura) *nf* **1** care, charge **2** attention. **3** treatment. **a cura di** edited by **aver cura di** look after. **curare** *vt* **1** look after, attend to **2** edit. **3** treat, cure. **curabile** (ku'rabile) *adj* curable
curioso (ku'rjoso) *adj* **1** curious, inquisitive. **2** strange, odd, curious **curiosità** *nf* curiosity
curvare (kur'vare) *vt* bend, curve **curvarsi** *vr* bend **curva** *nf* curve, bend **curvo** *adj* bent, curved
cuscino (kuʃ'ʃino) *nm* **1** pillow **2** cushion.
custode (kus'tɔde) *nm* **1** guardian **2** caretaker **3** warder **custodia** (kus'tɔdja) *nf* **1** custody, care **2** case **custodire** *vt* **1** take care of **2** guard.
cuticola (ku'tikola) *nf* cuticle

D

da (da) *prep* **1** from **2** by. **3** to, at **4** since, for **5** as, like. **6** with **7** for the purpose of
dà (da) *v* see **dare.**
dabbasso (dab'basso) *adv* **1** below **2** downstairs
dabbene (dab'bɛne) *adj invar* decent, respectable.
daccapo (dak'kapo) *adv* over again
dacché (dak'ke) *conj* since
dado ('dado) *nm* **1** dice **2** stock cube **3** *tech* nut.
daffare (daf'fare) *nm invar* work **avere molto daffare** be very busy
daga ('daga) *nf* dagger
dagli ('daʎʎi) contraction of **da gli.**
dai[1] ('dai) contraction of **da i.**
dai[2] ('dai) *v* see **dare.**
daino ('daino) *nm* deer
dal (dal) contraction of **da il.**
dalia ('dalja) *nf* dahlia
dall' (dal) contraction of **da l'.**
dalla ('dalla) contraction of **da la.**
dalle ('dalle) contraction of **da le.**
dallo ('dallo) contraction of **da lo.**
daltonismo (dalto'nizmo) *nm* colour-blindness **daltonico** (dal'tɔniko) *adj* colour-blind
d'altronde (dal'tronde) *adv* on the other hand, besides
dama ('dama) *nf* **1** lady **2** draughts
damasco (da'masko) *nm* damask
dancing ('dansiŋ) *nm* dance hall
Danimarca (dani'marka) *nf* Denmark **danese** (da'nese) *adj* Danish *nm* **1** Dane **2** Danish (language)
dannare (dan'nare) *vt* damn **dannazione** *nf* damnation
danneggiare (danned'dʒare) *vt* damage, harm **danno** *nm* **1** damage, harm. **2** loss
danzare (dan'tsare) *vi,vt* dance **danza** *nf* dance
dappertutto (dapper'tutto) *adv* everywhere.
dappoco (dap'pɔko) *adj invar* worthless.
dappresso (dap'prɛsso) *adv* close by
dapprima (dap'prima) *adv* at first
dardeggiare (darded'dʒare) *vt* shoot forth
dardo ('dardo) *nm* dart
dare[*] ('dare) *vt* **1** give **2** yield, produce **3** assign, attach **4** show **dare alla testa** go to one's head **dare in prestito** lend **dare nell'occhio** catch the eye **dare su** overlook **darsi** *vr* dedicate oneself **darsi da fare** keep oneself busy **può darsi** it is possible
darsena ('darsena) *nf* dock, basin
data ('data) *nf* date **datare** *vt,vi* date
dattero ('dattero) *nm bot* date
dattilografa (datti'lɔgrafa) *nf* typist **dattilografia** *nf* typing
dattorno (dat'torno) *prep,adv* around, about **levarsi dattorno** get rid of
davanti (da'vanti) *prep* before, in front of *adv* before, in front *nm* front
davanzale (davan'tsale) *nm* windowsill
davvero (dav'vero) *adv* really, indeed.
dazio ('dattsjo) *nm* duty, toll **daziare** *vt* tax, put duty on
dea ('dɛa) *nf* goddess
debito ('debito) *nm* debt *adj* due, proper **debitore** *nm* debtor
debole ('debole) *adj* weak, feeble *nm* weak point, weakness **debolezza** (debo'lettsa) *nf* weakness
debuttare (debut'tare) *vi* make one's debut
decadere (deka'dere) *vi* decay, decline **decadente** (deka'dɛnte) *adj* in decline, decadent **decadenza** (deka'dɛntsa) *nf* decline
decano (de'kano) *nm rel* dean
decapitare (dekapi'tare) *vt* behead
decennio (de'tʃɛnnjo) *nm* decade
decente (de'tʃɛnte) *adj* decent, respectable **decenza** (de'tʃɛnsa) *nf* decency

decentrare (detʃen'trare) *vt* decentralize
decesso (de'tʃɛsso) *nm* death, decease
decibel (detʃi'bɛl) *nm* decibel
decidere* (de'tʃidere) *vt,vi* decide, settle **decidersi** *vr* make up one's mind
deciduo (de'tʃiduo) *adj* deciduous.
decifrare (detʃi'frare) *vt* decipher
decimale (detʃi'male) *adj,nm* decimal
decimo ('dɛtʃimo) *adj* tenth
decisi (de'tʃizi) *v* see **decidere.**
decisione (detʃi'zjone) *nf* decision **decisivo** *adj* decisive.
deciso (de'tʃizo) *v* see **decidere.**
declamare (dekla'mare) *vt* declaim
declinare (dekli'nare) *vt* decline *vi* decline, decay, sink **declino** *nm* decline
declivio (de'klivjo) *nm* slope
decollare (dekol'lare) *vi aviat* take off **decollo** (de'kɔllo) *nm* take-off
decomporsi (dekom'porsi) *vr* decompose **decomposizione** *nf* decomposition.
decorare (deko'rare) *vt* decorate **decorativo** *adj* decorative. **decorazione** *nf* decoration
decoro (de'kɔro) *nm* dignity, decorum
decorrere (de'korrere) *vi* run, have effect **a decorrere da** starting from
decrepito (de'krɛpito) *adj* decrepit
decrescere* (de'kreʃʃere) *vi* decrease, diminish.
decreto (de'kreto) *nm* decree
dedalo ('dɛdalo) *nm* labyrinth.
dedicare (dedi'kare) *vt* dedicate **dedica** ('dɛdika) *nf* dedication.
dedito ('dɛdito) *adj* devoted.
dedurre* (de'durre) *vt* **1** deduce **2** deduct, subtract.
deferente (defe'rɛnte) *adj* respectful, deferential. **deferenza** (defe'rɛntsa) *nf* deference
deficiente (defi'tʃɛnte) *adj,n* idiot.
deficit ('dɛfitʃit) *nm* deficit.
definire (defi'nire) *vt* **1** define. **2** settle **definitivo** *adj* definitive **definizione** *nf* definition
deflazione (deflat'tsjone) *nf* deflation.
deflettere (de'flɛttere) *vi* **1** deflect, swerve **2** deviate.
deformare (defor'mare) *vt* deform **deforme** *adj* deformed, disfigured **deformità** *nf* deformity
defunto (de'funto) *adj* dead, deceased *nm* dead person.
degenerare (dedʒene'rare) *vi* degenerate, deteriorate **degenerazione** *nf* degeneration, deterioration
degente (de'dʒɛnte) *adj* bedridden
degenza (de'dʒɛntsa) *nf* stay in hospital or bed
degli ('deʎʎi) contraction of **di gli.**
degnare (deɲ'ɲare) *vi* deign **degnarsi** *vr* condescend **degno** *adj* worthy, deserving
degradare (degra'dare) *vt* degrade **degradazione** *nf* degradation
degustare (degus'tare) *vt* try, taste
dei[1] ('dei) contraction of **di i.**
dei[2] ('dɛi) *nm pl* gods
deificare (deifi'kare) *vt* deify
del (del) contraction of **di il.**
delegare (dele'gare) *vt* delegate **delegato** *nm* delegate **delegazione** *nf* delegation
delfino (del'fino) *nm* dolphin
deliberare (delibe'rare) *vt* decide *vi* deliberate **deliberazione** *nf* **1** deliberation **2** decision
delicato (deli'kato) *adj* **1** delicate **2** gentle **3** refined **delicatezza** (delika'tettsa) *nf* delicacy
delimitare (delimi'tare) *vt* define, delimit
delineare (deline'are) *vt* outline, trace
delinquente (delin'kwɛnte) *adj,n* delinquent, criminal **delinquenza** (delin'kwɛntsa) *nf* delinquency **delinquenza minorile** juvenile delinquency
deliquio (de'likwjo) *nm* fainting fit
delirare (deli'rare) *vi* be delirious **delirante** *adj* delirious **delirio** *nm* delirium, frenzy
delitto (de'litto) *nm* crime
delizia (de'littsja) *nf* delight **delizioso** (delit'tsjoso) *adj* delicious, delightful
dell' (del) contraction of **di l'.**
della ('della) contraction of **di la.**
delle ('delle) contraction of **di le.**
dello ('dello) contraction of **di lo.**
delta ('dɛlta) *nm* delta
deludere* (de'ludere) *vt* **1** disappoint **2** deceive
delusione (delu'zjone) *nf* **1** disappointment **2** deception
demanio (de'manjo) *nm* state property.
demente (de'mɛnte) *adj* insane, mad **demenza** (de'mɛntsa) *nf* madness.
democrazia (demokrat'tsia) *nf* democracy **democratico** (demo'kratiko) *adj* democratic.
democristiano (demokris'tjano) *nm* Christian Democrat
demolire (demo'lire) *vt* demolish **demolizione** *nf* demolition

demone ('dɛmone) *nm* demon
demonio (de'mɔnjo) *nm* **1** devil **2** demon
demoralizzare (demoralid'dzare) *vt* demoralize
denaro (de'naro) *nm* money
denigrare (deni'grare) *vt* denigrate, run down
denominatore (denomina'tore) *nm* denominator
denotare (deno'tare) *vt* denote, indicate
denso ('dɛnso) *adj* dense, thick **densità** *nf* density
dente ('dɛnte) *nm* tooth **dente del giudizio** wisdom tooth **dentiera** (den'tjɛra) *nf* set of false teeth **dentifricio** *nm* toothpaste
dentista (den'tista) *nm* dentist
dentro ('dentro) *adv,prep* inside, within, in
denunciare (denun'tʃare) *vt* declare, denounce. **denuncia** *nf* declaration, denunciation.
deodorante (deodo'rante) *nm* deodorant.
deperire (depe'rire) *vi* fade or waste away **deperimento** *nm* decline
depilare (depi'lare) *vt* remove hair **depilatorio** (depila'tɔrjo) *adj,nm* depilatory
deplorare (deplo'rare) *vt* deplore **deplorevole** (deplo'revole) *adj* deplorable.
deporre* (de'porre) *vt* **1** place, put down. **2** deposit **3** remove **4** depose. **5** testify.
deportare (depor'tare) *vt* deport **deportazione** *nf* deportation
deposito (de'pɔzito) *nm* **1** deposit. **2** store, warehouse **3** left-luggage office. **4** sediment. **depositare** *vt* deposit.
depredare (depre'dare) *vt* plunder, loot.
depresso (de'prɛsso) *adj* depressed **depressione** *nf* depression
deprezzare (depret'tsare) *vt* depreciate.
deprimere* (de'primere) *vt* depress.
depurare (depu'rare) *vt* purify
deputare (depu'tare) *vt* appoint **deputato** *nm* deputy.
deragliare (deraʎ'ʎare) *vi* be derailed
derelitto (dere'litto) *adj* abandoned, derelict.
deretano (dere'tano) *nm sl* bottom, backside.
deridere* (de'ridere) *vt* deride, mock **derisione** *nf* scorn, derision.
derisorio (deri'zɔrjo) *adj* derisory.
deriva (de'riva) *nf* drift. **andare alla deriva** drift.
derivare (deri'vare) *vt,vi* derive *vt* divert.
derogare (dero'gare) *vi* **1** revoke **2** contravene.
derubare (deru'bare) *vt* rob.
descrivere* (des'krivere) *vt* describe. **descrittivo** *adj* descriptive **descrizione** *nf* description
deserto (de'zɛrto) *nm* desert *adj* deserted
desiderare (deside'rare) *vt* **1** want, desire **2** require **desiderio** (desi'dɛrjo) *nm* wish, desire
designare (deziɲ'ɲare) *vt* designate
desinare (dezi'nare) *vi* dine. *nm* dinner
desistere (de'sistere) *vi* cease, abandon
desolare (dezo'lare) *vt* devastate **desolato** *adj* **1** desolate **2** upset **desolazione** *nf* desolation
destare (des'tare) *vt* **1** waken **2** arouse
desti ('deste) *v* see **dare.**
destinare (desti'nare) *vt* **1** destine **2** appoint. **3** address (a letter) **destinazione** *nf* destination **destino** *nm* destiny
destituire (destitu'ire) *vt* dismiss
destro ('dɛstro) *adj* **1** right **2** agile **destra** *nf* **1** right side **2** right hand
detenere (dete'nere) *vt* hold, detain **detenuto** *adj* imprisoned. *nm* prisoner
detergente (deter'dʒɛnte) *adj,nm* detergent.
deteriorare (deterjo'rare) *vi* deteriorate. **deterioramento** *nm* deterioration
determinare (determi'nare) *vt* determine, fix.
deterrente (deter'rɛnte) *nm* deterrent.
detersivo (deter'sivo) *nm* detergent.
detestare (detes'tare) *vt* hate, abhor **detestabile** (detes'tabile) *adj* detestable.
detonatore (detona'tore) *nm* detonator.
detrarre* (de'trarre) *vt* subtract.
detrito (de'trito) *nm* debris
dettagliare (dettaʎ'ʎare) *vt* **1** give in detail **2** sell retail **dettaglio** *nm* **1** detail **2** retail.
dettare (det'tare) *vt* dictate **dettato** *nm* dictation
detti ('dɛtti) *v* see **dare.**
detto ('detto) *v* see **dare.** *adj* **1** so-called. **2** aforesaid *nm* **1** saying **2** word **detto fatto** no sooner said than done.
deturpare (detur'pare) *vt* deform, disfigure.
devastare (devas'tare) *vt* devastate **devastazione** *nf* devastation
deviare (devi'are) *vi* **1** swerve **2** deviate *vt* divert **deviazione** *nf* deviation
devo ('dɛvo) *v* see **dovere.**
devoto (de'vɔto) *adj* **1** devout **2** devoted **devozione** *nf* devotion
di (di) *prep* **1** of **2** from, out of. **3** with **4** about. **5** by **6** than. **7** at. **8** in

diabete (dia'bɛte) *nm* diabetes. **diabetico** (dia'bɛtiko) *adj,nm* diabetic.
diacono (di'akono) *nm* deacon.
diaframma (dia'framma) *nm* diaphragm.
diagnosi (di'aɲɲozi) *nf* diagnosis. **diagnosticare** *vt* diagnose.
diagonale (diago'nale) *adj,nm* diagonal.
diagramma (dia'gramma) *nm* diagram.
dialetto (dia'lɛtto) *nm* dialect. **dialettale** *adj* dialectal.
dialogo (di'alogo) *nm* dialogue.
diamante (dia'mante) *nm* diamond.
diametro (di'ametro) *nm* diameter.
diapositiva (diapozi'tiva) *nf phot* slide.
diario (di'arjo) *nm* diary.
diarrea (diar'rɛa) *nf* diarrhoea.
diavolo ('djavolo) *nm* devil.
dibattere (di'battere) *vt* debate, discuss **dibattersi** *vr* struggle.
dibattito (di'battito) *nm* debate.
dicastero (dikas'tɛro) *nm* ministry.
dicembre (di'tʃɛmbre) *nm* December
dichiarare (dikja'rare) *vt* declare **dichiarazione** *nf* declaration.
diciannove (ditʃan'nɔve) *adj* nineteen *nm* or *f* nineteen. **diciannovesimo** (ditʃanno'vɛzimo) *adj* nineteenth
diciassette (ditʃas'sɛtte) *adj* seventeen. *nm* or *f* seventeen. **diciassettesimo** (ditʃasset'tɛzimo) *adj* seventeenth.
diciotto (di'tʃɔtto) *adj* eighteen. *nm* or *f* eighteen. **dicciottesimo** (ditʃot'tɛzimo) *adj* eighteenth.
dico ('diko) *v* see **dire.**
didattico (di'dattiko) *adj* didactic.
dieci ('djɛtʃi) *adj* ten. *nm* or *f* ten
diedi ('djɛdi) *v* see **dare.**
dieta ('djɛta) *nf* diet.
dietro ('djɛtro) *adv* **1** behind **2** back *prep* **1** behind, after. **2** following, upon
difatti (di'fatti) *adv* in fact.
difendire* (di'fɛndere) *vt* defend, protect
difensiva (difen'siva) *nf* defensive **difensivo** *adj* defensive.
difesa (di'fesa) *nf* defence.
difesi (di'fesi) *v* see **difendere.**
difeso (di'feso) *v* see **difendere.**
difetto (di'fɛtto) *nm* defect, fault **difettoso** (difet'toso) *adj* defective.
diffamare (diffa'mare) *vt* slander.
differente (diffe'rɛnte) *adj* different.
differenza (diffe'rɛntsa) *nf* difference **differenziare** *vt* differentiate
differire (diffe'rire) *vi* differ, be different *vt* put off, postpone.
difficile (dif'fitʃile) *adj* **1** difficult, hard. **2** hard to please. **3** improbable. **difficilmente** *adv* with difficulty.
difficoltà (diffikol'ta) *nf* difficulty.
diffidare (diffi'dare) *vi* distrust.
diffondere* (dif'fondere) *vt* **1** spread **2** divulge
diffusione (diffu'zjone) *nf* **1** circulation (of a newspaper). **2** diffusion.
diga ('diga) *nf* dyke.
digerire (didʒe'rire) *vt* digest. **digestione** (didʒes'tjone) *nf* digestion.
digitale (didʒi'tale) *adj* digital. *nf* foxglove. **impronta digitale** *nf* fingerprint.
digiunare (didʒu'nare) *vi* fast. **digiuno** *nm* fast.
dignità (diɲɲi'ta) *nf* dignity **dignitoso** (diɲɲi'toso) *adj* dignified.
digressione (digres'sjone) *nf* digression
digrignare (digriɲ'ɲare) *vt* gnash (one's teeth)
dilapidare (dilapi'dare) *vt* squander, waste.
dilatare (dila'tare) *vt* expand, spread.
dileguare (dile'gware) *vt* **1** melt. **2** remove **dileguarsi** *vr* fade away.
dilemma (di'lɛmma) *nm* dilemma.
dilettare (dilet'tare) *vt,vi* please **dilettarsi a** *vr* take pleasure in **dilettante** *nm* amateur **diletto** (di'lɛtto) *nm* delight, pleasure.
diligente (dili'dʒɛnte) *adj* **1** diligent **2** careful
diligenza[1] (dili'dʒɛntsa) *nf* diligence.
diligenza[2] (dili'dʒɛntsa) *nf* stagecoach.
diluire (dilu'ire) *vt* dilute
dilungare (dilun'gare) *vt* prolong **dilungarsi** *vr* digress.
diluvio (di'luvjo) *nm* flood.
dimagrire (dima'grire) *vi* grow thin, lose weight.
dimenare (dime'nare) *vt* shake **dimenare la coda** wag the tail **dimenarsi** *vr* wriggle, writhe.
dimensione (dimen'sjone) *nf* dimension
dimenticare (dimenti'kare) *vt* forget **dimenticarsi** *vr* forget **dimentico** (di'mentiko) *adj* forgetful.
dimettere (di'mettere) *vt* dismiss, discharge **dimettersi** *vr* resign.
dimezzare (dimed'dzare) *vt* halve.
diminuire (diminu'ire) *vt* reduce, diminish *vi* decrease.

dimissione (dımıs'sjone) *nf* resignation **dare le dimissione** resign
dimorare (dımo'rare) *vi* live, stay **dimora** (dı'mɔra) *nf* residence, home
dimostrare (dımos'trare) *vt* show, prove **dimostrazione** *nf* demonstration
dinamica (dı'namika) *nf* dynamics **dinamico** (dı'namıko) *adj* dynamic
dinamite (dına'mıte) *nf* dynamite
dinamo ('dınamo) *nf invar* dynamo
dinanzi (dı'nantsı) *adv* in front **dinazi a** *prep* in front of, before
dinastia (dınas'tıa) *nf* dynasty
dinoccolato (dınokko'lato) *adj* lanky
dinosauro (dıno'sauro) *nm* dinosaur
dintorno (din'torno) *prep,adv* **1** around **2** about *nm pl* outskirts
Dio ('dıo) *nm* God
diocesi (di'ɔtʃezı) *nf* diocese
dipartimento (dıpartı'mento) *nm* department
dipendere* (di'pendere) *vi* **1** depend **2** be subject **dipendere da** depend on **dipendente** (dıpen'dɛnte) *adj* dependent *nm* dependant **dipendenza** (dıpen'dɛntsa) *nf* dependence
dipingere* (di'pındʒere) *vt* **1** paint **2** portray
diploma (dıplɔ'ma) *nm* diploma **diplomatico** (diplo'matiko) *adj* diplomatic **diplomazia** (diploma'tsıa) *nf* diplomacy
diradare (dıra'dare) *vt* reduce *vi* become sparse **diradarsi** *vr* become sparse, clear
diramare (dira'mare) *vt* **1** circulate **2** broadcast **diramarsi** *vr* branch off
dire* ('dire) *vt* **1** say **2** tell **per così dire** so to speak
diressi (di'rɛssı) *v see* **dirigere.**
diretto (di'rɛtto) *v* see **dirigere.** *adj* direct, straight *nm* fast train **direttissimo** *nm* express train
direttore (diret'tore) *nm* **1** director manager **2** editor **3** headmaster **4** *mus* conductor **direttrice** *nf* **1** manageress **2** headmistress
direzione (diret'tsjone) *nf* **1** management **2** direction
dirigere* (di'rıdʒere) *vt* **1** run, manage **2** address, direct **dirigente** (dirı'dʒɛnte) *nm* director *adj* ruling
dirimpetto (dirım'pɛtto) *prep,adv* opposite
diritto[1] (di'rıtto) *adj* **1** direct, straight **2** right-hand *adv* straight on *nm* right side (of material).
diritto[2] (dı'rıtto) *nm* **1** right, claim **2** law **diritti d'autore** *nm pl* royalties
diroccare (dırok'kare) *vt* demolish
dirottare (dırot'tare) *vt* **1** divert **2** hijack
dirotto (di'rotto) *adj* unrestrained **pioggia dirotta** *nf* pouring rain
dirupato (dıru'pato) *adj* rugged, precipitous
dirupo (dı'rupo) *nm* ravine
disabitato (dıza ıi'tato) *adj* uninhabited
disaccordo (dızak'kɔrdo) *nm* disagreement
disadatto (dıza'datto) *adj* unsuited
disagevole (dıza'dʒevole) *adj* **1** difficult **2** uncomfortable
disagio (dı'zadʒo) *nm* discomfort **a disagio** ill at ease
disapprovare (dızappro'vare) *vt* disapprove **disapprovazione** *nf* disapproval
disappunto (dızap'punto) *nm* disappointment, displeasure
disarmare (dızar'mare) *vt* disarm **disarmo** *nm* disarmament
disastro (dı'zastro) *nm* disaster **disastroso** (dızas'troso) *adj* disastrous
disattento (dızat'tɛnto) *adj* inattentive **disattenzione** (dızatten'tsjone) *nf* carelessness
discendere* (diʃ'ʃendere) *vi* **1** come down, descend **2** descend, be descended. *vt* go or come down **discendente** (diʃʃen'dɛente) *nm* descendant **discendenza** (diʃʃen'dɛntsa) *nf* origin, descent
discepolo (diʃ'ʃepolo) *nm* disciple
discernere (diʃ'ʃɛrnere) *vt* distinguish, discern **discernimento** *nm* judgment, discernment.
discesa (diʃ'ʃesa) *nf* descent
disciplinare (diʃʃiplı'nare) *vt* control, discipline **.disciplina** *nf* discipline
disco ('disko) *nm* **1** disc **2** record, gramophone **3** discus **disco orario** parking disc.
discolpare (diskol'pare) *vt* prove innocent, clear of blame
discorrere* (dis'korrere) *vi* discuss, talk
discorso (dis'korso) *nm* talk, speech **cambiare il discorso** change the subject
discoteca (disko'tɛka) *nf* discotheque
discreto (dıs'kreto) *adj* **1** reasonable, moderate, passable **2** cautious, discreet **discrezione** *nf* discretion
discriminazione (diskrıminat'tsjone) *nf* discrimination
discussi (dıs'kussi) *v see* **discutere.**
discussione (diskus'sjone) *nf* **1** discussion **2** argument

discusso (dis'kusso) *v* see **discutere.**
discutere* (dis'kutere) *vt* discuss, debate.
disdire (diz'dire) *vt* **1** retract, take back. **2** cancel.
disegnare (diseɲ'ɲare) *vt* **1** draw. **2** design. **disegno** *nm* **1** drawing. **2** design.
diseredare (dizere'dare) *vt* disinherit.
disertare (dizer'tare) *vi* desert. **disertore** *nm* deserter.
disfare* (dis'fare) *vt* **1** undo. **2** unpack. **3** destroy. **disfarsi** *vr* melt. **disfarsi di** get rid of.
disgelare (duzdʒe'lare) *vi* thaw. **disgelo** (diz'dʒɛlo) *nm* thaw.
disgrazia (diz'grattsja) *nf* **1** misfortune. **2** mishap, accident. **disgraziato** *adj* unfortunate. *nm* wretch.
disgregare (dizgre'gare) *vt* break up, disintegrate
disgustare (dizgus'tare) *vt* disgust. **disgusto** *nm* disgust. **disgustoso** (dizgus'toso) *adj* disgusting.
disidratare (dizidra'tare) *vt* dehydrate.
disimpegnare (dizimpeɲ'ɲare) *vt* **1** discharge. **2** relieve. **3** redeem **disimpegnarsi** *vr* manage.
disinfettare (dizinfet'tare) *vt* disinfect. **disinfettante** *adj,nm* disinfectant
disintegrare (dizinte'grare) *vt* split. **disintegrarsi** *vr* disintegrate.
disinteressarsi (dizinteres'sarsi) *vr* ignore, not to be aware of.
disinvolto (dizin'vɔlto) *adj* nonchalant, free and easy. **disinvoltura** *nf* ease.
disistima (dizis'tima) *nf* discredit.
dismisura (dizmi'sura) *nf* excess.
disoccupato (dizokku'pato) *adj* unemployed. *nm* unemployed person. **disoccupazione** *nf* unemployment.
disonesto (dizo'nɛsto) *adj* dishonest.
disonorare (dizono'rare) *vt* dishonour **disonore** *nm* dishonour, shame.
disopra (di'sopra) *adv* **1** above. **2** upstairs.
disordinare (dizordi'nare) *vt* upset, disarrange **disordinato** *adj* untidy. **disordine** (di'zordine) *nm* disorder, confusion.
disorientare (dizorjen'tare) *vt* disorientate, confuse.
disossare (dizos'sare) *vt* bone, fillet.
disotto (di'sotto) *adv* **1** below, beneath. **2** downstairs. **al disotto di** *prep* below, beneath.
dispaccio (dis'pattʃo) *nm* dispatch.
disparato (dispa'rato) *adj* dissimilar, heterogeneous.
dispari ('dispari) *adj invar* uneven, odd **disparità** *nf invar* disparity.
disparte (dis'parte) *adv* aside. **in disparte da** apart from, on one side.
dispensa (dis'pɛnsa) **1** larder. **2** number, volume. **3** *pl* duplicated university lectures **4** exemption. **5** dispensation. **dispensare** *vi* **1** dispense. **2** exempt. exempt.
disperare (dispe'rare) *vi* despair. **disperato** *adj* **1** desperate, in despair. **2** hopeless. **disperazione** *nf* desperation.
disperdere* (dis'pɛrdere) *vt* **1** scatter. **2** waste.
dispetto (dis'pɛtto) *nm* **1** spite. **2** annoyance. **dispettoso** (dispet'toso) *adj* spiteful.
dispiacere* (dispja'tʃere) *v imp* **1** mind. **2** be sorry *nm* **1** displeasure. **2** regret.
disponibile (dispo'nibile) *adj* available.
disporre* (dis'porre) *vt* **1** arrange. **2** prepare. **disporre di 1** dispose of. **2** have at one's disposal.
dispositivo (dispozi'tivo) *nm* gadget, device.
disposizione (dispozit'tsjone) *nf* **1** disposition, inclination. **2** order, command.
disprezzare (dispret'tsare) *vt* scorn, despise. **disprezzo** (dis'prɛttso) *nm* scorn, contempt.
disputare (dispu'tare) *vi* discuss, debate. *vt* contest. **disputa** ('disputa) *nf* **1** discussion. **2** quarrel.
dissecare (disse'kare) *vt* dissect.
disseccare (dissek'kare) *vt* dry up.
dissenteria (dissente'ria) *nf* dysentery.
dissentire (dissen'tire) *vi* dissent, disagree.
dissertazione (dissertat'tsjone) *nf* dissertation, thesis.
dissestare (disses'tare) *vt* ruin. **dissesto** (dis'sɛsto) *nm* financial disaster.
dissetare (disse'tare) *vt* quench the thirst of
dissi ('dissi) *v* see **dire.**
dissidente (dissi'dɛnte) *nm* dissident.
dissidio (dis'sidjo) *nm* quarrel.
dissimile (dis'simile) *adj* unlike.
dissimulare (dissimu'lare) *vt* conceal, hide.
dissipare (dissi'pare) *vt* **1** disperse. **2** waste.
dissociare (disso'tʃare) *vt* separate, dissociate
dissoluto (disso'luto) *adj* dissolute.
dissoluzione (dissolut'tsjone) *nf* dissolution.
dissolvere (dis'sɔlvere) *vt* dissolve, break up.
dissuadere* (dissua'dere) *vt* dissuade
distaccare (distak'kare) *vt* separate, detach

distaccarsi *vr* stand out. **distacco** *nm* **1** aloofness **2** separation
distante (dis'tante) *adj* distant, far away **distanza** *nf* distance.
distendere* (dis'tɛndere) *vt* spread, open out **distendersi** *vr* stretch oneself
disteso (dis'teso) *adj* **1** open, spread out **2** spacious **distesa** *nf* expanse
distillare (distil'lare) *vt* distil **distilleria** *nf* distillery.
distinguere* (dis'tingwere) *vt* distinguish.
distinsi (dis'tinsi) *v* see **distinguere.**
distintivo (distin'tivo) *nm* badge.
distinto (dis'tinto) *v* see **distinguere.** *adj* **1** distinct, clear. **2** refined.
distinzione (distin'tsjone) *nf* distinction.
distogliere* (dis'tɔʎʎere) *vt* dissuade
distrarre* (dis'trarre) *vt* divert, distract. **distrarsi** *vr* **1** relax **2** let one's mind wander **distratto** *adj* absent-minded, inattentive **distrazione** *nf* distraction
distretto (dis'tretto) *nm* district.
distribuire (distribu'ire) *vt* distribute **distributore** *nm* distributor **distributore automatico** slot-machine. **distributore di benzina** petrol pump **distribuzione** *nf* distribution.
districare (distri'kare) *vt* unravel.
distruggere* (dis'truddʒere) *vt* destroy **distruttivo** *adj* destructive **distruzione** *nf* destruction.
disturbare (distur'bare) *vt* disturb, interrupt **disturbarsi** *vr* put oneself out. **disturbo** *nm* trouble.
disubbidire (dizubbi'dire) *vi,vt* disobey. **disubbidiente** (dizubbi'djɛnte) *adj* disobedient **disubbidienza** (dizubbi'djɛntsa) *nf* disobedience.
disuguale (dizu'gwale) *adj* **1** unequal **2** eneven.
disunire (dizu'nire) *vt* divide, disunite.
disuso (di'zuzo) *nm* disuse **disusato** *adj* **1** disused. **2** out-of-date.
dito ('dito) *nm* **1** *pl* **dita** *f* finger. **2** *pl* **diti** finger, finger's breadth. **dito del piede** *nm* toe. **sulla punta della dita** at one's fingertips **ditale** *nm* thimble.
ditta ('ditta) *nf* company, firm.
dittatore (ditta'tore) *nm* dictator **dittatura** *nf* dictatorship.
dittico ('dittiko) *nm* diptych.
dittongo (dit'tongo) *nm* diphthong.
diurno (di'urno) *adj* diurnal, daily.

diva ('diva) *nf* film star
divagare (diva'gare) *vi* wander, ramble
divampare (divam'pare) *vi* burst into flames burn
divano (di'vano) *nm* **1** divan **2** settee
divenire* (dive'nire) *vi* become.
diventare (diven'tare) *vi* become
divergere (di'vɛrdʒere) *vi* diverge
diverso (di'vɛrso) *adj* **1** different **2** *pl* several **diversione** (diver'sjone) *nf* diversion **diversità** *nf* variety.
divertirsi (diver'tirsi) *vr* **1** amuse oneself **2** enjoy oneself **divertente** (diver'tɛnte) *adj* funny, amusing **divertimento** *nm* **1** pastime **2** amusement
dividendo (divi'dɛndo) *nm* dividend.
dividere* (di'videre) *vt* divide, share **dividersi** *vr* separate, split.
divieto (di'vjɛto) *nm* restriction, ban **divieto di sosta/transito** no parking/thoroughfare
divincolare (divinko'lare) *vt* wriggle **divincolarsi** *vr* writhe
divino (di'vino) *adj* **1** divine **2** wonderful
divisa (di'viza) *nf* **1** uniform **2** currency
divisi (di'vizi) *v* see **dividere.**
divisione (divi'zjone) *nf* **1** division **2** separation
diviso (di'vizo) *v* see **dividere.**
divorare (divo'rare) *vt* devour
divorzio (di'vɔrtsjo) *nm* divorce **divorziare** *vt,vi* divorce
divulgare (divul'gare) *vt* reveal, divulge **divulgarsi** *vr* spread
dizionario (dittsjo'narjo) *nm* dictionary
dizione (dit'tsjone) *nf* **1** diction **2** wording
do (dɔ) *v* see **dare.**
dobbiamo (dob'bjamo) *v* see **dovere.**
doccia ('dottʃa) *nf* shower. **fare la doccia** take a shower.
docente (do'tʃɛnte) *nm* teacher.
docile ('dɔtʃile) *adj* docile. **docilità** *nf* docility.
documento (doku'mento) *nm* document, brief **documentare** *vt* document **documentario** *nm* documentary.
dodici ('doditʃi) *adj* twelve. *nm* or *f* twelve **dodicesimo** (dodi'tʃɛzimo) *adj* twelfth
dogana (do'gana) *nf* **1** customs. **2** duty **doganiere** (doga'njɛre) *nm* customs officer.
doge ('dɔdʒe) *nm* doge, chief Venetian magistrate.
doglia ('dɔʎʎa) *nf* pain.
dogma ('dɔgma) *nm* dogma **dogmatico** (dog'matiko) *adj* dogmatic.

dolce ('doltʃe) *adj* **1** sweet. **2** gentle. **3** mild **4** (of water) fresh. *nm* sweet. **dolcezza** (dol'tʃettsa) *nf* sweetness. **dolciumi** *nm pl* sweet things, sweets

dolere* (do'lere) *v imp* **1** hurt, ache. **2** be sorry **dolersi** *vr* lament, regret. **dolore** *nm* **1** pain, ache. **2** sorrow. **doloroso** (dolo'roso) *adj* painful.

dollaro ('dɔllaro) *nm* dollar.

dolse ('dɔlse) *v see* **dolere.**

domandare (doman'dare) *vt* ask, request. **domandarsi** *vr* wonder. **domanda** *nf* **1** question **2** request, application. **fare una domanda** ask a question.

domani (do'mani) *adv,nm* tomorrow. **domani a otto** tomorrow week. **domani l'altro** day after tomorrow.

domare (do'mare) *vt* tame. **domatore** *nm* trainer.

domattina (domat'tina) *adv* tomorrow morning.

domenica (do'menika) *nf* Sunday.

domestico (do'mɛstiko) *adj* **1** domestic, household. **2** tame. *nm* servant. **domestica** (do'mɛstika) *nf* maid, servant.

domiciliarsi (domitʃi'ljarsi) *vr* settle, take up residence.

domicilio (domi'tʃiljo) *nm* residence, dwelling.

dominare (domi'nare) *vt* **1** dominate, control. **2** overlook. *vi* dominate, rule. **dominarsi** *vr* restrain oneself. **dominante** *adj* dominant. **dominazione** *nf* domination, rule.

dominio (do'minjo) *nm* **1** control. **2** possession, property. **3** field, domain.

domino ('dɔmino) *nm game* dominoes.

donare (do'nare) *vt* give, present. **donatore** *nm* donor. **dono** *nm* gift.

dondolare (dondo'lare) *vi* swing, rock, sway. *vt* shake. **dondolo** ('dondolo) *nm* swing.

donna ('dɔnna) *nm* **1** woman, lady **2** *cap* Lady. **donna di servizio** *nf* charwoman.

donnola ('dɔnnola) *nf* weasel.

dopo ('dopo) *prep* after. *adv* **1** behind. **2** afterwards. **3** then. **dopo tutto** after all. **subito dopo** immediately afterwards. **dopodomani** (dopodo'mani) *adv,nm* day after tomorrow. **dopopranzo** (dopo'prandzo) *nm* afternoon.

doppiare (dop'pjare) *vt* dub. **doppiaggio** *nm* dubbing.

doppio ('doppjo) *adj,adv* double. **doppiogiochista** (doppjodʒo'kista) *nm* double-dealer. **doppiogioco** (doppjo'dʒɔko) *nm* double-dealing.

dorare (do'rare) *vt* gild **dorato** *adj* gilt.

dormire (dor'mire) *vi* sleep. **dormire come un ghiro** sleep like a log. **dormirci sopra** sleep on it.

dormitorio (dormi'tɔrjo) *nm* dormitory.

dorso ('dɔrso) *nm* **1** back. **2** spine (of a book) **dorsale** *adj* dorsal. **spina dorsale** *nf* spine.

dose ('dɔze) *nf* dose.

dosso ('dɔsso) *nm* back. **togliere di dosso** remove, get rid of.

dote ('dɔte) *nf* dowry.

dotto ('dɔtto) *adj* learned, scholarly.

dottore (dot'tore) *nm med* doctor. **dottorato** *nm* doctorate. **dottoressa** *nf med* female doctor.

dottrina (dot'trina) *nf* **1** doctrine. **2** catechism classes.

dove ('dove) *adv* **1** where. **2** wherever. **3** in which.

dovere* (do'vere) *vi* **1** have to, be obliged to, need. **2** owe. *nm* duty.

dovrò (do'vrɔ) *v see* **dovere.**

dovunque (do'vunkwe) *adv* wherever.

dozzina (dod'dzina) *nf* dozen.

dragare (dra'gare) *vt* dredge. **draga** *nf* dredger.

dragone (dra'gone) *nm also* **drago** *nm* dragon.

dramma[1] ('dramma) *nm* drama, theatre. **drammatico** (dram'matiko) *adj* dramatic.

dramma[2] ('dramma) drachma.

drammatizzare (drammatid'dzare) *vt* dramatize.

drammaturgo (dramma'turgo) *nm* dramatist, playwright.

drenare (dre'nare) *vt* drain. **drenaggio** *nm* drainage.

dritto ('dritto) *adj* **1** right. **2** upright. **3** straight. *nm* right side, upper side.

drizzare (drit'tsare) *vt* **1** erect. **2** straighten. **drizzare le orecchie** prick up one's ears.

drogare (dro'gare) *vt* **1** drug. **2** spice. **droga** ('drɔga) *nf* **1** drug. **2** drug-taking. **drogato** *nm* drug addict.

droghiere (dro'gjɛre) *nm* grocer. **drogheria** *nf* grocer's shop.

dromedario (drome'darjo) *nm* dromedary.

duale (du'ale) *adj* dual.

dubbio ('dubbjo) *nm* doubt, suspicion. *adj* doubtful, uncertain. **dubbioso** (dub'bjoso) *adj* doubtful.

dubitare (dubi'tare) *vi* **1** doubt, hesitate. **2** suspect.

duca (ˈduka) *nm* duke. **ducale** *adj* ducal. **ducato** *nm* **1** duchy. **2** ducat.
duce (ˈdutʃe) *nm* guide, leader.
duchessa (duˈkessa) *nf* duchess.
due (ˈdue) *adj,nm* two **duecento** (dueˈtʃɛnto) *adj* two hundred. *nm* **1** two hundred. **2** thirteenth century **due pezzi** *nm invar* **1** bikini. **2** suit.
duello (duˈɛllo) *nm* duel.
duetto (duˈetto) *nm* duet.
duna (ˈduna) *nf* dune.
dunque (ˈdunkwe) *conj* **1** therefore, so **2** then
duole (ˈdwɔle) *v* see **dolere.**
duomo (ˈdwɔmo) *nm* cathedral.
duplicare (dupliˈkare) *vt* duplicate **duplicato** *nm* duplicate **duplicatore** *nm* duplicator, duplicating machine **durata** *nf* duration. **durabile** (duˈrabile) *adj* durable **durante** (duˈrante) *prep* during.
durare (duˈrare) *vi* **1** last **2** resist **durabile** *adj* durable **durante** *prep* during **durata** *nf* duration
duro (ˈduro) *adj* **1** hard **2** tough, stale **3** severe **4** difficult **5** stupid, dull **tener duro** hold firm **durevole** *adj* lasting **durezza** (duˈrettsa) *nf* **1** hardness **2** severity

E

e, ed (e, ed) *conj* and, also. **e...e** both. and
è (ɛ) *v* see **essere.**
ebano (ˈɛbano) *nm* ebony.
ebbe (ˈɛbbe) *v* see **avere.**
ebbene (ebˈbɛne) *conj* well then, well.
ebbero (ˈɛbbero) *v* see **avere.**
ebbi (ˈɛbbi) *v* see **avere.**
ebbro (ˈɛbbro) *adj* **1** drunk. **2** elated. **ebbrezza** (ebˈbrettsa) *nf* intoxication.
ebdomadario (ebdomaˈdarjo) *adj* weekly. *nm* weekly publication.
ebete (ˈɛbete) *adj* stupid.
ebollizione (ebollitˈtsjone) *nf* boiling. **punto di ebollizione** *nm* boiling point.
ebraico (eˈbraiko) *adj* Jewish, Hebrew. *nm* Hebrew (language).
ebreo (eˈbrɛo) *adj* Jewish. *nm* Jew.
eccedere (etˈtʃɛdere) *vt* surpass, exceed. **eccedenza** (ettʃeˈdɛntsa) *nf* surplus.
eccellere* (etˈtʃɛllere) *vi* excel, stand out **eccellente** (ettʃɛlˈlɛnte) *adj* excellent. **eccellenza** (ettʃɛlˈlɛntsa) *nf* **1** excellence. **2** *cap* Excellency.
eccentrico (etˈtʃɛntriko) *adj* eccentric **eccentricità** *nf* eccentricity.
eccesso (etˈtʃɛsso) *nm* excess **all'eccesso** in the extreme **eccessivo** *adj* excessive.
eccetera (etˈtʃɛtera) *nm invar* et cetera, and so on.
eccetto (etˈtʃɛtto) *prep* except **eccetto che** **1** apart from **2** unless.
eccettuare (ettʃettuˈare) *vt* exclude, leave out.
eccezione (ettʃetˈtsjone) *nf* exception **eccezionale** *adj* exceptional.
eccitare (ettʃiˈtare) *vt* excite, arouse, stimulate **eccitabile** (ettʃiˈtabile) *adj* excitable **eccitato** *adj* excited.
ecclesiastico (ekkleˈzjastiko) *adj* ecclesiastical *nm* clergyman.
ecco (ˈɛkko) *adv* here is or are, there is or are. **ecco fatto** that's it, done.
echeggiare (ekedˈdʒare) *vi* echo, resound
eclissare (eklisˈsare) *vt* eclipse **eclissi** *nm,f* eclipse
eco (ˈɛko) *nm or f, pl* **echi** *m* echo
ecologia (ekoloˈdʒia) *nf* ecology
economia (ekonoˈmia) *nf* **1** saving, economy **2** economics **economico** (ekoˈnɔmiko) *adj* **1** economic. **2** economical
economizzare (ekonomidˈdzare) *vi* economize
economo (eˈkɔnomo) *nm* bursar, treasurer
edera (ˈedera) *nf* ivy.
edicola (eˈdikola) *nf* newspaper kiosk.
edificare (edifiˈkare) *vt* build, construct **edificio** *nm* building.
edilizio (ediˈlittsjo) *adj* building. **speculazione edilizia** *nf* property speculation **edile** *adj* building **edilizia** (ediˈlittsja) *nf* building trade.
Edimburgo (edimˈburgo) *nf* Edinburgh.
editore (ediˈtore) *nm* publisher *adj* publishing. **edito** (ˈɛdito) *adj* published. **editoriale** *adj* editorial. *nm* newspaper editorial. **casa editrice** *nf* publishing house.
edizione (editˈtsjone) *nf* edition.
educare (eduˈkare) *vt* **1** bring up. **2** educate, instruct. **educato** *adj* well-bred. **educazione** *nf* **1** education. **2** manners.
effeminato (effemiˈnato) *adj* effeminate.
effetto (efˈfɛtto) *nm* **1** effect. **2** result. **in effetti** in fact.
effettuare (effettuˈare) *vt* accomplish. **effettuarsi** *vr* take place.

efficace (effi'katʃe) *adj* sure, effectual
efficiente (effi'tʃɛnte) *adj* efficient **efficienza** (effi'tʃɛntsa) *nf* **1** efficiency. **2** working order
effige (ef'fidʒe) *nf also* **effigie** *nf invar* effigy
effimero (ef'fimero) *adj* fleeting, ephemeral.
egeo (e'dʒɛo) *adj* Aegean **(Mare) Egeo** *nm* Aegean (Sea).
Egitto (e'dʒitto) *nm* Egypt **egiziano** *adj,n* Egyptian
egli ('eʎʎi) *pron 3rd pers ms* he
egoista (ego'ista) *nm* egoist, selfish person **egoismo** (ego'izmo) *nm* egoism, selfishness.
egregio (e'grɛdʒo) *adj* distinguished.
elaborare (elabo'rare) *vt* elaborate **elaborato** *adj* elaborate
elastico (e'lastiko) *pl* **elastici** *adj* elastic. *nm* **1** elastic **2** elastic band.
elefante (ele'fante) *nm* elephant. **fare d'una mosca un elefante** make a mountain out of a molehill.
elegante (ele'gante) *adj* elegant. **eleganza** *nf* elegance
eleggere* (e'lɛddʒere) *vt* **1** elect **2** choose
elegia (ele'dʒia) *nf* elegy.
elemento (ele'mento) *nm* **1** element. **2** unit. **3** *pl* rudiments, principles. **elementare** *adj* elementary **scuola elementare** *nf* primary school.
elemosina (ele'mɔzina) *nf* charity.
elenco (e'lɛnko) *nm* list. **elenco telefonico** telephone directory. **elencare** *vt* list.
elettore (elet'tore) *nm* constituent, voter. **elettorato** *nm* electorate.
elettrico (e'lɛttriko) *adj* electric. **elettricista** *nm* electrician. **elettricità** *nf* electricity. **elettrodomestico** (elettrodo'mɛstiko) *nm* electrical household appliance.
elettrificare (elettrifi'kare) *vt* electrify.
elettrizzare (elettrid'dzare) *vt* excite, electrify.
elettrodo (e'lɛttrodo) *nm* electrode.
elettrone (elet'trone) *nm* electron. **elettronico** (elet'trɔniko) *adj* electronic.
elevare (ele'vare) *vt* raise.
elezione (elet'tsjone) *nf* election.
elica ('ɛlika) *nf* propeller. **elicottero** (eli'kɔttero) *nm* helicopter.
eliminare (elimi'nare) *vt* eliminate. **eliminazione** *nf* elimination.
ella ('ella) *pron* **1** *3rd pers fs* she. **2** *cap 2nd pers fs fml* you.
elmo ('elmo) *nm* helmet.
eloquente (elo'kwɛnte) *adj* eloquent **eloquenza** (elo'kwɛntsa) *nf* eloquence.
eludere* (e'ludere) *vt* evade, elude.
emaciato (ema'tʃato) *adj* emaciated.
emancipare (emantʃi'pare) *vt* free, emancipate **emancipazione** *nf* emancipation.
embargo (em'bargo) *nm* embargo.
emblema (em'blɛma) *nm* emblem.
embrione (embri'one) *nm* embryo.
emendare (emen'dare) *vt* amend. **emendamento** *nm* amendment.
emergenza (emer'dʒɛntsa) *nf* emergency.
emergere* (e'mɛrdʒere) *vi* emerge.
emettere* (e'mettere) *vt* emit, issue.
emicrania (emi'kranja) *nf* migraine.
emigrare (emi'grare) *vi* emigrate. **emigrante** *nm* emigrant. **emigrato** *nm* **1** emigrant. **2** political exile **emigrazione** *nf* emigration.
eminente (emi'nɛnte) *adj* eminent.
emisfero (emis'fɛro) *nm* hemisphere.
emissione (emis'sjone) *nf* **1** issue. **2** programme, broadcast
emorragia (emorra'dʒia) *nf* haemorrhage.
emozionare (emottsjo'nare) *vt* move, affect. **emozionante** *adj* moving, thrilling. **emozione** *nf* emotion
empio ('empjo) *adj* **1** impious **2** evil **3** pitiless.
empire (em'pire) *vt* fill
empirico (em'piriko) *adj* empirical
emporio (em'pɔrjo) *nm* market, emporium.
emù (e'mu) *nm invar* emu
enciclopedia (entʃiklope'dia) *nf* encyclopedia.
endemico (en'dɛmiko) *adj* endemic
energia (ener'dʒia) *nf* energy. **energico** (e'nɛrdʒiko) *adj* energetic.
enfasi ('ɛnfazi) *nf invar* emphasis. **enfatico** (en'fatiko) *adj* emphatic.
enfiare (en'fjare) *vi* swell **enfiarsi** *vr* swell up.
enigma (e'nigma) *nm* **1** enigma. **2** puzzle. **enigmatico** (enig'matiko) *adj* enigmatic.
ennesimo (en'nɛzimo) *adj* umpteenth.
enorme (e'norme) *adj* huge, enormous.
ente ('ɛnte) *nm* corporation, society.
entità (enti'ta) *nf invar* entity
entrambi (en'trambi) *pron pl* both.
entrare (en'trare) *vi* **1** enter, go or come in. **2** have relevance **io non c'entro** it has nothing to do with me **entrata** *nf* entrance
entro ('entro) *prep* within
entusiasmo (entu'zjazmo) *nm* enthusiasm. **entusiasta** *nm* enthusiast. *adj* enthusiastic. **entusiastico** (entu'zjastiko) *adj* enthusiastic

enumerare (enumeˈrare) *vt* enumerate
enzima (enˈdzima) *nm* enzyme
epico (ˈɛpiko) *adj,nm* epic
epidemia (epideˈmia) *nf* epidemic.
Epifania (epifaˈnia) *nf* Epiphany
epigramma (epiˈgramma) *nm* epigram
epilessia (epilesˈsia) *nf* epilepsy
epilogo (eˈpilogo) *nm* epilogue
episodio (epiˈzɔdjo) *nm* episode.
epistola (eˈpistola) *nf* epistle
epitaffio (epiˈtaffjo) *nm* epitaph.
epiteto (eˈpiteto) *nm* epithet
epoca (ˈɛpoka) *nf* epoch, period
eppure (epˈpure) *conj* nevertheless, and yet
epurare (epuˈrare) *vt* purge
equatore (ekwaˈtore) *nm* equator
equazione (ekwatˈtsjone) *nf* equation
equestre (eˈkwɛstre) *adj* equestrian.
equilibrare (ekwiliˈbrare) *vt* balance.
equilibrio (ekwiˈlibrjo) *nm* balance **equilibrista** *nm* tightrope walker
equinozio (ekwiˈnɔttsjo) *nm* equinox
equipaggiare (ekwipadˈdʒare) *vt* equip **equipaggio** *nm* crew
equitazione (ekwitatˈtsjone) *nf* **1** riding **2** horsemanship
equivalere (ekwivaˈlere) *vi* be equivalent **equivalente** (ekwivaˈlɛnte) *adj,nm* equivalent
equivoco (eˈkwivoko) *adj* ambiguous, doubtful
era[1] (ˈɛra) *v* see **essere.**
era[2] (ˈɛra) *nf* era
erba (ˈɛrba) *nf* **1** grass **2** herb
erbaccia (erˈbattʃa) *nf* weed
erbivendolo (erbiˈvendolo) *nm* greengrocer
ereditare (orediˈtare) *vt* inherit **erede** (eˈrɛde) *nm,f* heir **eredità** *nf* inheritance **ereditario** *adj* hereditary
eremita (ereˈmita) *nm* hermit
eresia (ereˈzia) *nf* heresy **eretico** (eˈrɛtiko) *adj* heretical
eretto (eˈrɛtto) *adj* erect, upright.
erezione (eretˈtsjone) *nf* erection.
eri (ˈɛri) *v* see **essere.**
erica (ˈɛrika) *nf* heather
erigere* (eˈridʒere) *vt* erect
ermellino (ermelˈlino) *nm* ermine.
ermetico (erˈmɛtiko) *adj* hermetic.
ernia (ˈɛrnja) *nf* hernia
ero (ˈɛro) *v* see **essere.**
eroe (eˈrɔe) *nm* hero **eroico** (eˈrɔiko) *adj* heroic.
eroina[1] (eroˈina) *nf* heroine
eroina[2] (eroˈina) *nm* heroin
erosione (eroˈzjone) *nf* erosion
erotico (eˈrɔtiko) *adj* erotic
errare (erˈrare) *vi* **1** wander, roam **2** err
erroneo (erˈrɔneo) *adj* false, mistaken
errore (erˈrore) *nm* mistake, error
erudito (eruˈdito) *adj* erudite **erudizione** *nf* erudition
eruttare (erutˈtare) *vt* erupt. **eruzione** (erutˈtsjone) *nf* eruption
esagerare (ezadʒeˈrare) *vt* exaggerate, overdo, go too far **esagerazione** *nf* exaggeration
esagonale (ezagoˈnale) *adj* hexagonal.
esalare (ezaˈlare) *vt* exhale
esaltare (ezalˈtare) *vt* exalt
esame (eˈzame) *nm* **1** examination, inspection **2** exam **dare un esame** sit an exam.
esaminare (ezamiˈnare) *vt* examine, inspect.
esasperare (ezaspeˈrare) *vt* irritate, exasperate **esasperazione** *nf* exasperation
esatto (eˈzatto) *adj* exact, precise **esattezza** (ezatˈtettsa) *nf* precision
esattore (ezatˈtore) *nm* tax man, tax collector
esaurire (ezauˈrire) *vt* exhaust, wear out **esaurimento** *nm* exhaustion **esaurimento nervoso** nervous breakdown **esaurito** *adj* **1** exhausted **2** finished, sold out.
esca (ˈeska) *nf* bait
esclamare (esklaˈmare) *vi* exclaim **esclamazione** *nf* exclamation
escludere* (esˈkludere) *vt* exclude **esclusione** *nf* exclusion
esclusivo (eskluˈzivo) *adj* exclusive **esclusiva** *nf* monopoly, sole rights.
esco (ˈɛsko) *v* see **uscire.**
escursione (eskurˈsjone) *nf* excursion
esecutivo (ezekuˈtivo) *adj,nm* executive.
esecutore (ezekuˈtore) *nm* executor
esecuzione (ezekutˈtsjone) *nf* execution
eseguire (ezeˈgwire) *vt* carry out, perform
esempio (eˈzɛmpjo) *nm* example, illustration. **per esempio** for example
esemplare (ezemˈplare) *adj* exemplary. *nm* **1** copy **2** example
esentare (ezenˈtare) *vt* exempt **esente** (eˈzɛnte) *adj* exempt
esequie (eˈzɛkwje) *nf pl* funeral
esercitare (ezertʃiˈtare) *vt* **1** exercise **2** practise **esercito** (eˈzɛrtʃito) *nm* army **esercizio** (ezerˈtʃittsjo) *nm* **1** exercise **2** practice
esibire (eziˈbire) *vt* show, exhibit **esibizione** *nf* exhibition **esibizionista** *nm* exhibitionist

esigere* (e'zidʒere) *vt* demand, claim.
esilarare (ezila'rare) *vt* exhilarate.
esile ('ɛzile) *adj* slim, slender
esiliare (ezi'ljare) *vt* exile **esiliato** *nm* exile
esilio (e'ziljo) *nm* exile
esimere (e'zimere) *vt* exempt
esistenzialismo (ezistentsja'lizmo) *nm* existentialism.
esistere* (e'zistere) *vi* exist **esistenza** (ezis'tɛntsa) *nf* existence, life
esitare (ezi'tare) *vi* hesitate **esitazione** *nf* hesitation.
esito ('ɛzito) *nm* outcome, result
esonerare (ezone'rare) *vt* release, dismiss **esonero** (e'zɔnero) *nm* exemption
esorbitante (ezorbi'tante) *adj* exorbitant
esorcizzare (ezortʃid'dzare) *vt* exorcize **esorcismo** (ezor'tʃizmo) *nm* exorcism **esorcista** (ezor'tʃista) *nm* exorcist.
esortare (ezor'tare) *vt* encourage, urge
esoso (e'zɔzo) *adj* **1** hateful. **2** mean
esoterico (ezo'tɛriko) *adj* esoteric
esotico (e'zɔtiko) *adj* exotic
espandere (es'pandere) *vt* expand **espansione** *nf* expansion **espansivo** *adj* expansive
espatriare (espa'trjare) *vi* emigrate
espediente (espe'djɛnte) *nm* expedient
espellere* (es'pɛllere) *vt* expel
esperienza (espe'rjɛntsa) *nf* **1** experience **2** experiment
esperimento (esperi'mento) *nm* experiment
esperto (es'pɛrto) *adj* skilled, expert *nm* expert
espiare (espi'are) *vt* expiate
esplicito (es'plitʃito) *adj* explicit
esplodere* (es'plɔdere) *vi* explode
esplorare (esplo'rare) *vt* explore, investigate **esploratore** *nm* explorer **esplorazione** *nf* exploration
esplosi (es'plɔzi) *v see* **esplodere.**
esplosione (esplo'zjone) *nf* explosion.
esplosivo (esplo'zivo) *adj,nm* explosive
esploso (es'plɔzo) *v see* **esplodere.**
esporre* (es'porre) *vt* exhibit, expose.
esportare (espor'tare) *vt* export **esportazione** *nf* export, exportation.
esposizione (espozit'tsjone) *nf* **1** exposition, explanation **2** exhibition.
espressione (espres'sjone) *nf* expression **espressivo** (espres'sivo) *adj* expressive
espresso (es'prɛsso) *adj* express. *nm* **1** express train. **2** express letter.
esprimere* (es'primere) *vt* express.
espulsi (es'pulsi) *v see* **espellere.**
espulsione (espul'sjone) *nf* expulsion
espulso (es'pulso) *v see* **espellere.**
esquimese (eskwi'mese) *adj,n* Eskimo
essa ('essa) *pron 3rd pers fs* **1** she **2** her it
esse ('esse) *3rd pers f pl* them
essenza (es'sɛntsa) *nf* essence **essenziale** *adj,nm* essential
essere* ('ɛssere) *vi* exist, be *v aux* be **che ore sono?** what time is it? **cosa c'è?** what is the matter? **essere di 1** belong to **2** be from
essi ('essi) *3rd pers m pl* them
esso ('esso) *pron 3rd pers ms* **1** he **2** him, it
est (ɛst) *nm* east *adj invar* east, eastern **del est 1** eastern **2** easterly **verso est** eastwards
estasi ('ɛstazi) *nf* ecstasy **estatico** (es'tatiko) *adj* ecstatic
estate (es'tate) *nf* summer
estendere* (es'tɛndere) *vt* extend, enlarge
estensione (esten'sjone) *nf* extension
esteriore (este'rjore) *adj,nm* outside, exterior
esterno (es'tɛrno) *adj* external
estero ('ɛstero) *adj* foreign **all'estero** abroad
estetico (es'tɛtiko) *adj* aesthetic **estetica** *nf* aesthetics
estetista (este'tista) *nf* beautician
estinguere* (es'tingwere) *vt* **1** put out, extinguish **2** quench **3** pay off **estintore** *nm* fire-extinguisher **estinzione** *nf* extinction
estivo (es'tivo) *adj* summer, summery
estradare (estra'dare) *vt* extradite **estradizione** *nf* extradition
estraneo (es'traneo) *adj* alien, foreign. *nm* stranger
estrarre* (es'trarre) *vt* **1** extract. **2** pick out **estratto** *nm* **1** extract **2** excerpt.
estremo (es'trɛmo) *adj,nm* extreme **estremista** *nm* extremist.
estro ('ɛstro) *nm* **1** inspiration **2** whim.
estrogeno (es'trɔdʒeno) *nm* oestrogen.
estroverso (estro'vɛrso) *adj,n* extrovert.
estuario (estu'arjo) *nm* estuary.
esuberante (ezube'rante) *adj* exuberant **esuberanza** (ezube'rantsa) *nf* exuberance
esule ('ɛzule) *nm* exile *adj* exiled.
età (e'ta) *nf* age.
etere ('ɛtere) *nm* ether
eterno (e'tɛrno) *adj* eternal, never-ending **eternità** *nf* eternity
etica ('ɛtika) *nf* ethics. **etico** ('ɛtiko) *adj* ethical

etichetta (eti'ketta) *nf* **1** etiquette. **2** label, ticket
etimologia (etimolo'dʒia) *nf* etymology
etnico ('ɛtniko) *adj* ethnic.
ettaro ('ɛttaro) *nm* hectare
etto ('ɛtto) *nm also* **ettogrammo** hundred grams, hectogram
eucalipto (euka'lipto) *nm* eucalyptus tree
eufemismo (eufe'mizmo) *nm* euphemism
eunuco (eu'nuko) *nm* eunuch
Europa (eu'rɔpa) *nf* Europe **europeo** (euro'pɛo) *adj,nm* European
eutanasia (eutana'zia) *nf* euthanasia
evacuare (evaku'are) *vt* evacuate **evacuazione** *nf* evacuation
evadere* (e'vadere) *vi* escape, flee.
evangelista (evandʒe'lista) *nm* Evangelist
evaporare (evapo'rare) *vi* evaporate. **evaporazione** *nf* evaporation
evasi (e'vazi) *v see* **evadere.**
evasione (eva'zjone) *nf* escape.
evasivo (eva'zivo) *adj* evasive
evaso (e'vazo) *v see* **evadere.** *nm* **1** fugitive **2** escaped convict
evento (e'vɛnto) *nm* **1** outcome **2** event **eventuale** *adj* possible
evidente (evi'dɛnte) *adj* evident, obvious **evidenza** (evi'dɛntsa) *nf* clarity **mettersi in evidenza** show oneself
evitare (evi'tare) *vt* avoid
evizione (evit'tsjone) *nf* eviction
evocare (evo'kare) *vt* evoke
evoluzione (evolut'tsjone) *nf* evolution
evviva (ev'viva) *interj* **1** hurrah! **2** long live

F

fa[1] (fa) *adv* ago
fa[2] (fa) *v see* **fare.**
fabbrica ('fabbrika) *nf* **1** building. **2** factory **fabbricare** *vt* **1** build **2** make, manufacture **3** invent
fabbro ('fabbro) *nm* smith **fabbro ferraio** *nm* blacksmith
faccenda (fat'tʃɛnda) *nf* **1** task, chore **2** matter, affair
facchino (fak'kino) *nm* porter
faccia ('fattʃa) *nf* **1** face **2** side (of a record) **facciata** *nf* facade
facciamo (fat'tʃamo) *v see* **fare.**
faccio ('fattʃo) *v see* **fare.**
facezia (fa'tʃɛttsja) *nf* joke.
facile ('fatʃile) *adj* **1** easy, simple **2** probable, likely **3** easy-going. **facilità** *nf* **1** ease **2** aptitude
facilitare (fatʃili'tare) *vt* facilitate, make easier
facoltà (fakol'ta) *nf* **1** faculty. **2** right, authority **3** university faculty **facoltativo** *adj* optional.
faggio ('faddʒo) *nm* beech tree
fagiano (fa'dʒano) *nm* pheasant.
fagiolo (fa'dʒɔlo) *nm* bean **fagiolino** *nm* French bean
fagotto (fa'gɔtto) *nm* **1** bundle. **2** bassoon **far fagotto** leave
fai ('fai) *v see* **fare.**
falce ('faltʃe) *nf* scythe, sickle.
falciare (fal'tʃare) *vt* **1** mow. **2** mow down. **falciatrice** *nf* mower.
falco ('falko) *nm* hawk **falcone** *nm* falcon.
falda ('falda) *nf* **1** layer. **2** fold, pleat. **3** coat-tail. **4** brim **5** slope **6** foot (of a mountain). **7** flake
falegname (faleɲ'ɲame) *nm* carpenter, joiner.
falena (fa'lɛna) *nf* moth
falla ('falla) *nf* leak, leakage
fallace (fal'latʃe) *adj* false, deceptive.
fallire (fal'lire) *vi* fail *vt* miss. **fallimento** *nm* **1** failure **2** bankruptcy
fallo[1] ('fallo) *nm* **1** error **2** *sport* foul
fallo[2] ('fallo) *nm* phallus
falò (fa'lo) *nm* bonfire
falsare (fal'sare) *vt* distort, falsify. **falsario** (fal'sarjo) *nm* counterfeiter, forger.
falsariga (falsa'riga) *nf* sheet of ruled paper
falsificare (falsifi'kare) *vt* **1** forge, fake. **2** tamper with
falso ('falso) *adj* **1** false, artificial **2** wrong **3** untrue **falso allarme** *nm* false alarm
fama ('fama) *nf* fame, renown.
fame ('fame) *nf* hunger **avere fame** be hungry
famelico (fa'mɛliko) *adj* ravenous, starving.
famiglia (fa'miʎʎa) *nf* family
familiare (fami'ljare) *adj* **1** domestic, family. **2** intimate, familiar
famoso (fa'moso) *adj* famous, well-known
fanale (fa'nale) *nm* **1** lamp, lantern. **2** headlight
fanatico (fa'natiko) *adj* fanatical. *nm* fanatic
fanciullo (fan'tʃullo) *nm* child, boy **fanciulla** *nf* child, girl **fanciullezza** (fantʃul'lettsa) *nf* childhood
fandonia (fan'dɔnja) *nf* lie
fanfara (fan'fara) *nf* brass band

fango ('fango) *nm* mud. **fangoso** (fan'goso) *adj* muddy.
fanno ('fanno) *v* see **fare.**
fannullone (fannul'lone) *nm* lazybones.
fantascienza (fantaʃ'ʃɛntsa) *nf* science fiction.
fantasia (fanta'zia) *nf* imagination, fantasy.
fantasma (fan'tazma) *nm* ghost.
fante ('fante) *nm* **1** infantryman. **2** *game* knave, jack. **fanteria** *nf* infantry. **fantino** *nm* jockey.
fantoccio (fan'tɔttʃo) *nm* puppet.
farabutto (fara'butto) *nm* rogue, scoundrel.
faraone (fara'one) *nm* pharaoh.
farcire (far'tʃire) *vt* stuff.
fardello (far'dɛllo) *nm* bundle, load.
fare* ('fare) *vt* **1** make. **2** do. **3** say. **4** be. **fare acqua** leak. **fare benzina** fill up with petrol. **fare da** act as. **fare per** suit. **non fa niente** it doesn't matter.
farfalla (far'falla) *nf* butterfly.
farina (fa'rina) *nf* flour.
faringe (fa'rindʒe) *nf* pharynx.
farmacia (farma'tʃia) *nf* **1** pharmacy. **2** chemist's shop. **farmacista** *nm* chemist. **farmaco** ('farmako) *nm* medicine, drug.
faro ('faro) *nm* **1** lighthouse. **2** headlight, headlamp.
farragine (far'radʒine) *nf* jumble, medley.
farsa ('farsa) *nf* farce.
fascia ('faʃʃa) *nf* **1** band, strip. **2** bandage.
fasciare (faʃ'ʃare) *vt* bind, bandage.
fascicolo (faʃ'ʃikolo) *nm* **1** dossier, file. **2** number, issue (of a journal).
fascino ('faʃʃino) *nm* fascination, charm.
fascio ('faʃʃo) *nm* bundle.
fascismo (faʃ'ʃizmo) *nm* fascism. **fascista** *adj,nm* fascist.
fase ('faze) *nf* phase.
fastidio (fas'tidjo) *nm* **1** annoyance, trouble. **2** disgust. **dare fastidio a** annoy. **fastidioso** (fasti'djoso) *adj* annoying.
fasto ('fasto) *nm* pomp. **fastoso** (fas'toso) *adj* ostentatious.
fata ('fata) *nf* fairy.
fatale (fa'tale) *adj* fatal.
faticare (fati'kare) *vi* struggle, toil. **fatica** *nf* **1** toil, labour. **2** exhaustion, weariness. **3** trouble. **faticoso** (fati'koso) *adj* **1** tiring. **2** difficult.
fato ('fato) *nm* fate.
fatta ('fatta) *nf* kind, sort.
fattezze (fat'tettse) *nf pl* features.
fatto ('fatto) *v* see **fare.** *nm* **1** fact. **2** action, deed. **3** event. **4** subject. **badare ai fatti propri** mind one's own business. **dire il fatto suo** speak one's mind. **in fatto di** with respect to. **venire al fatto** come to the point
fattore (fat'tore) *nm* **1** creator. **2** factor.
fattoria (fatto'ria) *nf* farm, farmhouse.
fattorino (fatto'rino) *nm* **1** office boy. **2** telegraph boy.
fattucchiera (fattuk'kjera) *nf* witch. **fattucchiere** (fattuk'kjɛre) *nm* sorcerer, wizard.
fattura (fat'tura) *nf* **1** manufacture, workmanship. **2** bill, invoice.
fatturare (fattu'rare) *vt* **1** adulterate, tamper with. **2** charge, invoice.
fatuo ('fatuo) *adj* silly, fatuous.
fauna ('fauna) *nf* fauna.
fausto ('fausto) *adj* lucky, happy.
fautore (fau'tore) *nm* supporter, follower.
fava ('fava) *nf* bean.
favilla (fa'villa) *nf* spark.
favo ('favo) *nm* honeycomb.
favola ('favola) *nf* **1** fable, story. **2** laughing-stock. **favoloso** (favo'loso) *adj* fabulous, fantastic, incredible.
favore (fa'vore) *nm* **1** goodwill. **2** favour. **a favore di 1** in the interest of. **2** on behalf of. **entrata di favore** *nf* complimentary seat. **per favore** please.
favoreggiare (favored'dʒare) *vt* **1** favour. **2** aid and abet.
favorevole (favo'revole) *adj* favourable, suitable.
favorire (favo'rire) *vt* **1** favour. **2** back, assist. **3** oblige. **favorito** *adj,nm* favourite.
fazione (fat'tsjone) *nf* faction.
fazzoletto (fattso'letto) *nm* **1** handkerchief. **2** headscarf.
febbraio (feb'brajo) *nm* February.
febbre ('fɛbbre) *nf* fever. **avere la febbre** have a temperature.
feccia ('fɛttʃa) *nf* **1** dregs, sediment. **2** scum, riffraff.
feci ('fetʃi) *v* see **fare.**
fecondare (fekon'dare) *vt* fertilize. **fecondo** *adj* fertile.
fede ('fede) *nf* **1** belief, trust. **2** faith, religion. **3** word of honour. **4** honesty. **5** certificate, document. **6** wedding ring. **fedele** *adj* **1** faithful, loyal. **2** exact. **fedeltà** *nf* fidelity, loyalty.
federa ('fɛdera) *nf* pillowcase.
federale (fede'rale) *adj* federal.

federazione (federat'tsjone) *nf* federation.
fedina (fe'dina) *nf* **1** criminal record. **2** side-whisker
fegato ('fegato) *nm* liver.
felce ('feltʃe) *nf* fern.
felice (fe'litʃe) *adj* **1** happy, contented. **2** lucky. **felicità** *nf* happiness.
felicitare (felitʃi'tare) *vt* make happy. **felicitarsi** *vr* congratulate. **felicitazioni** *nf pl* congratulations.
felino (fe'lino) *adj,nm* feline.
feltro ('feltro) *nm* felt.
femmina ('femmina) *nf* **1** female. **2** woman. **femminile** *adj* feminine.
fendere* ('fɛndere) *vt* split, crack, break. **fenditura** *nf* crack, fissure.
fenice (fe'nitʃe) *nf* phoenix.
fenicottero (feni'kɔttero) *nm* flamingo.
fenomeno (fe'nɔmeno) *nm* phenomenon. **fenomenale** *adj* phenomenal.
feria ('fɛrja) *nf* holiday. **feriale** *adj* working. **giorno feriale** *nm* weekday.
ferire (fe'rire) *vt* **1** wound, injure. **2** strike. **ferita** *nf* wound, injury.
fermare (fer'mare) *vt* **1** stop, halt. **2** fix, fasten. **3** arrest. **fermarsi** *vr* stop. **fermata** *nf* **1** stop. **2** pause. **fermacarte** *nm invar* paperweight. **fermacravatta** *nm invar* tiepin. **fermaglio** *nm* **1** fastener, clasp. **2** brooch.
fermentare (fermen'tare) *vi* ferment. **fermentazione** *nf* fermentation.
fermo ('fermo) *adj* **1** motionless, still. **2** firm, steady. **fermo in posta** poste restante. **tener per fermo** be convinced **fermezza** (fer'mettsa) *nf* firmness.
feroce (fe'rotʃe) *adj* fierce, wild. **ferocia** (fe'rɔtʃja) *nf* ferocity.
ferragosto (ferra'gosto) *nm* feast of Assumption, 15th August.
ferraio (fer'rajo) *nm* blacksmith.
ferrare (fer'rare) *vt* shoe (a horse).
férreo ('fɛrreo) *adj* **1** strong **2** iron.
ferro ('fɛrro) *nm* iron **ferro da calza** knitting needle. **ferro da cavallo** horse-shoe **ferro da stiro** *dom* iron **ferramento** *nm pl* **ferramenta** *f* **1** iron tool. **2** hardware **negozio di ferramenta** *nm* ironmonger s shop
ferrovia (ferro'via) *nf* railway **ferroviario** *adj* rail, railway **ferroviere** (ferro'vjɛre) *nm* railwayman
fertile ('fɛrtile) *adj* fertile **fertilità** *nf* fertility
fertilizzare (fertilid'dzare) *vt* fertilize. **fertilizzante** *nm* fertilizer
fervore (fer'vore) *nm* fervour
festa ('fɛsta) *nf* **1** feast, holiday. **2** birthday, name day. **3** party. **fare festa** take a holiday. **fare festa a** welcome. **festivo** *adj* festive. **giorni festivi** *nm pl* holidays.
festeggiare (fested'dʒare) *vt* celebrate.
festevole (fes'tevole) *adj* festive, merry
fetido ('fɛtido) *adj* fetid.
feto ('fɛto) *nm* foetus
fetore (fe'tore) *nm* stench
fetta ('fetta) *nf* slice. **fettuccine** *nf pl* strips of pasta.
feudale (feu'dale) *adj* feudal.
fiaba ('fjaba) *nf* fairy tale
fiaccare (fjak'kare) *vt* **1** weaken. **2** break. **fiacco** *adj* listless, weak.
fiaccola ('fjakkola) *nf* torch.
fiala ('fjala) *nf* phial
fiamma ('fjamma) *nf* **1** flame. **2** pennant.
fiammeggiare (fjammed'dʒare) *vi* **1** blaze, flame. **2** flash
fiancheggiare (fjanked'dʒare) *vt* flank.
fianco ('fjanko) *nm* side, flank. **a fianco di** at the side of **di fianco** sideways.
fiasco ('fjasko) *nm* **1** flask. **2** failure, fiasco.
fiatare (fja'tare) *vi* breathe. **fiato** *nm* breath. **strumenti a fiato** *nm pl* wind instruments.
fibbia ('fibbja) *nf* buckle.
fibra ('fibra) *nf* fibre
ficcare (fik'kare) *vt* thrust, drive in, fix **ficcarsi** *vr* intrude. **ficcarsi in capo** get into one's head
fico ('fiko) *nm* **1** fig **2** fig tree.
fidanzarsi (fidan'tsarsi) *vr* get engaged **fidanzamento** engagement **fidanzata** *nf* fiancée **fidanzato** *nm* fiancé
fidarsi (fi'darsi) *vr* trust
fiducia (fi'dutʃa) *nf* trust, faith **voto di fiducia** *nm* vote of confidence
fiele ('fjɛle) *nm* **1** bile **2** bitterness
fieno ('fjɛno) *nm* hay **fienile** *nm* hay loft
fiera[1] ('fjɛra) *nf* fair, exhibition
fiera[2] ('fjɛra) *nf* wild beast
fiero ('fjɛro) *adj* **1** fearsome, bold **2** proud
fifa ('fifa) *nf inf* fear, funk
figgere* ('fiddʒere) *vt* fix, attach
figlia ('fiʎʎa) *nf* daughter **figliastra** *nf* stepdaughter
figlio ('fiʎʎo) *nm* son **figliastro** *nm* stepson
figura (fi'gura) *nf* **1** form, shape **2** figure **3**

appearance. 4 illustration. **fare la figura di** play the part of.

figurare (figu'rare) *vt* 1 figure. 2 represent, symbolize. *vi* 1 look well. 2 pretend. **figurarsi** *vr* think, imagine. **figurati!** *interj* 1 just imagine! 2 not at all!

fila ('fila) *nf* 1 row, line. 2 queue. **di fila** without interruption. **fare la fila** queue.

filantropo (fi'lantropo) *nm* philanthropist. **filantropico** (filan'trɔpiko) *adj* philanthropic.

filare[1] (fi'lare) *vt* 1 spin. 2 let out (rope). *vi* 1 trickle. 2 run 3 be off. **filanda** *nf* spinning mill.

filare[2] (fi'lare) *nm* row, line

filastrocca (filas'trɔkka) *nf* 1 yarn. 2 nonsense rhyme

filatelia (filate'lia) *nf* philately, stamp-collecting. **filatelista** *nm* philatelist, stamp-collector.

filetto (fi'letto) *nm* fillet

filiale (fi'ljale) *nf* branch office. *adj* filial.

filigrana (fili'grana) *nf* 1 filigree 2 watermark.

film (film) *nm invar* film.

filmare (fil'mare) *vt* film

filo ('filo) *nm* 1 thread. 2 yarn 3 string. 4 wire. 5 edge. **filo di voce** weak voice. **filo d'erba** blade of grass. **per filo e per segno** minutely

filobus ('filobus) *nm* trolleybus.

filologo (fi'lɔlogo) *nm* philologist.

filosofia (filozo'fia) *nf* philosophy **filosofico** (filo'zɔfiko) *adj* philosophical. **filosofo** (fi'lɔzofo) *nm* philosopher.

filtrare (fil'trare) *vt,vi* filter. **filtro** *nm* filter

filza ('filtsa) *nf* series.

finale (fi'nale) *adj* final, last. *nm* finale. *nf* finals. **finalista** *nm* finalist **finalmente** *adv* finally, at last.

finanza (fi'nantsa) *nf* finance.

finanziare (finan'tsjare) *vt* finance. **finanziario** *adj* financial **finanziere** (finan'tsjɛre) *nm* financier

finchè (fin'ke) *conj* 1 until. 2 as long as.

fine[1] ('fine) *nf* end, conclusion *nm* 1 purpose, aim 2 outcome.

fine[2] ('fine) *adj* 1 fine, thin. 2 delicate, refined

fine-settimana *nm or f invar* weekend.

finestra (fi'nɛstra) *nf* window **finestrino** *nm* window (of train, etc.)

fingere* ('findʒere) *vt* 1 feign, fake, pretend. 2 imagine, suppose

finire (fi'nire) *vt* finish, complete, end. *vi* end, be over **andare a finire** end up.

Finlandia (fin'landja) *nf* Finland. **finlandese** *adj* Finnish. *nm* 1 Finn 2 Finnish (language). **finnico** *adj* Finnish

fino[1] ('fino) *adj* 1 fine, slender 2 pure. 3 shrewd

fino[2] ('fino) *prep* 1 until, as far as 2 from.

finocchio (fi'nɔkkjo) *nm* fennel.

finora (fi'nora) *adv* until now.

finsi ('finsi) *v* see **fingere.**

finta ('finta) *nf* pretence **far finta di** pretend to

finto ('finto) *v* see **fingere.** *adj* fake, false, artificial *nm* hypocrite.

finzione (fin'tsjone) *nf* deceit, sham.

fio ('fio) *nm* penalty

fioccare (fjok'kare) *vi* 1 snow 2 pour or flock in

fiocco ('fjɔkko) *nm* 1 bow, knot 2 flake, tuft.

fioco ('fjɔko) *adj* weak, feeble.

fionda ('fjonda) *nf* catapult.

fiordo ('fjɔrdo) *nm* fiord

fiore ('fjore) *nm* 1 flower 2 *pl game* clubs **fiorario** *nm* florist **fiorame** *nm* floral pattern **a fiorami** floral patterned

fiorire (fjo'rire) *vi* 1 flower 2 flourish

Firenze (fi'rɛntse) *nf* Florence **fiorentino** *adj,n* Florentine

firmare (fir'mare) *vt* sign **firma** *nf* signature

fisarmonica (fizar'mɔnika) *nf* accordion

fischiare (fis'kjare) *vi,vt* 1 whistle 2 hiss, boo **fischietto** *nm* (child's) whistle **fischio** *nm* whistle

fisica ('fizika) *nf* physics

fisico ('fiziko) *adj* physical. *nm* 1 physique. 2 physicist

fisiologia (fizjolo'dʒia) *nf* physiology. **fisiologico** *adj* physiological

fisionomia (fizjono'mia) *nf* countenance, aspect.

fisioterapia (fizjotera'pia) *nf* physiotherapy **fisioterapista** *nm* physiotherapist.

fissare (fis'sare) *vt* 1 fix, direct. 2 arrange 3 book **fisso** *adj* fixed **guardare fisso** stare.

fissione (fis'sjone) *nf* fission.

fittizio (fit'tittsjo) *adj* 1 fictitious. 2 artificial, false

fitto[1] ('fitto) *adj* thick, dense. **a capo fitto** *adv* headlong.

fitto[2] ('fitto) *nm* rent.

fiume ('fjume) *nm* river.

fiutare (fju'tare) *vt* 1 sniff, smell, scent. 2 detect. **fiuto** *nm* smell, sense of smell.

flaccido (ˈflattʃido) *adj* flabby.
flacone (flaˈkone) *nm* phial
flagellare (fladʒelˈlare) *vt* lash, whip. **flagello** *nm* 1 whip. 2 scourge.
flagrante (flaˈgrante) *adj* flagrant. **in flagrante** in the act
flanella (flaˈnɛlla) *nf* flannel
flauto (ˈflauto) *nm* flute **flautista** *nm* flautist.
flebile (ˈflɛbile) *adj* weak, plaintive.
flessibile (flesˈsibile) *adj* flexible. **flessibilità** *nf* flexibility
flessuoso (flessuˈoso) *adj* pliable.
flipper (ˈflipper) *nm* pinball.
flirt (flirt) *nm* flirtation.
flora (ˈflɔra) *nf* flora
florido (ˈflɔrido) *adj* 1 florid. 2 prosperous.
floscio (ˈflɔʃʃo) *adj* 1 limp. 2 languid **cappello floscio** *nm* soft hat
flotta (ˈflɔtta) *nf* fleet
fluido (ˈfluido) *adj,nm* fluid
fluire (fluˈire) *vi* flow
fluorescente (fluoreʃˈʃɛnte) *adj* fluorescent
fluoro (fluˈɔro) *nm* fluoride.
flusso (ˈflusso) *nm* 1 flux. 2 discharge
fluttuare (fluttuˈare) *vi* fluctuate.
fobia (foˈbia) *nf* phobia
foca (ˈfɔka) *nf zool* seal
focaccia (foˈkattʃa) *nf* tart, bun.
foce (ˈfotʃe) *nf* 1 outlet. 2 river mouth.
focena (foˈtʃɛna) *nf* porpoise.
focolare (fokoˈlare) *nm* 1 hearth. 2 fireside.
fodera (ˈfɔdera) *nf* 1 lining. 2 cover **foderare** (fodeˈrare) *vt* 1 line. 2 cover **fodero** (ˈfɔdero) *nm* sheath.
foga (ˈfoga) *nf* ardour.
foggia (ˈfɔddʒa) *nf* manner, style **foggiare** *vt* form, mould
foglia (ˈfɔʎʎa) *nf* leaf **fogliame** *nm* foliage
foglio (ˈfɔʎʎo) *nm* 1 sheet of paper, leaf 2 pamphlet 3 document 4 note.
fogna (ˈfoɲɲa) *nf* 1 drain 2 sewer
föhn (fœn) *nm invar* hair drier
folata (foˈlata) *nf* gust.
folclore (folˈklore) *nm* folklore **folcloristico** (folkloˈristiko) *adj* folk **canto folcloristico** *nm* folk song
folgorare (folgoˈrare) *vi* 1 (of lightning) flash 2 shine brightly **folgore** (ˈfolgore) *nf* flash of lightning
folla (ˈfolla) *nf* crowd, throng.
folle (ˈfɔlle) *adj* mad, insane. **follia** *nf* madness
follicolo (folˈlikolo) *nm* follicle.
folto (ˈfolto) *adj* thick, dense.
fomentare (fomenˈtare) *vt* 1 foment 2 incite
fondamento (fondaˈmento) *nm* 1 *pl* **fondamenti** *m* foundation, basis. 2 *pl* **fondamenta** *f* *arch* foundation. **fondamentale** *adj* fundamental
fondare (fonˈdare) *vt* 1 found. 2 base, found **fondarsi** *vr* rely upon
fondere* (ˈfondere) *vt* 1 melt. 2 fuse. **fondersi** *vr* dissolve.
fonderia (fondeˈria) *nf* foundry.
fondina (fonˈdina) *nf* holster.
fondo[1] (ˈfondo) *nm* 1 bottom, base. 2 background. 3 estate. 4 *pl* capital, funds. 5 *pl* dregs. **a fondo** in depth. **andare a fondo** sink **in fondo** basically. **in fondo a** at the bottom of
fondo[2] (ˈfondo) *adj* deep.
fonetica (foˈnɛtika) *nf* phonetics. **fonetico** (foˈnɛtiko) *adj* phonetic
fonografo (foˈnɔgrafo) *nm* gramophone
fontana (fonˈtana) *nf* fountain **fontaniere** (fontaˈnjɛre) *nm* plumber
fonte (ˈfonte) *nf* 1 fountain 2 source 3 font
fontina (fonˈtina) *nf* soft cheese.
foraggiare (foradˈdʒare) *vt* supply
forare (foˈrare) *vt* 1 pierce 2 perforate 3 bore. *vi* have a puncture
forbici (ˈfɔrbitʃi) *nf pl* scissors
forca (ˈforka) *nf* 1. pitchfork 2 gallows
forchetta (forˈketta) *nf* fork
forcipe (ˈfɔrtʃipe) *nm* forceps
foresta (foˈrɛsta) *nf* forest
forestiere (foresˈtjɛre) *adj* foreign *nm* 1 foreigner 2 stranger
forfecchia (forˈfekkja) *nf* earwig
forfora (ˈforfora) *nf* dandruff
formaggio (forˈmaddʒo) *nm* cheese
formale (forˈmale) *adj* formal **formalità** *nf* formality
formare (forˈmare) *vt* form, shape **formare un numero** dial a number **forma** *nf* 1 form, shape 2 mould 3 formality **formato** *nm* format
formica (forˈmika) *nf* ant
formicolare (formikoˈlare) *vi* 1 swarm, abound 2 have pins and needles **formicolio** *nm* pins and needles
formidabile (formiˈdabile) *adj* formidable, tremendous
formula (ˈfɔrmula) *nf* formula
formulare (formuˈlare) *vt* formulate, express

fornace (for'natʃe) *nf* furnace
fornaio (for'najo) *nm* baker
fornire (for'nire) *vt* provide, furnish **fornitore** *nm* supplier.
forno ('forno) *nm* 1 oven 2 furnace 3 bakery **fornello** (for'nɛllo) *nm* 1 ring 2 bowl (of a pipe). **fornello a gas** gas cooker
foro[1] ('foro) *nm* hole
foro[2] ('fɔro) *nm* forum
forse ('forse) *adv* perhaps, maybe **essere in forse** be in doubt
forsennato (forsen'nato) *adj* mad, insane *nm* madman
forte ('fɔrte) *adj* 1 strong, powerful 2 loud 3 expert 4 well-built *nm* 1 strong point 2 fort *adv* 1 strongly 2 loudly
fortezza (for'tettsa) *nf* 1 fortitude 2 fortress
fortificare (fortifi'kare) *vt* fortify **fortificazione** *nf* fortification
fortuito (for'tuito) *adj* chance, accidental
fortuna (for'tuna) *nf* 1 fortune, chance, luck 2 riches **per fortuna** luckily **atterraggio di fortuna** *nm* emergency landing **fortunato** *adj* lucky
foruncolo (fo'runkolo) *nm* boil
forza ('fɔrtsa) *nf* 1 strength 2 power 3 force **a forza di** by dint of *interj* come on! **forzare** (for'tsare) *vt* force
foschia (fos'kia) *nf* mist, haze
fosco ('fosko) *adj* dark, gloomy
fosfato (fos'fato) *nm* phosphate
fosforescente (fosforeʃ'ʃɛnte) *adj* phosphorescent
fossa ('fɔssa) *nf* 1 ditch, trench 2 pit 3 grave **fossetta** *nf* dimple
fossile ('fɔssile) *nm* fossil
fosso ('fɔsso) *nm* ditch
foste ('foste) *v* see **essere.**
fosti ('fosti) *v* see **essere.**
foto ('fɔto) *nf* photo **fotocopia** (foto'kɔpja) *nf* photocopy **fotomodella** (fotomo'dɛlla) *nf* *phot* model
fotogenico (foto'dʒɛniko) *adj* photogenic
fotografare (fotogra'fare) *vt* photograph **fotografia** *nf* photograph **fotografico** (foto'grafiko) *adj* photographic **fotografo** (fo'tɔgrafo) *nm* photographer
fra (fra) *prep* 1 between, among 2 in, within **fra poco** soon
frac (frak) *nm invar* evening dress
fracassare (frakas'sare) *vt* smash, break **fracasso** *nm* 1 crash, din 2 commotion 3 crowd
fradicio ('fraditʃo) *adj* 1 soaked, drenched. 2 rotten **ubriaco fradicio** blind drunk
fragile ('fradʒile) *adj* fragile **fragilità** *nf* fragility
fragola ('fragola) *nf* 1 strawberry. 2 strawberry plant
fragore (fra'gore) *nm* crash, roar
fragrante (fra'grante) *adj* fragrant **fragranza** (fra'grantsa) *nf* fragrance, scent
fraintendere* (frain'tɛndere) *vi* misunderstand.
frammassone (frammas'sone) *nm* freemason **frammassoneria** *nf* freemasonry
frammento (fram'mento) *nm* fragment
frammettere* (fram'mettere) *vt* insert. **frammettersi** *vr* interfere
frana ('frana) *nf* landslide
Francia ('frantʃa) *nf* France **francese** (fran'tʃeze) *adj* French *nm* 1 Frenchman 2 French (language)
franchezza (fran'kettsa) *nf* 1 frankness. 2 boldness
franco[1] ('franko) *adj* 1 free 2 frank, sincere.
franco[2] ('franko) *nm* franc **francobollo** (franko'bollo) *nm* postage stamp
frangere* ('frandʒere) *vt* 1 break 2 crush
frangia ('frandʒa) *nf* fringe
frantumare (frantu'mare) *vt* smash, shatter **frantume** *nm* fragment
frapporre* (frap'porre) *vt* insert **frapporsi** *vr* intervene
frase ('fraze) *nf* 1 phrase 2 sentence
frassino ('frassino) *nm* ash tree
frastuono (fras'twɔno) *nm* hubbub, din
frate ('frate) *nm* friar, brother
fratello (fra'tɛllo) *nm* brother
fraterno (fra'tɛrno) *adj* fraternal
frattaglie (frat'taʎʎe) *nf pl* giblets
frattanto (frat'tanto) *adv* meanwhile
frattempo (frat'tɛmpo) **nel frattempo** *adv* in the meantime
fratturare (frattu'rare) *vt* fracture **frattura** *nf* fracture
frazione (frat'tsjone) *nf* fraction
freccia ('frettʃa) *nf* arrow
freddo ('freddo) *adj* 1 cold, cool 2 indifferent *nm* cold **freddezza** (fre'dettsa) *nf* 1 coldness, coolness 2 indifference
fregare (fre'gare) *vt* 1 rub, polish 2 *inf* cheat, swindle **(io) me ne frego** I don't give a damn

fregio ('fredʒo) *nm* **1** frieze. **2** decoration.
fremere ('frεmere) *vi* **1** tremble, shake. **2** rage.
fremito ('frεmito) *nm* **1** roar. **2** tremor.
frenare (fre'nare) *vt* restrain. *vi* brake.
freno ('freno) *nm* **1** horse's bit. **2** brake.
frequentare (frekwen'tare) *vt* **1** frequent. **2** attend. **frequente** *adj* frequent. **frequenza** (fre'kwεntsa) *nf* frequency.
fresco ('fresko) *adj* **1** fresh. **2** cool. **freschezza** (fres'kettsa) *nf* freshness.
fretta ('fretta) *nf* hurry. **avere fretta** be in a hurry. **in fretta** hurriedly.
friggere* ('friddʒere) *vt,vi* fry.
frigido ('fridʒido) *adj* frigid.
frigo ('frigo) *nm* fridge
frigorifero (frigo'rifero) *nm* refrigerator.
fringuello (frin'gwεllo) *nm* chaffinch.
frissi ('frissi) *v* see **friggere.**
frittata (frit'tata) *nf* omelette.
fritto ('fritto) *v* see **friggere.** *adj* fried.
frivolo ('frivolo) *adj* frivolous.
frizione (frit'tsjone) *nf* friction
frizzare (frid'dzare) *vi* **1** sting **2** fizz, sparkle **frizzante** *adj* sparkling
frodare (fro'dare) *vt* defraud, cheat **frode** ('frɔde) *nf* fraud.
fronda ('fronda) *nf* branch.
fronte ('fronte) *nf* **1** forehead **2** front **di fronte a** opposite
fronteggiare (fronted'dʒare) *vt* confront
frontiera (fron'tjεra) *nf* border, frontier
frottola ('frɔttola) *nf* **1** fib **2** *pl* nonsense
frugale (fru'gale) *adj* meagre, frugal
frugare (fru'gare) *vt* search *vi* rummage
frullare (frul'lare) *vi* spin *vt* whip, beat **frullatore** *nm* whisk **frullino** *nm* eggwhisk
frumento (fru'mento) *nm* wheat
frusciare (fruʃ'ʃare) *vi* rustle **fruscio** *nm* rustle
frustare (frus'tare) *vt* whip **frusta** *nf* whip
frustrazione (frustra'tsjone) *nf* frustration
frutto ('frutto) *nm, pl* **frutti 1** fruit (on the tree) **2** gain, reward **frutta** *nf* fruit (on the table) **frutteto** *nm* orchard **frutti di mare** *nm pl* seafood **fruttivendolo** (frutti'vendolo) *nm* fruiterer
fu (fu) *v* see **essere.** *adj* deceased, late
fucilare (futʃi'lare) *vt* shoot. **fucile** *nm* rifle.
fucina (fu'tʃina) *nf* forge.
fucsia ('fuksja) *nf* fuchsia
fuga ('fuga) *nf* **1** flight, escape **2** leak. **fugace** *adj* fleeting.
fuggire (fud'dʒire) *vi* flee, run away. *vt* avoid. **fuggiasco** *nm* fugitive.
fui ('fui) *v* see **essere.**
fuliggine (fu'liddʒine) *nf* soot.
fulminare (fulmi'nare) *vt* **1** strike down. **2** electrocute. *vi* flash (lightning), lighten. **fulmine** ('fulmine) *nm* flash of lightning, thunderbolt.
fumare (fu'mare) *vt,vi* smoke. **fumaiolo** (fuma'jɔlo) *nm* **1** chimneypot. **2** funnel. **fumatore** *nm* smoker. **fumetto** *nm* strip cartoon. **fumo** *nm* **1** smoke. **2** vapour.
fummo ('fummo) *v* see **essere.**
funambolo (fu'nambolo) *nm* tightrope walker.
fune ('fune) *nf* rope. **funicolare** *nf* funicular railway **funivia** *nf* cable car.
funebre ('funebre) *adj* funereal, gloomy. **pompe funebri** *nf pl* funeral service.
funerale (fune'rale) *nm* funeral. **funereo** (fu'nεreo) *adj* funereal, gloomy.
funesto (fu'nεsto) *adj* grievous, distressing.
fungo ('fungo) *nm* **1** fungus. **2** mushroom.
funzionare (funtsjo'nare) *vi* work, function. **funzione** *nf* function.
funzionario (funtsjo'narjo) *nm* civil servant.
fuoco ('fwɔko) *nm* **1** fire. **2** focus. **dare fuoco a** set fire to. **fuoco d'artificio** firework.
fuorchè (fwor'ke) *conj,prep* except
fuori ('fwɔri) *prep* beyond, out of. *adv* away, outside, out. **fuoribordo** *nm* outboard motor (boat). **fuorilegge** *nm* outlaw. **fuoruscito** *nm* exile
furbo ('furbo) *adj* shrewd, cunning. **furberia** *nf* cunning.
furetto (fu'retto) *nm* ferret.
furfante (fur'fante) *nm* rogue, rascal.
furgone (fur'gone) *nm* van.
furia ('furja) *nf* anger, fury **a furia di** by dint of
furibondo (furi'bondo) *adj* furious, livid.
furioso (fu'rjoso) *adj* furious, angry.
furono ('furono) *v* see **essere.**
furore (fu'rore) *nm* **1** fury, vehemence **2** craze
furtivo (fur'tivo) *adj* furtive.
furto ('furto) *nm* theft.
fuscello (fuʃ'ʃεllo) *nm* twig.
fusi ('fuzi) *v* see **fondere.**
fusibile (fu'zibile) *nm* fuse
fusione (fu'zjone) *nf* fusion.
fuso[1] ('fuzo) *v* see **fondere.**
fuso[2] ('fuzo) *nm* **1** *pl* **fusi** *m* spindle. **2** *pl* **fusa** *f.* **fare le fusa** purr

fusoliera (fuzo'ljɛra) *nf* fuselage.
fustagno (fus'taɲɲo) *nm* corduroy.
fusto ('fusto) *nm* **1** stem, stalk. **2** trunk (of tree or body). **3** cask, container
futile ('futile) *adj* vain, futile. **futilità** *nf* futility.
futuro (fu'turo) *adj,nm* future.

G

gabbare (gab'bare) *vt* **1** trick, swindle. **2** mock.
gabbia ('gabbja) *nf* cage.
gabbiano (gab'bjano) *nm* seagull.
gabella (ga'bɛlla) *nf* tax, duty
gabinetto (gabi'netto) *nm* **1** study, consulting room. **2** lavatory. **3** *pol* cabinet.
gaffe (gaf) *nf* blunder.
gagliardo (gaʎ'ʎardo) *adj* robust, vigorous
gaio ('gajo) *adj* **1** gay, merry. **2** bright **gaiezza** (ga'jettsa) *nf* gaiety.
gala ('gala) *nf* gala.
galantuomo (galan'twɔmo) *nm* gentleman
galassia (ga'lassja) *nf* galaxy.
galea (ga'lea) *nf* galley
galeone (gale'one) *nm* galleon.
galera (ga'lɛra) *nf* **1** *naut* galley. **2** prison.
galla ('galla) *nf bot* gall **a galla** afloat. **stare a galla** float.
galleggiare (galled'dʒare) *vi* float.
galleria (galle'ria) *nf* **1** gallery. **2** tunnel.
Galles ('galles) *nm* Wales. **gallese** (gal'lese) *adj* Welsh *nm* **1** Welshman. **2** Welsh (language).
gallo ('gallo) *nm* cock. **gallina** *nf* hen.
gallone[1] (gal'lone) *nm* **1** braid. **2** *mil* stripe.
gallone[2] (gal'lone) *nm* gallon.
galoppare (galop'pare) *vi* gallop **galoppo** (ga'lɔppo) *nm* gallop.
galoscia (ga'lɔʃʃa) *nf* galosh, wellington.
galvanizzare (galvanid'dzare) *vt* galvanize
gamba ('gamba) *nf* leg. **darsela a gambe** take to one's heels **persona in gamba** *nf* competent person
gambero ('gambero) *nm* crayfish **gambero di mare** lobster **gamberetto** *nm* shrimp.
gambo ('gambo) *nm* stalk, stem
gamma ('gamma) *nf* range, gamut.
ganascia (ga'naʃʃa) *nf* jaw
gancio ('gantʃo) *nm* hook.
ganghero ('gangero) *nm* hinge. **andare fuori dai gangheri** lose one's self-control.
gara ('gara) *nf* competition, race, match
garage (ga'raʒ) *nm* garage.
garanzia (garan'tsia) *nf* guarantee. **garantire** *vt* guarantee
garbare (gar'bare) *vi* please. **garbato** *adj* polite **garbo** *nm* **1** taste, style. **2** courtesy.
garbuglio (garbuʎʎo) *nm* muddle.
gareggiare (gared'dʒare) *vi* compete. **gareggiatore** *nm* competitor
gargarismo (garga'rizmo) *nm* gargle. **gargarizzare** (gargarid'dzare) *vt* gargle.
garitta (ga'ritta) *nf* sentry-box.
garofano (ga'rɔfano) *nm* carnation. **chiodo di garofano** *nm* clove.
garrire (gar'rire) *vi* **1** twitter, chirp. **2** (of a flag, etc) flutter
garrulo ('garrulo) *adj* talkative.
garza ('gardza) *nf* gauze.
garzone (gar'dzone) *nm* errand boy, helper.
gas (gas) *nm invar* gas.
gasolina (gazo'lina) *nf* gasoline
gasolio (ga'zɔljo) *nm* diesel fuel
gassosa (gas'sosa) *nf* fizzy drink.
gastrico ('gastriko) *adj* gastric
gastronomia (gastrono'mia) *nf* gastronomy.
gatto ('gatto) *nm* cat. **gattino** *nm* kitten. **gattoni** *adv* **1** on all fours. **2** stealthily. **gattopardo** *nm* leopard, tiger-cat.
gavitello (gavi'tɛllo) *nm* buoy.
gazza ('gaddza) *nf* magpie.
gazzella (gad'dzɛlla) *nf* gazelle.
gazzetta (gad'dzetta) *nf* gazette.
gelare (dʒe'lare) *vi,vt* freeze. **gelateria** *nf* ice-cream shop. **gelatina** *nf* jelly. **gelato** *nm* ice-cream. **gelo** ('dʒɛlo) *nm* frost. **gelone** *nm* chilblain.
gelido ('dʒɛlido) *adj* icy, cold.
gelosia[1] (dʒelo'sia) *nf* jealousy, envy.
gelosia[2] (dʒelo'sia) *nf* shutter
geloso (dʒe'loso) *adj* jealous, envious.
gelsomino (dʒelso'mino) *nm* jasmine.
gemello (dʒe'mɛllo) *adj* twin. *nm* **1** twin. **2** *pl* cuff links. **3** *pl cap* Gemini.
gemere ('dʒɛmere) *vi* moan, groan. **gemito** ('dʒɛmito) *nm* groan, moan.
gemma ('dʒɛmma) *nf* **1** gem, precious stone **2** bud
gene ('dʒɛne) *nm* gene
genealogia (dʒenealo'dʒia) *nf* genealogy **genealogico** (dʒenea'lɔdʒiko) *adj* genealogical. **albero genealogico** *nm* family tree.
generale (dʒene'rale) *adj* general, common. *nm*

general. **star sulle generali** speak in general terms.
generalizzare (dʒeneralid'dzare) *vt* spread. *vi* generalize.
generare (dʒene'rare) *vt* produce, generate. **generatore** *nm* generator. **generazione** *nf* generation.
genere ('dʒɛnere) *nm* **1** type, sort, kind. **2** genre. **3** product. **4** gender. **genere umano** human race. **in genere** generally.
generico (dʒe'nɛriko) *adj* generic.
genero ('dʒɛnero) *nm* son-in-law.
generoso (dʒene'roso) *adj* generous. **generosità** *nf* generosity.
genetica (dʒe'nɛtika) *nf* genetics. **genetico** (dʒe'nɛtiko) *adj* genetic.
gengiva (dʒen'dʒiva) *nf anat* gum.
genio ('dʒɛnjo) *nm* **1** genius. **2** talent. **andare a genio** suit. **geniale** *adj* **1** clever. **2** pleasing.
genitali (dʒeni'tali) *nm pl* genitals.
genitore (dʒeni'tore) *nm* parent.
gennaio (dʒen'najo) *nm* January.
Genova ('dʒɛnova) *nf* Genoa.
gente ('dʒɛnte) *nf* people.
gentile (dʒen'tile) *adj* kind, courteous. **Gentile signore** Dear sir. **gentilezza** (dʒenti'lettsa) *nf* **1** kindness. **2** favour. **gentiluomo** (dʒenti'lwɔmo) *nm* gentleman.
genuino (dʒenu'ino) *adj* genuine.
genziana (dʒen'tsjana) *nf* gentian.
geografia (dʒeogra'fia) *nf* geography. **geografico** *adj* geographic. **geografo** (dʒe'ɔgrafo) *nm* geographer.
geologia (dʒeolo'dʒia) *nf* geology. **geologico** *adj* geological. **geologo** (dʒe'ɔlogo) *nm* geologist.
geometra (dʒe'ɔmetra) *nm* surveyor.
geometria (dʒeome'tria) *nf* geometry. **geometrico** (dʒeo'mɛtriko) *adj* geometric.
geranio (dʒe'ranjo) *nm* geranium.
gerarchia (dʒerar'kia) *nf* hierarchy.
gerente (dʒe'rɛnte) *nm* director, manager. **gerenza** (dʒe'rɛntsa) *nf* management.
gergo ('dʒɛrgo) *nm* slang, jargon.
geriatria (dʒerja'tria) *nf* geriatrics.
Germania (dʒer'manja) *nf* Germany.
germe ('dʒɛrme) *nm* seed.
germogliare (dʒermoʎ'ʎare) *vi* sprout, bud. **germoglio** *nm* shoot, bud.
gesso ('dʒɛsso) *nm* chalk.
gesticolare (dʒestiko'lare) *vi* gesticulate.
gestire (dʒes'tire) *vt* run, manage. **gestione** *nf* administration.
gesto ('dʒɛsto) *nm* gesture.
Gesù (dʒe'zu) *nm* Jesus.
gesuita (dʒezu'ita) *nm* Jesuit.
gettare (dʒet'tare) *vt* throw, hurl.
getto ('dʒɛtto) *nm* **1** jet. **2** shoot. **di getto** at a stroke. **primo getto** draft.
gettone (dʒet'tone) *nm* token, counter.
ghermire (ger'mire) *vt* clutch, seize.
ghetto ('getto) *nm* ghetto.
ghiacciaia (gjat'tʃaja) *nf* icebox. **ghiacciaio** *nm* glacier.
ghiacciare (gjat'tʃare) *vt,vi* freeze.
ghiaccio ('gjattʃo) *nm* ice. **ghiacciolo** (gjat'tʃɔlo) *nm* **1** icicle **2** ice lolly.
ghiaia ('gjaja) *nf* gravel.
ghianda ('gjanda) *nf* acorn.
ghigliottina (giʎʎot'tina) *nf* guillotine.
ghignare (giɲ'ɲare) *vi* grimace, sneer. **ghigno** *nm* sneer.
ghiotto ('gjotto) *adj* greedy. **ghiottone** *nm* glutton.
ghiribizzo (giri'biddzo) *nm* whim.
ghirlanda (gir'landa) *nf* garland, wreath.
ghiro ('giro) *nm* dormouse.
già (dʒa) *adv* **1** once, formerly. **2** already. **3** yes, indeed.
giacca ('dʒakka) *nf* jacket.
giacché (dʒak'ke) *conj* since.
giacchetta (dʒak'ketta) *nf* jacket.
giaccio ('dʒattʃo) *v see* **giacere.**
giacere* (dʒa'tʃere) *vi* lie.
giacinto (dʒa'tʃinto) *nm* hyacinth.
giacqui ('dʒakkwi) *v see* **giacere.**
giada ('dʒada) *nf* jade.
giaggiolo (dʒad'dʒɔlo) *nm bot* iris.
giaguaro (dʒa'gwaro) *nm* jaguar.
giallo ('dʒallo) *adj* **1** yellow. **2** detective. **romanzo giallo** *nm* thriller. ~*nm* **1** yellow. **2** yolk (of an egg).
giammai (dʒam'mai) *adv* never.
Giappone (dʒap'pone) *nm* Japan. **giapponese** (dʒappo'nese) *adj,n* Japanese. *nm* Japanese (language).
giardino (dʒar'dino) *nm* garden. **giardino d'infanzia** kindergarten. **giardino pubblico** park. **giardino zoologico** zoo. **giardinaggio** (dʒardi'naddʒo) *nm* gardening. **giardinetta** *nf* estate car. **giardiniere** (dʒardi'njɛre) *nm* gardener.

giarrettiera (dʒarret'tjɛra) *nf* **1** garter **2** suspender
giavellotto (dʒavel'lɔtto) *nm* javelin
gibboso (dʒib'boso) *adj* humped
gigante (dʒi'gante) *nm* giant. *adj* huge **gigantesco** *adj* gigantic.
giglio ('dʒiʎʎo) *nm* lily
gilè (dʒi'lɛ) *nm* waistcoat
gin (dʒin) *nm* gin
ginecologo (dʒine'kɔlogo) *nm* gynaecologist **ginecologia** *nf* gynaecology
ginepro (dʒi'nepro) *nm* juniper
ginestra (dʒi'nɛstra) *nf bot* broom
Ginevra (dʒi'nevra) *nf* Geneva
gingillarsi (dʒindʒil'larsi) *vr* loiter, dawdle **gingillo** *nm* plaything
ginnasio (dʒin'nazjo) *nm* **1** secondary school. **2** gymnasium **ginnasta** *nm* gymnast. **ginnastica** (dʒin'nastika) *nf* gymnastics. **ginnestico** *adj* gymnastic
ginocchio (dʒi'nɔkkjo) *nm* knee
giocare (dʒo'kare) *vi,vt* play *vi* gamble **giocatore** *nm* player **giocattolo** (dʒo'kattolo) *nm* toy **gioco** ('dʒɔko) *nm* game **giocoso** *adj* playful
giogo ('dʒogo) *nm* yoke
gioia[1] ('dʒɔja) *nf* joy **gioioso** (dʒo'joso) *adj* joyful
gioia[2] ('dʒɔja) *nf* precious stone **gioielliere** (dʒojel'ljɛre) *nm* jeweller **gioiello** (dʒo'jɛllo) *nm* jewel
gioire (dʒo'ire) *vi* rejoice
giornalaio (dʒorna'lajo) *nm* newsagent
giornale (dʒor'nale) *nm* **1** newspaper **2** journal **giornalismo** *nm* journalism **giornalista** *nm* journalist, reporter
giorno ('dʒorno) *nm* day, daytime. **a giorni** sometimes **al giorno d'oggi** nowadays **di giorno** by day **due volte al giorno** twice daily **giornata** *nf* **1** day **2** day's pay
giostra ('dʒɔstra) *nf* merry-go-round
giovane ('dʒovane) *adj* **1** young. **2** new *nm* young man, youth *nf* young girl **giovanile** *adj* youthful **giovanotto** (dʒova'nɔtto) *nm* youth
giovare* (dʒo'vare) *vi* be of use. *vt* aid **giovarsi di** *vr* make use of
Giove ('dʒɔve) *nm* Jupiter (planet)
giovedì (dʒove'di) *nm* Thursday.
gioventù (dʒoven'tu) *nf* youth.
gioviale (dʒo'vjale) *adj* jovial
giraffa (dʒi'raffa) *nf* giraffe
girandolare (dʒirando'lare) *vi* wander
girare (dʒi'rare) *vt* **1** turn, spin **2** go round **3** travel round **4** shoot (film) *vi* **1** spin, revolve **2** wander **3** turn, veer **mi gira la testa** my head is spinning **giradischi** *nm invar* record-player **giramondo** *nm* globetrotter **girarrosto** (dʒirar'rɔsto) *nm cul* spit **girasole** *nm* sunflower **girata** *nf* **1** turn, twist **2** stroll **giro** *nm* **1** turn **2** stroll. **3** circle, ring **4** circulation **5** circuit. **in giro** around **prendere in giro** make fun of.
girino (dʒi'rino) *nm* tadpole
gironzolare (dʒirondzo'lare) *vi* roam.
girovagare (dʒirova'gare) *vi* wander.
gita ('dʒita) *nf* excursion
giù (dʒu) *adv* down **in giù** downwards. **su per giù** thereabouts
giubba ('dʒubba) *nf* jacket **giubbotto** (dʒub'bɔtto) *nm* jerkin
giubilare (dʒubi'lare) *vi* rejoice. *vt* pension off.
giudicare (dʒudi'kare) *vt* judge.
giudice ('dʒuditʃe) *nm* judge **giudice popolare** juror
giudizio (dʒu'dittsjo) *nm* **1** judgment **2** opinion **3** common sense
giugno ('dʒuɲɲo) *nm* June.
giulivo (dʒu'livo) *adj* joyful.
giullare (dʒul'lare) *nm* jester.
giunco ('dʒunko) *nm* rush, reed.
giungere* ('dʒundʒere) *vi* arrive *vt* join **giungere a** reach
giungla ('dʒungla) *nf* jungle
giunsi ('dʒunsi) *v* see **giungere.**
giunta ('dʒunta) *nf* **1** addition. **2** town council **3** junta
giunto ('dʒunto) *v* see **giungere.**
giurare (dʒu'rare) *vi,vt* swear **giuramento** *nm* oath
giuria (dʒu'ria) *nf* jury **giurato** *nm* juror
giurisdizione (dʒurizdit'tsjone) *nf* jurisdiction
giustificare (dʒustifi'kare) *vt* justify **giustificazione** *nf* justification
giustizia (dʒus'tittsja) *nf* justice
giusto ('dʒusto) *adj* **1** just, right, fair **2** correct, right *adv* exactly
glaciale (gla'tʃale) *adj* glacial, icy
glandola ('glandola) *nf* gland
gli[1] (ʎi) *def art, m pl* the
gli[2] (ʎi) *pron* **1** *3rd pers ms* to him or it **2** *3rd pers m,f pl* them
glicerina (glitʃe'rina) *nf* glycerine.
glicine ('glitʃine) *nm* wisteria.

globo (ˈglɔbo) *nm* globe, sphere **globale** *adj* global.
gloria (ˈglɔrja) *nf* glory **glorioso** (gloˈrjoso) *adj* glorious.
glorificare (glorifiˈkare) *vt* glorify
glucosio (gluˈkɔzjo) *nm* glucose.
gnocco (ˈɲɔkko) *nm* **1** small ball of pasta or flour. **2** lump
gnomo (ˈɲɔmo) *nm* gnome
gobba (ˈgɔbba) *nf* hump **gobbo** (ˈgɔbbo) *nm* hunchback *adj* humped.
gocciolare (gottʃoˈlare) *vt,vi* drip **goccia** *nf* drop, drip **gocciola** (ˈgottʃola) *nf* drop.
godere (goˈdere) *vt* enjoy *vi* **1** rejoice **2** benefit **godimento** *nm* enjoyment
goffo (ˈgɔffo) *adj* clumsy, awkward.
gol (gɔl) *nm invar* goal
gola (ˈgola) *nf* throat.
golf (gɔlf) *nm invar* **1** golf **2** sweater
golfo (ˈgolfo) *nm* gulf
goloso (goˈloso) *adj* greedy, avaricious **golosità** *nf* greed.
golpe (ˈgolpe) *nf* right-wing coup
gomito (ˈgomito) *nm* elbow **gomitata** *nf* nudge.
gomitolo (goˈmitolo) *nm* ball of thread.
gomma (ˈgomma) *nf* **1** gum **2** rubber **3** tyre.
gondola (ˈgondola) *nf* gondola **gondoliere** (gondoˈljɛre) *nm* gondolier.
gonfalone (gonfaˈlone) *nm* banner
gonfiare (gonˈfjare) *vt* blow up, inflate *vi* swell. **gonfiarsi** *vr* swell **gonfio** (ˈgonfjo) *adj* swollen **gonfiore** *nm* swelling
gong (gɔng) *nm invar* gong
gonna (ˈgonna) *nf* skirt.
gonzo (ˈgondzo) *nm* simpleton
gorgheggiare (gorgedˈdʒare) *vi,vt* warble, trill **gorgheggio** *nm* trill
gorgo (ˈgorgo) *nm* whirlpool.
gorgogliare (gorgoʎˈʎare) *vi* gurgle
gorilla (goˈrilla) *nm invar* gorilla.
gotta (ˈgɔtta) *nf* gout.
governante (goverˈnante) *nf* governess
governare (goverˈnare) *vt* govern **governatore** *nm* governor **governo** (goˈvɛrno) *nm* government
gracchiare (grakˈkjare) *vi* croak
gracidare (gratʃiˈdare) *vi* croak, cackle
gracile (ˈgratʃile) *adj* frail, delicate.
gradasso (graˈdasso) *nm* boaster
gradino (graˈdino) *nm* step, stair
gradire (graˈdire) *vt* **1** accept **2** wish, like. *v imp* please **gradevole** (graˈdevole) *adj* pleasing.
grado (ˈgrado) *nm* **1** degree **2** grade, rank, position **essere in grado di** be in a position to **graduale** *adj* gradual
graffiare (grafˈfjare) *vt* scratch **graffiatura** *nf* scratch **graffio** (ˈgraffjo) *nm* scratch.
grafico (ˈgrafiko) *adj* graphic *nm* graph
grammatica (gramˈmatika) *nf* grammar
grammo (ˈgrammo) *nm* gramme
grammofono (gramˈmɔfono) *nm* gramophone
granaglie (graˈnaʎʎe) *nf pl* grain
granaio (graˈnajo) *nm* granary
granata (graˈnata) *nf* **1** brush, broom **2** *mil* shell
Gran Bretagna *nf* Great Britain
granchio (ˈgrankjo) *nm* **1** crab **2** mistake
grande (ˈgrande) *adj* **1** big, tall **2** great *nm,f* adult **grandezza** (granˈdettsa) *nf* **1** size **2** greatness
grandeggiare (grandedˈdʒare) *vi* stand out.
grandinare (grandiˈnare) *vi* hail **grandine** (ˈgrandine) *nf* hail **chicco di grandine** *nm* hailstone
grandioso (granˈdjoso) *adj* grandiose
granduca (granˈduka) *nm* grand duke
granito (graˈnito) *nm* granite
grano (ˈgrano) *nm* **1** wheat **2** grain **granello** (graˈnɛllo) *nm* grain, seed
granturco (granˈturko) *nm* maize
granulo (ˈgranulo) *nm* granule.
grappolo (ˈgrappolo) *nm* bunch
grasso (ˈgrasso) *adj* **1** fat **2** greasy **grassezza** (grasˈsettsa) *nf* fatness
grata (ˈgrata) *nf* grating **gratella** (graˈtɛlla) *nf* grill
graticola (graˈtikola) *nf* grill.
gratis (ˈgratis) *adv* free of charge, free
gratitudine (gratiˈtudine) *nf* gratitude
grato (ˈgrato) *adj* **1** grateful **2** pleasing
grattare (gratˈtare) *vt* **1** scratch **2** grate **grattacielo** (grattaˈtʃɛlo) *nm* skyscraper
grattugiare (grattuˈdʒare) *vt* grate **grattugia** *nf* grater
gratuito (graˈtuito) *adj* free.
gravare (graˈvare) *vt* oppress, burden
grave (ˈgrave) *adj* **1** heavy **2** serious grave, solemn **gravità** *nf* gravity
gravido (ˈgravido) *adj* **1** pregnant **2** laden **gravidanza** (graviˈdantsa) *nf* pregnancy
grazia (ˈgrattsja) *nf* **1** grace, charm **2** favour,

goodwill **3** mercy, pardon **4** *pl* thanks **grazioso** (grat'tsjoso) *adj* gracious, charming.

Grecia ('grɛtʃa) *nf* Greece **greco** ('grɛko) *pl* **greci** *adj,n* Greek. *nm* Greek (language).

gregge ('greddʒe) *nm,pl* **greggi** *f* flock.

greggio ('greddʒo) *adj* raw, coarse

grembiule (grem'bjule) *nm* apron

grembo ('grɛmbo) *nm* lap

gremire (gre'mire) *vt* cram. **gremirsi** *vr* fill up. **gremito** *adj* crammed

gretto ('gretto) *adj* **1** mean, stingy. **2** petty.

gridare (gri'dare) *vt,vi* shout, cry **grida** *nf* proclamation **grido** *nm* **1** *pl* **grida** *f* shout, cry **2** *pl* **gridi** *m* cry (of an animal) **di grido** famous

grigio ('gridʒo) *adj,nm* grey

griglia ('griʎʎa) *nf* grill

grilletto (gril'letto) *nm* trigger

grillo ('grillo) *nm* **1** *zool* cricket **2** whim

grinza ('grintsa) *nf* **1** crease **2** wrinkle

grippe ('grippe) *nm* influenza

grissino (gris'sino) *nm* bread-stick

grondare (gron'dare) *vi* **1** drip **2** pour **gronda** *nf* eaves **grondaia** *nf* gutter

groppa ('grɔppa) *nf* **1** back **2** rump.

grossa ('grɔssa) *nf* gross

grosso ('grɔsso) *adj* **1** big. **2** coarse, rough. **pezzo grosso** *nm* important person **grossezza** (gros'settsa) *nf* **1** size. **2** thickness **grossolano** *adj* rough, coarse

grotta ('grɔtta) *nf* cave.

grottesco (grot'tesko) *adj* grotesque.

groviglio (go'viʎʎo) *nm* tangle

gru (gru) *nf invar* **1** *zool* crane **2** mechanical crane

gruccia ('gruttʃa) *nf* **1** crutch **2** coathanger.

grugnire (gruɲ'ɲire) *vi* grunt. **grugnito** *nm* grunt

grugno ('gruɲɲo) *nm* snout.

grullo ('grullo) *adj* silly

grumo ('grumo) *nm* clot (of blood, etc.).

gruppo ('gruppo) *nm* group

gruviera (gru'vjɛra) *nm* Gruyère

guadagnare (gwadaɲ'ɲare) *vt* **1** earn. **2** gain **3** reach **4** win **guadagno** *nm* **1** gain. **2** earnings

guado ('gwado) *nm* ford

guaina (gwa'ina) *nf* sheath

guaio ('gwajo) *nm* mishap, trouble.

guaire (gwa'ire) *vi* howl, whine **guaito** *nm* whine

guancia ('gwantʃa) *nf anat* cheek **guanciale** *nm* pillow

guanto ('gwanto) *nm* glove

guardare (gwar'dare) *vt* **1** look at **2** look after, watch, protect **3** examine *vi* **1** look **2** take care, pay attention **guardarsi** *vr* **1** look at oneself **2** look at one another. **3** beware **guardacaccia** *nm* gamekeeper **guardacoste** (gwarda'kɔste) *nm* coastguard **guardaroba** (gwarda'rɔba) *nm invar* **1** wardrobe. **2** cloakroom **guardata** *nf* glance

guardia ('gwardja) *nf* guard. **guardia del corpo** bodyguard **guardiano** *nm* guardian keeper

guardingo (gwar'dingo) *adj* cautious.

guarire (gwa'rire) *vi* recover, get well. *vt* cure, heal

guarnigione (gwarni'dʒone) *nf* garrison

guarnire (gwar'nire) *vt* **1** equip, furnish **2** trim, decorate **guarnizione** *nf* **1** decoration **2** *cul* garnish

guastare (gwas'tare) *vt* spoil, destroy, ruin **guastarsi** *vr* go bad **guastafeste** (gwasta'fɛste) *nm* spoilsport **guasto** *adj* spoilt, damaged *nm* **1** damage **2** fault

guazza ('gwattsa) *nf* dew

guazzabuglio (gwattsa'buʎʎo) *nm* hotchpotch

guazzare (gwat'tsare) *vi* splash. **guazzo** *nm* **1** puddle. **2** pool **3** gouache

guercio ('gwertʃo) *adj* cross-eyed

guerra ('gwɛrra) *nf* war **guerriero** (gwer'rjɛro) *nm* warrior

guerreggiare (gwerred'dʒare) *vi* wage war.

guerresco (gwer'resko) *adj* warlike

guerriglia (gwer'riʎʎa) *nf* guerrilla warfare. **guerrigliere** (gwerriʎ'ʎɛre) *nm* guerrilla.

gufo ('gufo) *nm* owl

guglia ('guʎʎa) *nf* spire

guidare (gwi'dare) *vt* **1** guide **2** drive, pilot. **guida** *nf* **1** guidance **2** guide. **3** guidebook, guide **lezione di guida** *nf* driving lesson **scuola guida** *nf* school of motoring.

guinzaglio (gwin'tsaʎʎo) *nm* leash

guisa ('gwiza) *nf* manner, way. **a guisa di** like

guizzare (gwit'tsare) *vi* **1** flash. **2** dart. **3** wriggle **4** flicker.

guscio ('guʃʃo) *nm* shell

gustare (gus'tare) *vt* **1** taste. **2** enjoy. **3** try, sample **gusto** *nm* **1** taste. **2** pleasure **3** good taste **gustoso** (gus'toso) *adj* agreeable.

gutturale (guttu'rale) *adj* guttural.

H

ha (a) *v* see **avere.**
hai ('aı) *v* see **avere.**
hanno ('anno) *v* see **avere.**
hascisc (aʃ'ʃıʃ) *nm invar* hashish
ho (ɔ) *v* see **avere.**
hockey ('hɔkı) *nm* hockey.

I

i (i) *def art, m pl* the.
iarda ('jarda) *nf* yard (measurement)
iattanza (jat'tantsa) *nf* arrogance.
ibernazione (ıbernat'tsjone) *nf* hibernation
ibrido ('ibrıdo) *adj,nm* hybrıd.
icona (ı'kɔna) *nf* ıcon.
Iddio (ıd'dıo) *nm* God.
idea (ı'dɛa) *nf* **1** ıdea **2** opinion **cambiare idea** change one's mind **ideale** *adj,nm* ideal **idealista** *nm* ıdealist **idealizzare** (ıdealid'dzare) *vt* ıdealize
idem ('idem) *adv* the same
identico (ı'dɛntiko) *adj* identical
identificare (ıdentifi'kare) *vt* identify. **identificazione** *nf* identification
identità (ıdentı'ta) *nf* ıdentity.
ideologia (ıdeolo'dʒia) *nf* ideology.
idillio (i'dilljo) *nm* idyll. **idillico** (ı'dilliko) *adj also* **idilliaco** (idil'liako) idyllic
idioma (ı'djɔma) *nm* **1** language. **2** dialect **idiomatico** (idjo'matiko) *adj* idiomatic
idiota (i'djɔta) *nm* ıdiot *adj* ıdiotic.
idiotismo (ıdjo'tızmo) *nm* idiom.
idolo ('idolo) *nm* ıdol.
idoneo (ı'dɔneo) *adj* suitable, fit.
idraulico (ı'drauliko) *adj* hydraulic *nm* plumber
idroelettrico (idroe'lɛttriko) *adj* hydro-electric
idrogeno (i'drɔdʒeno) *nm* hydrogen.
idroplano (ıdro'plano) *nm* hydroplane.
idrosci (ıdroʃ'ʃi) *nm* water-skiing.
idrovolante (ıdrovo'lante) *nm* seaplane.
iena ('jɛna) *nf* hyena
ieri ('jɛrı) *adv* yesterday **ieri l'altro** the day before yesterday.
igiene (i'dʒɛne) *nf* hygıene. **igienico** (i'dʒɛniko) *adj* hygienic. **carta igienica** *nf* toilet paper
iglù (i'glu) *nm* ıgloo
ignaro (iɲ'ɲaro) *adj* ıgnorant, unaware
ignominia (iɲɲo'mınja) *nf* **1** ıgnominy **2** shameful deed
ignorare (iɲɲo'rare) *vt* **1** not to know, be unaware of **2** ignore **ignorante** *adj* ıgnorant *nm* ıgnoramus **ignoranza** (iɲɲo'rantsa) *nf* ıgnorance
ignoto (iɲ'ɲɔto) *adj* unknown
ignudo (iɲ'ɲudo) *adj* naked.
il (il) *def art, ms* the
ilare ('ılare) *adj* cheerful **ilarità** *nf* hilarity
illecito (ıl'letʃito) *adj* ıllicit.
illegale (ille'gale) *adj* illegal
illeggibile (illed'dʒibile) *adj* illegible
illegittimo (ille'dʒıttımo) *adj* illegitimate
illeso (il'lezo) *adj* unhurt
illimitato (ıllımı'tato) *adj* unlimited
illogico (il'lɔdʒiko) *adj* illogical
illudere* (il'ludere) *vt* deceive, delude
illuminare (illumı'nare) *vt* **1** illuminate, light up **2** enlighten. **illuminare a giorno** floodlight **illuminazione** *nf* lighting.
illusione (illu'zjone) *nf* illusion.
illusorio (ıllu'zɔrjo) *adj* deceptive.
illustrare (illus'trare) *vt* illustrate **illustrazione** *nf* illustration.
illustre (il'lustre) *adj* famous, renowned.
imbacuccare (imbakuk'kare) *vt* muffle up **imbacuccarsi** *vr* wrap oneself up.
imballaggio (imbal'laddʒo) *nm* packing. **carta d'imballaggio** *nf* brown paper, wrapping paper
imballare (ımbal'lare) *vt* pack.
imbalsamare (imbalsa'mare) *vt* embalm.
imbarazzare (ımbarat'tsare) *vt* **1** impede. **2** embarrass **imbarazzante** *adj* embarrassing. **imbarazzato** *adj* **1** embarrassed **2** perplexed. **imbarazzo** *nm* **1** obstacle. **2** embarrassment.
imbarcare (imbar'kare) *vt* take on board. **imbarcarsi** *vr* embark **imbarcadero** (imbarka'dɛro) *nm* landing stage.
imbastire (ımbas'tire) *vt* **1** (sewing) tack **2** rough out.
imbattersi (im'battersi) *vr* come across by chance, bump ınto.
imbattibile (imbat'tibile) *adj* unbeatable
imbavagliare (ımbavaʎ'ʎare) *vt* gag.
imbecille (ımbe'tʃille) *adj,nm* ımbecile.
imbellettare (imbellet'tare) *vt* **1** make up. **2** embellish. **imbellettarsi** *vr* put on make-up.
imbellire (imbel'lire) *vt* adorn *vi* ımprove in looks

imbiancare (ımbjan'kare) *vt* **1** whıten **2** whıtewash *vı* turn whıte
imboccare (ımbok'kare) *vt* **1** feed **2** suggest **3** enter **imboccatura** *nf* openıng, entrance
imboscata (ımbos'kata) *nf* ambush
imbottigliare (ımbottıʎ'ʎare) *vt* bottle
imbottire (ımbot'tıre) *vt* **1** stuff **2** pad **imbottito** *adj* stuffed **panino imbottito** *nm* sandwıch
imbrattare (ımbrat'tare) *vt* dırty
imbrigliare (ımbrıʎ'ʎare) *vt* brıdle
imbrogliare (ımbroʎ'ʎare) *vt* **1** confuse, muddle **2** cheat **imbrogliarsi** *vr* become involved. **imbroglio** *nm* **1** tangle, muddle **2** trıck, swındle
imbronciarsi (imbron'tʃarsı) *vr* sulk
imbrunire (ımbru'nıre) *vı* darken, grow dark **sull'imbrunire** towards dusk
imbruttire (ımbrut'tıre) *vt* make ugly *vı* become ugly. **imbruttirsi** *vr* become ugly
imbucare (ımbu'kare) *vt* post
imburrare (ımbur'rare) *vt* butter
imbuto (ım'buto) *nm* funnel
imitare (ımı'tare) *vt* ımıtate **imitazione** *nf* ımıtatıon
immagazzinare (ımmagaddzı'nare) *vt* store
immaginare (ımmadʒı'nare) *vt* **1** ımagıne **2** suppose **immaginazione** *nf* ımagınatıon **immagine** (ım'madʒıne) *nf* **1** ımage **2** fıgure
immangiabile (ımman'dʒabile) *adj* uneatable
immatricolarsi (ımmatrıko'larsı) *vr* **1** enrol **2** *educ* matrıculate.
immaturo (ımma'turo) *adj* ımmature. **immaturità** *nf* ımmaturıty.
immedesimarsi (ımmedezı'marsı) *vr* ıdentıfy oneself.
immediato (ımme'djato) *adj* ımmedıate.
immemorabile (ımmemo'rabile) *adj* ımmemorial.
immenso (im'mɛnso) *adj* huge, ımmense
immergere* (ım'mɛrdʒere) *vt* **1** ımmerse **2** plunge. **3** dip **immersione** *nf* ımmersıon
immeritato (ımmeri'tato) *adj* undeserved
immigrare (ımmı'grare) *vı* ımmıgrate **immigrante** *adj,n* ımmıgrant **immigrazione** *nf* ımmıgratıon
imminente (ımmi'nɛnte) *adj* ımmınent
immischiare (ımmıs'kjare) *vt* ınvolve **immischiarsi** *vr* ınterfere.
immobile (ım'mɔbıle) *adj* still, motıonless **beni immobili** *nm pl* real estate
immobiliare (ımmobı'ljare) *adj* ımmovable **società immobiliare** *nf* buildıng socıety
immobilizzare (ımmobılıd'dzare) *vt* ımmobılıze
immoderato (ımmode'rato) *adj* excessıve
immondo (ım'mondo) *adj* **1** filthy, foul **2** unclean **immondizia** (ımmon'dıttsja) *nf* **1** fılth **2** *pl* rubbısh, refuse.
immorale (ımmo'rale) *adj* ımmoral
immortale (ımmor'tale) *adj* ımmortal **immortalità** *nf* ımmortalıty
immune (ım'mune) *adj* **1** ımmune **2** free **immunità** *nf* ımmunity **immunizzare** *vt* ımmunıze
immutabile (ımmu'tabile) *adj* unchangeable
impaccare (ımpak'kare) *vt* pack **impacco** *nm* compress
impacchettare (ımpakket'tare) *vt* parcel
impacciare (ımpat'tʃare) *vt* **1** hınder, impede **2** trouble **impacciarsi** *vr* meddle **impaccio** *nm* hındrance
impadronirsi (ımpadro'nirsi) *vr* **1** seize **2** take possessıon **3** master
impagliare (impaʎ'ʎare) *vt* stuff
impalcatura (ipalka'tura) *nf* scaffolding, frame
impallidire (ımpalli'dıre) *vı* turn pale
impanare (ımpa'nare) *vt* dip ın breadcrumbs
imparare (ımpa'rare) *vt* learn
impareggiabile (ımpared'dʒabile) *adj* incomparable
impari ('ımpari) *adj ınvar* **1** unequal. **2** uneven.
impartire (ımpar'tıre) *vt* ımpart.
imparziale (ımpar'tsjale) *adj* ımpartial. **imparzialità** *nf* ımpartıality, fairness.
impassibile (ımpas'sibile) *adj* ımpassıve.
impastare (ımpas'tare) *vt* **1** knead. **2** paste. **impasto** *nm* mıxture
impaurire (ımpau'rıre) *vt* frighten. **impaurirsi** *vr* become frıghtened.
impazientirsi (ımpattsjen'tirsi) *vr* lose one's patıence **impaziente** *adj* ımpatıent. **impazienza** (ımpat'tsjɛntsa) *nf* ımpatıence.
impazzire (ımpat'tsıre) *vı* go mad.
impeccabile (ımpek'kabıle) *adj* ımpeccable.
impedire (ımpe'dire) *vt* **1** prevent. **2** hınder, obstruct **impedimento** *nm* **1** obstacle. **2** hındrance
impegnare (ımpeɲ'ɲare) *vt* **1** pawn. **2** pledge **3** occupy **4** oblıge. **5** book, reserve. **impegnarsi** *vr* promıse **impegnativo** *adj* **1** bindıng **2** exactıng **impegno** *nm* **1** obligatıon. **2** engagement **3** attentıon.

impenetrabile (impene'trabile) *adj* impenetrable

impenitente (impeni'tɛnte) *adj* impenitent.

impennarsi (impen'narsi) *vr* **1** (of a horse) rear. **2** become annoyed.

imperativo (impera'tivo) *adj* imperative.

imperatore (impera'tore) *nm* emperor **imperatrice** *nf* empress.

impercettibile (impertʃet'tibile) *adj* imperceptible.

imperdonabile (imperdo'nabile) *adj* unpardonable

imperfetto (imper'fɛtto) *adj* **1** imperfect **2** incomplete. **imperfezione** (imperfet'tsjone) *nf* imperfection.

imperioso (impe'rjoso) *adj* **1** imperious **2** compelling.

impermalirsi (imperma'lirsi) *vr* take offence.

impermeabile (imperme'abile) *adj* **1** waterproof. **2** airtight. *nm* raincoat

imperniare (imper'njare) *vt* **1** pivot **2** base.

impero (im'pɛro) *nm* empire **imperiale** *adj* imperial.

imperscrutabile (imperskru'tabile) *adj* inscrutable.

impersonale (imperso'nale) *adj* impersonal.

impersonare (imperso'nare) *vt* **1** personify **2** play the role of.

imperterrito (imper'tɛrrito) *adj* intrepid, fearless.

impertinente (imperti'nɛnte) *adj* impertinent. **impertinenza** (imperti'nɛntsa) *nf* impertinence.

imperturbabile (impertur'babile) *adj* imperturbable.

imperturbato (impertur'bato) *adj* unperturbed.

impeto ('impeto) *nm* impetus.

impetuoso (impetu'oso) *adj* impetuous. **impetuosità** *nf* impetuosity.

impiantare (impjan'tare) *vt* **1** install. **2** establish.

impiantito (impjan'tito) *nm* floor. **impianto** *nm* **1** installation, fitting. **2** *tech* plant.

impiastrare (impjas'trare) *vt* smear. **impiastro** *nm* **1** poultice. **2** nuisance.

impiccare (impik'kare) *vt* hang.

impicciare (impit'tʃare) *vt* impede, hinder. **impicciarsi** *vr* interfere, meddle **impiccio** *nm* **1** hindrance **2** mess.

impiegare (impje'gare) *vt* **1** use, employ. **2** spend. **3** invest. **impiegato** *nm* **1** employee **2** clerk. **impiego** (im'pjɛgo) *nm* job, employment.

impiombare (impjom'bare) *vt* fill (a tooth) **impiombatura** *nf* filling

implacabile (impla'kabile) *adj* implacable

implicare (impli'kare) *vt* implicate, involve **implicazione** *nf* implication.

implicito (im'plitʃito) *adj* implicit.

implorare (implo'rare) *vt* beg, implore

impolverare (impolve'rare) *vt* cover with dust **impolverarsi** *vr* become dusty

imponente (impo'nɛnte) *adj* imposing.

imponibile (impo'nibile) *adj* taxable.

impopolare (impopo'lare) *adj* unpopular

imporre* (im'porre) *vt* **1** impose, give **2** command. **imporsi** *vr* dominate.

importante (impor'tante) *adj* important **importanza** (impor'tantsa) *nf* importance

importare (impor'tare) *vt* **1** import. **2** imply *v imp* matter, be important **importatore** *nm* importer. **importazione** *nf* **1** importation **2** import.

importunare (importu'nare) *vt* pester, annoy **importuno** *adj* annoying. *nm* nuisance

imposizione (impozit'tsjone) *nf* imposition

impossessarsi (imposses'sarsi) *vr* **1** take possession. **2** master.

impossibile (impos'sibile) *adj* impossible.

imposta[1] (im'pɔsta) *nf* shutter.

imposta[2] (im'pɔsta) *nf* tax.

impostare[1] (impos'tare) *vt* **1** begin **2** plan, set out.

impostare[2] (impos'tare) *vt* post.

impostore (impos'tore) *nm* impostor.

impotente (impo'tɛnte) *adj* **1** weak, powerless. **2** impotent. **impotenza** (impo'tɛntsa) *nf* impotence.

impoverire (impove'rire) *vt* impoverish. **impoverirsi** *vr* become poor

impreciso (impre'tʃizo) *adj* inexact, vague.

impregnare (impreɲ'ɲare) *vt* impregnate.

imprenditore (imprendi'tore) *nm* **1** entrepreneur. **2** contractor.

impreparato (imprepa'rato) *adj* unprepared.

impresa (im'presa) *nf* **1** undertaking, venture. **2** firm, concern.

impressionare (impressjo'nare) *vt* **1** make an impression upon, affect. **2** frighten. **impressionante** *adj* **1** striking. **2** frightening. **impressione** *nf* impression **impressionismo** (impressjo'nizmo) *nm* impressionism.

imprestare (impres'tare) *vt* lend.

imprevisto (impre'visto) *adj* unforeseen
imprigionare (imprid͡ʒo'nare) *vt* imprison
imprimere* (im'primere) *vt* **1** imprint, stamp **2** print
improbabile (impro'babile) *adj* improbable
improduttivo (improdut'tivo) *adj* unproductive
impronta (im'pronta) *nf* imprint, mark
improprio (im'prɔprjo) *adj* improper
improvvisare (improvvi'zare) *vt* improvise **improvviso** *adj* sudden **all'improvviso** unexpectedly
imprudente (impru'dɛnte) *adj* unwise, rash
impudente (impu'dɛnte) *adj* impudent **impudenza** (impu'dɛntsa) *nf* impudence
impudico (impu'diko) *adj* immodest
impugnare (impuɲ'ɲare) *vt* **1** grip **2** contest
impulso (im'pulso) *nm* impulse **impulsivo** *adj* impulsive
impunito (impu'nito) *adj* unpunished **impunità** *nf* impunity
impuntarsi (impun'tarsi) *vr* be obstinate
impuro (im'puro) *adj* impure
imputare (impu'tare) *vt* ascribe
imputridire (imputri'dire) *vi* rot
in (in) *prep* **1** in, at **2** to **3** into **4** by **5** on **in casa** at home **in piedi** standing
inabile (i'nabile) *adj* unable, unfit
inabitabile (inabi'tabile) *adj* uninhabitable
inaccessibile (inattʃes'sibile) *adj* inaccessible
inaccettabile (inattʃet'tabile) *adj* unacceptable
inadeguato (inade'gwato) *adj* inadequate
inalare (ina'lare) *vt* inhale
inalienabile (inalje'nabile) *adj* inalienable
inalterabile (inalte'rabile) *adj* unalterable
inamidare (inami'dare) *vt* starch
inammissibile (inammis'sibile) *adj* unacceptable
inapplicabile (inappli'kabile) *adj* inapplicable
inarcare (inar'kare) *vt* **1** arch **2** bend
inaridire (inari'dire) *vi* dry up **inaridirsi** *vr* become dried up
inaspettato (inaspet'tato) *adj* unexpected
inasprire (inas'prire) *vt* **1** embitter **2** exacerbate
inastare (inas'tare) *vt* hoist
inattendibile (inatten'dibile) *adj* unreliable
inatteso (inat'teso) *adj* unexpected
inaudito (inau'dito) *adj* unheard of
inaugurare (inaugu'rare) *vt* inaugurate **inaugurale** *adj* inaugural **inaugurazione** *nf* inauguration
inavvertenza (inavver'tɛntsa) *nf* inadvertence
incagliare (inkaʎ'ʎare) *vt* hamper, impede **incagliarsi** *vr* run aground
incalcolabile (inkalko'labile) *adj* incalculable
incalzare (inkal'tsare) *vt* **1** follow closely **2** press, be imminent **incalzante** *adj* **1** urgent **2** imminent
incamminare (inkammi'nare) *vt* start **incamminarsi** *vr* set off
incantare (inkan'tare) *vt* enchant, charm **incantesimo** (inkan'tezimo) *nm* spell **incanto** *nm* enchantment
incapace (inka'patʃe) *adj* incapable, unable
incappare (inkap'pare) *vi* run into danger
incarcerare (inkartʃe'rare) *vt* imprison
incaricare (inkari'kare) *vt* entrust, charge **incaricarsi** *vr* undertake **incaricato** *nm* official
incarico (in'kariko) *nm* task
incartare (inkar'tare) *vt* wrap up
incartocciare (inkartot'tʃare) *vt* put into a paper bag
incassare (inkas'sare) *vt* **1** pack, encase **2** collect *vi* fit **incasso** *nm* takings
incastrare (inkas'trare) *vt* insert
incatenare (inkate'nare) *vt* chain up
incauto (in'kauto) *adj* imprudent
incendiare (intʃen'djare) *vt* set fire to **incendiarsi** *vr* catch fire **incendio** (in'tʃɛndjo) *nm* fire
incenso (in'tʃɛnso) *nm* incense
incensurabile (intʃensu'rabile) *adj* irreproachable
inceppare (intʃep'pare) *vt* obstruct **incepparsi** *vr* jam
incerto (in'tʃɛrto) *adj* uncertain, doubtful **incertezza** (intʃer'tettsa) *nf* uncertainty
incespicare (intʃespi'kare) *vi* stumble
incessante (intʃes'sante) *adj* incessant
incesto (in'tʃɛsto) *nm* incest
inchiesta (in'kjɛsta) *nf* investigation, inquiry
inchinare (inki'nare) *vt* bow **inchinarsi** *vr* bow **inchino** *nm* bow, curtsy
inchiodare (inkjo'dare) *vt* nail, pin
inchiostro (in'kjostro) *nm* ink
inciampare (intʃam'pare) *vi* stumble, trip **inciampo** *nm* obstacle
incidente (intʃi'dɛnte) *nm* accident
incidere* (in'tʃidere) *vt* **1** engrave, cut **2** record
incinta (in'tʃinta) *adj* pregnant
incipriare (intʃi'prjare) *vt* powder
incisione (intʃi'zjone) *nf* **1** incision **2** engraving

incivilire (intʃivi'lire) *vt* civilize. **incivile** *adj* 1 uncivilized 2 rude.
inclinare (inkli'nare) *vt* bend. *vi* incline.
includere* (in'kludere) *vt* include. **incluso** (in'kluzo) *adj* 1 included 2 enclosed **inclusione** *nf* inclusion
incoerente (inkoe'rɛnte) *adj* incoherent.
incognito (in'kɔɲɲito) *adj* incognito.
incollare (inkol'lare) *vt* glue, paste.
incolore (inko'lore) *adj* colourless.
incolpare (inkol'pare) *vt* accuse, charge
incolto (in'kolto) *adj* 1 neglected. 2 uneducated
incolume (in'kɔlume) *adj* safe, unhurt
incombustibile (inkombus'tibile) *adj* fireproof
incominciare (inkomin'tʃarɛ) *vt,vi* begin start
incomodare (inkomo'dare) *vt* trouble **incomodarsi** *vr* put oneself out. **incomodo** (in'kɔmodo) *adj* troublesome, inconvenient *nm* trouble
incomparabile (inkompa'rabile) *adj* incomparable.
incompatibile (inkompa'tibile) *adj* incompatible.
incompetente (inkompe'tɛnte) *adj* incompetent. **incompetenza** (incompe'tɛntsa) *nf* incompetence.
incompiuto (inkom'pjuto) *adj* incomplete unfinished
incompleto (inkom'plɛto) *adj* incomplete.
incomprensibile (inkompren'sibile) *adj* incomprehensible.
inconcepibile (inkontʃe'pibile) *adj* incredible.
inconcludente (inkonklu'dɛnte) *adj* inconclusive.
inconsapevole (inkonsa'pevole) *adj* ignorant, unaware.
inconsolabile (inkonso'labile) *adj* inconsolable.
inconsueto (inkonsu'ɛto) *adj* unusual.
incontrare (inkon'trare) *vt* meet.
incontro[1] (in'kontro) 1 meeting. 2 match **andare incontro (a)** 1 meet. 2 face
incontro[2] (in'kontro) *prep,adv* 1 towards. 2 against
inconveniente (inkonve'njɛnte) *nm* snag, drawback
incoraggiare (inkorad'dʒare) *vt* encourage **incoraggiamento** *nm* encouragement.
incorniciare (inkorni'tʃare) *vt* frame.
incoronare (inkoro'nare) *vt* crown.
incorporare (inkorpo'rare) *vt* incorporate.
incorrere* (in'korrere) *vi* incur.
incorruttibile (inkorrut'tibile) *adj* incorruptible
incosciente (inkoʃ'ʃɛnte) *adj* irresponsible
incredibile (inkre'dibile) *adj* unbelievable, incredible
incredulo (in'krɛdulo) *adj* incredulous **incredulità** *nf* incredulity
increspare (inkres'pare) *vt* 1 ruffle 2 wrinkle **incresparsi** *vr* ripple
incrinare (inkri'nare) *vt* crack **incrinarsi** *vr* crack
incrociare (inkro'tʃare) *vt* cross *vi* cruise **incrociarsi** *vr* cross, interlace **incrociato** *adj* crossed **parole incrociate** *nf pl* crossword **incrocio** *nm* crossing, crossroads.
incubatrice (inkuba'tritʃe) *nf* incubator
incubo ('inkubo) *nm* nightmare
incudine (in'kudine) *nf* anvil
incuneare (inkune'are) *vt* wedge
incupire (inku'pire) *vt,vi* darken **incupirsi** *vr* become gloomy
incurabile (inku'rabile) *adj* incurable
incurante (inku'rante) *adj* careless
incursione (inkur'sjone) *nf* raid, attack
indagare (inda'gare) *vt* investigate **indagine** (in'dadʒine) *nf* investigation, inquiry
indebolire (indebo'lire) *vt,vi* weaken. **indebolirsi** *vr* weaken
indecente (inde'tʃɛnte) *adj* indecent **indecenza** (inde'tʃɛntsa) *nf* indecency.
indecisione (indetʃi'zjone) *nf* indecision
indeciso (inde'tʃizo) *adj* undecided
indefinito (indefi'nito) *adj* indefinite.
indegno (in'deɲɲo) *adj* unworthy
indenne (in'dɛnne) *adj* unhurt. **indennità** *nf* 1 compensation, damages 2 indemnity. **indennizzare** (indennid'dzare) *vt* compensate.
indescrivibile (indeskri'vibile) *adj* indescribable
indesiderabile (indeside'rabile) *adj* undesirable.
indeterminato (indetermi'nato) *adj* vague, indefinite
India ('indja) *nf* India. **indiano** *adj,n* Indian.
indicare (indi'kare) *vt* 1 point to, indicate. 2 show. 3 recommend **indicatore** *nm* indicator, gauge **indicatore stradale** road sign **indicazione** *nf* indication.
indice ('inditʃe) *nm* 1 index finger, forefinger. 2 index. 3 needle, pointer. 4 sign.
indietreggiare (indjetred'dʒare) *vi* retreat, withdraw
indietro (in'djɛtro) *adv* 1 back. 2 behind. 3

backwards **all'indietro** backwards **andare indietro** (of a watch) be slow
indifeso (ɪndɪ'feso) *adj* undefended
indifferente (ɪndɪffe'rɛnte) *adj* indifferent **indifferenza** (ɪndɪffe'rɛntsa) *nf* indifference
indigesto (ɪndɪ'dʒɛsto) *adj* indigestible **indigestione** *nf* indigestion
indignare (ɪndɪɲ'ɲare) *vt* make indignant **indignarsi** *vr* become angry **indignato** *adj* indignant **indignazione** *nf* indignation
indimenticabile (ɪndɪmentɪ'kabile) *adj* unforgettable
indipendente (ɪndɪpen'dɛnte) *adj* independent, free **indipendenza** (ɪndɪpen'dɛntsa) *nf* independence
indiretto (ɪndɪ'rɛtto) *adj* indirect
indirizzare (ɪndɪrɪt'tsare) *vt* **1** direct **2** address **indirizzarsi** *vr* set out **indirizzo** *nm* **1** direction **2** address
indiscreto (ɪndɪs'kreto) *adj* indiscreet
indispensabile (ɪndɪspen'sabɪle) *adj* necessary, indispensable
indistinto (ɪndɪs'tɪnto) *adj* indistinct
indivia (ɪn'dɪvja) *nf* endive
individuale (ɪndɪvɪdu'ale) *adj* individual **individuo** (ɪndɪ'vɪduo) *nm* individual
indivisibile (ɪndɪvɪ'zɪbɪle) *adj* inseparable, indivisible
indizio (ɪn'dɪttsjo) *nm* clue, sign
indole ('ɪndole) *nf* disposition, nature **indolente** (ɪndo'lɛnte) *adj* indolent
indolenzire (ɪndolen'tsɪre) *vi* go numb
indomani (ɪndo'manɪ) *adv* next day, day after
indossare (ɪndos'sare) *vt* put on, wear **indossatrice** *nf* model
indovinare (ɪndovɪ'nare) *vt* guess **indovinello** (ɪndovɪ'nɛllo) *nm* riddle
indù (ɪn'du) *adj,n* Hindu
indubbio (ɪn'dubbjo) *adj* certain
indubitato (ɪndubɪ'tato) *adj* undoubted
indugiare (ɪndu'dʒare) *vi* delay, linger **indugiarsi** *vr* loiter **indugio** *nm* delay
indulgente (ɪndul'dʒɛnte) *adj* indulgent **indulgenza** (ɪndul'dʒɛntsa) *nf* indulgence
indumento (ɪndu'mento) *nm* **1** garment **2** *pl* clothes
indurire (ɪndu'rɪre) *vt* harden
indurre* (ɪn'durre) *vt* induce
industria (ɪn'dustrja) *nf* industry **industriale** *adj* industrial *nm* industrialist
inebriare (ɪnebrɪ'are) *vt* intoxicate
inedito (ɪ'nɛdɪto) *adj* unpublished
ineguale (ɪne'gwale) *adj* **1** unequal. **2** uneven. **ineguaglianza** (ɪnegwaʎ'ʎantsa) *nf* inequality
inerente (ɪne'rɛnte) *adj* inherent
inerpicarsi (ɪnerpɪ'karsɪ) *vr* climb
inerte (ɪ'nɛrte) *adj* inert **inerzia** (ɪ'nɛrtsja) *nf* inertia
inesatto (ɪne'zatto) *adj* inexact
inescusabile (ɪnesku'zabile) *adj* inexcusable
inesistente (ɪnezɪs'tɛnte) *adj* non-existent
inesorabile (ɪnezo'rabɪle) *adj* inexorable
inesperto (ɪnes'pɛrto) *adj* inexperienced
inesplicabile (ɪnesplɪ'kabile) *adj* inexplicable
inetto (ɪ'nɛtto) *adj* **1** inept. **2** unsuited
inevitabile (ɪnevɪ'tabile) *adj* inevitable
inezia (ɪ'nɛttsja) *nf* trifle, thing of no importance
infagottare (ɪnfagot'tare) *vt* bundle up
infallibile (ɪnfal'lɪbile) *adj* infallible
infame (ɪn'fame) *adj* infamous
infangare (ɪnfan'gare) *vt* spatter with mud
infante (ɪn'fante) *nm* infant **infanzia** (ɪn'fantsja) *nf* **1** infancy **2** childhood **3** children
infarcire (ɪnfar'tʃɪre) *vt* stuff, cram
infarinare (ɪnfarɪ'nare) *vt* coat with flour
infastidire (ɪnfastɪ'dɪre) *vt* annoy
infatti (ɪn'fattɪ) *adv* in fact
infatuarsi (ɪnfatu'arsɪ) *vr* become infatuated
infedele (ɪnfe'dele) *adj* unfaithful **infedeltà** *nf* infidelity
infelice (ɪnfe'litʃe) *adj* unhappy, unfortunate **infelicità** *nf* unhappiness
inferiore (ɪnfe'rjore) *adj* **1** lower **2** inferior. **inferiorità** *nf* inferiority **complesso d'inferiorità** *nm* inferiority complex
infermeria (ɪnferme'rɪa) *nf* sick bay. **infermiera** (ɪnfer'mjɛra) *nf* nurse **infermiere** (ɪnfer'mjɛre) *nm* male nurse
inferno (ɪn'fɛrno) *nm* hell **infernale** *adj* infernal
infestare (ɪnfes'tare) *vt* infest
infettare (ɪnfet'tare) *vt* infect **infezione** *nf* infection
infiacchire (ɪnfjak'kɪre) *vt* weaken
infiammare (ɪnfjam'mare) *vt* inflame **infiammarsi** *vr* **1** flare up **2** *med* be inflamed **infiammazione** *nf* inflamation
infido (ɪn'fɪdo) *adj* unreliable
infilare (ɪnfɪ'lare) *vt* **1** thread **2** insert **infilarsi** *vr* put on
infiltrarsi (ɪnfil'trarsɪ) *vr* infiltrate
infimo ('ɪnfɪmo) *adj* lowest
infine (ɪn'fɪne) *adv* at last

infinito (ınfi'nıto) *adj* ınfinite
infischiarsi (ınfis'kjarsı) *vr* not to care.
inflazione (ınflat'tsjone) *nf* ınflation
inflessibile (ınfles'sibile) *adj* ınflexible.
infliggere* (ın'fliddʒere) *vt* ınflict.
influenzare (ınfluen'tsare) *vt* ınfluence. **influenza** (ınflu'ɛntsa) *nf* **1** ınfluence. **2** ınfluenza
influire (ınflu'ıre) *vı* have an ınfluence.
infondato (ınfon'dato) *adj* unfounded
informare (ınfor'mare) *vt* ınform **informarsi** *vr* make enquırıes **informazioni** *nf pl* ınformatıon
informe (ın'forme) *adj* shapeless.
informicolirsi (ınformıko'lirsı) *vr* have pıns and needles.
infornare (ınfor'nare) *vt* put ın oven. **infornata** *nf* **1** batch (of bread). **2** group.
infortunio (ınfor'tunjo) *nm* accıdent
infossato (ınfos'sato) *adj* hollow, sunken
inframmettersi* (ınframmet'tersı) *vr* ınterfere.
infrangere* (ın'frandʒere) *vt* break **infrangibile** (infran'dʒibile) *adj* unbreakable
infrazione (ınfrat'tsjone) *nf* vıolatıon
infreddarsi (ınfred'darsı) *vr* catch cold
infuriare (infu'rjare) *vı* become angry **infuriarsi** *vr* fly ınto a temper
ingannare (ıngan'nare) *vt* deceıve, cheat. **inganno** *nm* deceıt
ingegnarsi (ındʒeɲ'ɲarsı) *vr* strıve **ingegno** *nm* **1** ıntelligence. **2** talent **ingegnoso** (indʒeɲ'ɲoso) *adj* ıngenıous
ingegnere (ındʒeɲ'ɲɛre) *nm* engineer **ingegneria** *nf* engıneerıng
ingenuo (in'dʒɛnuo) *adj* naıve, sımple
ingerirsi (indʒe'rırsı) *vr* meddle
Inghilterra (ingil'tɛrra) *nf* England
inghiottire (ıngjot'tire) *vt* swallow
inginocchiarsi (indʒınok'kjarsi) *vr* kneel (down)
ingiù (in'dʒu) *adv* **1** downwards **2** down
ingiuriare (ındʒu'rjare) *vt* ınsult **ingiuria** (in'dʒurja) *nf* ınsult **ingiurioso** (ındʒu'rjoso) *adj* insulting.
ingiusto (in'dʒusto) *adj* unjust, unfair **ingiustizia** (indʒus'tittsja) *nf* ınjustice.
inglese (ın'glese) *adj* English *nm* **1** Englishman **2** English (language).
ingoiare (ingo'jare) *vt* swallow, gulp.
ingombrare (ingom'brare) *vt* block, obstruct **ingombro** *nm* obstacle.
ingommare (ingom'mare) *vt* gum
ingordo (in'gordo) *adj* voracious
ingorgarsi (ıngor'garsı) *vr* be blocked or choked up **ingorgo** *nm* blockage. **ingorgo stradale** traffic jam
ingranare (ıngra'nare) *vt mot* engage. **ingranare la marcia** put ınto gear.
ingrandire (ıngran'dire) *vt* enlarge, ıncrease, magnıfy. **ingrandimento** *nm* enlargement **lente d'ingrandimento** *nf* magnıfyıng glass.
ingrassare (ıngras'sare) *vt* fatten. *vı* grow fat **ingrassarsi** *vr* get fat.
ingrato (ın'grato) *adj* **1** ungrateful. **2** disagreeable. **ingratitudine** (ıngrati'tudine) *nf* ıngratıtude
ingrediente (ıngre'djɛnte) *nm* ıngredient.
ingresso (ın'grɛsso) *nm* entrance.
ingrossare (ıngros'sare) *vt* enlarge **all'ingrosso** *adv* **1** wholesale **2** about.
inguine ('ingwıne) *nm* groın
inibire (ını'bıre) *vt* ınhıbıt **inibizione** *nf* ınhıbıtıon
iniettare (ınjet'tare) *vt* ınject. **iniezione** (ınjet'tsjone) *nf* ınjectıon
inimicizia (ınımı'tʃittsja) *nf* anımosıty.
inintelligibile (ınıntelli'dʒibile) *adj* unıntelligible
ininterrotto (ınıter'rotto) *adj* unbroken.
iniziare (ınıt'tsjare) *vt* **1** begin. **2** ınitiate. **iniziale** *adj,nf* ınıtıal **iniziativa** *nf* ınıtıatıve **inizio** *nm* begınnıng.
innaffiare (ınnaf'fjare) *vt* water
innalzare (ınnal'tsare) *vt* raıse
innamorare (innamo'rare) *vt* charm **innamorarsi** *vr* fall ın love **innamorato** *nm* lover
innanzi (in'nantsı) *adv* **1** before **2** ın front, ahead **da oggi innanzi** from today onwards ~*prep* before
innato (in'nato) *adj* ınnate
innegabile (ınne'gabile) *adj* undenıable
innestare (innes'tare) *vt* **1** graft. **2** vaccinate **3** ınsert **innestare la marcia** put ınto gear
inno ('inno) *nm* **1** hymn **2** anthem
innocente (inno'tʃɛnte) *adj* ınnocent **innocenza** (inno'tʃɛntsa) *nf* innocence
innocuo (ın'nɔkuo) *adj* harmless
innovare (ınno'vare) *vt* ınnovate
innumerabile (innume'rabile) *adj* ınnumerable
inoculare (inoku'lare) *vt* ınoculate
inoffensivo (inoffen'sıvo) *adj* ınoffensive
inoltrare (inol'trare) *vt* forward **inoltrarsi** *vr* advance
inoltre (i'noltre) *adv* besıdes, moreover
inondare (inon'dare) *vt* flood
inoperoso (inope'roso) *adj* ınactive

inorridire (inorri'dire) *vt* horrify. *vi* feel horror.
inosservato (inosser'vato) *adj* unobserved.
inossidabile (inossi'dabile) **acciaio inossidabile** *nm* stainless steel
inquadrare (inkwa'drare) *vt* frame. **inquadratura** *nf* shot (in a film).
inquietare (inkwje'tare) *vt* worry **inquietarsi** *vr* become anxious. **inquieto** *adj* **1** anxious **2** restless **inquietudine** (inkwje'tudine) *nf* anxiety
inquilino (inkwi'lino) *nm* tenant.
inquinare (inkwi'nare) *vt* pollute. **inquinamento** *nm* pollution.
insalata (insa'lata) *nf* salad **insalatiera** (insala'tjɛra) *nf* salad bowl
insalubre (insa'lubre) *adj* unhealthy.
insanabile (insa'nabile) *adj* incurable
insanguinare (insangwi'nare) *vt* stain with blood
insaputa (insa'puta) **all'insaputa di** *adv* unknown to.
insaziabile (insat'tsjabile) *adj* insatiable
insegna (in'seɲɲa) *nf* **1** flag, banner **2** decoration. **3** sign (board)
insegnare (inseɲ'ɲare) *vt* **1** teach **2** point out. **insegnamento** *nm* teaching. **insegnante** *nm* teacher.
inseguire (inse'gwire) *vt* pursue, chase.
insensato (insen'sato) *adj* stupid
insensibile (insen'sibile) *adj* **1** imperceptible **2** insensitive
inseparabile (insepa'rabile) *adj* inseparable.
inserire (inse'rire) *vt* insert. **inserzione** *nf* **1** insertion. **2** advertisement, notice.
insetto (in'sɛtto) *nm* insect. **insetticida** *nm* insecticide.
insicuro (insi'kuro) *adj* unsure. **insicurezza** (insiku'rettsa) *nf* insecurity.
insidia (in'sidja) *nf* snare, trap.
insieme (in'sjɛme) *adv,prep* together.
insignificante (insiɲɲifi'kante) *adj* insignificant
insinuare (insinu'are) *vt* insinuate.
insipido (in'sipido) *adj* insipid.
insistere* (in'sistere) *vi* insist, persist. **insistente** (insi'stɛnte) *adj* insistent.
insocievole (inso'tʃevole) *adj* unsociable.
insoddisfato (insoddis'fatto) *adj* dissatisfied.
insolente (inso'lɛnte) *adj* insolent. **insolenza** (inso'lɛntsa) *nf* insolence.
insolito (in'sɔlito) *adj* unusual.
insolubile (inso'lubile) *adj* insoluble.
insomma (in'somma) *adv* in short. *interj* well! for heaven's sake!
insonnia (in'sɔnnja) *nf* insomnia.
insopportabile (insoppor'tabile) *adj* unbearable
instabile (in'stabile) *adj* unstable. **instabilità** *nf* instability
installare (instal'lare) *vt* install.
insù (in'su) *adv* **1** up **2** upwards.
insubordinato (insubordi'nato) *adj* insubordinate
insudiciare (insudi'tʃare) *vt* dirty.
insufficiente (insuffi'tʃɛnte) *adj* inadequate.
insulina (insu'lina) *nf* insulin.
insultare (insul'tare) *vt* insult **insulto** *nm* insult.
insurrezione (insurret'tsjone) *nf* rising, revolt.
intaccare (intak'kare) *vt* **1** cut into. **2** corrode
intagliare (intaʎ'ʎare) *vt* carve. **intaglio** *nm* carving.
intanto (in'tanto) *adv* meanwhile.
intascare (intas'kare) *vt* pocket
intatto (in'tatto) *adj* intact.
integrale (inte'grale) *adj* complete **pane integrale** *nm* wholemeal bread.
integrare (inte'grare) *vt* integrate. **integrazione** *nf* integration.
integro ('integro) *adj* **1** complete. **2** honest.
intelletto (intel'lɛtto) *nm* intellect. **intellettuale** *adj,n* intellectual
intelligente (intelli'dʒɛnte) *adj* intelligent, clever **intelligenza** (intelli'dʒɛntsa) *nf* intelligence
intemperie (intem'pɛrje) *nf pl* bad weather.
intendente (inten'dɛnte) *nm* superintendent.
intendere* (in'tɛndere) *vt* **1** understand. **2** hear. **3** mean. **4** intend. **intendersi** *vr* **1** get on together, agree. **2** be an expert. **s'intende** of course.
intensificare (intensifi'kare) *vt* intensify.
intenso (in'tɛnso) *adj* intense. **intensità** *nf* intensity.
intento (in'tɛnto) *adj* intent, fixed. *nm* intent.
intenzione (inten'tsjone) *nf* intention. **avere l'intenzione di** intend. **intenzionale** *adj* intentional.
intercettare (intertʃet'tare) *vt* intercept.
interdire* (inter'dire) *vt* forbid, prohibit.
interessare (interes'sare) *vt* **1** interest. **2** concern *vi* matter. **interessarsi** *vr* take an interest. **interessante** *adj* interesting. **interesse** (inte'rɛsse) *nm* interest.

interferire (interfe'rire) *vi* interfere. **interferenza** (interfe'rɛntsa) *nf* interference.
interiore (inte'rjore) *adj* interior, inner. *nm* interior, inside.
intermedio (inter'mɛdjo) *adj* intermediate **intermediario** (interme'djarjo) *adj,nm* intermediary
interminabile (intermi'nabile) *adj* endless.
internare (inter'nare) *vt* intern
internazionale (internattsjo'nale) *adj* international
interno (in'tɛrno) *adj* interior, internal. *nm* interior
intero (in'tero) *adj* whole, complete, entire.
interpretare (interpre'tare) *vt* interpret. **interpretazione** *nf* **1** interpretation **2** performance **interprete** (in'tɛrprete) *nm,f* **1** interpreter. **2** performer
interrogare (interro'gare) *vt* question, examine, interrogate **interrogazione** *nf* **1** question. **2** interrogation
interrompere* (inter'rompere) *vt* interrupt **interruzione** *nf* interruption
interruttore (interrut'tore) *nm* switch.
interurbano (interur'bano) *adj* inter-city. **chiamata interurbana** *nf* long-distance telephone call
intervallo (inter'vallo) *nm* **1** space. **2** interval
intervenire* (interve'nire) *vi* **1** happen **2** take part, intervene **3** *med* operate **intervento** (inter'vɛnto) *nm* **1** intervention **2** *med* operation
intervistare (intervis'tare) *vt* interview **intervista** *nf* interview
intesa (in'tesa) *nf* **1** agreement. **2** understanding
intestino (intes'tino) *nm* intestine.
intimidire (intimi'dire) *vt* intimidate
intimo ('intimo) *adj* intimate
intimorire (intimo'rire) *vt* frighten *vi* be afraid **intimorirsi** *vr* get frightened
intingolo (in'tingolo) *nm* **1** sauce **2** stew
intirizzire (intirid'dzire) *vt* numb
intitolare (intito'lare) *vt* **1** entitle **2** dedicate **intitolarsi** *vr* be called
intollerabile (intolle'rabile) *adj* intolerable
intollerante (intolle'rante) *adj* intolerant **intolleranza** (intolle'rantsa) *nf* intolerance
intonaco (in'tɔnako) *nm* plaster
intontire (inton'tire) *vt* daze
intoppare (intop'pare) *vi* stumble
intorno (in'torno) *prep* around, round, about.
intorpidire (intorpi'dire) *vt* numb
intralciare (intral'tʃare) *vt* hinder **intralcio** *nm* obstacle
intransitivo (intransi'tivo) *adj,nm* intransitive.
intraprendere* (intra'prɛndere) *vt* undertake **intraprendente** (intrapren'dɛnte) *adj* go-ahead
intrattenere* (intratte'nere) *vt* entertain. **intrattenersi** *vr* linger
intravedere* (intrave'dere) *vt* catch a glimpse of
intreccio (in'trettʃo) *nm* plot, story
intrepido (in'trɛpido) *adj* bold, fearless.
intrigo (in'trigo) *nm* plot, intrigue
introdurre* (intro'durre) *vt* **1** insert. **2** introduce **3** show in **introduzione** *nf* introduction
intromettersi* (intro'mettersi) *vr* **1** intervene **2** interfere **intromissione** (intromis'sjone) *nf* **1** intervention. **2** interference
intronare (intro'nare) *vt* deafen
introspettivo (introspet'tivo) *adj* introspective
introverso (intro'vɛrso) *adj* introverted *nm* introvert.
intrusione (intru'zjone) *nf* intrusion **intruso** *nm* intruder.
intuitivo (intui'tivo) *adj* intuitive. **intuizione** *nf* intuition.
inumano (inu'mano) *adj* inhuman, cruel.
inumidire (inumi'dire) *vt* damp, dampen.
inusitato (inuzi'tato) *adj* unusual.
inutile (i'nutile) *adj* useless.
invadere* (in'vadere) *vt* invade **invasione** (inva'zjone) *nf* invasion **invasore** *nm* invader
invalido (in'valido) *adj* **1** invalid, not valid **2** disabled *nm* invalid
invano (in'vano) *adv* in vain
invariabile (inva'rjabile) *adj* invariable
invecchiare (invek'kjare) *vt* age *vi* age, grow old
invece (in'vetʃe) *adv* **1** instead **2** on the contrary **invece di** instead of
inventare (inven'tare) *vt* invent **inventore** *nm* inventor **invenzione** *nf* invention
inverno (in'vɛrno) *nm* winter
inverosimile (invero'simile) *adj* unlikely
inverso (in'vɛrso) *adj* opposite, inverse
invertebrato (inverte'brato) *adj,nm* invertebrate
investigare (investi'gare) *vt* investigate **investigatore** *nm* investigator **investigazione** *nf* investigation
investire (inves'tire) *vt* **1** invest **2** assail **3**

knock down, run over **investimento** *nm* **1** investment. **2** collision.
invetriare (inve'trjare) *vt* glaze
inviare (invi'are) *vt* send **inviato** *nm* **1** envoy **2** correspondent. **invio** *nm* sending.
invidiare (invi'djare) *vt* envy. **invidia** *nf* envy **invidioso** (invi'djoso) *adj* envious
invigorire (invigo'rire) *vt* strengthen.
invisibile (invi'zibile) *adj* invisible.
invitare (invi'tare) *vt* invite. **invitato** *nm* guest. **invito** *nm* invitation
involgere* (in'vɔldʒere) *vt* **1** wrap. **2** involve.
involontario (involon'tarjo) *adj* unintentional.
involto (in'vɔlto) *nm* package.
invulnerabile (invulne'rabile) *adj* invulnerable
inzaccherare (intsakke'rare) *vt* splash with mud.
inzuppare (intsup'pare) *vt* soak.
io ('io) *pron 1st pers m,f s* I. **io stesso** *pron 1st pers s* myself
iodio ('jɔdjo) *nm* iodine.
ione ('jone) *nm* ion.
ipnosi (ip'nɔzi) *nf invar* hypnosis.
ipnotizzare (ipnotid'dzare) *vt* hypnotize
ipocondriaco (ipokon'driako) *adj,nm* hypochondriac.
ipocrisia (ipokri'zia) *nf* hypocrisy. **ipocrita** (i'pɔkrita) *adj* hypocritical. *nm* hypocrite.
ipoteca (ipo'tɛka) *nf* mortgage.
ipotesi (i'pɔtezi) *nf invar* hypothesis. **ipotetico** (ipo'tɛtiko) *adj* hypothetical.
ippica ('ippika) *nf* horseracing. **ippico** ('ippiko) *adj* of horses.
ippocampo (ippo'kampo) *nm* seahorse
ippocastano (ippokas'tano) *nm* horse chestnut tree.
ippodromo (ip'pɔdromo) *nm* racecourse.
ippopotamo (ippo'pɔtamo) *nm* hippopotamus.
ira ('ira) *nf* anger
iride ('iride) *nf* **1** rainbow. **2** *bot* iris. **3** *anat* iris.
Irlanda (ir'landa) *nf* Ireland **irlandese** (irlan'dese) *adj* Irish. *nm* **1** Irishman. **2** Irish (language).
ironia (iro'nia) *nf* irony. **ironico** (i'rɔniko) *adj* ironic.
irraggiungibile (irraddʒun'dʒibile) *adj* unattainable.
irragionevole (irradʒo'nevole) *adj* unreasonable.
irrazionale (irratsjo'nale) *adj* irrational.
irregolare (irrego'lare) *adj* **1** irregular **2** uneven.
irrequieto (irre'kwjɛto) *adj* troubled
irresistibile (irresis'tibile) *adj* irresistible.
irresoluto (irreso'luto) *adj* irresolute
irresponsabile (irrespon'sabile) *adj* irresponsible
irrigare (irri'gare) *vt* irrigate **irrigazione** *nf* irrigation
irrigidire (irridʒi'dire) *vi* stiffen. **irrigidirsi** *vr* stiffen
irritare (irri'tare) *vt* irritate. **irritabile** (irri'tabile) *adj* irritable. **irritazione** *nf* irritation
irrompere* (ir'rompere) *vi* rush.
irto ('irto) *adj* **1** bristly **2** bristling
iscrivere* (is'krivere) *vt* enrol, register **iscrizione** (iskrit'tsjone) *nf* **1** enrolment. **2** inscription
Islanda (iz'landa) *nf* Iceland. **islandese** *adj* Icelandic *nm* **1** Icelander **2** Icelandic (language)
isola ('izola) *nf* island
isolare (izo'lare) *vt* **1** isolate **2** insulate. **isolamento** *nm* **1** isolation **2** insulation.
ispettore (ispet'tore) *nm* inspector
ispezionare (ispettsjo'nare) *vt* inspect **ispezione** *nf* inspection.
ispirare (ispi'rare) *vt* inspire **ispirazione** *nf* inspiration
Israele (izra'ɛle) *nm* Israel **israeliano** *adj,n* Israeli.
issare (is'sare) *vt* hoist
istante (is'tante) *nm* instant **istantaneo** (istan'taneo) *adj* instantaneous.
isterico (is'tɛriko) *adj* hysterical. **isterismo** *nm* hysteria.
istinto (is'tinto) *nm* instinct **istintivo** *adj* instinctive.
istituire (istitu'ire) *vt* institute, found. **istituzione** *nf* institution.
istituto (isti'tuto) *nm* institute. **istitutore** *nm* tutor **istitutrice** *nf* governess.
istrice ('istritʃe) *nm,f* porcupine.
istruire* (istru'ire) *vt* instruct, teach. **instruttore** *nm* instructor. **istruzione** *nf* **1** instruction **2** teaching, education.
Italia (i'talja) *nf* Italy **italiano** *adj,n* Italian. *nm* Italian (language).
itinerario (itine'rarjo) *nm* route, itinerary.
itterizia (itte'rittsja) *nf* jaundice.
Iugoslavia (jugo'slavja) *nf* Yugoslavia. **iugoslavo** *adj,n* Yugoslav.
iuta ('juta) *nf* jute.

L

la[1] (la) *def art, fs* the

la[2] (la) *pron* **1** *3rd pers fs* her, it. **2** *2nd pers m,f s fml* you.

là (la) *adv* there **di là di** beyond. **più in là** further on

labbro (ˈlabbro) *nm* **1** *pl* **labbra** *f anat* lip **2** *pl* **labbri** *m* lip, rim.

labirinto (labiˈrinto) *nm* labyrinth.

laboratorio (laboraˈtɔrjo) *nm* **1** laboratory. **2** workshop.

laborioso (laboˈrjoso) *adj* **1** laborious. **2** hard-working.

laburista (labuˈrista) *nm* Labour Party member

lacca (ˈlakka) *nf* lacquer.

laccio (ˈlattʃo) *nm* noose. **laccio delle scarpe** shoelace.

lacerare (latʃeˈrare) *vt* tear

lacrima (ˈlakrima) *nf* tear.

lacrimogeno (lakriˈmɔdʒeno) **gas lacrimogeno** *nm* tear gas.

ladro (ˈladro) *nm* thief, robber.

laggiù (ladˈdʒu) *adv* down there.

lagnarsi (laɲˈɲarsi) *vr* complain, grumble

lago (ˈlago) *nm* lake.

laguna (laˈguna) *nf* lagoon.

laico (ˈlaiko) *adj* lay, secular

lama (ˈlama) *nf* blade **lametta** *nf* razor blade

lambiccarsi (lambikˈkarsi) *vr* **lambiccarsi il cervello** rack one's brains

lambire (lamˈbire) *vt* lick, lap

lambrusco (lamˈbrusko) *nm* type of red wine.

lamentare (lamenˈtare) *vt* lament **lamentarsi** *vr* **1** complain, moan **2** lament **lamento** *nm* **1** lament **2** complaint

lampada (ˈlampada) *nf* lamp **lampadina** *nf* light bulb.

lampeggiare (lampedˈdʒare) *vi* (of lightning) flash.

lampione (lamˈpjone) *nm* streetlamp

lampo (ˈlampo) *nm* **1** flash of lightning **2** flash **in un lampo** in a flash.

lampone (lamˈpone) *nm* raspberry **pianta di lampone** *nf* raspberry cane

lana (ˈlana) *nf* wool

lancetta (lanˈtʃetta) *nf* **1** hand (of a watch) **2** pointer

lancia[1] (ˈlantʃa) *nf* lance.

lancia[2] (ˈlantʃa) *nf* launch

lanciare (lanˈtʃare) *vt* **1** throw, hurl. **2** launch **lancio** *nm* **1** throw. **2** launching.

languire (lanˈgwire) *vi* **1** languish. **2** flag **languido** (ˈlangwido) *adj* **1** weak. **2** languid.

lanterna (lanˈtɛrna) *nf* lantern.

lapide (ˈlapide) *nf* **1** tombstone **2** plaque.

lapis (ˈlapis) *nm invar* pencil.

lardo (ˈlardo) *nm* lard.

largo (ˈlargo) *adj* **1** wide, broad. **2** liberal. *nm* **1** breadth **2** space **3** open sea **farsi largo** clear one's way **larghezza** (larˈgettsa) *nf* **1** width, breadth **2** generosity

larice (ˈlaritʃe) *nm* larch.

laringe (laˈrindʒe) *nf* larynx **laringite** *nf* laryngitis

larva (ˈlarva) *nf* larva.

lasagne (laˈzaɲɲe) *nf pl* dish made of strips of pasta and covered with sauce.

lasciare (laʃˈʃare) *vt* **1** leave. **2** let, allow **3** abandon, give up **4** keep. **5** leave **lasciare cadere** drop **lasciapassare** *nm invar* pass, permit.

lascivo (laʃˈʃivo) *adj* lascivious

lassativo (lassaˈtivo) *adj,nm* laxative.

lassù (lasˈsu) *adv* up there.

lastra (ˈlastra) *nf* **1** slab, sheet. **2** paving slab **3** X-ray plate.

lastricare (lastriˈkare) *vt* pave. **lastrico** (ˈlastriko) *nm* pavement

latente (laˈtɛnte) *adj* latent, hidden.

latino (laˈtino) *adj,nm* Latin

latitudine (latiˈtudine) *nf* latitude.

lato[1] (ˈlato) *nm* side. **d'altro lato** on the other hand.

lato[2] (ˈlato) *adj* wide.

latrina (laˈtrina) *nf* public lavatory.

latta (ˈlatta) *nf* **1** tin plate. **2** can, tin.

lattaio (latˈtajo) *nm* milkman.

latte (ˈlatte) *nm* milk **latteria** *nf* dairy **lattiera** (latˈtjɛra) *nf* milk jug

lattuga (latˈtuga) *nf* lettuce

laurea (ˈlaurea) *nf educ* degree **laurearsi** (laureˈarsi) *vr* graduate.

lauro (ˈlauro) *nm* laurel

lava (ˈlava) *nf* lava

lavagna (laˈvaɲɲa) *nf* blackboard.

lavanda (laˈvanda) *nf* lavender.

lavandaia (lavanˈdaja) *nf* washerwoman, laundress

lavanderia (lavandeˈria) *nf* laundry.

lavandino (lavanˈdino) *nm* sink.

lavare (laˈvare) *vt* **1** wash **2** clean **lavare a**

secco dry-clean **lavapiatti** (lava'pjatti) *nm also* **lavastoviglie** *nf* dishwasher **lavatrice** *nf* washing machine

lavorare (lavo'rare) *vi,vt* work **lavorante** *nm also* **lavoratore** *nm* worker **lavoro** *nm* **1** work **2** job

le[1] (le) *def art. f pl* the

le[2] (le) *pron* **1** *3rd pers f pl* them **2** *3rd pers fs* to her or it **3** *2nd pers m,f s fml* to you

leale (le'ale) *adj* loyal **lealtà** *nf* loyalty

lebbra ('lebbra) *nf* leprosy **lebbroso** (leb'broso) *nm* leper

leccare (lek'kare) *vt* lick **leccarsi le labbra** lick one's lips

leccalecca (lekka'lekka) *nm* lollipop

lecito ('letʃito) *adj* permitted, allowed

lega ('lega) *nf* **1** league **2** alloy

legale (le'gale) *adj* legal *nm* lawyer **legalizzare** (legalid'dzare) *vt* **1** legalize **2** authenticate

legare (le'gare) *vt* **1** tie (up), bind **2** join **legame** *nm* link, tie, bond **legatura** *nf* binding

legato (le'gato) *nm* legacy

legge ('leddʒe) *nf* law, rule

leggenda (led'dʒɛnda) *nf* legend

leggere* ('lɛddʒere) *vt* read **leggibile** (led'dʒibile) *adj* legible

leggero (led'dʒɛro) *adj* **1** light **2** slight **3** agile **leggerezza** (leddʒe'rettsa) *nf* **1** lightness **2** agility

leggiadro (led'dʒadro) *adj* **1** pretty **2** lovely

legione (le'dʒone) *nf* legion

legislazione (ledʒizlat'tsjone) *nf* legislation **legislativo** *adj* legislative

legittimo (le'dʒittimo) *adj* legitimate

legno ('leɲɲo) *nm* wood **di legno** wooden **legna** *nf* firewood **legname** *nm* wood, timber

lei ('lɛi) *pron* **1** *3rd pers fs* she, her, it **2** *cap 2nd pers ms fml* you **dare del lei** use the polite form of address. **lei stessa** *pron* **1** *3rd pers fs* herself, itself **2** *cap 2nd pers fs fml* yourself **Lei stesso** *pron 2nd pers ms fml* yourself

lembo ('lembo) *nm* **1** edge **2** hem

lente ('lɛnte) *nf* lens **lente a contatto** contact lens.

lenticchia (len'tikkja) *nf* lentil

lentiggine (len'tiddʒine) *nf* freckle

lento ('lɛnto) *adj* **1** slow **2** slack **lentezza** (len'tettsa) *nf* slowness

lenzuolo (len'tswɔlo) *nm* **1** *pl* **lenzuoli** *m* sheet **2** *pl* **lenzuola** *f* pair of sheets

leone (le'one) *n* **1** lion **2** *cap* Leo

leopardo (leo'pardo) *nm* leopard

lepre ('lɛpre) *nf* hare

lesbico ('lɛzbiko) *adj* lesbian

lessare (les'sare) *vt* boil **lesso** *adj* boiled *nm* boiled beef

lessi ('lessi) *v see* **leggere.**

lessico ('lɛssiko) *nm* lexicon, dictionary

lesto ('lɛsto) *adj* **1** swift **2** agile

letame (le'tame) *nm* manure, dung

letizia (le'tittsja) *nf* happiness

lettera ('lɛttera) *nf* letter **letterale** *adj* literal

letterario (lette'rarjo) *adj* literary **proprietà letteraria** *nf* copyright

letteratura (lettera'tura) *nf* literature

lettiga (let'tiga) *nf* stretcher

letto[1] ('lɛtto) *v see* **leggere.**

letto[2] ('lɛtto) *nm* bed **letto matrimoniale** double bed

lettore (let'tore) *nm* reader

lettura (let'tura) *nf* reading

leucemia (leutʃe'mia) *nf* leukaemia

leva[1] ('lɛva) *nf* lever

leva[2] ('lɛva) *nf* conscription

levante (le'vante) *nm* east

levare (le'vare) *vt* **1** raise, lift up **2** remove **levarsi** *vr* **1** rise, get up. **2** take off **levarsi di mezzo** get out of the way **levata** *nf* **1** rising **2** postal collection

levatoio (leva'tojo) **ponte levatoio** *nm* drawbridge

levigare (levi'gare) *vt* smooth

levriere (le'vrjɛre) *nm* greyhound

lezione (let'tsjone) *nf* lesson

lezioso (let'tsjoso) *adj* affected

lezzo ('leddzo) *nm* stench

li (li) *pron 3rd pers m,f pl* them

lì (li) *adv* there **essere lì lì per** be on the point of

Libano ('libano) *nm* Lebanon **libanese** *adj,n* Lebanese

libbra ('libbra) *nf* pound (weight)

libellula (li'bɛllula) *nf* dragonfly

liberale (libe'rale) *adj* liberal

liberare (libe'rare) *vt* free, liberate **liberazione** *nf* liberation

libero ('libero) *adj* **1** free. **2** vacant. **3** open. **libertà** *nf* freedom, liberty.

Libia (li'bia) *nf* Libya. **libico** *adj,n* Libyan

Libra ('libra) *nf* Libra.

libro (ˈlibro) *nm* book. **libro mastro** ledger. **libreria** *nf* **1** bookshop. **2** bookcase. **libretto** *nm* **1** notebook, booklet. **2** libretto. **libretto di assegni** chequebook.
licenza (liˈtʃɛntsa) *nf* **1** licence. **2** permission. **3** leave. **4** notice. **5** diploma.
licenziare (litʃenˈtsjare) *vt* dismiss.
liceo (liˈtʃɛo) *nm* high school, grammar school
lichene (liˈkɛne) *nm* lichen.
lido (ˈlido) *nm* shore.
lieto (ˈljɛto) *adj* happy, joyful.
lieve (ˈljɛve) *adj* light.
lievito (ˈljɛvito) *nm* yeast.
ligustro (liˈgustro) *nm* privet.
lilla (ˈlilla) *adj invar* lilac (coloured). *nm* **1** lilac (colour). **2** *bot* lilac.
limare (liˈmare) *vt* file. **lima** *nf* file.
limitare (limiˈtare) *vt* limit, restrict.
limite (ˈlimite) *nm* **1** limit. **2** boundary.
limone (liˈmone) *nm* **1** *bot* lemon. **2** lemon (colour). **3** lemon tree. **limonata** *nf* lemonade. **limonato** *adj* lemon (coloured).
limpido (ˈlimpido) *adj* clear, limpid.
lince (ˈlintʃe) *nf* lynx.
linciare (linˈtʃare) *vt* lynch
lindo (ˈlindo) *adj* neat.
linea (ˈlinea) *nf* line.
lineamenti (lineaˈmenti) *nm pl* features.
lingua (ˈlingwa) *nf also* **linguaggio** *nm* **1** tongue. **2** language **linguistica** (linˈgwistika) *nf* linguistics.
lino (ˈlino) *nm* **1** flax. **2** linen. **linoleum** (liˈnɔleum) *nm* linoleum.
liocorno (lioˈkɔrno) *nm* unicorn.
liquidare (likwiˈdare) *vt* **1** settle, pay **2** sell off **3** eliminate. **liquidazione** *nf* **1** settlement, winding-up. **2** sale. **3** elimination
liquido (ˈlikwido) *adj,nm* liquid.
liquirizia (likwiˈrittsja) *nf* liquorice.
liquore (liˈkwore) *nm* liqueur.
lira¹ (ˈlira) *nf* lira. **lira sterlina** pound sterling
lira² (ˈlira) *nf* lyre.
lirico (ˈliriko) *adj* lyric. *nm* lyric poet.
lisca (ˈliska) *nf* fishbone.
lisciare (liʃˈʃare) *vt* **1** smooth. **2** caress. **liscio** *adj* **1** smooth. **2** (of a drink) neat.
liso (ˈlizo) *adj* worn out.
lista (ˈlista) *nf* **1** list. **2** strip. **listino** *nm* list.
litania (litaˈnia) *nf* litany.
lite (ˈlite) *nf* **1** lawsuit. **2** quarrel, argument.
litigare (litiˈgare) *vi* quarrel **litigio** *nm* quarrel
litorale (litoˈrale) *nm* coast.
litro (ˈlitro) *nm* litre.
liuto (liˈuto) *nm* lute
livellare (livelˈlare) *vt* level. **livello** (liˈvɛllo) *nm* level. **passaggio a livello** *nm* level crossing.
livido (ˈlivido) *adj* livid. *nm* bruise.
Livorno (liˈvorno) *nf* Leghorn.
livrea (liˈvrɛa) *nf* livery
lo¹ (lo) *def art, ms* the
lo² (lo) *pron 3rd pers ms* him, it.
lobo (ˈlɔbo) *nm* lobe
locale¹ (loˈkale) *adj* local
locale² (loˈkale) *nm* **1** room **2** *pl* premises. **3** place
localizzare (lokalidˈdzare) *vt* localize.
locanda (loˈkanda) *nf* inn. **locandiere** (lokanˈdjɛre) *nm* innkeeper
locomotiva (lokomoˈtiva) *nf* locomotive.
lodare (loˈdare) *vt* praise **lode** *nf* praise. **lodevole** (loˈdevole) *adj* praiseworthy.
logaritmo (logaˈritmo) *nm* logarithm.
loggia (ˈlɔddʒa) *nf* **1** balcony. **2** loggia. **3** masonic lodge
logica (ˈlɔdʒika) *nf* logic. **logico** (ˈlɔdʒiko) *adj* logical
logorare (logoˈrare) *vt* wear out. **logoro** (ˈlogoro) *adj* worn, worn out.
Londra (ˈlondra) *nf* London.
longitudine (londʒiˈtudine) *nf* longitude.
lontano (lonˈtano) *adj* **1** distant, far away. **2** far. *adv* far away, far. **di lontano** from a distance. **lontano un chilometro** a kilometre away. **lontananza** (lontaˈnantsa) *nf* distance.
lontra (ˈlontra) *nf* otter.
loquace (loˈkwatʃe) *adj* talkative.
lordo (ˈlordo) *adj* filthy.
loro (ˈloro) *pron* **1** *3rd pers m,f pl* they, them, to them. **2** *cap 2nd pers m,f fml* you, to you. *poss adj* **1** *3rd pers pl invar* their. **2** *2nd pers pl fml invar* your. *poss pron* **1** *3rd pers pl invar* theirs. **2** *2nd pers pl fml invar* yours. **loro stesse** *pron* **1** *3rd pers f pl* themselves. **2** *cap 2nd pers f pl* yourselves **loro stessi** *pron* **1** *3rd pers m pl* themselves. **2** *cap 2nd pers m pl* yourselves.
losco (ˈlosko) *adj* **1** squint-eyed. **2** shady, suspicious.
loto (ˈlɔto) *nm* lotus.
lottare (lotˈtare) *vi* **1** struggle. **2** wrestle. **lotta** *nf* struggle. **lottatore** *nm* wrestler.
lotteria (lotteˈria) *nf* lottery.
lozione (lotˈtsjone) *nf* lotion.

lubrificare (lubrifi'kare) *vt* lubricate. **lubrificante** *nm* lubricant

lucchetto (luk'ketto) *nm* padlock.

luccicare (luttʃi'kare) *vi* shine, gleam.

lucciola ('luttʃola) *nf* firefly.

luce ('lutʃe) *nf* light. **fare luce su** throw light on. **lucente** (lu'tʃɛnte) *adj* shining.

lucerna (lu'tʃɛrna) *nf* oil lamp.

lucernario (lutʃer'narjo) *nm* skylight.

lucertola (lu'tʃɛrtola) *nf* lizard.

lucidare (lutʃi'dare) *vt* shine, polish.

lucido ('lutʃido) *adj* **1** shining. **2** lucid. **lucidità** *nf* lucidity.

luglio ('luʎʎo) *nm* July.

lugubre ('lugubre) *adj* gloomy.

lui ('lui) *pron 3rd pers ms* **1** he. **2** him, it. **lui stesso** *pron 3rd pers ms* himself, itself.

lumaca (lu'maka) *nf* **1** snail **2** slug.

lume ('lume) *nm* light.

luminoso (lumi'noso) *adj* luminous.

luna ('luna) *nf* moon. **luna di miele** honeymoon. **lunare** *adj* lunar. **lunapark** ('lunapark) *nm invar* amusements park.

lunedì (lune'di) *nm* Monday.

lungo ('lungo) *adj* **1** long. **2** slow. **3** thin, diluted. *prep* along. **di gran lunga** by far **per lungo e per largo** far and wide. **lunghezza** (lun'gettsa) *nf* length. **lungi** *adv* far.

luogo ('lwɔgo) *nm* **1** place. **2** position, site. **3** passage (in a book). **avere luogo** take place

lupo ('lupo) *nm* wolf. **cane lupo** *nm* Alsatian. **lupo di mare** old salt, old sailor.

luppolo ('luppolo) *nm bot* hop.

lurido ('lurido) *adj* filthy

lusingare (luzin'gare) *vt* flatter **lusinga** *nf* flattery.

Lussemburgo (lussem'burgo) *nm* Luxembourg

lusso ('lusso) *nm* luxury. **di lusso** de luxe, luxury. **lussuoso** (lussu'oso) *adj* luxurious.

lustrare (lus'trare) *vt* polish, shine. **lustrascarpe** *nm invar* shoeshine boy. **lustro** *adj* shiny.

lutto ('lutto) *nm* mourning.

M

ma (ma) *conj* **1** but **2** yet.

macabro ('makabro) *adj* macabre.

maccheroni (makke'roni) *nm pl* macaroni

macchia[1] ('makkja) *nf* stain, spot.

macchia[2] ('makkja) *nf* bush, scrub.

macchiare (mak'kjare) *vt* stain, spot. **macchiato** *adj* spotted. **caffè macchiato** *nm* coffee with a drop of milk.

macchina ('makkina) *nf* **1** engine, machine. **2** car. **macchina da cucire** sewing machine **macchina da scrivere** typewriter. **macchina fotografica** camera. **macchinetta** *nf* **1** cigarette lighter. **2** coffee percolator. **macchinista** *nm* engine-driver

macchinare (makki'nare) *vt* plot

macedonia (matʃe'dɔnja) *nf* fruit salad

macellare (matʃel'lare) *vt* butcher, slaughter **macellaio** *nm* butcher. **macelleria** *nf* butcher's shop. **macello** (ma'tʃɛllo) *nm* abattoir, slaughterhouse.

macina ('matʃina) *nf* millstone **macinare** *vt* grind, mill. **macinino** *nm* **1** coffee grinder. **2** pepper-mill.

Madera (ma'dɛra) *nm* Madeira wine.

madido ('madido) *adj* damp, moist.

Madonna (ma'dɔnna) *nf* **1** Our Lady. **2** Madonna.

madre ('madre) *nf* mother. **madreperla** (madre'pɛrla) *nf* mother-of-pearl. **madrina** *nf* godmother.

madrigale (madri'gale) *nm* madrigal.

maestà (maes'ta) *nf* **1** majesty, grandeur. **2** *cap* Majesty. **maestoso** (maes'toso) *adj* majestic.

maestro (ma'ɛstro) *nm* **1** master. **2** schoolteacher. *adj* **1** main. **2** skilful. **maestra** *nf* schoolmistress.

mafia ('mafja) *nf* Mafia. **mafioso** (ma'fjoso) *nm* member of the Mafia.

magari (ma'gari) *adv* **1** even. **2** perhaps. *conj* if only. *interj* if only it were so!

magazzino (magad'dzino) *nm* warehouse.

maggio ('maddʒo) *nm* May. **primo maggio** *nm* May Day.

maggiorana (maddʒo'rana) *nf* marjoram.

maggiore (mad'dʒore) *adj* **1** greater. **2** bigger. **3** older. **4** greatest. **5** biggest. **6** oldest. *nm mil* major **maggiordomo** (maddʒor'dɔmo) *nm* butler. **maggiorenne** (maddʒo'rɛnne) *adj law* of age.

magia (ma'dʒia) *nf* magic. **magico** ('madʒiko) *adj* magic, magical.

magistero (madʒis'tɛro) *nm* **1** skill. **2** teaching profession.

magistrato (madʒis'trato) *nm* magistrate.

maglia ('maʎʎa) *nf* **1** stitch, link. **2** pullover. **3** vest **lavorare a maglia** knit.

magnete (maɲ'ɲɛte) *nm* magnet **magnetico** (maɲ'ɲɛtiko) *adj* magnetic
magnetofono (maɲɲe'tɔfono) *nm tech* tape-recorder
magnifico (maɲ'ɲifiko) *adj* splendid, magnificent
magnolia (maɲ'ɲɔlja) *nf* magnolia
mago ('mago) *nm* magician, wizard **maga** *nf* sorceress
magro ('magro) *adj* **1** thin **2** scanty, meagre. **3** lean **mangiare di magro** abstain from eating meat **magrezza** (ma'grettsa) *nf* thinness
mai ('mai) *adv* **1** ever **2** never. **come mai?** how is that? **mai più** never again.
maiale (ma'jale) *nm* **1** pig. **2** pork.
maionese (majo'nese) *nf* mayonnaise
mais ('mais) *nm* maize
maiuscolo (ma'juskolo) *adj* (of a letter) capital **maiuscola** (ma'juskola) *nf* capital letter.
malaccorto (malak'kɔrto) *adj* imprudent
malafede (mala'fede) *nf* bad faith
malanno (ma'lanno) *nm* misfortune
malapena (mala'pena) **a malapena** *adv* hardly
malaria (ma'larja) *nf* malaria
malato (ma'lato) *adj* **1** sick, ill **2** sore. *nm* sick person, patient **malattia** *nf* illness
malavoglia (mala'vɔʎʎa) *nf* ill will
malcontento (malkon'tɛnto) *adj* discontented *nm* discontent
male ('male) *nm* **1** evil, wrong. **2** ache, pain **andare a male** go bad **di male in peggio** from bad to worse. **mal di denti** toothache **mal di gola** sore throat **mal di mare** seasickness **mal di testa** headache. *adv* **1** badly **2** ill **non c'è male** not too bad
maledire* (male'dire) *vt* curse **maledetto** *adj* cursed. **maledizione** *nf* curse
maleducato (maledu'kato) *adj* rude, ill-bred
malefico (ma'lɛfiko) *adj* malign
malerba (ma'lɛrba) *nf* weed
malessere (ma'lɛssere) *nm* **1** uneasiness **2** indisposition
malevolo (ma'lɛvolo) *adj* malevolent. **malevolenza** (malevo'lɛntsa) *nf* malevolence
malfamato (malfa'mato) *adj* notorious.
malfatto (mal'fatto) *adj* misshapen.
malfattore (malfat'tore) *nm* evildoer, criminal
malfermo (mal'fɛrmo) *adj* unstable.
malfido (mal'fido) *adj* unreliable
malgrado (mal'grado) *prep* despite, in spite of *conj* although
malia (ma'lia) *nf* enchantment
maligno (ma'liɲɲo) *adj* malignant
malinconia (malinko'nia) *nf* melancholy **malinconico** (malin'kɔniko) *adj* melancholy
malinteso (malin'teso) *adj* misunderstood *nm* misunderstanding
malizia (ma'littsja) *nf* malice **malizioso** (malit'tsjoso) *adj* malicious
malmenare (malme'nare) *vt* ill-treat
malnutrizione (malnutrit'tsjone) *nf* malnutrition
malo ('malo) *adj* bad **di mala voglia** *adv* unwillingly.
malsano (mal'sano) *adj* unhealthy.
malta ('malta) *nf* mortar
malto ('malto) *nm* malt.
maltrattare (maltrat'tare) *vt* ill-treat
malumore (malu'more) *nm* bad mood **di malumore** in a bad mood
malvagio (mal'vadʒo) *adj* evil
malversare (malver'sare) *vt* embezzle **malversazione** *nf* embezzlement
malvolentieri (malvolen'tjɛri) *adv* unwillingly
mamma ('mamma) *nf inf* mummy, mum **mamma mia!** my goodness!
mammella (mam'mɛlla) *nf* breast
mammifero (mam'mifero) *nm* mammal
mancare (man'kare) *vi* **1** lack, want **2** miss, be missing **3** fail **non ci mancherebbe altro!** that's all we need! **mancante** *adj* **1** missing **2** lacking **mancanza** (man'kantsa) *nf* lack
mancia ('mantʃa) *nf* tip, gratuity
mancino (man'tʃino) *adj* **1** left **2** left-handed **3** disloyal
mandare (man'dare) *vt* send **mandare giù** swallow **mandato** *nm* **1** mandate **2** warrant
mandarino[1] (manda'rino) *nm* mandarin
mandarino[2] (manda'rino) *nm* mandarin, tangerine
mandolino (mando'lino) *nm* mandolin
mandorla ('mandorla) *nf* **1** almond **2** kernel **mandorlo** ('mandorlo) *nm* almond tree
mandria ('mandrja) *nf* herd
maneggiare (maned'dʒare) *vt* handle **maneggio** *nm* **1** handling **2** management
manette (ma'nette) *nf pl* handcuffs
mangano ('mangano) *nm* mangle
mangianastri (mandʒa'nastri) *nm Tdmk* portable cassette recorder
mangiare (man'dʒare) *vt* **1** eat **2** corrode **3** waste **4** (in draughts, etc.) take **mangiabile** (man'dʒabile) *adj* edible **mangime** *nm* fodder

mangiatoia (mandʒa'toja) *nf* manger
mango ('mango) *nm* **1** mango **2** mango tree
mania (ma'nia) *nf* **1** mania **2** obsession, craze **maniaco** (ma'niako) *adj* **1** maniacal **2** crazy *nm* maniac
manica ('manika) *nf* **1** sleeve **2** *cap* English Channel **essere un altro paio di maniche** be another kettle of fish
manichino (mani'kino) *nm* tailor's dummy
manico ('maniko) *nm* handle
manicomio (mani'kɔmjo) *nm* lunatic asylum
maniera (ma'njɛra) *nf* **1** way, manner, style **2** *pl* manners **in maniera che** so that **manierato** *adj* affected
manifattura (manifat'tura) *nf* **1** manufacture **2** factory.
manifestare (manifes'tare) *vt* display, show *vi pol* demonstrate **manifestazione** *nf pol* demonstration **manifesto** (mani'fɛsto) *nm* **1** poster **2** manifesto
maniglia (ma'niʎʎa) *nf* handle, knob
manipolare (manipo'lare) *vt* handle, manipulate
mannaggia (man'naddʒa) *interj* damn!
mano ('mano) *nf,pl* **mani** **1** hand. **2** power **3** skill. **4** help **5** coat (of paint) **alla mano** affable. **a mano** by hand. **battere le mani** clap. **di seconda mano** second-hand **man mano** gradually. **sotto mano** *or* **a portata di mano** at hand **stringere la mano a** shake hands with **manata** *nf* handful **manicotto** (mani'kɔtto) *nm* muff **manodopera** (mano'dɔpera) *nf* labour **manopola** (ma'nɔpola) *nf* knob. **manoscritto** (manos'kritto) *nm* manuscript **manovella** (mano'vɛlla) *nf* handle
manomettere (mano'mettere) *vt* ill-treat.
manovrare (mano'vrare) *vt* manoeuvre. **manovra** (ma'nɔvra) *nf* manoeuvre.
mansueto (mansu'ɛto) *adj* **1** tame. **2** meek.
mantello (man'tɛllo) *nm* cloak.
mantenere* (mante'nere) *vt* **1** keep, maintain. **2** support. **mantenimento** *nm* maintenance.
mantice (man'titʃe) *nm* bellows.
mantiglia (man'tiʎʎa) *nf* mantilla.
manuale (manu'ale) *adj* manual. *nm* manual, handbook.
manubrio (ma'nubrjo) *nm* **1** handle. **2** handlebar.
manutenzione (manuten'tsjone) *nf* maintenance.
manzo ('mandzo) *nm* beef.

mappa ('mappa) *nf* map **mappamondo** *nm* globe
marca ('marka) *nf* mark. **marca di fabbrica** trademark
marcare (mar'kare) *vt* **1** mark, note. **2** *sport* score
marchese (mar'keze) *nm* marquis **marchesa** *nf* marchioness
marchio ('markjo) *nm* brand
marcia[1] ('martʃa) *nf* **1** march **2** *mot* gear **marciapiede** (martʃa'pjɛde) *nm* **1** pavement **2** platform
marcia[2] ('martʃa) *nf* pus
marciare (mar'tʃare) *vi* march
marcire (mar'tʃire) *vi* go bad **marcio** *adj* rotten, bad.
marco[1] ('marko) *nm* mark (coin).
marco[2] ('marko) *nm* mark, sign.
mare ('mare) *nm* sea, ocean **mare grosso** heavy sea. **marea** (ma'rɛa) *nf* tide.
maremma (ma'remma) *nf* swamp
maresciallo (mareʃ'ʃallo) *nm* marshal.
margarina (marga'rina) *nf* margarine
margherita (marge'rita) *nf* daisy
margine ('mardʒine) *nm* **1** edge, border **2** margin
marina (ma'rina) *nf* **1** sea. **2** coast **3** navy **4** *Art* seascape. **marinaio** *nm* sailor **marino** *nm* marine
marinare (mari'nare) *vt* marinade **marinare la scuola** play truant
marionetta (marjo'netta) *nf* puppet
maritare (mari'tare) *vt* marry **maritarsi** *vr* marry, get married **maritale** *adj* marital
marito (ma'rito) *nm* husband.
marittimo (ma'rittimo) *adj* maritime
marmellata (marmel'lata) *nf* jam, marmalade
marmo ('marmo) *nm* marble.
marra ('marra) *nf* hoe
marrone (mar'rone) *nm* chestnut. *adj* brown.
marsupiale (marsu'pjale) *nm* marsupial.
martedì (marte'di) *nm* Tuesday. **martedì grasso** Shrove Tuesday.
martellare (martel'lare) *vt,vi* hammer. *vi* throb **martello** (mar'tɛllo) *nm* hammer.
martire (mar'tire) *nm,f* martyr. **martirio** *nm* **1** martyrdom. **2** torment.
marxismo (mark'sizmo) *nm* Marxism. **marxista** *adj,n* Marxist.
marzapane (martsa'pane) *nm* marzipan.
marziale (mar'tsjale) *adj* martial.
marzo ('martso) *nm* March.

mascalzone (maskal'tsone) *nm* villain.
mascara (mas'kare) *nm* mascara.
mascella maʃ'ʃɛlla) *nf* jaw
mascherare (maske'rare) *vt* mask, conceal. **maschera** ('maskera) *nf* mask **ballo in maschera** *nm* masked ball
maschile (mas'kile) *adj* masculine, male, manly
maschio ('maskjo) *adj* male, manly *nm* **1** male. **2** boy
masochismo (mazo'kizmo) *nm* masochism.
massa ('massa) *nf* pile, heap, mass.
massacrare (massa'krare) *vt* massacre **massacro** *nm* massacre.
massaggiare (massad'dʒare) *vt* massage **massaggio** *nm* massage.
massaia (mas'saja) *nf* housewife.
massiccio (mas'sittʃo) *adj* **1** solid. **2** huge **oro massiccio** *nm* solid gold
massima ('massima) *nf* maxim, rule.
massimo ('massimo) *adj* greatest. *nm* maximum. **al massimo** at the most.
massone (mas'sone) *nm* freemason **massoneria** *nf* freemasonry.
masticare (masti'kare) *vt* chew.
mastro ('mastro) *nm* ledger
matematica (mate'matika) *nf* mathematics **matematico** (mate'matiko) *nm* mathematician. *adj* mathematical
materasso (mate'rasso) *nm* mattress.
materia (ma'tɛrja) *nf* **1** matter, material **2** subject **materiale** *adj,nm* material
materno (ma'tɛrno) *adj* maternal **maternità** *nf* maternity, motherhood
matita (ma'tita) *nf* pencil
matriarcale (matriar'kale) *adj* matriarchal.
matrice (ma'tritʃe) *nf* **1** womb **2** counterfoil.
matricolare (matriko'lare) *vt* enroll **matricolarsi** *vr* matriculate **matricola** (ma'trikola) *nf* **1** register **2** first year student
matrigna (ma'triɲɲa) *nf* stepmother
matrimonio (matri'mɔnjo) *nm* marriage, matrimony **matrimoniale** *adj* matrimonial
matterello (matte'rɛllo) *nm* rolling pin
mattina (mat'tina) *nf also* **mattino** *nm* morning **mattinata** *nf* **1** morning. **2** matinée
matto ('matto) *adj* mad, crazy *nm* madman
mattone (mat'tone) *nm* brick **mattonella** (matto'nɛlla) *nf* tile
maturare (matu'rare) *vi* **1** ripen **2** mature **maturità** *nf* maturity **maturo** *adj* **1** ripe **2** mature
mausoleo (mauzo'lɛo) *nm* mausoleum
mazza ('mattsa) *nf* club
mazzo ('mattso) *nm* bunch
me (me) *pron 1st pers m,f s* **1** me **2** myself
meccanica (mek'kanika) *nf* mechanics **meccanico** (mek'kaniko) *adj* mechanical *nm* mechanic **meccanismo** *nm* mechanism **meccanizzare** (mekkanid'dzare) *vt* mechanize
mèche (mɛʃ) *nf* streak (in the hair)
medaglia (me'daʎʎa) *nf* medal
medesimo (me'dezimo) *adj* same
media ('mɛdja) *nf* average **in media** on average
mediante (me'djante) *prep* by means of
medicare (medi'kare) *vt med* treat, dress **medicamento** *nm* treatment, remedy **medicina** *nf* medicine **medico** ('mɛdiko) *nm* doctor **medico condotto** panel doctor
medio ('mɛdjo) *adj* **1** middle. **2** average. *nm* middle finger **scuola media** *nf* secondary school
mediocre (me'djɔkre) *adj* **1** average. **2** mediocre **mediocrità** *nf* mediocrity
medioevo (medjo'ɛvo) *nm* Middle Ages. **medioevale** *adj* medieval
meditare (medi'tare) *vt* **1** meditate upon. **2** ponder *vi* meditate **meditazione** *nf* meditation
mediterraneo (mediter'raneo) *adj* Mediterranean. **(Mare) Mediterraneo** *nm* Mediterranean (Sea).
medusa (me'duza) *nf* jellyfish.
megafono (me'gafono) *nm* loudspeaker.
meglio ('mɛʎʎo) *adv,adj invar* **1** better. **2** best. **tanto meglio** so much the better ~*nm* best **fare del proprio meglio** do one's best.
mela ('mela) *nf* apple. **melo** *nm* apple tree.
melagrana (mela'grana) *nf* pomegranate.
melanzana (melan'dzana) *nf* aubergine
melassa (me'lassa) *nf* molasses.
melodia (melo'dia) *nf* melody
melodramma (melo'dramma) *nm* melodrama **melodrammatico** (melodram'matiko) *adj* melodramatic.
melone (me'lone) *nm* melon.
membrana (mem'brana) *nf* membrane
membro ('mɛmbro) *nm* **1** *pl* **membra** *f* limb **2** *pl* **membri** *m* member
memoria (me'mɔrja) *nf* **1** memory **2** *pl* memoirs **a memoria** by heart **memorabile** (memo'rabile) *adj* memorable
menare (me'nare) *vt* **1** lead, take **2** deliver (a

blow). **sapere a menadito** have at one's fingertips.

mendicare (mendi'kare) *vt,vi* beg **mendicante** *nm* beggar.

meno ('meno) *adv* **1** less. **2** minus **3** least. **a meno che** unless. **meno male** so much the better **per lo meno** at least. **venire meno 1** fail. **2** faint. ~*conj* except. *adj invar* **1** less, fewer. **2** least. *nm* least.

menopausa (meno'pauza) *nf* menopause

mensa ('mɛnsa) *nf* canteen, refectory.

mensile (men'sile) *adj* monthly

menta ('menta) *nf* mint.

mente ('mente) *nf* mind. **sapere a mente** know by heart. **mentale** *adj* mental **mentalità** *nf* mentality.

mentire (men'tire) *vi* lie.

mento ('mento) *nm* chin

mentre ('mentre) *conj* **1** while **2** whereas

menu (mɔ'ny) *nm also* **menù** menu

menzionare (mentsjo'nare) *vt* mention **menzione** *nf* mention.

menzogna (men'tsoɲɲa) *nf* lie

meraviglia (mera'viʎʎa) *nf* amazement, wonder **a meraviglia** wonderfully **meraviglioso** (meraviʎ'ʎoso) *adj* wonderful **meravigliarsi** *vr* be amazed.

mercante (mer'kante) *nm* merchant

mercanzia (merkan'tsia) *nf* merchandise

mercato (mer'kato) *nm* market **a buon mercato** cheaply

merce ('mɛrtʃe) *nf* goods.

mercenario (mertʃe'narjo) *adj,nm* mercenary

merciaio (mer'tʃajo) *nm* haberdasher **merceria** *nf* haberdashery (shop)

mercoledì (merkole'di) *nm* Wednesday

mercurio (mer'kurjo) *nm* mercury

merda ('mɛrda) *n tab* excrement *f*

merenda (me'rɛnda) *nf* mid-afternoon snack

meridiana (meri'djana) *nf* sundial.

meridionale (meridjo'nale) *adj* southern.

meringa (me'ringa) *nf* meringue.

meritare (meri'tare) *vt* deserve, merit, earn **meritevole** (meri'tevole) *adj* deserving **merito** ('mɛrito) *nm* merit.

merletto (mer'letto) *nm* lace.

merlo[1] ('mɛrlo) *nm* blackbird.

merlo[2] ('mɛrlo) *nm arch* battlement.

merluzzo (mer'luttso) *nm* cod.

mero ('mɛro) *adj* mere.

meschino (mes'kino) *adj* **1** wretched. **2** scanty, poor, mean.

mescita ('meʃʃita) *nf* **1** bar. **2** public house.

mescolare (mesko'lare) *vt* **1** mix, blend **2** shuffle (cards) **mescolanza** *nf* mixture

mese ('mese) *nm* month.

messa[1] ('messa) *nf* Mass

messa[2] ('messa) *nf* putting, placing. **messa in piega** (hair) set

messaggio (mes'saddʒo) *nm* message, note **messaggero** (messad'dʒɛro) *nm* messenger

Messico ('mɛssiko) *nm* Mexico. **messicano** *adj,n* Mexican

messo ('messo) *v see* **mettere.**

mestiere (mes'tjɛre) *nm* job, trade

mesto ('mɛsto) *adj* sad

mestolo ('mestolo) *nm also* **mestola** ('mestola) *nf* ladle

mestruazione (mestruat'tsjone) *nf* menstruation **avere le mestruazioni** have a period

meta ('mɛta) *nf* aim, object

metà (me'ta) *nf* half

metabolismo (metabo'lizmo) *nm* metabolism

metafisica (meta'fizika) *nf* metaphysics

metafora (me'tafora) *nf* metaphor **metaforico** *adj* metaphorical

metallo (me'tallo) *nm* metal **metallico** (me'talliko) *adj* metallic **metallurgia** *nf* metallurgy

metano (me'tano) *nm* methane

meteora (me'tɛora) *nf* meteor

meteorologia (meteorolo'dʒia) *nf* meteorology **meteorologico** (meteoro'lɔdʒiko) *adj* meteorological

meticcio (me'tittʃo) *adj,nm* half-breed

meticoloso (metiko'loso) *adj* scrupulous, meticulous

metodista (meto'dista) *nm* Methodist.

metodo ('mɛtodo) *nm* **1** method. **2** order **metodico** (me'tɔdiko) *adj* methodical

metro ('mɛtro) *nm* metre **metrico** ('mɛtriko) *adj* metric

metropoli (me'trɔpoli) *nf invar* metropolis **metropolitana** *nf* underground, tube.

mettere* ('mettere) *vt* **1** put, place, set **2** take (time) **3** suppose. **4** install. **5** put forth, sprout. **mettere in onda** transmit **mettere su** set up **mettersi** *vr* **1** place oneself. **2** put on. **3** begin.

mezzo ('mɛddzo) *adj* **1** half. **2** medium. *adv* half *nm* **1** half **2** middle. **3** means **le due e mezzo** half past two **mezzaluna** *nf* crescent **mezzanotte** (meddza'nɔtte) *nf* midnight **mezzogiorno** *nm* **1** midday, noon **2** south **mezz 'ora** *adj,nf* half-hour.

mi (mi) *pron 1st pers m,f s* **1** me, to me **2** myself
mia ('mia) *poss adj, poss pron* see **mio.**
miagolare (mjago'lare) *vi* miaow
mica ('mika) *adv* **mica male** not too bad **non...mica** not at all.
miccia ('mittʃa) *nf* fuse.
micio ('mitʃo) *nm inf* cat.
microbo ('mikrobo) *nm also* **microbio** (mi'krɔbjo) microbe.
microfono (mi'krɔfono) *nm* microphone.
microscopio (mikros'kɔpjo) *nm* microscope.
midollo (mi'dollo) *nm anat* marrow.
mie ('mie) *poss adj, poss pron* see **mio.**
miei ('mjɛi) *poss adj,poss pron* see **mio.**
miele ('mjɛle) *nm* honey.
mietere ('mjɛtere) *vt* reap.
migliaio (miʎ'ʎajo) *nm,pl* **migliaia** *f* about a thousand.
miglio ('miʎʎo) *nm,pl* **miglia** *f* mile
migliore (miʎ'ʎore) *adj* **1** better. **2** best. **miglioramento** *nm* improvement **migliorare** *vt,vi* improve.
mignolo ('miɲɲolo) *nm* **1** little finger **2** little toe
migrare (mi'grare) *vi* migrate.
mila ('mila) *adj,n invar* thousands.
Milano (mi'lano) *nf* Milan
milione (mi'ljone) *nm* million **milionario** (miljo'narjo) *nm* millionaire. **milionesimo** *adj* millionth
milite ('milite) *nm* soldier **militare** *vi* **1** fight. **2** *mil* serve *adj* military **militante** *adj,nm* militant.
millantare (millan'tare) *vt* exaggerate **millantatore** *nm* boaster.
mille ('mille) *adj,nm* thousand **millennio** (mil'lɛnnjo) *nm* millennium **millepiedi** (mille'pjɛdi) *nm invar* centipede **millesimo** *adj* thousandth
milligrammo (milli'grammo) *nm* milligram.
mimetizzare (mimetid'dzare) *vt* camouflage
mimo ('mimo) *nm* **1** mimic **2** mime
minacciare (minat'tʃare) *vt* threaten **minaccia** *nf* threat
minare (mi'nare) *vt* **1** mine. **2** undermine **mina** *nf* mine (explosive) **minatore** *nm* miner
minareto (mina'reto) *nm* minaret
minerale (mine'rale) *adj,nm* mineral
minestra (mi'nɛstra) *nf* soup **minestrone** *nm* thick vegetable and pasta soup
miniatura (minja'tura) *nf* miniature
miniera (mi'njɛra) *nf* mine, quarry.
minimo ('minimo) *adj* **1** least. **2** lowest. *nm* minimum
ministero (minis'tɛro) *nm* **1** ministry. **2** office. **ministero degli affari esteri** Foreign Office. **ministero dell'interno** Home Office **ministro** *nm* minister
minore (mi'nore) *adj* **1** smaller, less. **2** younger **3** minor **4** smallest **5** youngest **minoranza** (mino'rantsa) *nf* minority. **minorenne** (mino'rɛnne) *adj* under age *nm law* minor.
minuetto (minu'etto) *nm* minuet.
minuscolo (mi'nuskolo) *adj* small, tiny. **minuscola** (mi'nuskola) *nf* small letter
minuto[1] (mi'nuto) *adj* **1** minute. **2** precise **al minuto** retail
minuto[2] (mi'nuto) *nm* minute
mio, mia, miei, mie ('mio, 'mia, 'mjɛi, 'mie) *poss adj 1st pers s* my. *poss pron 1st pers s* mine
miope ('miope) *adj* short-sighted
miracolo (mi'rakolo) *nm* miracle.
miraggio (mi'raddʒo) *nm* mirage
mirare (mi'rare) *vt* gaze at, look at. *vi* aim **mira** *nf* aim **mirino** *nm* viewfinder
miscela (miʃ'ʃɛla) *nf* mixture. **miscellaneo** (miʃʃel'laneo) *adj* miscellaneous
mischia ('miskja) *nf* fray, fight
mischiare (mis'kjare) *vt* mix.
miscuglio (mis'kuʎʎo) *nm* mixture.
miseria (mi'zɛrja) *nf* **1** poverty **2** misery **miserabile** (mize'rabile) *adj* wretched **misero** ('mizero) *adj* **1** wretched **2** poor
misi ('mizi) *v* see **mettere.**
missile ('missile) *nm* missile
missione (mis'sjone) *nf* mission **missionario** *nm* missionary
mistero (mis'tɛro) *nm* mystery **misterioso** (miste'rjoso) *adj* mysterious.
mistico ('mistiko) *adj* mystical **misticismo** *nm* mysticism
misto ('misto) *adj* mixed. *nm* mixture
mistura (mis'tura) *nf* mixture
misurare (mizu'rare) *vt* measure **misura** (mi'zura) *nf* **1** measure **2** size, measurement **a misura che** in proportion as **su misura** made to measure
mite ('mite) *adj* mild.
mito ('mito) *nm* myth **mitologia** *nf* mythology
mitra[1] ('mitra) *nf* mitre
mitra[2] ('mitra) *nm* submachine gun
mitragliatrice (mitraʎʎa'tritʃe) *nf* machine-gun

mittente (mɪt'tɛnte) *nm* sender
mobile ('mɔbile) *adj* movable, mobile. *nm* **1** piece of furniture. **2** *pl* furniture.
mobilio (mo'biljo) *nm* furniture
mobilitare (mobili'tare) *vt* mobilize
moda ('mɔda) *nf* fashion **di moda** in fashion **modista** *nf* milliner
modellare (model'lare) *vt* model **modella** (mo'dɛlla) *nf Art* model **modello** (mo'dɛllo) *nm* **1** model. **2** pattern
moderare (mode'rare) *vt* moderate **moderato** *adj* moderate **moderazione** *nf* moderation
moderno (mo'dɛrno) *adj* modern, up-to-date **modernizzare** (modernɪd'dzare) *vt* modernize
modestia (mo'dɛstja) *nf* modesty **modesto** (mo'dɛsto) *adj* modest.
modificare (modifi'kare) *vt* modify, alter
modo ('mɔdo) *nm* **1** way, method **2** *mus* key **3** means. **a ogni modo** anyway **in tutti i modi** in any case **per modo di dire** so to speak.
modulare (modu'lare) *vt* modulate.
modulo ('mɔdulo) *nm* form
mogano ('mɔgano) *nm* mahogany
moglie ('moʎʎe) *nf* wife.
molecola (mo'lɛkola) *nf* molecule.
molesto (mo'lɛsto) *adj* annoying.
molla ('mɔlla) *nf* **1** spring. **2** *pl* tongs. **molletta** *nf* **1** clothes peg. **2** hairgrip.
molle ('mɔlle) *adj* soft.
mollusco (mol'lusko) *nm* mollusc, shellfish.
molo ('mɔlo) *nm* pier
molteplice (mol'teplitʃe) *adj* **1** complex. **2** various
moltiplicare (moltɪplɪ'kare) *vt* multiply
moltitudine (moltɪ'tudine) *nf* crowd
molto ('molto) *adj* **1** much, a lot of **2** *pl* many. **3** (of time) long. *adv* **1** much, a lot **2** very
momento (mo'mento) *nm* moment **momentaneo** *adj* momentary
monaco ('mɔnako) *nm* monk **monaca** ('mɔnaka) *nf* nun
Monaco ('mɔnako) *nf* Monaco **Monaco di Baviera** Munich
monarca (mo'narka) *nm* monarch **monarchia** *nf* monarchy
monastero (monas'tɛro) *nm* **1** monastery. **2** convent **monastico** (mo'nastɪko) *adj* monastic
monco ('monko) *adj* **1** maimed. **2** incomplete.
mondezzaio (mondet'tsajo) *nm* rubbish tip
mondo ('mondo) *nm* world **mondiale** *adj* **1** world **2** worldwide
monello (mo'nɛllo) *nm* rascal.
moneta (mo'neta) *nf* **1** coin **2** small change **carta moneta** *nf* paper money
monetario (mone'tarjo) *adj* monetary
monocromo (mo'nɔkromo) *adj* monochrome
monologo (mo'nɔlogo) *nm* monologue
monopolio (mono'pɔljo) *nm* monopoly **monopolizzare** (monopolɪd'dzare) *vt* monopolize
monotono (mo'nɔtono) *adj* monotonous **monotonia** *nf* monotony
monsone (mon'sone) *nm* monsoon
montaggio (mon'taddʒo) *nm tech* assembly
montagna (mon'taʎʎa *nf* mountain **montagnoso** *adj* mountainous **montanaro** *nm* person living in the highlands.
montare (mon'tare) *vi* climb, mount *vt* **1** mount **2** assemble, put together. **3** whip (cream)
monte ('monte) *nm* **1** mountain **2** pile, heap.
montone (mon'tone) *nm* **1** ram **2** mutton
monumento (monu'mento) *nm* monument **monumentale** *adj* monumental
mora ('mɔra) *nf* blackberry
morale (mo'rale) *nf* morality. *nm* morale **moralità** *nf* morality **moraleggiare** (moraled'dʒare) *vi* moralize
morbido ('mɔrbɪdo) *adj* soft. **morbidezza** (morbɪ'dettsa) *nf* softness
morbillo (mor'bɪllo) *nm* measles.
mordere* ('mɔrdere) *vt* bite. **mordente** (mor'dɛnte) *adj* biting
morfina (mor'fɪna) *nf* morphine
morire* (mo'rɪre) *vi* die
mormorare (mormo'rare) *vi* murmur, mutter
moro ('mɔro) *adj* dark *nm* Negro
morsi ('mɔrsɪ) *v see* **mordere.**
morsicare (morsɪ'kare) *vt* **1** nibble. **2** sting **morso** ('mɔrso) *v see* **mordere.** *nm* **1** bite **2** sting **3** horse's bit
mortadella (morta'dɛlla) *nf* spicy pork sausage
mortaio (mor'tajo) *nm* mortar
mortale (mor'tale) *adj* **1** mortal **2** deadly. *nm* mortal **mortalità** *nf* mortality
morte ('mɔrte) *nf* death
morto ('mɔrto) *v see* **morire.** *adj* dead *nm* dead man
mosaico (mo'zaɪko) *nm* mosaic.
mosca ('moska) *nf* fly
moschea (mos'kɛa) *nf* mosque
moschetto (mos'ketto) *nm* musket

mossa (ˈmɔssa) *nf* **1** movement. **2** *game* move.
mossi (ˈmɔssi) *v* see **muovere.**
mosso (ˈmɔsso) *v* see **muovere.** *adj* agitated. **mare mosso** *nm* rough sea.
mostarda (mosˈtarda) *nf* mustard.
mostrare (mosˈtrare) *vt* show, exhibit. **mostra** *nf* exhibition, show
mostro (ˈmostro) *nm* monster. **mostruoso** (mostruˈoso) *adj* monstrous.
motivo (moˈtivo) *nm* **1** cause, motive. **2** motif.
moto[1] (ˈmɔto) *nm* motion. **mettere in moto** start
moto[2] (ˈmɔto) *nf invar* motorbike.
motocicletta (mototʃiˈkletta) *nf* motorcycle **motociclista** *nm* motorcyclist.
motocisterna (mototʃisˈtɛrna) *nf mot* tanker.
motore (moˈtore) *nm* motor, engine **motorino** *nm* motorcycle.
motoscafo (motosˈkafo) *nm* motorboat.
movesti (moˈvesti) *v* see **muovere.**
movimento (moviˈmento) *nm* movement.
mozione (motˈtsjone) *nf* motion
mozzare (motˈtsare) *vt* cut off.
mozzarella (mottsaˈrɛlla) *nf* sweet Neapolitan cheese.
mozzicone (mottsiˈkone) *nm* cigar or cigarette stub
mucca (ˈmukka) *nf* cow.
mucchio (ˈmukkjo) *nm* heap, pile
muco (ˈmuko) *nm* mucus
muffa (ˈmuffa) *nf* mould, must.
mugghiare (mugˈgjare) *vi* bellow, roar.
muggire (mudˈdʒire) *vi* **1** moo. **2** bellow, roar **muggito** *nm* roar
mughetto (muˈgetto) *nm* lily-of-the-valley
mugnaio (muɲˈɲajo) *nm* miller.
mugolare (mugoˈlare) *vi* **1** howl. **2** whine.
mulino (muˈlino) *nm* mill. **mulino a vento** windmill
mulo (ˈmulo) *nm* mule
multa (ˈmulta) *nf* fine
multicolore (multikoˈlore) *adj* multicoloured.
mummia (ˈmummja) *nf* mummy.
mungere* (ˈmundʒere) *vt* milk.
municipio (muniˈtʃipjo) *nm* **1** municipality. **2** town hall **municipale** *adj* municipal.
munire (muˈnire) *vt* **1** fortify **2** supply, provide **munizioni** *nf pl* ammunition
muoio (ˈmwɔjo) *v* see **morire.**
muori (ˈmwɔri) *v* see **morire.**
muovere* (ˈmwɔvere) *vt,vi* move **muovere un passo** take a step **muoversi** *vr* move, stir
muraglia (muˈraʎʎa) *nf* **1** wall. **2** barrier.
muro (ˈmuro) *nm* **1** *pl* **muri** *m* wall. **2** *pl* **mura** *f* city wall **muratore** *nm* mason.
muschio (ˈmuskjo) *nm* musk
muscolo (ˈmuskolo) *nm* muscle
museo (muˈzɛo) *nm* museum, art gallery
musica (ˈmuzika) *nf* music. **musicale** *adj* musical
muso (ˈmuzo) *nm* snout
mussolina (mussoˈlina) *nf* muslin
mutande (muˈtande) *nf pl* pants, knickers **mutandine** *nf pl* **1** bathing trunks. **2** pants
mutare (muˈtare) *vt* change
mutilare (mutiˈlare) *vt* mutilate
muto (ˈmuto) *adj* dumb, mute
mutuo (ˈmutuo) *adj* mutual, reciprocal *nm* loan

N

nacchera (ˈnakkera) *nf* castanet.
nacqui (ˈnakkwi) *v* see **nascere.**
nafta (ˈnafta) *nf* diesel (oil).
nailon (ˈnailon) *nm* nylon
nanna (ˈnanna) *nf inf* sleep
nano (ˈnano) *nm* dwarf
napalm (ˈnapalm) *nm* napalm
Napoli (ˈnapoli) *nf* Naples **napoletano** *adj,n* Neapolitan
nappa (ˈnappa) *nf* tassel
narcotico (narˈkɔtiko) *adj,nm* narcotic
narice (naˈritʃe) *nf* nostril
narrare (narˈrare) *vt* tell, relate **narrativa** *nf* **1** narrative **2** fiction **narratore** *nm* narrative writer **narrazione** *nf* narration, account
nascere* (ˈnaʃʃere) *vi* be born. **nascita** (ˈnaʃʃita) *nf* birth
nascondere* (nasˈkondere) *vt* hide, conceal **nascondersi** *vr* hide **nascondiglio** *nm* **1** hiding place **2** hide and seek
nascosi (nasˈkosi) *v* see **nascondere.**
nascosto (nasˈkosto) *v* see **nascondere.** *adj* hidden **di nascosto** secretly.
nasello (naˈsɛllo) *nm* whiting
naso (ˈnaso) *nm* nose. **nasale** (naˈsale) *adj* nasal
nastro (ˈnastro) *nm* **1** ribbon. **2** tape **nastro magnetico** recording tape
nasturzio (nasˈturtsjo) *nm* nasturtium
natale (naˈtale) *adj* native, natal **natalità** *nf* birth rate
Natale (naˈtale) *nm* Christmas

natatoia (nata'toja) *nf* fin
natica ('natika) *nf* buttock
nativo (na'tivo) *adj,nm* native
nato ('nato) *v* see **nascere.** *adj* born. **nato morto** still-born
natura (na'tura) *nf* **1** nature **2** temperament. **naturale** *adj* natural **naturalismo** *nm* naturalism.
naturalizzare (naturalid'dzare) *vt* naturalize
naufragio (nau'fradʒo) *nm* shipwreck.
nausea ('nauzea) *nf* **1** nausea. **2** disgust. **nauseare** *vt* **1** nauseate. **2** disgust.
nautico ('nautiko) *adj* nautical
navata (na'vata) *nf* nave
nave ('nave) *nf* ship, boat, liner. **navale** *adj* naval.
navigare (navi'gare) *vi* sail **navigazione** *nf* navigation.
nazionalizzare (nattsjonalid'dzare) *vt* nationalize. **nazionalizzazione** *nf* nationalization.
nazione (nat'tsjone) *nf* nation. **nazionale** *adj* national **nazionalismo** *nm* nationalism **nazionalista** *nm* nazionalist. **nazionalità** *nf* nationality.
nazismo (nat'tsizmo) *nm* Nazism. **nazista** *nm* Nazi
ne (ne) *pron* **1** of him, her, it, or them. **2** about it or them. *adv* from there. *partitive* some, any.
nè (ne) *conj* neither, nor. **nè...nè** neither.. nor.
neanche (ne'anke) *adv,conj* not even.
nebbia ('nebbja) *nf* **1** fog. **2** mist. **nebbioso** (neb'bjoso) *adj* **1** foggy. **2** misty.
necessario (netʃes'sarjo) *adj* essential, necessary. **necessità** *nf* necessity, need.
negare (ne'gare) *vt* **1** deny. **2** refuse. **negativa** *nf* negative **negativo** *adj* negative.
negli ('neʎʎi) contraction of **in gli.**
negligere* (ne'glidʒere) *vt* neglect. **negligente** *adj* negligent. **negligenza** (negli'dʒɛntsa) *nf* negligence.
negoziare (negot'tsjare) *vt* negotiate. *vi* trade, deal **negoziante** *nm* dealer. **negoziato** *nm* negotiation. **negoziatore** *nm* negotiator.
negozio (ne'gɔttsjo) *nm* **1** shop. **2** business.
negro ('negro) *adj,n* Negro.
nei ('nei) contraction of **in i.**
nel (nel) contraction of **in il.**
nell' (nel) contraction of **in l'.**
nella ('nella) contraction of **in la.**
nelle ('nelle) contraction of **in le.**
nello ('nello) contraction of **in lo.**

nemico (ne'miko) *adj* hostile. *nm, pl* **nemici** enemy
nemmeno (nem'meno) *adv,conj* not even.
neo ('nɛo) *nm* beauty spot, mole
neon ('nɛon) *nm* neon
neonato (neo'nato) *adj* newborn. *nm* newborn child
nepotismo (nepo'tizmo) *nm* nepotism.
neppure (nep'pure) *adv,conj* not even.
nero ('nero) *adj* black *nm* **1** black **2** *cap* Black
nervo ('nɛrvo) *nm* nerve, sinew. **dare ai nervi** get on one's nerves. **nervoso** (ner'voso) *adj* **1** nervous. **2** excitable.
nessuno (nes'suno) *adj* **1** no, none. **2** any. *pron invar* no-one, nobody.
nettare ('nɛttare) *nm* nectar
netto ('netto) *adj* **1** clean, pure. **2** net
neutrale (neu'trale) *adj* neutral. **neutralità** *nf* neutrality **neutralizzare** (neutralid'dzare) *vt* neutralize
neutro ('nɛutro) *adj* **1** neuter. **2** neutral.
neve ('neve) *nf* snow
nevicare (nevi'kare) *vi* snow. **nevicata** *nf* fall of snow
nevischio (ne'viskjo) *nm* sleet.
nevrosi (ne'vrɔzi) *nf invar* neurosis.
nicchia ('nikkja) *nf* niche
nichel ('nikel) *nm invar* nickel
nicotina (niko'tina) *nf* nicotine
nido ('nido) *nm* nest
niente ('njɛnte) *pron invar,nm invar* nothing. *adv* not at all
ninfa ('ninfa) *nf* nymph.
ninfea (nin'fɛa) *nf* waterlily.
ninna-nanna (ninna'nanna) *nf* lullaby
ninnolo ('ninnolo) *nm* knick-knack, plaything.
nipote (ni'pote) *nm* **1** nephew **2** grandson. **3** *pl* grandchildren. *nf* **1** niece. **2** grand-daughter
nitido ('nitido) *adj* **1** clear. **2** bright
nitrire (ni'trire) *vi* neigh.
no (nɔ) *adv* **1** no. **2** not
nobile ('nɔbile) *adj,nm* noble **nobiltà** *nf* nobility
nocca ('nɔkka) *nf* knuckle.
nocciola (not'tʃɔla) *nf* hazelnut **nocciuolo** (not'tʃwɔlo) *nm* hazelnut tree
nocciolo ('nɔttʃolo) *nm* **1** kernel **2** stone
noce ('notʃe) *nf* walnut, nut *nm* walnut tree
nocivo (no'tʃivo) *adj* harmful
nocqui ('nɔkkwi) *v* see **nuocere.**
nodo ('nɔdo) *nm* knot
noi ('noi) *pron 1st pers m,f pl* **1** we **2** us

noialtri *pron 1st pers m,f pl* **1** we. **2** us. **noi stessi** *pron 1st pers pl* ourselves.

noia ('nɔja) *nf* **1** boredom. **2** annoyance. **dare noia** annoy. **noioso** (no'joso) *adj* **1** boring. **2** irritating.

noleggiare (noled'dʒare) *vt* hire, rent **noleggio** *nm also* **nolo** ('nɔlo) *nm* hire.

nomade ('nɔmade) *adj* nomadic *nm* nomad

nome ('nome) *nm* **1** name. **2** noun.

nominare (nomi'nare) *vt* name, elect **nomina** ('nɔmina) *nf* nomination.

non (non) *adv* not. **non...che** only.

noncurante (nonku'rante) *adj* careless.

nondimeno (nondi'meno) *conj* nonetheless

nonno ('nɔnno) *nm inf* grandfather, grandad, or grandpa. **nonna** *nf inf* grandmother, grandma

nono ('nɔno) *adj* ninth.

nonostante (nonos'tante) *prep* in spite of, despite.

non-ti-scordar-me *nm invar* forget-me-not

nord (nɔrd) *nm* north *adj invar* north, northern **del nord** **1** northern **2** northerly **verso nord** northwards **nord-est** *nm* north-east *adj invar* north-east, north-eastern **del nord-est** **1** north-eastern **2** north-easterly **nordico** *adj* northern **nord-ovest** *nm* north-west *adj invar* north-west, north-western **del nord-ovest** **1** north-western **2** north-westerly

norma ('nɔrma) *nf* **1** norm **2** regulation

normale *adj* normal, usual **normalità** *nf* normality.

Norvegia (nor'vɛdʒa) *nf* Norway **norvegese** *adj,n* Norwegian *nm* Norwegian (language).

nostalgia (nostal'dʒia) *nf* nostalgia **nostalgico** (nos'taldʒiko) *adj* nostalgic

nostro ('nɔstro) *poss adj 1st pers pl* our *poss pron 1st pers pl* ours.

notaio (no'tajo) *nm* notary

notare (no'tare) *vt* **1** note (down), mark **2** observe **nota** ('nɔta) *nf* **1** note **2** mark **3** bill. **4** list **notevole** (no'tevole) *adj* noteworthy.

notificare (notifi'kare) *vt* notify, inform

notizia (no'tittsja) *nf* **1** piece of news **2** *pl* news, information

noto ('nɔto) *adj* well-known

notorio (no'tɔrjo) *adj* notorious

notte ('nɔtte) *nf* night **notturno** *adj* nocturnal **guardiano notturno** *nm* night watchman

novanta (no'vanta) *adj,nm* ninety **novantesimo** *adj* ninetieth

nove ('nɔve) *adj,nm* nine **novecento** (nove'tʃɛnto) *adj* nine hundred. *nm* **1** nine hundred **2** twentieth century.

novella (no'vɛlla) *nf* short story. **novelliere** (novel'ljɛre) *nm* short story writer.

novembre (no'vɛmbre) *nm* November

novità (novi'ta) *nf* **1** novelty, innovation **2** news.

novizio (no'vittsjo) *nm* novice.

nozze ('nɔttse) *nf pl* marriage, wedding.

nuca ('nuka) *nf* nape (of the neck).

nucleo ('nukleo) *nm* nucleus **nucleare** *adj* nuclear

nudo ('nudo) *adj* **1** naked, nude **2** bare, plain *nm* nude **nudismo** *nm* nudism **nudista** *nm* nudist **nudità** *nf* nudity.

nulla ('nulla) *pron invar* nothing *adv* nothing

nullo ('nullo) *adj* void, null.

numero ('numero) *nm* number **numerico** (nu'mɛriko) *adj* numerical **numeroso** (nume'roso) *adj* numerous

nuoccio ('nwɔttʃo) *v* see **nuocere.**

nuocere* ('nwɔtʃere) *vi* harm, hurt, damage

nuora ('nwɔra) *nf* daughter-in-law

nuotare (nwo'tare) *vi* swim **nuotatore** *nm* swimmer **nuoto** ('nwɔto) *nm* swimming

nuovo ('nwɔvo) *adj* **1** new **2** recent **di nuovo** again

nutrire (nu'trire) *vt* feed, nourish **nutriente** (nutri'ɛnte) *adj* nutritious **nutrimento** *nm* nourishment

nuvola ('nuvola) *nf* cloud **nuvoloso** (nuvo'loso) *adj* cloudy

O

o (o) *conj* or **o...o** either or

oasi ('ɔazi) *nf* oasis

obbedire* (obbe'dire) *vt vi* see **ubbidire.**

obbligare (obbli'gare) *vt* oblige, compel **obbligato** *adj* obliged, grateful **obbligatorio** (obbliga'tɔrjo) *adj* compulsory **obbligo** ('ɔbbligo) *nm* **1** obligation **2** duty

obeso (o'bɛzo) *adj* obese **obesità** *nf* obesity

obiettare (objet'tare) *vt* object **obiettivo** (objet'tivo) *adj,nm* objective **obiettore** *nm* objector **obiezione** *nf* objection

obitorio (obi'tɔrjo) *nm* mortuary

oblio (o'blio) *nm* oblivion

obliquo (o'blikwo) *adj* oblique, slanting

obliterare (oblite'rare) *vt* obliterate

oblò (o'blɔ) *nm* porthole

oblungo (o'blungo) *adj* oblong.
oboe ('ɔboe) *nm invar* oboe.
oca ('ɔka) *nf* goose.
occasionare (okkazjo'nare) *vt* cause.
occasione (okka'zjone) *nf* opportunity, occasion. **oggetto d'occasione** *nm* bargain.
occhio ('ɔkkjo) *nm* eye. **a quattr'occhi** tete à tete. **dare nell'occhio** catch the eye. **occhiali** *nm pl* glasses, spectacles. **occhiali da sole** sunglasses. **occhiata** *nf* glimpse, glance. **occhiello** (ok'kjɛllo) *nm* buttonhole.
occidente (ottʃi'dɛnte) *nm* west. **occidentale** *adj* western
occorrere* (ok'korrere) *v imp* need. *vi* happen. **occorrente** (okkor'rɛnte) *adj* necessary. *nm* all that is necessary. **occorrenza** (okkor'rɛntsa) *nf* **1** need. **2** occasion. **3** occurrence.
occulto (ok'kulto) *adj* occult.
occupare (okku'pare) *vt* **1** occupy, take up. **2** use, employ. **occuparsi** *vr* busy oneself, concern oneself. **occupante** *nm* occupier. **occupato** *adj* **1** busy. **2** occupied, taken, engaged. **occupazione** *nf* **1** occupation. **2** job, employment.
oceano (o'tʃɛano) *nm* ocean.
ocra ('ɔkra) *nf* ochre.
oculista (oku'lista) *nm* oculist
ode ('ɔde) *nf* ode.
odiare (o'djare) *vt* hate, detest. **odio** ('ɔdjo) *nm* hatred. **odioso** (o'djoso) *adj* hateful.
odo ('ɔdo) *v see* **udire.**
odorare (odo'rare) *vt,vi* smell. **odore** *nm* **1** smell. **2** *pl* herbs.
offendere* (of'fɛndere) *vt* offend, hurt. **offendersi** *vr* take offence. **offensiva** *nf* offensive. **offensivo** (offen'sivo) *adj* offensive.
offersi (of'fersi) *v see* **offrire.**
offerta (of'fɛrta) *nf* offer.
offerto (of'ferto) *v see* **offrire.**
offesa (of'fesa) *nf* offence.
officina (offi'tʃina) *nf* workshop.
offrire* (of'frire) *vt* offer.
offuscare (offus'kare) *vt* darken, obscure.
oggetto (od'dʒɛtto) *nm* object. **oggettivo** *adj* objective.
oggi ('ɔddʒi) *adv* today. **al giorno d'oggi** nowadays. **oggi a otto** a week today.
ogni ('oɲɲi) *adj* each, every. **in ogni modo** in any case. **ogni tanto** now and again.
Ognissanti (oɲɲis'santi) *nm* All Saints' Day.
ognuno (oɲ'ɲuno) *pron* each one, everyone, everybody.

ohimè (oi'mɛ) *interj* oh dear!
Olanda (o'landa) *nf* Holland. **olandese** (olan'dese) *adj* Dutch. *nm* **1** Dutchman. **2** Dutch (language).
olfatto (ol'fatto) *nm* sense of smell.
olimpiade (olim'piade) *nf* Olympic Games. **olimpico** (o'limpiko) *adj* Olympic.
olio ('ɔljo) *nm* oil.
oliva (o'liva) *nf* olive. **olivo** *nm* olive tree.
olmo ('olmo) *nm* elm tree.
oltraggiare (oltrad'dʒare) *vt* outrage, violate. **oltraggio** *nm* outrage, offence. **oltraggioso** (oltrad'dʒjoso) *adj* outrageous.
oltre ('oltre) *prep* **1** beyond. **2** over. **3** besides. *adv* **1** ahead. **2** further.
oltrepassare (oltrepas'sare) *vt* exceed, overstep.
omaggio (o'maddʒo) *nm* homage.
ombelico (ombe'liko) *nm* navel.
ombra ('ombra) *nf* **1** shade, shadow. **2** ghost. **ombreggiare** *vt* shade.
ombrello (om'brɛllo) *nm* umbrella. **ombrellino** *nm* parasol. **ombrellone** *nm* beach umbrella.
omettere* (o'mettere) *vt* omit.
omicidio (omi'tʃidjo) *nm* murder. **omicida** (omi'tʃida) *nm* murderer.
omissione (omis'sjone) *nf* omission.
omogeneo (omo'dʒɛneo) *adj* homogeneous.
omosessuale (omosessu'ale) *adj,nm* homosexual.
oncia ('ontʃa) *nf* ounce.
onda ('onda) *nf* wave.
onde ('onde) *adv* whence, from where. *pron* with or by which. *conj* so that.
ondeggiare (onded'dʒare) *vi* **1** undulate. **2** waver.
ondulare (ondu'lare) *vi,vt* wave, undulate. **ondulazione** *nf* **1** undulation. **2** (in hair) wave.
onesto (o'nɛsto) *adj* honest, decent. **onestà** *nf* honesty.
onice ('ɔnitʃe) *nf* onyx
onnipotente (onnipo'tɛnte) *adj* omnipotent, almighty.
onomastico (ono'mastiko) *nm* name-day.
onore (o'nore) *nm* honour. **onorabile** *adj* honourable. **onorare** *vt* honour. **onorario** *adj* honorary. **onorevole** (ono'revole) *adj* honourable.
ontano (on'tano) *nm* alder.
opaco (o'pako) *adj* opaque.
opale (o'pale) *nm* opal.

opera ('ɔpera) *nf* **1** work. **2** *mus* opera.
operaio (ope'rajo) *nm* worker.
operare (ope'rare) *vi* work, act. *vt med* operate on. **operazione** *nf* operation. **operoso** (ope'roso) *adj* industrious.
opinione (opi'njone) *nf* opinion
oppio ('ɔppjo) *nm* opium.
opponente (oppo'nɛnte) *adj* opposing *nm* adversary
opporre* (op'porre) *vt* oppose
opportuno (oppor'tuno) *adj* timely.
opposizione (oppozit'tsjone) *nf* opposition
opposto (op'posto) *adj,nm* opposite, contrary **all'opposto** on the contrary.
oppressi (op'prɛssi) *v* see **opprimere.**
oppressione (oppres'sjone) *nf* oppression
oppresso (op'prɛsso) *v* see **opprimere.** *adj* oppressed **oppressivo** (oppres'sivo) *adj* oppressive
opprimere* (op'primere) *vt* **1** oppress **2** burden.
oppure (op'pure) *conj* or else.
opulento (opu'lɛnto) *adj* opulent
opuscolo (o'puskolo) *nm* pamphlet
ora[1] ('ora) *nf* **1** hour **2** time **che ore sono?** what time is it? **di buon'ora** early **non vedere l'ora di** long to
ora[2] ('ora) *adv* now, just now
orale (o'rale) *adj* oral
orario (o'rarjo) *nm* timetable
orazione (orat'tsjone) *nf* oration
orbene (or'bɛne) *conj* so, well
orbita ('ɔrbita) *nf* orbit
orchestra (or'kɛstra) *nf* orchestra
orchidea (orki'dɛa) *nf* orchid
ordinare (ordi'nare) *vt* **1** tidy, put in order **2** order, command **3** prescribe **4** ordain **ordinamento** *nm* regulation **ordinazione** *nf* **1** ordination **2** prescription
ordinario (ordi'narjo) *adj* ordinary
ordine ('ordine) *nm* **1** order **2** command
ordire (or'dire) *vt* plot, scheme
orecchia (o'rekkja) *nf* dog-ear **orecchio** *nm* ear **orecchino** *nm* earring
orefice (o'refitʃe) *nm* goldsmith
orfano ('ɔrfano) *adj,nm* orphan **orfanotrofio** (orfano'trɔfjo) *nm* orphanage
organico (or'ganiko) *adj* organic
organizzare (organid'dzare) *vt* organize **organizzazione** *nf* organization
organo ('ɔrgano) *nm* organ **organista** *nm* organist
orgasmo (or'gazmo) *nm* **1** orgasm **2** agitation, anxiety.
orgia ('ɔrdʒa) *nf* orgy
orgoglio (or'goʎʎo) *nm* pride, arrogance **orgoglioso** (orgoʎ'ʎoso) *adj* proud, haughty
orientare (orjen'tare) *vt* orientate
oriente (o'rjɛnte) *nm* east **orientale** *adj* eastern, oriental
origano (o'rigano) *nm* oregano
originare (oridʒi'nare) *vi* derive, originate
origine (o'ridʒine) *nf* **1** origin, source **2** cause **originale** *adj,nm* original **originalità** *nf* originality
origliare (oriʎ'ʎare) *vi* eavesdrop
orina (o'rina) *nf* urine
orizzonte (orid'dzonte) *nm* horizon **orizzontale** *adj* horizontal
orlo ('orlo) *nm* **1** rim, edge **2** hem
orma ('orma) *nf* **1** footprint **2** trace
ormai (or'mai) *adv* **1** by now **2** by then
ormeggiare (ormed'dʒare) *vt* moor
ormone (or'mone) *nm* hormone
ornare (or'nare) *vt* decorate, adorn **ornamento** *nm* decoration
ornitologia (ornitolo'dʒia) *nf* ornithology
oro ('ɔro) *nm* gold **d'oro** golden
orologio (oro'lɔdʒo) *nm* **1** clock **2** watch **orologio da polso** wristwatch
oroscopo (o'rɔskopo) *nm* horoscope
orpello (or'pɛllo) *nm* tinsel
orribile (or'ribile) *adj* horrible awful
orrore (or'rore) *nm* horror
orso ('orso) *nm* bear **orso polare** polar bear
ortica (or'tika) *nf* nettle
orto ('ɔrto) *nm* garden, market garden **orticultura** *nf* horticulture
ortodosso (orto'dɔsso) *adj* orthodox
ortografia (ortogra'fia) *nf* spelling
orzo ('ɔrdzo) *nm* barley **orzata** *nf* barley water
osare (o'zare) *vt,vi* dare
osceno (oʃ'ʃɛno) *adj* obscene **oscenità** *nf* obscenity
oscillare (oʃʃil'lare) *vi* **1** sway, swing **2** vary **3** hesitate
oscurare (osku'rare) *vt* darken, obscure **oscuramento** *nm* blackout **oscurità** *nf* **1** darkness **2** obscurity **oscuro** *adj* **1** dark **2** obscure
ospedale (ospe'dale) *nm* hospital
ospitare (ospi'tare) *vt* lodge put up
ospite ('ɔspite) *nm* **1** host **2** guest **ospitale**

adj hospitable, friendly. **ospitalità** *nf* hospitality.
ospizio (os'pittsjo) *nm* **1** (establishment) home. **2** hostel.
ossequio (os'sɛkwjo) *nm* respect, reverence.
osservare (osser'vare) *vt* **1** observe. **2** note, remark. **osservatore** *nm* observer. **osservatorio** (osserva'tɔrjo) *nm* observatory. **osservazione** *nf* observation.
ossessionare (ossessjo'nare) *vt* obsess. **ossessione** *nf* obsession. **ossesso** (os'sɛsso) *adj* obsessed.
ossia (os'sia) *conj* or rather.
ossigeno (os'sidʒeno) *nm* oxygen. **ossigenato** *adj* bleached.
osso ('ɔsso) *nm* **1** *pl* **ossi** *m* (of animals or figurative) bone **2** *pl* **ossa** *f anat* bone **ossatura** *nf* framework **ossobuco** *nm* **1** marrow bone. **2** dish made with this.
ostacolare (ostako'lare) *vt* hinder, impede **ostacolo** (os'takolo) *nm* obstacle.
ostaggio (os'taddʒo) *nm* hostage.
oste ('ɔste) *nm* innkeeper
ostello (os'tɛllo) *nm* **ostello della gioventù** youth hostel
osteria (oste'ria) *nf* inn
ostetrica (os'tɛtrika) *nf* midwife
ostile (os'tile) *adj* hostile **ostilità** *nf* hostility
ostinarsi (osti'narsi) *vr* persist. **ostinato** *adj* obstinate **ostinazione** *nf* obstinacy.
ostrica ('ɔstrika) *nf* oyster
ostruire (ostru'ire) *vt* block
ottagono (ot'tagono) *nm* octagon **ottagonale** *adj* octagonal
ottano (ot'tano) *nm* octane
ottanta (ot'tanta) *adj,nm* eighty. **ottantesimo** *adj* eightieth.
ottava (ot'tava) *nf* octave.
ottenere* (otte'nere) *vt* gain, get, obtain
ottico ('ɔttiko) *nm* optician.
ottimo ('ɔttimo) *adj* excellent, very good. *nm* best. **ottimismo** *nm* optimism. **ottimista** *nm* optimist.
otto ('ɔtto) *adj,nm* eight. **ottocento** (otto'tʃɛnto) *adj* eight hundred *nm* **1** eight hundred. **2** nineteenth century. **ottavo** *adj* eighth.
ottobre (ot'tobre) *nm* October.
ottone (ot'tone) *nm* brass
otturare (ottu'rare) *vt* fill (a tooth).
ottuso (ot'tuzo) *adj* blunt.
ovaia (o'vaja) *nf* ovary.
ovale (o'vale) *adj* oval.
ovatta (o'vatta) *nf* cottonwool.
ovazione (ovat'tsjone) *nf* ovation.
ovest ('ɔvest) *nm* west. *adj invar* west, western **del ovest 1** western. **2** westerly. **verso ovest** westwards.
ovile (o'vile) *nm* sheepfold.
ovulo ('ɔvulo) *nm* ovule.
ovvero (ov'vero) *conj* or else.
ovvio ('ɔvvjo) *adj* obvious.
oziare (ot'tsjare) *vi* idle. **ozio** ('ɔttsjo) *nm* **1** idleness. **2** leisure **ozioso** (ot'tsjoso) *adj* idle.

P

pacchetto (pak'ketto) *nm* packet
pacco ('pakko) *nm* parcel, package
pace ('patʃe) *nf* peace **pacifico** (pa'tʃifiko) *adj* peaceful (**Oceano**) **Pacifique** *nm* Pacific (Ocean).
pacificare (patʃifi'kare) *vt* appease, pacify.
pacifismo (patʃi'fizmo) *nm* pacifism **pacifista** *nm* pacifist
padella (pa'dɛlla) *nf* frying pan
padiglione (padiʎ'ʎone) *nm* **1** pavilion **2** tent
Padova ('padova) *nf* Padua
padre ('padre) *nm* father **padrino** *nm* godfather
padrone (pa'drone) *nm* **1** owner, boss **2** landlord
paesaggio (pae'zaddʒo) *nm* landscape
paese (pa'eze) *nm* **1** country **2** village. **paesano** *nm* countryman
paffuto (paf'futo) *adj* puffy
pagaia (pa'gaja) *nf* paddle
pagano (pa'gano) *adj,nm* pagan
pagare (pa'gare) *vt* pay **paga** *nf* pay, payment, salary **pagamento** *nm* payment.
pagella (pa'dʒɛlla) *nf* report card
paggio ('paddʒo) *nm* **1** page. **2** pageboy.
pagina ('padʒina) *nf* page (of a book)
paglia ('paʎʎa) *nf* straw. **paglietta** *nf* **1** steel wool **2** boater (hat)
pagliaccio (paʎ'ʎattʃo) *nm* clown
pagnotta (paɲ'ɲɔtta) *nf* round loaf
pagoda (pa'gɔda) *nf* pagoda
paio[1] ('pajo) *nm* pair
paio[2] ('pajo) *v* see **parere.**
pala ('pala) *nf also* **paletta** shovel
palato (pa'lato) *nm* palate

palazzo (pa'lattso) *nm* **1** palace. **2** block, building
palchetto (pal'ketto) *nm* **1** shelf. **2** *Th* box
palco ('palco) *nm* **1** platform. **2** *Th* box **palcoscenico** (palkoʃ'ʃɛniko) *nm* stage
palese (pa'leze) *adj* clear, evident
palestra (pa'lɛstra) *nf* gymnasium
palio ('paljo) *nm* horserace at Siena
palla ('palla) *nf* **1** ball **2** bullet **pallacanestro** (pallaka'nɛstro) *nf* basketball **pallavolo** *nf* volleyball
palleggiare (palled'dʒare) *vi sport* dribble
pallido ('pallido) *adj* pale **pallidezza** (palli'dettsa) *nf* paleness
pallone (pal'lone) *nm* football **palloncino** *nm* toy balloon
pallottola (pal'lɔttola) *nf* **1** pellet **2** bullet
palma[1] ('palma) *nf also* **palmo** *nm anat* palm
palma[2] ('palma) *nf bot* palm
palo ('palo) *nm* pole, post
palombaro (palom'baro) *nm* diver
palpare (pal'pare) *vt* touch feel
palpebra ('palpebra) *nf* eyelid
palpitare (palpi'tare) *vi* throb palpitate **palpito** ('palpito) *nm* beat
paltò (pal'tɔ) *nm invar* overcoat
palude (pa'lude) *nf* marsh
panca ('panka) *nf* bench **pancone** *nm* workbench
pancetta (pan'tʃetta) *nf* bacon
panchina (pan'kina) *nf* garden seat
pancia ('pantʃa) *nf* belly **panciotto** (pan'tʃɔtto) *nm* waistcoat
pancreas ('pankreas) *nm invar* pancreas
panda ('panda) *nm invar* panda
pane ('pane) *nm* **1** bread **2** loaf of bread **pane grattato** breadcrumbs **panforte** (pan'fɔrte) *nm* gingerbread **panino** *nm* roll **panino imbottito** sandwich
panico ('paniko) *nm* panic
paniere (pa'njɛre) *nm* basket
panna[1] ('panna) *nf* cream **panna montata** whipped cream
panna[2] ('panna) *nf mot* breakdown
panneggiare (panned'dʒare) *vt,vi* drape
pannello (pan'nɛllo) *nm* panel
panno ('panno) *nm* **1** cloth **2** *pl* clothes **pannolino** *nm* **1** nappy **2** sanitary towel
panorama (pano'rama) *nm* view panorama
pantaloni (panta'loni) *nm pl* trousers
pantera (pan'tɛra) *nf* panther
pantofola (pan'tɔfola) *nf* slipper
pantomima (panto'mima) *nf* pantomime
papà (pa'pa) *nm inf* daddy, dad
Papa ('papa) *nm* pope. **papale** *adj* papal **papato** *nm* papacy
papavero (pa'pavero) *nm* poppy
papero ('papero) *nm* gosling
papiro (pa'piro) *nm* papyrus
pappagallo (pappa'gallo) *nm* parrot
paprica ('paprika) *nf* **1** red pepper **2** paprika
parabola (pa'rabola) *nf* parable
parabrezza (para'breddza) *nm* windscreen
paracadute (paraka'dute) *nm invar* parachute **paracadutista** *nm* parachutist
paradiso (para'dizo) *nm* paradise, heaven
paradosso (para'dɔsso) *nm* paradox
parafango (para'fango) *nm* mudguard
paraffina (paraf'fina) *nf* paraffin
parafuoco (para'fwɔko) *nm* fireguard
paragonare (parago'nare) *vt* compare **paragone** *nm* comparison
paragrafo (pa'ragrafo) *nm* paragraph
paralisi (pa'ralizi) *nf invar* paralysis **paralizzare** (paralid'dzare) *vt* paralyse
parallelo (paral'lɛlo) *adj,nm* parallel
paralume (para'lume) *nm* lampshade
paranoia (para'nɔja) *nf* paranoia
parapetto (para'pɛtto) *nm* parapet
parare (pa'rare) *vt* **1** adorn **2** ward off **3** avert
parasole (para'sole) *nm* parasol
parassita (paras'sita) *nm* parasite
parata[1] (pa'rata) *nf* **1** *sport* parry **2** defence
parata[2] (pa'rata) *nf* parade
paraurti (para'urti) *nm invar* bumper
paravento (para'vɛnto) *nm* screen
parcheggiare (parked'dʒare) *vt* park **parcheggio** *nm* **1** parking **2** car park
parchimetro (par'kimetro) *nm* parking meter
parco[1] ('parko) *nm* park
parco[2] ('parko) *adj* sparing economical
parecchio (pa'rekkjo) *adj* **1** a lot of a good deal of **2** considerable some *pron* a good many *adv* much
pareggiare (pared'dʒare) *vt* level balance *vi sport* draw **pareggio** *nm* **1** balance **2** *sport* draw
parente (pa'rɛnte) *nm,f* relation, relative **parentela** (paren'tɛla) *nf* **1** relationship **2** relatives
parentesi (pa'rɛntezi) *nf invar* **1** parenthesis **2** bracket
parere* (pa'rere) *v imp* **1** seem, appear **2** think *nm* opinion

parete (pa'rete) *nf* wall.

pari ('pari) *adj invar* **1** equal. **2** same. **3** (of a number) even. **parità** *nf* parity

Parigi (pa'ridʒi) *nf* Paris

parlamento (parla'mento) *nm* parliament.

parlare (par'lare) *vi* speak, talk. *vt* speak.

parmigiano (parmi'dʒano) *adj,nm* Parmesan

parodia (paro'dia) *nf* parody.

parola (pa'rɔla) *nf* **1** word. **2** speech. **3** promise

parolaccia (paro'lattʃa) *nf* bad word, swear-word.

parrò (par'rɔ) *v* see **parere.**

parrocchia (par'rɔkkja) *nf* parish.

parroco ('parroko) *nm* parish priest.

parrucca (par'rukka) *nf* wig.

parrucchiere (parruk'kjɛre) *nm* hairdresser.

parsi ('parsi) *v* see **parere.**

parso ('parso) *v* see **parere.**

parte ('parte) *nf* **1** part. **2** portion, share. **3** side, direction. **4** *law,comm* party. **a parte** separately. **da parte** aside **da una parte...d'altra parte** on the one hand.. on the other

partecipare (partetʃi'pare) *vi* **1** take part, participate. **2** share. *vt* announce.

participio (parti'tʃipjo) *nm* participle.

particolare (partiko'lare) *adj* **1** particular **2** strange. **3** special. **4** private. *nm* detail.

partigiano (parti'dʒano) *adj,n* partisan

partire (par'tire) *vi* leave, go away, depart. **a partire da oggi** starting from today. **partenza** (par'tɛntsa) *nf* departure.

partita (par'tita) *nf* game, match.

partito (par'tito) *nm* **1** choice. **2** match (marriage). **3** *pol* party.

partitura (parti'tura) *nf mus* score.

partorire (parto'rire) *vt* give birth to. **parto** *nm* birth, delivery

parvi ('parvi) *v* see **parere.**

parziale (par'tsjale) *adj* partial.

pascere* ('paʃʃere) *vi* graze

pascolare (pasko'lare) *vt,vi* graze **pascolo** ('paskolo) *nm* pasture, meadow

Pasqua ('paskwa) *nf* Easter.

passabile (pas'sabile) *adj* passable

passaggio (pas'saddʒo) *nm* **1** passage **2** crossing. **3** lift (in a car). **essere di passaggio** be passing through

passare (pas'sare) *vi* **1** pass (by). **2** cease, stop. **3** go away **4** happen *vt* **1** pass **2** exceed **3** spend (time). **4** strain **passante** *nm* passer-by. **passaporto** (passa'pɔrto) *nm* passport

passatempo (passa'tɛmpo) *nm* hobby, pastime. **passato** *adj,nm* past.

passeggero (passed'dʒɛro) *nm* passenger.

passeggiare (passed'dʒare) *vi* go for a walk. **passeggiata** *nf* **1** walk. **2** drive, run, excursion

passerella (passe'rɛlla) *nf* **1** gangplank. **2** catwalk.

passero ('passero) *nm* sparrow.

passione (pas'sjone) *nf* passion.

passivo (pas'sivo) *adj* passive. **passività** *nf* passivity.

passo ('passo) *nm* **1** step. **2** excerpt, passage. **fare due passi** go for a short walk.

pasta ('pasta) *nf* **1** dough, pastry. **2** pasta. **3** cake **pasta dentifricia** toothpaste. **pastasciutta** (pastaʃ'ʃutta) *nf* pasta (with sauce).

pastello (pas'tɛllo) *nm* pastel.

pasticca (pas'tikka) *nf* pastille.

pasticceria (pastittʃe'ria) *nf* cake shop.

pasticciare (pastit'tʃare) *vt* bungle. **pasticcio** *nm* **1** pie. **2** mess.

pastiglia (pas'tiʎʎa) *nf* tablet.

pastinaca (pasti'naka) *nf* parsnip.

pasto ('pasto) *nm* meal. **vino da pasto** *nm* table wine

pastore (pas'tore) *nm* shepherd.

pastorizzare (pastorid'dzare) *vt* pasteurize.

pastrano (pas'trano) *nm* overcoat.

pastura (pas'tura) *nf* pasture.

patata (pa'tata) *nf* potato. **patata fritta** chip. **patatina** *nf* potato crisp.

patella (pa'tɛlla) *nf* limpet.

patente[1] (pa'tɛnte) *nf* licence, certificate.

patente[2] (pa'tɛnte) *adj* obvious, evident.

paterno (pa'tɛrno) *adj* paternal.

patetico (pa'tɛtiko) *adj* pathetic.

patibolo (pa'tibolo) *nm* scaffold.

patire (pa'tire) *vt,vi* suffer.

patria ('patrja) *nf* homeland, native land.

patrigno (pa'triɲɲo) *nm* stepfather.

patrimonio (patri'mɔnjo) *nm* **1** estate. **2** heritage

patriota (patri'ɔta) *nm* patriot. **patriottico** (patri'ɔttiko) *adj* patriotic.

patrono (pa'trɔno) *nm* patron saint.

pattinare (patti'nare) *vi* skate. **pattinaggio** *nm* skating. **pattino** *nm* skate.

patto ('patto) *nm* agreement, pact.

pattuglia (pat'tuʎʎa) *nf* patrol.

pattume (pat'tume) *nm* rubbish, refuse. **pattumiera** (pattu'mjɛra) *nf* dustbin.

paura (pa'ura) *nf* fear, fright. **fare paura a** frighten. **pauroso** (pau'roso) *adj* **1** timid. **2** frightening.
pausa ('pauza) *nf* pause.
pavimento (pavi'mento) *nm* floor.
pavone (pa'vone) *nm* peacock.
pavoneggiarsi (pavoned'dʒarsi) *vr* show off.
paziente (pat'tsjɛnte) *adj* patient. *nm med* patient. **pazienza** (pat'tsjɛntsa) *nf* patience.
pazzo ('pattso) *adj* mad, insane. *nm* madman. **pazzia** *nf* madness.
peccare (pek'kare) *vi* sin. **peccato** *nm* sin **che peccato!** what a shame! **peccatore** *nm* sinner.
pecora ('pɛkora) *nf* sheep. **pecorino** *nm* sheep's milk cheese
peculiare (peku'ljare) *adj* peculiar.
pedale (pe'dale) *nm* pedal **pedalare** *vi* pedal.
pedana (pe'dana) *nf* **1** rug. **2** *sport* springboard
pedante (pe'dante) *adj* pedantic *nm* pedant
pedata (pe'data) *nf* **1** footstep. **2** kick.
pediatria (pedja'tria) *nf* paediatrics.
pedicure (pedi'kure) *nm,f* chiropodist.
pedina (pe'dina) *nf game* **1** draughtsman **2** pawn.
pedone (pe'done) *nm* pedestrian **pedonale** *adj* pedestrian
peggio ('pɛddʒo) *adv, adj invar* **1** worse **2** worst *nm,f* worst.
peggiorare (peddʒo'rare) *vt* make worse *vi* worsen, deteriorate
peggiore (ped'dʒore) *adj* **1** worse **2** worst
pegno ('peɲɲo) *nm* **1** pledge, pawn **2** token **3** forfeit
pelare (pe'lare) *vt* **1** peel, skin **2** pluck (a bird) **pelame** *nm* hair, fur
pelle ('pɛlle) *nf* **1** skin **2** hide **3** leather **amici per la pelle** *nm pl* friends for life
pellegrino (pelle'grino) *nm* pilgrim **pellegrinaggio** *nm* pilgrimage
pellicano (pelli'kano) *nm* pelican
pelliccia (pel'littʃa) *nf* fur coat, fur
pellicola (pel'likola) *nf* **1** film, layer **2** *phot* film
pelo ('pelo) *nm* **1** hair **2** fur, coat **peloso** (pe'loso) *adj* hairy
peltro ('peltro) *nm* pewter
peluria (pe'luɲa) *nf* down, soft hair
pelvi ('pɛlvi) *nf invar* pelvis
pena ('pena) *nf* **1** penalty, punishment **2** pain, distress **vale la pena** it is worthwhile **penale** *adj* penal **penalizzare** (penalid'dzare) *vt* penalize **penoso** (pe'noso) *adj* painful
pendere* ('pɛndere) *vi* **1** hang. **2** lean, slope. **pendente** (pen'dɛnte) *adj* leaning. *nm* pendant. **pendenza** (pen'dɛntsa) *nf also* **pendice** slope. **pendio** *nm* slope, slant.
pendolo ('pɛndolo) *nm* pendulum. **pendola** ('pɛndola) *nf* pendulum clock.
pene ('pɛne) *nm* penis.
penetrare (pene'trare) *vi* enter, penetrate. *vt* penetrate.
penicillina (penitʃil'lina) *nf* penicillin.
penisola (pe'nizola) *nf* peninsula
penitente (peni'tɛnte) *adj,n* penitent. **penitenza** (peni'tɛntsa) *nf* penance.
penna ('penna) *nf* **1** feather. **2** pen.
pennello (pen'nɛllo) *nm* paintbrush.
penombra (pe'nombra) *nf* dim light.
pensare (pen'sare) *vi* think, consider. *vt* think over, ponder. **pensatore** *nm* thinker. **pensiero** (pen'sjɛro) *nm* thought. **stare in pensiero** be worried. **pensieroso** (pensje'roso) *adj* thoughtful.
pensile ('pɛnsile) *adj* hanging.
pensionare (pensjo'nare) *vt* pension (off). **pensionato** *nm* pensioner. **pensione** *nf* **1** pension. **2** board. **3** boarding house.
pentagono (pen'tagono) *nm* pentagon.
Pentecoste (pente'kɔste) *nf* Pentecost, Whitsun
pentirsi (pen'tirsi) *vr* **1** repent. **2** regret, be sorry. **pentimento** *nm* **1** repentance. **2** regret.
pentola ('pentola) *nf* pot **pentola a pressione** pressure cooker
penzolare (pendzo'lare) *vi* dangle **penzoloni** *adv* dangling
pepe ('pepe) *nm* pepper **peperone** *nm* pepper, capsicum
pepita (pe'pita) *nf* nugget
per (per) *prep* **1** for. **2** by **3** through **4** during. **5** towards **per amico** as a friend.
pera ('pera) *nf* pear.
perbacco (per'bakko) *interj* by Jove!
perbene (per'bɛne) *adj invar* respectable
percalle (per'kalle) *nm* gingham
percentuale (pertʃentu'ale) *nf* percentage.
percepire (pertʃe'pire) *vt* **1** notice, perceive **2** receive **percezione** *nf* perception.
perché (per'ke) *conj* **1** why. **2** because **3** so that
perciò (per'tʃɔ) *conj* therefore
percorrere* (per'korrere) *vt* go through, cross
percorso (per'korso) *nm* **1** distance. **2** journey
percossa (per'kɔssa) *nf* blow.

percuotere* (per'kwɔtere) *vt* strike, hit.
percussione (perkus'sjone) *nf* percussion.
perdere* ('pɛrdere) *vt* **1** lose. **2** miss. *vi* leak. **perdersi** *vr* get lost. **perdita** ('pɛrdita) *nf* loss.
perdonare (perdo'nare) *vt* forgive, pardon. **perdono** *nm* pardon.
perfetto (per'fɛtto) *adj* perfect.
perfezionare (perfettsjo'nare) *vt* perfect. **perfezionarsi** *vr* specialize. **perfezione** *nf* perfection.
perfidia (per'fidja) *nf* treachery. **perfido** ('pɛrfido) *adj* treacherous.
perfino (per'fino) *adv* even.
perforare (perfo'rare) *vt* **1** pierce, perforate. **2** bore.
pergamena (perga'mɛna) *nf* parchment.
pericolo (pe'rikolo) *nm* danger. **pericoloso** (periko'loso) *adj* dangerous.
periferia (perife'ria) *nf* outskirts, suburbs.
perimetro (pe'rimetro) *nm* perimeter.
periodo (pe'riodo) *nm* period. **periodico** (peri'ɔdiko) *adj* periodic. *nm* periodical
perire (pe'rire) *vi* perish.
periscopio (peris'kɔpjo) *nm* periscope.
perito (pe'rito) *adj* skilled, expert. *nm* expert.
perla ('pɛrla) *nf* pearl.
perlustrare (perlus'trare) *vt* search.
permaloso (perma'loso) *adj* touchy.
permanente (perma'nɛnte) *adj* permanent.
permeare (perme'are) *vt* permeate.
permesso (per'messo) *adj* permitted. *nm* **1** permission, permit. **2** leave *interj* excuse me! **permesso?** may I come in?
permettere* (per'mettere) *vt* allow, permit.
pernice (per'nitʃe) *nf* partridge.
perno ('pɛrno) *nm* pivot.
pero ('pero) *nm* pear tree
però (pe'rɔ) *conj* however, yet.
perossido (pe'rɔssido) *nm* peroxide.
perpendicolare (perpendiko'lare) *adj,nf* perpendicular
perpetuo (per'pɛtuo) *adj* perpetual
perplesso (per'plɛsso) *adj* perplexed
perquisire (perkwi'zire) *vt* search **perquisizione** *nf* search **mandato di perquisizione** *nm* search warrant.
perseguitare (persegwi'tare) *vt* **1** pursue **2** persecute **persecutore** *nm* persecutor **persecuzione** *nf* persecution
perseverare (perseve'rare) *vi* persevere
persi ('persi) *v* see **perdere.**
persiana (per'sjana) *nf* shutter
persino (per'sino) *adv* even.
persistere* (per'sistere) *vi* continue, persist.
perso ('pɛrso) *v* see **perdere.**
persona (per'sona) *nf* person. **personale** *adj* personal. *nm* staff **personalità** *nf* personality
personaggio (perso'naddʒo) *nm* character.
personificare (personifi'kare) *vt* personify.
persuadere* (persua'dere) *vt* persuade, convince. **persuasione** *nf* persuasion. **persuasivo** *adj* persuasive
pertanto (per'tanto) *conj* therefore.
pertosse (per'tosse) *nf* whooping cough.
pervenire* (perve'nire) *vi* reach.
pesare (pe'sare) *vt,vi* weigh. **pesante** (pe'sante) *adj* heavy. **peso** ('peso) *nm* **1** weight. **2** burden
pesca[1] ('pɛska) *nf* peach. **pesco** *nm* peach tree
pesca[2] ('peska) *nf* fishing. **pescare** *vt* **1** fish. **2** catch **pescatore** *nm* fisherman.
pesce ('peʃʃe) *nm* **1** fish. **2** *pl cap* Pisces. **non sapere che pesci pigliare** not know which to choose **pesce d'aprile** April fool **pescecane** (peʃʃe'kane) *nm* shark. **pescheria** *nf* fishmonger's shop. **pescivendolo** (peʃʃi'vendolo) *nm* fishmonger
pessimismo (pessi'mizmo) *nm* pessimism **pessimista** *nm* pessimist. **pessimistico** *adj* pessimistic
pessimo ('pɛssimo) *adj* **1** very bad. **2** worst.
pestare (pes'tare) *vt* **1** trample on. **2** crush **3** stamp (feet). **pestello** (pes'tɛllo) *nm* pestle. **pesto** *adj* ground *nm* kind of sauce **carta pesta** *nf* papier-mâché
peste ('pɛste) *nf* **1** plague. **2** nuisance
petalo ('pɛtalo) *nm* petal
petizione (petit'tsjone) *nf* petition
petrolifero (petro'lifero) **pozzo petrolifero** *nm* oilwell
petrolio (pe'trɔljo) *nm* **1** oil **2** petroleum **petroliera** (petro'ljɛre) *nf* oil tanker
pettegolo (pet'tegolo) *adj* gossipy *nm also* **pettegola** *nf* gossip **pettegolezzo** (pettego'leddzo) *nm* gossip
pettinare (petti'nare) *vt* comb **pettinarsi** *vr* comb one's hair **pettinatura** *nf* hairstyle **pettine** ('pɛttine) *nm* comb
petto ('pɛtto) *nm* **1** *anat* chest. **2** breast **pettirosso** (petti'rosso) *nm* robin
pezza ('pɛttsa) *nf* **1** patch **2** cloth

pezzo (ˈpɛttso) *nm* **1** piece, bit **2** portion **pezzo di ricambio** spare part **pezzo grosso** bigwig. **un gran pezzo** a long time
piaccio (ˈpjattʃo) *v* see **piacere.**
piacere* (pjaˈtʃere) *vi* please, be pleasing *v imp* like. **piacere a** please ~*nm* **1** pleasure, enjoyment. **2** favour **per piacere** please **piacevole** *adj* pleasant
piaga (ˈpjaga) *nf* wound, sore
piagnucolare (pjaɲɲukoˈlare) *vi* whimper
pianerottolo (pjaneˈrɔttolo) *nm arch* landing
pianeta (pjaˈneta) *nm* planet
piangere* (ˈpjandʒere) *vi* cry, weep *vt* lament
pianista (pjaˈnista) *nm* pianist
piano[1] (ˈpjano) *adj* flat, level *adv* **1** quietly gently **2** slowly **pian piano** very slowly
piano[2] (ˈpjano) *nm* **1** plain **2** plane **3** floor, storey **primo piano** foreground **pianterreno** *nm* ground floor
piano[3] (ˈpjano) *nm* **1** plan **2** project
piano[4] (ˈpjano) *nm* piano
pianoforte (pjanoˈfɔrte) *nm* piano
piansi (ˈpjansi) *v* see **piangere.**
piantare (pjanˈtare) *vt* **1** plant **2** fix, put **3** abandon **piantarsi** *vr* stand **pianta** *nf* **1** *bot* plant. **2** *anat* sole **3** plan **piantagione** *nf* plantation
pianto[1] (ˈpjanto) *v* see **piangere.**
pianto[2] (ˈpjanto) *nm* weeping.
pianura (pjaˈnura) *nf* plain
piastra (ˈpjastra) *nf* slab **piastrella** (pjasˈtrɛlla) *nf* tile
piattaforma (pjattaˈforma) *nf* platform
piatto (ˈpjatto) *adj* flat *nm* **1** plate **2** dish (of food) **3** *cul* course **4** *pl* cymbals **piattino** *nm* saucer
piazza (ˈpjattsa) *nf* square, marketplace **fare piazza pulita** make a clean sweep **piazzale** *nm* square, open space
picca (ˈpikka) *nf* **1** lance, pike **2** *pl game* spades.
piccante (pikˈkante) *adj* spicy, pungent
picchiare (pikˈkjare) *vt* hit, strike *vi* knock **picchiotto** (pikˈkjɔtto) *nm* doorknocker
picchio (ˈpikkjo) *nm* woodpecker
piccino (pitˈtʃino) *adj* small, tiny
piccione (pitˈtʃone) *nm* pigeon.
picco (ˈpikko) *nm* peak **andare a picco** sink **a picco** perpendicularly
piccolo (ˈpikkolo) *adj* small, little. *nm* little child
piccone (pikˈkone) *nm* pickaxe
pidocchio (piˈdɔkkjo) *nm* louse
piede (ˈpjɛde) *nm* foot **a piedi** on foot **stare in piedi** stand **piedistallo** (pjedisˈtallo) *nm* pedestal
piegare (pjeˈgare) *vt* fold, bend *vi* **1** turn **2** lean **piegarsi** *vr* bow **piega** *nf* **1** fold **2** pleat
pieghevole (pjeˈgevole) *adj* flexible
pieno (ˈpjɛno) *adj* full, complete **fare il pieno** *mot* fill up **pieno zeppo** full up
pietà (pjeˈta) *nf* pity, mercy **monte di pietà** *nm* pawnbroker s shop **pietoso** (pjeˈtoso) *adj* **1** pitiful **2** compassionate
pietanza (pjeˈtantsa) *nf* **1** dish **2** *cul* course
pietra (ˈpjɛtra) *nf* stone
piffero (ˈpiffero) *nm mus* pipe
pigiama (piˈdʒama) *nm* pyjamas
pigione (piˈdʒone) *nf* rent.
pigliare (piʎˈʎare) *vt* **1** take **2** catch
pigmeo (pigˈmɛo) *adj,n* Pigmy
pigna (ˈpiɲɲa) *nf* pine cone
pigolare (pigoˈlare) *vi* cheep, chirp
pigro (ˈpigro) *adj* **1** lazy **2** slow **pigrizia** (piˈgrittsja) *nf* laziness
pila (ˈpila) *nf* **1** *arch* pile, support **2** battery
pilastro (piˈlastro) *nm* pillar
pillola (ˈpillola) *nf* pill
pilone (piˈlone) *nm* pylon
pilotare (piloˈtare) *vt* **1** pilot **2** *mot* drive **pilota** *nm* pilot
pimento (piˈmento) *nm* cayenne pepper
pinacoteca (pinakoˈtɛka) *nf* art gallery
pingue (ˈpingwe) *adj* fat
pinguino (pinˈgwino) *nm* penguin
pinna (ˈpinna) *nf* **1** fin **2** flipper
pinnacolo (pinˈnakolo) *nm* pinnacle
pino (ˈpino) *nm* pine tree **pineta** *nf* pine forest
pinta (ˈpinta) *nf* pint
pinza (ˈpintsa) *nf* pliers pincers **pinzette** *nf pl* tweezers
pio (ˈpio) *adj* devout, charitable
pioggia (ˈpjɔddʒa) *nf* rain
piombare[1] (pjomˈbare) *vi* fall heavily **piombare su** assail
piombare[2] (pjomˈbare) *vt* **1** seal **2** fill (a tooth) **piombo** (ˈpjombo) *nm* lead
pioniere (pjoˈnjɛre) *nm* pioneer
pioppo (ˈpjɔppo) *nm* poplar tree
piovere* (ˈpjɔvere) *vi* **1** rain **2** pour **piovere a catinelle** rain cats and dogs
piovigginare (pjoviddʒiˈnare) *vi* drizzle
piovra (ˈpjɔvra) *nf* octopus

piovve (ˈpjɔvve) *v* see **piovere.**
pipa (ˈpipa) *nf* pipe.
pipistrello (pipisˈtrɛllo) *nm zool* bat.
piramide (piˈramide) *nf* pyramid.
pirata (piˈrata) *nm* pirate.
piroscafo (piˈrɔskafo) *nm* steamship.
piscina (piʃˈʃina) *nf* swimming pool
pisello (piˈsɛllo) *nm* pea.
pisolino (pizoˈlino) *nm* nap
pista (ˈpista) *nf* **1** track. **2** runway
pistola (pisˈtɔla) *nf* pistol
pistone (pisˈtone) *nm* piston.
pitone (piˈtone) *nm* python.
pittore (pitˈtore) *nm* painter
pittoresco (pittoˈresko) *adj* picturesque
pittura (pitˈtura) *nf* painting, picture.
più (pju) *adv* **1** more. **2** most. **di più** more. **non...più** no longer. **più tardi** later. **tanto più che** all the more since. ~*prep* plus. *adj* more. *nm* majority. **per lo più** generally.
piuma (ˈpjuma) *nf* **1** down. **2** feather **peso piuma** *nm sport* featherweight.
piuttosto (pjutˈtɔsto) *adv* rather, somewhat.
pizza (ˈpittsa) *nf* dough base covered with various tomato mixtures.
pizzicare (pittsiˈkare) *vt* **1** nip, pinch **2** sting, bite. *vi* itch. **pizzicotto** (pittsiˈkɔtto) *nm also* **pizzico** (ˈpittsiko) nip. **pizzicagnolo** (pittsiˈkaɲɲolo) *nm* specialist grocer. **pizzicheria** (pittsikeˈria) *nf* delicatessen.
pizzo (ˈpittso) *nm* **1** lace. **2** goatee beard.
placare (plaˈkare) *vt* calm.
placca (ˈplakka) *nf* plaque.
placenta (plaˈtʃɛnta) *nf* placenta.
placido (ˈplatʃido) *adj* **1** tranquil, calm **2** placid
plagiare (plaˈdʒare) *vt* plagiarize.
planare (plaˈnare) *vi* glide.
plasmare (plazˈmare) *vt* mould. **plasma** *nm* plasma.
plastica (ˈplastika) *nf* plastic **plastico** (ˈplastiko) *adj* plastic.
platano (ˈplatano) *nm* plane tree.
platea (plaˈtɛa) *nf Th* stalls, pit.
platino (ˈplatino) *nm* platinum.
platonico (plaˈtɔniko) *adj* platonic
plausible (plauˈzibile) *adj* plausible.
plebaglia (pleˈbaʎʎa) *nf* rabble
plebe (ˈplɛbe) *nf* common people.
plico (ˈpliko) *nm* **1** packet (of letters) **2** envelope
plotone (ploˈtone) *nm* platoon
plumbeo (ˈplumbeo) *adj* leaden
plurale (pluˈrale) *adj,nm* plural.
pneumatico (pneuˈmatiko) *adj* pneumatic. *nm* tyre
po' (pɔ) *adj* contraction of **poco.**
pochino (poˈkino) *adj,nm* little.
poco (ˈpɔko) *adj* **1** little. **2** insufficient. **3** *pl* few **da poco** worthless. ~*pron* **1** little. **2** *pl* few **un altro poco po'** another little bit. ~*adv* little **a poco a poco** little by little. **per poco non** almost **vediamo un po'** let's have a look
podere (poˈdere) *nm* farm.
podestà (podesˈta) *nm* mayor
poema (poˈɛma) *nm* poem. **poesia** (poeˈzia) *nf* **1** poetry. **2** poem. **poeta** (poˈɛta) *nm* poet. **poetico** (poˈɛtiko) *adj* poetic.
poi (ˈpɔi) *adv* then, after **d'allora in poi** from then on
poiché (poiˈke) *conj* for, since.
polacco (poˈlakko) *adj* Polish. *nm* **1** Pole. **2** Polish (language)
polarizzare (polaridˈdzare) *vt* polarize.
polca (ˈpɔlka) *nf* polka.
polemica (poˈlɛmika) *nf* controversy, polemic.
polenta (poˈlɛnta) *nf* pudding made of maize flour.
poligamia (poligaˈmia) *nf* polygamy.
poligono (poˈligono) *nm* polygon
politecnico (poliˈtɛkniko) *nm* polytechnic.
politica (poˈlitika) *nf* **1** politics. **2** policy. **politico** (poˈlitiko) *adj* political. *nm* politician.
polizia (politˈtsia) *nf* police **poliziotto** *nm* policeman **romanzo poliziesco** *nm* detective story
polizza (ˈpɔlittsa) *nf* **1** voucher **2** receipt **3** bill **polizza d'assicurazione** insurance policy
pollaio (polˈlajo) *nm* poultry yard.
pollice (ˈpɔllitʃe) *nm* **1** thumb. **2** big toe. **3** inch
polline (ˈpɔlline) *nm* pollen.
pollo (ˈpollo) *nm* chicken. **pollame** *nm* poultry.
polmone (polˈmone) *nm* lung. **polmonite** *nf* pneumonia
polo[1] (ˈpɔlo) *nm* (astronomy) pole. **polare** *adj* polar
polo[2] (ˈpɔlo) *nm* polo
Polonia (poˈlɔnja) *nf* Poland.
polpa (ˈpolpa) *nf* flesh, pulp **polpetta** *nf* meatball
polpaccio (polˈpattʃo) *nm anat* calf.
polso (ˈpolso) *nm* **1** pulse **2** wrist **polsino** *nm* shirt cuff

poltrona (pol'trona) *nf* 1 armchair stall
poltrone (pol'trone) *adj* lazy
polvere ('polvere) *nf* 1 dust 2 powder **polveroso** (polve'roso) *adj* dusty
polverizzare (polverid'dzare) *vt* pulverize
pomata (po'mata) *nf* ointment
pomeriggio (pome'riddʒo) *nm* afternoon
pomice ('pomitʃe) *nf* pumice
pomo ('pomo) *nm* 1 apple 2 apple tree **pomo d'Adamo** Adam s apple
pomodoro (pomo'dɔro) *nm* tomato
pompa[1] ('pompa) *nf* pomp splendour
pompa[2] ('pompa) *nf* pump **pompiere** (pom'pjɛre) *nm* fireman
pompelmo (pom'pɛlmo) *nm* grapefruit
ponce ('pɔntʃe) *nm also* **punch** (pʌntʃ) *nm invar* punch (drink)
ponderare (ponde'rare) *vt* ponder
ponente (po'nɛnte) *nm* west
ponesti (po'nesti) *v see* **porre.**
pongo ('pongo) *v see* **porre.**
poni ('poni) *v see* **porre.**
ponte ('ponte) *nm* 1 bridge 2 *naut* deck
pontefice (pon'tefitʃe) *nm* pontiff
popolare (popo'lare) *vt* populate *adj* popular **popolarità** *nf* popularity
popolo ('pɔpolo) *nm* people nation **popolazione** *nf* population
popone (po'pone) *nm* melon
poppa[1] ('poppa) *nf* stern
poppa[2] ('poppa) *nf* breast
poppare (pop'pare) *vt* suck
porcellana (portʃel'lana) *nf* china porcelain
porco ('pɔrko) *nm, pl* **porci** 1 pig 2 pork **porcellino** *nm* piglet **porcile** *nm* pigsty **porcospino** *nm* porcupine
porgere* ('pordʒere) *vt* 1 hand 2 hold out **porgere una mano** lend a hand
pornografia (pornogra'fia) *nf* pornography **pornografico** (porno'grafiko) *adj* pornographic
poro ('pɔro) *nm* pore **poroso** (po'roso) *adj* porous
porpora ('porpora) *nf* purple **porporino** *adj* purple
porre* ('porre) *vt* 1 place, put set 2 suppose
porro ('pɔrro) *nm* leek
porta ('pɔrta) *nf* 1 door 2 gate **portiera** (por'tjɛra) *nf* door **portiere** (por'tjɛre) *nm* 1 doorman, porter 2 goalkeeper
portabagagli (portaba'gaʎʎi) *nm invar* 1 luggage rack 2 porter
portacenere (porta'tʃenere) *nm invar* ashtray
portachiavi (porta'kjavi) *nm* key ring
portaerei (porta'ɛrei) *nf invar* aircraft carrier
portafoglio (porta'fɔʎʎo) *nm invar* 1 wallet 2 portfolio
portalettere (porta'lɛttere) *nm invar* postman
portamonete (portamo'nete) *nm invar* purse
portare (por'tare) *vt* 1 carry 2 take 3 bring 4 wear 5 lead 6 feel **portarsi** *vr* behave **portamento** *nm* bearing **portata** *nf* 1 range 2 capacity **portatile** *adj* portable
portariviste (portari'viste) *nm invar* magazine rack
portasapone (portasa'pone) *nm invar* soap dish
portasigarette (portasiga'rette) *nm invar* cigarette case
portaspilli (portas'pilli) *nm invar* pin cushion
portauova (porta'wɔva) *nm* egg cup
portavoce (porta'votʃe) *nm invar* 1 megaphone 2 mouthpiece spokesman
portico ('pɔrtiko) *nm* porch
portinaio (porti'najo) *nm* porter doorman **portineria** *nf* porter s lodge
porto[1] ('pɔrto) *nm* 1 carriage, transport 2 postage
porto[2] ('pɔrto) *nm naut* port
porto[3] ('pɔrto) *nm* port (drink)
Portogallo (porto'gallo) *nm* Portugal **portoghese** (porto'gese) *adj,nm* Portuguese *nm* Portuguese (language)
porzione (por'tsjone) *nf* 1 share, portion 2 helping (of food)
posa ('pɔsa) *nf* 1 pause 2 pose 3 *phot* exposure
posare (po'sare) *vt* put, place, set or lay down *vi* pose **posarsi** *vr* alight **posata** *nf* piece of cutlery
posatoio (posa'tojo) *nm* perch
poscritto (pos'kritto) *nm* postscript
posi ('posi) *v see* **porre.**
positivo (pozi'tivo) *adj* positive
posizione (pozit'tsjone) *nf* 1 position 2 site 3 situation
posporre* (pos'porre) *vt* postpone
possedere* (posse'dere) *vt* possess, own, have **possedimento** *nm* 1 estate 2 possession **possesso** (pos'sɛsso) *nm* possession **possessore** *nm* possessor, owner
possiamo (pos'sjamo) *v see* **potere.**
possibile (pos'sibile) *adj* possible **possibilità** *nf* 1 possibility 2 opportunity

posso (ˈpɔsso) *v* see **potere.**

posta (ˈpɔsta) *nf* **1** post, mail. **2** post office. **postale** *adj* postal. **cassetta postale** *nf* postbox. **postino** *nm* postman

posteggiare (postedˈdʒare) *vi* park **posteggio** *nm* parking place.

posteriore (posteˈrjore) *adj* **1** back, hind **2** later.

posterità (posteriˈta) *nf* posterity.

posticcio (posˈtittʃo) *adj* false, fake

posto[1] (ˈposto) *v* see **porre.**

posto[2] (ˈposto) *nm* **1** place, spot, site **2** place, seat. **3** job, position **4** space, room **5** post **a posto** in order **posto di primo soccorso** first-aid post.

postumo (ˈpɔstumo) *adj* posthumous

potabile (poˈtabile) *adj* drinkable.

potare (poˈtare) *vt* prune

potassio (poˈtassjo) *nm* potassium

potente (poˈtɛnte) *adj* powerful. **potenza** (poˈtɛntsa) *nf* power.

potenziale (potenˈtsjale) *adj,nm* potential.

potere*[1] (poˈtere) *vi* **1** be able. **2** be allowed. **può darsi** it is possible.

potere[2] (poˈtere) *nm* power.

potrò (poˈtrɔ) *v* see **potere.**

povero (ˈpɔvero) *adj* poor, needy. *nm* **1** poor man. **2** beggar. **poveretto** *nm* poor wretch. **povertà** *nf* poverty.

pozza (ˈpottsa) *nf* puddle, pool. **pozzanghera** (potˈtsangera) *nf* puddle. **pozzo** (ˈpottso) *nm* well.

pranzare (pranˈdzare) *vi* **1** lunch. **2** dine **pranzo** *nm* **1** lunch. **2** dinner.

pratica (ˈpratika) *nf* **1** experience **2** practice. **3** knowledge, familiarity. **praticare** *vt* **1** practice. **2** exercise. **pratico** (ˈpratiko) *adj* **1** practical. **2** experienced

prato (ˈprato) *nm* meadow

preavvertire (preavverˈtire) *vt* forewarn.

preavvisare (preavviˈzare) *vt* forewarn **preavviso** *nm* notice, warning.

precario (preˈkarjo) *adj* precarious.

precauzione (prekautˈtsjone) *nf* precaution

precedere (preˈtʃɛdere) *vt* precede, go before **precedente** (pretʃeˈdɛnte) *adj* preceding. *nm* precedent **precedenza** (pretʃeˈdɛntsa) *nf* **1** precedence. **2** *mot* right-of-way, priority.

precipitare (pretʃipiˈtare) *vt* **1** hurl. **2** speed up *vi* crash down, fall **precipizio** (pretʃiˈpittsjo) *nm* precipice.

precisare (pretʃiˈzare) *vt* specify, relate precisely **precisione** *nf* precision **preciso** *adj* exact, precise **alle due precise** at exactly two o'clock

precoce (preˈkɔtʃe) *adj* precocious

preconcetto (prekonˈtʃɛtto) *adj* preconceived *nm* preconception

precursore (prekurˈsore) *nm* forerunner

predare (preˈdare) *vt* pillage **preda** *nf* **1** prey **2** booty

predecessore (predetʃesˈsore) *nm* predecessor

predestinare (predestiˈnare) *vt* predestine **predestinazione** *nf* predestination

predica (ˈprɛdika) *nf* sermon **predicare** *vt,vi* preach

prediletto (prediˈlɛtto) *adj,nm* favourite

predire* (preˈdire) *vt* predict. **predizione** *nf* prediction

predominare (predomiˈnare) *vi* predominate, prevail **predominio** *nm* predominance.

prefabbricato (prefabbriˈkato) *adj* prefabricated.

prefazione (prefatˈtsjone) *nf* preface.

preferire (prefeˈrire) *vt* prefer. **preferenza** (prefeˈrɛntsa) *nf* preference. **preferibile** (prefeˈribile) *adj* preferable

prefetto (preˈfɛtto) *nm* prefect. **prefettura** *nf* prefecture

prefiggere* (preˈfiddʒere) *vt* arrange in advance **prefiggersi** *vr* intend.

prefisso (preˈfisso) *nm* prefix

pregare (preˈgare) *vt* **1** pray. **2** beg, ask **prego** *interj* **1** yes please! **2** pardon? **3** don't mention it!

pregevole (preˈdʒevole) *adj* valuable.

preghiera (preˈgjɛra) *nf* prayer.

pregiare (preˈdʒare) *vt* esteem. **pregio** (ˈprɛdʒo) *nm* **1** esteem. **2** merit.

pregiudicare (predʒudiˈkare) *vt* prejudice. **pregiudizio** (predʒuˈdittsjo) *nm* prejudice.

pregustare (pregusˈtare) *vt* look forward to.

preistorico (preisˈtɔriko) *adj* prehistoric.

prelato (preˈlato) *nm* prelate

prelevare (preleˈvare) *vt* **1** withdraw. **2** take.

preliminare (prelimiˈnare) *adj,nm* preliminary

preludio (preˈludjo) *nm* prelude

prematuro (premaˈturo) *adj* premature.

premeditato (premediˈtato) *adj* premeditated

premere* (ˈprɛmere) *vt,vi* squeeze, press. *vi* **1** insist **2** be urgent.

premiare (preˈmjare) *vt* reward. **premio** (ˈprɛmjo) *nm* **1** prize **2** reward. **3** award.

preminente (premi'nɛnte) *adj* pre-eminent **preminenza** (premi'nɛntsa) *nf* pre-eminence
premura (pre'mura) *nf* **1** care, attention **2** hurry, urgency **premuroso** (premu'roso) *adj* thoughtful
prenatale (prena'tale) *adj* antenatal
prendere* ('prɛndere) *vt* **1** take **2** seize, catch **3** surprise **4** receive, get, earn **5** take up, occupy **6** catch (illness) **7** treat, consider **8** hit, catch *vi* set, take root **prendere a** begin to **prendere a destra** turn right **prendere con le buone** treat nicely **prendere fuoco** catch fire **prendersela con** *vr* get angry with
prenotare (preno'tare) *vt* book, reserve
preoccupare (preokku'pare) *vt* worry, be anxious **preoccuparsi** *vr* get worried **preoccupato** *adj* worried **preoccupazione** *nf* worry
preparare (prepa'rare) *vt* prepare **prepararsi** *vr* get oneself ready **preparazione** *nf also* **preparativo** *nm* preparation
preposizione (prepozit'tsjone) *nf* preposition
prepotente (prepo'tɛnte) *adj* overbearing, tyrannical **prepotenza** (prepo'tɛntsa) *nf* arrogance
prerogativa (preroga'tiva) *nf* privilege, prerogative
presa ('presa) *nf* **1** capture, seizure **2** dose **3** pinch **4** electric plug
presbite ('prɛzbite) *adj* long-sighted
prescrivere* (pres'krivere) *vt* prescribe
presentare (prezen'tare) *vt* **1** present **2** introduce. **3** offer **4** show **presentarsi** *vr* appear **presentatore** *nm* compere **presentazione** *nf* introduction
presente (pre'zɛnte) *adj,nm* present
presentire (presen'tire) *vt* foresee **presentimento** (presenti'mento) *nm* premonition
presenza (pre'zɛntsa) *nf* presence
preservativo (preserva'tivo) *nm* contraceptive
presi ('presi) *v see* **prendere.**
preside ('prɛside) *nm* **1** principal **2** dean
presidente (presi'dɛnte) *nm* president
presidio (pre'sidjo) *nm* garrison
presiedere (pre'sjɛdere) *vt,vi* preside over
preso ('preso) *v see* **prendere.**
pressare (pres'sare) *vt* press **pressa** ('prɛssa) *nf* press
pressione (pres'sjone) *nf* pressure
presso ('prɛsso) *adv* near, nearby **da presso** closely **presso a** about to ~*prep* **1** nearby **2** in, at **3** care of **4** in the opinion of **5** among **presso a** in comparison with **pressi** *nm pl* vicinity **pressappoco** (pressap'pɔkò) *adv* roughly, more or less
prestabilire (prestabi'lire) *vt* arrange in advance
prestare (pres'tare) *vt* **1** lend **2** give
prestigio (pres'tidʒo) *nm* **1** trick **2** prestige **gioco di prestigio** *nm* conjuring trick
prestito ('prɛstito) *nm* loan **dare in prestito** lend
presto ('prɛsto) *adv* **1** quickly **2** early **3** soon **al più presto** as quickly as possible **fare presto** hurry
presumere* (pre'zumere) *vi* presume **presuntuoso** *adj* presumptuous **presunzione** *nf* presumption
presupporre* (presup'porre) *vt* presuppose
prete ('prɛte) *nm* priest
pretendere* (pre'tɛndere) *vt* **1** claim **2** assert **3** demand **4** want, ask (a price) *vi* claim
pretenzioso (preten'tsjoso) *adj* pretentious
pretesa (pre'tesa) *nf* **1** claim **2** pretension
pretesto (pre'tɛsto) *nm* pretext, excuse
prevalere* (preva'lere) *vi* prevail **prevalersi** *vr* take advantage
prevedere* (preve'dere) *vt* **1** foresee **2** forecast
prevenire* (preve'nire) *vt* anticipate
preventivare (preventi'vare) *vt* allocate **preventivo** *nm* budget
previdenza (previ'dɛntsa) *nf* foresight
previsione (previ'zjone) *nf* expectation **previsioni del tempo** *nf pl* weather forecast
prezioso (pret'tsjoso) *adj* precious
prezzemolo (pret'tsemolo) *nm* parsley
prezzo ('prɛttso) *nm* **1** cost **2** price
prigione (pri'dʒone) *nf* prison **prigioniero** *nm* prisoner
prima ('prima) *adv* **1** first **2** before **3** beforehand **4** formerly *prep* before *nf* **1** first night **2** *mot* first gear **3** first class **prima o poi** sooner or later
primavera (prima'vɛra) *nf* spring
primitivo (primi'tivo) *adj* primitive
primo ('primo) *adj* **1** first **2** principal *nm* first **primogenito** (primo'dʒɛnito) *adj,nm* firstborn
primula ('primula) *nf* primrose
principale (printʃi'pale) *adj* main, chief, principal *nm* manager, boss
principe ('printʃipe) *nm* prince **principessa** *nf* princess

principio (prin'tʃipio) *nm* **1** start, beginning **2** principle
priore (pri'ore) *nm rel* prior
priorità (priori'ta) *nf* priority
prisma ('prizma) *nm* prism
privare (pri'vare) *vt* deprive
privato (pri'vato) *adj* private
privilegio (privi'lɛdʒo) *nm* privilege
privo ('privo) *adj* lacking, wanting
probabile (pro'babile) *adj* probable, likely **probabilità** *nf* probability
problema (pro'blɛma) *nm* problem
procacciare (prokat'tʃare) *vt* seek, obtain
procedere (pro'tʃɛdere) *vi* **1** proceed, go on **2** start **3** act **procedimento** *nm* **1** process **2** *law* proceedings
processione (protʃes'sjone) *nf* procession
processo (pro'tʃɛsso) *nm* **1** process **2** *law* trial, lawsuit
proclamare (prokla'mare) *nf* proclaim, declare **proclamazione** *nf* proclamation
procreare (prokre'are) *vt* procreate
procurare (proku'rare) *vt* **1** obtain **2** cause
proda ('prɔda) *nf* **1** bank, shore **2** edge
prodigare (prodi'gare) *vt* lavish **prodigo** ('prɔdigo) *adj* lavish
prodigio (pro'didʒo) *nm* miracle
produrre* (pro'durre) *vt* **1** produce **2** cause **prodursi** *vr* happen **prodotto** *nm* product **produttivo** *adj* productive **produttore** *nm* producer **produzione** *nf* **1** production **2** manufacture
proemio (pro'ɛmjo) *nm* introduction
profanare (profa'nare) *vt* profane **profano** *adj* profane
proferire* (profe'rire) *vt* pronounce
professare (profes'sare) *vt* **1** profess **2** practise **professione** *nf* profession **professionista** *nm* professional **professore** *nm* **1** teacher **2** professor
profeta (pro'fɛta) *nm* prophet **profetico** (pro'fɛtiko) *adj* prophetic **profezia** (profet'tsia) *nf* prophecy
profilo (pro'filo) *nm* profile outline **di profilo** in profile
profittare (profit'tare) *vi* profit gain **profitto** *nm* profit gain
profondo (pro'fondo) *adj* **1** deep **2** profound **poco profondo** shallow **profondità** *nf* depth
profugo ('prɔfugo) *nm* refugee
profumare (profu'mare) *vt* perfume **profumo** *nm* perfume
profusione (profu'zjone) *nf* profusion
progettare (prodʒet'tare) *vt* plan **progetto** (pro'dʒɛtto) *nm* plan, project
prognosi ('prɔɲɲozi) *nf* prognosis
programmare (program'mare) *vt* program **programma** *nm* **1** programme **2** program
progredire (progre'dire) *vi* progress, advance **progresso** (pro'grɛsso) *nm* progress
proibire (proi'bire) *vt* forbid, prohibit
proiettare (projet'tare) *vt* throw, project *vi* project **proiettile** (pro'jɛttile) *nm* **1** missile **2** shot, shell, bullet **proiettore** *nm* **1** searchlight **2** projector
proletario (prole'tarjo) *adj,nm* proletarian **proletariato** *nm* proletariat
prolifico (pro'lifiko) *adj* prolific
prologo ('prɔlogo) *nm* prologue
prolungare (prolun'gare) *vt* lengthen, extend, prolong **prolungamento** *nm* extension
promettere* (pro'mettere) *vt* promise **promessa** *nf* promise
prominente (promi'nɛnte) *adj* prominent
promiscuo (pro'miskuo) *adj* **1** mixed **2** promiscuous
promontorio (promon'tɔrjo) *nm* headland, promontory
promozione (promot'tsjone) *nf* promotion
promuovere* (pro'mwɔvere) *vt* **1** promote **2** encourage, provoke
pronome (pro'nome) *nm* pronoun
pronto ('pronto) *adj* **1** ready **2** quick, prompt. **pronto soccorso** *nm* first aid ~*interj* (on the telephone) hello!
prontuario (prontu'arjo) *nm* handbook
pronunciare (pronun'tʃare) *vt* pronounce **pronuncia** *nf* pronunciation
propaganda (propa'ganda) *nf* propaganda
propendere* (pro'pɛndere) *vi* incline **propensione** *nf* inclination **propenso** (pro'pɛnso) *adj* inclined
propizio (pro'pittsjo) *adj* favourable
proponimento (proponi'mento) *nm* resolution
proporre* (pro'porre) *vt* propose, suggest **proporsi** *vr* intend
proporzione (propor'tsjone) *nf* proportion **proporzionale** *adj* proportional
proposito (pro'pɔzito) *nm* **1** aim, intention **2** theme subject **a proposito 1** by the way **2** to the point **a proposito di** with regard to
proposizione (propozit'tsjone) *nf* proposition

proposta (pro'posta) *nf* proposal
proprietà (proprje'ta) *nf* **1** property **2** ownership **proprietario** *nm* **1** owner, proprietor **2** landlord
proprio ('prɔprjo) *adj* **1** own **2** suitable, convenient **3** characteristic **4** proper *nm* one's own *adv* **1** exactly, just, precisely **2** really
propulsione (propul'sjone) *nf* propulsion
prora ('prɔra) *nf* prow, bows
prorogare (proro'gare) *vt* defer, postpone, put off **proroga** ('prɔroga) *nf* extension, adjournment
prorompere* (pro'rompere) *vi* burst out
prosa ('prɔza) *nf* prose
prosciutto (proʃ'ʃutto) *nm* ham
proscrivere* (pros'krivere) *vt* outlaw proscribe
proseguire (prose'gwire) *vt* continue, pursue *vi* proceed, continue
prosperare (prospe'rare) *vi* flourish, thrive **prosperità** *nf* prosperity **prospero** ('prɔspero) *adj* **1** favourable **2** prosperous
prospettiva (prospet'tiva) *nf* **1** perspective **2** view **3** prospect
prospetto (pros'pɛtto) *nm* **1** view **2** prospectus
prossimo ('prɔssimo) *adj* **1** near **2** next *nm* **1** fellow human being **2** neighbour **prossimità** *nf* nearness, proximity
prostituire (prostitu'ire) *vt* prostitute **prostituta** *nf* prostitute **prostituzione** *nf* prostitution
protagonista (protago'nista) *nm* **1** protagonist **2** chief actor
proteggere* (pro'tɛddʒere) *vt* protect, defend
proteina (prote'ina) *nf* protein
protendere* (pro'tɛndere) *vt* extend **protendersi** *vr* lean forward
protessi (pro'tɛssi) *v see* **proteggere.**
protestante (protes'tante) *adj,n* Protestant
protestare (protes'tare) *vi* protest **protesta** (pro'tɛsta) *nf* protest
protetto (pro'tɛtto) *v see* **proteggere.**
protettore (protet'tore) *nm* **1** protector **2** patron
protezione (protet'tsjone) *nf* **1** protection **2** patronage
protocollo (proto'kɔllo) *nm* **1** protocol **2** register
prototipo (pro'tɔtipo) *nm* prototype
protrarre* (pro'trarre) *vt* **1** prolong **2** put off
provare (pro'vare) *vt* **1** prove **2** test, try **3** feel, experience **provarsi** *vr* try on **prova** ('prɔva) *nf* **1**. trial, test **2** examination **3** proof, evidence **4** rehearsal **prova generale** dress rehearsal **in prova** on trial
provenire* (prove'nire) *vi* come from **provenienza** (prove'njɛntsa) *nf* origin, source
proverbio (pro'vɛrbjo) *nm* proverb **proverbiale** *adj* proverbial
provincia (pro'vintʃa) *nf* province **provinciale** *adj* provincial
provocare (provo'kare) *vt* provoke **provocante** *adj* provocative **provocazione** *nf* provocation
provvedere* (provve'dere) *vt* provide, furnish, supply *vi* attend to, take care of **provvedimento** *nm* measure, precaution
provvigione (provvi'dʒone) *nf* commission
provvisorio (provvi'zorjo) *adj* provisional
provvista (prov'vista) *nf* supply
prua ('prua) *nf* prow
prudente (pru'dɛnte) *adj* prudent, wise **prudenza** *nf* prudence, caution
prudere* ('prudere) *vi* itch **prurito** *nm* itch
prugna ('pruɲɲa) *nf* plum **prugna secca** prune **prugno** *nm* plum tree
pseudonimo (pseu'dɔnimo) *nm* pseudonym
psicanalisi (psika'nalizi) *nf invar* psychoanalysis **psicanalista** *nm* psychoanalyst
psichiatra (psi'kjatra) *nm* psychiatrist **psichiatria** *nf* psychiatry **psichiatrico** (psi'kjatriko) *adj* psychiatric
psichico ('psikiko) *adj* psychic
psicologo (psi'kɔlogo) *nm* psychologist **psicologia** *nf* psychology **psicologico** (psiko'lɔdʒiko) *adj* psychological
psicopatico (psiko'patiko) *adj* psychopathic *nm* psychopath
psicosi (psi'kɔzi) *nf* psychosis
pubblicare (pubbli'kare) *vt* publish **pubblicazione** *nf* publication **pubblicità** *nf* publicity, advertising
pubblico ('pubbliko) *adj* **1** public **2** state *nm* **1** public **2** audience
pubertà (puber'ta) *nf* puberty
pudico (pu'diko) *adj* modest, decent **pudicizia** (pudi'tʃittsja) *nf* modesty
pudore (pu'dore) *nm* modesty, decency
puerile (pue'rile) *adj* childish
pugilato (pudʒi'lato) *nm* boxing **pugile** ('pudʒile) *nm* boxer
pugnalare (puɲɲa'lare) *vt* stab **pugnale** *nm* dagger
pugno ('puɲɲo) *nm* **1** fist **2** fistful **3** punch

fare a pugni fight. **prendersi a pugni** begin to fight. **tirare pugni** punch
pulce (ˈpultʃe) *nf* flea
pulcino (pulˈtʃino) *nm* chick.
puledro (puˈledro) *nm* foal
puleggia (puleddʒa) *nf* pulley
pulire (puˈlire) *vt* **1** clean. **2** polish. **pulito** *adj* **1** clean. **2** tidy **pulizia** (pulitˈtsia) *nf* cleaning.
pullman (ˈpulman) *nm invar* **1** *mot* coach **2** *(railway)* pullman coach.
pulpito (ˈpulpito) *nm* pulpit
pulsare (pulˈsare) *vi* throb
pungere* (ˈpundʒere) *vt* **1** prick **2** sting.
punire (puˈnire) *vt* punish **punizione** *nf* punishment.
punta (ˈpunta) *nf* **1** point, tip, end **2** top. **3** pinch, touch **4** promontory. **camminare in punta di piedi** walk on tiptoe. **ore di punta** *nf pl* rush hours. **puntina** *nf* **1** pin. **2** gramophone needle. **puntina da disegno** drawing-pin.
puntare (punˈtare) *vt* **1** point, direct, aim. **2** set **3** bet *vi* push. **puntata** *nf* **1** thrust. **2** bet **3** instalment, number
punteggio (punˈteddʒo) *nm* score
puntellare (puntelˈlare) *vt* prop up. **puntello** (punˈtɛllo) *nm* prop
puntiglioso (puntiʎˈʎoso) *adj* **1** punctilious **2** obstinate
punto (ˈpunto) *nm* **1** point, dot **2** stitch **3** mark **4** section **fare punto** score **in punto** exactly ~*adv* no, not at all
puntuale (puntuˈale) *adj* punctual **puntualità** *nf* punctuality
puntura (punˈtura) *nf* **1** prick, sting, bite **2** injection. **3** pain
punzecchiare (puntsekˈkjare) *vt* prick
può (pwɔ) *v see* **potere.**
puoi (ˈpwɔi) *v see* **potere.**
pupattola (puˈpattola) *nf* doll
pupazzo (puˈpattso) *nm* puppet
pupilla (puˈpilla) *nf anat* pupil
purché (purˈke) *conj* provided that
pure (ˈpure) *conj* **1** however, nonetheless, yet **2** even, still. *adv* also, too
purgare (purˈgare) *vt* purge, cleanse **purga** *nf* purge
purgatorio (purgaˈtɔrjo) *nm* purgatory
purificare (purifiˈkare) *vt* purify
puritano (puriˈtano) *adj,n* Puritan
puro (ˈpuro) *adj* pure **purità** *nf* purity
purpureo (purˈpureo) *adj* crimson
purtroppo (purˈtrɔppo) *adv* unfortunately
pus (pus) *nm invar* pus
putrefare* (putreˈfare) *vi* rot
putrido (ˈputrido) *adj* rotten, putrid
puzzare (putˈtsare) *vi* stink **puzzo** *nm* bad smell, stink **puzzolente** (puttsoˈlɛnte) *adj* stinking.

Q

qua (kwa) *adv* here. **di qua** this way **quaggiù** *adv* down here. **quassù** *adv* up here.
quacchero (ˈkwakkero) *nm* Quaker
quaderno (kwaˈdɛrno) *nm* **1** exercise book. **2** notebook
quadrante (kwaˈdrante) *nm* **1** quadrant. **2** dial, face (of a clock).
quadrato (kwaˈdrato) *adj* square. *nm* **1** *math* square. **2** boxing ring.
quadretto (kwaˈdretto) *nm* check (of material). **a quadretti** checked
quadrifoglio (kwadriˈfɔʎʎo) *nm* four-leaved clover
quadro (ˈkwadro) *adj* square. *nm* **1** painting, picture. **2** *math* square. **3** *pl game* diamonds
quadrupede (kwaˈdrupede) *adj,nm* quadruped
quaglia (ˈkwaʎʎa) *nf* quail
qualche (ˈkwalke) *adj invar* **1** some, a few **2** any **qualche volta** sometimes **qualcheduno** *pron* someone **qualcosa** (kwalˈkɔsa) *pron also* **qualchecosa** something. **qualcuno** (kwalˈkuno) *pron* **1** someone **2** anyone **qualora** (kwaˈlora) *conj* if, in case **qualsiasi** (kwalˈsiasi) *adj* **1** any **2** whatever. **3** ordinary **qualunque** *adj invar* any, whatever
quale (ˈkwale) *adj* what, which *pron* **1** who **2** whom, which. **3** whose *adv* like
qualificare (kwalifiˈkare) *vt* **1** qualify **2** define **qualificarsi** *vr* qualify **qualifica** (kwaˈlifika) *nf* qualification
qualità (kwaliˈta) *nf* **1** quality. **2** type, kind
quando (ˈkwando) *conj* **1** when. **2** while
quantità (kwantiˈta) *nf* quantity
quanto (ˈkwanto) *adj* how much or many **quanto tempo?** how long? ~*pron* **1** how much or many **2** what **tutto quanto 1** the lot **2** *pl* all ~*adv* **1** how **2** as much as **quanto a** as regards **quantunque** *conj* although
quaranta (kwaˈranta) *adj,nm* forty **quarantena**

(kwaran'tɛna) *nf* quarantine **quarantesimo** *adj* fortieth

quaresima (kwa'rezima) *nf* Lent.

quartiere (kwar'tjɛre) *nm* **1** district, zone, quarter **2** *mil* quarters

quarto ('kwarto) *adj* fourth *nm* quarter **quartetto** *nm* quartet

quarzo ('kwartso) *nm* quartz

quasi ('kwazi) *adv* almost, nearly *conj* as if

quatto ('kwatto) *adj* **1** crouched **2** silent **quatto quatto** quietly

quattordici (kwat'tordit∫i) *adj* fourteen *nm* or *f* fourteen **quattordicesimo** *adj* fourteenth

quattrini (kwat'trini) *nm pl* money, cash

quattro ('kwattro) *adj* four **fare quattro passi** take a walk ~*nm* or *f* four **quattrocento** (kwattro't∫ɛnto) *adj* four hundred *nm* **1** four hundred **2** fifteenth century

quegli ('kweʎʎi) *adj* see **quello.**

quei ('kwei) *adj* see **quello.**

quel (kewl) *adj* see **quello.**

quello, quel, quella ('kwello, kwel, 'kwella) *pl* **quelli, quegli, quelle** *pron* **1** that man, he **2** that (one) **3** *pl* those, the ones *adj* **1** that **2** *pl* those

quercia ('kwɛrt∫a) *nf* oak

questionario (kwestjo'narjo) *nm* questionnaire

questione (kwes'tjone) *nf* question, matter

questo ('kwesto) *pron* **1** this man **2** this (one) **3** *pl* these, the ones *adj* **1** this **2** *pl* these

questore (kwes'tore) *nm* chief constable

questura (kwes'tura) *nf* police station

qui (kwi) *adv* here

quietanza (kwje'tantsa) *nf* receipt

quietare (kwje'tare) *vt* quieten **quietarsi** *vr* calm down **quiete** ('kwjɛte) *nf* calm

quindi ('kwindi) *adv* therefore

quindici ('kwindit∫i) *adj* fifteen *nm* or *f* fifteen **quindicesimo** *adj* fifteenth

quinta ('kwinta) *nf Th* wing

quinto ('kwinto) *adj* fifth **quintetto** *nm* quintet

quota ('kwɔta) *nf* **1** quota share **2** instalment **3** altitude **4** *sport* odds **prendere quota** gain height

quotidiano (kwoti'djano) *adj* daily *nm* daily newspaper

R

rabarbaro (ra'barbaro) *nm* rhubarb

rabberciare (rabber't∫are) *vt* patch up

rabbia ('rabbja) *nf* **1** rabies **2** rage

rabbino (rab'bino) *nm* rabbi

rabbonire (rabbo'nire) *vt* placate **rabbonirsi** *vr* calm down

rabbrividire (rabbrivi'dire) *vi* shiver, shudder

rabbuffare (rabbuf'fare) *vt* ruffle

rabbuiare (rabbu'jare) *vi* grow dark **rabbuiarsi** *vr* get dark

raccapezzare (rakkapet'tsare) *vt* **1** gather **2** understand

raccapricciare (rakkaprit't∫are) *vt* horrify **raccapricciarsi** *vr* be horrified

raccattare (rakkat'tare) *vt* pick up

racchetta (rak'ketta) *nf* tennis racket

racchiudere* (rak'kjudere) *vt* contain

raccogliere* (rak'kɔʎʎere) *vt* **1** gather, collect, pick **2** pick up **raccogliersi** *vr* **1** assemble **2** concentrate

raccolta (rak'kɔlta) *nf* **1** harvest, crop **2** collection

raccolto (rak'kɔlto) *nm* crop, harvest

raccomandare (rakkoman'dare) *vt* **1** recommend **2** register (a letter, etc) **raccomandata** *nf* registered letter **raccomandazione** *nf* recommendation

raccomodare (rakkomo'dare) *vt* **1** repair, mend **2** put in order

racconciare (rakkon't∫are) *vt* repair

raccontare (rakkon'tare) *vt* tell, narrate, recount **racconto** *nm* **1** account **2** tale, story

raccorciare (rakkor't∫are) *vt* shorten

raccordare (rakkor'dare) *vt* join, connect **raccordo** *nm* **1** *mech* connection **2** slip-road, link road

raccostare (rakkos'tare) *vt also* **raccozzare** (rakkot'tsare) bring together

radar ('radar) *nm* radar

raddolcire (raddol't∫ire) *vt* sweeten

raddoppiare (raddop'pjare) *vt,vi* double

raddrizzare (raddrit'tsare) *vt* straighten

radere* ('radere) *vt* shave

radiare (ra'djare) *vt* cancel, cross out

radiatore (radja'tore) *nm* radiator

radiazione (radjat'tsjone) *nf* radiation

radicale (radi'kale) *adj,n* radical

radicchio (ra'dikkjo) *nm* chicory
radice (ra'ditʃe) *nf* root.
radio[1] ('radjo) *nm* radium **radioattività** *nf* radioactivity **radioattivo** *adj* radioactive
radio[2] ('radjo) *nf invar* radio **radioascoltatore** (radjoaskolta'tore) *nm* listener. **radiodiffusione** *nf* broadcasting.
radiografare (radjogra'fare) *vt* X-ray **radiografia** *nf* X-ray
rado ('rado) *adj* **1** sparse, thin **2** infrequent **di rado** rarely
radunare (radu'nare) *vt* gather, collect **radunarsi** *vr* assemble.
rafano ('rafano) *nm* radish
raffica ('raffika) *nf* **1** gust, squall. **2** *mil* hail, burst
raffigurare (raffigu'rare) *vt* represent.
raffinare (raffi'nare) *vt* refine **raffinamento** *nm also* **raffinatezza** (raffina'tettsa) *nf* refinement **raffineria** *nf* refinery
raffreddare (raffred'dare) *vt* cool *vi* get cold **raffredarsi** *vr* **1** get cold. **2** catch a cold **raffreddore** *nm* cold, chill.
raffrenare (raffre'nare) *vt* restrain
rafia ('rafja) *nf* raffia
raganella (raga'nɛlla) *nf* **1** frog **2** rattle
ragazzo (ra'gattso) *nm* **1** boy **2** boyfriend **ragazza** *nf* **1** girl. **2** girlfriend **ragazza alla pari** au pair
raggiare (rad'dʒare) *vi* shine, beam **raggio** *nm* ray, beam
raggirare (rad'dʒare) *vt* trick, cheat **raggiro** *nm* trick
raggiungere* (rad'dʒundʒere) *vt* **1** reach, arrive at. **2** catch up with **3** achieve **4** hit (a target)
raggiustare (raddʒus'tare) *vt* **1** repair, mend **2** put in order, tidy
raggomitolare (raggomito'lare) *vt* wind into a ball **raggomitolarsi** *vr* curl up
raggrinzare (raggrin'tsare) *vt* crease, wrinkle *vi* become wrinkled
raggruppare (raggrup'pare) *vt* group, assemble. **raggrupparsi** *vr* assemble
ragguagliare (raggwaʎ'ʎare) *vt* **1** level **2** brief, inform. **ragguaglio** *nm* **1** comparison **2** information.
ragia ('radʒa) *nf* resin.
ragionare (radʒo'nare) *vi* reason **ragionamento** *nm* reasoning.
ragione (ra'dʒone) *nf* **1** reason. **2** right. **aver ragione** be right. **ragioneria** *nf* **1** accountancy **2** bookkeeping **ragionevole** (radʒo'nevole) *adj* reasonable. **ragioniere** (radʒo'njɛre) *nm* accountant
ragliare (raʎ'ʎare) *vi* bray.
ragno ('raɲɲo) *nm* spider. **ragnatela** *nf* spider's web
ragù (ra'gu) *nm* sauce, ragout.
raion ('rajon) *nm* rayon
rallegrare (ralle'grare) *vt* cheer. **rallegrarsi** *vr* **1** cheer up **2** rejoice **rallegrarsi con** congratulate
rallentare (rallen'tare) *vt* slacken **rallentarsi** *vr* slow down.
rame ('rame) *nm* copper
rammaricare (rammari'kare) *vt* vex **rammaricarsi** *vr* **1** lament, complain. **2** regret. **rammarico** (ram'mariko) *nm* regret.
rammendare (rammen'dare) *vt* **1** mend **2** darn
rammentare (rammen'tare) *vt* remember, recall **rammentarsi** *vr* remember.
rammollire (rammol'lire) *vt* **1** soften. **2** melt.
ramo ('ramo) *nm* branch. **ramoscello** (ramoʃ'ʃɛllo) *nm* twig.
rampicare (rampi'kare) *vi* climb.
rampollo (ram'pollo) *nm* **1** *bot* shoot **2** scion
rampone (ram'pone) *nm* harpoon
rana ('rana) *nf* frog
rancido ('rantʃido) *adj* rancid.
rancore (ran'kore) *nm* rancour.
randagio (ran'dadʒo) *adj* stray.
randello (ran'dɛllo) *nm* club, stick
rango ('rango) *nm* rank, status
rannicchiarsi (rannik'kjarsi) *vr* crouch
rannuvolare (rannuvo'lare) *vt* cloud **rannuvolarsi** *vr* cloud over
ranocchio (ra'nɔkkjo) *nm* frog
ranuncolo (ra'nunkolo) *nm* buttercup
rapa ('rapa) *nf* turnip
rapace (ra'patʃe) *adj* rapacious
rapida ('rapida) *nf* rapid
rapido ('rapido) *adj* rapid, quick *nm* express train
rapina (ra'pina) *nf* robbery
rapire (ra'pire) *vt* **1** snatch. **2** abduct, kidnap **3** delight. **rapitore** *nm* kidnapper.
rappezzare (rappet'tsare) *vt* piece together **rappezzo** (rap'pɛttso) *nm* patch.
rapporto (rap'pɔrto) *nm* **1** report. **2** relation, connection
rappresaglia (rappre'saʎʎa) *nf* reprisal, retaliation
rappresentare (rapprezen'tare) *vt* **1** represent **2** perform, act **rappresentarsi** *vr* imagine

rappresentante *nm* 1 representative 2 salesman **rappresentazione** *nf* performance
raro ('raro) *adj* rare
rasare (ra'sare) *vt* 1 shave 2 level
raschiare (ras'kjare) *vt* scrape *vi* clear one's throat.
rasentare (razen'tare) *vt* go close to, skim **rasente** *prep* close to.
rasi ('rasi) *v* see **radere.**
raso ('raso) *v* see **radere.** *nm* satin
rasoio (ra'sojo) *nm* razor.
rassegnarsi (rassep'parsi) *vr* resign oneself. **rassegna** *nf* 1 *mil* inspection. 2 review. 3 report
rasserenarsi (rassere'narsi) *vr* clear up.
rassettare (rasset'tare) *vt* 1 tidy, arrange. 2 repair, mend.
rassicurare (rassiku'rare) *vt* reassure. **rassicurarsi** *vr* be reassured
rassomigliare (rassomiʎ'ʎare) *vi* resemble, look like. **rassomigliarsi** *vr* look alike **rassomiglianza** (rassomiʎ'ʎantsa) *nf* resemblance
rastrello (ras'trɛllo) *nm* rake **rastrelliera** (rastrel'ljɛra) *nf* 1 hay rack 2 dish rack.
rata ('rata) *nf* instalment **comprare a rate** buy on hire purchase
ratificare (ratifi'kare) *vt* confirm, ratify
ratto[1] ('ratto) *nm* kidnapping
ratto[2] ('ratto) *nm* rat.
rattoppare (rattop'pare) *vt* patch, mend
rattrappire (rattrap'pire) *vi* be stiff
rattristare (rattris'tare) *vt* sadden **rattristarsi** *vr* become sad
rauco ('rauko) *adj* hoarse
ravanello (rava'nɛllo) *nm* radish
ravioli (ravi'ɔli) *nm pl* pieces of stuffed pasta
ravviare (ravvi'are) *vt* put in order, tidy
ravvisare (ravvi'zare) *vt* recognize
ravvivare (ravvi'vare) *vt* revive
ravvolgere* (rav'vɔldʒere) *vt* wrap
razionale (rattsjo'nale) *adj* rational
razionare (rattsjo'nare) *vt* ration **razione** *nf* ration
razza ('rattsa) *nf* race, breed
razzia (rat'tsia) *nf* raid **razzismo** (rat'tsizmo) *nm* racialism **razzista** *nm* racialist
razzo ('raddzo) *nm* rocket
re (re) *nm invar* king
reagire (rea'dʒire) *vi* react
reale[1] (re'ale) *adj* real **realismo** *nm* realism **realtà** *nf* reality
reale[2] (re'ale) *adj* royal
realizzare (realid'dzare) *vt* achieve, carry out **realizzarsi** *vr* come about
reato (re'ato) *nm* crime
reattore (reat'tore) *nm* reactor
reazione (reat'tsjone) *nf* reaction
rebbio ('rebbjo) *nm* prong
recapito (re'kapito) *nm* address
recare (re'kare) *vt* 1 bring. 2 cause **recarsi** *vr* go
recensire (retʃen'sire) *vt* review **recensione** *nf* review
recente (re'tʃɛnte) *adj* recent, new.
recessione (retʃes'sjone) *nf* recession.
recingere* (re'tʃindʒere) *vt* surround, enclose. **recinto** *nm* enclosure
recipiente (retʃi'pjɛnte) *nm* container
reciproco (re'tʃiproko) *adj* mutual, reciprocal.
recitare (retʃi'tare) *vt* 1 recite 2 perform **recita** ('rɛtʃita) *nf* performance
reclamare (rekla'mare) *vi* protest, complain. *vt* demand, claim. **reclamo** *nm* claim
reclame (re'klam) *nf* 1 advertisement 2 advertising.
reclusione (reklu'zjone) *nf* 1 seclusion 2 imprisonment
reclutare (reklu'tare) *vt* enlist, enrol, recruit **recluta** *nf* recruit
record ('rɛkord) *nm invar* record (in sport, etc).
recriminare (rekrimi'nare) *vi* recriminate **recriminazione** *nf* recrimination
recto ('rɛkto) *nm* 1 recto, right-hand side of page. 2 reverse (of a coin)
redarguire (redargu'ire) *vt* reprove, reproach
redattore (redat'tore) *nm* 1 writer. 2 editor **redazione** *nf* 1 editing 2 editorial staff.
reddito ('rɛddito) *nm* income, revenue
redentore (reden'tore) *nm* redeemer **redenzione** *nf* redemption
redigere* (re'didʒere) *vt* compile, draft
redine ('rɛdine) *nf* rein
reduce ('rɛdutʃe) *nm* survivor *adj* returned
refe ('refe) *nm* thread
referendum (refe'rɛndum) *nm invar* referendum.
referenza (refe'rɛntsa) *nf* reference
refettorio (refet'tɔrjo) *nm* refectory
regalare (rega'lare) *vt* give **regalo** *nm* gift
regale (re'gale) *adj* regal
regata (re'gata) *nf* boat race.
reggere* ('rɛddʒere) *vt* 1 hold, support 2 direct 3 rule *vi* resist **reggersi** *vr* stand **reggente** (red'dʒɛnte) *nm* regent

reggia (ˈrɛddʒa) *nf* royal palace.
reggimento (reddʒiˈmento) *nm* regiment.
reggipetto (reddʃiˈpɛtto) *nm invar also* **reggiseno** *nm* bra, brassiere
regia (reˈdʒia) *nf* (film) direction
regime (reˈdʒime) *nm* **1** regime. **2** diet
regina (reˈdʒina) *nf* queen **reginetta** *nf* beauty queen.
regio (ˈrɛdʒo) *adj* royal
regione (reˈdʒone) *nf* region **regionale** *adj* regional
regista (reˈdʒista) *nm* **1** (of a film) director **2** *Th* producer
registrare (redʒisˈtrare) *vt* **1** note, register **2** record **registratore** *nm* tape-recorder **registratore di cassa** cash register **registrazione** *nf* **1** registration **2** recording **registro** *nm* register
regnare (reɲˈɲare) *vi* reign **regno** *nm* **1** kingdom **2** reign
regola (ˈrɛgola) *nf* rule **in regola** in order
regolare (regoˈlare) *vt* regulate, adjust *adj* regular **regolarità** *nf* regularity
regolo (ˈrɛgolo) *nm* ruler **regolo calcolatore** slide rule
reincarnazione (reinkarnatˈtsjone) *nf* reincarnation
relativo (relaˈtivo) *adj* **1** relative **2** relevant **relatività** *nf* relativity
relazione (relatˈtsjone) *nf* **1** relation, relationship **2** report
relegare (releˈgare) *vt* **1** confine **2** relegate
religione (reliˈdʒone) *nf* religion **religioso** (reliˈdʒoso) *adj* religious
reliquia (reˈlikwja) *nf* relic
reliquiario (reliˈkwarjo) *nm* shrine
remare (reˈmare) *vi* row **rematore** *nm* oarsman **remo** *nm* oar
reminiscenza (reminiʃˈʃɛntsa) *nf* **1** remembrance **2** reminiscence
remissivo (remisˈsivo) *adj* submissive
remoto (reˈmɔto) *adj* remote
rena (ˈrena) *nf* sand
rendere* (ˈrɛndere) *vt* **1** give back return **2** give **3** make **4** yield **rendersi** *vr* become **rendersi conto** realize **rendiconto** *nm comm* statement
rendita (ˈrɛndita) *nf* income
rene (ˈrɛne) *nm anat* kidney
reni (ˈreni) *nf pl anat* back
renna (ˈrɛnna) *nf* reindeer
Reno (ˈrɛno) *nm* Rhine

reparto (reˈparto) *nm* **1** department, section **2** *mil* detachment.
repellente (repelˈlɛnte) *adj* repulsive
repertorio (reperˈtɔrjo) *nm* **1** index **2** repertory
replicare (repliˈkare) *vt* **1** reply **2** repeat **replica** (ˈrɛplika) *nf* **1** reply **2** *Th* repeat performance, run.
reprensibile (reprenˈsibile) *adj* blameworthy
repressione (represˈsjone) *nf* repression **repressivo** *adj* repressive
reprimere* (reˈprimere) *vt* check, suppress
repubblica (reˈpubblika) *nf* republic **repubblicano** *adj,n* republican
reputare (repuˈtare) *vt* consider, judge **reputazione** *nf* reputation
requie (ˈrɛkwje) *nf* rest
requisire (rekwiˈzire) *vt* requisition
resa (ˈresa) *nf* **1** surrender **2** return
resi (ˈresi) *v see* **rendere.**
residente (resiˈdɛnte) *adj,nm* resident **residenza** (resiˈdɛntsa) *nf* residence **residenziale** *adj* residential
residuo (reˈsiduo) *nm* remainder
resina (ˈrɛzina) *nf* resin
resistere (reˈsistere) *vi* **1** resist, hold out **2** endure **resistente** *adj* resistant **resistenza** (resisˈtɛntsa) *nf* resistance
reso (ˈreso) *v see* **rendere.**
resoconto (resoˈkonto) *nm* report
respingere* (resˈpindʒere) *vt* **1** repel, force back **2** reject
respirare (respiˈrare) *vi,vt* breathe **respirazione** *nf* respiration **respiro** *nm* **1** breath **2** rest
responsabile (responˈsabile) *adj* responsible **responsabilità** *nf* responsibility
ressa (ˈrɛssa) *nf* crowd
ressi (ˈrɛssi) *v see* **reggere.**
restare (resˈtare) *vi* **1** stay, remain **2** be left
restaurare (restauˈrare) *vt* restore **restauro** *nm* restoration, repair
restio (resˈtio) *adj* reluctant
restituire (restituˈire) *vt* give back, restore
resto (ˈrɛsto) *nm* **1** rest, remainder **2** change (money) **del resto** besides.
restringere* (resˈtrindʒere) *vt* **1** tighten, squeeze **2** restrict **3** take in (clothes) **restringersi** *vr* **1** narrow **2** shrink **3** close up **restrizione** *nf* restriction
rete (ˈrete) *nf* **1** net **2** network **3** *sport* goal **reticella** (retiˈtʃɛlla) *nf* luggage rack

reticente (reti'tʃɛnte) *adj* reticent **reticenza** (reti'tʃɛntsa) *nf* reticence
reticolato (retiko'lato) *nm* wire netting
retina ('rɛtina) *nf* retina
retorica (re'tɔrika) *nf* rhetoric **retorico** (re'tɔriko) *adj* rhetorical
retribuire (retribu'ire) *vt* **1** pay **2** reward **retribuzione** *nf* payment
retro ('rɛtro) *nm* back, reverse side **retrodatare** (retroda'tare) *vt* backdate **retrogrado** (re'trɔgrado) *adj* backward, retrograde **retroguardia** (retro'gwardja) *nf* rearguard **retromarcia** (retro'martʃa) *nf* reverse gear **retrospettivo** (retrospet'tivo) *adj* retrospective **retrovisore** (retrovi'zore) *nm* driving mirror
retrocedere* (retro'tʃɛdere) *vi* retreat
retta ('rɛtta) *nf* **dare retta** listen, pay attention
rettangolo (ret'tangolo) *nm* rectangle **rettangolare** *adj* rectangular
rettificare (rettifi'kare) *vt* correct, rectify
rettile ('rɛttile) *nm* reptile
retto[1] ('rɛtto) *adj* **1** straight **2** honest **3** correct, right. *nm* **1** right angle **2** *anat* rectum
retto[2] ('retto) *v* see **reggere.**
rettore (ret'tore) *nm educ* rector
reumatismo (reuma'tizmo) *nm* rheumatism **reumatico** (reu'matiko) *adj* rheumatic
reverendo (reve'rɛndo) *adj,nm* reverend
revisione (revi'zjone) *nf* revision
revocare (revo'kare) *vt* annul
revolver (re'vɔlver) *nm invar* revolver
riabbassare (riabbas'sare) *vt* lower again
riabbracciare (riabbrat'tʃare) *vt* embrace again
riabilitare (riabili'tare) *vt* **1** rehabilitate **2** reinstate. **riabilitazione** *nf* rehabilitation
riaccendere* (riat'tʃɛndere) *vt* relight
riaccompagnare (riakkompaɲ'ɲare) *vt* take back
riacquistare (riakkwis'tare) *vt* regain
riaddormentarsi (riaddormen'tarsi) *vr* fall asleep again
riaffermare (riaffer'mare) *vt* reaffirm
rialto (ri'alto) *nm* hill, rise
rialzare (rial'tsare) *vt* lift up, raise **rialzarsi** *vr* rise. **rialzo** (ri'altso) *nm* rise
riammettere* (riam'mettere) *vt* readmit
rianimare (riani'mare) *vt* revive
riapertura (riaper'tura) *nf* reopening
riapparire* (riappa'rire) *vi* reappear
riaprire* (ria'prire) *vt,vi* reopen
riassumere* (rias'sumere) *vt* **1** resume **2** reemploy **3** summarize **riassunto** *nm* summary
riattaccare (riattak'kare) *vt* **1** reattach **2** hang up (telephone)
riattivare (riatti'vare) *vt* put back into operation
ribadire (riba'dire) *vt* rivet
ribaldo (ri'baldo) *nm* rogue
ribaltare (ribal'tare) *vt,vi,* overturn **ribaltarsi** *vr* capsize **ribalta** *nf* **1** footlights **2** flap
ribassare (ribas'sare) *vt* lower *vi* fall **ribasso** *nm* fall, reduction
ribattere (ri'battere) *vt* return (ball) *vi* retort
ribellarsi (ribel'larsi) *vr* rebel, revolt **ribelle** (ri'bɛlle) *nm* rebel *adj* rebellious **ribellione** *nf* rebellion
ribes ('ribes) *nm invar* gooseberry **ribes nero** blackcurrant **ribes spinoso** gooseberry bush
riboccare (ribok'kare) *vi* overflow
ribrezzo (ri'breddzo) *nm* shudder
ributtare (ribut'tare) *vt* repel
ricacciare (rikat'tʃare) *vt* drive back
ricadere* (rika'dere) *vi* fall again **ricaduta** *nf* relapse
ricamare (rika'mare) *vt* embroider **ricamo** *nm* embroidery
ricambiare (rikam'bjare) *vt* exchange **ricambio** *nm* exchange
ricapitolare (rikapito'lare) *vt* sum up
ricaricare (rikari'kare) *vt* reload
ricattare (rikat'tare) *vt* blackmail **ricattatore** *nm* blackmailer **ricatto** *nm* blackmail
ricavare (rika'vare) *vt* obtain, gain
ricchezza (rik'kettsa) *nf* wealth
riccio[1] ('rittʃo) *nm* hedgehog. **riccio di mare** sea urchin
riccio[2] ('rittʃo) *adj* curly *nm* curl **ricciuto** *adj* curly
ricco ('rikko) *adj* rich
ricercare (ritʃer'kare) *vt* **1** seek **2** investigate **ricerca** *nf* research
ricetta (ri'tʃɛtta) *nf* **1** *med* prescription **2** recipe
ricevere (ri'tʃevere) *vt* receive **ricevimento** *nm* reception **ricevitore** *nm* receiver **ricevuta** *nf* receipt
richiamare (rikja'mare) *vt* **1** call back, recall **2** attract, draw **3** rebuke **richiamo** *nm* **1** recall **2** call
richiedere* (ri'kjɛdere) *vt* **1** ask again **2** demand, request **3** need **richiesta** (ri'kjɛsta) *nf* demand, request
ricino ('ritʃino) *nm* castor-oil plant **olio di ricino** castor oil

ricominciare (rikomin'tʃare) *vt* begin again

ricompensa (rikom'pɛnsa) *nf* reward

riconciliare (rikontʃi'ljare) *vt* reconcile **riconciliarsi** *vr* be reconciled

ricondurre* (rikon'durre) *vt* take back

riconoscere* (riko'noʃʃere) *vt* **1** recognize **2** acknowledge **riconoscente** (rikonoʃ'ʃɛnte) *adj* grateful **riconoscenza** (rikonoʃ'ʃɛntsa) *nf* gratitude **riconoscimento** *nm* recognition

ricopiare (riko'pjare) *vt* copy out

ricoprire* (riko'prire) *vt* cover

ricordare (rikor'dare) *vt* **1** remember, recall **2** remind of **3** commemorate **ricordarsi** *vr* remember **ricordo** (ri'kɔrdo) *nm* **1** memory **2** souvenir

ricorrere* (ri'korrere) *vi* **1** turn to **2** appeal **3** recur

ricostruire (rikostru'ire) *vt* reconstruct

ricotta (ri'kɔtta) *nf* cottage cheese

ricoverare (rikove'rare) *vt* **1** shelter **2** admit to hospital **ricovero** (ri'kovero) *nm* refuge

ricrearsi (rikre'arsi) *vr* amuse oneself **ricreazione** *nf* recreation

ricredersi (rikre'dersi) *vr* change one's mind

ricuperare (rikupe'rare) *vt* recover, salvage

ricusare (riku'zare) *vt* refuse

ridare* (ri'dare) *vt* give back

ridere* ('ridere) *vi* laugh

ridicolo (ri'dikolo) *adj* ridiculous

ridire* (ri'dire) *vt* **1** repeat **2** find fault

ridurre* (ri'durre) *vt* **1** reduce **2** adapt **riduzione** *nf* **1** reduction **2** *mus* arrangement

riempire (riem'pire) *vt* **1** fill **2** stuff **3** fill in

rientrare (rien'trare) *vi* **1** re-enter **2** return

rifare* (ri'fare) *vt* **1** do or make again **2** repair

riferire (rife'rire) *vt* **1** report **2** ascribe **riferirsi** *vr* refer **riferimento** *nm* reference

rifiutare (rifju'tare) *vt* **1** refuse **2** reject **rifiutarsi** *vr* refuse **rifiuto** *nm* **1** refusal **2** *pl* refuse, rubbish **merce di rifiuto** *nf pl* waste goods

riflessione (rifles'sjone) *nf* reflexion

riflessivo (rifles'sivo) *adj* thoughtful

riflesso (ri'flɛsso) *nm* **1** reflection **2** reflex

riflettere* (ri'flɛttere) *vt,vi* reflect **riflettersi** *vr* be reflected **riflettore** *nm* searchlight floodlight

rifondere* (ri'fondere) *vt* refund

riformare (rifor'mare) *vt* **1** reform **2** *mil* discharge **riforma** *nf* **1** reform **2** Reformation **riformatore** *nm* reformer

rifornire (rifor'nire) *vt* supply, provide **rifornimento** *nm* supply **stazione di rifornimento** *nf* filling station

rifuggire (rifud'dʒire) *vi* **1** flee. **2** shun

rifugiarsi (rifu'dʒarsi) *vr* take refuge. **rifugiato** *nm* refugee **rifugio** *nm* refuge, shelter.

rifulgere* (ri'fuldʒere) *vi* shine

rigaglie (ri'gaʎʎe) *nf pl* giblets

rigare ('rigare) *vt* rule **riga** *nf* **1** line, stripe **2** row **3** ruler **4** parting (in hair) **a righe** striped **rigato** *adj* lined, striped

rigettare (ridʒet'tare) *vt* **1** throw back **2** reject **rigetto** (ri'dʒɛtto) *nm* rejection

rigido ('ridʒido) *adj* **1** stiff, rigid **2** strict, severe **rigidezza** (ridʒi'dettsa) *nf* severity **rigidità** *nf* rigidity

rigirare (ridʒi'rare) *vt* turn **rigirarsi** *vr* turn round **rigiro** *nm* **1** turning **2** trick

rigo ('rigo) *nm* line

rigoglioso (rigoʎ'ʎoso) *adj* exuberant

rigore (ri'gore) *nm* rigour, harshness **rigoroso** *adj* **1** severe **2** rigorous

rigovernare (rigover'nare) *vt* wash up (dishes)

riguardare (rigwar'dare) *vt* **1** look at again. **2** concern **3** consider *vi* overlook **riguardarsi** *vr* take care of oneself **riguardo** *nm* **1** regard, respect **2** care **riguardo a** as regards

rilasciare (rilaʃ'ʃare) *vt* **1** leave again **2** release **3** issue **rilascio** *nm* **1** release **2** issue

rilassare (rilas'sare) *vt* relax **rilassarsi** *vr* slacken

rilegare (rile'gare) *vt* **1** bind (a book) **2** set (a jewel) **rilegatura** *nf* binding

rileggere* (ri'lɛddʒere) *vt* re-read

rilevare (rile'vare) *vt* **1** lift up **2** notice **3** point out **4** survey **5** understand **6** relieve **7** take over

rilievo (ri'ljɛvo) *nm* relief

rilucere* (ri'lutʃere) *vi* glitter

riluttante (rilut'tante) *adj* reluctant **riluttanza** (rilut'tantsa) *nf* reluctance

rima ('rima) *nf* rhyme

rimandare (riman'dare) *vt* **1** send back **2** put off, postpone **rimando** *nm* **1** return **2** postponement

rimanere* (rima'nere) *vi* **1** stay, remain **2** be left, remain **rimanere ferito** be wounded

rimango (ri'mango) *v see* **rimanere.**

rimarrò (rimar'rɔ) *v see* **rimanere.**

rimasi (ri'masi) *v see* **rimanere.**

rimasto (ri'masto) *v see* **rimanere.**

rimasugli (rima'suʎʎi) *nm pl* leftovers

rimbalzare (rimbal'tsare) *vi* rebound **rimbalzo** *nm* rebound
rimbambire (rimbam'bire) *vi* become childish
rimbeccare (rimbek'kare) *vt* retort
rimboccare (rimbok'kare) *vt* turn or tuck up
rimbombare (rimbom'bare) *vi* resound
rimborsare (rimbor'sare) *vt* refund, repay
rimediare (rime'djare) *vi* cure **rimedio** (ri'mɛdjo) *nm* cure, remedy
rimescolare (rimesko'lare) *vt* **1** mix **2** shuffle (cards)
rimessa (ri'messa) *nf* **1** shed **2** garage
rimettere (ri'mettere) *vt* **1** replace, return **2** put on again **3** lose **4** postpone **5** send **6** pardon **7** entrust **rimettersi** *vr* **1** return. **2** recover **3** (of the weather) clear up **4** rely
rimodernare (rimoder'nare) *vt* update, modernize
rimontare (rimon'tare) *vt* **1** reassemble **2** go up again **3** remount *vi* **1** remount **2** date
rimorchiare (rimor'kjare) *vt* tow **rimorchio** (ri'mɔrkjo) *nm* trailer
rimorso (ri'mɔrso) *nm* remorse
rimpasto (rim'pasto) *nm* reshuffle
rimpatriare (rimpa'trjare) *vi* return home *vt* repatriate **rimpatrio** (rim'patrio) *nm* repatriation
rimpiangere* (rim'pjandʒere) *vt* regret
rimpiattino (rimpjat'tino) *nm* hide-and-seek
rimpiccolire (rimpikko'lire) *vt* make smaller *vi* become smaller
rimpinzarsi (rimpin'tsarsi) *vr* overeat
rimproverare (rimprove'rare) *vt* rebuke **rimprovero** (rim'prɔvero) *nm* rebuke, reproof
rimuovere* (ri'mwɔvere) *vt* **1** remove **2** dissuade
Rinascimento (rinaʃʃi'mento) *nm* Renaissance
rincagnato (rinkaɲ'ɲato) *adj* snub (of a nose)
rincalzare (rinkal'tsare) *vt* **1** prop up **2** tuck in **3** chase
rincarare (rinka'rare) *vt* increase the price of
rincasare (rinka'sare) *vi* go home
rinchiudere* (rin'kjudere) *vt* enclose, shut up
rincontrare (rinkon'trare) *vt* meet
rincorrere* (rin'korrere) *vt* chase, pursue **rincorsa** *nf* short run
rincrescere* (rin'kreʃʃere) *vi* cause regret *v imp* be sorry
rinculare (rinku'lare) *vi* recoil
rinfiancare (rinfjan'kare) *vt* prop up.
rinforzare (rinfor'tsare) *vt* reinforce, strengthen **rinforzo** (rin'fɔrtso) *nm* **1** support **2** *mil* reinforcement
rinfrescare (rinfres'kare) *vt* **1** cool **2** refresh **rinfrescarsi** *vr* **1** cool down **2** have a cool drink **rinfrescante** *adj* refreshing **rinfresco** *nm* refreshment
rinfusa (rin'fuza) *adv,adj* **alla rinfusa** higgledy-piggledy
ringhiare (rin'gjare) *vi* growl **ringhio** *nm* growl
ringhiera (rin'gjɛra) *nf* **1** railing. **2** *pl* banisters
ringiovanire (rindʒova'nire) *vt* make younger *vi* become younger
ringraziare (ringrat'tsjare) *vt* thank **ringraziamento** *nm* thanks
rinnegare (rinne'gare) *vt* **1** deny **2** disown.
rinnovare (rinno'vare) *vt* renew
rinoceronte (rinotʃe'ronte) *nm* rhinoceros.
rinomato (rino'mato) *adj* famous
rintoccare (rintok'kare) *vi* (of a clock) strike, (of a bell) toll
rintoppare (rintop'pare) *vt* come across, bump into
rintracciare (rintrat'tʃare) *vt* trace
rintronare (rintro'nare) *vt* **1** shake. **2** stun *vi* resound
rintuzzare (rintut'tsare) *vt* blunt
rinunciare (rinun'tʃare) *vi* give up, relinquish *vt* renounce. **rinuncia** *nf* renunciation.
rinvenire* (rinve'nire) *vt* find. *vi* revive
rinviare (rinvi'are) *vt* **1** send back. **2** put off, defer
rinvigorire (rinvigo'rire) *vt* strengthen
riordinare (riordi'nare) *vt* **1** tidy. **2** reorganize.
riorganizzare (riorganid'dzare) *vt* reorganize. **riorganizzazione** *nf* reorganization.
ripagare (ripa'gare) *vt* repay
riparare (ripa'rare) *vt* **1** repair, mend. **2** protect. **riparazione** *nf* repair **riparo** *nm* shelter. **senza riparo** irreparably
ripartire (ripar'tire) *vt* divide, share. *vi* leave again
ripassare (ripas'sare) *vt* **1** recross **2** revise **3** retouch **4** look over **ripassata** *nf* **1** revision. **2** look over, inspection **ripasso** *nm* revision.
ripensare (ripen'sare) *vi* **1** reconsider. **2** change one's mind.
ripentirsi (ripen'tirsi) *vr* repent.
ripercussione (riperkus'sjone) *nf* repercussion.
ripetere (ri'pɛtere) *vt* repeat. **ripetizione** *nf* **1** repetition **2** rehearsal
ripiano (ri'pjano) *nm* shelf.

ripido (ˈripido) *adj* steep
ripiegare (ripjeˈgare) *vt* fold up
ripiego (riˈpjɛgo) *nm* expedient
ripieno (riˈpjɛno) *adj* stuffed *nm* stuffing, filling.
riporre* (riˈporre) *vt* place
riportare (riporˈtare) *vt* **1** take or bring back **2** report. **3** win, obtain, receive **riportarsi** *vr* refer
riposare (riposˈsare) *vt* **1** put back **2** rest *vi* rest **riposarsi** *vr* rest **riposo** (riˈpɔso) *nm* rest **a riposo** retired
ripostiglio (riposˈtiʎʎo) *nm* **1** hiding place **2** storeroom
riprendere* (riˈprɛndere) *vt* **1** take back **2** take again. **3** resume **4** reprove **5** film *vi* revive **riprendersi** *vr* **1** recover **2** correct oneself
ripresa (riˈpresa) *nf* **1** resumption **2** *sport* second half or round
riprodurre* (riproˈdurre) *vt* reproduce **riproduzione** *nf* reproduction
ripugnante (ripuɲˈɲante) *adj* repugnant **ripugnanza** (ripuɲˈɲantsa) *nf* repugnance
ripulsione (ripulˈsjone) *nf* repulsion **ripulsivo** *adj* repulsive
risaia (riˈsaja) *nf* paddy field
risalire (risaˈlire) *vt* **1** go up again **2** go back to, date from.
risaltare (risalˈtare) *vi* stand out **risalto** *nm* relief, prominence **fare risalto** stand out
risanare (risaˈnare) *vt* cure
risarcire (risarˈtʃire) *vt* compensate
risata (riˈsata) *nf* laugh
riscaldare (riskalˈdare) *vt* **1** heat, heat up **2** warm **riscaldarsi** *vr* warm up **riscaldamento** *nm* heating **riscaldatore** *nm* heater
riscatto (risˈkatto) *nm* ransom
rischiarare (riskjaˈrare) *vt* **1** light up **2** enlighten **3** clear *vi* light up **rischiararsi** *vr* clear up clear up
rischiare (risˈkjare) *vt* risk *vi* run the risk **rischio** *nm* risk **rischioso** (risˈkjoso) *adj* risky.
risciacquare (riʃʃakˈkware) *vt* rinse
risciò (riʃˈʃɔ) *nm* rickshaw
riscontrare (riskonˈtrare) *vt* **1** compare **2** verify **riscontrarsi** *vr* correspond **riscontro** *nm* **1** checking. **2** comparison
riscossa (risˈkɔssa) *nf* insurrection
riscuotere* (risˈkwɔtere) *vt* **1** cash, draw, collect (one's salary). **2** obtain **3** shake **riscuotersi** *vr* **1** start. **2** *med* come round

risentire (risenˈtire) *vt* feel, experience *vi* show signs of **risentirsi** *vr* take offence **risentimento** *nm* resentment.
riserbo (riˈsɛrbo) *nm* reserve
riservare (riserˈvare) *vt* keep, reserve **riserva** (riˈsɛrva) *nf* **1** stock, reserve **2** reservation. **3** reserve, preserve. **4** *sport* reserve **riservato** *adj* reserved
risi (ˈrisi) *v* see **ridere.**
risiedere (riˈsjɛdere) *vi* reside
riso[1] (ˈriso) *v* see **ridere.**
riso[2] (ˈriso) *nm* rice
riso[3] (ˈriso) *nm* **1** laugh **2** laughter
risolsi (riˈsɔlsi) *v* see **risolvere.**
risolto (riˈsɔlto) *v* see **risolvere.**
risoluto (risoˈluto) *adj* determined **risolutezza** (risoluˈtettsa) *nf* determination
risoluzione (risolutˈtsjone) *nf* resolution
risolvere* (riˈsɔlvere) *vt* **1** resolve, solve **2** break down, dissolve **3** decide **4** annul **risolversi** *vr* **1** dissolve **2** make up one's mind
risonare (risoˈnare) *vi* resound, ring out **risonanza** (risoˈnantsa) *nf* **1** resonance **2** echo
risorgere* *vi* rise again **risorgimento** *nm* **1** revival **2** *cap* Italian 19th-century independence movement
risorsa (riˈsorsa) *nf* resource
risparmiare (risparˈmjare) *vt* **1** save **2** spare **risparmio** (risˈparmjo) *nm* saving **cassa di risparmio** *nf* savings bank
rispettare (rispetˈtare) *vt* respect **rispettabile** (rispetˈtabile) *adj* respectable **rispettabilità** *nf* respectability **rispetto** (risˈpɛtto) *nm* respect. **rispetto a** as regards **rispettoso** (rispetˈtoso) *adj* respectful
rispettivo (rispetˈtivo) *adj* respective
risplendere (risˈplɛndere) *vi* shine
rispondere* (risˈpondere) *vi* **1** reply, answer **2** be responsible for **3** correspond **4** respond **rispondere di sì/no** answer yes/no
risposi (risˈposi) *v* see **rispondere.**
risposta (risˈposta) *nf* **1** reply, answer **2** response
risposto (risˈposto) *v* see **rispondere.**
rissa (ˈrissa) *nf* brawl **rissoso** (risˈsoso) *adj* quarrelsome
ristabilire (ristabiˈlire) *vt* restore
ristagnare (ristaɲˈɲare) *vi* stagnate **ristagno** *nm* stagnation
ristampare (ristamˈpare) *vt* reprint
ristorante (ristoˈrante) *nm* restaurant

ristorare (risto'rare) *vt* refresh, restore. **ristoro** (ris'tɔro) *nm* **1** relief. **2** refreshments.
ristretto (ris'tretto) *adj* **1** narrow. **2** restricted, limited.
risultare (risul'tare) *vi* result, ensue. **risultare chiaro** be clear. **risultato** *nm* result.
risuonare (risuo'nare) *vi* resound, ring out. **risuonanza** *nf* **1** resonance. **2** echo.
risurrezione (risurret'tsjone) *nf* resurrection.
risuscitare (risuʃʃi'tare) *vt* bring back to life, revive. *vi* rise again.
risvegliare (rizveʎ'ʎare) *vt* awaken, revive **risveglio** *nm* revival.
ritaglio (ri'taʎʎo) *nm* **1** newspaper cutting. **2** scrap.
ritardare (ritar'dare) *vt* slow down, delay. *vi* **1** be late. **2** (of a watch) lose. **ritardo** *nm* delay. **in ritardo** late.
ritegno (ri'teɲɲo) *nm* restraint.
ritenere* (rite'nere) *vt* **1** keep back. **2** keep, hold. **3** consider. **4** remember. **ritenersi** *vr* consider oneself.
ritirare (riti'rare) *vt* **1** withdraw, draw back. **2** retract. **3** draw (money). **ritirarsi** *vr* **1** withdraw. **2** retire. **ritirata** *nf* **1** retreat. **2** lavatory. **ritiro** *nm* withdrawal.
ritmo ('ritmo) *nm* rhythm. **ritmico** ('ritmiko) *adj* rhythmic.
rito ('rito) *nm* rite. **rituale** *adj* ritual.
ritoccare (ritok'kare) *vt* touch up. **ritocco** (ri'tokko) *nm* retouch.
ritornare (ritor'nare) *vi* **1** return, come back. **2** recur. *vt* give back. **ritorno** *nm* return. **essere di ritorno** be back. **ritorno di fiamma** **1** backfire. **2** renewed passion.
ritrarre* (ri'trarre) *vt* **1** draw back. **2** reproduce. **ritrarsi** *vr* withdraw.
ritratto (ri'tratto) *nm* portrait.
ritroso (ri'troso) *adj* **1** reluctant. **2** shy.
ritrovare (ritro'vare) *vt* **1** find (again). **2** discover. **3** recover. **ritrovarsi** *vr* **1** meet. **2** find oneself. **ritrovo** (ri'trɔvo) *nm* **1** meeting. **2** meeting place. **ritrovo notturno** nightclub
ritto ('ritto) *adj* **1** upright. **2** straight. **stare ritto** stand up. ~*nm* right side.
riunire (riu'nire) *vt* **1** gather, collect. **2** reunite **riunirsi** *vr* **1** be reunited. **2** meet. **riunione** *nf* meeting.
riuscire* (riuʃ'ʃire) *vi* **1** go out. **2** work or turn out. **3** result. **4** succeed, manage. **riuscita** *nf* **1** result. **2** success.
riva ('riva) *nf* bank, shore.
rivale (ri'vale) *adj,n* rival. **rivaleggiare** *vi* rival **rivalità** *nf* rivalry
rivedere* (rive'dere) *vt* **1** see again. **2** revise, examine.
rivelare (rive'lare) *vt* reveal, disclose **rivelazione** *nf* revelation.
riverberare (riverbe'rare) *vt* reverberate.
riverire (rive'rire) *vt* respect. **riverente** (rive'rɛnte) *adj* reverent. **riverenza** (rive'rɛntsa) *nf* **1** reverence. **2** bow.
rivestire (rives'tire) *vt* **1** cover. **2** line.
riviera (ri'vjɛra) *nf* coast.
rivista (ri'vista) *nf* **1** *mil* parade. **2** magazine, review. **3** revue.
rivolgere* (ri'vɔldʒere) *vt* **1** turn (over). **2** direct. **rivolgersi** *vr* **1** turn round. **2** apply **3** go towards. **rivolgimento** *nm* upheaval.
rivoltare (rivol'tare) *vt* turn. **rivoltarsi** *vr* revolt. **rivolta** *nf* revolt.
rivoltella (rivol'tɛlla) *nf* revolver.
rivoluzione (rivolut'tsjone) *nf* revolution **rivoluzionario** *adj* revolutionary.
rizzare (rit'tsare) *vt* raise, erect. **rizzarsi** *vr* **1** stand up. **2** stand on end.
roba ('rɔba) *nf* stuff, things, possessions
robusto (ro'busto) *adj* strong, sturdy.
rocca ('rɔkka) *nf* fortress **roccaforte** *nf* stronghold.
roccia ('rɔttʃa) *nf* rock **roccioso** (rot'tʃoso) *adj* rocky.
rodaggio (ro'daddʒo) *nm mot* running in. **in rodaggio** running in
Rodano ('rɔdano) *nm* Rhône.
rodere* ('rodere) *vt* **1** gnaw. **2** nibble. **roditori** *nm pl* rodents.
Rodesia (ro'dɛzja) *nf* Rhodesia. **rodesiano** *adj,n* Rhodesian.
rododendro (rodo'dɛndro) *nm* rhododendron.
rogna ('roɲɲa) *nf* **1** itch. **2** scabies.
rognone (roɲ'ɲone) *nm cul kidney.*
rollare (rol'lare) *vi naut* roll.
Roma ('roma) *nf* Rome. **romano** *adj,n* Roman.
Romania (roma'nia) *nf* Rumania. **romeno** *adj,n* Rumanian.
romanico (ro'maniko) *adj* romanesque.
romantico (ro'mantiko) *adj* romantic. **romanticismo** *nm* romanticism.
romanzo[1] (ro'mandzo) *adj* romance (language).
romanzo[2] (ro'mandzo) *nm* **1** novel. **2** romance. **romanziere** (roman'dzjɛre) *nm* novelist.
romito (ro'mito) *nm* hermit.
rompere* ('rompere) *vt* break, smash. *vi* break.

rompere la testa annoy. **rompersi** *vr* break up. **rompersi la testa** rack one's brains **rompicapo** *nm* annoyance **rompiscatole** (rompis'katole) *nm sl* pest, nuisance.
ronda ('ronda) *nf mil* rounds, patrol.
rondine ('rondine) *nf zool* swallow.
rondone (ron'done) *nm* swift.
ronzare (ron'dzare) *vi* buzz, hum, whirr **ronzio** *nm* buzz, hum.
ronzino (rond'zino) *nm inf* nag.
rosa ('rɔza) *nf* rose. *adj invar,nm invar* pink
rosario (ro'zarjo) *nm* rosary
rosbif ('rɔzbif) *nm invar* roast beef
rosicchiare (rosik'kjare) *vt* nibble
rosmarino (rozma'rino) *nm* rosemary
rosolare (rozo'lare) *vt cul* brown.
rosolia (rozo'lia) *nf* German measles
rospo ('rɔspo) *nm* toad **ingoiare un rospo** swallow an insult.
rosso ('rosso) *adj,nm* red **rossetto** *nm* lipstick **rossore** *nm* shame.
rosticceria (rostittʃe'ria) *nf* shop selling cooked food.
rostro ('rɔstro) *nm* rostrum
rotaia (ro'taja) *nf* **1** rail. **2** rut.
rotare (ro'tare) *vt,vi* rotate. **rotazione** *nf* rotation.
roteare (rote'are) *vt* whirl. *vi* wheel.
rotella (ro'tɛlla) *nf* wheel **pattino a rotelle** *nm* roller-skate.
rotolare (roto'lare) *vt* roll. *vi* roll down. **rotolo** ('rɔtolo) *nm* roll.
rotondo (ro'tondo) *adj* round.
rotta[1] ('rotta) *nf* **1** break. **2** rout. **a rotta di collo** at breakneck speed.
rotta[2] ('rotta) *nf* course, route.
rotto ('rotto) *v see* **rompere.** *adj* broken. **rottame** *nm* **1** fragment. **2** *pl* wreckage, ruins. **rottami di ferro** *nm pl* scrap iron. **rottura** *nf* break, breaking off.
rovesciare (roveʃ'ʃare) *vt* **1** upset, spill. **2** overturn. **3** turn inside out. **4** overthrow **rovesciarsi** *vr* **1** overturn, capsize. **2** fall down. **rovescio** (ro'vɛʃʃo) *nm* wrong side, other side. **a rovescio** back to front. **capire a rovescio** misunderstand. **alla rovescia 1** inside out. **2** upside down.
rovinare (rovi'nare) *vt* ruin. **rovina** *nf* fall, ruin.
rovistare (rovis'tare) *vt* ransack.
rovo ('rovo) *nm* bramble, blackberry bush.
rozzo ('roddzo) *adj* rough, coarse
ruba ('ruba) *nf* **andare a ruba** sell like hot cakes
rubacchiare (rubak'kjare) *vt* pilfer.
rubare (ru'bare) *vt* steal, rob **rubacuori** (ruba'kwɔri) *nm sl* lady-killer.
rubinetto (rubi'netto) *nm* tap.
rubino (ru'bino) *nm* ruby
rubrica (ru'brika) *nf* **1** directory **2** feature, column.
rude ('rude) *adj* rough
rudere ('rudere) *nm* ruin
ruga ('ruga) *nf* wrinkle **rugoso** (ru'goso) *adj* wrinkled.
rugby ('rugbi) *nm* rugby . **rugbista** *nm* rugby-player
ruggine ('ruddʒine) *nf* rust **rugginoso** (ruddʒi'noso) *adj* rusty
ruggire (rud'dʒire) *vi* roar **ruggito** *nm* roar.
rugiada (ru'dʒada) *nf* dew
rullare (rul'lare) *vt* roll. *vi* **1** roll. **2** *aviat* taxi. **rullio** *nm* roll. **rullo** *nm* **1** roll **2** *tech* roller. **rullo compressore** steamroller
rum (rum) *nm* rum.
ruminare (rumi'nare) *vt* **1** chew. **2** ruminate.
rumore (ru'more) *nm* **1** noise, din. **2** rumour **rumoroso** (rumo'roso) *adj* noisy.
rumoreggiare (rumored'dʒare) *vi* make a noise
ruolo ('rwɔlo) *nm* **1** roll, list. **2** role.
ruota ('rwɔta) *nf* wheel **ruota di ricambio** spare wheel
rupe ('rupe) *nf* cliff.
rupia (ru'pia) *nf* rupee.
ruppi ('ruppi) *v see* **rompere.**
rurale (ru'rale) *adj* rural.
ruscello (ruʃ'ʃɛllo) *nm* stream.
russare (rus'sare) *vi* snore.
Russia ('russja) *nf* Russia. **russo** *adj,n* Russian. *nm* Russian (language).
rustico ('rustiko) *adj* rustic.
ruttare (rut'tare) *vi* belch, burp. **rutto** *nm* belch.
ruvido ('ruvido) *adj* rough, coarse. **ruvidezza** (ruvi'dettsa) *nf* coarseness.
ruzzare (rud'dzare) *vi* gambol.
ruzzolare (ruttso'lare) *vi* roll down.

S

sa (sa) *v see* **sapere.**
sabato ('sabato) *nm* Saturday.

sabbia (ˈsabbja) *nf* sand. **sabbie mobili** *n pl* quicksands. **sabbioso** (sabˈbjoso) *adj* sandy.
sabotare (saboˈtare) *vt* sabotage. **sabotaggio** *nm* sabotage. **sabotatore** *nm* saboteur.
sacca (ˈsakka) *nf* **1** bag, satchel. **2** pocket.
saccarina (sakkaˈrina) *nf* saccharin.
saccente (satˈtʃɛnte) *nm* know-all.
saccheggiare (sakkedˈdʒare) *vt* sack, plunder. **saccheggio** *nm* sack, pillage.
sacchetto (sakˈketto) *nm* paper bag.
sacco (ˈsakko) *nm* sack, bag. **sacco a pelo** sleeping-bag.
saccoccia (sakˈkɔttʃa) *nf* pocket.
sacerdote (satʃerˈdɔte) *nm* priest. **sacerdotale** *adj* priestly. **sacerdozio** (satʃerˈdɔttsjo) *nm* priesthood.
sacramento (sakraˈmento) *nm* sacrament.
sacrificare (sakrifiˈkare) *vt* sacrifice. **sacrificio** *nm* sacrifice.
sacrilegio (sakriˈlɛdʒo) *nm* sacrilege.
sacro (ˈsakro) *adj* holy, sacred.
sadico (ˈsadiko) *adj* sadistic. *nm* sadist. **sadismo** *nm* sadism.
saetta (saˈetta) *nf* arrow.
safari (saˈfari) *nm* safari.
saga (ˈsaga) *nf* saga.
sagace (saˈgatʃe) *adj* clever, shrewd. **sagacità** *nf* sagacity.
saggezza (sadˈdʒettsa) *nf* wisdom.
saggio[1] (ˈsaddʒo) *adj* wise, prudent. *nm* sage.
saggio[2] (ˈsaddʒo) *nm* **1** trial, test. **2** sample. **3** study, essay.
Sagittario (sadʒitˈtarjo) *nm* Sagittarius.
sagoma (ˈsagoma) *nf* outline, profile.
sagra (ˈsagra) *nf* festival.
sagrestia (sagresˈtia) *nf* sacristy. **sagrestano** *nm* sacristan.
sai (ˈsai) *v* see **sapere.**
sala (ˈsala) *nf* room, hall. **sala da pranzo** dining room. **sala operatoria** operating theatre.
salamandra (salaˈmandra) *nf* salamander.
salame (saˈlame) *nm* pork sausage, salami.
salamoia (salaˈmɔja) *nf* brine.
salario (saˈlarjo) *nm* wages, salary.
saldare (salˈdare) *vt* **1** join, weld. **2** settle, pay (a bill). **saldezza** (salˈdettsa) *nf* firmness. **saldo** *adj* solid, firm.
sale (ˈsale) *nm* salt. **salare** *vt* salt. **salato** *adj* **1** salt, salty. **2** expensive. **saliera** (saˈljɛra) *nf* saltcellar.
salgo (ˈsalgo) *v* see **salire.**
salice (ˈsalitʃe) *nm* willow.
salire* (saˈlire) *vt,vi* climb, go up. *vi* rise, increase. **salire in macchina** get into a car. **salita** *nf* ascent, climb.
saliva (saˈliva) *nf* saliva.
salma (ˈsalma) *nf* corpse.
salmo (ˈsalmo) *nm* psalm.
salmone (salˈmone) *nm* salmon.
salone (saˈlone) *nm* **1** hall. **2** assembly room.
salotto (saˈlɔtto) *nm* sitting room.
salpare (salˈpare) *vi* set sail.
salsa (ˈsalsa) *nf* **1** sauce. **2** gravy. **salsiera** (salˈsjɛra) *nf* sauceboat.
salsiccia (salˈsittʃa) *nf* pork sausage.
salso (ˈsalso) *adj* salt, salty.
saltare (salˈtare) *vi* jump, leap. *vt* **1** jump over. **2** miss. **saltare in aria** explode.
saltatoio (saltaˈtojo) *nm* perch.
saltellare (saltelˈlare) *vi* skip, hop. **saltello** (salˈtɛllo) *nm* jump.
salterellare (salterelˈlare) *vi* hop, skip. **salterello** (salteˈrɛllo) *nm* skip, jump.
saltimbanco (saltimˈbanko) *nm* acrobat.
saltimbocca (saltimˈbokka) *nm invar* meat in anchovy sauce.
salto (ˈsalto) *nm* jump, leap. **salto mortale** somersault.
salubre (ˈsalubre) *adj* healthy.
salume (saˈlume) *nm* salted meat. **salumeria** *nf* delicatessen.
salutare (saluˈtare) *vt* greet, say hello or goodbye to. **andare a salutare** go and see. **saluto** *nm* **1** greeting. **2** salute. **tanti saluti** best regards.
salute (saˈlute) *nf* health. **salutare** *adj* salutary.
salva (ˈsalva) *nf* salvo.
salvaguardare (salvagwarˈdare) *vt* safeguard. **salvaguardia** *nf* safeguard.
salvare (salˈvare) *vt* **1** save. **2** rescue. **salvarsi** *vr* escape. **salvagente** (salvaˈdʒɛnte) *nm invar* lifebelt. **salvazione** *nf* salvation. **salvezza** (salˈvettsa) *nf* safety. **salvo** *adj* safe. *prep* except.
salvataggio (salvaˈtaddʒo) *nm* rescue.
salvia (ˈsalvja) *nf bot* sage.
sambuco (samˈbuko) *nm* elder tree.
san (san) *adj* contraction of **santo.**
sanare (saˈnare) *vt* **1** cure, heal. **2** put right. **sanabile** (saˈnabile) *adj* curable.
sanatorio (sanaˈtɔrjo) *nm* sanatorium.
sancire (sanˈtʃire) *vt* sanction.
sandalo (ˈsandalo) *nm* sandal.

sangue ('sangwe) *nm* blood. **fare sangue** bleed.
sanguinare (sangwi'nare) *vi* bleed. **sanguigno** *adj* 1 blood 2 blood-red **sanguinoso** (sangwi'noso) *adj* bloody
sanitario (sani'tarjo) *adj* sanitary
sanno ('sanno) *v* see **sapere.**
sano ('sano) *adj* healthy, sound **di sana pianta** entirely **sano e salvo** safe and sound **sanità** *nf* sanity
santificare (santifi'kare) *vt* sanctify
santo ('santo) *adj* holy, sacred *nm* saint **santità** *nf* holiness
santuario (santu'arjo) *nm* sanctuary
sanzionare (santsjo'nare) *vt* sanction, approve **sanzione** *nf* sanction
sapere* (sa'pere) *vt* know **sapere di** taste of **sapiente** (sa'pjɛnte) *adj* wise *nm* wise man **sapienza** (sa'pjɛntsa) *nf* wisdom, learning
sapone (sa'pone) *nm* soap **saponata** *nf* lather **saponetta** *nf* bar of soap **saponiera** (sapo'njɛra) *nf* soap dish
sapore (sa'pore) *nm* taste, flavour **saporito** *adj* 1 tasty. 2 witty 3 expensive
sappiamo (sap'pjamo) *v* see **sapere.**
saprò (sa'prɔ) *v* see **sapere.**
saracinesca (saratʃi'neska) *nf* roller blind
sarcasmo (sar'kazmo) *nm* sarcasm **sarcastico** (sar'kastiko) *adj* sarcastic
sarchiare (sar'kjare) *vt* hoe, weed **sarchio** *nm* hoe.
sarda ('sarda) *nf* pilchard **sardina** *nf* sardine
Sardegna (sar'deɲɲa) *nf* Sardinia **sardo** *adj,n* Sardinian
sardonico (sar'dɔniko) *adj* sardonic
sarei (sa'rɛi) *v* see **essere.**
sarò (sa'rɔ) *v* see **essere.**
sarto ('sarto) *nm* tailor **sarta** *nf* dressmaker **sartoria** *nf* tailor's shop
sasso ('sasso) *nm* stone **sassoso** (sas'soso) *adj* stony.
sassofono (sas'sɔfono) *nm* saxophone
Satana ('satana) *nm* Satan
satellite (sa'tɛllite) *nm* satellite.
satira ('satira) *nf* satire. **satireggiare** *vt* satirize **satirico** (sa'tiriko) *adj* satirical.
saturare (satu'rare) *vt* saturate. **saturazione** *nf* saturation.
Saturno (sa'turno) *nm* Saturn.
sauna ('sauna) *nf* sauna.
savio ('savjo) *adj* wise. *nm* sage.
saziare (sat'tsjare) *vt* satisfy, fill. **sazio** *adj* full, sated.
sbaccellare (zbattʃe'lare) *vt* shell (peas).
sbadataggine (zbada'taddʒine) *nf* carelessness **sbadato** *adj* careless.
sbadigliare (zbadiʎ'ʎare) *vi* yawn **sbadiglio** *nm* yawn
sbagliare (zbaʎ'ʎare) *vt* 1 miscalculate 2 mistake. *vi* make a mistake **sbagliarsi** *vr* make a mistake, be mistaken **sbagliato** *adj* wrong, mistaken **sbaglio** *nm* mistake, error
sballare (zbal'lare) *vt* unpack
sballottare (zballot'tare) *vt* toss about.
sbalordire (zbalor'dire) *vt* amaze, stun *vi* be amazed **sbalordimento** *nm* amazement
sbalzare (zbal'tsare) *vt* 1 throw, fling 2 dismiss *vi* bounce **sbalzo** *nm* 1 bounce 2 leap **a sbalzi** by fits and starts
sbandare (zban'dare) *vt* disband, disperse *vi* *mot* skid **sbandarsi** *vr* disperse
sbandire (zban'dire) *vt* banish
sbarazzare (zbarat'tsare) *vt* clear, rid **sbarazzarsi di** *vr* get rid of
sbarbare (zbar'bare) *vt* 1 uproot. 2 shave.
sbarcare (zbar'kare) *vt* put ashore, unload. *vi* go ashore, disembark **sbarco** *nm* landing.
sbarrare (zbar'rare) *vt* block, bar. **sbarrare gli occhi** open one's eyes wide **sbarra** *nf* 1 bar, barrier 2 tiller
sbatacchiare (zbarak'kjare) *vt,vi* bang, slam.
sbattere ('zbattere) *vt* 1 beat, shake. 2 bang, slam *vi* slam. **sbattere fuori** throw out.
sbavare (zba'vare) *vi* dribble.
sbiadire (zbja'dire) *vi* fade.
sbieco ('zbjɛko) *adj* slanting, askew **guardare di sbieco** look at askance.
sbigottire (zbigot'tire) *vt* dismay. **sbigottirsi** *vr* be dismayed. **sbigottimento** *nm* dismay. **sbigottito** *adj* dismayed, amazed.
sbilenco (zbi'lɛnko) *adj* crooked.
sbirciare (zbir'tʃare) *vt* eye, gaze at.
sbirro ('zbirro) *nm inf* cop, policeman.
sboccare (zbok'kare) *vi* 1 flow, 2 lead, come out. **sbocco** *nm* outlet.
sbocciare (zbot'tʃare) *vi* blossom, open.
sborsare (zbor'sare) *vt* pay out.
sbottonare (zbotto'nare) *vt* unbutton.
sbozzare (zbot'tsare) *vt* sketch. **sbozzo** ('zbɔttso) *nm* sketch.
sbranare (zbra'nare) *vt* tear to pieces.
sbrattare (zbrat'tare) *vt* clean, clear.

sbriciolare (zbritʃo'lare) *vt* crumble. **sbriciolarsi** *vr* crumble.
sbrigare (zbri'gare) *vt* finish off, deal with. **sbrigarsi** *vr* hurry.
sbrodolare (zbrodo'lare) *vt* stain, dirty.
sbronzo ('zbrontso) *adj inf* drunk.
sbucare (zbu'kare) *vi* come out.
sbucciare (zbut'tʃare) *vt* peel, skin. **sbucciarsi** *vr* graze. **sbucciapatate** *nm invar* potato peeler.
sbuffare (zbuf'fare) *vi* puff. **sbuffo** *nm* puff.
scabbia ('skabbja) *nf* scabies.
scabro ('skabro) *adj* rough.
scabroso (ska'broso) *adj* **1** rough. **2** difficult. **3** risqué.
scacchiera (skak'kjɛra) *nf* chessboard.
scacciare (skat'tʃare) *vt* chase or drive out.
scacco ('skakko) *nm* **1** square, check. **2** *pl* chess. **a scacchi** checked. **scacco matto** checkmate.
scadere* (ska'dere) *vi* **1** decline, decrease. **2** expire, be due. **scadente** (ska'dɛnte) *adj* of poor quality, shoddy. **scadenza** (ska'dɛntsa) *nf* expiry.
scafandro (ska'fandro) *nm* **1** diving suit. **2** spacesuit.
scaffale (skaf'fale) *nm* bookcase, bookshelf.
scafo ('skafo) *nm* hull
scaglia ('skaʎʎa) *nf* **1** scale (of fish). **2** fragment. **scaglioso** (skaʎ'ʎoso) *adj* scaly.
scagliare (skaʎ'ʎare) *vt* throw, hurl.
scala ('skala) *nf* **1** stairs, staircase. **2** scale, proportion. **scala a piuoli** ladder. **scala mobile** escalator. **scalino** *nm* step, stair.
scalare (ska'lare) *vt* scale. **scalatore** *nm* mountain climber.
scaldare (skal'dare) *vt* warm up, heat. **scaldabagno** (skalda'baɲɲo) *nm* water heater.
scalfire (skal'fire) *vt* scratch.
scalo ('skalo) *nm* **1** wharf. **2** port of call. **volo senza scalo** *nm* non-stop flight.
scalogna (ska'loɲɲa) *nf inf* bad luck.
scaloppa (ska'lɔppa) *nf* escalope.
scalpello (skal'pɛllo) *nm* chisel.
scalpore (skal'pore) *nm* noise, row.
scaltro ('skaltro) *adj* shrewd, crafty. **scaltrezza** (skal'trettsa) *nf* cunning.
scalzare (skal'tsare) *vt* take shoes and socks from. **scalzo** *adj* barefoot.
scambiare (skam'bjare) *vt* **1** exchange. **2** mistake. **scambio** *nm* exchange.
scampanare (skampa'nare) *vi* peal, chime. **scampanata** *nf* peal.
scampare (skam'pare) *vt* save. *vi* escape **scampo** *nm* refuge, safety. **non c'è scampo** there is no way out.
scampi ('skampi) *nm pl* scampi, prawns.
scampolo ('skampolo) *nm* remnant.
scanalare (skana'lare) *vt* groove. **scanalatura** *nf* groove
scandalo ('skandalo) *nm* scandal. **scandalizzare** (skandalid'dzare) *vt* shock. **scandalizzarsi** *vr* be shocked. **scandaloso** (skanda'loso) *adj* scandalous, shocking.
scannare (skan'nare) *vt* slaughter.
scanno ('skanno) *nm* seat, bench.
scansare (skan'sare) *vt* avoid. **scansarsi** *vr* move aside
scansia (skan'sia) *nf* bookcase.
scapigliare (skapiʎ'ʎare) *vt* ruffle, dishevel.
scapola ('skapola) *nf* shoulder-blade.
scapolo ('skapolo) *nm* bachelor.
scappare (skap'pare) *vi* run away, flee. **scappata** *nf* **1** visit, call. **2** escapade.
scarabocchiare (skarabok'kjare) *vt* scribble. **scarabocchio** (skara'bɔkkjo) *nm* scribble.
scarafaggio (skara'faddʒo) *nm* cockroach.
scaramuccia (skara'muttʃa) *nf* skirmish.
scaricare (skari'kare) *vt* unload. **scaricarsi** *vr* **1** relax, unwind **2** (of a clock) run down. **scarico** ('skariko) *adj* **1** unloaded. **2** (of a watch, etc.) run down. *nm* unloading. **tubo di scarico** *nm* exhaust pipe.
scarlatto (skar'latto) *adj,nm* scarlet. **scarlattina** *nf* scarlet fever.
scarno ('skarno) *adj* thin, scanty.
scarpa ('skarpa) *nf* shoe. **scarpino** *nm* dancing shoe.
scarso ('skarso) *adj* **1** scarce. **2** meagre. **3** lean, poor. **scarsità** *nf* scarcity.
scartabellare (skartabel'lare) *vt* skim through (a book).
scartare (skar'tare) *vt* **1** unwrap. **2** reject. *vi* swerve
scassare (skas'sare) *vt* break open. **scasso** *nm* housebreaking.
scassinatore (skassina'tore) *nm* burglar.
scatenare (skate'nare) *vt* unleash. **scatenarsi** *vr* break out. **scatenato** *adj* wild.
scatola ('skatola) *nf* **1** box. **2** tin, can. **in scatola** tinned. **rompere le scatole a** annoy.
scattare (skat'tare) *vi* **1** spring (up). **2** go off. *vt* take (a photo). **scatto** *nm* spring.

scaturire (skatu'rire) *vi* 1 gush 2 spring.
scavare (ska'vare) *vt* 1 dig (up) 2 excavate **scavo** *nm* excavation
scegliere* ('ʃeʎʎere) *vt* choose, pick
sceicco (ʃe'ikko) *nm* sheik
scelgo ('ʃelgo) *v see* **scegliere.**
scellerato (ʃelle'rato) *adj* wicked **scelleratezza** (ʃellera'tettsa) *nf* wickedness
scellino (ʃel'lino) *nm* shilling.
scelsi ('ʃelsi) *v see* **scegliere.**
scelta ('ʃelta) *nf* choice, selection
scelto ('ʃelto) *v see* **scegliere.** *adj* choice
scemare (ʃe'mare) *vt,vi* diminish, reduce **scemo**
scena ('ʃɛna) *nf* 1 stage 2 scene **scenata** *nf* row, commotion
scendere* ('ʃendere) *vi* come or go down 2 dismount *vt* descend **scendiletto** (ʃendi'lɛtto) *nm invar* bedside rug
scenico ('ʃɛniko) *adj* scenic
sceriffo (ʃe'riffo) *nm* sheriff
scesa ('ʃesa) *nf* descent.
scesi ('ʃesi) *v see* **scendere.**
sceso ('ʃeso) *v see* **scendere.**
scettico ('ʃettiko) *adj* sceptical *nm* sceptic **scetticismo** *nm* scepticism
scettro ('ʃettro) *nm* sceptre.
schedare (ske'dare) *vt* file **scheda** ('skɛda) *nf* 1 index card. 2 ballot paper, form **schedario** *nm* 1 file. 2 filing cabinet
scheggia ('skeddʒa) *nf* chip, splinter.
scheletro ('skɛletro) *nm* skeleton.
schema ('skɛma) *nm* outline, plan
schermire (sker'mire) *vi sport* fence. **schermirsi** *vr* defend oneself **scherma** *nf* fencing
schermo ('skermo) *nm* screen.
schernire (sker'nire) *vt* sneer at **scherno** *nm* scorn.
scherzare (sker'tsare) *vi* joke **scherzo** *nm* joke. **per scherzo** as a joke **scherzoso** *adj* playful.
schiacciare (skjat'tʃare) *vt* crush, squeeze **schiaccianoci** *nm invar* nutcracker
schiaffeggiare (skjaffed'dʒare) *vt* slap **schiaffo** *nm* slap, smack.
schiamazzare (skjamat'tsare) *vi* 1 squawk. 2 cluck. **schiamazzo** *nm* 1 squawking. 2 din.
schiantare (skjan'tare) *vt* break. *vi inf* burst.
schiarire (skja'rire) *vt* clear up. *vi* become light.
schiavo ('skjavo) *nm* slave. **schiavitù** *nf* slavery.
schidione (ski'djone) *nm cul* spit.
schiena ('skjɛna) *nf* back, spine **schienale** *nm* back (of a chair)
schierare (skje'rare) *vt* line up **schierarsi** *vr* take sides **schiera** ('skjɛra) *nf* 1 rank 2 formation
schietto ('skjɛtto) *adj* pure **schiettezza** (skjet'tettsa) *nf* 1 purity 2 sincerity.
schifiltoso (skifil'toso) *adj* fussy.
schifo ('skifo) *nm* disgust **che schifo!** how disgusting! **schifoso** (ski'foso) *adj* disgusting, revolting.
schioccare (skjok'kare) *vt* 1 crack (a whip). 2 smack **schiocco** ('skjɔkko) *nm* 1 crack. 2 smack.
schioppo ('skjɔppo) *nm* gun **schioppettata** *nf* shot
schiumare (skju'mare) *vt* skim. *vi* foam **schiuma** *nf* froth, foam **schiumoso** (skju'moso) *adj* frothy
schivare (ski'vare) *vt* avoid
schizofrenia (skiddzofre'nia) *nf* schizophrenia
schizzare (skit'tsare) *vi* gush, squirt *vt* 1 splash. 2 sketch **schizzo** *nm* 1 squirt, splash 2 sketch
sci (ʃi) *nm invar* 1 ski 2 skiing. **sci nautico** water-skiing.
scia ('ʃia) *nf* wake, trail.
scià (ʃa) *nm* shah.
sciabola ('ʃabola) *nf* sabre.
sciabordare (ʃabor'dare) *vt* (of water) lap *vi* ripple.
sciacallo (ʃa'kallo) *nm* jackal.
sciacquare (ʃak'kware) *vt* rinse.
sciagura (ʃa'gura) *nf* misfortune **sciagurato** *adj* unfortunate.
scialacquare (ʃalak'kware) *vt* dissipate
scialbo ('ʃalbo) *adj* pale.
scialle ('ʃalle) *nm* shawl.
scialuppa (ʃa'luppa) *nf* sloop **scialuppa di salvataggio** lifeboat
sciamare (ʃa'mare) *vi* swarm **sciame** *nm* swarm.
sciancato (ʃan'kato) *adj* 1 lame. 2 rickety *nm* cripple.
sciare (ʃi'are) *vi* ski. **sciatore** *nm* skier.
sciarpa ('ʃarpa) *nf* scarf.
sciatto ('ʃatto) *adj* slovenly.
scientifico (ʃen'tifiko) *adj* scientific.
scienza ('ʃɛntsa) *nf* 1 knowledge. 2 science. **scienziato** *nm* scientist.
scimmia ('ʃimmja) *nf* monkey.
scimmiottare (ʃimmjot'tare) *vt* ape, imitate.

scimpanzè (ʃimpanˈtse) *nm* chimpanzee.
scimunito (ʃimuˈnito) *adj* silly. *nm* fool.
scintillare (ˈʃintilˈlare) *vi* sparkle, glitter, twinkle. **scintilla** *nf* spark
sciocco (ˈʃɔkko) *adj* silly, foolish *nm* fool. **sciocchezza** *nf* stupidity, foolishness.
sciogliere* (ˈʃɔʎʎere) *vt* **1** untie, loosen. **2** melt, dissolve. **3** solve, resolve. **sciogliersi** *vr* **1** free oneself. **2** melt. **scioglilingua** *nm invar* tongue-twister.
sciolgo (ˈʃɔlgo) *v see* **sciogliere.**
sciolsi (ˈʃɔlsi) *v see* **sciogliere.**
sciolto (ˈʃɔlto) *v see* **sciogliere.** *adj* **1** loose. **2** agile. **3** melted. **versi sciolti** *nm pl* blank verse.
scioperare (ʃopeˈrare) *vi* strike, go on strike. **scioperante** *nm* striker. **sciopero** (ˈʃɔpero) *nm* strike.
sciorinare (ʃoriˈnare) *vt* hang out.
sciovinismo (ʃoviˈnizmo) *nm* chauvinism.
scipito (ʃiˈpito) *adj* tasteless.
scirocco (ʃiˈrɔkko) *nm* sirocco.
sciroppo (ʃiˈrɔppo) *nm* syrup. **sciroppato** *adj* in syrup.
sciupare (ʃuˈpare) *vt* **1** waste. **2** spoil.
scivolare (ʃivoˈlare) *vi* **1** slip, slide. **2** glide. **scivolo** (ˈʃivolo) *nm* **1** slide, chute. **2** slipway.
scoccare (skokˈkare) *vt* **1** shoot. **2** fling. **3** strike (hours). *vi* go off.
scocciare (skotˈtʃare) *vt inf* annoy, bother.
scodella (skoˈdɛlla) *nf* bowl, soup plate.
scodinzolare (skodintsoˈlare) *vi* (of a dog) wag its tail.
scoglio (ˈskɔʎʎo) *nm* **1** rock, cliff. **2** obstacle. **scogliera** (skoʎˈʎɛra) *nf* reef. **scoglioso** (skoʎˈʎoso) *adj* rocky.
scoiattolo (skoˈjattolo) *nm* squirrel.
scolare (skoˈlare) *vt* drain. *vi* drip. **scolo** *nm* drainage. **scolapiatti** *nm invar* draining rack.
scolaro (skoˈlaro) *nm* schoolboy, pupil.
scolastico (skoˈlastiko) *adj* scholastic.
scollatura (skollaˈtura) *nf* neckline.
scolorire (skoloˈrire) *vt* discolour. *vi* fade, lose colour.
scolpare (skolˈpare) *vt* excuse. **scolparsi** *vr* defend oneself.
scolpire (skolˈpire) *vt* sculpt, carve.
scombro (ˈskombro) *nm* mackerel.
scommettere* (skomˈmettere) *vt* bet. **scommessa** *nf* bet.
scomodare (skomoˈdare) *vt* disturb, bother. **scomodarsi** *vr* bother. **scomodo** (ˈskɔmodo) *adj* uncomfortable.
scomparire* (skompaˈrire) *vi* disappear, vanish. **scomparsa** *nf* disappearance.
scompartire (skomparˈtire) *vt* divide. **scompartimento** *nm* compartment.
scompigliare (skompiʎˈʎare) *vt* **1** throw into disorder, upset. **2** ruffle. **scompiglio** *nm* disorder.
scomporre* (skomˈporre) *vt* **1** break up. **2** disarrange. **scomporsi** *vr* lose composure.
scomunicare (skomuniˈkare) *vt* excommunicate.
sconcertare (skontʃerˈtare) *vt* disturb, disconcert.
sconcio (ˈskontʃo) *adj* indecent.
sconfessare (skonfesˈsare) *vt* abjure, repudiate.
sconfitta (skonˈfitta) *nf* defeat.
sconnettere* (skonˈnɛttere) *vt* disconnect.
sconosciuto (skonoʃˈʃuto) *adj* unknown.
sconquassare (skonkwasˈsare) *vt* shatter.
sconsigliare (skonsiʎˈʎare) *vt* dissuade.
sconsolato (skonsoˈlato) *adj* desolate.
scontare (skonˈtare) *vt* **1** pay off. **2** pay for. **sconto** *nm* discount.
scontento (skonˈtɛnto) *adj* dissatisfied, displeased. **scontentezza** (skontenˈtettsa) *nf* discontent.
scontrarsi (skonˈtrarsi) *vr* **1** meet. **2** clash. **3** collide. **scontro** *nm* **1** encounter, clash. **2** collision.
scontrino (skonˈtrino) *nm* **1** ticket. **2** token, voucher.
scontroso (skonˈtroso) *adj* sullen, touchy.
sconvolgere* (skonˈvɔldʒere) *vt* upset, disturb. **sconvolto** (skonˈvɔlto) *adj* upset.
scopare (skoˈpare) *vt* brush. **scopa** *nf* **1** broom. **2** Italian card game.
scoperta (skoˈpɛrta) *nf* discovery.
scoperto (skoˈpɛrto) *adj* uncovered.
scopo (ˈskɔpo) *nm* aim, purpose.
scoppiare (skopˈpjare) *vi* **1** burst, explode. **2** break out. **scoppio** (ˈskɔppjo) *nm* **1** explosion, burst. **2** outburst. **3** outbreak.
scoppiettare (skoppjetˈtare) *vi* crackle.
scoprire* (skoˈprire) *vt* **1** uncover, disclose. **2** discover
scoraggiare (skoradˈdʒare) *vt* discourage. **scoraggiamento** *nm* discouragement.
scorciare (skorˈtʃare) *vt* shorten. **scorciarsi** *vr* become shorter. **scorciatoia** *nf* short cut.

scordare[1] (skor'dare) *vt* forget. **scordarsi** *vr* forget.
scordare[2] (skor'dare) *vt* put out of tune. **scordarsi** *vr* go out of tune.
scorgere* ('skɔrdʒere) *vt* make out, discern.
scorpione (skor'pjone) *nm* **1** scorpion. **2** *cap* Scorpio.
scorrazzare (skorrat'tsare) *vi* wander.
scorrere* ('skorrere) *vi* **1** flow, run. **2** pass. *vt* scour. **scorreria** *nf* raid.
scorretto (skor'rɛtto) *adj* incorrect.
scorsa ('skorsa) *nf* glance.
scorso ('skorso) *adj* past, last. **l'anno scorso** last year.
scortare (skor'tare) *vt* escort. **scorta** ('skɔrta) *nf* **1** escort. **2** store, stock.
scortese (skor'teze) *adj* discourteous, impolite **scortesia** *nf* rudeness.
scorticare (scorti'kare) *vt* skin, flay.
scorza ('skɔrdza) *nf* **1** *bot* bark. **2** rind, skin, peel.
scoscendere* (skoʃ'ʃendere) *vi* **1** crash down. **2** split.
scosceso (scoʃ'ʃeso) *adj* steep.
scossa ('skɔssa) *nf* shake, jolt. **scossa elettrica** electric shock.
scossi ('skɔssi) *v see* **scuotere.**
scosso ('skɔsso) *v see* **scuotere.**
scostare (skos'tare) *vt* shift, remove. **scostarsi** *vr* move away.
scostumato (skostu'mato) *adj* dissolute.
Scotch (skɔtʃ) *nm invar Tdmk* sellotape.
scottare (skot'tare) *vt* burn, scald. *vi* burn. **scottatura** *nf* burn.
scovare (sko'vare) *vt* **1** drive out. **2** discover.
Scozia ('skɔttsia) *nf* Scotland. **scozzese** (skot'tsese) *adj* Scottish, Scots. *nm,f* Scot.
screditare (skredi'tare) *vt* discredit.
scremare (skre'mare) *vt* skim.
screpolare (skrepo'lare) *vi* crack. **screpolarsi** *vr* split. **screpolatura** *nf* crack.
scribacchiare (skribak'kjare) *vt,vi* scribble.
scricchiolare (skrikkjo'lare) *vi* creak, squeak. **scricciolo** ('skrittʃolo) *nm* wren.
scrigno ('skriɲɲo) *nm* casket.
scriminatura (skrimina'tura) *nf* parting (in the hair).
scrissi ('skrissi) *v see* **scrivere.**
scritta ('skritta) *nf* inscription.
scritto ('skritto) *v see* **scrivere.** *adj* written. *nm* writing. **scrittore** *nm* writer. **scrittura** *nf* **1** writing, handwriting. **2** contract.
scrivania (skriva'nia) *nf* writing desk.
scrivere* ('skrivere) *vt* write.
scroccare (skrok'kare) *vt* scrounge.
scrofa ('skrɔfa) *nf* sow
scrollare (skrol'lare) *vt* shake, shrug.
scrosciare (skroʃ'ʃare) *vi* **1** pelt, pour **2** roar
scroscio ('skrɔʃʃo) *nm* **1** roar, burst **2** shower **piovere a scroscio** pour.
scrupolo ('skrupolo) *nm* scruple **scrupoloso** *adj* scrupulous.
scrutare (skru'tare) *vt* investigate, search.
scrutinio (skru'tinjo) *nm* counting, count (of votes). **scrutinio segreto** secret ballot.
scucire (sku'tʃire) *vt* unpick.
scuderia (skude'ria) *nf* stable.
scudiscio (sku'diʃʃo) *nm* riding whip.
scudo ('skudo) *nm* shield.
sculacciare (skulat'tʃare) *vt* spank **sculacciata** *nf* spanking, spank.
scultura (skul'tura) *nf* sculpture **scultore** *nm* sculptor.
scuola ('skwɔla) *nf* school.
scuotere* ('skwɔtere) *vt* shake.
scure ('skure) *nf* axe.
scuro ('skuro) *adj* **1** dark. **2** gloomy.
scusare (sku'zare) *vt* excuse, pardon. **scusarsi** *vr* **1** apologize. **2** find excuses. **scusa** *nf* **1** excuse. **2** pretext. **chiedere scusa** ask pardon. ~*interj* **1** I beg your pardon! **2** excuse me!
sdegnare (zdeɲ'ɲare) *vt* scorn, disdain. **sdegno** *nm* scorn. **sdegnoso** (zdeɲ'ɲoso) *adj* disdainful.
sdentato (zden'tato) *adj* toothless.
sdraia ('zdraja) *nf* deckchair.
sdraiare (zdra'jare) *vt* stretch out. **sdraiarsi** *vr* lie down.
sdraio ('zdrajo) **sedia a sdraio** *nf* deckchair.
sdrucciolare (zdruttʃo'lare) *vi* slip. **sdrucciolevole** (zdruttʃo'levole) *adj* slippery.
sdrucire (zdru'tʃire) *vt* tear.
se[1] (se) *conj* if, whether. **se mai 1** if ever. **2** if anything.
se[2] (se) *pron 3rd pers m,f s,pl* form of **sé.**
sé (se) *pron 3rd pers m,f s,pl* oneself, itself, himself, herself, themselves. **se stessa** *pron 3rd pers fs* herself. **se stesse** *pron 3rd pers f pl* themselves. **se stesso** *3rd pers m s* himself. **se stessi** *pron 3rd pers m pl* themselves.
sebbene (seb'bɛne) *conj* although.
seccare (sek'kare) *vt* **1** dry. **2** bore. **3** annoy. **seccatore** *nm* bore.

secchia ('sekkja) *nf* bucket, pail. **secchiello** (sek'kjɛllo) *nm* pail.
secchio ('sekkjo) *nm* bucket, pail.
secco ('sekko) *adj* **1** dry. **2** lean.
secolare (seko'lare) *adj* **1** age-old. **2** secular, lay.
secolo ('sɛkolo) *nm* **1** century. **2** age.
secondario (sekon'darjo) *adj* secondary.
secondo[1] (se'kondo) *adj* second. *nm* **1** second. **2** main course. **seconda** *nf* second class.
secondo[2] (se'kondo) *prep* according to. **secondo me** in my opinion.
sedano ('sɛdano) *nm* celery.
sede ('sɛde) *nf* **1** seat. **2** head office
sedere* (se'dere) *vi* sit, be seated. **sedersi** *vr* sit down. *nm* backside, bottom. **seduta** *nf* sitting, meeting.
sedia ('sɛdja) *nf* chair, seat. **sedia a dondolo** rocking chair.
sedici ('seditʃi) *adj* sixteen *nm or f* sixteen **sedicesimo** *adj* sixteenth.
sedile (se'dile) *nm* seat, bench.
sedimento (sedi'mento) *nm* sediment, deposit
sedurre* (se'durre) *vt* seduce
seduzione (sedut'tsjone) *nf* seduction
segale ('segale) *nf* rye
segare (se'gare) *vt* saw **sega** *nf* saw
seggio ('sɛddzo) *nm* seat **seggiovia** *nf* chair lift.
seggiola ('sɛddʒola) *nf* chair **seggiolino** *nm* baby's chair.
segheria (sege'ria) *nf* sawmill
seghettato (seget'tato) *adj* serrated
segmento (seg'mento) *nm* segment
segnalare (seɲɲa'lare) *vt* signal **segnalarsi** *vr* distinguish oneself **segnale** *nm* signal.
segnare (seɲ'ɲare) *vt* **1** mark, note **2** indicate, show **3** *sport* score **segnarsi** *vr* make the sign of the cross **segno** *nm* **1** mark, sign **2** target **3** limit, extent **cogliere nel segno** hit the mark. **per filo e per segno** in detail **segnalibro** (seɲɲa'libro) *nm* bookmark
segregare (segre'gare) *vt* segregate, isolate **segregazione** *nf* segregation
segretaria (segre'tarja) *nf* secretary **segreteria** *nf* **1** secretary's office **2** secretariat
segreto (se'greto) *adj,nm* secret **segretezza** (segre'tettsa) *nf* secrecy
segugio (se'gudʒo) *nm* bloodhound
seguire (se'gwire) *vt,vi* follow **seguace** *nm* follower **seguente** *adj* next, following.
seguitare (segwi'tare) *vi* **1** continue **2** follow
seguito *nm* **1** suite. **2** following. **3** sequence, series. **4** continuation. **di seguito** uninterruptedly. **in seguito di** owing to.
sei[1] ('sɛi) *adj* six. *nm or f* six. **seicento** (sei'tʃɛnto) *adj* six hundred. *nm* **1** six hundred. **2** seventeenth century.
sei[2] ('sɛi) *v* see **essere.**
selce ('seltʃe) *nf* flint.
selciare (sel'tʃare) *vt* pave. **selciato** *nm* pavement.
selezionare (selettsjo'nare) *vt* select. **selezione** *nf* selection.
sella ('sɛlla) *nf also* **sellino** *nm* saddle.
seltz ('sɛlts) *nm* soda-water.
selva ('selva) *nf* forest, wood.
selvaggio (sel'vaddʒo) *adj* wild, savage *nm* savage. **selvaggina** *nf* (hunting) game.
selvatico (sel'vatiko) *adj* wild.
semaforo (se'maforo) *nm* **1** signal. **2** traffic light.
semantica (se'mantika) *nf* semantics **semantico** (se'mantiko) *adj* semantic.
sembiante (sem'bjante) *nm* appearance **sembianza** (sem'bjantsa) *nf* **1** appearance **2** *pl* features.
sembrare (sem'brare) *vi* seem, appear.
seme ('seme) *nm* **1** seed **2** *game* suit.
semicerchio (semi'tʃerkjo) *nm* semicircle.
semifinale (semifi'nale) *nf* semifinal **semifinalista** *nm* semifinalist
seminare (semi'nare) *vt* sow.
seminario (semi'narjo) *nm* **1** seminary **2** seminar
semola ('semola) *nf* bran **semolino** *nm* semolina
semplice ('semplitʃe) *adj* simple, easy **semplicità** *nf* simplicity **semplificare** (semplifi'kare) *vt* simplify.
sempre ('sɛmpre) *adv* **1** always, all the time, ever. **2** still. **una volta per sempre** once and for all **sempreverde** *adj,nm* evergreen
senape ('sɛnape) *nf* mustard.
senato (se'nato) *nm* senate **senatore** *nm* senator.
senile (se'nile) *adj* senile.
senno ('senno) *nm* judgment, commonsense
seno ('seno) *nm* bosom, breast
sensale (sen'sale) *nm* broker.
sensato (sen'sato) *adj* sensible.
sensazione (sensat'tsjone) *nf* sensation, feeling. **sensazionale** *adj* sensational.

sensibile (sen'sibile) *adj* **1** sensitive. **2** notable, considerable. **sensibilità** *nf* sensitivity.

sensitivo (sensi'tivo) *adj* sensitive. **sensitività** *nf* sensitivity.

senso ('sɛnso) *nm* **1** sense. **2** meaning. **3** direction, way. **senso unico** one way. **senso vietato** no entry **sensuale** *adj* sensual, sensuous. **sensualità** *nf* sensuality.

sentenza (sen'tɛntsa) *nf* **1** sentence, judgment. **2** saying.

sentiero (sen'tjɛro) *nm* path, way.

sentimento (senti'mento) *nm* feeling, sentiment. **sentimentale** *adj* sentimental.

sentinella (senti'nɛlla) *nf* sentry, guard.

sentire (sen'tire) *vt* **1** feel. **2** hear, listen to. **3** smell. **4** taste. **sentirsi** *vr* feel. **sentirsela di** feel capable of.

sentore (sen'tore) *nm* **1** inkling. **2** feeling.

senza ('sɛntsa) *prep* without. **senz'altro!** of course! certainly!

separare (sepa'rare) *vt* separate, divide. **separarsi** *vr* separate. **separato** *adj* separate. **separazione** *nf* separation.

sepolcro (se'polkro) *nm* grave, tomb.

sepolto (se'polto) *v see* **seppellire.** *adj* buried.

sepoltura (sepol'tura) *nf* burial.

seppellire* (sepel'lire) *vt* bury.

seppi ('sɛppi) *v see* **sapere.**

seppia ('seppja) *nf* cuttlefish.

sequela (se'kwɛla) *nf* sequence.

sequenza (se'kwentsa) *nf* sequence.

sequestrare (sekwes'trare) *vt* **1** seize, confiscate **2** kidnap. **3** confine. **sequestro** (se'kwɛstro) *nm* seizure

sera ('sera) *nf* evening. **abito da sera** *nm* evening dress. **serata** *nf* evening.

serbare (ser'bare) *vt* keep. **serbo** ('sɛrbo) *nm* reserve. **mettere in serbo** store.

serbatoio (serba'tojo) *nm* **1** tank. **2** reservoir.

serenata (sere'nata) *nf* serenade.

sereno (se'reno) *adj* serene, calm. **serenità** *nf* serenity.

sergente (ser'dʒɛnte) *nm* sergeant.

serico ('sɛriko) *adj* silk, silky.

serie ('sɛrje) *nf invar* **1** series. **2** range.

serio ('sɛrjo) *adj* serious, grave. **poco serio** flighty. **sul serio** really. **serietà** *nf* gravity.

sermone (ser'mone) *nm* sermon.

serpe ('sɛrpe) *nf* snake.

serpeggiare (serped'dʒare) *vi* wind, meander.

serpente (ser'pɛnte) *nm* snake, serpent.

serra ('sɛrra) *nf* greenhouse, hothouse.

serraglio (ser'raʎʎo) *nm* menagerie.

serrare (ser'rare) *vt* **1** lock (up), close. **2** tighten. *vi* shut. **serrata** *nf* lockout. **serratura** *nf* lock.

servire (ser'vire) *vt,vi* serve. *vi* make use of. *v imp* need. **servirsi** *vr* **1** use. **2** help oneself.

servizio (ser'vittsjo) *nm* **1** service. **2** favour. **donna di servizio** *nf* domestic help. **essere di servizio** be on duty. **fare servizio** operate, be open. **servizio da caffè** coffee set.

servo ('sɛrvo) *nm* servant. **serva** ('sɛrva) *nf* maid, servant. **servile** *adj* servile. **servitore** *nm* servant. **servitù** *nf* **1** servitude, slavery. **2** servants.

sesamo ('sɛzamo) *nm* sesame.

sessanta (ses'santa) *adj,nm* sixty. **sessantesimo** *adj* sixtieth.

sessione (ses'sjone) *nf* session.

sesso ('sɛsso) *nm* sex. **sessuale** *adj* sexual. **sessualità** *nf* sexuality.

sesto ('sɛsto) *adj* sixth.

seta ('seta) *nf* silk.

sete ('sete) *nf* **1** thirst. **2** desire, longing. **avere sete** be thirsty.

setola ('setola) *nf* bristle.

setta ('sɛtta) *nf* sect.

settanta (set'tanta) *adj,nm* seventy. **settantesimo** *adj* seventieth.

sette ('sɛtte) *adj* seven. *nm or f* seven. **settecento** (sette'tʃɛnto) *adj* seven hundred. *nm* **1** seven hundred. **2** eighteenth century. **settimo** ('sɛttimo) *adj* seventh.

settembre (set'tɛmbre) *nm* September.

settentrione (setten'trjone) *nm* north. **settentrionale** *adj* northern.

settico ('sɛttiko) *adj* septic.

settimana (setti'mana) *nf* week. **settimanale** *adj* weekly. *nm* weekly magazine.

settore (set'tore) *nm* sector.

severo (se'vɛro) *adj* **1** severe, harsh. **2** austere. **severità** *nf* rigour, severity.

sezionare (settsjo'nare) *vt* dissect. **sezione** *nf* **1** part, section. **2** department.

sfaccendare (sfattʃen'dare) *vi* be busy. **sfaccendato** *adj* idle.

sfacciato (sfat'tʃato) *adj* impudent.

sfacelo (sfa'tʃɛlo) *nm* ruin, collapse.

sfaldare (sfal'dare) *vt* flake. **sfaldarsi** *vr* flake off.

sfarzo ('sfartso) *nm* pomp. **sfarzoso** (sfar'tsoso) *adj* showy.

sfasciare (sfaʃ'ʃare) *vt* smash. **sfasciarsi** *vr* **1** collapse. **2** crash.
sfavillare (sfavil'lare) *vi* sparkle, glitter.
sfavorevole (sfavo'revole) *adj* unfavourable.
sfera ('sfɛra) *nf* sphere. **sferico** ('sfɛriko) *adj* spherical.
sferrare (sfer'rare) *vt* **1** land, hit (a blow). **2** launch (an attack).
sferza (sfɛrtsa) *nf* whip, lash. **sferzare** *vt* whip.
sfiatato (sfja'tato) *adj* breathless.
sfidare (sfi'dare) *vt* challenge. **sfida** *nf* challenge.
sfiducia (sfi'dutʃa) *nf* distrust.
sfigurare (sfigu'rare) *vt* disfigure.
sfilacciare (sfilat'tʃare) *vi* fray.
sfilare (sfi'lare) *vt* **1** unthread. **2** take off. *vi* march past. **sfilata** *nf* **1** procession, line. **2** march-past.
sfinge ('sfindʒe) *nf* sphinx.
sfinito (sfi'nito) *adj* exhausted.
sfiorare (sfjo'rare) *vt* **1** graze, skim, brush **2** touch upon.
sfiorire (sfjo'rire) *vi* fade, wither.
sfocato (sfo'kato) *adj* out of focus
sfogare (sfo'gare) *vt* vent, let out. **sfogarsi** *vr* pour out one's feelings. **sfogo** *nm* **1** outlet **2** vent, free rein.
sfoggiare (sfod'dʒare) *vt,vi* show off **sfoggio** ('sfɔddʒo) *nm* parade, display.
sfoglia ('sfɔʎʎa) *nf* rolled pastry **pasta sfoglia** *nf* puff pastry.
sfogliare (sfoʎ'ʎare) *vt* leaf through, turn the pages of (of book).
sfolgorare (sfolgo'rare) *vi* flash, blaze
sfollare (sfol'lare) *vi* **1** empty, disperse **2** evacuate. **sfollato** *nm* evacuee
sfondo ('sfondo) *nm* background
sformare (sfor'mare) *vt* deform
sfortuna (sfor'tuna) *nf* bad luck, misfortune **sfortunato** *adj* unfortunate, unlucky.
sforzare (sfor'tsare) *vt* force **sforzarsi** *vr* do one's best. **sforzo** *nm* effort.
sfrattare (sfrat'tare) *vt* **1** expel **2** evict **sfratto** *nm* eviction.
sfregare (sfre'gare) *vt* rub
sfregiare (sfre'dʒare) *vt* deface. **sfregio** *nm* gash, scar.
sfrenare (sfre'nare) *vt* let loose **sfrenato** *adj* unbridled.
sfrontato (sfron'tato) *adj* shameless
sfruttare (sfrut'tare) *vt* exploit **sfruttamento** *nm* exploitation.
sfuggire (sfud'dʒire) *vt* avoid. *vi* escape, elude. **di sfuggita** *adv* in passing.
sfumatura (sfuma'tura) *nf* **1** gradation, shade. **2** nuance.
sgabello (zga'bɛllo) *nm* stool.
sgambettare (zgambet'tare) *vi* scurry.
sganciare (zgan'tʃare) *vt* unhook.
sgangherare (zgange'rare) *vt* unhinge. **sgangherato** *adj* **1** awkward. **2** ramshackle. **3** coarse.
sgarbo ('zgarbo) *nm* rudeness. **sgarbatezza** (zgarba'tettsa) *nf* rudeness. **sgarbato** *adj* rude, impolite.
sgattaiolare (zgattajo'lare) *vi* slip away.
sgelare (zdʒe'lare) *vt,vi* thaw. **sgelarsi** *vr* thaw. **sgelo** ('zdʒɛlo) *nm* thaw.
sghembo ('zgembo) *adj* slanting, askew
sghignazzare (zgiɲɲat'tsare) *vi* guffaw
sgobbare (zgob'bare) *vi inf* **1** work hard. **2** swot.
sgocciolare (zgottʃo'lare) *vi* drip.
sgombrare (zgom'brare) *vt* **1** clear **2** remove *vi* move house.
sgombro[1] ('zgombro) *nm* removal.
sgombro[2] ('zgombro) *nm* mackerel.
sgomentare (zgomen'tare) *vt* terrify, frighten **sgomento** *nm* dismay.
sgomitolare (zgomito'lare) *vt* unwind.
sgonfiare (zgon'fjare) *vt* deflate **sgonfiarsi** *vr* go down. **sgonfio** *adj* deflated, flat.
sgorbiare (zgor'bjare) *vt* **1** scribble. **2** blot **sgorbio** ('zgɔrbjo) *nm* **1** scribble. **2** blot.
sgorgare (zgor'gare) *vi* gush, pour.
sgradevole (zgra'devole) *adj* unpleasant.
sgradito (zgra'dito) *adj* unwelcome.
sgranare (zgra'nare) *vt* **1** shell, husk. **2** devour. **sgranare gli occhi** open one's eyes wide.
sgranchire (zgran'kire) *vt* stretch **sgranchirsi** *vr* stretch.
sgravare (zgra'vare) *vt* unburden.
sgraziato (zgrat'tsjato) *adj* clumsy.
sgretolare (zgreto'lare) *vt* grind. **sgretolarsi** *vr* crumble.
sgridare (zgri'dare) *vt* scold, rebuke. **sgridata** *nf* soolding.
squainare (zgwai'nare) *vt* unsheathe
squalcire (zgwal'tʃire) *vt* crease, wrinkle
sguardo ('zgwardo) *nm* look, glance. **al primo sguardo** at first sight.
squazzare (zgwat'tsare) *vi* **1** splash about **2** wallow

sgusciare (zguʃ'ʃare) *vt* shell, husk. *vi* slip away

si (si) *pron* **1** himself, herself, oneself, itself, themselves. **2** one, people, they. **3** one another, each other. **si fa così** it is done this way.

sì (si) *adv* yes.

sia ('sia) *v* see **essere. sia...sia** both...and.

siamo ('sjamo) *v* see **essere.**

sibilare (sibi'lare) *vi* whistle. **sibilo** ('sibilo) *nm* hiss, whistle.

sicché (sik'ke) *conj* so that, so.

siccità (sittʃi'ta) *nf* drought.

siccome (sik'kome) *conj* since, as.

Sicilia (si'tʃilja) *nf* Sicily. **siciliano** *adj,n* Sicilian.

sicomoro (siko'mɔro) *nm* sycamore.

sicuro (si'kuro) *adj* **1** safe, secure. **2** sure, certain. **3** reliable. **di sicuro** certainly. **mettere al sicuro** put in a safe place. **sicurezza** (siku'rettsa) *nf* **1** security, safety. **2** certainty.

sidro ('sidro) *nm* cider.

siedo ('sjɛdo) *v* see **sedere.**

siepe ('sjɛpe) *nf* hedge.

siesta ('sjɛsta) *nf* siesta, nap.

siete ('sjɛte) *v* see **essere.**

sifilide (si'filide) *nf* syphilis.

sifone (si'fone) *nm* siphon.

sigaretta (siga'retta) *nf* cigarette.

sigaro ('sigaro) *nm* cigar.

sigillare (sidʒil'lare) *vt* seal. **sigillo** *nm* seal.

sigla ('sigla) *nf* **1** initials. **2** abbreviation. **sigla musicale** signature tune.

significare (siɲɲifi'kare) *vt* mean, signify. **significante** *adj* significant. **significativo** *adj* significant. **significato** *nm* meaning, sense.

signora (siɲ'ɲora) *nf* **1** lady, woman. **2** (title of address) Mrs. **signorina** *nf* **1** young lady. **2** (title of address) Miss.

signore (siɲ'ɲore) *nm* **1** man, gentleman. **2** (title of address) Mr **signorile** *adj* refined.

signoreggiare (siɲɲored'dʒare) *vt* dominate. **signoria** *nf* domination.

silenzio (si'lɛntsjo) *nm* silence. **silenzioso** (silen'tsjoso) *adj* silent, quiet.

sillaba ('sillaba) *nf* syllable.

siluro (si'luro) *nm* torpedo

simbolo ('simbolo) *nm* symbol. **simboleggiare** *vt* symbolize. **simbolico** (sim'bɔliko) *adj* symbolic.

simile ('simile) *adj* like, alike, similar.

simmetria (simme'tria) *nf* symmetry.

simpatia (simpa'tia) *nf* liking, fondness **simpatico** (sim'patiko) *adj* likeable, nice **simpatizzare** *vi* take a liking.

simultaneo (simul'taneo) *adj* simultaneous

sinagoga (sina'gɔga) *nf* synagogue

sincero (sin'tʃɛro) *adj* sincere. **sincerità** *nf* sincerity.

sindacato (sinda'kato) *nm* trade union **sindacalista** *nm* trade unionist.

sindaco ('sindako) *nm* mayor.

sinfonia (sinfo'nia) *nf* symphony.

singhiozzare (singjot'tsare) *vi* **1** hiccup. **2** sob. **singhiozzo** (sin'gjottso) *nm* **1** hiccup. **2** sob

singolare (singo'lare) *adj* **1** singular. **2** peculiar.

singolo ('singolo) *adj* single, individual.

sinistro (si'nistro) *adj* **1** left. **2** sinister. *nm* misfortune. **sinistra** *nf* **1** left hand. **2** left-hand side. **3** *pol* Left Wing.

sino ('sino) *prep* until, up to. **sin da** since.

sinonimo (si'nɔnimo) *adj* synonymous. *nm* synonym.

sintassi (sin'tassi) *nf invar* syntax.

sintesi ('sintezi) *nf invar* synthesis. **sintetico** (sin'tɛtiko) *adj* synthetic.

sintomo ('sintomo) *nm* symptom.

sinuoso (sinu'oso) *adj* winding.

sionismo (sio'nizmo) *nm* Zionism. **sionista** *nm* Zionist.

sipario (si'parjo) *nm* curtain

sirena (si'rɛna) *nf* **1** mermaid. **2** siren.

siringa (si'ringa) *nf* syringe.

sistemare (siste'mare) *vt* put in order, arrange, settle. **sistemarsi** *vr* settle down. **sistema** *nm* system, method.

sito ('sito) *nm* site, place.

situare (situ'are) *vt* place. **situazione** *nf* situation.

slacciare (zlat'tʃare) *vt* undo, untie.

slanciare (zlan'tʃare) *vt* throw. **slanciarsi** *vr* hurl oneself. **slancio** *nm* **1** rush. **2** impulse, burst

sleale (zle'ale) *adj* disloyal, unfaithful. **slealtà** *nf* disloyalty.

slegare (zle'gare) *vt* untie.

slittare (zlit'tare) *vi* **1** slide. **2** skid. **slitta** *nf* sledge, sleigh.

slogare (zlo'gare) *vt* dislocate.

sloggiare (zlod'dʒare) *vt* dislodge. *vi* move out.

smacchiare (zmak'kjare) *vt* clean.

smagliarsi (zmaʎ'ʎarsi) *vr* (of stockings) rip,

ladder. **smagliatura** *nf* (in a stocking) rip, ladder.
smalto ('zmalto) *nm* 1 enamel. 2 nail varnish.
smania ('zmanja) *nf* longing, desire.
smantellare (zmantel'lare) *vt* dismantle.
smargiasso (zmar'dʒasso) *nm* boaster.
smarrire (zmar'rire) *vt* lose, mislay. **smarrirsi** *vr* 1 lose one's way. 2 become confused.
smentire (zmen'tire) *vt* 1 deny. 2 contradict.
smeraldo (zme'raldo) *nm* emerald.
smettere* ('zmettere) *vt* stop, give up.
smilzo ('zmiltso) *adj* thin, lean.
sminuzzare (zminut'tsare) *vt* crumble.
smisurato (zmizu'rato) *adj* immense, huge.
smoccolare (zmokko'lare) *vt* snuff (a candle). *vi* swear.
smodato (zmo'dato) *adj* excessive.
smoking ('smɔkiŋ) *nm invar* dinner jacket.
smontare (zmon'tare) *vt* 1 dismantle, take to pieces. 2 dishearten. *vi* dismount, get off.
smorfia ('zmɔrfja) *nf* grimace.
smorto ('zmɔrto) *adj* wan, pale.
smorzare (zmor'tsare) *vt* 1 dim, lower. 2 quench (thirst). 3 put out.
smuovere* ('zmwɔvere) *vt* move, shift.
snello ('znɛllo) *adj* 1 slim, slender. 2 agile.
snob (znɔb) *nm invar* snob. *adj* trendy.
snocciolare (znottʃo'lare) *vt* 1 stone (fruit) 2 pay out.
snodare (zno'dare) *vt* untie, loosen.
so (sɔ) *v* see **sapere.**
soave (so'ave) *adj* soft, gentle.
sobbalzare (sobbal'tsare) *vi* 1 jolt, jerk. 2 start, jump. **sobbalzo** *nm* 1 jolt. 2 jump, start.
sobborgo (sob'borgo) *nm* suburb.
sobrio ('sɔbrjo) *adj* sober.
socchiudere (sok'kjudere) *vt* half-close
soccombere (sok'kombere) *vi* give way.
soccorrere* (sok'korrere) *vt* assist, help.
soccorso (sok'korso) *nm* help, assistance.
sociale (so'tʃale) *adj* social. **socialismo** *nm* socialism. **socialista** *nm* socialist.
società (sotʃe'ta) *nf* 1 society. 2 company, firm
socievole (so'tʃevole) *adj* sociable.
socio ('sɔtʃo) *nm* 1 member. 2 partner.
sociologia (sotʃolo'dʒia) *nf* sociology **sociologo** (so'ʃɔlogo) *nm* sociologist.
soda ('sɔda) *nf* 1 soda. 2 soda-water
soddisfare* (soddis'fare) *vt,vi* satify, fulfil. **soddisfacente** (soddisfa'tʃɛnte) *adj* satisfactory. **soddisfazione** *nf* satisfaction
sodo ('sɔdo) *adj* hard, firm. *adv* 1 hard. 2 deeply, intensely.
sofà (so'fa) *nm invar* sofa, settee.
sofferente (soffe'rɛnte) *adj* suffering.
sofferenza (soffe'rɛntsa) *nf* suffering.
soffiare (sof'fiare) *vt,vi* 1 blow. 2 puff.
soffice ('sɔffitʃe) *adj* soft.
soffietto (sof'fjetto) *nm* bellows.
soffio ('soffjo) *nm* puff, whiff, breath.
soffitta (sof'fitta) *nf* attic, garret.
soffitto (sof'fitto) *nm* ceiling.
soffocare (soffo'kare) *vt* 1 suffocate, choke, strangle. 2 stifle. **soffocazione** *nf* suffocation.
soffrire* (sof'frire) *vt* 1 suffer. 2 endure, put up with, bear. *vi* suffer.
soggetto (sod'dʒɛtto) *adj,nm* subject. **recitare a soggetto** improvise. **soggettivo** *adj* subjective. **soggezione** *nf* 1 subjection. 2 embarrassment.
sogghignare (soggiɲ'ɲare) *vi* sneer.
soggiorno (sod'dʒorno) *nm* 1 stay. 2 living room.
soggiungere* (sod'dʒundʒere) *vt* add.
soglia ('sɔʎʎa) *nf* 1 doorstep. 2 threshold.
soglio ('sɔʎʎo) *v* see **solere.**
sogliola ('sɔʎʎola) *nf zool* sole.
sognare (soɲ'ɲare) *vt,vi* dream. **sogno** *nm* dream.
soia ('sɔja) *nf* soya.
solaio (so'lajo) *nm* attic.
solcare (sol'kare) *vt* plough, furrow. **solco** *nm* 1 furrow. 2 rut, track.
soldato (sol'dato) *nm* soldier. **soldatino** *nm* toy soldier.
soldo ('sɔldo) *nm* 1 penny. 2 *pl* money.
sole ('sole) *nm* sun. **solare** *adj* solar.
solenne (so'lɛnne) *adj* solemn, grave.
solere* (so'lere) *vi* be in the habit of.
soletta (so'letta) *nf* 1 sole (of a sock). 2 insole.
solido ('sɔlido) *adj,nm* solid. **solidificare** *vt* solidify. **solidificarsi** *vr* solidify.
solitario (soli'tarjo) *adj* lonely, solitary.
solito ('sɔlito) *v* see **solere.** *adj* usual, habitual. **di solito** usually.
solitudine (soli'tudine) *nf* solitude.
sollecitare (solletʃi'tare) *vt* urge. **sollecito** (sol'letʃito) *adj* prompt.
solleticare (solleti'kare) *vt* tickle. **solletico** (sol'letiko) *nm* tickle. **fare il solletico a** tickle.
sollevare (solle'vare) *vt* 1 lift, raise. 2 comfort. **sollevarsi** *vr* rise.

sollievo (sol'ljɛvo) *nm* relief.
solo ('solo) *adj* **1** alone. **2** only. **3** one, single. **una sola volta** once only. ~*adv* only. **da solo** by oneself, on one's own. **solamente** *adv* only. **solista** *nm* soloist.
solstizio (sol'stittsjo) *nm* solstice.
soltanto (sol'tanto) *adv* only.
solubile (so'lubile) *adj* soluble.
soluzione (solut'tsjone) *nf* solution.
soma ('sɔma) *nf* load. **bestia da soma** *nf* beast of burden.
somaro (so'maro) *nm* ass, donkey.
somigliare (somiʎ'ʎare) *vt,vi* resemble, be like. **somigliarsi** *vr* resemble one another. **somiglianza** (somiʎ'ʎantsa) *nf* resemblance.
sommare (som'mare) *vt* add up. **somma** *nf* **1** sum, total. **2** sum of money. **in somma** in a word. **sommario** *adj,nm* summary.
sommergere* (som'mɛrdʒere) *vt* submerge, flood. **sommergibile** (sommer'dʒibile) *nm* submarine.
sommesso (som'messo) *adj* **1** docile. **2** soft.
somministrare (somminis'trare) *vt* administer.
sommissione (sommis'sjone) *nf* submission.
sommo ('sommo) *adj* highest, supreme. *nm* summit. **sommità** *nf* summit.
sommozzatore (sommottsa'tore) *nm* frogman, deep-sea diver.
sonaglio (so'naʎʎo) *nm* bell. **serpente a sonagli** *nm* rattlesnake.
sonare (so'nare) *also* **suonare** *vt,vi* **1** ring, sound. **2** *mus* play. **sonata** *nf* sonata. **sonatore** *nm* player.
sondare (son'dare) *vt* sound, test. **sondaggio** *nm* opinion poll, survey.
sonetto (so'netto) *nm* sonnet.
sonico ('sɔniko) *adj* sonic. **barriera sonica** *nf* sound barrier.
sonnambulo (son'nambulo) *nm* sleepwalker.
sonnecchiare (sonnek'kjare) *vi* doze.
sonnifero (son'nifero) *nm* sleeping pill.
sonno ('sonno) *nm* sleep. **avere sonno** be sleepy.
sono ('sono) *v see* **essere.**
sonoro (so'nɔro) *adj* resonant. **onda sonora** *nf* soundwave.
sontuoso (sontu'oso) *adj* sumptuous.
soppiatto (sop'pjatto) **di soppiatto** *adv* secretly.
sopportare (soppor'tare) *vt* endure, bear, tolerate, stand.
sopprimere* (sop'primere) *vt* **1** suppress. **2** abolish.
sopra ('sopra) *prep* **1** above, over. **2** upon. **al di sopra di** above. **di sopra 1** upstairs. **2** above.
soprabito (so'prabito) *nm* overcoat.
sopracciglio (soprat'tʃiʎʎo) *nm* eyebrow.
sopraccoperta (soprakko'pɛrta) *nf* **1** bedspread. **2** dust jacket (of a book).
sopraffare* (sopraf'fare) *vt* overcome.
sopraggiungere* (soprad'dʒundʒere) *vi* **1** arrive. **2** occur.
soprannaturale (soprannatu'rale) *adj,nm* supernatural.
soprannome (sopran'nome) *nm* nickname.
soprano (so'prano) *nm* soprano.
soprappiù (soprap'pju) *nm* extra.
soprascarpa (sopras'karpa) *nf* overshoe, galosh.
soprattassa (soprat'tassa) *nf* surtax.
soprattutto (soprat'tutto) *adv* above all.
sopravvenire* (sopravve'nire) *vi* **1** arrive. **2** occur.
sopravvivere* (soprav'vivere) *vi* survive. **sopravvissuto** *nm* survivor.
soprintendere* (soprin'tɛndere) *vi* supervise.
soqquadro (sok'kwadro) *nm* disorder, mess.
sorbire (sor'bire) *vt* sip.
sorcio ('sortʃo) *nm* mouse.
sordido ('sɔrdido) *adj* sordid.
sordo ('sordo) *adj* **1** deaf. **2** dull, low. **sordità** *nf* deafness. **sordomuto** (sordo'muto) *nm* deaf-mute.
sorella (so'rɛlla) *nf* sister. **sorellastra** *nf* half-sister.
sorgere* ('sordʒere) *vi* rise. **sorgente** (sor'dʒɛnte) *nf* **1** spring, fountain. **2** source.
sormontare (sormon'tare) *vt* surmount.
sornione (sor'njone) *adj* cunning, sly.
sorpassare (sorpas'sare) *vt* **1** overtake. **2** exceed. **sorpassato** *adj* out-of-date. **sorpasso** *nm* overtaking.
sorprendere* (sor'prɛndere) *vt* **1** surprise. **2** catch. **sorprendente** (sorpren'dɛnte) *adj* surprising. **sorpresa** (sor'presa) *nf* surprise.
sorreggere* (sor'reddʒere) *vt* support.
sorridere* (sor'ridere) *vi* smile. **sorriso** (sor'riso) *nm* smile.
sorseggiare (sorsed'dʒare) *vt* sip. **sorso** *nm* sip.
sorsi ('sorsi) *v see* **sorgere.**
sorta ('sɔrta) *nf* kind, sort.

sorte ('sɔrte) *nf* fate, destiny. **tirare a sorte** draw lots.
sorteggio (sor'teddʒo) *nm* draw.
sortilegio (sorti'lɛdʒo) *nm* witchcraft.
sortire[1] (sor'tire) *vt* **1** get, receive. **2** draw.
sortire[2] (sor'tire) *vi* **1** come out, emerge. **2** happen.
sorto ('sorto) *v see* **sorgere.**
sorvegliare (sorveʎ'ʎare) *vt* watch over, supervise. **sorvegliante** *nm* keeper, watchman. **sorveglianza** *nf* supervision.
sorvolare (sorvo'lare) *vt* **1** fly over **2** skip over.
sosia ('sɔzja) *nm invar* double (of a person).
sospendere* (sos'pɛndere) *vt* **1** hang (up). **2** suspend. **sospensione** *nf* suspension.
sospettare (sospet'tare) *vt* **1** suspect. **2** distrust. **sospetto** (sos'pɛtto) *vi* be suspicious. *adj* suspect. *nm* suspicion. **sospettoso** (sospet'toso) *adj* suspicious.
sospirare (sospi'rare) *vi* sigh. **sospiro** *nm* sigh.
sosta ('sɔsta) *nf* halt, stop. **divieto di sosta** no parking.
sostanza (sos'tantsa) *nf* substance.
sostegno (sos'teɲɲo) *nm* support.
sostenere* (soste'nere) *vt* **1** support, maintain. **2** uphold, defend. **3** affirm.
sostentare (sosten'tare) *vt* support.
sostituire (sostitu'ire) *vt* **1** replace, substitute. **2** take the place of. **sostituto** *nm* substitute.
sottaceti (sotta'tʃeti) *nm pl* pickles.
sottana (sot'tana) *nf* **1** petticoat. **2** skirt.
sotterraneo (sotter'raneo) *adj* underground. *nm* cave.
sotterrare (sotter'rare) *vt* **1** bury. **2** hide.
sottile (sot'tile) *adj* **1** fine, thin. **2** slim, slender. **3** subtle.
sottintendere* (sottin'tɛndere) *vt* **1** understand. **2** imply.
sotto ('sotto) *prep* under, below. **sott'acqua** *adv* underwater. **sott'olio** in oil. ~*adv* below. **di sotto** below.
sottocoppa (sotto'kɔppa) *nf* saucer.
sottolineare (sottoline'are) *vt* underline.
sottomettere* (sotto'mettere) *vt* subdue, subject. *vr* submit.
sottopassaggio (sottopas'saddʒo) *nm* underground passage.
sottoporre* (sotto'porre) *vt* subject, submit. **sottoporsi** *vr* submit.
sottoscrivere* (sottos'krivere) *vt* sign. *vi* assent.
sottosopra (sotto'sopra) *adv* **1** upside down. **2** topsy-turvy.
sottotitolo (sotto'titolo) *nm* subtitle.
sottoveste (sotto'vɛste) *nf* **1** petticoat. **2** waistcoat.
sottovoce (sotto'votʃe) *adv* in a quiet voice.
sottrarre (sot'trarre) *vt* **1** remove, steal. **2** subtract. **3** save. **sottrarsi** *vr* escape. **sottrazione** *nf* **1** subtraction. **2** theft.
sovraccaricare (sovrakkari'kare) *vt* overload.
sovrano (so'vrano) *adj,nm* sovereign.
sovrastare (sovras'tare) *vi* dominate.
sovvenzionare (sovventsjo'nare) *vt* subsidize. **sovvenzione** *nf* subsidy.
sovversivo (sovver'sivo) *adj* subversive.
sozzo ('sottso) *adj* filthy, dirty.
spaccare (spak'kare) *vt* break, split. **spaccarsi** *vr* split, crack. **spacco** *nm* split. **spaccamonti** (spakka'monti) *nm invar* boaster.
spacciare (spat'tʃare) *vt* **1** sell, sell off. **2** spread, circulate. **spacciarsi per** *vr* pass oneself off as. **spaccio** *nm* **1** selling. **2** shop.
spada ('spada) *nf* sword.
spaesato (spae'zato) *adj* lost.
spaghetti (spa'getti) *nm pl* long thin strips of pasta.
Spagna ('spaɲɲa) *nf* Spain. **spagnolo** *adj* Spanish. *nm* **1** Spaniard. **2** Spanish (language).
spago ('spago) *nm* string, twine.
spaiato (spa'jato) *adj* odd, unmatched.
spalancare (spalan'kare) *vt* open wide.
spalare (spa'lare) *vt* shovel.
spalla ('spalla) *nf* **1** shoulder. **2** *pl anat* back. **alzare le spalle** shrug one's shoulders. **spallata** *nf* shrug. **spalliera** (spal'ljɛra) *nf* **1** back (of a seat). **2** head or foot (of a bed). **spallina** *nf* epaulette.
spalmare (spal'mare) *vt* spread, smear.
spandere* ('spandere) *vt* **1** shed. **2** spread.
sparare (spa'rare) *vt* fire, shoot. **sparo** *nm* shot.
sparecchiare (sparek'kjare) *vt* clear (the table).
spargere* ('spardʒere) *vt* **1** spread, scatter. **2** shed **spargersi** *vr* spread.
sparire* (spa'rire) *vi* disappear, vanish.
sparpagliare (sparpaʎ'ʎare) *vt* scatter.
spartire (spar'tire) *vt* divide, share.
sparuto (spa'ruto) *adj* haggard.
spasimo ('spazimo) *nm* spasm.
spassarsi (spas'sarsi) *vr also* **spassarsela** (spas'sarsela) enjoy oneself. **spasso** *nm* enjoy-

ment, amusement. **andare a spasso** go for a walk.
spaurire (spau'rire) *vt* frighten, terrify.
spaventare (spaven'tare) *vt* frighten, alarm. **spaventarsi** *vr* take fright **spaventapasseri** (spaventa'passeri) *nm invar* scarescrow. **spavento** *nm* fear, terror **spaventoso** (spaven'toso) *adj* terrible.
spazio ('spattsjo) *nm* space. **spaziale** *adj* **1** spatial. **2** space. **volo spaziale** *nm* space flight. **spazioso** (spat'tsjoso) *adj* spacious.
spazzare (spat'tsare) *vt* sweep (away). **spazzacamino** *nm* chimneysweep. **spazzaneve** *nm invar* snowplough. **spazzatura** *nf* rubbish
spazzola ('spattsola) *nf* brush. **spazzolare** *vt* brush. **spazzolino** *nm* toothbrush.
specchio ('spɛkkjo) *nm* mirror. **specchiarsi** (spek'kjarsi) *vr* **1** look at oneself (in a mirror). **2** be reflected.
speciale (spe'tʃale) *adj* special. **specialista** *nm* specialist. **specialità** *nf* speciality. **specializzarsi** (spetʃalid'dzarsi) *vr* specialize.
specie ('spɛtʃe) *nf invar* **1** species. **2** kind, type, sort. **(in) specie** especially.
specificare (spetʃifi'kare) *vt* specify. **specifico** (spe'tʃifiko) *adj* specific.
speculare (speku'lare) *vi* speculate. **speculatore** *nm* speculator. **speculazione** *nf* speculation.
spedire (spe'dire) *vt* send, post. **spedizione** *nf* expedition.
spegnere* ('spɛɲɲere) *vt* **1** put out, extinguish. **2** turn or switch off. **spegnersi** *vr* go out, be extinguished.
spellare (spel'lare) *vt* skin.
spelonca (spe'lonka) *nf* cavern.
spendere* ('spɛndere) *vt* spend.
spengo ('spɛngo) *v* see **spegnere.**
spennare (spen'nare) *vt* pluck.
spensi ('spɛnsi) *v* see **spengere.**
spensierato (spensje'rato) *adj* thoughtless.
spento ('spento) *v* see **spegnere.** *adj* **1** switched out or off. **2** extinct, dead.
sperare (spe'rare) *vi* hope. *vt* hope for. **speranza** (spe'rantsa) *nf* hope.
spergiurare (sperdʒu'rare) *vi* perjure oneself.
sperimentare (sperimen'tare) *vt* **1** test, try. **2** experience. **sperimentale** *adj* experimental.
sperma ('spɛrma) *nm* sperm.
speronare (spero'nare) *vt* ram. **sperone** *nm* spur.
sperperare (sperpe'rare) *vt* squander.
spesa ('spesa) *nf* **1** expense, cost. **2** shopping. **3** purchase. **a spese di** at the expense of **essere spesato** have all expenses paid.
spesi ('spesi) *v* see **spendere.**
speso ('speso) *v* see **spendere.**
spesso ('spesso) *adj* **1** thick. **2** frequent. *adv* often **spessore** *nm* thickness.
spettacolo (spet'takolo) *nm* **1** sight. **2** show. **spettacolare** *adj* spectacular.
spettare (spet'tare) *vi* **1** be up to. **2** be the duty or right of.
spettatore (spetta'tore) *nm* **1** spectator. **2** *pl* audience.
spettro ('spɛttro) *nm* ghost, spectre. **spettrale** *adj* ghostly.
spezie ('spɛttsje) *nf pl* spices.
spezzare (spet'tsare) *vt* break, smash. **spezzarsi** *vr* **1** break. **2** get broken. **spezzatino** *nm* stew
spiacere* (spja'tʃere) *v imp* displease. **spiacevole** (spja'tʃevole) *adj* unpleasant.
spiaggia ('spjaddʒa) *nf* beach.
spianare (spja'nare) *vt* **1** smooth, flatten. **2** roll out (dough).
spiantare (spjan'tare) *vt* uproot.
spiare (spi'are) *vt* spy upon. **spia** *nf* spy.
spiccare (spik'kare) *vt* **1** pick. **2** cut off. **3** pronounce clearly. **4** issue. *vi* stand out. **spiccare il volo** take flight.
spicchio ('spikkjo) *nm* **1** segment, slice. **2** clove (of garlic).
spicciarsi (spit'tʃarsi) *vr* hurry.
spiccioli ('spittʃoli) *nm pl* small change.
spiedo ('spjɛdo) *nm cul* spit.
spiegare (spje'gare) *vt* **1** explain. **2** unfold, spread out. **spiegazione** *nf* explanation.
spietato (spje'tato) *adj* pitiless, ruthless.
spiga ('spiga) *nf* ear (of corn, etc.).
spilla ('spilla) *nf* brooch. **spillo** *nm* pin.
spilorcio (spi'lortʃo) *adj* mean, stingy.
spina ('spina) *nf* **1** thorn. **2** electrical plug. **birra alla spina** *nf* draught beer. **spina dorsale** spine. **filo spinato** *nm* barbed wire. **spinoso** (spi'noso) *adj* thorny.
spinacio (spi'natʃo) *nm* spinach.
spingere* ('spindʒere) *vt* **1** push, shove. **2** drive. **3** incite. **spingersi** *vr* **1** push forward. **2** dare.
spinsi ('spinsi) *v* see **spingere.**
spinta ('spinta) *nf* push, shove.
spinto ('spinto) *v* see **spingere.**
spionaggio (spio'naddʒo) *nm* espionage.
spira ('spira) *nf* coil. **spirale** *adj,nf* spiral.

spirare (spi'rare) *vi* **1** blow, breathe out **2** breathe **3** expire *vt* exhale.
spirito ('spirito) *nm* **1** spirit. **2** ghost. **3** wit. **spiritoso** (spiri'toso) *adj* witty **spirituale** *adj* spiritual.
splendere ('splɛndere) *vi* shine, gleam **splendido** ('splɛndido) *adj* splendid, wonderful **splendore** *nm* splendour
spogliare (spoʎ'ʎare) *vt* **1** take off. **2** strip **spogliarsi** *vr* undress **spogliarello** (spoʎʎa'rɛllo) *nm* striptease **spogliatoio** *nm* changing room
spoglio ('spɔʎʎo) *nm* **1** sorting out **2** examination.
spoletta (spo'letta) *nf* fuse
spolverare (spolve'rare) *vt* dust
sponda ('sponda) *nf* **1** edge **2** bank.
spontaneo (spon'taneo) *adj* spontaneous
sporcare (spor'kare) *vt* dirty, soil **sporco** ('spɔrko) *adj* dirty.
sporgere* ('spɔrdʒere) *vi* jut out *vt* **1** put out **2** stick out **sporgersi** *vr* lean out
sport (spɔrt) *nm invar* sport **sportivo** *adj* sporting.
sporta ('spɔrta) *nf* shopping basket
sportello (spor'tɛllo) *nm* **1** door **2** counter **3** window **4** shutter.
sposalizio (spoza'littsjo) *nm* wedding.
sposare (spo'zare) *vt* marry **sposarsi** *vr* get married. **sposa** ('spɔza) *nf* **1** bride. **2** wife **sposo** ('spɔzo) *nm* **1** bridegroom **2** husband
spostare (spos'tare) *vt* move, shift
sprangare (spran'gare) *vt* bolt **spranga** *nf* bolt.
sprazzo ('sprattso) *nm* **1** spray **2** flash
sprecare (spre'kare) *vt* waste
spremere ('sprɛmere) *vt* **1** squeeze **2** wring. **spremuta** *nf* fruit squash
sprimacciare (sprimat'tʃare) *vt* shake
sprizzare (sprit'tsare) *vt,vi* squirt.
sprofondare (sprofon'dare) *vi* **1** collapse **2** sink. **sprofondarsi** *vr* **1** collapse **2** sink.
spronare (spro'nare) *vt* spur on. **sprone** *nm* spur.
sproporzionato (sproportsjo'nato) *adj* disproportionate.
sproposito (spro'pɔzito) *nm* blunder.
sprovvisto (sprov'visto) *adj* ill-prepared, lacking. **alla sprovvista** unawares.
spruzzare (sprut'tsare) *vt* squirt, spray, sprinkle. **spruzzo** *nm* spray, splash.
spugna ('spuɲɲa) *nf* **1** sponge. **2** towelling.
spumare (spu'mare) *vi* foam. **spuma** *nf* foam, froth. **spumante** *nm* sparkling wine
spuntare (spun'tare) *vt* **1** blunt, break the point of. **2** check off *vi* **1** appear, sprout **2** (of the sun) rise **spuntarsi** *vr* become blunt **spuntino** *nm* snack
sputare (spu'tare) *vt,vi* spit **sputo** *nm* spit, spittle.
squadra ('skwadra) *nf* **1** squad, squadron **2** team. **3** set square
squadrare (skwa'drare) *vt* look squarely at
squadriglia (skwa'driʎʎa) *nf* squadron
squagliare (skwaʎ'ʎare) *vt* melt **squagliarsi** *vr* melt.
squalificare (skwalifi'kare) *vt* disqualify **squalifica** (skwa'lifika) *nf* disqualification
squallido ('skwallido) *adj* **1** squalid **2** bleak **squallore** *nm* **1** squalor **2** dreariness
squalo ('skwalo) *nm* shark.
squama ('skwama) *nf* scale (of a fish)
squarciare (skwar'tʃare) *vt* tear, rip **a squarciagola** *adv* at the top of one's voice **squarcio** *nm* **1** tear. **2** gash
squassare (skwas'sare) *vt* shake violently
squattrinato (skwattri'nato) *adj* penniless
squilibrare (skwili'brare) *vt* unbalance **squilibrio** *nm* lack of balance
squillare (skwil'lare) *vi* ring **squilla** *nf* bell. **squillo** *nm* ring **ragazza squillo** *nf* callgirl
squisito (skwi'zito) *adj* **1** exquisite **2** (of food) delicious.
squittire (skwit'tire) *vi* cheep, squeak.
sradicare (zradi'kare) *vt* uproot
sregolato (zrego'lato) *adj* disordered.
stabile ('stabile) *adj* **1** stable, fixed. **2** permanent. **beni stabili** *nm pl* real estate **stabilità** *nf* stability **stabilizzare** (stabilid'dzare) *vt* stabilize.
stabilire (stabi'lire) *vt* establish, fix, determine. **stabilirsi** *vr* settle **stabilimento** *nm* **1** factory **2** establishment.
staccare (stak'kare) *vt* **1** remove, take off. **2** detach *vi* stand out. **staccarsi** *vr* **1** come off **2** leave.
stacciare (stat'tʃare) *vt* sieve. **staccio** *nm* sieve.
stadio ('stadjo) *nm* **1** stadium **2** stage, phase.
staffa ('staffa) *nf* stirrup.
staffetta (staf'fetta) *nf* messenger **corsa a staffetta** *nf* relay race.
staffile (staf'file) *nm* whip.

stagione (sta'dʒone) *nf* season **stagionale** *adj* seasonal.

stagliare (staʎ'ʎare) *vi* stand out. **stagliarsi** *vr* stand out.

stagnare (staɲ'ɲare) *vi* stagnate. **stagnante** *adj* stagnant.

stagno[1] ('staɲɲo) *nm* pool

stagno[2] ('staɲɲo) *nm* tin **(carta) stagnola** *nf* **1** tinfoil. **2** silver paper.

staio ('stajo) *nm* bushel.

stalla ('stalla) *nf* stable

stallo ('stallo) *nm* **1** seat **2** *game* stalemate.

stallone (stal'lone) *nm* stallion

stamattina (stamat'tina) *adv also* **stamani** this morning.

stamberga (stam'bɛrga) *nf* hovel

stambugio (stam'budʒo) *nm* small dark room.

stampare (stam'pare) *vt* **1** print. **2** publish. **stampa** *nf* **1** print, printing. **2** press. **stampatello** (stampa'tɛllo) *nm* block letters. **stamperia** *nf* printing works. **stampo** *nm* mould, form.

stancare (stan'kare) *vt* tire. **stancarsi** *vr* become tired. **stanchezza** (stan'kettsa) *nf* tiredness. **stanco** *adj* tired.

standardizzare (standardid'dzare) *vt* standardize.

stanga ('stanga) *nf* barrier, bar. **stangata** *nf* blow

stanghetta (stan'getta) *nf* **1** bolt. **2** side (of spectacles).

stanotte (sta'nɔtte) *adv* **1** tonight. **2** last night.

stante ('stante) *prep* on account of.

stantio (stan'tio) *adj* stale.

stantuffo (stan'tuffo) *nm* piston

stanza ('stantsa) *nf* room **stanza da bagno** bathroom

stanziare (stan'tsjare) *vt* assign.

stappare (stap'pare) *vt* uncork

stare* ('stare) *vi* **1** be **2** stay, remain. **3** be situated. **4** live. **come stai?** how are you? **lasciar stare** leave alone. **starci** be in agreement. **stare bene 1** be well. **2** suit **stare in piedi** stand. **stare male 1** be ill **2** fit badly. **stare per** be on the point of. **stare seduto** be seated. **stiamo a vedere!** let's wait and see! **ti sta bene!** it serves you right!

starna ('starna) *nf* partridge.

starnutire (starnu'tire) *vi* sneeze. **starnuto** *nm* sneeze.

stasera (sta'sera) *adv* this evening, tonight.

statalizzare (statalid'dzare) *vt* nationalize. **statalizzazione** *nf* nationalization.

statico ('statiko) *adj* static.

statistica (sta'tistika) *nf* statistics. **statistico** *adj* statistical

stato[1] ('stato) *v see* **essere.**

stato[2] ('stato) *nm* **1** state, condition. **2** status. **3** state, nation **statale** *adj* state, of the state. **statista** *nm* statesman.

statua ('statua) *nf* statue.

statura (sta'tura) *nf* height, stature. **di alta/bassa statura** tall/short.

statuto (sta'tuto) *nm* statute.

stavolta (sta'vɔlta) *adv inf* this time.

stazionare (stattsjo'nare) *vi* park. **stazionamento** *nm* parking.

stazione (stat'tsjone) *nf* **1** station. **2** resort.

steccare (stek'kare) *vt* **1** fence in. **2** put in splints. **stecca** *nf* **1** small stick. **2** *med* splint. **3** rib (of an umbrella). **4** billiard cue. **5** false note. **steccato** *nm* fence. **stecco** *nm* twig. **stecchino** *nm* toothpick.

stella ('stella) *nf* star. **stellare** *adj* **1** stellar. **2** star-shaped

stelo ('stɛlo) *nm* stem, stalk.

stemma ('stɛmma) *nm* coat of arms.

stemperare (stempe'rare) *vt* dissolve.

stempiato (stem'pjato) *adj* (of hair) thin at the temples.

stendardo (sten'dardo) *nm* standard, banner.

stendere* ('stɛndere) *vt* **1** spread, spread out. **2** extend, stretch out. **3** hang out (washing). **stendersi** *vr* stretch out.

stenodattilografo (stenodatti'lɔgrafo) *nm* secretary, shorthand typist. **stenodattilografia** *nf* shorthand typing.

stenografia (stenogra'fia) *nf* shorthand.

stentare (sten'tare) *vi* **1** have difficulty. **2** be in want. **stentato** *adj* **1** stunted. **2** difficult. **stento** ('stɛnto) *nm* **1** need, hardship. **2** effort **a stento** hardly.

sterco ('stɛrko) *nm* dung.

stereofonico (stereo'fɔniko) *adj* stereophonic.

stereotipato (stereoti'pato) *adj* stereotyped.

sterile ('stɛrile) *adj* **1** sterile. **2** barren. **sterilità** *nf* sterility **sterilizzare** (sterilid'dzare) *vt* sterilize. **sterilizzazione** *nf* sterilization.

sterlina (ster'lina) *nf* pound (sterling).

sterminare (stermi'nare) *vt* exterminate, destroy. **sterminio** *nm* slaughter, extermination. **sterminato** *adj* immense.

sternutire (sternu'tire) *vi* sneeze.

sterpo ('stεrpo) *nm* twig.
sterzare (ster'tsare) *vt* steer **sterzo** ('stεrtso) *nm* steering wheel
stesso ('stesso) *adj* **1** same **2** very **fa lo stesso** it's all the same
stesura (ste'sura) *nf* **1** drawing up, drafting **2** draft.
stetoscopio (stetos'kɔpjo) *nm* stethoscope.
stetti ('stεtti) *v see* **stare.**
stia ('stia) *nf* hen coop.
stigma ('stigma) *nm* mark, stigma
stile ('stile) *nm* style. **stilista** *nm* stylist **stilistica** (sti'listika) *nf* stylistics **stilistico** (sti'listiko) *adj* stylistic.
stillare (stil'lare) *vi* drip, ooze **stilla** *nf* drop.
stilografico (stilo'grafiko) **(penna) stilografica** *nf* fountain pen
stimare (sti'mare) *vt* **1** estimate **2** esteem **3** value. **4** consider. **stima** *nf* **1** estimate **2** esteem.
stimolare (stimo'lare) *vt* stimulate **stimolante** *nm* stimulant. **stimolo** ('stimolo) *nm* **1** stimulus. **2** incentive.
stinco ('stinko) *nm inf* shin.
stingere* ('stindʒere) *vi* fade **stingersi** *vr* fade.
stipare (sti'pare) *vt* cram together.
stipendio (sti'pεndjo) *nm* salary.
stipo ('stipo) *nm* cabinet.
stipulare (stipu'lare) *vt* draw up
stiracchiare (stirak'kjare) *vt* stretch
stirare (sti'rare) *vt* **1** stretch **2** iron **stirarsi** *vr* stretch.
stirpe ('stirpe) *nf* race, descent.
stitico ('stitiko) *adj* constipated **stitichezza** (stiti'kettsa) *nf* constipation
stiva ('stiva) *nf naut* hold.
stivale (sti'vale) *nm* boot.
stizzire (stit'tsire) *vt* make angry. *vi* get angry **stizzirsi** *vr* get angry. **stizza** *nf* anger **stizzoso** (stit'tsoso) *adj* irritable.
stocco ('stɔkko) *nm* rapier.
stoffa ('stɔffa) *nf* cloth, material.
stoico ('stɔiko) *adj,n* stoic.
stola ('stɔla) *nf* stole.
stolido ('stɔlido) *adj* **1** foolish. **2** dull.
stolto ('stolto) *adj* stupid, foolish **stoltezza** (stol'tettsa) *nf* stupidity.
stomacare (stoma'kare) *vt* sicken. **stomachevole** (stoma'kevole) *adj* sickening.
stomaco ('stɔmako) *nm* stomach.
stonare* (sto'nare) *vi* **1** be out of tune. **2** clash. **stonato** *adj* out of tune.
stoppia ('stoppja) *nf* stubble.
storcere* ('stɔrtʃere) *vt* twist **storcersi** *vr* twist.
stordire (stor'dire) *vt* stun, daze **stordito** *adj* stunned, amazed.
storia ('stɔrja) *nf* **1** history. **2** story, tale. **storico** ('stɔriko) *adj* historical. *nm* historian **storiella** (sto'rjεlla) *nf* **1** story **2** fib.
storione (sto'rjone) *nm* sturgeon
stormire (stor'mire) *vi* rustle **stormo** *nm* **1** flock. **2** swarm.
stornare (stor'nare) *vt* **1** avert **2** dissuade
storno ('storno) *nm* starling
storpiare (stor'pjare) *vt* **1** cripple **2** maim **storpio** ('stɔrpjo) *adj* **1** crippled **2** maimed *nm* cripple.
storta ('storta) *nf* twist, sprain.
storto ('stɔrto) *adj* twisted, bent
stoviglie (sto'viʎʎe) *nf pl* crockery
strabico ('strabiko) *adj* cross-eyed
strabiliare (strabi'ljare) *vi* be amazed **strabiliarsi** *vr* be amazed.
strabismo (stra'bizmo) *nm* squint
stracarico (stra'kariko) *adj* overloaded
straccare (strak'kare) *vt* tire out. **stracco** *adj* exhausted.
stracchino (strak'kino) *nm* type of cheese
stracciare (strat'tʃare) *vt* tear **stracciatella** (strattʃa'tεlla) *nf* soup with eggs and cheese.
straccio ('strattʃo) *adj* torn *nm* rag. **carta straccia** *nf* wastepaper **straccivendolo** (strattʃi'vendolo) *nm* ragman
stracuocere* (stra'kwɔtʃere) *vt* overcook **stracotto** (stra'kɔtto) *adj* overcooked *nm* stew.
strada ('strada) *nf* **1** street, road. **2** way. **stradale** *adj* road. **lavori stradali** *nm pl* road works. **stradario** *nm* street plan.
strafare* (stra'fare) *vi* do too much, overwork **strafatto** *adj* **1** overdone. **2** overripe.
strage ('stradʒe) *nf* slaughter, massacre.
stralunare (stralu'nare) *vt* roll (one's eyes).
strambo ('strambo) *adj* strange. **stramberia** *nf* oddity.
strame ('strame) *nm* fodder.
strampalato (strampa'lato) *adj* eccentric.
strangolare (strango'lare) *vt* strangle. **strangolamento** *nm* strangling. **strangolatore** *nm* strangler.
straniero (stra'njεro) *adj* foreign. *nm* foreigner.
strano ('strano) *adj* strange, odd. **stranezza** (stra'nettsa) *nf* strangeness.

straordinario (straordi'narjo) *adj* extraordinary. *nm* overtime.
strapagare (strapa'gare) *vt* overpay.
strapazzare (strapat'tsare) *vt* ill-treat. **strapazzarsi** *vr* overdo things **strapazzata** *nf* scolding. **strapazzato** *adj* ill-treated.
strapieno (stra'pjɛno) *adj* full up.
strapiombare (strapjom'bare) *vi* lean over.
strappare (strap'pare) *vt* **1** tear, rip. **2** pull out. **strappata** *nf* tug **strappo** *nm* **1** pull, tug. **2** tear
straripare (strari'pare) *vi* (of a river) overflow its banks.
strascicare (straʃʃi'kare) *vt also* **strascinare** drag. **strascico** ('straʃʃiko) *nm* train (of a dress).
stratagemma (strata'dʒɛmma) *nm* stratagem.
strategia (strate'dʒia) *nf* strategy. **strategico** (stra'tɛdʒiko) *adj* strategic.
strato ('strato) *nm* **1** layer, coat (of paint). **2** stratum.
stravagante (strava'gante) *adj* strange, odd, eccentric. **stravaganza** (strava'gantsa) *nf* eccentricity
stravecchio (stra'vɛkkjo) *adj* very old.
stravizio (stra'vittsjo) *nm* excess.
stravolgere* (stra'vɔldʒere) *vt* twist. **stravolto** (stra'vɔlto) *adj* troubled.
straziare (strat'tsjare) *vt* torture, torment. **strazio** ('strattsjo) *nm* torment, torture.
stregare (stre'gare) *vt* bewitch. **strega** *nf* witch. **stregone** *nm* wizard. **stregoneria** *nf* witchcraft.
stregua ('stregwa) *nf* measure.
stremare (stre'mare) *vt* exhaust.
strenna ('strɛnna) *nf* Christmas present.
strepitare (strepi'tare) *vi* make a loud noise.
strepito ('strɛpito) *nm* din, noise. **strepitoso** (strepi'toso) *adj* noisy.
stretto[1] ('stretto) *v see* **stringere.** *adj* **1** narrow. **2** tight. **3** strict. **4** precise. **5** close, intimate. **a denti stretti** with clenched teeth. **stretta** *nf* grasp. **stretta di mano** handshake. **strettezza** (stret'tettsa) *nf* narrowness.
stretto[2] ('stretto) *nm* strait.
stria ('stria) *nf* stripe. **striato** *adj* striped.
stridere* ('stridere) *vi* **1** screech. **2** (of colours) clash. **strido** *nm* screech, shriek. **stridore** *nm* screeching. **stridulo** ('stridulo) *adj* shrill.
strillare (stril'lare) *vi* scream **strillo** *nm* scream.
strimpellare (strimpel'lare) *vt* strum.
strinare (stri'nare) *vt* singe.
stringa ('stringa) *nf* lace, shoelace.
stringere* ('strindʒere) *vt* **1** tighten. **2** squeeze **3** clasp, grasp. **4** conclude. **5** take in (a dress) *vi* be urgent
strinsi ('strinsi) *v see* **stringere.**
striscia ('striʃʃa) *nf* **1** strip. **2** stripe
strisciare (striʃ'ʃare) *vt* **1** drag. **2** graze *vi* creep, crawl
stritolare (strito'lare) *vt* crush
strizzare (strit'tsare) *vt* **1** squeeze. **2** wring (clothes) **strizzare l'occhio** wink. **strizzata** *nf* squeeze. **strizzata d'occhio** wink
strofe ('strɔfe) *nf also* **strofa** (strɔfa) stanza
strofinaccio (strofi'nattʃo) *nm* rag, duster, cloth. **strofinare** *vt* rub
stroncare (stron'kare) *vt* **1** break off. **2** destroy
stropicciare (stropit'tʃare) *vt* rub.
strozzare (strot'tsare) *vt* strangle, choke
struggere* ('struddʒere) *vt* **1** melt. **2** consume **struggersi** *vr* **1** melt. **2** torment oneself. **struggimento** *nm* torment.
strumento (stru'mento) *nm* **1** instrument. **2** tool. **strumentale** *adj* instrumental.
strusciare (struʃ'ʃare) *vt* rub.
strutto ('strutto) *nm* lard
struttura (strut'tura) *nf* structure. **strutturale** *adj* structural **strutturalismo** *nm* structuralism.
struzzo ('struttso) *nm* ostrich.
stuccare[1] (stuk'kare) *vt* putty, plaster, stucco. **stucco** *nm* plaster, putty.
stuccare[2] (stuk'kare) *vt* **1** sicken, nauseate. **2** annoy. **stuccarsi** *vr* be bored.
studente (stu'dɛnte) *nm* student. **studentesco** *adj* student. **studentessa** *nf* student.
studiare (stu'djare) *vt* study.
studio ('studjo) *nm* **1** study. **2** study, office. **3** studio. **borsa di studio** *nf* grant. **studioso** (stu'djoso) *adj* studious. *nm* scholar.
stufa ('stufa) *nf* **1** stove. **2** heater.
stufare (stu'fare) *vt* **1** stew. **2** *inf* bore. **stufato** *nm* stew. **stufo** *adj inf* fed up.
stuoia ('stwɔja) *nf* mat.
stuolo ('stwɔlo) *nm* crowd.
stupefare (stupe'fare) *vt* amaze. **stupefacente** (stupefa'tʃɛnte) *nm* drug.
stupido ('stupido) *adj* stupid, foolish. **stupidaggine** (stupi'daddʒine) *nf* **1** stupid act. **2** nonsense. **stupidità** *nf* stupidity.
stupire (stu'pire) *vt* amaze. *vi* be amazed. **stupirsi** *vr* be amazed. **stupendo** (stu'pɛndo)

adj marvellous, wonderful. **stupore** *nm* astonishment.

stuprare (stu'prare) *vt* rape. **stupro** *nm* rape.

sturare (stu'rare) *vt* uncork **sturabottiglie** *nm invar* corkscrew.

stuzzicare (stuttsi'kare) *vt* **1** poke, prod. **2** provoke. **3** arouse **stuzzicadenti** (stuttsika'dɛnti) *nm invar* toothpick. **stuzzicante** *adj* appetizing.

su (su) *adv* up. *prep* **1** on, upon. **2** over. **3** about. **4** towards. **in su** upwards. **su due piedi** at once. **su per** up. **su per giù** roughly. ~*interj* come on!

sua ('sua) *poss adj, poss pron* see **suo.**

subacqueo (su'bakkweo) *adj* underwater.

subaffittare (subaffit'tare) *vt* sublet.

subappaltare (subappal'tare) *vt* subcontract

subbuglio (su'buʎʎo) *nm* confusion

subcosciente (subkoʃ'ʃɛnte) *adj,nm* subconscious.

subentrare (suben'trare) *vi* replace.

subire (su'bire) *vt* undergo, suffer.

subitaneo (subi'taneo) *adj* sudden

subito ('subito) *adv* immediately, at once

sublime (su'blime) *adj* sublime.

subordinare (subordi'nare) *vt* subordinate **subordinato** *adj,n* subordinate.

suburbio (su'burbjo) *nm* suburb **suburbano** *adj* suburban.

succedere* (sut'tʃɛdere) *vi* **1** succeed, follow **2** happen, occur. **succedersi** *vr* follow one another. **successione** *nf* succession **successivo** *adj* following. **successo** (sut'tʃɛsso) *nm* **1** outcome. **2** success. **successore** *nm* successor.

succhiare (suk'kjare) *vt* suck, suck up.

succinto (sut'tʃinto) *adj* succinct

succo ('sukko) *nm* **1** juice. **2** sap **succoso** *adj* juicy. **succulento** (sukku'lɛnto) *adj* succulent

succursale (sukkur'sale) *nf* branch (office).

sud (sud) *nm* south. *adj invar* south, southern **del sud** **1** southern. **2** southerly. **verso sud** southwards. **sud-est** *nm* south-east. *adj invar* south-east, south-eastern. **del sud-est** **1** south-eastern. **2** south-easterly **sud-ovest** *nm* south-west. *adj invar* south-west, south-western. **del sud-ovest** **1** south-western. **2** south-westerly.

sudare (su'dare) *vi* sweat, perspire. **sudato** *adj* covered in sweat. **sudore** *nm* sweat, perspiration.

sudario (su'darjo) *nm* shroud.

suddetto (sud'detto) *adj* above-mentioned

suddito ('suddito) *nm* subject, citizen.

suddividere* (suddi'videre) *vt* subdivide **suddivisione** *nf* subdivision.

sudicio ('suditʃo) *adj* dirty, filthy. *nm* dirt **sudicieria** *nf* filthiness. **sudiciume** *nm* dirt, filth.

sue ('sue) *poss adj, poss pron* see **suo.**.

sufficiente (suffi'tʃɛnte) *adj* sufficient, enough **sufficienza** (suffi'tʃɛntsa) *nf* sufficiency.

suffisso (suf'fisso) *nm* suffix.

suffragio (suf'fradʒo) *nm* vote, suffrage **suffragista** *nf* suffragette.

suffumicare (suffumi'kare) *vt* fumigate.

suga ('suga) **carta suga** or **cartasuga** *nf* blotting paper.

suggellare (suddʒel'lare) *vt* seal. **suggello** *nm* seal.

suggerire (suddʒe'rire) *vt* suggest. **suggerimento** *nm* suggestion **suggeritore** *nm* prompter.

suggestionare (suddʒestjo'nare) *vt* influence **suggestione** *nf* instigation. **suggestivo** *adj* **1** evocative. **2** picturesque.

sughero ('sugero) *nm* cork.

sugli ('suʎʎi) contraction of **su gli.**

sugna ('suɲɲa) *nf* **1** fat. **2** grease.

sugo ('sugo) *nm* **1** juice. **2** gravy. **3** sauce. **4** essence, gist. **sugoso** (su'goso) *adj* juicy.

sui ('sui) contraction of **su i.**

suicidarsi (suitʃi'darsi) *vr* commit suicide. **suicida** *nm* one who has committed suicide. **suicidio** *nm* suicide.

suino (su'ino) *nm* **1** pig. **2** *pl* swine. **carne suina** *nf* pork.

sul (sul) contraction of **su il.**

sull' (sul) contraction of **su l'.**

sulla ('sulla) contraction of **su la.**

sulle ('sulle) contraction of **su le.**

sullo ('sullo) contraction of **su lo.**

sultanina (sulta'nina) *nf* (fruit) sultana.

sultano (sul'tano) *nm* sultan.

sunto ('sunto) *nm* summary.

suntuoso (suntu'oso) *adj* sumptuous.

suo, sua, suoi, sue ('suo, 'sua, 'swɔi, 'sue) *poss adj* **1** *3rd pers s* his, her, its. **2** *2nd pers s fml* your. *poss pron* **1** *3rd pers s* his, hers, its. **2** *2nd pers s fml* yours.

suocera ('swɔtʃera) *nf* mother-in-law.

suocero ('swɔtʃero) *nm* father-in-law.

suoi ('swɔi) *poss adj, poss pron* see **suo.**

suola ('swɔla) *nf* sole (of a shoe).

suoli (ˈswɔli) *v see* **solere.**

suolo (ˈswɔlo) *nm* **1** ground. **2** soil. **3** layer.

suonare (swoˈnare) *vt,vi* **1** ring, sound. **2** *mus* play. **suono** (ˈswɔno) *nm* sound.

suora (ˈswɔra) *nf* nun, sister.

superare (supeˈrare) *vt* **1** exceed, surpass. **2** overcome, get over. **superato** *adj* out-of-date.

superbo (suˈpɛrbo) *adj* proud, arrogant. **superbia** (suˈpɛrbja) *nf* pride.

superficiale (superfiˈtʃale) *adj* superficial. **superficialità** *nf* superficiality.

superficie (superˈfitʃe) *nf, pl* **superfici** or **superficie** surface.

superfluo (suˈpɛrfluo) *adj* superfluous. *nm* surplus.

superiore (supeˈrjore) *adj* **1** higher, upper. **2** superior. *nm* superior. **superiorità** *nf* superiority.

superlativo (superlaˈtivo) *adj,nm* superlative.

supermercato (supermerˈkato) *nm* supermarket.

supersonico (superˈsɔniko) *adj* supersonic.

superstite (suˈpɛrstite) *adj* surviving. *nm* survivor.

superstizione (superstitˈtsjone) *nf* superstition. **superstizioso** (superstitˈtsjoso) *adj* superstitious.

supino (suˈpino) *adj* supine. **cadere supino** fall on one's back.

suppellettile (suppelˈlɛttile) *nf* furnishings, fittings.

suppergiù (supperˈdʒu) *adv inf* roughly, approximately.

supplemento (suppleˈmento) *nm* supplement. **supplementare** *adj* supplementary, extra.

supplicare (suppliˈkare) *vt* beg, implore. **supplica** (ˈsupplica) *nf* petition.

supplire (supˈplire) *vt* take the place of *vi* **1** make up (for). **2** take the place (of). **supplente** (supˈplɛnte) *adj,n* substitute.

supplizio (supˈplittsjo) *nm* torture.

supporre* (supˈporre) *vt* suppose, imagine. **supposizione** *nf* supposition. **supposto** (supˈposto) *adj* supposed. **supposto che** supposing.

supposta (supˈposta) *nf* suppository.

suppurare (suppuˈrare) *vi* fester.

supremo (suˈprɛmo) *adj* supreme. **supremazia** (supremat'tsia) *nf* supremacy.

surclassare (surklasˈsare) *vt* outclass.

surgelare (surdʒeˈlare) *vt* freeze. **surgelato** *adj* frozen **surgelati** *nm pl* frozen foods.

surrealismo (surreaˈlizmo) *nm* surrealism. **surrealista** *adj* surrealist.

surrogare (surroˈgare) *vt* take the place of, replace. **surrogato** *nm* substitute.

suscettibile (suʃʃetˈtibile) *adj* susceptible.

suscitare (suʃʃiˈtare) *vt* **1** arouse. **2** provoke, cause.

susina (suˈsina) *nf* plum. **susino** *nm* plum tree.

susseguire (susseˈgwire) *vi* follow.

sussidiare (sussiˈdjare) *vt* **1** subsidize. **2** support. **sussidiario** *adj* subsidiary. *nm* primary schoolbook. **sussidio** *nm* **1** aid, help. **2** subsidy.

sussiego (susˈsjɛgo) *nm* haughtiness.

sussistere (susˈsistere) *vi* **1** exist. **2** be valid.

sussultare (sussulˈtare) *vi* start. **sussulto** *nm* start, jump.

sussurrare (sussurˈrare) *vt,vi* whisper, murmur **sussurro** *nm* murmur.

svagare (zvaˈgare) *vt* amuse. **svagarsi** *vr* enjoy oneself. **svago** *nm* amusement.

svaligiare (zvaliˈdʒare) *vt* rob, ransack.

svalutare (zvaluˈtare) *vt* devalue. **svalutazione** *nf* devaluation.

svampare (zvamˈpare) *vi* die down, calm down.

svanire (zvaˈnire) *vi* disappear, vanish.

svantaggio (zvanˈtaddʒo) *nm* disadvantage. **svantaggioso** (zvantadˈdʒoso) *adj* unfavourable.

svariare (zvaˈrjare) *vt* vary.

svedese (zveˈdese) *adj* Swedish. *nm* **1** Swede. **2** Swedish (language).

svegliare (zveʎˈʎare) *vt* awaken, wake up. **svegliarsi** *vr* wake up. **sveglia** *nf* alarm clock. **sveglio** *adj* **1** awake. **2** quick-witted.

svelare (zveˈlare) *vt* reveal.

svelto (ˈzvɛlto) *adj* **1** quick. **2** quick-witted. **3** slim.

svendita (ˈzvendita) *nf* (clearance) sale.

svenire* (zveˈnire) *vi* faint. **svenimento** *nm* faint, fainting fit

sventolare (zventoˈlare) *vt,vi* flutter.

sventrare (zvenˈtrare) *vt* disembowel.

sventura (zvenˈtura) *nf* misfortune, bad luck. **sventurato** *adj* unlucky.

svergognato (zvergoɲˈɲato) *adj* shameless.

svernare (zverˈnare) *vi* spend the winter.

svestire (zvesˈtire) *vt* undress.

Svezia (ˈzvɛtsja) *nf* Sweden.

sviare (zviˈare) *vt* **1** divert. **2** lead astray. **sviarsi** *vr* go astray.

svignare (zviɲ'ɲare) *vi* slip away **svignarsela** (zviɲ'ɲarsela) *vr* slip away.
sviluppare (zvilup'pare) *vt,vi* develop. **sviluppo** *nm* development.
svincolare (zvinko'lare) *vt* free.
svista ('zvista) *nf* oversight.
svitare (zvi'tare) *vt* unscrew.
Svizzera ('zvittsera) *nf* Switzerland. **svizzero** ('zvittsero) *adj,n* Swiss.
svogliato (zvoʎ'ʎato) *adj* unwilling.
svolazzare (zvolat'tsare) *vi* flutter.
svolgere* ('zvɔldʒere) *vt* **1** unwind **2** develop **3** carry out. **svolgersi** *vr* **1** take place. **2** unwind. **svolgimento** *nm* development.
svoltare (zvol'tare) *vi* turn. **svolta** ('zvɔlta) *nf* turn, bend.
svuotare (zvwo'tare) *vt* empty.

T

tabacco (ta'bakko) *nm* tobacco. **tabaccaio** *nm* tobacconist. **tabaccheria** *nf* tobacconist's shop.
tabella (ta'bɛlla) *nf* table, list.
tabernacolo (taber'nakolo) *nm* tabernacle.
tabù (ta'bu) *adj,nm* taboo.
tacca ('takka) *nf* notch, dent.
taccagno (tak'kaɲɲo) *adj* mean, miserly. *nm* miser.
taccheggiatore (takkeddʒa'tore) *nm* shoplifter.
tacchino (tak'kino) *nm* turkey.
taccio ('tattʃo) *v see* **tacere.**
tacco ('takko) *nm* heel.
taccuino (takku'ino) *nm* notebook.
tacere* (ta'tʃere) *vi* be quiet or silent. *vt* keep secret. **far tacere** silence.
tachimetro (ta'kimetro) *nm* speedometer.
tacito ('tatʃito) *adj* **1** silent. **2** tacit. **taciturno** *adj* quiet, taciturn.
tacqui ('takkwi) *v see* **tacere.**
tafano (ta'fano) *nm* horsefly.
tafferuglio (taffe'ruʎʎo) *nm* brawl.
taffettà (taffe'ta) *nm* taffeta.
taglia ('taʎʎa) *nf* **1** reward. **2** ransom. **3** size.
tagliare (taʎ'ʎare) *vt* **1** cut. **2** cut off. *vi* cut across. **tagliacarte** (taʎʎa'karte) *nm invar* paperknife. **tagliando** *nm* voucher. **tagliente** *adj* cutting, sharp. **taglio** *nm* cut, cutting.
tagliatelle (taʎʎa'tɛlle) *nf pl* long flat strips of pasta.
tagliola (taʎ'ʎɔla) *nf* trap, snare.
tagliuzzare (taʎʎut'tsare) *vt* chop finely, shred.
talco ('talko) *nm* talcum.
tale ('tale) *adj* **1** such, such a. **2** so. *pron* someone. **il tal dei tali** so-and-so. **talchè** *conj* so that. **talmente** *adv* so. **talora** *adv* now and again. **taluno** *adj,pron* some. **talvolta** (tal'vɔlta) *adv* sometimes.
taleggio (ta'leddʒo) *nm* type of cheese.
talento (ta'lɛnto) *nm* talent.
tallone (tal'lone) *nm anat* heel.
talpa ('talpa) *nf zool* mole.
tamburo (tam'buro) *nm* drum. **tamburare** *also* **tamburellare** *vi* drum. **tamburello** (tambu'rɛllo) *nm* tambourine.
Tamigi (ta'midʒi) *nm* Thames.
tamponare (tampo'nare) *vt* **1** plug, stop. **2** collide with, bump into. **tamponamento** *nm* collision. **tampone** *nm* pad.
tana ('tana) *nf* den, lair.
tanaglie (ta'naʎʎe) *nf pl* pincers, pliers.
tanfo ('tanfo) *nm* musty smell.
tangibile (tan'dʒibile) *adj* tangible.
tango ('tango) *nm* tango.
tanto ('tanto) *adj* **1** so much. **2** *pl* so many. *pron* **1** so much. **2** *pl* a lot of people. *adv* so, so much. **di tanto in tanto** from time to time. **ogni tanto** every now and then. **tanto quanto** as much as.
tappare (tap'pare) *vt* plug, stop up.
tappeto (tap'peto) *nm* carpet. **tappetino** *nm* rug.
tappezzare (tappet'tsare) *vt* **1** cover. **2** upholster. **tappezzeria** *nf* **1** tapestry. **2** upholstery. **fare tappezzeria** be a wallflower.
tappo ('tappo) *nm* stopper, cork.
tarantola (ta'rantola) *nf* tarantula.
tarchiato (tar'kjato) *adj* thickset, sturdy.
tardare (tar'dare) *vi* be late. *vt* delay. **tardi** *adv* late. **fare tardi** be late. **tardo** *adj* **1** slow. **2** late.
targa ('targa) *nf* **1** shield. **2** *mot* numberplate. **3** nameplate.
tariffa (ta'riffa) *nf* **1** price-list. **2** charge, rate, fare.
tarlo ('tarlo) *nm* woodworm.
tarma ('tarma) *nf* moth. **tarmato** *adj* moth-eaten.
tartagliare (tartaʎ'ʎare) *vi* stammer, stutter.
tartaro ('tartaro) *nm* tartar.
tartaruga (tarta'ruga) *nf* **1** tortoise. **2** turtle.
tartina (tar'tina) *nf* sandwich.
tartufo (tar'tufo) *nm* truffle.

tasca ('taska) *nf* pocket. **tascabile** (tas'kabile) *adj* pocket-sized. **tascapane** *nm* haversack.

tassare (tas'sare) *vt* tax. **tassa** *nf* tax. **tassazione** *nf* taxation.

tassì (tas'si) *nm invar* taxi. **tassista** *nm* taxi driver.

tasso[1] ('tasso) *nm* yew tree.

tasso[2] ('tasso) *nm* badger.

tastare (tas'tare) *vt* **1** touch. **2** feel. **tastiera** *nf* keyboard. **tasto** *nm* **1** key. **2** feel, touch **tastoni** *adv* gropingly. **andare a tastoni** grope.

tattica ('tattika) *nf* tactics. **tattico** ('tattiko) *adj* tactical.

tatto ('tatto) *nm* **1** sense of touch, touch. **2** tact.

tatuaggio (tatu'addʒo) *nm* tattoo.

tautologia (tautolo'dʒia) *nf* tautology.

taverna (ta'vɛrna) *nf* inn, tavern.

tavola ('tavola) *nf* **1** table. **2** board, slab. **3** plate, illustration. **tavola calda** snack-bar.

tavolo ('tavolo) *nm* table. **tavolino** *nm* table. **tavolino da notte** bedside table.

tazza ('tattsa) *nf* cup.

te (te) *pron 2nd pers m,f s fam* you. **da te** by yourself.

tè (tɛ) *nm invar* tea. **teiera** (te'jɛra) *nf* teapot.

teatro (te'atro) *nm* theatre. **teatrale** *adj* theatrical.

tecnica ('tɛknika) *nf* technique. **tecnico** ('tɛkniko) *adj* technical. *nm* technician. **tecnologia** *nf* technology.

tedesco (te'desko) *adj,n* German. *nm* German (language).

tedioso (te'djoso) *adj* tedious.

tegame (te'game) *nm* pan.

teglia ('teʎʎa) *nf* pan.

tegola ('tegola) *nf* tile.

tela ('tela) *nf* **1** cloth. **2** canvas, painting. **3** *Th* curtain.

telaio (te'lajo) *nm* loom, frame.

teleferica (tele'fɛrika) *nf* cableway.

telefonare (telefo'nare) *vi,vt* telephone. **telefonata** *nf* telephone call. **telefonata urbana/interurbana** local/long-distance call. **telefonico** (tele'fɔniko) *adj* telephonic. **cabina telefonica** *nf* telephone box. **telefonista** *nm* telephonist **telefono** (te'lɛfono) *nm* telephone. **dare un colpo di telefono** ring.

telegiornale (teledʒor'nale) *nm* television news.

telegrafare (telegra'fare) *vt* wire, telegraph **telegrafo** (te'lɛgrafo) *nm* telegraph.

telegramma (tele'gramma) *nm* telegram

telepatia (telepa'tia) *nf* telepathy.

teleschermo (teles'kermo) *nm* television screen.

telescopio (teles'kɔpjo) *nm* telescope.

televisione (televi'zjone) *nf* television **televisione a colori** colour television. **televisore** (televi'zore) *nm* television set.

telone (te'lone) *nm* tarpaulin.

tema ('tɛma) *nm* **1** theme, subject. **2** essay, composition. **tematico** (te'matiko) *adj* thematic.

temerario (teme'rarjo) *adj* rash, reckless. **temerarietà** *nf* boldness, recklessness.

temere (te'mere) *vt* **1** fear, be afraid of. **2** doubt *vi* be afraid.

temperamento (tempera'mento) *nm* temperament.

temperare (tempe'rare) *vt* **1** moderate, mitigate, alleviate. **2** sharpen. **temperalapis** (tempera'lapis) *nm also* **temperamatite** *nm invar* pencil-sharpener. **temperato** *adj* moderate, temperate. **temperino** *nm* penknife.

temperatura (tempera'tura) *nf* temperature.

tempesta (tem'pɛsta) *nf* storm, tempest, hurricane. **tempestoso** (tempes'toso) *adj* **1** stormy. **2** agitated.

tempia ('tɛmpja) *nf anat* temple.

tempio ('tɛmpjo) *nm* **1** temple. **2** church.

tempo ('tɛmpo) *nm* **1** time, period. **2** weather. **3** tense. **4** *sport* half-time. **5** tempo, beat. **a tempo** on time **tempo fa** some time ago.

temporale[1] (tempo'rale) *nm* storm, thunderstorm.

temporale[2] (tempo'rale) *adj* temporal, secular.

temporaneo (tempo'raneo) *adj* **1** temporary. **2** transient, transitory.

temprare (tem'prare) *vt* temper, strengthen.

tenace (te'natʃe) *adj* **1** tenacious. **2** stubborn. **tenacia** *nf* tenacity.

tenaglie (te'naʎʎe) *nf pl* pincers, pliers.

tenda ('tɛnda) *nf* **1** curtain. **2** awning. **3** tent. **tendina** *nf* curtain.

tendenza (ten'dɛntsa) *nf* **1** tendency. **2** trend. **3** inclination.

tendere* ('tɛndere) *vt* **1** stretch. **2** hang or hold out. **3** tighten. **4** lay. *vi* **1** tend. **2** incline, be inclined. **tendere le orecchie** prick up one's ears.

tendine ('tɛndine) *nm* tendon, sinew.

tenebre ('tɛnebre) *nf pl* darkness, gloom. **tenebroso** (tene'broso) *adj* gloomy, dark.

tenente (te'nɛnte) *nm* lieutenant.

tenere* (te'nere) *vt* **1** hold **2** have **3** keep **4** contain **5** occupy **6** consider *vi* **1** resemble **2** hold, stick **3** (of a dye) be fast **tenere conto di** keep in mind **tenere la destra/sinistra** keep to the right/left **tenere stretto** clasp, grip **tenere un discorso** give a speech **tenersi** *vr* **1** hold or keep oneself **2** stand **3** consider oneself **4** restrain oneself **5** avoid **6** follow **tenersi pronto** be on the alert

tenero ('tɛnero) *adj* **1** tender **2** affectionate **tenerezza** (tene'rettsa) *nf* **1** tenderness **2** affection

tengo ('tɛngo) *v* see **tendere.**

tenni ('tenni) *v* see **tenere.**

tennis ('tɛnnis) *nm* tennis **tennista** *nm* tennis player

tenore (te'nore) *nm* tenor **tenore di vita** standard of living

tensione (ten'sjone) *nf* **1** tension, strain **2** voltage

tentacolo (ten'takolo) *nm* tentacle

tentare (ten'tare) *vt* **1** try, attempt **2** test **3** tempt **tentativo** *nm* attempt **tentazione** *nf* temptation

tentennare (tenten'nare) *vi* **1** waver **2** stagger totter **3** hesitate *vt* shake

tenue ('tɛnue) *adj* **1** slender slight **2** soft

tenuta (te'nuta) *nf* **1** capacity **2** estate **3** uniform **4** dress **a tenuta d'acqua** watertight

teologia (teolo'dʒia) *nf* theology **teologo** (te'ɔlogo) *nm* theologian

teorema (teo'rɛma) *nm* theorem

teoria (teo'ria) *nf* theory, idea **teorico** *adj* theoretical

tepore (te'pore) *nm* mildness

teppa ('teppa) *nf* mob, underworld

terapia (tera'pia) *nf* therapy **terapeutico** (tera'pɛutiko) *adj* therapeutic

tergicristallo (terdʒikris'tallo) *nm* windscreen-wiper

tergiversare (terdʒiver'sare) *vi* beat about the bush

terme ('tɛrme) *nf pl* hot springs spa **termale** *adj also* **termico** ('tɛrmiko) thermal

terminare (termi'nare) *vt,vi* finish end terminate **termine** ('tɛrmine) *nm* **1** limit boundary **2** term **3** end, close

termodinamica (termodi'namika) *nf* thermodynamics

termometro (ter'mɔmetro) *nm* thermometer

termonucleare (termonukle'are) *adj* thermonuclear

termos ('tɛrmos) *nm invar* Thermos *Tdmk*

termosifone (termosi'fone) *nm* radiator **riscaldamento a termosifone** *nm* central heating

termostato (ter'mɔstato) *nm* thermostat

terra ('tɛrra) *nf* **1** earth **2** land **3** ground, floor **4** soil **5** clay **per terra** on the ground **terracotta** (terra'kɔtta) *nf* terracotta **terremoto** (terre'mɔto) *nm* earthquake

terrapieno (terra'pjɛno) *nm* embankment, earthwork

terrazza (ter'rattsa) *nf also* **terrazzo** *nm* terrace

terreno[1] (ter'reno) *adj* earthly

terreno[2] (ter'reno) *nm* **1** ground soil land **2** site

terribile (ter'ribile) *adj* terrible, fearful

territorio (terri'tɔrjo) *nm* territory **territoriale** *adj* territorial

terrò (ter'rɔ) *v* see **tenere.**

terrore (ter'rore) *nm* terror **terrorismo** *nm* terrorism **terrorista** *nm* terrorist

terzo ('tɛrtso) *adj* third *nm* **1** third **2** third party **terza** *nf* **1** third class **2** third gear

tesa ('tesa) *nf* brim (of a hat)

teschio ('tɛskjo) *nm* skull

tesi[1] ('tɛzi) *nf invar* thesis

tesi[2] ('tesi) *v* see **tendere.**

teso ('teso) *v* see **tendere.**

tesoro (te'zɔro) *nm* **1** treasure **2** treasury **tesoreria** *nf* treasury **tesoriere** *nm* treasurer

tessera ('tɛssera) *nf* pass card

tessere ('tɛssere) *vt* weave **tessile** ('tɛssile) *adj,nm* textile **tessuto** *nm* **1** cloth material fabric **2** *anat* tissue

testa ('tɛsta) *nf* head **dare alla testa** go to one's head **in testa** on one's head **rompersi la testa** rack one's brains

testamento (testa'mento) *nm law* will

testardo (tes'tardo) *adj* **1** stubborn **2** headstrong

testicolo (tes'tikolo) *nm* testicle

testimone (testi'mɔne) *nm* witness **testimoniare** *vt vi* testify **testimonianza** (testimo'njantsa) *nf* testimony **testimonio** (testi'mɔnjo) *nm* witness

testo ('tɛsto) *nm* text **libro di testo** *nm* textbook

testone (tes'tone) *nm* obstinate person

testuggine (tes'tuddʒine) *nf* tortoise

tetro ('tɛtro) *adj* gloomy sombre

tetta (ˈtetta) *nf inf* **1** breast. **2** teat. **tettarella** (tettaˈrɛlla) *nf* teat, dummy
tetto (ˈtetto) *nm* roof. **tettoia** *nf* **1** shed. **2** roof.
Tevere (ˈtɛvere) *nm* Tiber.
ti (ti) *pron 2nd pers m,f s fam* you, to you.
tiara (ˈtjara) *nf* tiara.
tic (tik) *nm invar* **1** tic. **2** mannerism.
ticchettare (tikketˈtare) *vi* tick.
ticchio (ˈtikkjo) *nm* **1** spasm. **2** whim.
tictac (tikˈtak) *nm* tick, ticking.
tieni (ˈtjɛni) *v see* **tenere.**
tiepido (ˈtjɛpido) *adj* lukewarm.
tifo (ˈtifo) *nm* typhus.
tifone (tiˈfone) *nm* typhoon.
tifoso (tiˈfoso) *nm* fan, supporter.
tiglio (ˈtiʎʎo) *nm* lime tree, linden.
tignuola (tiɲˈɲɔla) *nf* moth.
tigre (ˈtigre) *nf* tiger.
timbrare (timˈbrare) *vt* stamp. **timbro** *nm* **1** stamp. **2** timbre. **timbro di gomma** rubber stamp.
timido (ˈtimido) *adj* shy, timid. **timidezza** (timiˈdettsa) *nf* shyness.
timo (ˈtimo) *nm* thyme.
timone (tiˈmone) *nm* rudder **timoniera** (timoˈnjɛre) *nf* wheelhouse.
timore (tiˈmore) *nm* fear **timoroso** (timoˈroso) *adj* timorous.
timpano (ˈtimpano) *nm* **1** kettledrum. **2** eardrum. **3** *arch* gable.
tingere* (ˈtindʒere) *vt* dye, tint.
tino (ˈtino) *nm* vat.
tinta (ˈtinta) *nf* **1** dye. **2** colour, shade **tintoria** *nf* **1** dry-cleaner's shop **2** dyeworks
tipo (ˈtipo) *nm* **1** type **2** *inf* chap, fellow **tipico** (ˈtipiko) *adj* typical.
tipografia (tipograˈfia) *nf* printing.
tiranneggiare (tirannedˈdʒare) *vt* oppress.
tiranno (tiˈranno) *nm* tyrant. *adj* tyrannical **tirannia** *nf* tyranny **tirannico** (tiˈranniko) *adj* tyrannical.
tirare (tiˈrare) *vt* **1** pull, drag, draw **2** pull out, extract. **3** throw. **4** shoot. **5** print. **6** draw, trace. *vi* **1** pull. **2** aim, tend. **3** (of the wind) blow. **4** be tight. **5** shoot **tirare avanti** struggle on. **tirare calci** kick **tirare giù** jot down. **tirare su 1** pull up **2** bring up. **tirare vento** be windy. **tirarsi in là** *vr* move aside. **tirata** *nf* tug, pull. **tiratore** *nm* shooter. **tiratore scelto** marksman **tiratura** *nf* **1** printing. **2** circulation **tiro** *nm* **1** shooting, firing. **2** shot. **3** trick **a tiro** within range
tirchio (ˈtirkjo) *adj* mean, stingy.
tirocinio (tiroˈtʃinjo) *nm* apprenticeship.
titolo (ˈtitolo) *nm* **1** title. **2** headline. **3** security, share.
tizio (ˈtittsjo) *nm* **1** chap, fellow. **2** what's-his-name.
tizzo (ˈtittso) *nm also* **tizzone 1** brand. **2** ember.
toboga (toˈbɔga) *nm invar* toboggan.
toccare (tokˈkare) *vt* touch, feel. *vi* **1** happen. **2** be the duty of. **3** concern. **a chi tocca? tocca a me** whose turn is it? it's my turn. **tocco** *nm* touch. **al tocco** at one o'clock.
toga (ˈtɔga) *nf* gown.
togliere* (ˈtɔʎʎere) *vt* **1** take (away). **2** remove, take off. **togliersi di mezzo** *vr* get out of the way.
toletta (toˈlɛtta) *nf* **1** dressing-table **2** toilet.
tolgo (ˈtɔlgo) *v see* **togliere.**
tollerare (tolleˈrare) *vt* tolerate, bear. **tollerabile** (tolleˈrabile) *adj* tolerable **tolleranza** (tolleˈrantsa) *nf* tolerance, toleration.
tolsi (ˈtɔlsi) *v see* **togliere.**
tolto (ˈtɔlto) *v see* **togliere.**
tomaia (toˈmaja) *nf* upper (of a shoe).
tomba (ˈtomba) *nf* tomb.
tomo (ˈtɔmo) *nm* tome, volume.
tonaca (ˈtɔnaka) *nf* **1** tunic. **2** habit.
tondo (ˈtondo) *adj* round.
tonfo (ˈtonfo) *nm* **1** thud. **2** splash.
tonico (ˈtɔniko) *nm* tonic.
tonnellata (tonnelˈlata) *nf* ton
tonno (ˈtonno) *nm* tuna fish.
tono (ˈtɔno) *nm* tone.
tonsilla (tonˈsilla) *nf* tonsil **tonsillite** *nf* tonsillitis.
topazio (toˈpattsjo) *nm* topaz
topo (ˈtɔpo) *nm* **1** mouse **2** rat **topo di biblioteca** bookworm
topografia (topograˈfia) *nf* topography
toppa (ˈtɔppa) *nf* **1** patch **2** lock.
torba (ˈtorba) *nf* peat.
torbido (ˈtorbido) *adj* **1** murky **2** troubled
torcere* (ˈtɔrtʃere) *vt* **1** twist **2** wring.
torchiare (torˈkjare) *vt* press **torchio** (ˈtɔrkjo) *nm* press.
torcia (ˈtɔrtʃa) *nf* torch.
tordo (ˈtordo) *nm* thrush
Torino (toˈrino) *nf* Turin.
torma (ˈtorma) *nf* swarm, throng
tormentare (tormenˈtare) *vt* torment **tormento** *nm* **1** torment **2** agony
tornare (torˈnare) *vi* **1** return, go or come back

2 turn out, prove to be. 3 become again. **tornare a fare** do again.
torneo (tor'nεo) *nm* tournament.
toro ('tɔro) *nm* 1 bull. 2 *cap* Taurus.
torpedine (tor'pεdine) *nf* torpedo.
torpido ('tɔrpido) *adj* torpid. **torpore** *nm* torpor, lethargy.
torre ('torre) *nf* 1 tower. 2 *game* rook. **torretta** *nf* turret.
torrefare (torre'fare) *vt* roast.
torrente (tor'rεnte) *nm* torrent. **torrenziale** *adj* torrential.
torrido ('tɔrrido) *adj* torrid.
torrone (tor'rone) *nm* nougat.
torsi ('tɔrsi) *v see* **torcere.**
torso ('torso) *nm* trunk, torso.
torsolo ('torsolo) *nm* stump.
torta ('torta) *nf* cake.
tortellini (tortel'lini) *nm pl* stuffed rings of pasta.
torto[1] ('tɔrto) *v see* **torcere.**
torto[2] ('tɔrto) *nm* wrong. **a torto** wrongly. **avere torto** be wrong.
tortora ('tortora) *nf* dove
tortuoso (tortu'oso) *adj* winding, curving.
torturare (tortu'rare) *vt* torture. **tortura** *nf* torture.
torvo ('torvo) *adj* surly
tosare (to'zare) *vt* shear, clip **tosatrice** *nf* lawn-mower
Toscana (tos'kana) *nf* Tuscany **toscano** *adj,n* Tuscan
tossico ('tɔssiko) *adj* toxic. *nm* poison
tossire (tos'sire) *vi* cough **tosse** *nf* cough
tostare (tos'tare) *vt* 1 roast 2 toast **tostapane** *nm invar* toaster
totale (to'tale) *adj* total, complete. *nm* total
totalitario (totali'tarjo) *adj* totalitarian.
totocalcio (toto'kaltʃo) *nm* football pools.
tovaglia (to'vaʎʎa) *nf* tablecloth **tovagliolo** *nm* napkin
tozzo ('tɔttso) *nm* piece, bit *adj* stocky, squat
tra (tra) *prep* 1 between 2 among.
traballare (trabal'lare) *vi* stagger, totter
traboccare (trabok'kare) *vi* overflow
tracannare (trakan'nare) *vt* gulp down
traccia ('trattʃa) *nf* 1 trace 2 trail, track 3 footprint 4 outline **tracciare** *vt* 1 outline 2 trace.
trachea (tra'kεa) *nf* windpipe
tradire (tra'dire) *vt* 1 betray 2 be unfaithful to. **tradimento** *nm* 1 betrayal. 2 treachery. 3 treason. **traditore** *nm* traitor. *adj* treacherous.
tradizione (tradit'tsjone) *nf* tradition. **tradizionale** *adj* traditional.
tradurre* (tra'durre) *vt* translate. **traduttore** *nm* translator. **traduzione** *nf* translation.
trafficare (traffi'kare) *vi* trade, deal. *vt* trade in. **trafficante** *nm* dealer. **traffico** ('traffiko) *nm* 1 trade. 2 traffic. 3 bustle.
traforare (trafo'rare) *vt* pierce, bore.
tragedia (tra'dʒεdja) *nf* tragedy. **tragico** ('tradʒiko) *adj* tragic. *nm* tragedian.
traggo ('traggo) *v see* **trarre.**
traghetto (tra'getto) *nm* 1 crossing. 2 ferryboat.
tragitto (tra'dʒitto) *nm* journey.
traguardo (tra'gwardo) *nm* winning post.
trai ('trai) *v see* **trarre.**
trainare (trai'nare) *vt* drag, haul.
tralasciare (tralaʃ'ʃare) *vt* 1 omit. 2 give up.
tralcio ('traltʃo) *nm* 1 *bot* shoot 2 vine shoot.
traliccio (tra'littʃo) *nm* trellis.
tram (tram) *nm invar* tram.
trama ('trama) *nf* plot.
tramezzare (tramed'dzare) *vt* partition, separate. **tramezzo** (tra'mεddzo) *nm* partition.
tramite ('tramite) *nm* way, means *prep* by means of.
tramontana (tramon'tana) *nf* north wind.
tramontare (tramon'tare) *vi* 1 (of the sun) set, go down. 2 fade. **tramonto** *nm* sunset.
tramortire (tramor'tire) *vi* faint.
trampoli ('trampoli) *nm pl* stilts
trampolino (trampo'lino) *nm* 1 springboard 2 diving board
tranello (tra'nεllo) *nm* trap, plot.
trangugiare (trangu'dʒare) *vt* bolt, gulp down
tranne ('tranne) *prep* except.
tranquillo (tran'kwillo) *adj* calm, peaceful, still **tranquillità** *nf* calm, stillness.
transatlantico (transa'tlantiko) *adj* transatlantic. *nm* liner
transitivo (transi'tivo) *adj* transitive
transito ('transito) *nm* passage, transit
transizione (transit'tsjone) *nf* transition
tranvai (tran'vai) *nm invar* tram
tranvia (tran'via) *nf* 1 tramway 2 tram
trapanare (trapa'nare) *vt* drill **trapano** ('trapano) *nm* drill.
trapelare (trape'lare) *vi* 1 trickle 2 leak out
trapezio (tra'pεttsjo) *nm* trapeze
trapiantare (trapjan'tare) *vt* transplant **trapianto** *nm* transplant.

trappola ('trappola) *nf* trap.
trarre* ('trarre) *vt* **1** drag, pull, draw. **2** throw. **3** obtain.
trasalire (trasa'lire) *vi* start, jump.
trasandare (trazan'dare) *vt* neglect. **trasandato** *adj* slovenly.
trascinare (traʃʃi'nare) *vt* drag, pull.
trascorrere* (tras'korrere) *vt* **1** spend, pass. **2** go through quickly (a book, etc.). *vi* pass.
trascurare (trasku'rare) *vt* **1** neglect. **2** ignore. **trascurato** *adj* **1** neglected. **2** careless.
trasferire (trasfe'rire) *vt* transfer, move. **trasferirsi** *vr* move. **trasferimento** *nm* transfer.
trasformare (trasfor'mare) *vt* change, transform. **trasformazione** *nf* transformation.
trasfusione (trasfu'zjone) *nf* transfusion.
trasgredire (trazgre'dire) *vt* infringe, violate.
traslocare (trazlo'kare) *vt,vi* move. **trasloco** (traz'lɔko) *nm* removal. **fare trasloco** move house.
trasmettere* (traz'mettere) *vt* **1** transmit. **2** send. **transmissione** *nf* **1** transmission. **2** programme, broadcast.
trasognato (trasoɲ'ɲato) *adj* dreamy.
trasparente (traspa'rɛnte) *adj* transparent.
traspirare (traspi'rare) *vi* **1** perspire. **2** leak out. **traspirazione** *nf* perspiration.
trasportare (traspor'tare) *vt* transport. **trasporto** (tras'pɔrto) *nm* transport.
trassi ('trassi) *v see* **trarre.**
trastullare (trastul'lare) *vt* amuse. **trastullo** *nm* toy.
trasudare (trasu'dare) *vi* sweat.
trattare (trat'tare) *vt* **1** treat. **2** deal with, discuss. *vi* deal with, be about. **trattarsi di** *v imp* be a matter of. **trattativa** *nf* negotiation. **trattato** *nm* **1** treatise **2** treaty.
trattenere* (tratte'nere) *vt* **1** keep or hold back **2** detain, keep waiting. **3** entertain. **trattenersi** *vr* **1** remain, stay **2** restrain oneself.
tratto[1] ('tratto) *v see* **trarre.**
tratto[2] ('tratto) *nm* **1** line, stroke. **2** stretch, space. **3** passage (in a book). **4** feature. **a un tratto** all of a sudden.
trattore (trat'tore) *nm* tractor.
trattoria (tratto'ria) *nf* restaurant
trauma ('trauma) *nm* trauma.
travagliare (travaʎ'ʎare) *vt* trouble **travaglio** *nm* **1** toil **2** suffering.
travasare (trava'zare) *vt* decant.
trave ('trave) *nf* beam, rafter.
traversare (traver'sare; *vt* cross. **traversa** *nf* crossbar **traversata** *nf* crossing.
traverso (tra'vɛrso) *adj* oblique. **di traverso** **1** askance. **2** amiss, the wrong way.
travestire (traves'tire) *vt* disguise. **travestimento** *nm* disguise.
travisare (travi'zare) *vt* distort, falsify.
travolgere* (tra'vɔldʒere) *vt* **1** overturn, upset. **2** overthrow.
tre (tre) *adj* three. *nm or f* three. **trecento** (tre'tʃɛnto) *adj* three hundred. *nm* **1** three hundred. **2** fourteenth century.
trebbiare (treb'bjare) *vt* thresh.
treccia ('trettʃa) *nf* plait.
tredici ('treditʃi) *adj* thirteen. *nm or f* thirteen. **tredicesimo** *adj* thirteenth.
tregua ('tregwa) *nf* **1** truce. **2** respite.
tremare (tre'mare) *vt* **1** tremble, shake. **2** shiver.
tremendo (tre'mɛndo) *adj* awful, fearful.
trementina (tremen'tina) *nf* turpentine.
tremito ('trɛmito) *nm* shiver, shudder.
tremolare (tremo'lare) *vi* quiver.
tremore (tre'more) *nm* tremor.
treno ('trɛno) *nm* train. **treno di vita** way of life.
trenta ('trenta) *adj,nm* thirty **trentesimo** *adj* thirtieth.
trespolo ('trespolo) *nm* trestle.
triangolo (tri'angolo) *nm* triangle **triangolare** *adj* triangular.
tribolare (tribo'lare) *vt* torment.
tribordo (tri'bordo) *nm* starboard.
tribù (tri'bu) *nf invar* tribe. **tribale** *adj* tribal.
tribuna (tri'buna) *nf* **1** platform **2** gallery. **3** *sport* stand. **tribunale** *nm* **1** court **2** tribunal
tricheco (tri'kɛko) *nm* walrus.
triciclo (tri'tʃiklo) *nm* tricycle.
trifoglio (tri'fɔʎʎo) *nm* **1** clover **2** shamrock
triglia ('triʎʎa) *nf* red mullet.
trillare (tril'lare) *vi* **1** trill. **2** vibrate **trillo** *nm* **1** ring. **2** trill.
trilogia (trilo'dʒia) *nf* trilogy.
trimestre (tri'mɛstre) *nm* term.
trina ('trina) *nf* lace.
trincare (trin'kare) *vt* drink greedily
trincea (trin'tʃɛa) *nf* trench.
trinciare (trin'tʃare) *vt* cut up, mince.
trinità (trini'ta) *nf* trinity.
trio ('trio) *nm* trio.
trionfare (trion'fare) *vi* triumph **trionfale** *adj* triumphal. **trionfo** *nm* **1** triumph. **2** *game* trumps.

triplice (ˈtriplitʃe) *adj* triple.
tripode (ˈtripode) *nm* tripod.
trippa (ˈtrippa) *nf* tripe.
triregno (triˈreɲɲo) *nm* papal tiara.
triste (ˈtriste) *adj* sad. **tristezza** (trisˈtettsa) *nf* sadness.
tristo (ˈtristo) *adj* bad, evil.
tritare (triˈtare) *vt* mince. **tritacarne** *nm invar* mincer. **tritatutto** *nm invar* slicer and shredder.
trittico (ˈtrittiko) *nm* triptych.
trivellare (trivelˈlare) *vt* drill. **trivella** (triˈvɛlla) *nf* drill.
triviale (triˈvjale) *adj* low, vulgar.
trofeo (troˈfɛo) *nm* trophy.
trogolo (ˈtrɔgolo) *nm* trough.
troia (ˈtrɔja) *nf* sow.
tromba (ˈtromba) *nf* trumpet. **tromba d'aria** tornado. **trombone** *nm* trombone.
troncare (tronˈkare) *vt* break or cut off, interrupt. **tronco** *nm* **1** trunk (of a tree or body). **2** section.
trono (ˈtrɔno) *nm* throne.
tropico (ˈtrɔpiko) *nm* tropic. **tropicale** *adj* tropical.
troppo (ˈtrɔppo) *adj* **1** too much. **2** *pl* too many. *adv* too, too much. **di troppo** in the way.
trota (ˈtrɔta) *nf* trout.
trottare (trotˈtare) *vi* trot. **trotto** *nm* trot.
trotterellare (trotterelˈlare) *vi* **1** trot along. **2** toddle.
trottola (ˈtrɔttola) *nf* spinning top.
trovare (troˈvare) *vt* **1** find, discover. **2** meet. **andare a trovare** visit. **trovarsi** *vr* **1** be, be situated. **2** feel.
truccare (trukˈkare) *vt* **1** disguise, make up. **2** cheat. **truccarsi** *vr* make oneself up. **trucco** *nm* **1** make-up. **2** trick.
truciolo (ˈtrutʃolo) *nm* wood shaving.
truffare (trufˈfare) *vt* swindle, cheat. **truffa** *nf* swindle, fraud. **truffatore** *nm* swindler.
truppa (ˈtruppa) *nf* troop.
tu (tu) *pron 2nd pers m,f s fam* you **dare del tu** use the familiar form of address **tu stesso** *2nd pers s fam* yourself.
tua (ˈtua) *poss adj, poss pron* see **tuo.**
tuba (ˈtuba) *nf* **1** tuba. **2** top-hat.
tubare (tuˈbare) *vi* coo.
tubercolosi (tuberkoˈlɔzi) *nf invar* tuberculosis.
tubo (ˈtubo) *nm* **1** pipe **2** tube **tubatura** *nf* piping. **tubetto** *nm* tube.
tue (ˈtue) *poss adj, poss pron* see **tuo.**
tuffare (tufˈfare) *vt* plunge, dip. **tuffarsi** *vr* dive, plunge. **tuffatore** *nm* diver. **tuffo** *nm* dive, plunge.
tulipano (tuliˈpano) *nm* tulip.
tumore (tuˈmore) *nm* tumour.
tumulto (tuˈmulto) *nm* uproar, tumult.
tunica (ˈtunika) *nf* tunic.
tuo, tua, tuoi, tue (ˈtuo, ˈtua, ˈtwɔi, ˈtue) *poss adj 2nd pers s fam* your. *poss pron 2nd pers s fam* yours.
tuoi (ˈtwɔi) *poss adj, poss pron* see **tuo.**
tuono (ˈtwono) *nm* thunder. **tuonare** *vi* thunder.
tuorlo (ˈtwɔrlo) *nm* egg yolk.
turare (tuˈrare) *vt* stop, plug, cork.
turba (ˈturba) *nf* mob, crowd.
turbante (turˈbante) *nm* turban.
turbare (turˈbare) *vt* trouble, worry, disturb. **turbarsi** *vr* become agitated. **turbamento** *nm* disturbance.
turbina (turˈbina) *nf* turbine.
turbine (ˈturbine) *nm* **1** whirlwind. **2** hurricane.
turchese (turˈkese) *adj,nf* turquoise.
Turchia (turˈkia) *nf* Turkey. **turco** *adj* Turkish. *nm* **1** Turk. **2** Turkish (language).
turchino (turˈkino) *adj* dark blue.
turismo (tuˈrizmo) *nm* tourism. **turista** *nm* tourist. **turistico** (tuˈristiko) *adj* touristic.
turlupinare (turlupiˈnare) *vt* cheat.
turno (ˈturno) *nm* turn. **di turno** on duty.
tuta (ˈtuta) *nf* overalls.
tutela (tuˈtɛla) *nf* guardianship. **tutore** *nm* guardian.
tutto (ˈtutto) *adj* **1** all. **2** *pl* each, every. *pron* **1** all, everything. **2** *pl* all, everyone. **del tutto** completely. **innanzi tutto 1** first of all. **2** above all. **tutt'al più** at very most. **tutt'altro!** on the contrary! **tutti e due** both. **tutto il giorno** the whole day. **tuttavia** *conj* yet, nevertheless.

U

ubbia (ubˈbia) *nf* whim.
ubbidire (ubbiˈdire) *vt,vi* obey. **ubbidiente** (ubbiˈdjɛnte) *adj* obedient. **ubbidienza** (ubbiˈdjɛntsa) *nf* obedience.
ubriacare (ubriaˈkare) *vt* intoxicate. **ubriacarsi** *vr* get drunk. **ubriachezza** (ubriaˈkettsa) *nf* drunkenness. **ubriaco** *adj* drunk. **ubriacone** *nm* drunkard.

uccello (ut'tʃɛllo) *nm* bird. **uccelliera** (uttʃel'ljɛra) *nf* aviary.
uccidere* (ut'tʃidere) *vt* kill.
uccisi (ut'tʃizi) *v* see **uccidere.**
ucciso (ut'tʃizɔ) *v* see **uccidere.** *adj* killed. *nm* victim. **uccisione** *nf* killing, murder. **uccisore** *nm* killer, murderer.
udire* (u'dire) *vt* hear. **udibile** (u'dibile) *adj* audible. **udienza** (u'djɛntsa) *nf* **1** hearing, sitting. **2** audience, interview. **udito** *nm* hearing. **uditore** *nm* listener. **uditorio** (udi'tɔrjo) *nm* audience.
uffa ('uffa) *interj* what a bore!
ufficio (uf'fitʃo) *nm* **1** office. **2** department. **ufficio postale** post office. **ufficiale** *adj* official. *nm* official, officer.
ufo ('ufo) **a ufo** *adv* free, for nothing.
uggia ('uddʒa) *nf* dislike.
uggiolare (uddʒo'lare) *vi* whine.
ugola ('ugola) *nf* uvula.
uguagliare (ugwaʎ'ʎare) *vt* make even or equal, equalize. **uguagliarsi** *vr* be equal. **uguaglianza** *nf* equality.
uguale (u'gwale) *adj* **1** equal. **2** alike, identical **per me è uguale** it's all the same to me **ugualmente** *adv* likewise.
ulcera ('ultʃera) *nf* ulcer.
uliva (u'liva) *nf* olive.
ulteriore (ulte'rjore) *adj* further, ulterior.
ultimo ('ultimo) *adj* last, final, latest. **ultimatum** *nm invar* ultimatum.
ultravioletto (ultravio'letto) *adj* ultraviolet.
ululare (ulu'lare) *vi* howl **ululo** ('ululo) *nm* howl, howling.
umanesimo (uma'nezimo) *nm* humanism **umanista** *nm* humanist.
umanitario (umani'tarjo) *adj* humanitarian.
umano (u'mano) *adj* **1** human. **2** humane **umanista** *nm* humanist. **umanità** *nf* humanity.
umbilico (umbi'liko) *nm* navel.
umido ('umido) *adj* damp, wet. *nm* **1** dampness, damp **2** stew. **umidità** *nf* dampness
umile ('umile) *adj* humble. **umiltà** *nf* humility.
umiliare (umi'ljare) *vt* humiliate, humble. **umiliante** *adj* humiliating. **umiliazione** *nf* humiliation.
umore (u'more) *nm* mood, humour. **umorismo** *nm* humour. **umoristico** (umo'ristiko) *adj* funny, humorous.
un (un) see **uno.**
una ('una) see **uno.**
unanime (u'nanime) *adj* unanimous. **unanimità** *nf* unanimity.
uncino (un'tʃino) *nm* hook. **uncinetto** *nm* crochet hook. **lavorare all'uncinetto** crochet.
undici ('unditʃi) *adj* eleven. *nm or f* eleven. **undicesimo** *adj* eleventh.
ungere* ('undʒere) *vt* grease, oil. **ungere le ruote** grease someone's palm. **ungersi** *vr* dirty oneself with grease.
Ungheria (unge'ria) *nf* Hungary. **ungherese** (unge'rese) *adj,n* Hungarian. *nm* Hungarian (language).
unghia ('ungja) *nf* **1** nail. **2** claw, talon. **unghiata** *nf* scratch.
unguento (un'gwɛnto) *nm* ointment.
unico ('uniko) *adj* **1** sole, only. **2** unique. **unicamente** *adv* only.
unicorno (uni'kɔrno) *nm* unicorn.
unificare (unifi'kare) *vt* unify. **unificazione** *nf* unification.
uniforme (uni'forme)' *adj* uniform, even. *nf* uniform. **uniformità** *nf* uniformity.
unire (u'nire) *vt* join, unite, connect. **unione** *nf* union. **unito** *adj* united.
unità (uni'ta) *nf* **1** unity. **2** unit.
università (universi'ta) *nf* university. **universitario** *adj* university. *nm* university student or teacher.
universo (uni'vɛrso) *nm* universe. **universale** *adj* universal.
uno, un, una ('uno, un, 'una) *adj* one *indef art* a, an. *pron* one, someone. **a uno a uno** one by one. **l'un l'altro** one another.
unto ('unto) *adj* greasy, oily. *nm* grease **untuoso** (untu'oso) *adj* greasy, oily.
uomo ('wɔmo) *nm, pl* **uomini** man.
uopo ('wɔpo) *nm* need.
uovo ('wɔvo) *nm, pl* **uova** *f* egg. **uova strapazzate** scrambled eggs. **uovo affogato** poached egg.
uragano (ura'gano) *nm* hurricane.
uranio (u'ranjo) *nm* uranium.
Urano (u'rano) *nm* Uranus.
urbano (ur'bano) *adj* **1** urban, city. **2** urbane **urbanistica** (urba'nistika) *nf* town planning.
urgente (ur'dʒɛnte) *adj* urgent. **urgenza** (ur'dʒɛntsa) *nf* urgency **d'urgenza** urgently.
urinare (uri'nare) *vi* urinate. **urina** *nf* urine.
urlare (ur'lare) *vi* shout, howl. **urlata** *nf* howl **urlo** *nm, pl* **urli** *m* or **urla** *f* howl.
urna ('urna) *nf* **1** urn **2** ballot-box.
urrà (ur'ra) *interj* hurrah!

urtare (ur'tare) *vt* knock against, bump into. *vi* hit, run into **urtarsi** *vr* **1** become annoyed. **2** collide **urtata** *nf* shove. **urto** *nm* **1** collision, crash. **2** push. **3** clash

usare (u'zare) *vi* **1** be accustomed. **2** be in fashion. *vt* use, employ. **usabile** (u'zabile) *adj* usable. **usanza** (u'zantsa) *nf* custom, habit. **usato** *adj* used, worn, second-hand. *nm* usual. **uso** *nm* **1** use. **2** custom. . **usuale** *adj* usual.

uscio ('uʃʃo) *nm* door. **usciere** (uʃ'ʃɛre) *nm* usher.

uscire* (uʃ'ʃire) *vi* **1** go or come out, leave. **2** appear, be published. **uscita** *nf* exit, way out. **uscita di sicurezza** emergency exit.

usignolo (uziɲ'ɲɔlo) *nm* nightingale.

ussaro ('ussaro) *nm* hussar.

ustionare (ustjo'nare) *vt* burn. **ustione** *nf* burn.

usura (u'zura) *nf* usury. **usuraio** *nm* usurer.

usurpare (uzur'pare) *vt* usurp.

utensile (uten'sile) *nm* utensil, tool.

utente (u'tɛnte) *nm* user

utero ('utero) *nm* womb.

utile ('utile) *adj* useful. *nm* gain, profit. **utilità** *nf* usefulness. **utilitario** *adj* utilitarian. **utilizzare** (utilid'dzare) *vt* use, utilize.

uva ('uva) *nf* grape. **uva passa** raisin. **uva secca** currant. **uva spina** gooseberry.

V

va' (va) *v* imperative form of **andare.**

vacante (va'kante) *adj* vacant. **vacanza** (va'kantsa) *nf* **1** holiday. **2** vacancy. **andare in vacanza** go on holiday.

vacca ('vakka) *nf* cow.

vaccinare (vattʃi'nare) *vt* vaccinate **vaccino** *nm* vaccine.

vacillare (vatʃil'lare) *vi* **1** stagger. **2** hesitate.

vacuo ('vakuo) *adj* empty.

vada ('vada) *v* imperative form of **andare.**

vadano ('vadano) *v* imperative form of **andare.**

vado ('vado) *v* see **andare.**

vagabondare (vagabon'dare) *vi* wander, roam. **vagabondaggio** *nm* vagrancy. **vagabondo** *adj* vagabond, wandering. *nm* tramp.

vagare (va'gare) *vi* wander.

vaghezza (va'gettsa) *nf* vagueness.

vagina (va'dʒina) *nf* vagina.

vagire (va'dʒire) *vi* (of a new-born baby) cry.

vaglia[1] ('vaʎʎa) *nf* worth.

vaglia[2] ('vaʎʎa) *nm invar* money order. **vaglia postale** postal order

vagliare (vaʎ'ʎare) *vt* sift. **vaglio** *nm* sieve.

vago ('vago) *adj* vague.

vagone (va'gone) *nm* **1** wagon, truck. **2** carriage **vagone letto** sleeping-car.

vai ('vai) *v* see **andare.**

vaiolo (va'jɔlo) *nm* smallpox.

valanga (va'langa) *nf* avalanche.

valere* (va'lere) *vi* **1** be worth. **2** be equal or correspond to. **non vale!** it does not count! **vale a dire** that is to say **valersi** *vr* make use of. **valevole** (va'levole) *adj* valid. **validità** *nf* validity. **valido** ('valido) *adj* valid.

valgo ('valgo) *v* see **valere.**

valicare (vali'kare) *vt* cross. **valico** ('valiko) *nm* pass.

valigia (va'lidʒa) *nf* suitcase. **fare le valigie** pack **valigeria** *nf* leather goods shop

valle ('valle) *nf also* **vallata** valley.

valletto (val'letto) *nm* valet

valore (va'lore) *nm* **1** value, worth. **2** courage, valour. **3** valuables. **4** *pl* shares. **mettere in valore** bring out. **valorizzare** (valorid'dzare) *vt* make the most of, exploit. **valoroso** (valo'roso) *adj* valiant.

valutare (valu'tare) *vt* **1** value. **2** estimate. **valuta** *nf* **1** currency, money. **2** value. **valutazione** *nf* estimate.

valvola ('valvola) *nf* **1** valve. **2** electric fuse

valzer ('valtser) *nm invar* waltz.

vampa ('vampa) *nf* **1** blaze, flame. **2** flush.

vampiro (vam'piro) *nm* vampire.

vandalo ('vandalo) *nm* vandal. **vandalismo** *nm* vandalism.

vaneggiare (vaned'dʒare) *vi* rave.

vanesio (va'nɛzjo) *adj* vain.

vangare (van'gare) *vt* dig. **vanga** *nf* spade.

vangelo (van'dʒɛlo) *nm* gospel.

vaniglia (va'niʎʎa) *nf* vanilla.

vanno ('vanno) *v* see **andare.**

vano ('vano) *adj* **1** useless, vain. **2** vain, conceited. **vanità** *nf* vanity. **vanitoso** (vani'toso) *adj* vain.

vantaggio (van'taddʒo) *nm* advantage. **vantaggioso** (vantad'dʒoso) *adj* advantageous.

vantare (van'tare) *vt* boast of. **vantarsi** *vr* boast **vantatore** *nm* boaster.

vapore (va'pore) *nm* **1** steam, vapour. **2** steamer. **vaporetto** *nm* steamboat **vaporizzatore** (vaporiddza'tore) *nm* spray, atomizer.

varare (va'rare) *vt* launch. **varo** *nm* launching.

varcare (var'kare) *vt* go beyond, cross. **varco** *nm* way, passage.

variare (va'rjare) *vt,vi* vary, alter. **variabile** (va'rjabile) *adj* variable, changeable. **variante** *nf* variant. **variazione** *nf* variation. **varietà** *nf* variety.

varicella (vari'tʃɛlla) *nf* chickenpox.

varicoso (vari'koso) *adj* varicose.

vario ('varjo) *adj* various.

varrò (var'rɔ) *v see* **valere.**

vasca ('vaska) *nf* **1** basin. **2** tank, tub.

vascello (vaʃ'ʃɛllo) *nm* ship.

vasellame (vazel'lame) *nm* crockery, dishes.

vaso ('vazo) *nm* **1** vase. **2** jar. **3** pot.

vassoio (vas'sojo) *nm* tray.

vasto ('vasto) *adj* vast, spacious.

Vaticano (vati'kano) *nm* Vatican.

ve (ve) *pron 2nd pers m,f pl fam* you, to you. *adv* there.

vecchio ('vɛkkjo) *adj* old. **vecchiaia** *nf* old age. **vecchietto** *nm* old man.

vedere* (ve'dere) *vt,vi* see. **farsi vedere** appear. **non vedere l'ora di** look forward to. **vedersi** *vr* meet. **vedetta** *nf* look-out. **veduta** *nf* view.

vedova ('vedova) *nf* widow. **vedovo** ('vedovo) *nm* widower.

vedrò (ve'drɔ) *v see* **vedere.**

veemente (vee'mɛnte) *adj* vehement. **veemenza** (vee'mɛntsa) *nf* vehemence.

vegetare (vedʒe'tare) *vi* vegetate. **vegetariano** *nm* vegetarian. **vegetazione** *nf* vegetation.

vegliare (veʎ'ʎare) *vi* **1** stay awake. **2** attend, watch. **veglia** *nf* **1** vigil. **2** evening party. **veglione** *nm* masked ball.

veicolo (ve'ikolo) *nm* vehicle.

vela ('vela) *nf* sail. **veleggiare** *vi* sail. **veliero** (ve'ljɛro) *nm* sailing ship.

velare (ve'lare) *vt* **1** veil. **2** cover. **velo** *nm* veil.

veleno (ve'leno) *nm* poison. **velenoso** (vele'noso) *adj* poisonous.

velino (ve'lino) *adj* vellum. **carta velina** *nf* tissue paper.

velivolo (ve'livolo) *nm* aircraft.

velleità (vellei'ta) *nf* empty wish.

vellicare (velli'kare) *vt* **1** tickle. **2** stimulate.

vello ('vɛllo) *nm* **1** fleece. **2** *zool* coat.

velluto (vel'luto) *nm* velvet. **vellutato** *adj* velvet.

veloce (ve'lotʃe) *adj* quick, rapid, fast. **velocità** *nf* speed.

velodromo (ve'lɔdromo) *nm* cycle track.

veltro ('vɛltro) *nm* greyhound.

vena ('vena) *nf* vein. **venato** *adj* veined.

vendemmiare (vendem'mjare) *vt* harvest (grapes). *vi* gather in the harvest. **vendemmia** *nf* wine harvest.

vendere ('vendere) *vt* sell. **venditore** *nm* seller.

vendetta (ven'detta) *nf* revenge.

vendicare (vendi'kare) *vt* revenge, avenge. **vendicativo** *adj* vindictive.

vendita ('vendita) *nf* sale. **in vendita** on sale.

venerare (vene'rare) *vt* worship, revere. **venerabile** (vene'rabile) *adj* venerable. **venerazione** *nf* veneration.

venerdì (vener'di) *nm* Friday. **venerdì santo** Good Friday.

Venere ('vɛnere) *nf* Venus.

Venezia (ve'nɛttsja) *nf* Venice. **veneziano** *adj,n* Venetian.

vengo ('vɛngo) *v see* **venire.**

veniale (ve'njale) *adj* venial.

venire* (ve'nire) *vi* **1** come, arrive. **2** happen. **fare venire** send for. **venire a prendere** fetch. **venire bene/male** turn out well/badly. **venuta** *nf* coming, arrival.

venni ('venni) *v see* **venire.**

ventaglio (ven'taʎʎo) *nm* fan.

venti ('venti) *adj* twenty. *nm or f* twenty. **ventesimo** (ven'tɛzimo) *adj* twentieth.

ventilare (venti'lare) *vt* ventilate. **ventilazione** *nf* ventilation.

vento ('vɛnto) *nm* wind. **ventoso** *adj* windy.

ventosa (ven'tosa) *nf* sucker.

ventre ('vɛntre) *nm* stomach, belly.

ventricolo (ven'trikolo) *nm* ventricle.

ventriloquo (ven'trilokwo) *nm* ventriloquist.

ventura (ven'tura) *nf* chance, fortune.

venturo (ven'turo) *adj* next, coming.

venusto (ve'nusto) *adj* beautiful.

verace (ve'ratʃe) *adj* true, real.

veranda (ve'randa) *nf* veranda.

verbo ('vɛrbo) *nm* **1** verb. **2** word. **verbale** *adj* verbal, oral. *nm* minutes.

verde ('verde) *adj,nm* green. **essere al verde** be broke. **verdeggiare** *vi* turn green. **verdura** *nf* vegetables.

verdetto (ver'detto) *nm* verdict.

verecondo (vere'kondo) *adj* modest.

verga ('verga) *nf* rod.

vergine ('verdʒine) *nf* virgin. **verginità** *nf* virginity.

vergogna (ver'goɲɲa) *nf* shame. **vergognarsi**

vr be ashamed **vergognoso** (vergoɲ'ɲoso) *adj* **1** shameful **2** bashful

verificare (verifi'kare) *vt* verify, check **verificarsi** *vr* happen **verifica** (ve'rifika) *nf* check, inspection

verme ('vɛrme) *nm* worm **vermicelli** (vermi'tʃɛlli) *nm pl* type of pasta

vermiglio (ver'miʎʎo) *adj,nm* vermilion

vermut ('vɛrmut) *nm invar* vermouth

vernaccia (ver'nattʃa) *nf* type of white wine

verniciare (verni'tʃare) *vt* varnish, paint **vernice** *nf* paint, varnish

vero ('vero) *adj* true, real **verità** *nf* truth

verosimile (vero'simile) *adj* probable

verricello (verri'tʃɛllo) *nm* winch

verro ('vɛrro) *nm* boar

verrò (ver'rɔ) *v* see **venire.**

versare (ver'sare) *vt* **1** pour **2** spill **3** deposit **versarsi** *vr* spill **versamento** *nm* **1** deposit **2** payment

versatile (ver'satile) *adj* versatile **versatilità** *nf* versatility.

versione (ver'sjone) *nf* **1** version **2** translation

verso[1] ('vɛrso) *nm* **1** verse. **2** line

verso[2] ('vɛrso) *nm* reverse (of a coin, etc)

verso[3] ('vɛrso) *prep* towards.

vertebrato (verte'brato) *adj,nm* vertebrate

verticale (verti'kale) *adj* vertical

vertice ('vɛrtitʃe) *nm* summit, top.

vertigine (ver'tidʒine) *nf* dizziness **avere le vertigini** feel dizzy **vertiginoso** (vertidʒi'noso) *adj* dizzy.

vescica (veʃ'ʃika) *nf* bladder.

vescovo ('veskovo) *nm* bishop.

vespa ('vɛspa) *nf* **1** wasp. **2** *Tdmk* scooter

vestaglia (ves'taʎʎa) *nf* dressing-gown

vestibolo (ves'tibolo) *nm* hall, foyer.

vestigio (ves'tidʒo) *nm* trace.

vestire (ves'tire) *vt* dress, clothe **veste** ('vɛste) *nf* dress, clothing **vestiario** (ves'tjarjo) *nm* clothing. **vestito** *nm* **1** dress. **2** suit. **3** *pl* clothes.

veterano (vete'rano) *adj,nm* veteran.

veterinario (veteri'narjo) *nm* veterinary surgeon, vet.

veto ('vɛto) *nm* veto.

vetro ('vetro) *nm* glass. **vetraio** *nm* glazier. **vetrata** *nf* glass door or window **vetrina** *nf* **1** shopwindow. **2** glass case.

vetta ('vetta) *nf* summit.

vettovaglie (vetto'vaʎʎe) *nf pl* food supplies.

vettura (vet'tura) *nf* carriage, coach.

vezzeggiare (vettsed'dʒare) *vt* fondle **vezzo** *nm* **1** habit **2** affection **3** *pl* charms **vezzoso** (vet'tsoso) *adj* pretty

vi (vi) *pron 2nd pers m,f pl fam* you, to you *adv* there

via[1] ('via) *nf* **1** street, road **2** way **per via aerea** airmail **via di mezzo** middle course **viale** *nm* avenue

via[2] ('via) *adv* away

viadotto (via'dotto) *nm* viaduct

viaggiare (viad'dʒare) *vi* travel **viaggiatore** *nm* traveller, passenger **commesso viaggiatore** *nm* salesman **viaggio** *nm* journey

Via Lattia *nf* Milky Way

viandante (vian'dante) *nm* wayfarer

viavai (via'vai) *nm invar* bustle

vibrare (vi'brare) *vi* vibrate, quiver **vibrante** *adj* vibrant **vibrazione** *nf* vibration

vicario (vi'karjo) *nm* vicar

viceconsole (vitʃe'kɔnsole) *nm* vice-consul

vicedirettore (vitʃediret'tore) *nm* assistant manager.

vicenda (vi'tʃɛnda) *nf* event **a vicenda** in turn

vicepresidente (vitʃepresi'dɛnte) *nm* vice-president

viceversa (vitʃe'vɛrsa) *adv* vice versa

vicino (vi'tʃino) *adj* near, neighbouring *nm* neighbour *adv* close by **vicino a** near **vicinato** *nm* neighbourhood **vicinanza** *nf* **1** vicinity **2** *pl* neighbourhood

vicolo ('vikolo) *nm* alley

video ('video) *nm* video

vidi ('vidi) *v* see **videre.**

vidimare (vidi'mare) *vt* stamp, authenticate

vieni ('vjeni) *v* see **venire.**

vietare (vje'tare) *vt* forbid, prohibit

vigilare (vidʒi'lare) *vt* watch over **vigilante** *adj* watchful **vigilanza** *nf* vigilance **vigile** ('vidʒile) *adj* watchful *nm* policeman **vigile del fuoco** fireman **vigilia** *nf* **1** eve **2** vigil

vigliacco (viʎ'ʎakko) *adj* cowardly *nm* coward **vigliaccheria** *nf* cowardice

vigna ('viɲɲa) *nf* **1** vineyard **2** vine **vigneto** (viɲ'ɲeto) *nm* vineyard

vignetta (viɲ'ɲetta) *nf* cartoon

vigore (vi'gore) *nm* strength, force **entrare in vigore** come into force **vigoroso** (vigo'roso) *adj* vigorous.

vile ('vile) *adj* low, mean, base.

villa ('villa) *nf* villa, country house

villaggio (vil'laddʒo) *nm* village.

villano (vil'lano) *adj* rude. *nm* **1** peasant. **2** boor.

villeggiare (villed'dʒare) *vi* go on holiday. **villeggiante** *nm* holiday-maker **villeggiatura** *nf* holiday.

viltà (vil'ta) *nf* **1** cowardice. **2** meanness.

viluppo (vi'luppo) *nm* tangle.

vimini ('vimini) *nm pl* wicker.

vincere* ('vintʃere) *vt* **1** win. **2** conquer. **3** beat. *vi* win. **vincersi** *vr* keep one's self-control. **vincitore** *nm* winner.

vincolare (vinko'lare) *vt* bind. **vincolo** ('vinkolo) *nm* bond, tie.

vino ('vino) *nm* wine.

viola[1] (vi'ɔla) *nf bot* violet. *adj,nm* violet, mauve.

viola[2] (vi'ɔla) *nf* viola.

violare (vio'lare) *vt* violate.

violentare (violen'tare) *vt* **1** force. **2** violate, rape. **violento** (vio'lɛnto) *adj* violent. **violenza** (vio'lɛntsa) *nf* violence.

violetta (vio'letta) *nf* violet.

violino (vio'lino) *nm* violin.

violoncello (violon'tʃɛllo) *nm* cello.

viottolo (vi'ɔttolo) *nm* track, path.

vipera ('vipera) *nf* viper.

virgola ('virgola) *nf* comma. **virgolette** *nf pl* inverted commas.

virile (vi'rile) *adj* virile, manly. **virilità** *nf* virility, manhood.

virtù (vir'tu) *nf* virtue. **virtuoso** (virtu'oso) *adj* virtuous. *nm* virtuoso.

virulento (viru'lɛnto) *adj* virulent.

virus ('virus) *nm invar* virus.

viscere ('viʃʃere) *nm anat* organ. *nf pl* bowels.

vischio ('viskjo) *nm* mistletoe.

visconte (vis'konte) *nm* viscount.

viscoso (vis'koso) *adj* sticky, viscous.

visibile (vi'zibile) *adj* visible. **visibilità** *nf* visibility.

visiera (vi'zjɛra) *nf* visor.

visione (vi'zjone) *nf* vision.

visitare (vizi'tare) *vt* **1** visit. **2** *med* examine. **3** inspect. **visita** ('vizita) *nf* **1** visit. **2** examination. **visitatore** *nm* visitor.

visivo (vi'zivo) *adj* visual.

viso ('vizo) *nm* face.

vispo ('vispo) *adj* lively.

vissi ('vissi) *v see* **vivere.**

vissuto (vis'suto) *v see* **vivere.**

vista ('vista) *nf* **1** sight. **2** view.

visto ('visto) *v see* **vidم.** *nm* visa.

vistoso (vis'toso) *adj* showy, striking.

visuale (vizu'ale) *adj* visual.

vita[1] ('vita) *nf* life. **vitale** *adj* vital **vitalità** *nf* vitality.

vita[2] ('vita) *nf* waist.

vitamina (vita'mina) *nf* vitamin

vite[1] ('vite) *nf* vine.

vite[2] ('vite) *nf* screw.

vitello (vi'tɛllo) *nm* **1** calf. **2** veal.

vittima ('vittima) *nf* victim.

vitto ('vitto) *nm* food. **vitto e alloggio** board and lodging.

vittoria (vit'tɔrja) *nf* victory. **vittorioso** (vitto'rjoso) *adj* victorious.

vituperare (vitupe'rare) *vt* insult, disgrace. **vituperio** (vitu'pɛrjo) *nm* **1** shame. **2** insult.

viva ('viva) *interj* hurrah! long live.

vivace (vi'vatʃe) *adj* **1** lively. **2** bright. **vivacità** *nf* liveliness.

vivaio (vi'vajo) *nm* **1** fish pond. **2** *bot* nursery.

vivanda (vi'vanda) *nf* food.

vivere* ('vivere) *vi,vt* live.

viveri (vi'veri) *nm pl* supplies, victuals.

vivido ('vivido) *adj* vivid.

vivisezione (viviset'tsjone) *nf* vivisection.

vivo ('vivo) *adj* **1** alive, living. **2** lively. **3** bright.

viziare (vit'tsjare) *vt* spoil. **viziato** *adj* spoilt.

vizio ('vittsjo) *nm* **1** bad habit, vice. **2** defect. **vizioso** (vit'tsjoso) *adj* **1** depraved. **2** defective. **circolo vizioso** *nm* vicious circle.

vizzo ('vittso) *adj* withered.

vocabolo (vo'kabolo) *nm* word. **vocabolario** *nm* **1** dictionary. **2** vocabulary.

vocale (vo'kale) *adj* vocal. *nf* vowel.

vocazione (vokat'tsjone) *nf* vocation.

voce ('votʃe) *nf* voice.

vociare (vo'tʃare) *vi* shout.

vodka ('vɔdka) *nf* vodka.

vogare (vo'gare) *vi* row. **voga** *nf* **1** rowing. **2** fashion, vogue. **vogatore** *nm* oarsman.

voglia ('vɔʎʎa) *nf* wish, desire. **di buona/mala voglia** willingly/unwillingly.

voglio (vɔʎʎo) *v see* **volere.**

voi ('voi) *pron 2nd pers m,f pl fam* you. **voialtri** ('vojaltri) *pron 2nd pers m,f pl fam* you. **voi stesse** *pron 2nd pers pl fam* yourselves.

volano (vo'lano) *nm* shuttlecock.

volare (vo'lare) *vi* fly. **volante** *adj* flying. *nm* steering wheel. **volantino** *nm* leaflet. **volata** *nf* flight.

volatile (vo'latile) *adj* volatile.

volentieri (volen'tjɛri) *adv* willingly.

volere* (vo'lere) *vt* **1** want, wish. **2** demand, require. **voler bene a** love. **volerci** be necessary. **volere dire** mean. ~*nm* will.
volgare (vol'gare) *adj* vulgar, common. **volgarità** *nf* vulgarity.
volgere* ('vɔldʒere) *vt,vi* turn. **volgersi** *vr* turn round.
volgo ('volgo) *nm* common people.
volli ('vɔlli) *v* see **volere.**
volo ('volo) *nm* flight.
volontà (volon'ta) *nf* will **volontario** *adj* voluntary. *nm* volunteer. **volonteroso** (volonte'roso) *adj* willing.
volpe ('volpe) *nf* fox.
volsi ('vɔlsi) *v* see **volgere.**
volta[1] ('vɔlta) **1** time. **2** turn. **a volte** sometimes. **una volta** once.
volta[2] ('vɔlta) *nf arch* vault.
voltaggio (vol'taddʒo) *nm* voltage.
voltare (vol'tare) *vt,vi* turn. **voltarsi** *vr* turn round. **voltata** *nf* turn, turning.
volteggiare (volted'dʒare) *vi* **1** fly about **2** vault.
volto[1] ('vɔlto) *v* see **volgere.**
volto[2] ('volto) *nm* face.
volubile (vo'lubile) *adj* fickle, changeable.
volume (vo'lume) *nm* volume **voluminoso** (volumi'noso) *adj* bulky
voluttuoso (voluttu'oso) *adj* voluptuous
vomitare (vomi'tare) *vt,vi* vomit **vomito** ('vɔmito) *nm* vomit.
vorace (vo'ratʃe) *adj* greedy, voracious **voracità** *nf* greed.
voragine (vo'radʒine) *nf* chasm.
vorrò (vor'rɔ) *v* see **volere.**
vortice ('vɔrtitʃe) *nm* whirl.
vostro ('vɔstro) *poss adj 2nd pers pl fam* your *poss pron 2nd pers pl fam* yours
votare (vo'tare) *vi* vote **votante** *nm* voter **votazione** *nf* voting, vote. **voto** *nm* **1** vow. **2** vote. **3** mark.
vulcano (vul'kano) *nm* volcano **vulcanico** (vul'kaniko) *adj* volcanic
vulnerabile (vulne'rabile) *adj* vulnerable
vuoi ('vwɔi) *v* see **volere.**
vuole ('vwɔle) *v* see **volere.**
vuotare (vwo'tare) *vt* empty **vuoto** ('vwɔto) *adj* empty. *nm* empty space, vacuum

X

xenofobia (ksenofo'bia) *nf* xenophobia.
xeres ('ksɛres) *nm invar* sherry.
xerocopiare (kseroko'pjare) *vt* photocopy **xerocopia** (ksero'kɔpja) *nf* photocopy
xilofono (ksi'lɔfono) *nm* xylophone

Y

yacht (jɔt) *nm invar* yacht
yoga ('jɔga) *nm* yoga.
yoghurt ('jɔgurt) *nm* yoghurt.

Z

zabaione (dzaba'jone) *nm* dessert made of eggs and marsala.
zacchera ('tsakkera) *nf* splash of mud.
zaffare (tsaf'fare) *vt* plug, stop up.
zafferano (dzaffe'rano) *nm* saffron.
zaffiro (dzaf'firo) *nm* sapphire.
zagara ('dzagara) *nf* orange blossom.
zaino ('dzaino) *nm* rucksack.
zampa ('tsampa) *nf* paw, leg.
zampillare (tsampil'lare) *vi* gush, spring **zampillo** *nm* spurt.
zampogna (tsam'poɲɲa) *nf* bagpipe
zana ('tsana) *nf* cradle.
zangola ('tsangola) *nf* churn.
zanna ('tsanna) *nf* tusk, fang.
zanzara (dzan'dzara) *nf* mosquito **zanzariera** (dzandza'rjɛra) *nf* mosquito net.
zappare (tsap'pare) *vt* hoe. **zappa** *nf* hoe.
zar (tsar) *nm* tsar. **zarina** *nf* tsarina.
zattera ('tsattera) *nf* raft.
zavorra (dza'vɔrra) *nf* ballast.
zazzera ('tsattsera) *nf* shock of hair
zebra ('dzɛbra) *nf* zebra
zecca ('tsekka) *nf* mint **nuovo di zecca** *adj* brand-new
zefiro ('dzɛfiro) *nm* zephyr.
zelo ('dzɛlo) *nm* zeal. **zelante** *adj* zealous
zenit ('dzɛnit) *nm invar* zenith
zenzero ('dzendzero) *nm* ginger
zeppa ('tseppa) *nf* wedge
zeppo ('tseppo) *adj* crammed, stuffed **pieno zeppo** crammed full

zerbino[1] (dzer'bino) *nm* dandy.
zerbino[2] (dzer'bino) *nm* doormat.
zero ('dzɛro) *nm* zero, nought.
zia ('tsia) *nf* aunt.
zibellino (dzibel'lino) *nm* sable.
zibetto (dzi'betto) *nm* civet.
zigomo ('dzigomo) *nm* cheekbone.
zigzag (dzig'dzag) *nm invar* zigzag. **camminare a zigzag** zigzag.
zimbello (tsim'bɛllo) *nm* **1** decoy bird. **2** laughingstock.
zinco ('tsinko) *nm* zinc.
zingaro ('tsingaro) *nm* gipsy **zingaresco** *adj* gipsy.
zio ('tsio) *nm* uncle.
zirlare (dzir'lare) *vi* chirp.
zitella (tsi'tɛlla) *nf* spinster. **zitellona** *nf* old maid.
zittire (tsit'tire) *vt* silence.
zitto ('tsitto) *adj* quiet, silent. **stare zitto** be quiet
zoccolo ('tsɔkkolo) *nm* **1** clog. **2** hoof.
zodiaco (dzo'diako) *nm* zodiac.
zolfo ('tsolfo) *nm* sulphur.
zolla ('dzolla) *nf* clod, tuft. **zolletta** *nf* sugar lump.
zona ('dzɔna) *nf* zone, area.
zonzo ('dzondzo) **andare a zonzo** *adv* wander about, stroll.
zoo ('dzɔo) *nm invar* zoo.
zoologia (dzoolo'dʒia) *nf* zoology. **zoologico** (dzoo'lɔdʒiko) *adj* zoological. **giardino zoologico** *nm* zoo. **zoologo** (dzo'ɔlogo) *nm* zoologist.
zoppicare (tsoppi'kare) *vi* **1** limp. **2** be shaky. **zoppicante** *adj* **1** lame. **2** unsteady. **zoppo** ('tsɔppo) *adj* **1** lame. **2** wobbly, unsteady.
zotico ('dzɔtiko) *adj* rough, uncouth.
zucca ('tsukka) *nf* pumpkin. **zuccone** *nm* fool.
zucchero ('tsukkero) *nm* sugar. **zuccheriera** (tsukke'rjɛre) *nf* sugar bowl.
zucchino (tsuk'kino) *nm* courgette.
zuccotto (tsuk'kɔtto) *nm* iced sweet made of cream and chocolate.
zuffa ('tsuffa) *nf* scuffle.
zufolo ('tsufolo) *nm* whistle.
zulù (dzu'lu) *nm invar* Zulu.
zuppa ('tsuppa) *nf* soup. **zuppa inglese** *nf* trifle. **zuppiera** (tsup'pjɛra) *nf* soup tureen.

A

a, an (ə, ən; *stressed* eɪ, æn) *indef art* un, uno *ms.* una, un' *fs.*

aback (ə'bæk) *adv* all'indietro **taken aback** preso alla sprovvista.

abandon (ə'bændən) *vt* abbandonare, lasciare *n* abbandono, trasporto *m* **abandonment** *n* abbandono *m* rinuncia *f*

abashed (ə'bæʃt) *adj* intimidito, umiliato

abate (ə'beit) *vt* mitigare, diminuire *vi* calmarsi, indebolirsi

abattoir ('æbətwɑ:) *n* mattatoio *m*

abbess ('æbis) *n* badessa *f*

abbey ('æbɪ) *n* abbazia *f*

abbot ('æbət) *n* abate *m*

abbreviate (ə'bri:vieɪt) *vt* abbreviare, accorciare **abbreviation** *n* abbreviazione *f*

abdicate ('æbdikeɪt) *vt* abdicare, rinunciare a *vi* abdicare **abdication** *n* abdicazione, rinuncia *f*

abdomen ('æbdəmən) *n* addome *m* **abdominal** *adj* addominale

abduct (æb'dʌkt) *vt* rapire, portar via **abduction** *n* rapimento, ratto *m* **abductor** *n* rapitore *m.*

abet (ə'bet) *vt* incitare, istigare, favoreggiare

abeyance (ə'beiəns) *n* sospensione *f* **in abeyance** giacente

abhor (əb'hɔ:) *vt* abborrire, detestare **abhorrence** *n* avversione, ripugnanza *f* **abhorrent** *adj* odioso, ripugnante

abide* (ə'baɪd) *vi* rimanere, dimorare *vt* tollerare **abide by** rispettare, tener fede a

ability (ə'biliti) *n* abilità *f* talento *m*

abject ('æbdʒekt) *adj* abietto, vile, spregevole

ablaze (ə'bleɪz) *adj* in fiamme, risplendente

able ('eibəl) *adj* **1** abile, esperto **2** in grado di **able-bodied** *adj* robusto, forte **ably** *adv* abilmente

abnormal (æb'nɔ:məl) *adj* anormale **abnormality** *n* anormalità *f.*

aboard (ə'bɔ:d) *adv* a bordo **go aboard** imbarcarsi ~*prep* a bordo di.

abode (ə'boud) *n* dimora, residenza *f.*

abolish (ə'bɔliʃ) *vt* abolire, sopprimere **abolition** *n* abolizione *f*

abominable (ə'bɔminəbəl) *adj* abominevole, detestabile. **abomination** *n* **1** infamia *f* **2** disgusto *m*

Aborigine (æbə'rɪdʒɪnɪ) *n* aborigeno *m.*

abort (ə'bɔ:t) *vi* **1** abortire. **2** fallire. **abortion** *n* aborto *m* **abortive** *adj* **1** abortivo. **2** mancato

abound (ə'baund) *vi* abbondare.

about (ə'baut) *prep* **1** circa, intorno a. **2** riguardo a *adv* **1** circa, quasi. **2** presso.

above (ə'bʌv) *adv* in alto, lassù. *prep* sopra, più di, oltre. **above all** soprattutto. **above mentioned** suddetto **aboveboard** *adv* lealmente, apertamente. *adj* leale.

abrasion (ə'breɪʒən) *n* abrasione, escoriazione *f* **abrasive** *adj,n* abrasivo *m.*

abreast (ə'brest) *adv* di fianco.

abridge (ə'brɪdʒ) *vt* abbreviare, ridurre **abridgment** *n* sommario, riassunto *m.*

abroad (ə'brɔ:d) *adv* all'estero.

abrupt (ə'brʌpt) *adj* **1** brusco, improvviso **2** ripido, scosceso

abscess ('æbses) *n* ascesso *m.*

abscond (əb'skɔnd) *vi* nascondersi, rendersi latitante

absent ('æbsənt) *adj* assente, mancante **absent-minded** *adj* distratto **absent-mindedness** *n* distrazione *f* **absence** *n* assenza, mancanza *f* **absentee** *n* persona abitualmente assente *f* assente *m*

absinthe ('æbsɪnθ) *n* assenzio *m*

absolute ('æbsəlu:t) *adj* **1** assoluto **2** completo, perfetto

absolve (əb'zɔlv) *vt* assolvere **absolution** *n* assoluzione *f*

absorb (əb'zɔ:b) *vt* assorbire. **absorbent** *adj* assorbente. **absorption** *n* assorbimento *m*.

abstain (əb'stein) *vi* astenersi. **abstention** *n* astensione *f*. **abstinence** *n* astinenza *f*. digiuno *m*.

abstract (*adj,n* 'æbstrækt; *v* əb'strækt) *adj* astratto. *n* estratto, riassunto *m*. *vt* astrarre, rimuovere. **abstraction** *n* astrazione *f*.

absurd (əb'sə:d) *adj* assurdo, ridicolo. **absurdity** *n* assurdità *f*.

abundance (ə'bʌndəns) *n* abbondanza *f*. **abundant** *adj* abbondante.

abuse (*v* ə'bju:z; *n* ə'bju:s) *vt* **1** abusare di. **2** insultare, maltrattare, ingiuriare. *n* **1** abuso, cattivo uso. **2** insulti *m pl*. **abusive** *adj* **1** ingiurioso. **2** abusivo.

abyss (ə'bis) *n* abisso *m*. **abysmal** *adj* abissale, profondo.

Abyssinia (æbə'siniə) *n* Abissinia *f*. **Abyssinian** *adj,n* abissino.

academy (ə'kædəmi) *n* accademia *f* **academic** *adj,n* accademico, universitario *m*.

accelerate (ək'seləreit) *vt* accelerare. **acceleration** *n* accelerazione *f*. **accelerator** *n* acceleratore *m*.

accent ('æksənt) *n* accento *m*. **accentuate** *vt* accentuare, mettere in evidenza. **accentuation** *n* accentuazione *f*. enfasi *f invar*

accept (ək'sept) *vt* accettare, accogliere, approvare. **acceptable** *adj* accettabile, ammissibile **acceptance** *n* accettazione, approvazione *f*.

access ('ækses) *n* accesso, ingresso *m*. **accessible** *adj* accessibile.

accessory (ək'sesəri) *adj* accessorio. *n* **1** complice *m*. **2** accessorio *m*.

accident ('æksıdņt) *n* **1** disgrazia *f*. incidente *m*. **2** accidente caso *m*. **by accident** per caso. **accidental** *adj* fortuito, casuale.

acclaim (ə'kleim) *vt* acclamare. **acclamation** *n* acclamazione *f*.

acclimatize (ə'klaimətaiz) *vt* acclimatare.

accommodate (ə'kɔmədeit) *vt* **1** ricevere, ospitare. **2** metter d'accordo, conciliare. **3** adattare, conformare. **accommodating** *adj* accomodante, compiacente. **accommodation** *n* alloggio *m*.

accompany (ə'kʌmpəni) *vt* accompagnare. **accompaniment** *n* accompagnamento *m*.

accomplice (ə'kʌmplis) *n* complice *m,f*.

accomplish (ə'kʌmpliʃ) *vt* compiere, terminare, realizzare. **accomplished** *adj* esperto. **accomplishment** *n* **1** compimento *m*. **2** talento *m*.

accord (ə'kɔ:d) *n* accordo, consenso *m*. **of one's own accord** spontaneamente. ~*vt* accordare, concedere. **accordance** *n* accordo *m*. conformità *f*. **accordingly** *adv* pertanto, di conseguenza, perciò, quindi **according to** *adv* secondo, conformemente a.

accordion (ə'kɔ:diən) *n* fisarmonica *f*.

accost (ə'kɔst) *vt* indirizzarsi a, rivolgersi a.

account (ə'kaunt) *n* **1** conto, calcolo *m*. **2** versione *f* resoconto *m*. **by all accounts** a quanto si dice. **on account of** a causa di **on no account** per nessun motivo. ~*vt* considerare, riguardare. **account for** essere responsabile di, render conto di. **accountable** *adj* responsabile. **accountancy** *n* contabilità *f*. **accountant** *n* contabile *m*. **chartered accountant** ragioniere *m*.

accumulate (ə'kju:mjuleit) *vt* accumulare, ammassare. *vi* accumularsi. **accumulation** *n* accumulamento, ammasso *m*. **accumulative** *adj* accumulativo.

accurate ('ækjurət) *adj* accurato, preciso, esatto. **accuracy** *n* accuratezza, precisione *f*.

accuse (ə'kju:z) *vt* accusare, incolpare. **accusation** *n* accusa *f*. **accused** *n* accusato, imputato *m*.

accustom (ə'kʌstəm) *vt* abituare.

ace (eis) *n* **1** asso *m*. **2** *inf* campione *m*.

ache (eik) *n* dolore, male *m*. *vi* dolere, far male.

achieve (ə'tʃi:v) *vt* **1** compiere, portare a termine. **2** ottenere, raggiungere. **achievement** *n* **1** compimento *m* **2** impresa *f*. successo *m*.

acid ('æsid) *adj,n* acido *m*. **acidity** *n* acidità *f*.

acknowledge (ək'nɔlidʒ) *vt* ammettere, riconoscere. **acknowledge receipt** accusare ricevuta. **acknowledgment** *n* **1** riconoscimento *m*. ammissione *f*. **2** ricevuta *f*.

acne ('ækni) *n* acne *m*.

acorn ('eikɔ:n) *n* ghianda *f*.

acoustic (ə'ku:stik) *adj* acustico. **acoustics** *n* acustica *f*

acquaint (ə'kweint) *vt* informare, mettere al corrente. **be acquainted with 1** conoscere. **2** essere al corrente di. **acquaintance** *n* conoscenza *f*.

acquiesce (ækwi'es) *vi* acconsentire, assentire. **acquiescence** *n* acquiescenza *f*. **acquiescent** *adj* acquiescente, docile.

acquire (ə'kwaiə) *vt* **1** acquistare, acquisire. **2**

imparare. **acquisition** *n* acquisizione *f*. acquisto *m*. **acquisitive** *adj* avido di guadagno.

acquit (ə'kwit) *vt* **1** assolvere. **2** pagare. **acquit oneself well** comportarsi bene. **acquittal** *n* assoluzione *f*.

acre ('eikə) *n* acro *m*.

acrimony ('ækriməni) *n* acrimonia *f*. **acrimonious** *adj* acrimonioso.

acrobat ('ækrəbæt) *n* acrobata *m*. **acrobatic** *adj* acrobatico. **acrobatics** *n* acrobazia *f*.

across (ə'krɔs) *prep* attraverso, di là da. *adv* attraverso.

acrylic (ə'krilik) *adj* acrilico.

act (ækt) *n* **1** atto, decreto *m*. **2** azione *f*. gesto *m*. **3** *Th* atto *m*. *vi* agire, comportarsi. *vt* **1** fare. **2** *Th* recitare. **act as** fingere da. **acting** *n* recitazione *f*.

action ('ækʃən) *n* **1** azione *f*. fatto *m*. **2** effetto *m*. **3** processo *m*. **out of action** fuori servizio.

active ('æktiv) *adj* attivo. **activate** *vt* attivare. **activist** *n* attivista *m*. **activity** *n* attività, energia *f*.

actor ('æktə) *n* attore *m*.

actress ('æktris) *n* attrice *f*.

actual ('æktʃuəl) *adj* reale, vero, effettivo.

actuary ('æktʃuəri) *n* attuario *m*.

acupuncture ('ækjupʌŋktʃə) *n* agopuntura *f*.

acute (ə'kju:t) *adj* **1** acuto, aguzzo. **2** perspicace.

adamant ('ædəmənt) *adj* duro, inflessibile.

Adam's apple ('ædəmz) *n* pomo d'Adamo *m*.

adapt (ə'dæpt) *vt* adattare, modificare. **adaptable** *adj* adattabile. **adaptability** *n* adattabilità *f*. **adaptation** *n* adattamento *m*.

add (æd) *vt* **1** aggiungere. **2** sommare. **add to** aumentare. **add up** sommare. **adding machine** *n* addizionatrice, calcolatrice *f*. **addition** *n* **1** aggiunta *f*. **2** addizione *f*. **in addition to** oltre a. **additional** *adj* addizionale **additive** *adj,n* additivo *m*.

addendum (ə'dendəm) *n, pl* **addenda** aggiunta, appendice *f*

adder ('ædə) *n* vipera, aspide *f*.

addict (*n* 'ædikt; *v* ə'dikt) *n* tossicomane, drogato *m*. *vt* abbandonarsi a **addiction** *n* inclinazione, dedizione *f*.

addled ('ædld) *adj* putrido.

address (ə'dres) *n* **1** indirizzo, recapito *m*. **2** discorso *m* *vt* **1** indirizzare. **2** rivolgere la parola a **address book** *n* rubrica *f* **addressee** *n* destinatario *m*

adenoids ('ædinɔidz) *n pl* adenoidi *f pl*.

adept ('ædept) *adj* perito, esperto, abile

adequate ('ædikwət) *adj* adeguato, sufficiente.

adhere (əd'hiə) *vi* aderire, attaccarsi. **adherent** *adj* aderente. *n* partigiano, seguace *m*. **adhesion** *n* adesione *f*. **adhesive** *adj* adesivo, viscoso. **adhesive plaster** *n* cerotto *m*.

adjacent (ə'dʒeisənt) *adj* adiacente, attiguo.

adjective ('ædʒiktiv) *n* aggettivo *m*.

adjoining (ə'dʒɔiniŋ) *adj* contiguo, vicino.

adjourn (ə'dʒə:n) *vt* aggiornare, rinviare. *vi* trasferirsi. **adjournment** *n* rinvio, aggiornamento *m*.

adjudicate (ə'dʒu.dikeit) *vi* giudicare, decidere.

adjust (ə'dʒʌst) *vt* aggiustare, adattare, regolare. **adjustment** *n* adattamento *m*.

ad-lib (æd'lib) *vt,vi* improvvisare. *n* improvvisazione *f*. *adj* improvvisato.

administer (əd'ministə) *vt* **1** amministrare, gestire, governare. **2** somministrare. *vi* contribuire. **administration** *n* **1** amministrazione, gestione *f*. **2** somministrazione *f*. **administrative** *adj* amministrativo. **administrator** *n* amministratore *m*.

admiral ('ædmərəl) *n* ammiraglio *m*. **admiralty** *n* **1** ammiragliato *m*. **2** Ministero della Marina *m*.

admire (əd'maiə) *vt* ammirare. **admirable** *adj* ammirevole. **admiration** *n* ammirazione *f*. **admirer** *n* ammiratore, corteggiatore *m*.

admit (əd'mit) *vt* **1** ammettere, riconoscere. **2** lasciar entrare. **admission** *n* **1** ammissione, entrata *f*. ingresso *m*. **2** confessione *f*. **admittance** *n* accesso *m*. entrata *f*. **no admittance** vietato l'ingresso.

ado (ə'du:) *n* **1** fatica, difficoltà *f*. **2** rumore, trambosto *m*.

adolescence (ædə'lesəns) *n* adolescenza *f*. **adolescent** *adj,n* adolescente.

adopt (ə'dɔpt) *vt* adottare. **adoption** *n* adozione *f*.

adore (ə'dɔ:) *vt* adorare, venerare. **adorer** *n* adoratore *m*. adoratrice *f*.

adorn (ə'dɔ:n) *vt* adornare, abbellire.

adrenaline (ə'drenəlin) *n* adrenalina *f*.

Adriatic (eidri'ætik) *adj* adriatico. **Adriatic (Sea)** *n* (Mare) Adriatico *m*.

adrift (ə'drift) *adv* alla deriva.

adroit (ə'drɔit) *adj* abile, destro.

adulation (ædju'leiʃən) *n* adulazione *f*

adult ('ædʌlt) *adj,n* adulto.

adulterate (ə'dʌltəreit) *vt* adulterare, falsificare

adultery (ə'dʌltəri) *n* adulterio *m*. **adulterer** *n* adultero *m* **adulteress** *n* adultera *f*.

advance (əd'vɑ:ns) *n* **1** avanzamento, progresso *m.* marcia in avanti *f.* **2** anticipo *m.* **make advances** fare degli approcci. ~*vt* **1** avanzare, promuovere. **2** anticipare. *vi* avanzare, progredire. **advancement** *n* **1** progresso *m.* **2** promozione *f*

advantage (əd'vɑ:ntidʒ) *n* vantaggio, profitto *m.* **take advantage of** approfittare di. **advantageous** *adj* vantaggioso.

advent ('ædvent) *n* **1** avenuta *f.* **2** *cap* avvento *m.*

adventure (əd'ventʃə) *n* avventura, impresa *f.* **adventurous** *adj* avventuroso.

adverb ('ædvə:b) *n* avverbio *m.*

adverse ('ædvə:s) *adj* avverso, contrario. **adversity** *n* avversità *f.*

advertise ('ædvətaiz) *vt* annunziare, fare pubblicità a. *vi* mettere annunci. **advertisement** *n* annuncio *m.* inserzione *f.* **advertising** *n* pubblicità *f.*

advise (əd'vaiz) *vt* consigliare, raccomandare **advice** *n* consigli *m pl.* avviso *m.* **advisable** *adj* consigliabile, opportuno. **advised** *adj* giudizioso, prudente. **ill-/well-advised** incanto/saggio.

advocate (*n* 'ædvəkət, *v* 'ædvəkeit) *n* difensore, avvocato *m.* *vt* difendere, sostenere.

Aegean (i'dʒi:ən) *adj* egeo. **Aegean (Sea)** *n* (Mare) Egeo *m.*

aerate ('ɛəreit) *vt* aerare.

aerial ('ɛəriəl) *adj* aereo *n* antenna *f.*

aerodynamics (ɛəroudai'næmiks) *n* aerodinamica *f*

aeronautics (ɛərə'nɔ:tiks) *n* aeronautica *f* **aeronautical** *adj* aeronautico

aeroplane ('ɛərəplein) *n* aeroplano *m.*

aerosol ('ɛərəsɔl) *n* aerosol *m invar.*

aesthetic (is'θetik) *adj* estetico. **aesthetics** *n* estetica *f*

afar (ə'fɑ:) *adv* lontano, in lontananza. **from afar** da lontano

affable ('æfəbəl) *adj* affabile, cortese. **affability** *n* affabilità, cortesia *f*

affair (ə'fɛə) *n* **1** affare *m.* **2** faccenda *f.* **3** relazione àmorosa *f*

affect[1] (ə'fekt) *vt* **1** concernere, riguardare. **2** commuovere

affect[2] (ə'fekt) *vt* **1** affettare, ostentare. **2** fingere. **affectation** *n* affettazione, simulazione *f.* **affected** *adj* affettato, ricercato.

affection (ə'fekʃən) *n* affetto *m.* **affectionate** *adj* affettuoso, affezionato

affiliate (ə'filieit) *vt* affiliare, associare *vi* affiliarsi, unirsi.

affinity (ə'finiti) *n* affinità, parentela *f.*

affirm (ə'fə:m) *vt* affermare, confermare, asserire **affirmation** *n* affermazione, asserzione *f* **affirmative** *adj* affermativo *n* affermativa *f*

affix (ə'fiks) *vt* affiggere, apporre.

afflict (ə'flikt) *vt* affliggere, tormentare **affliction** *n* afflizione *f.* dolore *m*

affluence ('æfluəns) *n* abbondanza *f* **affluent** *adj* ricco, opulente.

afford (ə'fɔ:d) *vt* **1** concedere, offrire, dare **2** permettere. **afford to** avere i mezzi di.

affront (ə'frʌnt) *n* affronto, insulto *m.* *vt* offendere, insultare.

Afghanistan (æf'gænistɑ:n, -stæn) *n* Afganistan *m* **Afghan** *adj,n* afghano.

afield (ə'fi:ld) **far afield** *adv* molto lontano.

afloat (ə'flout) *adv* a galla, in mare.

afoot (ə'fut) *adv* in movimento.

aforesaid (ə'fɔ:sed) *adj* suddetto, predetto.

afraid (ə'freid) *adj* spaventato, pauroso. **be afraid** aver paura

afresh (ə'freʃ) *adv* da capo, di nuovo.

Africa ('æfrikə) *n* Africa *f.* **African** *adj,n* africano

aft (ɑ:ft) *adv* a poppa

after ('ɑ:ftə) *prep* **1** dopo, in seguito a. **2** secondo. *adv* dopo, poi. *conj* dopo che. **aftercare** *n* assistenza postoperatoria *f.* **aftereffect** *n* conseguenza *f.* risultato *m.* **afterlife** *n* vita dell'al di là *f.* **aftermath** *n* conseguenze *f pl.* frutti *m pl.* **afternoon** *n* pomeriggio *m* **afterthought** *n* ripensamento *m.* riflessione *f.* **afterwards** *adv* dopo, in seguito.

again (ə'gen) *adv* ancora, di nuovo. **again and again** ripetutamente. **as much again** altrettanto **now and again** di tanto in tanto.

against (ə'genst) *prep* contro, in opposizione a.

age (eidʒ) *n* **1** età *f.* **2** periodo, secolo *m.* **be of age** essere maggiorenne. **be under age** essere minorenne. ~*vi* invecchiare, invecchiarsi. **aged** *adj* vecchio, stagionato. **age-group** *n* persone pressapoco della stessa età *f pl*

agency ('eidʒənsi) *n* agenzia, succursale *f.*

agenda (ə'dʒendə) *n* ordine del giorno *m.*

agent ('eidʒənt) *n* agente, rappresentante *m.*

aggravate ('ægrəveit) *vt* aggravare.

aggregate (*adj,n* 'ægrigit; *v* 'ægrigeit) *adj,n* aggregato *m.* *vt* aggregare.

aggression (ə'greʃən) *n* aggressione *f*. **aggressive** *adj* aggressivo, offensivo. **aggressor** *n* aggressore *m*.
aggrieved (ə'gri:vd) *adj* addolorato.
aghast (ə'gɑ:st) *adj* atterrito, costernato.
agile ('ædʒail) *adj* agile.
agitate ('ædʒiteit) *vt* **1** agitare, scuotere. **2** turbare. **agitation** *n* agitazione *f*.
aglow (ə'glou) *adj* ardente.
agnostic (æg'nɔstik) *adj,n* agnostico.
ago (ə'gou) *adv* fa, passato. **long ago** molto tempo fa.
agog (ə'gɔg) *adv,adj* in ansia, bramoso.
agony ('ægəni) *n* agonia, angoscia *f*. dolore *m*. **agonize** *vi* agonizzare. **agonizing** *adj* angoscioso, lancinante.
agrarian (ə'grɛəriən) *adj* agrario, agricolo.
agree (ə'gri:) *vi* **1** accordarsi, convenire, andare d'accordo. **2** acconsentire. **agreeable** *adj* **1** piacevole. **2** disposto. **agreement** *n* **1** accordo *m*. **2** contratto, patto *m*.
agriculture ('ægrikʌltʃə) *n* agricoltura *f*. **agricultural** *adj* agricolo.
aground (ə'graund) *adv* a secco. **run aground** arenarsi, incagliarsi.
ahead (ə'hed) *adv* (in) avanti.
aid (eid) *n* **1** aiuto, soccorso *m*. sussidi *m pl*. **2** aiutante *m*. *vt* soccorrere, assistere.
ailment ('eilmənt) *n* indisposizione, malattia *f*.
aim (eim) *n* **1** mira *f*. **2** proposito, scopo *m*. *vt* **1** puntare. **2** dirigere. *vi* **1** mirare. **2** aspirare.
air (ɛə) *n* **1** aria, atmosfera *f* **2** aspetto *m*. **in the open air** all'aperto. ~*vt* ventilare.
airborne ('ɛəbɔ:n) *adj* **1** sostenuto dall'aria. **2** aviotrasportato.
air-conditioning *n* aria condizionata *f*.
aircraft ('ɛəkrɑ:ft) *n* aereo, velivolo *m*.
aircraft carrier *n* portaerei *f invar*.
airfield ('ɛəfi:ld) *n* campo d'aviazione *m*.
airforce ('ɛəfɔ:s) *n* aviazione, aereonautica *f*.
air-hostess *n* hostess *f*. assistente di volo *f*.
air lift *n* ponte aereo *m*. *vt* mandare per aereo.
airline ('ɛəlain) *n* linea aerea *f*.
airmail ('ɛəmeil) *n* posta aerea *f*. **by air mail** per via aerea.
airman ('ɛəmən) *n* aviatore *m*.
airport ('ɛəpɔ:t) *n* aeroporto *m*.
air-raid *n* incursione aerea *f*.
airtight ('ɛətait) *adj* a tenuta d'aria, ermetico.
airy ('ɛəri) *adj* aerato, arioso, leggero.
aisle (ail) *n* navata *f*
ajar (ə'dʒɑ:) *adj,adv* socchiuso
alabaster ('æləbɑ:stə) *n* alabastro *m*.
alarm (ə'lɑ:m) *n* **1** allarme *m*. **2** (electrical) suoneria elettrica *f*. *vt* allarmare, spaventare. **alarm clock** *n* sveglia *f*. **alarming** *adj* allarmante.
alas (ə'læs) *interj* ahimè!
Albania (æl'beiniə) *n* Albania *f*. **Albanian** *adj,n* albanese.
albatross ('ælbətros) *n* albatro *m*.
albeit (ɔ:l'bi:it) *conj* quantunque.
album ('ælbəm) *n* album *m invar*.
alchemy ('ælkəmi) *n* alchimia *f*.
alcohol ('ælkəhɔl) *n* alcool *m invar*. spirito *m*. **alcoholic** *adj* alcoolico. *n* alcolizzato *m*.
alcove ('ælkouv) *n* alcova *f*.
alderman ('ɔ:ldəmən) *n* assessore municipale *m*.
ale (eil) *n* birra *f*. **brown ale** *n* birra scura *f*. **pale ale** *n* birra chiara *f*.
alert (ə'lə:t) *adj* vigilante. *n* allarme *m*. **on the alert** all'erta.
algebra ('ældʒibrə) *n* algebra *f*.
Algeria (æl'dʒiəriə) *n* Algeria *f*. **Algerian** *adj,n* algerino.
alias ('eiliəs) *adv* altrimenti detto, alias.
alibi ('ælibai) *n* alibi *m invar*.
alien ('eiliən) *adj* alieno, straniero, estraneo. *n* straniero, forestiero *m*. **alienate** *vt* alienare, estraniare. **alienation** *n* alienazione *f*.
alight[1] (ə'lait) *adj* in fiamme, illuminato. **set alight** dar fuoco a.
alight[2] (ə'lait) *vi* discendere, smontare, atterrare.
align (ə'lain) *vt* allineare. *vi* allinearsi. **alignment** *n* allineamento *m*.
alike (ə'laik) *adj* simile, somigliante. **be alike** assomigliarsi. ~*adv* similmente.
alimentary (æli'mentəri) *adj* alimentare, alimentario.
alimony ('æliməni) *n* alimenti *m pl*.
alive (ə'laiv) *adj* vivo, vivente.
alkali ('ælkəlai) *n*, *pl* **-is** *or* **-ies** alcale *m*.
all (ɔ:l) *adj* tutto, intero. *adv* completamente. **all right** va bene. ~*pron* tutto.
allay (ə'lei) *vt* calmare, mitigare.
allege (ə'ledʒ) *vt* allegare, asserire.
allegiance (ə'li:dʒəns) *n* fedeltà, obbedienza *f*.
allegory ('æligəri) *n* allegoria *f*. **allegorical** *adj* allegorico.
allergy ('ælədʒi) *n* allergia *f*. **allergic** *adj* allergico.
alleviate (ə'li:vieit) *vt* alleviare, lenire, attenuare.

alley ('æli) *n* vicolo *m*.
alliance (ə'laiəns) *n* alleanza *f*.
allied (ə'laid, 'ælaid) *adj* alleato, connesso.
alligator ('æligeitə) *n* alligatore *m*.
alliteration (əlitə'reiʃən) *n* allitterazione *f*.
allocate ('æləkeit) *vt* assegnare, distribuire. **allocation** *n* assegnamento, stanziamento *m*.
allot (ə'lɔt) *vt* assegnare, spartire.
allow (ə'lau) *vt* permettere, lasciare, concedere. **allow for** tener conto di. **allowance** *n* **1** assegno *m*. pensione *f*. **2** riduzione *f*.
alloy ('ælɔi) *n* lega metallica. *vt* amalgamare.
All Saint's Day *n* Ognissanti *m pl*.
allude (ə'lu:d) *vi* alludere. **allusion** *n* allusione *f*.
allure (ə'luə) *vt* adescare, allettare. **alluring** *adj* seducente, attraente.
ally (*n* 'ælai; *v* ə'lai) *n* álleato *m*. *vt* unire, alleare. *vi* allearsi.
almanac ('ɔ:lmənæk) *n* almanacco, calendario *m*.
almighty (ɔ:l'maiti) *adj* onnipotente.
almond ('ɑ:mənd) *n* mandorla *f*. **almond tree** *n* mandorlo *m*.
almost ('ɔ:lmoust) *adv* quasi.
alms (ɑ:mz) *n pl invar* elemosina *f*. **almshouse** *n* ospizio di carità *m*.
aloft (ə'lɔft) *adv* in alto, in aria.
alone (ə'loun) *adj* solo, solitario. *adv* solamente.
along (ə'lɔŋ) *prep* lungo. *adv* avanti. **all along** sempre. **along with** insieme a. **alongside** *prep* accanto a, al fianco di. *adv* a fianco.
aloof (ə'lu:f) *adj* riservato. *adv* a distanza.
aloud (ə'laud) *adv* a voce alta *or* forte.
alphabet ('ælfəbet) *n* alfabeto *m*. **alphabetical** *adj* alfabetico.
alpine ('ælpain) *adj* alpino.
Alps (ælps) *n pl* Alpi *f pl*.
already (ɔ:l'redi) *adv* già.
Alsatian (æl'seiʃən) *n* cane-lupo *m*.
also ('ɔ:lsou) *adv* anche, inoltre, pure.
altar ('ɔ:ltə) *n* altare *m*. **altarpiece** *n* pala d'altare *f*. **altar rail** *n* balaustra *f*.
alter ('ɔ:ltə) *vt* alterare, cambiare. *vi* cambiarsi. **alteration** *n* alterazione, modifica *f*.
alternate (*adj* ɔ:l'tə:nit; *v* 'ɔ:ltəneit) *adj* alterno, alternato. *vt* alternare. *vi* alternarsi. **alternative** *adj* alternativo. *n* alternativa *f*.
although ('ɔ:lðou) *conj* sebbene, benchè, quantunque.
altitude ('æltitju:d) *n* altitudine, altezza *f*.
alto ('æltou) *n* contralto *m*.
altogether (ɔ:ltə'geðə) *adv* interamente, complessivamente.
aluminium (ælju'miniəm) *n* alluminio *m*.
always ('ɔ:lweiz) *adv* sempre.
am (əm; *stressed* æm) *v see* **be**.
amalgamate (ə'mælgəmeit) *vt* amalgamare. *vi* amalgamarsi. **amalgamation** *n* amalgamazione *f*.
amass (ə'mæs) *vt* accumulare, ammassare.
amateur ('æmətə) *n* dilettante *m,f*.
amaze (ə'meiz) *vt* meravigliare, stupire. **amazed** *adj* stupito, sorpreso. **amazing** *adj* straordinario, sbalorditivo.
ambassador (æm'bæsədə) *n* ambasciatore *m*.
amber ('æmbə) *n* ambra *f*.
ambidextrous (æmbi'dekstrəs) *adj* ambidestro.
ambiguous (æm'bigjuəs) *adj* ambiguo.
ambition (æm'biʃən) *n* ambizione *f*. **ambitious** *adj* ambizioso.
ambivalent (æm'bivələnt) *adj* ambivalente.
amble ('æmbəl) *vi* camminare lentamente.
ambulance ('æmbjuləns) *n* ambulanza *f*.
ambush ('æmbuʃ) *n* imboscata *f*. agguato *m*. *vt* tendere un imboscata a.
amenable (ə'mi:nəbəl) *adj* malleabile, trattabile.
amend (ə'mend) *vt* emendare, migliorare. *vi* migliorarsi. **amendment** *n* emendamento *m*. **amends** *n pl* compenso *m*. riparazione *f*. **make amends** fare ammenda.
amenity (ə'mi:niti) *n* amenità *f*.
America (ə'merikə) *n* America *f*. **American** *adj,n* americano.
amethyst ('æmiθist) *n* ametista *f*.
amiable ('eimiəbəl) *adj* amabile.
amicable ('æmikəbəl) *adj* amichevole.
amid (ə'mid) *prep also* **amidst** fra, tra, in mezzo a.
amiss (ə'mis) *adv* male, erroneamente.
ammonia (ə'mouniə) *n* ammoniaca *f*.
ammunition (æmju'niʃən) *n* munizioni *f pl*.
amnesty ('æmnəsti) *n* amnistia *f*.
amoeba (ə'mi:bə) *n, pl* **-bae** *or* **-bas** ameba *f*.
among (ə'mʌŋ) *prep also* **amongst** tra, fra, in mezzo a.
amoral (ei'mɔrəl) *adj* amorale.
amorous ('æmərəs) *adj* amoroso, erotico.
amorphous (ə'mɔ:fəs) *adj* amorfo.
amount (ə'maunt) *n* ammontare, totale *m*. somma *f*. *vi* ammontare, equivalere.
ampere ('æmpɛə) *n* ampère *m*.
amphetamine (æm'fetəmi:n) *n* anfetamina *f*.

amphibian (æm'fibiən) *adj,n* anfibio *m* **amphibious** *adj* anfibio
amphitheatre ('æmfiθiətə) *n* anfiteatro *m*
ample ('æmpəl) *adj* ampio, abbondante
amplify ('æmplifai) *vt* amplificare, ampliare **amplification** *n* amplificazione *f* **amplifier** *n* amplificatore *m*
amputate ('æmpjuteit) *vt* amputare
amuse (ə'mju:z) *vt* divertire, dilettare **amusement** *n* divertimento *m* **amusing** *adj* divertente
an (ən; *stressed* æn) *indef art see* **a.**
anachronism (ə'nækrənizəm) *n* anacronismo *m*
anaemia (ə'ni:miə) *n* anemia *f* **anaemic** *adj* anemico
anaesthetic (ænis'θetik) *adj,n* anestetico *m*. **anaesthetist** *n* anestesista *m* **anaesthetize** *vt* anestetizzare
anagram ('ænəgræm) *n* anagramma *m*
anal ('einl) *adj* anale
analogy (ə'nælədʒi) *n* analogia *f* **analogous** (ə'næləgəs) *adj* analogo
analysis (ə'nælisis) *n, pl* **-ses** analisi *f invar* **analyse** *vt* analizzare **analyst** *n* analista *m*
anarchy ('ænəki) *n* anarchia *f* **anarchist** *n* anarchico *m*
anatomy (ə'nætəmi) *n* anatomia *f* **anatomical** *adj* anatomico
ancestor ('ænsəstə) *n* antenato *m*
anchor ('æŋkə) *n* ancora *f* *vt* ancorare *vi* ancorarsi
anchovy ('æntʃəvi) *n* acciuga *f*
ancient ('einʃənt) *adj* antico, vecchio
ancillary (æn'siləri) *adj* sussidiario, ausiliario
and (ən, ənd, *stressed* ænd) *conj* e, ed **and so forth** e così via
anecdote ('ænikdout) *n* aneddoto *m*.
anemone (ə'neməni) *n* anemone *m*
anew (ə'nju:) *adv* di nuovo, da capo
angel ('eindʒəl) *n* angelo *m* **angelic** *adj* angelico.
angelica (æn'dʒelikə) *n* angelica *f*
anger ('æŋgə) *n* ira, collera *f* *vt* adirare, far andare in collera.
angle[1] ('æŋgəl) *n* **1** *math* angolo *m* **2** punto di vista *m* prospettiva *f*
angle[2] ('æŋgəl) *vi* **1** pescare. **2** *inf* adescare **angler** *n* pescatore *m* **angling** *n* pesca con l'amo.
Anglican ('æŋglikən) *adj,n* anglicano
angry ('æŋgri) *adj* arrabbiato, adirato, stizzito **get angry** arrabiarsi, adirarsi.
anguish ('æŋgwiʃ) *n* angoscia *f*
angular ('æŋgjulə) *adj* angolare
animal ('æniməl) *adj,n* animale *m*
animate (*adj* 'ænimət, *v* 'ænimeit) *adj* animato, vivente *vt* animare **animation** *n* animazione, vivacità *f*
aniseed ('ænisi:d) *n* semi di anice *m pl*
ankle ('æŋkəl) *n* caviglia *f*.
annals ('ænlz) *n pl* annali *m pl*
annex (ə'neks) *vt* annettere, unire **annexe** *n* annesso edificio secondario *m*
annihilate (ə'naiəleit) *vt* annientare **annihilation** *n* annientamento *m*.
anniversary (æni'və:səri) *n* anniversario *m*
annotate ('ænəteit) *vt* annotare.
announce (ə'nauns) *vt* annunciare, render noto **announcement** *n* annuncio *m* dichiarazione *f* **announcer** *n* annunciatore *m*
annoy (ə'nɔi) *vt* disturbare, irritare **annoying** *adj* seccante, fastidioso
annual ('ænjuəl) *adj* annuale, annuo *n* annuario *m*
annuity (ə'nju:iti) *n* pensione annuale *f*
annul (ə'nʌl) *vt* annullare
anode ('ænoud) *n* anodo *m*
anoint (ə'nɔint) *vt* consacrare, ungere
anomaly (ə'nɔməli) *n* anomalia *f*.
anonymous (ə'nɔniməs) *adj* anonimo
another (ə'nʌðə) *adj,pron* altro **one another** l'un l'altro, si
answer ('ɑ:nsə) *n* risposta *f* *vt* rispondere a
ant (ænt) *n* formica *f*
antagonize (æn'tægənaiz) *vt* opporsi, provocare **antagonism** *n* antagonismo *m*
Antarctic (æn'tɑ:ktik) *adj,n* antartico *m*
antelope ('æntiloup) *n* antilope *f*
antenatal (ænti'neitl) *adj* prenatale
antenna (æn'tenə) *n,pl* **-tennae** antenna *f*
anthem ('ænθəm) *n* inno *m* antifona *f*
anthology (æn'θɔlədʒi) *n* antologia *f*.
anthropology (ænθrə'pɔlədʒi) *n* antropologia *f*
anti-aircraft *adj* antiaereo, contraereo
antibiotic (æntibai'ɔtik) *adj,n* antibiotico *m*
antibody ('æntibɔdi) *n* anticorpo *m*.
anticipate (æn'tisipeit) *vt* anticipare, aspettarsi, prevenire **anticipation** *n* anticipazione *f* anticipo *m*.
anticlimax (ænti'klaimæks) *n* conclusione banale *f*.
anticlockwise (ænti'klɔkwaiz) *adj,adv* in senso antiorario.
antics ('æntiks) *n pl* buffoneria, stramberia *f*

anticyclone (ænti'saikloun) *n* anticiclone *m*.
antidote ('æntidout) *n* antidoto *m*.
antifreeze ('æntifri:z) *n* anticongelante *m*.
antique (æn'ti:k) *n* oggetto antico *m*. *adj* antico, arcaico. **antique dealer** *n* antiquario *m*. **antiquated** *adj* antiquato. **antiquity** *n* **1** antichità *f*. **2** *pl* ruderi *m*.
anti-Semitic *adj* antisemita.
antiseptic (ænti'septik) *adj,n* antisettico *m*.
antisocial (ænti'souʃəl) *adj* antisociale
antithesis (æn'tiθəsis) *n, pl* **-ses** antitesi *f invar*.
antler ('æntlə) *n* corno *m, pl* corna *f*.
antonym ('æntənim) *n* opposto *m*.
anus ('einəs) *n* ano *m*.
anvil ('ænvil) *n* incudine *f*.
anxious ('æŋkʃəs) *adj* ansioso, apprensivo **anxiety** *n* ansietà, apprensione *f*
any ('eni) *adj* **1** del, qualche. **2** ogni, qualsiasi, qualunque *pron* **1** alcuno. **2** ne **in any case** comunque **anybody** *pron also* **anyone** **1** qualcuno, alcuno. **2** chiunque **anyhow** *adv* in ogni caso, comunque, tuttavia **anything** *pron* **1** qualche cosa. **2** qualunque cosa **anyway** *adv* in ogni modo, in tutti i casi **anywhere** *adv* dovunque, in qualunque luogo. **anywhere else** in qualsiasi altro luogo.
apart (ə'pɑ:t) *adv* a parte, in disparte **come apart** dividersi, sfasciarsi
apartheid (ə'pɑ:tait) *n* segregazione razziale *f*
apartment (ə'pɑ:tmənt) *n* **1** stanza, camera *f* **2** appartamento *m*
apathy ('æpəθi) *n* apatia *f*. **apathetic** *adj* apatico.
ape (eip) *n* scimmia *f* *vt* scimmiottare, imitare
aperitif (ə'peritif) *n* aperitivo *m*.
aperture ('æpətʃə) *n* apertura *f*
apex ('eipeks) *n, pl* **apexes** *or* **apices** apice, vertice *m*.
apiece (ə'pi:s) *adv* a testa, per ciascuno
apology (ə'pɔlədʒi) *n* scusa, giustificazione *f*. **apologetic** *adj* spiacente, pieno di scuse **apologize** *vi* scusarsi.
apostle (ə'pɔsəl) *n* apostolo *m*
apostrophe (ə'pɔstrəfi) *n* apostrofo *m*
appal (ə'pɔ:l) *vt* spaventare, inorridire **appalling** *adj* terribile, spaventoso
apparatus (æpə'reitəs) *n, pl* **-tus** *or* **-tuses** apparato, apparecchio *m*
apparent (ə'pærənt) *adj* apparente, visibile, chiaro
appeal (ə'pi:l) *vi* **1** appellarsi, fare appello a. **2** ricorrere in appello. **3** attrarre. *n* appello *m*. attrazione *f*.
appear (ə'piə) *vi* **1** apparire, comparire. **2** sembrare. **appearance** *n* **1** apparenza *f*. aspetto *m*. **2** apparizione *f*.
appease (ə'pi:z) *vt* pacificare, calmare, placare.
appendix (ə'pendiks) *n pl* **-ixes** *or* **-ices** appendice *f*. **appendicitis** *n* appendicite *f*.
appetite ('æpətait) *n* appetito *m*. **appetizing** *adj* appetitoso
applaud (ə'plɔ:d) *vt,vi* applaudire. **applause** *n* applauso *m*.
apple ('æpəl) *n* mela *f*. **apple tree** *n* melo *m*.
apply (ə'plai) *vt* applicare. *vi* **1** applicarsi, riferirsi. **2** rivolgersi. **apply oneself** dedicarsi. **appliance** *n* apparecchio, dispositivo *m*. **applicable** *adj* applicabile. **applicant** *n* candidato *m*. richiedente *m,f*. **application** *n* **1** applicazione **2** domanda, richiesta *f*.
appoint (ə'pɔint) *vt* **1** fissare, stabilire. **2** nominare. **appointment** *n* **1** appuntamento, impegno *m*. **2** nomina *f*.
appraise (ə'preiz) *vt* stimare, valutare.
appreciate (ə'pri:ʃieit) *vt* apprezzare, rendersi conto di **appreciable** *adj* apprezzabile **appreciation** *n* apprezzamento, giudizio *m*.
apprehend (æpri'hend) *vt* **1** arrestare. **2** cogliere, afferrare **apprehension** *n* **1** timore *m*. **2** arresto *m* **apprehensive** *adj* timoroso.
apprentice (ə'prentis) *n* apprendista *m*. *vt* mettere a far pratica. **apprenticeship** *n* apprendistato *m*
approach (ə'proutʃ) *vt* avvicinare, avvicinarsi a. *vi* avvicinarsi. *n* **1** accostamento *m*. **2** accesso *m*.
appropriate (*adj* ə'proupriət; *v* ə'prouprieit) *adj* appropriate, adatto *vt* **1** appropriarsi di. **2** assegnare
approve (ə'pru:v) *vt* approvare, sanzionare **approval** *n* approvazione *f*. **on approval** in prova, in visione
approximate (*adj* ə'prɔksimət; *v* ə'prɔksimeit) *adj* approssimativo *vt* approssimare.
apricot ('eiprikɔt) *n* albicocca *f*. **apricot tree** *n* albicocco *m*
April ('eiprəl) *n* aprile *m*. **April Fool** *n* pesce d'aprile *m*.
apron ('eiprən) *n* grembiule, grembiale *m*.
apse (æps) *n* abside *f*.
apt (æpt) *adj* adatto, idoneo
aptitude ('æptitju:d) *n* abilità, attitudine *f*

aquarium (ə'kwɛəriəm) *n* acquario *m*
Aquarius (ə'kwɛəriəs) *n* Aquario *m*
aquatic (ə'kwætik) *adj* acquatico
aqueduct ('ækwədʌkt) *n* acquedotto *m*
Arabia (ə'reibiə) *n* Arabia *f* **Arab** *adj n* arabo **Arabic** *adj* arabico **Arabic** (language) *n* arabo *m*
arable ('ærəbəl) *adj* arabile
arbitrary ('ɑ bitrəri) *adj* arbitrario
arbitrate ('ɑ bitreit) *vt,vi* arbitrare **arbitration** *n* arbitraggio, arbitrato *m* **arbitrator** *n* arbitro *m*
arc (ɑ k) *n* arco *m*
arcade (ɑ 'keid) *n* galleria *f* portico *m*
arch (ɑ tʃ) *n* arco *m* arcata, volta *f* *vt* arcuare curvare *vi* arcuarsi
archaeology (ɑ ki'ɔlədʒi) *n* archeologia *f* **archaeologist** *n* archeologo *m*
archaic (ɑ 'keiik) *adj* arcaico
archangel ('ɑ keindʒəl) *n* arcangelo *m*
archbishop (ɑ tʃ'biʃəp) *n* arcivescovo *m*
archduke (ɑ tʃ'dju k) *n* arciduca *m*
archery ('ɑ tʃəri) *n* tiro all'arco *m*
archetype ('ɑ kitaip) *n* archetipo *m* **archetypal** *adj* archetipo
archipelago (ɑ ki'peləgou) *n* *pl* **-gos** *or* **-goes** arcipelago *m*
architect ('ɑ kitekt) *n* architetto *m* **architecture** *n* architettura *f* **architectural** *adj* architettonico
archives ('ɑ kaivz) *n pl* archivio *m*
archway ('ɑ tʃwei) *n* passaggio a volta *m*
arctic ('ɑ ktik) *adj,n* artico *m*
ardent ('ɑ dnt) *adj* ardente, fervente
ardour ('ɑ də) *n* ardore fervore *m*
arduous ('ɑ djuəs) *adj* arduo, difficile
are (ə, *stressed* ɑ) *v* see **be.**
area ('ɛəriə) *n* area, zona *f*
arena (ə'ri nə) *n* arena *f*
Argentina (ɑ dʒən'ti nə) *n* Argentina *f* **Argentinian** *adj,n* Argentino
argue ('ɑ gju) *vi* argomentare, discutere, disputare **arguable** *adj* discutibile **argument** *n* discussione, disputa *f* **argumentative** *adj* polemico
arid ('ærid) *adj* arido
Aries ('ɛəri z) *n* Ariete *m*
arise* (ə'raiz) *vi* **1** alzarsi, sorgere **2** derivare
aristocrat ('æristəkræt) *n* aristocratico *m* **aristocracy** *n* aristocrazia *f*
arithmetic (ə'riθmətik) *n* aritmetica *f*
arm[1] (ɑ:m) *n* **1** braccio *m,pl* braccia *f* *or* bracci *m* **2** (of a chair etc) bracciuolo *m* **arm in arm** a braccetto **armchair** *n* poltrona *f* **armful** *n* bracciata *f* **armhole** *n* giro della manica *m* **armpit** *n* ascella *f*
arm[2] (ɑ m) *vt* armare *vi* armarsi
armour ('ɑ mə) *n* armatura, corazza *f*. **armour-plated** *adj* corazzato **armoury** *n* arsenale *m*
arms (ɑ mz) *n pl* armi *f pl* **in arms** armato
army ('ɑ mi) *n* esercito *m* armata *f* **be in the army** prestare servizio militare
aroma (ə'roumə) *n* aroma *m*
arose (ə'rouz) *v* see **arise.**
around (ə'raund) *adv* intorno, all'intorno *prep* intorno a
arouse (ə'rauz) *vt* **1** destare, risvegliare **2** eccitare
arrange (ə'reindʒ) *vt* **1** accomodare, disporre, combinare **2** *mus* adattare **arrangement** *n* **1** accomodamento ordinamento *m* **2** *mus* arrangiamento *m* **make arrangements** fare i preparativi
array (ə'rei) *vt* **1** ornare **2** *mil* schierare *n* schiera *f*
arrears (ə'riəz) *n pl* arretrati *m pl*
arrest (ə'rest) *n* **1** arresto *m* **2** sospensione *f* *vt* **1** arrestare **2** fermare, sospendere
arrive (ə'raiv) *vi* arrivare, giungere **arrival** *n* arrivo *m* venuta *f*
arrogant ('ærəgənt) *adj* arrogante **arrogance** *n* arroganza *f*
arrow ('ærou) *n* freccia *f* **arrowroot** *n* fecola dell'arundinacca *f*
arsenic ('ɑ snik) *n* arsenico *m*
arson ('ɑ sən) *n* incendio doloso *m*
art (ɑ t) *n* arte *f* **art gallery** *n* galleria d'arte *f* **art school** *n* scuola d'arte *f* **artful** *adj* subdolo, astuto
artery ('ɑ təri) *n* arteria *f* **arterial** *adj* arterioso arteriale
arthritis (ɑ 'θraitis) *n* artrite *f*
artichoke ('ɑ titʃouk) *n* carciofo *m*
article ('ɑ tikəl) *n* articolo *m* *vt* collocare come apprendista
articulate (*adj* ɑ 'tikjulət, *v* ɑ 'tikjuleit) *adj* articolato, distinto *vt,vi* articolare
artificial (ɑ ti'fiʃəl) *adj* artificiale, artificioso
artillery (ɑ 'tiləri) *n* artiglieria *f*
artist ('ɑ tist) *n* artista, pittore *m* pittrice *f* **artistic** *adj* artistico
as (əz, *stressed* æz) *conj* **1** come **2** poiché **3** mentre **as far as** sin dove **as if** come se **as long as** finchè **as for me** per quanto mi

riguarda. **as soon as** non appena. **as it were** per così dire. ~*adv* così, come, tanto, quanto. *pron* che.

asbestos (æs'bestəs) *n* amianto *m*.

ascend (ə'send) *vi* ascendere, salire. *vt* salire. **ascension** *n* ascensione *f*.

ascertain (æsə'tein) *vt* assicurarsi di, accertarsi di.

ash[1] (æʃ) *n* cenere *f*. **ashtray** *n* portacenere *m*.

ash[2] (æʃ) *n bot* frassino *m*.

ashamed (ə'ʃeimd) *adj* vergognoso **be ashamed** vergognarsi.

ashore (ə'ʃɔ:) *adv* a *or* sulla riva.

Ash Wednesday *n* le Ceneri *f pl*.

Asia ('eiʃə) *n* Asia *f*. **Asian** *adj,n* asiatico.

aside (ə'said) *adv* da parte, in disparte. *n* parole dette a parte *f pl*.

ask (ɑ:sk) *vt* **1** domandare, chiedere. **2** invitare. *vi* informarsi. **ask a question** rivolgere una domanda.

askew (ə'skju:) *adv* di traverso. *adj* obliquo, storto.

asleep (ə'sli:p) *adv,adj* addormentato. **fall asleep** addormentarsi.

asparagus (ə'spærəgəs) *n* asparago *m*, *pl* asparagi *m*.

aspect ('æspekt) *n* aspetto *m*. apparenza *f*.

asphalt ('æsfælt) *n* asfalto *m*.

aspire (ə'spaiə) *vi* aspirare. **aspiring** *adj* ambizioso.

aspirin ('æsprin) *n* aspirina *f*.

ass (æs) *n* asino *m*.

assassin (ə'sæsin) *n* assassino *m*. **assassinate** *vt* assassinare. **assassination** *n* assassinio *m*.

assault (ə'sɔ:lt) *n* assalto, attacco *m*. *vt* assalire, aggredire.

assemble (ə'sembəl) *vt* riunire. *vi* riunirsi. **assembly** *n* **1** assemblea *f*. **2** montaggio *m*. **assembly hall** *n* sala da riunioni *f*. **assembly line** *n* catena di montaggio *f*.

assent (ə'sent) *n* consenso *m*. sanzione *f*. *vi* acconsentire, approvare.

assert (ə'sə:t) *vt* asserire, sostenere. **assert oneself** farsi valere. **assertion** *n* asserzione *f*.

assess (ə'ses) *vt* valutare, stimare **assessment** *n* valutazione *f*.

asset ('æset) *n* **1** bene, vantaggio *m*. **2** *pl comm* attività *f pl*.

assign (ə'sain) *vt* assegnare, attribuire **assignment** *n* **1** assegnazione *f*. **2** incarico *m*

assimilate (ə'simileit) *vt* assimilare.

assist (ə'sist) *vt* assistere, aiutare. **assistance** *n* assistenza *f*.

assizes (ə'saiziz) *n pl* corte d'assise *f*.

associate (*v* ə'souʃieit; *n* ə'souʃiit) *vt* associare. *vi* associarsi. **associate with** frequentare. ~*n* collega *m*. **association** *n* associazione *f*.

assort (ə'sɔ:t) *vt* assortire, raggruppare. **assortment** *n* assortimento *m*.

assume (ə'sju:m) *vt* assumere, fingere, presumere.

assure (ə'ʃuə) *vt* assicurare, rassicurare **assurance** *n* assicurazione, certezza *f*.

asterisk ('æstərisk) *n* asterisco *m*.

asthma ('æsmə) *n* asma *f*.

astonish (ə'stɔniʃ) *vt* stupire, meravigliare **astonishment** *n* sorpresa *f*. stupore *m*.

astound (ə'staund) *vt* stupefare.

astray (ə'strei) *adv* fuori strada. **go astray** smarrirsi, traviarsi. **lead astray** sviare, traviare.

astride (ə'straid) *adv* a cavalcioni.

astrology (ə'strɔlədʒi) *n* astrologia *f*. **astrologer** *n* astrologo *m*. **astrological** *adj* astrologico.

astronaut ('æstrənɔ:t) *n* astronauta *m*.

astronomy (ə'strɔnəmi) *n* astronomia *f*. **astronomer** *n* astronomo *m*. **astronomical** *adj* astronomico.

astute (ə'stju:t) *adj* furbo, astuto.

asunder (ə'sʌndə) *adv* separatamente, a pezzi.

asylum (ə'sailəm) *n* asilo, rifugio *m* **lunatic asylum** *n* manicomio *m*.

at (ət; *stressed* æt) *prep* **1** a, in. **2** da.

ate (eit) *v see* **eat**.

atheism ('eiθiizəm) *n* ateismo *m*. **atheist** *n* ateo *m*.

Athens ('æθinz) *n* Atene *f*.

athlete ('æθli:t) *n* atleta *m*. **athletic** *adj* atletico. **athletics** *n* atletica *f*.

Atlantic (ət'læntik) *adj* atlantico **Atlantic (Ocean)** *n* (Oceano) Atlantico *m*.

atlas ('ætləs) *n* atlante *m*.

atmosphere ('ætməsfiə) *n* atmosfera *f*. **atmospheric** *adj* atmosferico **atmospherics** *n pl* disturbi atmosferici *m pl*.

atom ('ætəm) *n* atomo *m*. **atom bomb** *n* bomba atomica *f*. **atomic** *adj* atomico

atone (ə'toun) *vi* espiare, fare ammenda **atonement** *n* espiazione, riparazione *f*.

atrocious (ə'trouʃəs) *adj* atroce **atrocity** *n* atrocità *f*.

attach (ə'tætʃ) *vt* **1** attaccare **2** attribuire *vi*

attaccarsi. **attachment** *n* attaccamento, affetto *m*.
attaché (ə'tæʃei) *n* addetto diplomatico *m*. **attaché case** *n* borsa per documenti *f*.
attack (ə'tæk) *n* **1** attacco *m*. offensiva *f*. **2** *med* accesso *m*. *vt* assalire, attaccare.
attain (ə'tein) *vt* raggiungere, ottenere. **attainment** *n* conseguimento *m*.
attempt (ə'tempt) *n* tentativo, attentato *m*. *vt* tentare, provare, attentare a.
attend (ə'tend) *vt* frequentare, assistere a. *vi* prestare attenzione. **attendance** *n* **1** servizio *m*. **2** frequenza *f*. **3** pubblico *m*. **attendant** *n* inserviente, accompagnatore *m*. *adj* presente. **attention** *n* attenzione, premura *f*. **pay attention** fare attenzione. **attentive** *adj* attento, premuroso.
attic ('ætik) *n* attico *m*. soffitta *f*.
attire (ə'taiə) *vt* vestire. *n* vestiti *m pl*.
attitude ('ætitju:d) *n* posa *f*. atteggiamento *m*.
attorney (ə'tə:ni) *n* procuratore *m*. **attorney general** *n* procuratore generale *m*.
attract (ə'trækt) *vt* attrarre. **attraction** *n* attrazione *f*. **attractive** *adj* attraente.
attribute (*n* 'ætribju:t; *v* ə'tribju:t) *n* attributo *m*. qualità *f*. *vt* attribuire, ascrivere.
aubergine ('oubəʒi:n) *n* melanzana *f*.
auburn ('ɔ:bən) *adj* color di rame, ramato.
auction ('ɔ:kʃən) *n* asta. *vt* vendere all'asta. **auctioneer** *n* banditore *m*.
audacious (ɔ:'deiʃəs) *adj* audace.
audible ('ɔ:dibəl) *adj* udibile, intelligibile.
audience ('ɔ:diəns) *n* pubblico *m*. udienza *f*.
audiovisual (ɔ:diou'viʒuəl) *adj* audiovisivo.
audit ('ɔ:dit) *n* controllo *m*. verifica dei conti *f*. *vt* verificare. **auditor** *n* revisore, sindaco *m*.
audition (ɔ:'diʃən) *n* audizione *f*. *vt* ascoltare in audizione.
auditorium (ɔdi'tɔ:riəm) *n* auditorio *m*. sala per concerti *f*.
August ('ɔ:gəst) *n* agosto *m*.
aunt (ɑ:nt) *n* zia *f*.
au pair (ou 'pɛə) *adj,adv* alla pari. *n* ragazza alla pari *f*.
aura ('ɔ:rə) *n* atmosfera, aria *f*.
austere (ɔ:'stiə) *adj* austero. **austerity** *n* austerità *f*.
Australia (ɔ'streiliə) *n* Australia *f*. **Australian** *adj,n* australiano.
Austria ('ɔ:striə) *n* Austria *f*. **Austrian** *adj,n* austriaco.
authentic (ɔ:'θentik) *adj* autentico.
author ('ɔ:θə) *n* autore *m*. autrice *f*.
authority (ɔ:θɔriti) *n* autorità *f*. **on good authority** da fonte autorevole. **authoritarian** *adj* autoritario, assolutista. **authoritative** *adj* autoritario, autorevole.
authorize ('ɔ:θəraiz) *vt* autorizzare. **authorization** *n* autorizzazione *f*.
autistic (ɔ:'tistik) *adj* autistico.
autobiography (ɔ:təbai'ɔgrəfi) *n* autobiografia *f*. **autobiographical** *adj* autobiografico.
autograph ('ɔ:təgrɑ:f) *n* autografo *m*. firma *f*. *vt* autografare.
automatic (ɔ:tə'mætik) *adj* automatico.
automation (ɔ:tə'meiʃən) *n* automazione *f*.
autonomous (ɔ:'tɔnəməs) *adj* autonomo.
autumn ('ɔ:təm) *n* autunno *m*.
auxiliary (ɔ:g'ziliəri) *adj,n* ausiliario, ausiliare.
available (ə'veiləbəl) *adj* disponibile, libero.
avalanche ('ævəlɑ:nʃ) *n* valanga *f*.
avenge (ə'vendʒ) *vt* vendicare.
avenue ('ævənju:) *n* viale *m*.
average ('ævridʒ) *n* media *f*. *adj* medio. *vt* fare la media di.
aversion (ə'və:ʃən) *n* avversione, antipatia *f*.
aviary ('eiviəri) *n* uccelliera *f*.
aviation (eivi'eiʃən) *n* aviazione *f*.
avid ('ævid) *adj* avido.
avocado (ævə'kɑ:dou) *n* avocado *m*.
avoid (ə'vɔid) *vt* evitare, schivare.
await (ə'weit) *vt* aspettare.
awake* (ə'weik) *vt* svegliare. *vi* svegliarsi. *adj* sveglio. **awaken** *vt* risvegliare. *vi* risvegliarsi. **awakening** *n* risveglio *m*.
award (ə'wɔ:d) *n* ricompensa *f*. *vt* giudicare, conferire.
aware (ə'wɛə) *adj* conscio, consapevole. **awareness** *n* consapevolezza *f*.
away (ə'wei) *adv* lontano, via.
awe (ɔ:) *n* timore reverenziale *m*. **awe-inspiring** *adj* maestoso. **awe-struck** *adj* in preda a timore.
awful ('ɔ:fəl) *adj* terribile, spaventoso. **awfully** *adv* **1** terribilmente, notevolmente. **2** *inf* molto.
awkward ('ɔ:kwəd) *adj* goffo, difficile.
awoke (ə'wouk) *v* see **awake**.
axe (æks) *n* ascia *f*.
axis ('æksis) *n*, *pl* **axes** asse *m*.
axle ('æksəl) *n* asse, assale *m*.
azalea (ə'zeiliə) *n* azalea *f*.

B

babble ('bæbəl) *vt* balbettare. *vi* ciarlare, far pettegolezzi. *n* **1** balbettio *m*. **2** chiacchiera *f*.
baboon (bə'bu:n) *n* babbuino *m*.
baby ('beibi) *n* bimbo *m*. **babyhood** *n* prima infanzia *f*. **baby-sit** *vi* far da baby-sitter.
baccarat ('bækəra:) *n* baccarà *m*.
bachelor ('bætʃələ) *n* **1** celibe, scapolo *m*. **2** *educ* laureato *m*. **Bachelor of Arts/Science** laureato in lettere/scienze.
back (bæk) *n* **1** *anat* dorso *m*. schiena *f*. **2** schienale *m*. parte posteriore *f*. *adj* **1** posteriore. **2** arretrato. *adv* **1** dietro, indietro **2** di ritorno. **be back** essere di ritorno. ~*vt* **1** sostenere, aiutare. **2** scommettere (su) **back out** ritirarsi.
backache ('bækeik) *n* mal di schiena *m*.
backbone ('bækboun) *n* **1** spina dorsale *f*. **2** fermezza *f*.
backbreaking ('bækbreikiŋ) *adj* massacrante, faticosissimo.
backchat ('bæktʃæt) *n* rimbecco *m*.
backcloth ('bækklɔθ) *n* fondale *m*.
backdate ('bækdeit) *vt* retrodatare
backdoor ('bækdɔ:) *n* porta di servizio *f*. *adj* segreto.
backfire ('bækfaiə) *vi* **1** far ritorno di fiamma **2** fallire. *n* ritorno di fiamma *m*.
backgammon ('bækgæmən) *n* tavola reale *f*.
background ('bækgraund) *n* **1** sfondo *m*. **2** precedenti *m pl*. retroscena *m*.
backhand ('bækhænd) *adj* di rovescio.
backlash ('bæklæʃ) *n* reazione sfavorevole *f*.
backlog ('bæklɔg) *n* arretrati *m pl*.
backstage (bæk'steidʒ) *adj,adv* dietro le quinte
backstroke ('bækstrouk) *n* nuoto sul dorso *m*.
backward ('bækwəd) *adj* arretrato, tardivo **backwards** *adv* indietro, all'indietro.
backwater ('bækwɔ:tə) *n* acqua stagnante *f*.
bacon ('beikən) *n* lardo affumicato *m*. pancetta *f*.
bacteria (bæk'tiəriə) *n pl* batteri *m pl*.
bad (bæd) *adj* cattivo, malvagio, nocivo. **from bad to worse** di male in peggio **not too bad** non c'è male. **bad-tempered** *adj* irascibile.
bade (beid) *v* see **bid.**
badge (bædʒ) *n* distintivo, emblema *m*.
badger ('bædʒə) *n* tasso *m*. *vt* tormentare.
badminton ('bædmintən) *n* badminton, volano *m*.
baffle ('bæfəl) *vt* eludere, confondere.
bag (bæg) *n* **1** sacco *m*. **2** borsa, borsetta *f*. *vt* insaccare. **baggage** *n* bagaglio *m*. **baggy** *adj* rigonfio. **bagpipes** *n pl* cornamusa *f*.
bail (beil) *n* cauzione, garanzia *f*. **go bail for** rendersi garante per. ~*vt* prestare cauzione.
bailiff ('beilif) *n* **1** ufficiale fiscale *m*. **2** fattore *m*.
bait (beit) *n* esca *f*. *vt* **1** adescare **2** tormentare.
baize (beiz) *n* panno di lana *m*.
bake (beik) *vt* cuocere al forno. *vi* cuocersi. **baker** *n* fornaio *m*. **bakery** *n* forno, panificio *m*.
balance ('bæləns) *n* **1** bilancia *f*. **2** *comm* bilancio *m*. **3** equilibrio *m*. armonia *f*. **lose one's balance** perdere l'equilibrio. ~*vt* **1** bilanciare **2** pareggiare. *vi* bilanciarsi. **balance sheet** *n* bilancio di esercizio *m*.
balcony ('bælkəni) *n* **1** balcone *m*. **2** *Th* balconata *f*.
bald (bɔ:ld) *adj* **1** calvo. **2** nudo, disadorno **baldness** *n* **1** calvizie *f*. **2** semplicità *f*.
bale[1] (beil) *n* balla *f*. *vt* (straw, etc.) imballare
bale[2] (beil) *vt* vuotare, aggottare **bale out** lanciarsi col paracadute.
ball[1] (bɔ:l) *n* **1** palla *f*. pallone *m*. **2** sfera *f*. **ball-bearing** *n* cuscinetto a sfere *m*.
ball[2] (bɔ:l) *n* (dance) ballo *m*. **ballroom** *n* sala da ballo *f*.
ballad ('bæləd) *n* ballata *f*.
ballast ('bæləst) *n* zavorra *f*.
ballet ('bælei) *n* balletto *m*. **ballet-dancer** *n* ballerino *m*.
ballistic (bə'listik) *adj* balistico **ballistics** *n* balistica *f*.
balloon (bə'lu.n) *n* aerostato, pallone *m*.
ballot ('bælət) *n* **1** scheda *f*. **2** voto *m* *vi* votare a scrutinio segreto **ballot-box** *n* urna elettorale *f*.
Baltic ('bɔ.ltik) *adj* baltico **Baltic (Sea)** *n* (Mare) Baltico *m*.
bamboo (bæm'bu) *n* bambù *m*.
ban (bæn) *vt* bandire, proibire *n* bando *m*. interdizione *f*.
banal (bə'na:l) *adj* banale.
banana (bə'na.nə) *n* banana *f* **banana tree** *n* banano *m*.
band[1] (bænd) *n* **1** comitiva *f* **2** *mus* banda, orchestrina *f*.

band² (bænd) *n* (strip) benda, striscia, fascia *f*. **bandage** *n* benda *f*. *vt* bendare, fasciare.

bandit ('bændit) *n* bandito *m*.

bandy ('bændi) *vt* **1** gettare, lanciare. **2** scambiare. *adj* arcato, curvo, storto.

bang (bæŋ) *n* **1** fracasso, colpo rumoroso *m*. **2** esplosione *f*. *vt,vi* sbattere, rimbombare.

bangle ('bæŋgəl) *n* braccialetto *m*.

banish ('bæniʃ) *vt* bandire, esiliare. **banishment** *n* esilio, bando *m*.

banister ('bænistə) *n* ringhiera *f*.

banjo ('bændʒou) *n* banjo *m*.

bank¹ (bæŋk) *n* altura, sponda, riva *f*

bank² (bæŋk) *n* *comm* banca *f*. *vt,vi* depositare in banca. **bank on** contare su. **bank account** *n* conto in banco *m*. **bankbook** *n* libretto di deposito *m*. **banker** *n* banchiere *m*. **banker's card** *n* carta di credito *f*. **bank holiday** *n* festività legale *f* **banking** *n* operazione bancaria *f*. *adj* di banca. **banknote** *n* banconota *f*.

bankrupt ('bæŋkrʌpt) *adj,n* fallito. **go bankrupt** fallire. ~*vt* far fallire, rovinare. **bankruptcy** *n* bancarotta *f*

banner ('bænə) *n* stendardo *m*. insegna *f*.

banquet ('bæŋkwit) *n* banchetto *m*.

baptize (bæp'taiz) *vt* battezzare. **bapticm** *n* battesimo *m*. **baptismal** *adj* battesimale.

bar (bɑ:) *n* **1** sbarra, spranga *f* **2** barriera *f* **3** bar *m* *invar*. **4** *iaw* tribunale *m*. **5** (of chocolate, etc.) tavoletta *f*. *vt* **1** impedire, sbarrare **2** escludere. **barmaid** *n* cameriera (al banco) *f*. **barman** *n* barista *m*

barbarian (bɑ:'bɛəriən) *adj,n* barbaro **barbaric** *adj* barbarico, incolto **barbarity** *n* barbarie *f* *invar*. **barbarous** *adj* barbaro

barbecue ('bɑ:bikju.) *n* festino all'aperto *m*

barbed wire ('bɑ:bd) *n* filo spinato *m*

barber ('bɑ:bə) *n* barbiere *m*

barbiturate (bɑ:'bitjurət) *n* barbiturico *m*.

bare (bɛə) *adj* **1** nudo, scoperto, brullo **2** vuoto *vt* denudare, smascherare **barefoot** *adj* scalzo. *adv* a piedi scalzi **barely** *adv* appena a mala pena.

bargain ('bɑ.gin) *n* affare *m* occasione *f* **into the bargain** in aggiunta ~*vi* contrattare, pattuire.

barge (bɑ:dʒ) *n* chiatta *f* barcone *m* *v* **barge into** urtare contro

baritone ('bæritoun) *n* baritono *m*

bark¹ (bɑ:k) *n* (of a dog) abbaio latrato *m* *vi* abbaiare, latrare

bark² (bɑ:k) *n* *bot* scorza, corteccia *f*.

barley ('bɑ:li) *n* orzo *m*. **barley sugar** *n* zucchero d'orzo *m*.

barn (bɑ:n) *n* granaio *m*.

barometer (bə'rɔmitə) *n* barometro *m*.

baron ('bærən) *n* barone *m*. **baronet** *n* baronetto *m*.

barracks ('bærəks) *n* *pl* caserma *f*

barrel ('bærəl) *n* **1** barile *m*. botte *f* **2** (of a gun) canna *f*.

barren ('bærən) *adj* desolato, nudo, sterile.

barricade ('bærikeid) *n* barricata *f*. *vt* barricare.

barrier ('bæriə) *n* barriera *f*.

barrister ('bæristə) *n* avvocato *m*.

barrow ('bærou) *n* carretta, carriola *f*.

barter ('bɑ:tə) *vt* barattare, scambiare. *n* baratto, cambio *m*.

base¹ (beis) *n* base *f*. fondamento *m* *vt* basare, fondare. **baseball** *n* base-ball *m*. **basement** *n* sottosuolo *m*.

base² (beis) *adj* vile, indegno **baseness** *n* bassezza *f*.

bash (bæʃ) *vt* *inf* fracassare, colpire violentemente. *n* colpo *m*

bashful ('bæʃfəl) *adj* timido, vergognoso

basic ('beisik) *adj* basilare, fondamentale

basil ('bæzəl) *n* basilico *m*.

basin ('beisən) *n* **1** bacino *m* **2** lavabo *m*. catinella *f*

basis ('beisis) *n*, *pl* **bases** base *f* fondamento *m*

bask (bɑ sk) *vi* scaldarsi, bearsi

basket ('bɑ.skit) *n* canestro, cesto *m* **basketball** *n* pallacanestro *f*

bass¹ (beis) *adj,n* *mus* basso *m*.

bass² (bæs) *n* *zool* pesce persico *m*

bassoon (bə'su.n) *n* fagotto *m*.

bastard ('bɑ:stəd) *adj,n* bastardo

baste ('beist) *vt* *cul* spruzzare

bat¹ (bæt) *n* **1** mazza *f*. **2** racchetta *f*. *vi* battere. **batsman** *n* battitore *m*.

bat² (bæt) *n* *zool* pipistrello *m*

batch (bætʃ) *n* **1** lotto *m* partita *f* **2** (of loaves) infornata *f*

bath (bɑ:θ) *n* bagno *m* **have a bath** fare un bagno **bathrobe** *n* accappatoio *m*. **bathroom** *n* stanza da bagno *f*

bathe (beið) *vt* bagnare *vi* farsi il bagno. *n* bagno *m* **bathing costume** *n* costume da bagno *m* **bathing trunks** *n* *pl* calzoncini da bagno *m* *pl*

baton (ˈbætɔn) *n* **1** bastone (di comando) *m*. **2** bacchetta *f*.
battalion (bəˈtæliən) *n* battaglione *m*.
batter[1] (ˈbætə) *vt* colpire, battere.
batter[2] (ˈbætə) *n* pastella *f*.
battery (ˈbætəri) *n* **1** pila, batteria *f*. **2** *also* **storage battery** accumulatore *m*.
battle (ˈbætl̩) *n* battaglia *f*. combattimento *m*. *vi* combattere, lottare. **battlefield** *n* campo di battaglia *m*. **battleship** *n* nave da battaglia *f*.
bawl (bɔ:l) *vi* urlare, schiamazzare. *n* schiamazzo *m*.
bay[1] (bei) *n geog* baia, insenatura del mare *f*.
bay[2] (bei) *n arch* vano *m*. **bay window** *n* finestra sporgente *f*.
bay[3] (bei) *vi* abbaiare, latrare **at bay** *adv* a bada
bay[4] (bei) *n bot* lauro *m*. **bay leaf** *n* foglia d'alloro *f*.
bay[5] (bei) *adj* baio *n* cavallo baio *m*.
bayonet (ˈbeiənit) *n* baionetta *f*.
be* (bi:) *vi* **1** essere **2** esistere, vivere. **3** stare. **4** fare. *v aux* essere **be about to** stare per. **be cold 1** (of a person) aver freddo **2** (of the weather) far freddo. **be warm 1** (of a person) aver caldo. **2** (of the weather) far caldo.
beach (bi:tʃ) *n*. spiaggia *f* lido *m*. **beachcomber** *n* vagabondo *m*
beacon (ˈbi:kən) *n* faro *m* segnalazione luminosa *f*.
bead (bi:d) *n* **1** perlina *f*. grano *m*. **2** goccia *f* **3** *pl* rosario *m*
beak (bi:k) *n* becco, rostro *m*.
beaker (ˈbi:kə) *n* coppa *f*
beam (bi:m) *n* **1** trave *f* **2** raggio *m* **3** sorriso *m*. *vi* **1** irradiare **2** sorridere
bean (bi:n) *n* fagiolo *m* fava *f* **full of beans** pieno d'energia
bear*[1] (bɛə) *vt* **1** sopportare, tollerare **2** portare. **3** partorire **bear a grudge** portare rancore **bearable** *adj* sopportabile **bearing** *n* **1** condotta *f* **2** portamento *m* **3** rientamanto *m* **4** *tech* cuscinetto *m*
bear[2] (bɛə) *n* orso *m*
beard (biəd) *n* barba *f*. **bearded** *adj* barbuto.
beast (bi:st) *n* bestia *f* animale *m*.
beat* (bi:t) *vt* battere, bastonare. *vi* battere, palpitare. **beat about the bush** menare il can per l'aia. ~*n* **1** battito, palpito *m* **2** ronda *f*.
beauty (ˈbju:ti) *n* bellezza *f*. **beauty queen** *n* regina di bellezza *f*. **beautiful** *adj* bello.
beaver (ˈbi:və) *n* castoro *m*
became (biˈkeim) *v* see **become**.
because (biˈkɔ:z) *conj* poichè, perchè. **because of** a causa di.
beckon (ˈbekən) *vt,vi* accennare.
become* (biˈkʌm) *vi* diventare, divenire. *vt* addirsi a, star bene a. **becoming** *adj* adatto.
bed (bed) *n* **1** letto *m*. **2** (of a river) alveo *m*. **bedclothes** *n pl* coperte *f pl*. **bedding** *n* coperte per letto *f pl*. **bedridden** *adj* costretto a letto. **bedroom** *n* camera da letto *f*. **bedside** *n* capezzale *m*. **bed-sitter** *n* monocamera *f*. **bedspread** *n* copriletto *m*.
bedraggled (biˈdrægəld) *adj* inzaccherato, infangato
bee (bi:) *n* ape *f* **beehive** *n* alveare *m*.
beech (bi:tʃ) *n* faggio *m*.
beef (bi:f) *n* manzo *m*.
been (bin) *v* see **be**.
beer (biə) *n* birra *f*.
beet (bi:t) *n* barbabietola *f* **beetroot** *n* barbabietola *f*
beetle (ˈbi:tl̩) *n* scarafaggio *m*.
befall* (biˈfɔ:l) *vi* accadere, succedere.
before (biˈfɔ:) *adv* prima, precedentemente. *prep* **1** davanti a. **2** prima di. *conj* prima che. **beforehand** *adv* in anticipo.
befriend (biˈfrend) *vt* **1** aiutare, sostenere. **2** mostrarsi amico a.
beg (beg) *vt* implorare, pregare. *vi* elemosinare. **beggar** *n* mendicante *m*.
begin* (biˈgin) *vt,vi* cominciare, iniziare. **to begin with** innanzi tutto. **beginner** *n* principiante *m,f* **beginning** *n* **1** inizio, esordio *m*. **2** origine *f*
begrudge (biˈgrʌdʒ) *vt* **1** invidiare. **2** lesinare
behalf (biˈhɑ:f) *n* vantaggio *m*. **on behalf of** a nome di, a favore di
behave (biˈheiv) *vi* comportarsi **behave oneself** comportarsi bene **behaviour** *n* comportamento *m*. condotta *f*
behind (biˈhaind) *prep* dietro a. *adv* indietro, in ritardo. **behindhand** *adv* in arretrato, in ritardo
behold* (biˈhould) *vt* scorgere, vedere
beige (beiʒ) *adj,nm* beige.
being (ˈbi:iŋ) *n* **1** creatura *f*. **2** essere *m* esistenza *f* **for the time being** per il momento
belch (beltʃ) *vi* ruttare
belfry (ˈbelfri) *n* campanile *m*
Belgium (ˈbeldʒəm) *n* Belgio *m*. **Belgian** *adj,n* belga

believe (bi'li:v) *vt* **1** credere, aver fede in. **2** pensare, supporre. *vi* credere. **belief** *n* credenza, fede, convinzione *f.* **believer** *n* credente, fedele *m,f.*

bell (bel) *n* campana *f.* campanello *m.* **bell-ringer** *n* campanaro *m.*

bellow ('belou) *vt,vi* muggire, rombare, tuonare. *n* muggito *m.*

bellows ('belouz) *n pl* mantice *m.*

belly ('beli) *n* pancia *f.* ventre *m.*

belong (bi'lɔŋ) *vi* appartenere, spettare, far parte di. **belongings** *n pl* effetti personali *m pl.* roba *f.*

below (bi'lou) *prep* sotto, al di sotto di. *adv* al di sotto, giù.

belt (belt) *n* **1** cintura *f.* **2** zona, regione *f.*

bench (bentʃ) *n* **1** panca *f.* sedile, seggio *m.* **2** banco di lavoro *m.* **3** *law* ufficio di magistrato *m.*

bend* (bend) *vt* curvare, piegare, torcere. *vi* piegarsi, chinarsi, adattarsi. *n* **1** curva, curvatura *f.* **2** inclinazione *f.*

beneath (bi'ni:θ) *prep* sotto, al di sotto di. *adv* sotto, in basso.

benefit ('benifit) *n* beneficio, vantaggio *m.* utilità *f.* *vt* giovare a, beneficare. *vi* profittare, avvantaggiarsi. **beneficial** *adj* utile, vantaggioso.

benevolent (bi'nevələnt) *adj* benevolo, caritatevole.

bent (bent) *v* see **bend.** *adj* **1** curvato. **2** risoluto. *n* tendenza *f.*

bereave* (bi'ri:v) *vt* privare, spogliare.

berry ('beri) *n* bacca *f.* chicco *m.*

berth (bə:θ) *n* **1** cuccetta *f.* **2** *naut* ormeggio *m.* *vt* ancorare.

beside (bi'said) *prep* accanto a, di fianco a, presso. **be beside oneself** essere fuori di sè. **besides** *adv* d'altronde, inoltre. *prep* oltre a.

besiege (bi'si:dʒ) *vt* assediare.

best (best) *adj* il migliore. *adv* nel modo migliore. *n* meglio, migliore *m.* **best man** *n* testimone dello sposo *m.* **best-seller** *n* libro di gran successo *m.*

bestow (bi'stou) *vt* elargire, conferire, dare.

bet* (bet) *vt,vi* scommettere. *n* scommessa, puntata *f.*

betray (bi'trei) *vt* tradire, svelare. **betrayal** *n* tradimento *m.*

better ('betə) *adj* migliore, meglio. **all the better** tanto meglio. **be better** star meglio. *~adv* meglio. **better and better** di bene in meglio. **get the better of** avere la meglio su.

between (bi'twi:n) *prep* tra, fra, in mezzo a. *adv* in mezzo.

beverage ('bevridʒ) *n* bevanda *f.*

beware* (bi'wɛə) *vi* guardarsi, stare attento.

bewilder (bi'wildə) *vt* disorientare, confondere. **bewildering** *adj* sconcertante, sbalorditivo. **bewilderment** *n* confusione *f.* smarrimento *m.*

beyond (bi'jɔnd) *adv* oltre. *prep* al di là di, oltre.

bias ('baiəs) *n* inclinazione *f.* pregiudizio *m.* *vt* influenzare.

bib (bib) *n* bavaglino *m.*

Bible ('baibəl) *n* Bibbia *f.* **biblical** *adj* biblico.

bibliography (bibli'ɔgrəfi) *n* bibliografia *f.* **bibliographical** *adj* bibliografico.

biceps ('baiseps) *n* bicipite *m.*

bicker ('bikə) *vi* bisticciare, litigare. **bickering** *n* litigio *m.*

bicycle ('baisikəl) *n* bicicletta *f.*

bid* (bid) *vt* **1** comandare, ordinare. **2** offrire. **3** invitare. *n* offerta, proposta *f.* **bidder** *n* offerente *m,f.*

biennial (bai'eniəl) *adj* biennale.

big (big) *adj* **1** grosso, grande. **2** ampio. **3** importante.

bigamy ('bigəmi) *n* bigamia *f.* **bigamist** *n* bigamo *m.*

bigoted ('bigətid) *adj* bigotto, fanatico.

bikini (bi'ki:ni) *n* bikini *m.*

bilingual (bai'liŋgwəl) *adj* bilingue.

bilious ('biliəs) *adj* biliare.

bill[1] (bil) *n* **1** conto *m.* fattura *f.* **2** *pol* progetto di legge *m.* **3** affisso *m.*

bill[2] (bil) *n zool* becco *m.*

billiards ('biliədz) *n* biliardo *m.*

billion ('biliən) *n* **1** bilione *m.* **2** *US* miliardo *m.*

bin (bin) *n* bidone *m.* deposito *m.*

binary ('bainəri) *adj* binario.

bind* (baind) *vt* **1** attaccare, legare. **2** rilegare. **3** obbligare. **be bound to** dovere. **binding** *adj* obbligatorio, impegnativo. *n* **1** legame *m.* **2** rilegatura *f.*

binoculars (bi'nɔkjuləz) *n pl* binocolo *m.*

biography (bai'ɔgrəfi) *n* biografia *f.* **biographical** *adj* biografico.

biology (bai'ɔlədʒi) *n* biologia *f.* **biological** *adj* biologico. **biologist** *n* biologo *m.*

birch (bə:tʃ) *n* betulla *f.*

bird (bə:d) *n* uccello *m.* **birdcage** *n* gabbia per uccelli *f.*

birth (bɜ:θ) *n* **1** nascita *f*. **2** origine *f* **3** discendenza *f*. **give birth to 1** partorire **2** dar luogo a. **birth certificate** *n* certificato di nascita *m* **birth control** *n* limitazione delle nascite *f*. **birthday** *n* compleanno *m*. **birthmark** *n* voglia *f*. **birth rate** *n* natalità *f*
biscuit ('biskit) *n* biscotto *m*.
bishop ('biʃəp) *n* **1** vescovo *m* **2** *game* alfiere *m*.
bit (bit) *n* **1** pezzetto *m* briciola *f* **2** tozzo, boccone *m* **a bit more** un po' di più **bit by bit** a poco a poco **not to care a bit** infischiarsene
bitch (bitʃ) *n* cagna *f*
bite* (bait) *vt* mordere, pungere *n* **1** morso, boccone *m* **2** puntura *f*
bitter ('bitə) *adj* **1** amaro **2** aspro **3** accanito **bitterness** *n* **1** amarezza *f* **2** rancore *m*
bizarre (bi'zɑ:) *adj* bizzarro, strano
black (blæk) *adj* nero oscuro, sporco *n* **1** nero **2** *cap* negro *m*. **blacken** *vt* annerire *vi* diventar nero. **blackness** *n* nerezza *f*
blackberry ('blækbəri) *n* mora *f* **blackberry bush** *n* rovo *m*
blackbird ('blækbə:d) *n* merlo *m*
blackboard ('blækbɔ:d) *n* lavagna *f*
blackcurrant (blæk'kʌrənt) *n* ribes nero *m*
black eye *n* occhio nero *m*.
blackleg ('blækleg) *n* truffatore, crumiro *m*
blackmail ('blækmeil) *n* ricatto *m* *vt* ricattare
black market *n* mercato nero *m*
blackout ('blækaut) *n* **1** oscuramento *m* **2** perdita momentanea della conoscenza *f*
black pudding *n* sanguinaccio *m*
blacksmith ('blæksmiθ) *n* fabbro *m*
bladder ('blædə) *n* vescica *f*
blade (bleid) *n* **1** lama *f* **2** (of grass) filo *m*
blame (bleim) *n* biasimo *m* colpa *f* *vt* biasimare, rimproverare **blameless** *adj* innocente
blancmange (blə'mɔnʒ) *n* biancomangiare *m*
blank (blæŋk) *adj* **1** in bianco. **2** confuso *n* **1** spazio vuoto *m* lacuna *f* **2** *mil* cartuccia a salve *f*
blanket ('blæŋkit) *n* coperta di lana *f*
blare (blɛə) *vi* squillare *n* squillo *m*
blaspheme (blæs'fi:m) *vi* bestemmiare **blasphemous** *adj* blasfemo, empio.
blast (blɑ:st) *n* esplosione, raffica *f* squillo *m* *vt* fare esplodere, rovinare.
blatant ('bleitnt) *adj* evidente.
blaze (bleiz) *n* fiamma, vampata *f* *vi* ardere, fiammeggiare. **blazer** *n* giacca sportiva *f*
bleach (bli:tʃ) *n* candeggina *f* *vt* imbiancare scolorire *vi* scolorirsi
bleak (bli:k) *adj* squallido, deserto, desolato **bleakness** *n* desolazione, freddezza *f*
bleat (bli:t) *vi* belare *n* belato *m*
bleed* (bli:d) *vi* sanguinare **bleeding** *n* **1** emorragia *f* **2** salasso *m*
blemish ('blemiʃ) *n* macchia *f* difetto *m* *vt* macchiare, sfigurare
blend (blend) *vt* mescolare *vi* fondersi *n* miscela *f* miscuglio *m*
bless (bles) *vt* benedire, consacrare **bless you!** *interj* salute! **blessing** *n* benedizione *f*
blew (blu:) *v* see **blow**².
blind (blaind) *adj* **1** cieco **2** senza apertura *n* **1** persiana *f* **2** pretesto *m* *vt* **1** accecare **2** ingannare **blind alley** *n* vicolo cieco *m* **blindfold** *adv* ad occhi bendati *vt* bendare gli occhi a **blind person** *n* cieco *m*
blink (bliŋk) *vi* battere le palpebre, ammiccare *n* occhiata *f* **blinkers** *n pl* paraocchi *m pl*
bliss (blis) *n* beatitudine *f* **blissful** *adj* beato
blister ('blistə) *n* bolla, vescica *f*
blizzard ('blizəd) *n* tormenta *f*
blob (blɔb) *n* macchia *f*
bloc (blɔk) *n* blocco *m*
block (blɔk) *n* **1** blocco, ceppo *m* **2** (of houses) gruppo *m* **3** ostacolo *m* *vt* bloccare, ostacolare
blockade (blɔ'keid) *n* blocco *m* *vt* bloccare
blond (blɔnd) *adj,n* biondo
blood (blʌd) *n* **1** sangue *m* **2** stirpe, parentela *f* **bloodcurdling** *adj* raccapricciante **blood pressure** *n* pressione del sangue *f* **bloodstream** *n* corrente sanguigna *f* **bloodthirsty** *adj* assetato di sangue **bloody** *adj* **1** sanguinoso, cruento **2** *sl* maledetto
bloom (blu:m) *n* **1** fiore *m* fioritura *f* **2** freschezza *f* **blooming** *adj* **1** fiorente **2** prosperoso
blossom ('blɔsəm) *n* fiore *m* fioritura *f* *vi* fiorire, essere in fiore
blot (blɔt) *n* **1** macchia *f* **2** cancellatura *f* **3** colpa *f* *vt* **1** macchiare **2** asciugare **blotting paper** *n* carta assorbente *f*
blotch (blɔtʃ) *n* macchia *f* scarabocchio *m*
blouse (blauz) *n* camicetta, blusa *f*
blow¹ (blou) *n* colpo *m*
blow*² (blou) *vt* **1** soffiare **2** suonare *vi* buffare **blow one's nose** soffiarsi il naso **blow up** (far) saltare per aria
blubber ('blʌbə) *n* grasso di balena *m*

blue (blu:) *adj* azzurro, celeste, blu. *n* blu *m.* **bluebell** *n* giacinto selvatico *m.*

bluff (blʌf) *vi* bluffare, ingannare.

blunder (ˈblʌndə) *n* errore, sbaglio *m.* papera *f.* *vi* commettere un errore grossolano.

blunt (blʌnt) *adj* **1** ottuso, spuntato. **2** sgarbato. *vt* ottundere, smussare. **bluntly** *adv* bruscamente.

blur (blə:) *vt* offuscare, confondere. *n* offuscamento *m.* macchia *f.*

blush (blʌʃ) *n* rossore *m.* *vi* arrossire.

boar (bɔ:) *n* cinghiale *m.*

board (bɔ:d) *n* **1** asse *m.* tavola *f.* **2** pensione *f.* **3** commissione *f.* ministero *m.* **on board** a bordo. ~*vi* alloggiare. *vt* imbarcarsi. **boarder** *n* pensionante *m,f.* **boarding house** *n* pensione *f.* **boarding school** *n* collegio *m.*

boast (boust) *vi* gloriarsi, vantarsi. *n* vanto *m.*

boat (bout) *n* barca *f.* battello *m.* imbarcazione *f.*

bob (bɔb) *n* inchino *m.* *vi* **1** oscillare. **2** inchinarsi. **bob up** venire a galla.

bodice (ˈbɔdis) *n* corpetto, busto *m.*

body (ˈbɔdi) *n* **1** corpo. **2** tronco, cadavere *m.* **3** gruppo *m.* **4** *mot* carrozzeria *f.* **bodyguard** *n* guardia del corpo *f.*

bog (bɔg) *n* palude *f.* pantano *m.*

bohemian (bəˈhi:miən) *adj* **1** boemo. **2** di artista.

boil[1] (bɔil) *vi* bollire. *vt* far bollire, lessare. **boil down** condensare, ridursi. **boiler** *n* caldaia *f.* **boiling point** *n* punto d'ebollizione *m.*

boil[2] (bɔil) *n* vescica *f.* foruncolo *m.*

boisterous (ˈbɔistərəs) *adj* impetuoso, turbolento.

bold (bould) *adj* audace, temerario, impudente. **boldness** *n* audacia, spavalderia *f.*

bolster (ˈboulstə) *n* cuscinetto *m.*

bolt (boult) *n* **1** *tech* bullone *m.* **2** catenaccio *m.* *vt* **1** sprangare. **2** imbullonare. *vi* scappare.

bomb (bɔm) *n* bomba *f.* *vt* bombardare. **bombard** *vt* bombardare.

bond (bɔnd) *n* **1** legame, vincolo *m.* **2** titolo *m* **3** cauzione *f.*

bone (boun) *n* osso *m,* *pl* ossa *f.* **bony** *adj* ossuto.

bonfire (ˈbɔnfaiə) *n* falò *m.*

bonnet (ˈbɔnit) *n* **1** berretto, cappellino da donna *m.* **2** *mot* cofano *m.*

bonus (ˈbounəs) *n* gratifica, indennità *f.*

booby trap (ˈbu:bi) *n* mina nascosta *f.* tranello *m.*

book (buk) *n* **1** libro *m.* **2** registro *m.* *vt* **1** prenotare. **2** registrare, mettere in lista. **bookcase** *n* scaffale *m.* **booking office** *n* biglietteria *f.* ufficio prenotazioni *m.* **bookkeeping** *n* contabilità *f.* **booklet** *n* libretto, opuscolo *m.* **bookmaker** *n* allibratore *m.* **bookshop** *n* libreria *f.* **bookstall** *n* edicola *f.*

boom (bu:m) *vi* **1** rimbombare. **2** essere in periodo di sviluppo. *n* **1** rimbombo *m.* **2** *comm* aumento improvviso, boom *m.*

boost (bu:st) *n* spinta, pressione *f.* *vt* **1** alzare. **2** aumentare.

boot (bu:t) *n* **1** stivale *m.* **2** *mot* portabagagli *m invar.*

booth (bu:θ) *n* baracca, cabina *f.*

booze (bu:z) *n* *inf* bevande alcoliche *f pl.* *vi inf* sbronzarsi.

border (ˈbɔ:də) *n* **1** confine, margine *m.* **2** bordo *m.* *vt* orlare. **border on** confinare con. **borderline** *n* linea di demarcazione *f.* *adj* marginale.

bore[1] (bɔ:) *n* **1** buco *m.* **2** (of a gun) calibro *m.* *vt* forare, trapanare.

bore[2] (bɔ:) *vt* annoiare, infastidire. *n* **1** seccatura, noia *f.* **2** seccatore *m.*

bore[3] (bɔ:) *v* see **bear**[1].

born (bɔ:n) *adj* nato, generato. **be born** nascere.

borough (ˈbʌrə) *n* borgo, capoluogo, comune *m.*

borrow (ˈbɔrou) *vt* farsi prestare, prendere a prestito.

bosom (ˈbuzəm) *n* petto, seno *m.* *adj* intimo, del cuore.

boss (bɔs) *n* *inf* capo, direttore *m.* *vt* spadroneggiare. **bossy** *adj* autoritario, dispotico.

botany (ˈbɔtəni) *n* botanica *f.* **botanical** *adj* botanico. **botanist** *n* botanico *m.*

both (bouθ) *adj,pron* ambedue, entrambi. **both of them** tutti e due. **both...and** tanto ...quanto. ~*adv* insieme.

bother (ˈbɔðə) *vt* infastidire, seccare. *vi* preoccuparsi. *n* noia, seccatura *f.*

bottle (ˈbɔtl̩) *n* bottiglia *f.* *vt* imbottigliare. **bottleneck** *n* ingorgo *m.*

bottom (ˈbɔtəm) *adj* ultimo, inferiore. *n* **1** fondo *m.* base *f.* **2** *inf* sedere *m.*

bough (bau) *n* ramo *m.*

bought (bɔ:t) *v* see **buy.**

boulder (ˈbouldə) *n* macigno *m.* raccia *f.*

bounce (bauns) *vi* rimbalzare *vt* far rimbalzare. *n* balzo, salto *m.*

bound[1] (baund) *v* see **bind.** *adj* **1** legato. **2** rilegato. **3** obbligato.

bound[2] (baund) *n* (jump) salto, balzo *m. vi* saltare.

bound[3] (baund) *n* confine, limite *m.* **boundary** *n* limite *m.* frontiera *f.*

bound[4] (baund) *adj* diretto, con destinazione **be bound for** essere diretto a.

boundary (ˈbaundri) *n* limite *m.* frontiera *f.*

bouquet (buˈkei) *n* mazzo di fiori *m.*

bourgeois (ˈbuəʒwɑ:) *adj,n* borghese

bout (baut) *n* **1** periodo d'attività *m.* **2** *med* accesso *m.* **3** *sport* turno *m.* ripresa *f.*

bow[1] (bau) *vt* piegare. *vi* chinarsi, sottomettersi. *n* saluto, inchino *m.*

bow[2] (bou) *n* **1** arco *m.* **2** *mus* archetto *m.* **bow-legged** *adj* dalle gambe arcuate.

bow[3] (bau) *n naut* prua *f.*

bowels (ˈbauəlz) *n pl* intestini *m pl.* viscere *f pl.*

bowl[1] (boul) *n* ciotola, vaschetta *f.* recipiente *m.*

bowl[2] (boul) *n* boccia *f. vt* far rotolare. *vi* servire la palla.

box[1] (bɔks) *n* **1** scatola *f.* **2** cassetta *f.* **3** *law* banco dei testimoni *m.* **4** *Th* palco *m.* **box number** *n* casella postale *f.* **box office** *n Th* botteghino *m.*

box[2] (bɔks) *vi* fare del pugilato. *vt* schiaffeggiare. *n* ceffone, pugno *m.* **boxing** *n* pugilato *m.*

Boxing Day *n* giorno di San Stefano *m.*

boy (bɔi) *n* ragazzo *m* **boyfriend** *n* amico, ragazzo *m.* **boyhood** *n* adolescenza *f.* **boyish** *adj* fanciullesco, giovanile.

boycott (ˈbɔikɔt) *vt* boicottare. *n* boicottaggio *m.*

bra (brɑ:) *n inf* reggipetto *m.*

brace (breis) *n* **1** supporto *m.* **2** *pl* bretelle *f pl.* **3** coppia *f. vt* assicurare, fortificare.

bracelet (ˈbreislət) *n* braccialetto *m.*

bracket (ˈbrækit) *n* **1** mensola *f.* **2** parentesi *f invar. vt* **1** munire di supporto. **2** mettere tra parentesi.

brag (bræg) *vi* vantarsi.

braid (breid) *n* gallone *m. vt* intrecciare, legare con un nastro.

braille (breil) *n* braille *m.*

brain (brein) *n* **1** cervello *m.* **2** *pl* intelligenza *f.* senno *m.* **rack one's brains** lambiccarsi il cervello. **brainwash** *vt* fare il lavaggio del cervello a. **brainwave** *n* buona idea *f.*

braise (breiz) *vt* brasare, cuocere a stufato

brake (breik) *n* freno *m. vi* frenare.

branch (brɑ:ntʃ) *n* **1** ramo *m.* **2** *comm* filiale *f vi* diramarsi. **branch off** biforcarsi.

brand (brænd) *n* **1** tizzone *m.* **2** marchio *m.* **3** marca *f.* **4** qualità *f. vt* **1** marchiare. **2** stigmatizzare. **brand-new** *adj* nuovo fiammante.

brandish (ˈbrændiʃ) *vt* brandire.

brandy (ˈbrændi) *n* acquavite *f.*

brass (brɑ:s) *n* **1** ottone *m.* **2** *sl* moneta *f adj* di ottone. **brass band** *n* banda *f.*

brassiere (ˈbræziə) *n* reggipetto *m.*

brave (breiv) *adj* coraggioso, ardito. *vt* sfidare, affrontare.

brawl (brɔ:l) *n* zuffa, disputa *f. vi* rissare, azzuffarsi.

bray (brei) *vi* ragliare *n* raglio *m.*

brazen (ˈbreizən) *adj* **1** impudente **2** di ottone

Brazil (brəˈzil) *n* Brasile *m.* **Brazilian** *adj,n* brasiliano.

breach (bri:tʃ) *n* **1** breccia *f.* **2** rottura *f.* **3** violazione *f. vt* far breccia in.

bread (bred) *n* pane *m.* **breadcrumb** *n* mollica, briciola *f.* **breadknife** *n* coltello da pane *m.* **breadwinner** *n* sostegno della famiglia *m.*

breadth (bredθ) *n* **1** larghezza, ampiezza *f.* **2** altezza *f.*

break* (breik) *vt* **1** rompere. **2** infrangere. **3** interrompere. *vi* rompersi. **break away** fuggire, distaccarsi. **break down** avere una panna. **breakdown** *n* **1** collasso, esaurimento nervoso *m.* **2** *mot* panna *f.* **break out** scoppiare. **break up** sciogliere. ~*n* **1** rottura *f.* **2** interruzione *f.* **3** pausa *f.* **breakthrough** *n* innovazione, conquista *f.*

breakfast (ˈbrekfəst) *n* prima colazione *f.*

breast (brest) *n* petto, seno *m.* **breaststroke** *n* nuoto a rana *m.*

breath (breθ) *n* respiro, fiato, soffio *m.* **out of breath** ansimante. **breathtaking** *adj* sorprendente, affascinante.

breathe (bri:ð) *vi* respirare, soffiare, sussurrare. **breathe a sigh** sospirare. **breathing** *n* respirazione *f.*

breed* (bri:d) *vt* **1** generare. **2** allevare. *vi* nascere. *n* razza, stirpe, covata *f.* **breeding** *n* allevamento *m.*

breeze (bri:z) *n* brezza *f.*

brew (bru:) *vt* mescolare, fare fermentare. *n* mistura *f.* **brewery** *n* fabbrica di birra *f.*

bribe (braib) *vt* corrompere, allettare. *n* offerta a scopo di corruzione, bustarella *f.* **bribery** *n* corruzione *f.*

brick (brik) *n* mattone *m.*

bride (braid) *n* sposa *f.* **bridegroom** *n* sposo *m.* **bridesmaid** *n* damigella d'onore *f.*

bridge[1] (bridʒ) *n* ponte *m. vt* congiungere.

bridge[2] (bridʒ) *n game* bridge *m.*

bridle ('braidl̩) *n* briglia *f.* freno *m.* **bridlepath** *n* pista *f.*

brief (bri:f) *adj* breve, conciso. *n* riassunto *m.* istruzioni *f pl. vt* impartire istruzioni a. **briefcase** *n* cartella *f.* borsa d'avvocato *f.*

brigade (bri'geid) *n* brigata *f.* **brigadier** *n* generale di brigata *m.*

bright (brait) *adj* **1** risplendente, luminoso, chiaro. **2** allegro. **3** intelligente. **brighten** *vt* **1** rendere più brillante. **2** rallegrare. *vi* illuminarsi, schiarirsi.

brilliant ('briliənt) *adj* **1** brillante, splendido. **2** di talento.

brim (brim) *n* **1** orlo, bordo *m.* **2** (of a hat) tesa *f.*

bring* (briŋ) *vt* **1** portare, recare. **2** produrre, provocare. **bring about** far accadere. **bring up** educare.

brink (briŋk) *n* orlo, limite estremo *m.*

brisk (brisk) *adj* vivace, arzillo.

bristle ('brisəl) *n* setola *f. vi* rizzarsi.

Britain ('britn̩) *n* Gran Bretagna *f.* **British** *adj* britannico. **Briton** *n* inglese *m.,f.*

brittle ('britl̩) *adj* fragile.

broad (brɔ:d) *adj* **1** largo, ampio. **2** generale. **3** marcato. **broad bean** *n* fava *f.* **broaden** *vt* allargare. *vi* allargarsi. **broad-minded** *adj* di larghe vedute.

broadcast* ('brɔ:dkɑ:st) *n* trasmissione radiofonica *f. vt* trasmettere per radio, diffondere.

broccoli ('brɔkəli) *n* broccoli *m pl.*

brochure ('brouʃə) *n* opuscolo *m.*

broke (brouk) *v* see **break.** *adj inf* rovinato, al verde.

broken ('broukən) *v* see **break.** *adj* rotto, sconnesso, affranto.

broker ('broukə) *n* mediatore, sensale, agente di cambio *m.*

bronchitis (brɔŋ'kaitis) *n* bronchite *f.*

bronze (brɔnz) *n* bronzo *m. adj* di bronzo.

brooch (broutʃ) *n* spilla *f.*

brood (bru:d) *n* covata *f. vi* **1** covare. **2** meditare.

brook (bruk) *n* ruscello *m.*

broom (bru:m) *n* **1** scopa *f.* **2** *bot* ginestra *f.*

brothel ('brɔðəl) *n* bordello *m* casa di tolleranza *f.*

brother ('brʌðə) *n* fratello *m.* **brotherhood** *n* fratellanza, fraternità *f.* **brother-in-law** *n* cognato *m.* **brotherly** *adj* fraterno.

brought (brɔ:t) *v* see **bring.**

brow (brau) *n* sopracciglio *m.* fronte *f.*

brown (braun) *adj* marrone, castano. *n* bruno *m. vt* **1** brunire. **2** *cul* rosolare. *vi* diventare bruno.

browse (brauz) *vi* scartabellare.

bruise (bru:z) *n* contusione *f.* livido *m. vt* ammaccare. *vi* ammaccarsi.

brunette (bru:'net) *adj,n* bruna, brunetta *f.*

brush (brʌʃ) *n* **1** pennello *m.* **2** spazzola *f. vt* spazzolare. **brush against** sfiorare. **brush up** ripassare.

brusque (bru:sk) *adj* brusco, rude.

Brussels ('brʌsəlz) *n* Bruxelles *f.* **Brussels sprout** *n* cavolino di Bruxelles *m.*

brute (bru:t) *n* bruto *m. adj* brutale, selvaggio. **brutal** *adj* brutale.

bubble ('bʌbəl) *n* bolla *f. vi* formare bolle.

buck[1] (bʌk) *vi* impennarsi.

buck[2] (bʌk) *n zool* daino, caprone *m.*

bucket ('bʌkit) *n* secchio.

buckle ('bʌkəl) *n* fibbia *f. vt* affibbiare, allacciare. *vi* affibbiarsi.

bud (bʌd) *n* germoglio, bocciolo *m.*

Buddhism ('budizəm) *n* buddismo *m.* **Buddhist** *adj,n* buddista.

budget ('bʌdʒit) *n* bilancio preventivo *m. vi* fare un bilancio preventivo.

buffalo ('bʌfəlou) *n, pl* **-loes** *or* **-los** bufalo *m.*

buffer ('bʌfə) *n* respingente, cuscinetto *m.*

buffet[1] ('bufit) *n* schiaffo *m. vt* schiaffeggiare.

buffet[2] ('bʌfei) *n* ristorante *m.* tavola calda *f.*

bug (bʌg) *n* **1** *zool* cimice *f.* **2** *inf* virus *m.*

bugle ('bju:gəl) *n* tromba *f.*

build* (bild) *vi* costruire, fabbricare, nidificare. *n* corporatura *f.* **building** *n* fabbricato, edificio *m.* **building society** *n* credito edilizio *m.*

bulb (bʌlb) *n* **1** *bot* bulbo *m.* **2** (electric) lampadina *f.*

Bulgaria (bʌl'gɛəriə) *n* Bulgaria *f.* **Bulgarian** *adj,n* bulgaro. **Bulgarian** (language) *n* bulgaro *m.*

bulge (bʌldʒ) *n* gonfiore *m.* protuberanza *f. vi* gonfiare, gonfiarsi.

bulk (bʌlk) *n* massa *f.* volume *m.* **bulky** *adj* ingombrante, voluminoso.

bull (bul) *n* toro *m*. **bulldog** *n* mastino *m*. **bulldozer** *n* livellatrice *f*. **bullfight** *n* corrida *f*.
bullet ('bulit) *n* pallottola *f*. **bullet-proof** *adj* a prova di pallottola, corazzato.
bulletin ('bulətin) *n* bollettino *m*.
bully ('buli) *n* gradasso, prepotente *m* *vt* maltrattare, tiranneggiare
bump (bʌmp) *vt* battere, urtare *vi* sbattare *n* colpo, bernoccolo *m*. **bumper** *n* paraurti *m invar*. *adj inf* abbondante
bun (bʌn) *n* **1** *cul* focaccia *f* **2** crocchia *f*.
bunch (bʌntʃ) *n* fascio, mazzo, grappolo *m* *vt* riunire, raggruppare
bundle ('bʌndḷ) *n* fagotto, involto *m* *vt* fare un involto di.
bungalow ('bʌŋgəlou) *n* casa ad un piano *f*
bungle ('bʌŋgəl) *vt* guastare *n* lavoro malfatto *m*.
bunk (bʌŋk) *n* cuccetta *f*
bunker ('bʌŋkə) *n* **1** carbonile *m* **2** *sport* ostacolo *m*.
buoy (bɔi) *n* boa *f*. **buoyant** *adj* **1** galleggiante **2** allegro, esuberante.
burden ('bə dṇ) *n* fardello, carico, onere *m* *vt* caricare, opprimere
bureau ('bjuərou) *n*, *pl* **-eaus** *or* **-eaux** **1** ufficio *m*. **2** scrittoio *m*.
bureaucracy (bju'rɔkrəsi) *n* burocrazia *f* **bureaucrat** *n* burocrate *m*
burglar ('bə glə) *n* ladro, scassinatore *m*. **burglar alarm** *n* campanello antifurto *m*. **burglary** *n* furto con scasso *m* **burgle** *vt* svaligiare, scassinare
burn* (bə.n) *vt* bruciare, incendiare *vi* **1** bruciare, essere in fiamme **2** scottare *n* ustione, scottatura *f*.
burrow ('bʌrou) *n* tana *f*. *vi* fare una tana, nascondersi
burst* (bə st) *vt* far esplodere *vi* scoppiare *n* scoppio *m* esplosione *f*.
bury ('beri) *vt* seppellire, sotterrare **burial** *n* sepoltura *f*
bus (bʌs) *n* autobus *m invar* **bus-stop** *n* fermata dell'autobus *f*.
bush (buʃ) *n* **1** cespuglio *m*. **2** macchia *f* **bushy** *adj* folto, cespuglioso.
business ('biznis) *n* affari *m pl*. commercio *m* occupazione *f*. **business-like** *adj* pratico, sbrigativo **businessman** *n* uomo d'affari *m*.
bust[1] (bʌst) *n* busto *m*.
bust[2] (bʌst) *inf* *vt* far saltare *vi* andare in malora
bustle ('bʌsəl) *n* attività disordinata *f* trambusto *m*. *vi* muoversi, agitarsi
busy ('bizi) *adj* indaffarato, occupato
but (bət, *stressed* bʌt) *conj* ma *adv* solo, soltanto *prep* tranne, eccetto
butcher ('butʃə) *n* macellaio *m* *vt* massacrare, macellare **butcher's shop** *n* macelleria *f*.
butler ('bʌtlə) *n* maggiordomo *m*.
butt[1] (bʌt) *n* **1** mozzicone *m*. **2** (of a gun) calcio *m*.
butt[2] (bʌt) *n* (person or object) bersaglio *m* meta *f*.
butt[3] (bʌt) *n* cornata *f* *vt* dar cornate a, cozzare
butter ('bʌtə) *n* burro *m* **buttercup** *n* ranuncolo *m*. **butterfly** *n* farfalla *f*. **butterscotch** *n* tipo di caramella *m*
buttocks ('bʌtəks) *n pl* natiche *f pl*.
button ('bʌtṇ) *n* bottone *m* *vt* abbottonare **button up** abbottonarsi **buttonhole** *n* occhiello *m* *vt* inchiodare.
buttress ('bʌtrəs) *n* contrafforte *f*. sperone *m*.
buy* (bai) *vt* comprare, acquistare. *n* acquisto *m*. **buyer** *n* acquirente, compratore *m*.
buzz (bʌz) *n* **1** ronzio *m*. **2** *inf* telefonata *f* *vi* ronzare, mormorare.
by (bai) *prep* **1** da, di, a, per, in, con. **2** vicino a **3** entro, durante *adv* **1** vicino. **2** da parte **by the way** a proposito **by-election** *n* elezione straordinaria *f*. **bylaw** *n* legge locale *f*. regolamento *m*. **bypass** *n* circonvallazione *f*. *vt* girare intorno a.
Byzantine (bi'zæntain, bai-) *adj,n* bizantino

C

cab (kæb) *n* tassì *m invar* vettura pubblica *f*
cabaret ('kæbərei) *n* caffè concerto *m*.
cabbage ('kæbidʒ) *n* cavolo *m*.
cabin ('kæbin) *n* cabina *f*. capanna *f*. **cabin cruiser** *n* cabinato *m*.
cabinet ('kæbinət) *n* **1** armadietto *m*. **2** *pol* gabinetto *m*. **cabinet-maker** *n* ebanista *m*
cable ('keibəl) *n* **1** cavo *m*. **2** cablogramma *m* *vt* mandare un cablogramma a. **cable car** *n* funivia *f*.
cackle ('kækəl) *vi* schiamazzare, ridacchiare *n* **1** verso della gallina *m* **2** chiacchierio *m*.
cactus ('kæktəs) *n*, *pl* **-ti** *or* **-tuses** cactus *m*.
cadence ('keidṇs) *n* cadenza *f*.

cadet (kə'det) *n* cadetto *m*.
cafe ('kæfei) *n* caffè *m invar*. ristorante *m*.
cafeteria (kæfi'tiəriə) *n* bar-ristorante *m*.
caffeine ('kæfi:n) *n* caffeina *f*
cage (keidʒ) *n* gabbia *f*
cake (keik) *n* torta, focaccia *f* *vt* incrostare *vi* incrostarsi, indurirsi
calamity (kə'læməti) *n* calamità *f*.
calcium ('kælsiəm) *n* calcio *m*
calculate ('kælkjuleit) *vt* calcolare, valutare. **calculation** *n* calcolo *m*. **calculator** *n* calcolatore *m*. macchina calcolatrice *f*
calendar ('kælində) *n* calendario *m*
calf[1] (ka:f) *n*, *pl* **calves** *anat* polpaccio *m*.
calf[2] (ka:f) *n*, *pl* **calves** *zool* vitello *m*
calibre ('kælibə) *n* calibro *m*
call (kɔ:l) *vt* **1** chiamare **2** richiamare **3** svegliare. *vi* **1** gridare **2** fare scalo. **3** visitare **call on** visitare **call up 1** convocare **2** richiamare. ~*n* **1** chiamata *f* appello, grido *m*. **2** visita *f*. **3** vocazione *f* **callbox** *n* cabina telefonica *f*.
callous ('kæləs) *adj* calloso, insensibile, spietato.
calm (ka:m) *adj* calmo, sereno *n* calma, quiete *f*. *vt* calmare. **calm down** calmarsi.
calorie ('kæləri) *n* caloria *f*
Cambodia (kæm'boudiə) *n* Cambogia *f* **Cambodian** *adj*,*n* cambogiano
came (keim) *v* see **come**.
camel ('kæməl) *n* cammello *m*. **camelhair** *n* pelo di cammello *m*.
camera ('kæmrə) *n* macchina fotografica *f*. **cameraman** *n* operatore *m*
camouflage ('kæməfla:ʒ) *n* mimetizzazione *f* camuffamento *m*. *vt* **1** mascherare **2** *mil* mimetizzare.
camp[1] (kæmp) *n* accampamento, campo *m*. *vi* accampare, accamparsi **camp bed** *n* brandina *f* **camping** *n* campeggio *m* **camping site** *n* luogo per campeggio *m*
camp[2] (kæmp) *adj* effeminato
campaign (kæm'pein) *n* campagna *f* *vi* fare una campagna.
campus ('kæmpəs) *n* città universitaria *f*.
can[1] (kæn) *n* recipiente, bidone, barattolo *m*. *vt* mettere in scatola.
can*[2] (kæn) *v mod aux* **1** potere, essere in grado di. **2** sapere.
Canada ('kænədə) *n* Canadà *m* **Canadian** *adj*,*n* canadese.
canal (kə'næl) *n* canale *m*.
canary (kə'nɛəri) *n* canarino *m*.
Canary Islands *n pl* Isole Canarie *f pl*.
cancel ('kænsəl) *vt* annullare, cancellare, sopprimere. **cancellation** *n* cancellazione *f*. annullamento *m*
cancer ('kænsə) *n* **1** cancro *m*. **2** *cap* Capro *m*.
candid ('kændid) *adj* franco, sincero
candidate ('kændidət) *n* candidato *m*
candle ('kændl̩) *n* candela *f* **candlelight** *n* lume di candela *m*. **candlestick** *n* candelabro, candeliere *m*
candour ('kændə) *n* franchezza *f*
cane ('kein) *n* **1** canna *f*. **2** bastone da passeggio *m*. *vt* bastonare
canine ('keinain) *adj* canino
cannabis ('kænəbis) *n* ascisc *m*.
cannibal ('kænəbəl) *n* cannibale *m*.
cannon ('kænən) *n* cannone *m*.
cannot ('kænət) contraction of **can not**.
canoe (kə'nu:) *n* canoa *f*
canon[1] ('kænən) *n* canone *m* regola, disciplina *f*
canon[2] ('kænən) *n rel* canonico *m*. **canonize** *vt* canonizzare.
canopy ('kænəpi) *n* baldacchino *m*. volta *f*
canteen (kæn'ti:n) *n* mensa aziendale, cantina *f*
canter ('kæntə) *n* piccolo galoppo *m*. *vi* andare al piccolo galoppo.
canton ('kæntɔn) *n* cantone *m*.
canvas ('kænvəs) *n* canovaccio *m*. tela, vela *f*
canvass ('kænvəs) *vt* sollecitare
canyon ('kænjən) *n* burrone *m*
cap (kæp) *n* **1** berretto *m* cuffia *f*. **2** *tech* cappuccio *m*
capable ('keipəbəl) *adj* capace, abile.
capacity (kə'pæsiti) *n* **1** capacità, abilità *f*. **2** *tech* potenza *f*
cape[1] (keip) *n* cappa, mantellina *f*
cape[2] (keip) *n geog* capo, promontorio *m*.
caper ('keipə) *n* cappero *m*.
capital ('kæpitl̩) *n* **1** *geog* capitale *f*. **2** *comm* capitale *m*. **3** (letter) maiuscola *f* *adj* **1** capitale, eccellente. **2** maiuscolo. **capitalism** *n* capitalismo *m*. **capitalist** *n* capitalista *m*, *f* **capitalize** *vt* capitalizzare.
capricious (kə'priʃəs) *adj* capriccioso, volubile.
Capricorn ('kæprikɔ:n) *n* Capricorno *m*.
capsicum ('kæpsikəm) *n* peperone, pimento *m*
capsize ('kæpsaiz) *vi* capovolgersi. *vt* rovesciare
capsule ('kæpsju:l) *n* capsula *f*

captain (ˈkæptin) *n* capitano, comandante *m.*
caption (ˈkæpʃən) *n* **1** intestazione *f.* **2** (cinema) didascalia *f*
captivate (ˈkæptiveit) *vt* attrarre, sedurre.
captive (ˈkæptiv) *adj,n* prigioniero, schiavo *m.*
capture (ˈkæptʃə) *vt* catturare, far prigioniero. *n* cattura *f.* arresto *m.*
car (kɑː) *n* **1** automobile, macchina *f.* **2** (railway) carro *m.* **car park** *n* posteggio *m.*
caramel (ˈkærəməl) *n* caramella *f.*
carat (ˈkærət) *n* carato *m*
caravan (ˈkærəvæn) *n* carovana *f.*
caraway (ˈkærəwei) *n* cumino *m.*
carbohydrate (kɑːbouˈhaidreit) *n* carboidrato *m.*
carbon (ˈkɑːbən) *n* **1** *sci* carbonio *m.* **2** *tech* carbone *m.* **carbon paper** *n* carta carbone *f.* **carbon dioxide** *n* anidride carbonica *f.*
carburettor (kɑːbjuˈretə) *n* carburatore *m.*
carcass (ˈkɑːkəs) *n* carcassa *f*
card (kɑːd) *n* carta *f* **cardboard** *n* cartone *m.*
cardigan (ˈkɑːdigən) *n* giacchetta di lana *f*
cardinal (ˈkɑːdinl̩) *adj* cardinale, principale. *n* cardinale *m*
care (kɛə) *n* **1** ansietà *f* **2** cura, premura, sollecitudine *f.* **3** custodia *f.* **care of** presso. ~*vi* curarsi, preoccuparsi. **care for 1** voler bene a. **2** curare. **carefree** *adj* spensierato. **careful** *adj* attento, accurato **careless** *adj* trascurato, negligente. **caretaker** *n* custode, guardiano *m.*
career (kəˈriə) *n* carriera *f.*
caress (kəˈres) *n* carezza *f* *vt* accarezzare.
cargo (ˈkɑːgou) *n, pl* **-goes** carico *m.*
Caribbean (kæriˈbiən) *adj* dei caraibi **Caribbean (Sea)** *n* Mare dei Caraibi *m.*
caricature (ˈkærikətjuə) *n* caricatura *f.* *vt* far la caricatura di.
carnal (ˈkɑːnl̩) *adj* carnale, sensuale
carnation (kɑːˈneiʃən) *n* garofano *m.*
carnival (ˈkɑːnivəl) *n* carnevale *m.*
carnivorous (kɑːˈnivərəs) *adj* carnivoro
carol (ˈkærəl) *n* canto, inno natalizio *m.*
carpenter (ˈkɑːpintə) *n* carpentiere, falegname *m.*
carpet (ˈkɑːpit) *n* tappeto *m.*
carriage (ˈkæridʒ) *n* **1** carro *m.* vettura *f.* **2** (railway) vagone *m.* **3** trasporto *m.* **4** portamento *m.* **carriageway** *n* strada rotabile *f.*
carrier (ˈkæriə) *n* trasportatore *m.* **carrier bag** *n* sacchetto di carta *m.*
carrot (ˈkærət) *n* carota *f.*
carry (ˈkæri) *vt,vi* portare. **carry away** trasportare **carry on** proseguire. **carry out** effetuare. **carrycot** *n* culla portabile *f*
cart (kɑːt) *n* carro, calesse *m.* **carthorse** *n* cavallo da traino *m* **cartwheel** *n* ruota di carro *f*
cartilage (ˈkɑːtilidʒ) *n* cartilagine *f.*
carton (ˈkɑːtn̩) *n* **1** scatola di cartone *f.* **2** (of cigarettes) stecca *f*
cartoon (kɑːˈtuːn) *n* cartone *m.* **cartoonist** *n* disegnatore, vignettista *m.*
cartridge (ˈkɑːtridʒ) *n* cartuccia *f*
carve (kɑːv) *vt* **1** *Art* intagliare, incidere. **2** tagliare **carving** *n* intaglio *m.* **carving-knife** *n* trinciante *m*
cascade (kæˈskeid) *n* cascata *f.*
case[1] (keis) *n* **1** caso, avvenimento *m.* **2** *law* causa *f.* processo *m*
case[2] (keis) *n* **1** scatola, custodia *f.* **2** (for glasses, etc.) astuddio *m.*
cash (kæʃ) *n* cassa *f* denaro *m* contanti *m pl.* *vt* incassare, riscuotere **cash desk** *n* cassa *f.*
cashier[1] (kæˈʃiə) *n* cassiere *m.*
cashier[2] (kæˈʃiə) *vt* destituire.
cashmere (kæʃˈmiə) *n* cachemire *m.*
casino (kəˈsiːnou) *n* casinò *m*
casket (ˈkɑːskit) *n* cofanetto, scrigno *m.*
casserole (ˈkæsəroul) *n* teglia, casseruola *f*
cassette (kəˈset) *n* cassetta *f*
cassock (ˈkæsək) *n* tonaca, veste *f.*
cast* (kɑːst) *vt* **1** gettare, lanciare. **2** reluctare **3** fondere. *n* **1** lancio, getto, stampo *m.* **2** *Th* complesso *m*
castanets (kæstəˈnets) *n pl* nacchere *f pl.*
caste (kɑːst) *n* casta *f*
castle (ˈkɑːsəl) *n* castello *m.*
castrate (kæˈstreit) *vt* castrare.
casual (ˈkæʒuəl) *adj* **1** accidentale, casuale, fortuito. **2** sportivo, semplice. **casualty** *n* **1** vittima *m* **2** incidente, sinistro *m.*
cat (kæt) *n* gatto *m.* **cat's eye** *n* *mot* catarifrangente *m*
catalogue (ˈkætəlɔg) *n* catalogo *m.* *vt* catalogare
catamaran (kætəməˈræn) *n* catamarano *m.*
catapult (ˈkætəpʌlt) *n* catapulta, fionda *f.*
cataract (ˈkætərækt) *n* cateratta *f.*
catarrh (kəˈtɑː) *n* catarro *m.*
catastrophe (kəˈtæstrəfi) *n* catastrofe *f.*
catch* (kætʃ) *vt* **1** prendere, afferrare. **2** sorprendere. *vi* attaccarsi. *n* **1** cattura, preda *f.* **2** trucco *m.*

catechism ('kætikizəm) *n* catechismo *m*.

category ('kætigəri) *n* categoria *f*. **categorical** *adj* categorico. **categorize** *vt* classificare, giudicare.

cater ('keitə) *vi* provvedere cibo. **cater for** provvedere. **caterer** *n* fornitore, negoziante *m*.

caterpillar ('kætəpilə) *n* bruco *m*.

cathedral (kə'θi:drəl) *n* cattedrale *f*.

cathode ('kæθoud) *n* catodo *m*.

Catholic ('kæθlik) *adj,n* cattolico **Catholicism** *n* cattolicesimo *m*.

catkin ('kætkin) *n* amento *m*.

cattle ('kætl̩) *n pl* bestiame *m*.

caught (kɔ:t) *v see* **catch**.

cauliflower ('kɔliflauə) *n* cavolfiore *m*.

cause (kɔ:z) *n* ragione, causa *f*. motivo *m*. *vt* causare, provocare.

causeway ('kɔ:zwei) *n* strada rialzata *f*.

caustic ('kɔ:stik) *adj* caustico, mordente.

caution ('kɔ:ʃən) *n* **1** cautela, prudenza *f*. **2** avvertimento *m*. *vt* ammonire, mettere in guardia.

cavalry ('kævəlri) *n* cavalleria *f*.

cave (keiv) *n* caverna, tana *f*.

caviar ('kævia:) *n* caviale *m*.

cavity ('kæviti) *n* cavità *f*.

cayenne (kei'en) *n* pepe di Caienna *m*.

cease (si:s) *vt,vi* cessare, finire. **cease-fire** *n* cessato il fuoco *m*. tregua *f*. **ceaseless** *adj* incessante.

cedar ('si:də) *n* cedro *m*.

ceiling ('si:liŋ) *n* soffitto *m*.

celebrate ('seləbreit) *vt* celebrare, onorare. *vi* far festa. **celebration** *n* celebrazione *f*.

celebrity (si'lebriti) *n* celebrità *f*

celery ('seləri) *n* sedano *m*.

celestial (si'lestiəl) *adj* celestiale.

celibate ('selibət) *adj,n* celibe *m*.

cell (sel) *n* **1** cella *f*. **2** *sci* cellula *f*.

cellar ('selə) *n* cantina *f*. sottosuolo *m*.

cello ('tʃelou) *n* violoncello *m*.

Cellophane ('seləfein) *n Tdmk* Cellophane *m*.

Celt (kelt) *n* Celta *m*. **Celtic** *adj* celtico.

cement (si'ment) *n* cemento *m*. *vt* cementare.

cemetery ('semətri) *n* cimitero *m*.

censor ('sensə) *n* censore *m*. *vt* censurare. **censorship** *n* censura *f*.

censure ('senʃə) *n* censura, critica *f*. *vt* criticare, biasimare.

census ('sensəs) *n* censimento *m*.

cent (sent) *n* **1** centesimo *m*. **2** soldo *m*.

centenary (sen'ti:nəri) *adj,n* centenario *m*.

centigrade ('sentigreid) *adj* centigrado.

centimetre ('sentimi:tə) *n* centimetro *m*.

centipede ('sentipi:d) *n* millepiedi *m invar*.

centre ('sentə) *n* centro *m*. *vt* centrare, concentrare. *vi* concentrarsi. **centre-forward** *n* centravanti *m*. **centre-half** *n* centromediano *m*. **central** *adj* centrale. **central heating** *n* riscaldamento centrale *m*. **centralize** *vt* centralizzare. **centralization** *n* centralizzazione *f*.

century ('sentʃəri) *n* secolo *m*.

ceramic (si'ræmik) *adj* di ceramica. **ceramics** *n* ceramica *f*.

cereal ('siəriəl) *n* cereale *m*.

ceremony ('serəməni) *n* cerimonia *f*. **stand on ceremony** far complimenti. **ceremonial** *adj* da cerimonia. *n* cerimonia *f*. **ceremonious** *adj* cerimonioso.

certain ('sə:tn̩) *adj* certo, sicuro. **certainty** *n* certezza *f*.

certify ('sə:tifai) *vt* attestare, certificare. **certificate** *n* certificato *m*.

Ceylon (si'lɔn) *n* Ceylon *m*. **Ceylonese** *adj,n* cingalese.

chaffinch ('tʃæfintʃ) *n* fringuello *m*.

chain (tʃein) *n* catena *f*. *vt* incatenare. **chain-smoke** *vi* fumare ininterrottamente. **chain-reaction** *n* reazione a catena *f*. **chain-store** *n* negozio a catena *m*.

chair (tʃɛə) *n* **1** sedia *f*. seggio *m*. **2** *educ* cattedra *f*. **chair lift** *n* seggiovia *f*. **chairman** *n* presidente *m*.

chalet ('ʃælei) *n* chalet *m*.

chalk (tʃɔ:k) *n* gesso *m*.

challenge ('tʃæləndʒ) *n* sfida, provocazione *f*. *vt* sfidare, provocare. **challenging** *adj* stimolante.

chamber ('tʃeimbə) *n* camera, sala *f*. **chambermaid** *n* cameriera *f*. **chamber music** *n* musica da camera *f*.

chamberlain ('tʃeimbəlin) *n* ciambellano *m*.

chameleon (kə'mi:liən) *n* camaleonte *m*.

chamois ('ʃæmi) *n invar* pelle di camoscio *f*.

champagne (ʃæm'pein) *n* sciampagna *m*.

champion ('tʃæmpiən) *n* campione *m*. *vt* difendere, sostenere. **championship** *n* campionato *m*.

chance (tʃa:ns) *n* fortuna *f*. caso *m*. **by chance** per caso. ~*vt* arrischiare. *vi* accadere. *adj* fortuito, casuale.

chancellor ('tʃa:nsələ) *n* cancelliere *m*.

chandelier (ʃændə'liə) *n* lampadario *m*.

change (tʃeindʒ) *vt* cambiare. *vi* mutarsi. *n* **1** cambio *m.* alterazione *f.* **2** (of money) moneta **changeable** *adj* mutevole.

channel (ˈtʃænl) *n* canale *m* *vt* incanalare.

Channel Islands *n pl* Isole Normanne *f pl*

chant (tʃɑ:nt) *n* canto monotono *m.* cantilena *f.* *vi* cantare, salmodiare.

chaos (ˈkeiɔs) *n* caos *m.*

chap[1] (tʃæp) *vt* screpolare. *vi* screpolarsi. *n* screpolatura *f.*

chap[2] (tʃæp) *n inf* tipo, individuo, ragazzo *m.*

chapel (ˈtʃæpəl) *n* cappella *f.*

chaperon (ˈʃæpəroun) *n* compagna *f* *vt* accompagnare.

chaplain (ˈtʃæplin) *n* cappellano *m*

chapter (ˈtʃæptə) *n* capitolo *m.*

char[1] (tʃɑ:) *vt* carbonizzare. *vi* carbonizzarsi.

char[2] (tʃɑ:) *n inf* domestica a ore *f.* *vi* lavorare a giornata.

character (ˈkæriktə) *n* **1** carattere *m.* indole *f* **2** personalità *f* **3** personaggio *m.* **characteristic** *adj* caratteristico. *n* caratteristica *f*

charcoal (ˈtʃɑ:koul) *n* carbonella *f*

charge (tʃɑ:dʒ) *vt* **1** far pagare. **2** incaricare **3** caricare. *n* **1** spesa *f.* costo *m.* **2** incarico *m.* sorveglianza *f.* **3** accusa *f* **4** *mil* carica *f.*

chariot (ˈtʃæriət) *n* cocchio *m*

charisma (kəˈrizmə) *n* carisma *m.*

charity (ˈtʃæriti) *n* carità, elemosina *f.* **charitable** *adj* caritatevole.

charm (tʃɑ:m) *n* **1** fascino *m.* **2** incantesimo *m.* **3** amuleto *m.* *vt* affascinare, incantare, stregare. **charming** *adj* attraente, grazioso.

chart (tʃɑ:t) *n* **1** carta nautica *f.* **2** grafico *m.* **3** cartella clinica *f.* *vt* fare la carta idrografica di, tracciare.

charter (ˈtʃɑ:tə) *n* carta *f.* documento *m* **charter flight** *n* volo speciale *or* charter *m.* ~*vt* **1** noleggiare **2** concedere statuto

chase (tʃeis) *vt* cacciare, inseguire, rincorrere *n* caccia *f.* inseguimento *m.*

chasm (ˈkæzəm) *n* abisso *m*

chassis (ˈʃæsi) *n invar* telaio *m.*

chaste (tʃeist) *adj* casto, virtuoso, severo.

chastise (tʃæˈstaiz) *vt* castigare, punire. **chastisement** *n* castigo *m* punizione *f.*

chat (tʃæt) *n* chiaccherata *f* *vi* chiaccherare **chatty** *adj* chiaccherone, ciarliero.

chatter (ˈtʃætə) *n* chiacchiera *f.* **chatterbox** *n* chiacchierone *m.* *vi* **1** chiacchierare **2** battere i denti.

chauffeur (ˈʃoufə) *n* autista *m.*

chauvinism (ˈʃouvinizəm) *n* sciovinismo *m.* **chauvinist** *n* sciovinista *m*

cheap (tʃi:p) *adj* **1** a buon mercato **2** di scarso valore, spregevole

cheat (tʃi:t) *n* **1** inganno *m.* **2** (person) imbroglione *m* *vt,vi* ingannare, truffare

check (tʃek) *n* **1** arresto, impedimento *m.* **2** controllo *m* **3** (on material) quadretto *m.* **4** *game* scacco *m.* *vt* **1** controllare. **2** fermare. **3** tenere in scacco **checkmate** *n* scacco matto *m.* *vt* dar scacco matto a. **checkpoint** *n* punto di controllo *m.* **check up** *n* **1** revisione *f* **2** visita medica *f*

cheek (tʃi·k) *n* **1** guancia, gota *f.* **2** *inf* sfrontatezza *f* **cheekbone** *n* zigomo *m.* **cheeky** *adj* insolente.

cheer (tʃiə) *n* applauso *m.* *vt* rallegrare, incoraggiare *vi* applaudire **cheer up** rallegrarsi. **cheerful** *adj* allegro.

cheese (tʃi:z) *n* formaggio *m.* **cheesecake** *n* torta di formaggio *f*

cheetah (ˈtʃi:tə) *n* ghepardo *m.*

chef (ʃef) *n* capocuoco *m.*

chemical (ˈkemikəl) *adj* chimico. *n* prodotto chimico *m*

chemist (ˈkemist) *n* **1** chimico *m.* **2** *med* farmacista *m* **chemist's shop** *n* farmacia *f.*

chemistry (ˈkemistri) *n* chimica *f.*

cheque (tʃek) *n* assegno *m.* **chequebook** *n* libretto degli assegni *m.* **cheque card** *n* carta bancaria *f*

cherish (ˈtʃeriʃ) *vt* **1** tener caro, amare. **2** nutrire

cherry (ˈtʃeri) *n* ciliegia *f* **cherry tree** *n* ciliegio *m*

cherub (ˈtʃerəb) *n* cherubino *m.*

chess (tʃes) *n* scacchi *m pl.* **chessboard** *n* scacchiera *f* **chessman** *n* pezzo degli scacchi *m*

chest (tʃest) *n* **1** *anat* petto, torace *m.* **2** cassa *f* **chest of drawers** *n* cassettone *m.*

chestnut (ˈtʃesnʌt) *n* castagna *f.* **chestnut tree** *n* castagno *m.*

chew (tʃu·) *vt,vi* masticare. **chew over** meditare. **chewing gum** *n* gomma da masticare *f*

chick (tʃik) *n* pulcino *m.*

chicken (ˈtʃikən) *n* pollo, pollastro *m.* **chickenpox** *n* varicella *f.*

chicory (ˈtʃikəri) *n* cicoria *f.*

chief (tʃi:f) *adj* principale. *n* capo, comandante *m.*

chilblain ('tʃilblein) *n* gelone *m*.

child (tʃaild) *n*, *pl* **children** **1** bambino *m*. **2** figlio *m*. **childbirth** *n* parto *m*. **childhood** *n* infanzia *f*. **childish** *adj* puerile, infantile. **childlike** *adj* da bambino, infantile.

chill (tʃil) *n* **1** *med* raffredore *m*. **2** brivido *m*. *vt* raffreddare. *adj* freddo. **chilly** *adj* **1** freddoloso, frescolino **2** senza cordialità.

chilli ('tʃili) *n* pepe di Caienna *m*.

chime (tʃaim) *n* scampanio *m*. *vi* risuonare, scampanare. *vt* suonare, battere.

chimney ('tʃimni) *n* camino, fumaiolo *m*. **chimneypot** *n* comignolo *m*. **chimneysweep** *n* spazzacamino *m*.

chimpanzee (ʃimpæn'zi:) *n* scimpanzè *m*.

chin (tʃin) *n* mento *m*

china ('tʃainə) porcellana *f*.

China ('tʃainə *n* Cina *f*. **Chinese** *adj,n* cinese. **Chinese** language) *n* cinese *m*.

chink[1] (tʃiŋ) *n* fessura, crepa *f*

chink[2] (tʃiŋk) *vt* far tintinnare. *vi* tintinnare. *n* tintinnio *m*

chip (tʃip) *n* **1** frammento *m*. scheggia *f*. **2** *cul* patatina frit *f*. *vt* rompere. *vi* scheggiarsi.

chiropody (- rɔpədi) *n* arte del pedicure *f*. **chiropodist** *n* chiropodista *m*.

chirp (tʃə p) *n* cinguettio, canto *m*. *vi* cinguettare, pigolar

chisel ('tʃizəl *n* scalpello, cesello *m*. *vt* cesellare, scalpellare

chivalry (ʃivəlri) *n* galanteria *f*.

chives (tʃaivz *n* erba cipollina *f*.

chlorine (klɔ ri:n) *n* cloro *m*.

chlorophyll (klɔrəfil *n* clorofilla *f*.

chocolate (tʃɔklit) *n* **1** cioccolato *m*. cioccolata *f*. **2** (sweet) cioccolatino *m*. *adj* di cioccolato.

choice (tʃɔis *n* scelta *f* assortimento *m*. *adj* scelto, di prima qualità.

choir (kwaiə) *n* coro *m* **choirboy** *n* ragazzo cantore *m*. **choirmaster** *n* maestro di cappella *m*

choke (tʃouk *vt* soffocare, asfissiare. *vi* soffocarsi, ostruirsi.

cholera (kɔlərə) *n* colera *m*.

choose* (tʃu z) *vt vi* scegliere.

chop[1] (tʃɔp) *vt* tagliare, spaccare. *n* **1** colpo *m*. **2** *cul* braciola *f*. **chopper** *n* accetta *f*

chop[2] (tʃɔp) *vi* mutare.

chopsticks (tʃɔpstiks) *n pl* bastoncini *m pl*.

chord (kɔ.d *n* **1** corda *f*. **2** *mus* accordo *m*.

chore (tʃɔ.) *n* **1** lavoro *m*. **2** *pl* lavori in casa

choreography (kɔri'ɔgrəfi) *n* coreografia *f* **choreographer** *n* coreografo *m*.

chorus ('kɔ:rəs) *n* coro *m*. **choral** *adj* corale.

chose (tʃouz) *v* see **choose**.

chosen ('tʃouzən) *v* see **choose**.

Christ (kraist) *n* Cristo *m*

christen ('krisən) *vt* battezzare. **christening** *n* battesimo *m*.

Christian ('kristʃən) *adj,n* cristiano. **Christian name** *n* nome di battesimo *m*. **Christianity** *n* cristianesimo *m*.

Christmas ('krisməs) *n* Natale *m*. **Christmas tree** *n* albero di Natale *m*.

chromatic (krə'mætik) *adj* cromatico.

chrome (kroum) *n* cromo *m*.

chromium ('kroumiəm) *n* cromo *m*.

chromosome ('krouməsoum) *n* cromosomo *m*.

chronic ('krɔnik) *adj* cronico.

chronicle ('krɔnikəl) *n* cronaca *f*. *vt* narrare.

chronological (krɔnə'lɔdʒikəl) *adj* cronologico.

chrysalis ('krisəlis) *n* crisalide *f*.

chrysanthemum (kri'zænθiməm) *n* crisantemo *m*

chubby ('tʃʌbi) *adj* paffuto, pienotto.

chuck (tʃʌk) *vt* lanciare. **chuck out** scacciare.

chuckle ('tʃʌkəl) *n* riso soffocato *m*. *vi* ridacchiare

chunk (tʃʌŋk) *n* grosso pezzo *m*.

church (tʃə:tʃ) *n* chiesa *f*. **churchyard** *n* cimitero *m*

churn (tʃə:n) *n* zangola *f*.

chute (ʃu:t) *n* **1** cascata d'acqua *f*. **2** scivolo *m*.

chutney ('tʃʌtni) *n* salsa indiana *f*.

cicada (si'kɑ:də) *n* cicala *f*.

cider ('saidə) *n* sidro *m*.

cigar (si'gɑ:) *n* sigaro *m*. **cigarette** *n* sigaretta *f* **cigarette lighter** *n* accendino *m*.

cinder ('sində) **1** brace *f* tizzone *m*. **2** *pl* cenere *f*

cinecamera ('sinikæmrə) *n* macchina da presa *f*

cinema ('sinəmə) *n* cinema *m*.

cinnamon ('sinəmən) *n* cannella *f*.

circle ('sə:kəl) *n* **1** cerchio, circolo *m*. **2** *Th* galleria. **3** gruppo *m*. *vt* circondare, aggirare. *vi* volteggiare. **circular** *adj* circolare. **circulation** *n* **1** circolazione *f*. **2** tiratura *f*. **circulate** *vi* circolare. *vt* mettere in circolazione.

circuit ('sə:kit) *n* circuito, giro *m*.

circumcise ('səkəmsaiz) *vt* circoncidere. **circumcision** *n* circoncisione *f*.

circumference (sə'kʌmfərəns) *n* circonferenza *f*.

circumscribe ('sə:kəmskraib) *vt* circoscrivere.

circumstance ('sə:kəmstæns) *n* circostanza, condizione *f*.

circus ('sə:kəs) *n* circo *m*.

cistern ('sistən) *n* cisterna *f*. serbatoio *m*.

cite (sait) *vt* citare.

citizen ('sitizən) *n* cittadino *m*. **citizenship** *n* cittadinanza *f*.

citrus ('sitrəs) *n* agrume *m*. **citrus fruits** agrumi *m pl*.

city ('siti) *n* città *f*.

civic ('sivik) *adj* civico.

civil ('sivəl) *adj* **1** civile. **2** cortese, educato. **civil engineering** *n* ingegneria civile *f*. **civil servant** *n* funzionario dello stato *m*. **civil service** *n* amministrazione statale *f*. **civil war** *n* guerra civile *f*.

civilian (si'viliən) *adj,n* borghese *m*.

civilization (sivilai'zeiʃən) *n* civiltà, civilizzazione *f*. **civilize** *vt* incivilire, civilizzare. **civilized** *adj* civile, civilizzato.

clad (klæd) *adj* vestito, rivestito.

claim (kleim) *n* **1** richiesta, pretesa, rivendicazione *f*. **2** diritto *m*. *vt* **1** chiedere, reclamare, rivendicare. **2** asserire.

clam (klæm) *n* mollusco *m*.

clamber ('klæmbə) *vi* arrampicarsi.

clammy ('klæmi) *adj* vischioso, viscido.

clamour ('klæmə) *n* clamore, schiamazzo *m*. *vi* gridare a gran voce, richiedere rumorosamente. **clamour for** strepitare per.

clamp (klæmp) *n* morsa, tenaglia *f*. *vt* stringere, incastrare.

clan (klæn) *n* tribù *f*.

clandestine (klæn'destin) *adj* clandestino.

clang (klæŋ) *vt* far risuonare. *vi* risuonare. *n* suono metallico *m*.

clank (klæŋk) *vt,vi* risuonare. *n* rumore metallico *m*.

clap (klæp) *n* **1** colpo, scoppio *m*. **2** battimano *m*. *vt,vi* applaudire. *vt* battere.

claret ('klærət) *n* chiaretto *m*.

clarify ('klærifai) *vt* chiarificare. *vi* chiarificarsi. **clarity** *n* **1** chiarezza *f*. **2** lucidità di mente *f*.

clarinet (klæri'net) *n* clarinetto *m*.

clash (klæʃ) *n* urto, conflitto *m*. *vi* **1** urtare, urtarsi. **2** (of colours) stonare. *vt* far cozzare.

clasp (klɑ:sp) *vt* abbracciare, stringere, afferrare. *n* **1** fermaglio *m*. **2** abbraccio *m*. presa *f*.

class (klɑ:s) *n* **1** classe, categoria *f*. **2** lezione *f*. *vt* classificare. **classroom** *n* aula *f*. **classify** *vt* classificare.

classic ('klæsik) *adj,n* classico *m*. **classical** *adj* classico.

clatter ('klætə) *vi* far fracasso. *vt* far risuonare *n* fracasso, schiamazzo *m*.

clause (klɔ:z) *n* **1** clausola *f*. **2** *gram* proposizione *f*.

claustrophobia (klɔstrə'foubiə) *n* claustrofobia *f*.

claw (klɔ:) *n* **1** artiglio *m*. **2** grinfia, chela *f*. *vt* artigliare, graffiare.

clay (klei) *n* argilla, creta *f*.

clean (kli:n) *adj* pulito, netto. *vt* pulire, purificare.

cleanse (klenz) *vt* pulire, depurare. **cleanser** *n* detersivo *m*.

clear (kliə) *adj* **1** chiaro, evidente. **2** libero. **3** limpido. *vt* **1** chiarire, schiarire. **2** assolvere. *vi* schiarirsi. **clear away 1** portar via. **2** dissiparsi. **clear off** andarsene. **clear up 1** rassettare. **2** rasserenarsi. **clearance** *n* **1** chiarificazione *f*. **2** sgombero *m*. **3** *comm* liquidazione *f*. **clearing** *n* **1** schiarimento *m*. **2** radura *f*.

clef (klef) *n* chiave *f*.

clench (klentʃ) *vt* stringere, serrarsi.

clergy ('klə:dʒi) *n* clero *m*. **clergyman** *n* ecclesiastico, pastore evangelico *m*.

clerical ('klerikəl) *adj* **1** clericale. **2** impiegatizio.

clerk (klɑ:k) *n* impiegato, commesso *m*.

clever ('klevə) *adj* intelligente, abile, ingegnoso.

cliché ('kliʃei) *n* luogo comune *m*.

click (klik) *n* suono secco, schiocco *m*. *vt* fare schioccare. *vi* produrre un suono breve e secco.

client ('klaiənt) *n* cliente *m,f*. **clientele** *n* clientela *f*.

cliff (klif) *n* scogliera, rupe *f*.

climate ('klaimit) *n* clima *m*.

climax ('klaimæks) *n* apice, punto culminante *m*.

climb (klaim) *vt* salire, scalare *vi* arrampicarsi. *n* ascesa *f*.

cling* (kliŋ) *vi* aggrapparsi, aderire, attaccarsi.

clinic ('klinik) *n* clinica *f*. **clinical** *adj* clinico.

clip¹ (klip) *vt* tosare, tagliare. *n* tosatura *f*. taglio *m*.

clip² (klip) *n* molletta *f*. fermaglio *m*.

clitoris ('klitəris) *n* clitoride *m*.

cloak (klouk) *n* **1** mantello *m*. **2** pretesto *m*. **cloakroom** *n* guardaroba *m*.

clock (klɔk) *n* orologio *m.* pendola *f.* **clock-tower** *n* campanile *m* **clockwise** *adj,adv* in senso orario. **clockwork** *n* meccanismo d'orologeria *m.*

clog (klɔg) *n* **1** (shoe) zoccolo *m.* **2** impedimento *m. vt* impedire, impacciare, intasare.

cloister ('klɔistə) *n* convento, monastero *m.*

close *vt,vi* (klouz) **1** chiudere. **2** terminare, finire. **close down** chiudere. *adj* (klous) **1** chiuso. **2** stretto. **3** intimo. **4** pesante. *adv* (klous) vicino, presso. *n* **1** (klouz) fine, conclusione *f* **2** (klous) recinto, spazio, cintato *m.* **closeness** *n* **1** prossimità *f.* **2** afa *f.*

closet ('klɔzit) *n* gabinetto *m. vt* chiudere, rinchiudere.

clot (klɔt) *n* grumo, coagulo *m. vi* raggrumare, coagularsi.

cloth (klɔθ) *n* **1** stoffa, tela *f.* panno *m.* **2** tovaglia *f.*

clothe (klouð) *vt* vestire, abbigliare. **clothes** *n pl* indumenti, vestiti *m pl.* **clothes brush** *n* spazzola per vestiti *f.* **clothes line** *n* corda per stendere il bucato *f.* **clothes peg** *n* molletta per biancheria *f.* **clothing** *n invar* vestiario *m.* abiti *m pl.*

cloud (klaud) *n* nuvola *f.* **cloudburst** *n* raffica di pioggia *f.* **cloudy** *adj* **1** nuvoloso. **2** oscuro.

clove[1] (klouv) *n* chiodo di garofano *m.*

clove[2] (klouv) *n* (of garlic) spicchio *m.*

clover ('klouvə) *n* trifoglio *m.*

clown (klaun) *n* pagliaccio, buffone *m.*

club (klʌb) *n* **1** bastone *m.* **2** circolo *m.* associazione *f.* **3** *game* fiore *m. v* **club together** riunirsi.

clue (klu) *n* indizio *m.* traccia *f.*

clump (klʌmp) *n* gruppo, cespo *m.*

clumsy ('klʌmzi) *adj* goffo, maldestro.

clung (klʌŋ) *v* see **cling.**

cluster ('klʌstə) *n* **1** grappolo *m.* **2** gruppo, sciame *m.*

clutch (klʌtʃ) *n* **1** stretta, presa *f.* **2** *mot* frizione *f vt* afferrare, aggrapparsi a.

clutter ('klʌtə) *n* trambusto *m.* confusione *f. vt* scompigliare.

coach (koutʃ) *n* **1** *mot* corriera *f.* pullman *m.* **2** istruttore, allenatore *m. vt* allenare.

coal (koul) *n* carbone *m.* **coalmine** *n* miniera di carbone *f*

coalition (kouə'liʃən) *n* coalizione *f.*

coarse (kɔ:s) *adj* **1** grezzo. **2** ruvido, volgare, grossolano.

coast (koust) *n* costa *f.* litorale *m.* **coastguard** *n* guardia costiera *f.* **coastline** *n* costa litorale *m.*

coat (kout) *n* **1** cappotto, soprabito *m.* **2** (of an animal) pelliccia *f.* **3** rivestimento, strato *m. vt* spalmare, rivestire. **coat-hanger** *n* attaccapanni *m invar.* stampella *f.* **coat of arms** *n* insegna nobiliare *f.*

coax (kouks) *vt* persuadere.

cobble ('kɔbəl) *n* ciottolo *m.* **cobblestone** *n* ciottolo *m.*

cobbler ('kɔblə) *n* calzolaio *m.*

cobra ('koubrə) *n* cobra *m.*

cobweb ('kɔbweb) *n* ragnatela *f.*

cock[1] (kɔk) *n* **1** gallo *m.* **2** maschio di uccelli *m.*

cock[2] (kɔk) *vt* **1** drizzare. **2** (a gun) armare.

cockle ('kɔkəl) *n* **1** *zool* cardio *m.* **2** *bot* loglio *m.*

cockpit ('kɔkpit) *n* **1** *aviat* carlinga *f.* **2** *naut* castello di poppa *m.*

cockroach ('kɔkroutʃ) *n* scarafaggio *m.*

cocktail ('kɔkteil) *n* cocktail *m.*

cocky ('kɔki) *adj* arrogante.

cocoa ('koukou) *n* cacao *m.*

coconut ('koukənʌt) *n* noce di cocco *f.*

cocoon (kə'ku:n) *n* bozzolo *m.*

cod (kɔd) *n* merluzzo *m.*

code (koud) *n* codice, cifrario *m. vt* codificare, cifrare.

codeine ('koudi:n) *n* codeina *f.*

co-education (kouedju'keiʃən) *n* istruzione in scuola mista *f.*

coerce (kou'ə:s) *vt* costringere.

coexist (kouig'zist) *vi* coesistere.

coffee ('kɔfi) *n* caffè *m invar.* **coffee bar** *n* caffè *f.* **coffee bean** *n* chicco di caffè *m.* **coffee table** *n* tavolo da caffè *m.*

coffin ('kɔfin) *n* bara *f.*

cog (kɔg) *n* dente *m.*

cognac ('kɔnjæk) *n* cognac *m.*

cohabit (kou'hæbit) *vi* coabitare.

cohere (kou'hiə) *vi* aderire. **coherence** *n* coerenza *f.* **coherent** *adj* coerente.

coil (kɔil) *n* **1** matassa *f.* rotolo *m.* **2** (of a snake) spira *f.* **3** *tech* bobina *f. vt* avvolgere.

coin (kɔin) *n* moneta *f. vt* **1** coniare. **2** inventare.

coincide (kouin'said) *vi* coincidere. **coincidence** *n* coincidenza *f.*

colander ('kʌləndə) *n* colino *m.*

cold (kould) *adj* freddo. **be cold 1** (of a person) aver freddo. **2** (of the weather) fare freddo. ~*n* **1** freddo *m.* **2** *med* raffreddore *m.* **catch a cold** prendersi un raffreddore.

collaborate (kəˈlæbəreit) *vi* collaborare.
collapse (kəˈlæps) *n* crollo *m*. caduta *f* *vi* **1** crollare, sprofondare **2** accasciarsi.
collar (ˈkɔlə) *n* colletto, bavero, collare *m*. **collarbone** *n* clavicola *f*
colleague (ˈkɔli:g) *n* collega *m*.
collect (kəˈlekt) *vt* **1** riunire **2** fare collezione di, raccogliere. *vi* radunarsi, ammassarsi. **collection** *n* **1** collezione, raccolta *f* **2** colletta *f* **collective** *adj* collettivo
college (ˈkɔlidʒ) *n* collegio *m*.
collide (kəˈlaid) *vi* scontrarsi, urtarsi **collision** *n* urto, scontro *m*
colloquial (kəˈloukwiəl) *adj* familiare. **colloquialism** *n* espressione familiare *f*
colon (ˈkoulən) *n gram* due punti *m pl*
colonel (ˈkə:nl̩) *n* colonnello *m*
colony (ˈkɔləni) *n* colonia *f* **colonial** *adj* coloniale
colossal (kəˈlɔsəl) *adj* colossale.
colour (ˈkʌlə) *n* **1** colore *m*. tinta *f* **2** colorito *m* **3** *pl* bandiera *f* *vt* colorire, dipingere *vi* arrossire, colorirsi. **colour-bar** *n* discriminazione razziale *f* **colour-blind** *adj* daltonico **coloured person** *n* persona di colore *f*
colt (koult) *n* puledro *m*.
column (ˈkɔləm) *n* colonna *f*
columnist (ˈkɔləmnist) *n* giornalista, cronista *m*.
coma (ˈkoumə) *n* coma *m*.
comb (koum) *n* **1** pettine *m*. **2** (of a cock) cresta *f*. *vt* **1** pettinare, strigliare. **2** perlustrare
combat (*n* ˈkɔmbæt; *v* kəmˈbæt) *n* combattimento *m*. lotta *f* *vt* combattere, lottare.
combine (*v* kəmˈbain. *n* ˈkɔmbain) *vt* combinare, unire *vi* unirsi. *n* associazione *f*.
combustion (kəmˈbʌstʃən) *n* combustione *f*
come* (kʌm) *vi* **1** venire, arrivare. **2** avvenire **3** derivare **come about** accadere **come across** incontrare per caso **come back** ritornare. **comeback** *n* ritorno *m* **come round** riprendere i sensi.
comedy (ˈkɔmədi) *n* commedia *f* **comedian** *n* comico *m*. **comic** *adj* comico, buffo *n* giornale a fumetti *m*
comet (ˈkɔmit) *n* cometa *f*
comfort (ˈkʌmfət) *n* **1** agio, benessere *m* comodità *f* **2** sollievo *m*. *vt* confortare, consolare. **comfortable** *adj* confortevole, agiato
comma (ˈkɔmə) *n* virgola *f*.
command (kəˈma:nd) *vt* comandare, ordinare, controllare *n* **1** comando, ordine *m* **2** padronanza *f* **commandment** *n* comandamento *m*.
commemorate (kəˈmeməreit) *vt* commemorare, celebrare
commence (kəˈmens) *vt* cominciare *vi* esordire **commencement** *n* inizio, principio *m*
commend (kəˈmend) *vt* raccomandare, lodare **commendable** *adj* lodevole.
comment (ˈkɔment) *n* commento *m*. critica *f*. *vi* commentare, fare note critiche. **commentary** *n* commentario *m* **commentator** *n* commentatore, radiocronista *m*
commerce (ˈkɔmə:s) *n* commercio, scambio *m*. **commercial** *adj* commerciale. *n* pubblicità *f* **commercial vehicle** *n* utilitaria *f*
commission (kəˈmiʃən) *n* **1** commissione *f* comitato *m*. **2** incarico *m*. **3** provvigione *f* *vt* **1** incaricare **2** *mil* dare una carica a **commissioner** *n* commissario *m*.
commit (kəˈmit) *vt* **1** commettere **2** affidare, consegnare **commit oneself** impegnarsi **committed** *adj* impegnato.
committee (kəˈmiti) *n* comitato *m* commissione *f*
commodity (kəˈmɔditi) *n* merce *f*
common (ˈkɔmən) *adj* **1** comune, ordinario **2** pubblico **3** volgare *n* terreno demaniale *m* **commonplace** *adj* banale, comune *n* luogo comune *m* banalità *f*. **commonsense** *n* buon senso *m* **commonwealth** *n* confederazione *f*
Common Market *n* Mercato Comune *m*
commotion (kəˈmouʃən) *n* agitazione *f* tumulto *m*.
communal (ˈkɔmju nl̩) *adj* della comunità, comunale
commune[1] (kəˈmju n) *vi* comunicare, discutere
commune[2] (ˈkɔmju n) *n* comune *m*
communicant (kəˈmju nikənt) *n* comunicando *m*
communicate (kəˈmju nikeit) *vt* comunicare, far conoscere *vi* fare la comunione **communication** *n* comunicazione, informazione *f*
communion (kəˈmju niən) *n* **1** comunione *f* **2** *rel* santa comunione *f*
communism (ˈkɔmjunizəm) *n* comunismo *m* **communist** *adj,n* comunista
community (kəˈmju niti) *n* comunità *f*
commute (kəˈmju t) *vt* commutare *vi* viaggiare con abbonamento, fare il pendolare **commuter** *n* pendolare *m*

compact[1] (*adj* kəm'pækt, *n* 'kɔmpækt) *adj* compatto, unito. *n* cipria compatta *f*

compact[2] ('kɔmpækt) *n* accordo, trattato *m*.

companion (kəm'pænıən) *n* compagno, socio *m*. **companionship** *n* amicizia *f* cameratismo *m*.

company ('kʌmpənı) *n* **1** compagnia. **2** *comm* società. **3** comitiva *f*.

compare (kəm'pɛə) *vt* comparare, confrontare *vi* reggere al confronto. **comparable** *adj* paragonabile. **comparative** *adj* comparativo, comparato. **comparison** *n* paragone, confronto *m*.

compartment (kəm'pɑ tmənt) *n* scompartimento *m*.

compass ('kʌmpəs) *n* **1** bussola *f*. **2** circonferenza *f*. spazio *m*. **3** *pl* compasso *m*.

compassion (kəm'pæʃən) *n* compassione, pietà *f* **compassionate** *adj* compassionevole.

compatible (kəm'pætıbəl) *adj* compatibile.

compel (kəm'pel) *vt* costringere, obbligare

compensate ('kɔmpənseıt) *vt* compensare, ricompensare. *vi* compensarsi. **compensation** *n* compenso *m*.

compete (kəm'pi:t) *vi* competere, concorrere. **competition** *n* competizione, gara *f*. concorso *m*. **competitive** *adj* di correnza, di competizione, competitivo, agonistico.

competent ('kɔmpıtənt) *adj* competente, abile.

compile (kəm'pail) *vt* compilare

complacent (kəm'pleisənt) *adj* compiacente, soddisfatto.

complain (kəm'pleın) *vi* lagnarsi, lamentarsi. **complaint** *n* **1** lamentela *f*. **2** *med* malattia *f*.

complement (*n* 'kɔmplimənt; *v* 'kɔmpliment) *n* complemento *m* *vt* completare. **complementary** *adj* complementare.

complete (kəm'pli:t) *adj* **1** completo, finito. **2** intero. *vt* completare, terminare.

complex ('kɔmpleks) *adj* complesso, intricato. *n* complesso *m*.

complexion (kəm'plekʃən) *n* carnagione *f*. colorito *m*.

complicate ('kɔmplikeıt) *vt* complicare.

compliment (*n* 'kɔmplimənt; *v* 'kɔmpliment) *n* complimento *m*. *vt* congratularsi con. **complimentary** *adj* **1** lusinghiero. **2** di favore

comply (kəm'plaı) *vi* accondiscendere, prestare osservanza.

component (kəm'pounənt) *adj,n* componente *m*.

compose (kəm'pouz) *vt* comporre. **compose oneself** calmarsi. **composed** *adj* calmo, composto. **composition** *n* composizione *f* **composure** *n* calma, imperturbabilità *f*.

compound[1] (*adj,n* 'kɔmpaund; *v* kəm'paund) *adj* composto. *n* miscela *f*. composto *m*. *vt* mescolare, comporre

compound[2] ('kɔmpaund) *n* cinta *f*

comprehend (kɔmprı'hend) *vt* comprendere **comprehension** *n* comprensione *f* **comprehensive** *adj* comprensivo, inclusivo, esauriente. **comprehensive school** *n* scuola secondaria *f*.

compress (*v* kəm'pres, *n* 'kɔmpres) *vt* comprimere. *n* compressa *f*

comprise (kəm'praız) *vt* comprendere, includere.

compromise ('kɔmprəmaız) *n* compromesso *m*. *vi* venire a un compromesso, compromettere.

compulsion (kəm'pʌlʃən) *n* costrizione *f*. **compulsive** *adj* coercitivo.

compulsory (kəm'pʌlsərı) *adj* obbligatorio, irresistibile.

computer (kəm'pju.tə) *n* calcolatore *m*.

comrade ('kɔmrəd, -reıd) *n* compagno *m*.

concave ('kɔŋkeıv) *adj* concavo, a volta.

conceal (kən'sı:l) *vt* nascondere, dissimulare.

concede (kən'sı:d) *vt* ammettere, riconoscere.

conceit (kən'sı:t) *n* **1** presunzione *f*. **2** idea ricercata *f*. **conceited** *adj* presuntuoso.

conceive (kən'sı:v) *vt* **1** concepire. **2** immaginare.

concentrate ('kɔnsəntreıt) *vt* concentrare. *vi* concentrarsi. **concentration camp** *n* campo di concentramento *m*.

concentric (kɔn'sentrık) *adj* concentrico.

concept ('kɔnsept) *n* concetto *m*.

conception (kən'sepʃən) *n* **1** concezione *f*. **2** idea *f*

concern (kən'sə:n) *vt* **1** concernere, riguardare. **2** toccare. *n* **1** interesse *m*. faccenda *f*. **2** ansietà *f*. **3** azienda *f*. **concerning** *prep* riguardo a, circa.

concert (*n* 'kɔnsət, *v* kən'sə:t) *n* concerto *m*. *vt* concertare. **concerted** *adj* concertato, convenuto

concertina (kɔnsə'tı:nə) *n* piccola fisarmonica *f*

concerto (kən'tʃɛətou) *n* concerto *m*.

concession (kən'seʃən) *n* concessione *f*

concise (kən'saıs) *adj* conciso, breve

conclude (kən'klu.d) *vt* **1** concludere **2** dedurre *vi* terminare **conclusion** *n* **1** conclusione *f*. **2** decisione *f*

concoct (kən'kɔkt) *vt* **1** mescolare. **2** preparare, tramare. **concoction** *n* **1** intruglio *m*. **2** storia inventata *f*.

concrete ('kɔŋkri:t) *adj* concreto. *n* cemento *m*.

concussion (kən'kʌʃən) *n* trauma *m*. commozione cerebrale *f*.

condemn (kən'dem) *vt* condannare, biasimare. **condemnation** *n* condanna *f*.

condense (kən'dens) *vt* condensare. **condensation** *n* condensazione *f*.

condescend (kɔndi'send) *vi* accondiscendere. **condescending** *adj* condiscendente.

condition (kən'diʃən) *n* **1** condizione *f*. **2** patto *m*. **conditional** *adj* condizionale.

condolence (kən'douləns) *n* condoglianza *f*.

condone (kən'doun) *vt* condonare, perdonare.

conduct (*n* 'kɔndʌkt; *v* kən'dʌkt) *n* condotta *f*. comportamento *m*. *vt* **1** condurre. **2** *mus* dirigere. **conductor** *n* **1** *mus* direttore d'orchestra. **2** bigliettaio, capotreno *m*.

cone (koun) *n* **1** cono *m*. **2** *bot* pigna *f*.

confectioner (kən'fekʃənə) *n* pasticciere *m*. **confectioner's shop** *n* pasticceria *f*.

confederate (*adj,n* kən'fedərət; *v* kən'fedəreit) *adj,n* confederato, alleato *m*. *vi* associarsi.

confer (kən'fə:) *vi* conferire, consultarsi. *vt* conferire. **conference** *n* conferenza *f*. congresso *m*.

confess (kən'fes) *vt,vi* confessare. **confession** *n* confessione *f*.

confetti (kən'feti) *n pl* coriandoli *m pl*.

confide (kən'faid) *vt* confidare. **confide in** confidarsi con, fare affidamento su. **confidence** *n* fiducia, confidenza *f*. **confident** *adj* **1** fiducioso, sicuro. **2** baldanzoso. **confidential** *adj* confidenziale, riservato.

confine (kən'fain) *vt* relegare, confinare, limitare. **confinement** *n* **1** imprigionamento *m*. reclusione *f*. **2** parto *m*.

confirm (kən'fə:m) *vt* **1** confermare, convalidare. **2** *rel* cresimare. **confirmation** *n* **1** conferma *f*. **2** *rel* cresima *f*. **confirmed** *adj* convinto.

confiscate ('kɔnfiskeit) *vt* confiscare.

conflict (*v* kən'flikt; *n* 'kɔnflikt) *vi* essere in conflitto, lottare. *n* conflitto *m*. lotta, guerra *f*.

conform (kən'fɔ:m) *vt* conformare. *vi* uniformarsi.

confound (kən'faund) *vt* **1** confondere. **2** turbare.

confront (kən'frʌnt) *vt* affrontare, mettere a confronto.

confuse (kən'fju:z) *vt* confondere, disorientare. **confusion** *n* **1** confusione *f*. **2** tumulto *m*.

congeal (kən'dʒi:l) *vt* congelare. *vi* coagularsi.

congenial (kən'dʒi:niəl) *adj* congeniale, affine.

congested (kən'dʒestid) *adj* congestionato, sovrappopolato.

congratulate (kən'grætjuleit) *vt* congratularsi con, rallegrarsi con. **congratulation** *n* felicitazione *f*.

congregate ('kɔŋgrigeit) *vt* radunare. *vi* unirsi. **congregation** *n* congregazione *f*. insieme dei fedeli *m*.

congress ('kɔŋgres) *n* congresso *m*.

conical ('kɔnikəl) *adj* conico.

conifer ('kɔnifə) *n* conifera *f*.

conjugal ('kɔndʒugəl) *adj* coniugale.

conjugate ('kɔndʒugeit) *vt* coniugare.

conjunction (kən'dʒʌŋkʃən) *n* **1** *gram* congiunzione. **2** unione *f*.

conjure ('kʌndʒə) *vi* fare giochi di prestigio. *vt* scongiurare. **conjure up** evocare. **conjurer** *n* prestigiatore *m*.

connect (kə'nekt) *vt* **1** connettere, collegare. **2** associare. *vi* collegarsi. **connection** *n* **1** connessione, attinenza *f*. **2** parentela *f*. **3** (of trains, buses, etc.) coincidenza *f*.

connoisseur (kɔnə'sə:) *n* conoscitore, intenditore *m*.

connotation (kɔnə'teiʃən) *n* significato implicito *m*. connotazione *f*.

conquer ('kɔŋkə) *vt* conquistare, vincere. **conqueror** *n* conquistatore *m*.

conquest ('kɔŋkwest) *n* conquista *f*.

conscience ('kɔnʃəns) *n* coscienza *f*. **conscientious** *adj* coscienzioso.

conscious ('kɔnʃəs) *adj* conscio, consapevole, cosciente.

conscript ('kɔnskript) *n* conscritto *m*.

consecrate ('kɔnsikreit) *vt* consacrare.

consecutive (kən'sekjutiv) *adj* consecutivo.

consent (kən'sent) *n* accordo, consenso *m*. *vi* acconsentire, aderire.

consequence ('kɔnsikwəns) *n* **1** conseguenza *f*. risultato *m*. **2** importanza *f*.

conservative (kən'sə:vətiv) *adj,n* conservatore.

conservatory (kən'sə:vətri) *n* serra *f*. conservatorio *m*.

conserve (kən'sə:v) *vt* conservare. *n* conserva *f*.

consider (kən'sidə) *vt* considerare. *vi* pensare. **considerable** *adj* considerevole, notevole. **considerably** *adv* assai. **considerate** *adj* gentile, riguardoso. **consideration** *n* **1** considerazione, riflessione *f*. **2** riguardo *m*.

consign (kən'sain) *vt* consegnare, affidare. **consignment** *n* **1** consegna *f*. **2** partita di merci *f*

consist (kən'sist) *vi* consistere, essere composto. **consistency** *n* consistenza, densità *f*. **consistent** *adj* coerente, logico.

console (kən'soul) *vt* consolare.

consolidate (kən'sɔlideit) *vt* consolidare. *vi* consolidarsi.

consonant ('kɔnsənənt) *n* consonante *f*.

conspicuous (kən'spikjuəs) *adj* cospicuo, evidente.

conspire (kən'spaiə) *vi* cospirare, congiurare.

constable ('kɔnstəbəl) *n* poliziotto *m*. guardia *f*.

Constance, Lake *n* Lago di Costanza *m*.

constant ('kɔnstənt) *adj* invariabile, costante, fedele. *n math* costante *f*.

constellation (kɔnstə'leiʃən) *n* costellazione *f*.

constipation (kɔnsti'peiʃən) *n* stitichezza *f*.

constituency (kən'stitjuənsi) *n* circoscrizione elettorale *f*.

constituent (kən'stitjuənt) *adj* costituente. *n* **1** costituente *m*. **2** elettore *m*.

constitute ('kɔnstitju:t) *vt* costituire, fondare. **constitution** *n* costituzione *f*. statuto *m*.

constraint (kən'streint) *n* **1** repressione, costrizione *f*. **2** imbarazzo *m*.

constrict (kən'strikt) *vt* costringere, comprimere.

construct (kən'strʌkt) *vt* costruire. **construction** *n* costruzione *f*.

consul ('kɔnsəl) *n* console *m*.

consulate ('kɔnsjulət) *n* consolato *m*.

consult (kə'sʌlt) *vt* consultare. **consultant** *n* consulente, esperto *m*.

consume (kən'sju:m) *vt* consumare.

contact ('kɔntækt) *n* contatto *m*. *vt* mettere in contatto. *vi* mettersi in contatto. **contact lenses** *n pl* lenti a contatto *f pl*.

contagious (kən'teidʒəs) *adj* contagioso.

contain (kən'tein) *vt* **1** contenere. **2** reprimere. **container** *n* recipiente *m*.

contaminate (kən'tæmineit) *vt* contaminare.

contemplate ('kɔntəmpleit) *vt* contemplare, meditare. *vi* proporsi.

contemporary (kən'tempərəri) *adj,n* contemporaneo.

contempt (kən'tempt) *n* disprezzo *m*. **contemptuous** *adj* sprezzante.

content[1] ('kɔntent) *n* contenuto *m*. dose *f*.

content[2] (kən'tent) *adj* contento, soddisfatto *vt* accontentare.

contest (*n* 'kɔntest; *v* kən'test) *n* contesa, gara *f* *vt,vi* contestare, disputare. **contestant** *n* concorrente *m,f*.

context ('kɔntekst) *n* contesto *m*.

continent ('kɔntinənt) *n* continente *m*. *adj* **1** moderato. **2** casto. **continental** *adj,n* continentale.

contingency (kən'tindʒənsi) *n* contingenza *f*.

continue (kən'tinju:) *vt,vi* continuare. **continual** *adj* continuo. **continuity** *n* continuità *f*. **continuous** *adj* continuo.

contour ('kɔntuə) *n* contorno *m*.

contraband ('kɔntrəbænd) *n* contrabbando *m*. *adj* di contrabbando.

contraception (kɔntrə'sepʃən) *n* pratiche antifecondative *f pl*. **contraceptive** *adj,n* antifecondativo, anticoncezionale *m*.

contract (*n* 'kɔntrækt; *v* kən'trækt) *n* **1** contratto *m*. **2** appalto *m*. *vt* contrarre. *vi* contrarsi, contrattare. **contraction** *n* contrazione *f*.

contradict (kɔntrə'dikt) *vt* contraddire. **contradiction** *n* contraddizione *f*.

contralto (kən'træltou) *n* contralto *f*.

contraption (kən'træpʃən) *n* aggeggio *m*.

contrary ('kɔntrəri) *adj* contrario, opposto, sfavorevole. *n* contrario *m*. **on the contrary** al contrario.

contrast (*v* kən'tra:st; *n* 'kɔntra:st) *vt* mettere in contrasto. *vi* far contrasto. *n* contrasto *m*.

contravene (kɔntrə'vi:n) *vt* contravvenire a.

contribute (kən'tribju:t) *vt* contribuire. *vi* contribuire a. **contribution** *n* **1** contributo *m*. **2** *lit* collaborazione *f*.

contrive (kən'traiv) *vt* **1** escogitare. **2** inventare.

control (kən'troul) *n* **1** autorità *f*. **2** controllo *m*. sorveglianza *f*. **3** freno *m*. **4** *pl* comandi *m pl*. *vt* **1** regolare, dirigere. **2** dominare.

controversy ('kɔntrəvə:si, kən'trɔvəsi) *n* polemica, controversia *f*. **controversial** *adj* polemico, controverso.

convalesce (kɔnvə'les) *vi* essere in convalescenza. **convalescence** *n* convalescenza *f*.

convenience (kən'vi:niəns) *n* convenienza, comodità *f* comodo *m*. **convenient** *adj* conveniente, adatto.

convent ('kɔnvənt) *n* convento *m*.

convention (kən'venʃən) *n* convenzione *f*. **conventional** *adj* tradizionale, convenzionale

converge (kən'və:dʒ) *vi* convergere.

converse[1] (kən'və:s) *vi* conversare. **conversation** *n* conversazione *f*.

converse[2] ('kɔnvə:s) *adj,n* contrario, opposto *m*.

convert (*v* kən'və:t; *n* 'kɔnvə:t) *vt* convertire, trasformare *n* convertito *m* **conversion** *n* conversione *f*. **convertible** *adj* **1** trasformabile. **2** *mot* decappottabile.

convex ('kɔnveks) *adj* convesso.

convey (kən'vei) *vt* **1** trasportare. **2** esprimere. **conveyor belt** *n* nastro trasportatore *m*.

convict (*v* kən'vikt, *n* 'kɔnvikt) *vt* condannare. *n* forzato, ergastolano *m*.

conviction (kən'vikʃən) *n* **1** *law* condanna *f*. **2** convinzione *f*.

convince (kən'vins) *vt* convincere.

convoy ('kɔnvɔi) *n* convoglio *m*. scorta *f*. *vt* convogliare, scortare.

cook (kuk) *n* cuoco *m*. *vt* **1** fare cuocere, cucinare. **2** *inf* falsificare. *vi* cuocersi. **cookery** *n* arte culinaria *f*. **cookery book** *n* libro di cucina *m*.

cool (ku:l) *adj* **1** fresco. **2** calmo. **3** disinvolto, senza entusiasmo *n* fresco *m*. *vt* rinfrescare. *vi* raffreddarsi.

coop (ku:p) *n* stia *f*. *v* **coop up** rinchiudere.

cooperate (kou'ɔpəreit) *vi* cooperare. **cooperation** *n* cooperazione *f*. **cooperative** *adj* cooperativo.

coordinate (*adj, n* kou'ɔ:dnət, *v* kou'ɔ:dineit) *adj* coordinato. *n math* coordinata *f*. *vt* coordinare.

cope[1] (koup) *vi* far fronte, riuscire.

cope[2] (koup) *n* cappa di ecclesiastico *f*.

copious *adj* abbondante.

copper[1] ('kɔpə) *n* rame *m*. *adj* di rame.

copper[2] ('kɔpə) *n inf* poliziotto *m*.

copy ('kɔpi) *n* **1** copia, trascrizione *f*. **2** (of a book) esemplare *m*. *vt* **1** copiare. **2** imitare. **copyright** *n* diritto d'autore *m*.

coral ('kɔrəl) *n* corallo *m*. *adj* di corallo.

cord (kɔ:d) *n* corda *f*. spago *m*.

cordial ('kɔ:diəl) *adj,n* cordiale *m*.

cordon ('kɔ:dn̩) *n* cordone *m*.

corduroy ('kɔ:dərɔi) *n* velluto a coste *m*.

core (kɔ:) *n* **1** (of fruit) torsolo *m*. **2** centro *m*.

cork (kɔ:k) *n* **1** sughero *m*. **2** (of a bottle) tappo *m*. *vt* tappare. **corkscrew** *n* cavatappi *m invar*.

corn[1] (kɔ:n) *n* grano, granoturco *m*. cereali *m pl*. **cornflakes** *n pl* fiocchi di granturco *m pl*. **cornflour** *n* farina di granturco *f*. **cornflower** *n* fiordaliso *m*.

corn[2] (kɔ:n) *n med* callo *m*.

corner ('kɔ:nə) *n* angolo *m*. *vt* **1** mettere alle strette. **2** *comm* accaparrare

cornet ('kɔ:nit) *n* **1** *mus* cornetta *f* **2** cartoccio, cono *m*

coronary ('kɔrənəri) *adj* coronario.

coronation (kɔrə'neiʃən) *n* incoronazione *f*.

corporal[1] ('kɔ:prəl) *adj* corporale, corporeo.

corporal[2] ('kɔ:prəl) *n mil* corporale *m*.

corporation (kɔ:pə'reiʃən) *n* corporazione *f*.

corps (kɔ:) *n invar* corpo *m*.

corpse (kɔ:ps) *n* cadavere *m*.

correct (kə'rekt) *adj* corretto, esatto *vt* correggere. **correction** *n* correzione *f*.

correlate ('kɔrəleit) *vt* mettere in correlazione *vi* essere in correlazione.

correspond (kɔri'spɔnd) *vi* corrispondere, rispondere. **correspondence** *n* corrispondenza *f* **correspondent** *adj,n* corrispondente.

corridor ('kɔridɔ:) *n* corridoio *m*.

corrode (kə'roud) *vt* corrodere. *vi* corrodersi. **corrosion** *n* corrosione *f*.

corrupt (kə'rʌpt) *adj* corrotto, guasto. *vt* corrompere **corruption** *n* corruzione, decomposizione *f*

corset ('kɔ:sit) *n* corsetto, busto *m*.

Corsica ('kɔ:sikə) *n* Corsica *f*. **Corsican** *adj,n* corso

cosmetic (kɔz'metik) *adj,n* cosmetico *m*.

cosmopolitan (kɔzmə'pɔlitən) *adj,n* cosmopolita

cosmos ('kɔzmɔs) *n* cosmos *m*. **cosmic** *adj* cosmico.

cost* (kɔst) *n* costo, prezzo *m*. spesa *f*. *vi,vt* costare.

costume ('kɔstju:m) *n* costume, abito *m*.

cosy ('kouzi) *adj* comodo, intimo.

cot (kɔt) *n* lettino per bambini *m*. culla *f*.

cottage ('kɔtidʒ) *n* villino *m*. casetta *f*. **cottage cheese** *n* specie di ricotta *f*.

cotton ('kɔtn̩) *n* cotone *m*. **cottonwool** *n* cotone idrofilo *m*.

couch (kautʃ) *n* divano *m*.

cough (kɔf) *n* tosse *f*. *vi* tossire.

could (kud; *unstressed* kəd) *v* see **can**.

council ('kaunsəl) *n* consiglio *m* **councillor** *n* consigliere *m*.

counsel ('kaunsəl) *n* **1** consiglio, parere *m*. **2** *law* avvocato *m*. *vt* raccomandare.

count[1] (kaunt) *vt* **1** contare, calcolare. **2** considerare. *vi* avere importanza, contare. *n* conto, calcolo *m*. **countdown** *n* conto alla rovescia *m*.

count² (kaunt) *n* (title) conte *m*.

counter¹ ('kauntə) *n* **1** banco *m*. cassa *f*. **2** *game* gettone *m*.

counter² ('kauntə) *adj* contrario, opposto *adv* contrariamente. *vt* contraddire, opporsi a.

counterattack ('kauntərətæk) *n* contrattacco *m*.

counterfeit ('kauntəfit) *adj* contraffatto *n* contraffazione, falsificazione *f*. *vt* contraffare, falsificare.

counterfoil ('kauntəfɔil) *n* matrice *f*.

counterpart ('kauntəpɑ:t) *n* **1** sostituto *m*. **2** sosia *m*. **3** complemento *m*.

countess ('kauntis) *n* contessa *f*.

country ('kʌntri) *n* **1** paese *m*. nazione *f*. **2** campagna *f*. **countryside** *n* campagna *f*.

county ('kaunti) *n* contea *f*.

coup (ku:) *n* colpo audace *m*. **coup de grâce** *n* colpo di grazia *m*. **coup d'état** *n* colpo di stato *m*.

couple ('kʌpəl) *n* coppia *f*. paio *m*, *pl* paia *f*. *vt* accoppiare, agganciare.

coupon ('ku:pɔn) *n* tagliando, scontrino *m*.

courage ('kʌridʒ) *n* coraggio *m*. **courageous** *adj* coraggioso.

courgette (kuə'ʒet) *n* zucchina *m*.

courier ('kuriə) *n* corriere, messaggero *m*.

course (kɔ:s) *n* **1** corso *m*. direzione *f*. **2** *cul* portata *f*. **in due course** a tempo debito. **of course** naturalmente.

court (kɔ:t) *n* **1** corte *f*. **2** *law* tribunale *m*. **3** *sport* campo *m*. *vt* corteggiare. **court martial** *n* corte marziale *f*. **court-martial** *vt* processare davanti alla corte marziale. **courtyard** *n* cortile *m*.

courteous ('kɔ:tiəs) *adj* cortese. **courtesy** *n* cortesia *f*.

cousin ('kʌzən) *n* cugino *m*.

cove (kouv) *n* grotta, insenatura *f*.

covenant ('kʌvənənt) *n* patto, contratto *m*.

cover ('kʌvə) *vt* **1** coprire. **2** nascondere. *n* **1** coperto *m* copertura *f* **2** (of a book) copertina *f*. **3** riparo *m*

cow (kau) *n* vacca *f* **cowboy** *n* bovaro, cowboy *m*. **cowhand** *n* vaccaro *m* **cowshed** *n* stalla *f*

coward ('kauəd) *n* vigliacco, codardo *m* **cowardly** *adj* codardo, vile

cower ('kauə) *vi* acquattarsi, accasciarsi

coy (kɔi) *adj* timido, modesto.

crab (kræb) *n* granchio *m*.

crack (kræk) *vt* **1** incrinare. **2** schiantare **3** (a joke) fare. *vi* spaccarsi *n* **1** spaccatura, screpolatura *f* **2** schianto *m*. *adj* di prim'ordine.

cracker ('krækə) *n* petardo *m*. galletta *f*.

crackle ('krækəl) *n* crepitio *m*. *vi* crepitare.

cradle ('kreidl) *n* culla *f*.

craft (krɑ:ft) *n* **1** mestiere *m*. arte *f*. **2** *naut* imbarcazione *f* **craftsman** *n* artigiano *m*. **craftsmanship** *n* artigianato *m*. abilità d'esecuzione *f*. **crafty** *adj* astuto, abile.

cram (kræm) *vt* stipare, rimpinzare. *vi* imbottirsi di nozioni.

cramp¹ (kræmp) *n* crampo *m*. *vt* paralizzare, causare crampi a.

cramp² (kræmp) *n tech* morsetto *m*.

crane (krein) *n* gru *f invar*.

crash (kræʃ) *vt* fracassare. *vi* **1** fracassarsi. **2** *aviat* precipitare. *n* **1** tonfo *m*. **2** *comm* crollo *m* *adj* intenso. **crash-helmet** *n* casco paraurti *m*.

crate (kreit) *n* gabbia d'imballaggio *f*.

crater ('kreitə) *n* cratere *m*.

crave (kreiv) *vt* desiderare ardentemente. **crave for** bramare.

crawl (krɔ:l) *vi* **1** strisciare, trascinarsi. **2** brulicare. *n* **1** movimento strisciante *m*. **2** (swimming) crawl *m*.

crayfish ('kreifiʃ) *n* gambero *m*.

crayon ('kreiən) *n* pastello per disegno *m*.

craze (kreiz) *n* pazzia, mania *f*. **crazy** *adj* pazzo, instabile.

creak (kri:k) *n* cigolio *m*. *vi* scricchiolare, cigolare.

cream (kri:m) *n* crema, panna *f*. **creamy** *adj* cremoso.

crease (kri:s) *n* grinza, piegatura *f*. *vt* increspare *vi* fare pieghe, sgualcirsi. **crease-resistant** *adj* antipiega.

create (kri'eit) *vt* creare. **creation** *n* creazione *f*. creato *m*. **creative** *adj* creativo.

creature ('kri:tʃə) *n* creatura *f*.

creche (kreʃ) *n* nido, asilo infantile *m*.

credentials (kri'denʃəlz) *n pl* credenziali *f pl*.

credible ('kredibəl) *adj* credibile.

credit ('kredit) *n* **1** credito *m*. **2** fiducia *f*. **3** merito *m*. *vt* **1** credere, attribuire. **2** *comm* accreditare **credit card** *n* carta di credito *f*

creep' (kri:p) *vi* **1** insinuarsi, strisciare **2** *bot* arrampicarsi.

cremate (kri'meit) *vt* cremare. **crematorium** *n* crematorio *m*.

creosote ('kri:əsout) *n* creosoto *m*

crept (krept) *v see* **creep.**

crescent ('kresənt) *adj* crescente. *n* mezzaluna *f*.

cress (kres) *n* crescione *m*.

crest (krest) *n* **1** cresta *f*. ciuffo *m* **2** pennacchio *m*. **crestfallen** *adj* abbattuto

crevice ('krevis) *n* fessura, crepa *f*.

crew (kru:) *n* **1** *naut* equipaggio *m*. **2** squadra *f*

crib (krib) *n* presepio, letto da bambino *m*.

cricket[1] ('krikit) *n zool* grillo *m*.

cricket[2] ('krikit) *n sport* cricket *m*.

crime (kraim) *n* crimine, delitto *m* **criminal** *adj* criminale. *n* criminale, delinquente *m,f*.

crimson ('krimzən) *adj,n* cremisi *m*.

cringe (krindʒ) *vi* **1** acquattarsi. **2** sottomettersi.

crinkle ('kriŋkəl) *n* crespa, ruga *f*. *vi* increspare, raggrinzirsi.

cripple ('kripəl) *n* invalido, storpio *m*. *vt* storpiare, menomare.

crisis ('kraisis) *n, pl* **-ses** crisi *f invar*

crisp (krisp) *adj* **1** croccante. **2** crespo **3** frizzante. *n* patatina *f*.

criterion (krai'tiəriən) *n, pl* **-teria** *or* **-terions** criterio *m*.

criticize ('kritisaiz) *vt* criticare, censurare. **critic** *n* critico *m*. **critical** *adj* critico. **criticism** *n* critica *f*.

croak (krouk) *vi* gracchiare, gracidare, brontolare. *n* gracchio *m*.

crochet ('kroufei) *n* lavoro all'uncinetto *m*. *vt* lavorare all'uncinetto.

crockery ('krɔkəri) *n* vasellame *m*.

crocodile ('krɔkədail) *n* coccodrillo *m*.

crocus ('kroukəs) *n* croco *m*.

crook (kruk) *n* **1** curva *f*. **2** *inf* imbroglione *m*

crooked ('krukid) *adj* **1** storto, piegato. **2** *inf* disonesto.

crop (krɔp) *n* **1** raccolto *m*. **2** (of a bird) gozzo *m*. *vt* **1** mietere, falciare. **2** brucare. **crop up** capitare.

croquet ('kroukei) *n* croquet *m*.

cross (krɔs) *n* croce *f*. *adj* **1** trasversale. **2** imbronciato, contrario. *vt* **1** attraversare. **2** incrociare. **3** ostacolare. *vi* accoppiarsi. **cross-examine** *vt* sottoporre ad interrogatorio. **cross-eyed** *adj* strabico. **crossing** *n* **1** incrocio *m*. **2** traversata *f*. **cross-question** *vt* esaminare attentamente, sottoporre ad interrogatorio. **cross-reference** *n* riferimento *m*. **crossroads** *n* incrocio, crocevia *m*. **crossword** *n* parole incrociate *f pl*. **crossword puzzle** *n* cruciverba *m*.

crotchet ('krɔtʃit) *n mus* semiminima *f*.

crouch (krautʃ) *vi* rannicchiarsi

crow[1] (krou) *n zool* corvo *m* cornacchia *f*.

crow*[2] (krou) *vi* **1** cantare **2** esultare. *n* canto del gallo *m*.

crowd (kraud) *n* folla, massa *f*. *vt* affollare. *vi* accalcarsi.

crown (kraun) *n* **1** corona *f*. **2** cima, sommità *f*. *vt* **1** incoronare. **2** sormontare. **crowning** *adj* supremo, finale *n* coronamento *m*. incoronazione *f*.

crucial ('kru:ʃəl) *adj* cruciale, critico.

crucify ('kru:sifai) *vt* crocifiggere. **crucifix** *n* crocifisso *m*. **crucifixion** *n* crocifissione *f*.

crude (kru:d) *adj* **1** grezzo, rozzo. **2** volgare. **crude oil** *n* petrolio grezzo *m*.

cruel ('kruəl) *adj* crudele. **cruelty** *n* crudeltà *f*

cruise (kru:z) *n* crociera *f*. **cruiser** *n* incrociatore *m*.

crumb (kʌm) *n* mollica, briciola *f*.

crumble ('krʌmbəl) *vi* **1** sbriciolarsi, sgretolarsi. **2** crollare. *vt* sbriciolare.

crumple ('krʌmpəl) *vt* sgualcire. *vi* spiegazzarsi, sgualcirsi.

crunch (krʌntʃ) *n* sgretolio *m*. *vt* sgranocchiare.

crusade (kru:'seid) *n* crociata *f*.

crush (krʌʃ) *n* calca *f*. affollamento *m*. *vt* **1** sgualcire. **2** frantumare, annientare.

crust (krʌst) *n* crosta *f*.

crustacean (krʌs'teiʃən) *adj,n* crostaceo *m*.

crutch (krʌtʃ) *n* gruccia, stampella *f*.

cry (krai) *n* grido, richiamo, lamento *m*. *vt,vi* gridare. *vi* piangere.

crypt (kript) *n* cripta *f*. **cryptic** *adj* occulto, misterioso.

crystal ('kristḷ) *n* cristallo *m*. *adj* di cristallo. **crystallize** *vt* cristallizzare. *vi* fossilizzarsi.

cub (kʌb) *n* cucciolo *m*.

cube (kju:b) *n* cubo *m*. **cubic** *adj* cubico. **cubicle** *n* cubicolo *m*.

cuckoo ('kuku:) *n* cuculo *m*.

cucumber ('kju:kʌmbə) *n* cetriolo *m*.

cuddle ('kʌdḷ) *vt* abbracciare affettuosamente. *n* abbraccio affettuoso *m*.

cue[1] (kju:) *n* spunto *m*. indicazione *f*.

cue[2] (kju:) *n sport* stecca *f*.

cuff[1] (kʌf) *n* polsino *m*. **cufflinks** *n pl* gemelli da camicia *m pl*.

cuff[2] (kʌf) *vt* schiaffeggiare, picchiare. *n* pugno, schiaffo *m*.
culinary ('kʌlinri) *adj* culinario.
culprit ('kʌlprit) *n* accusato, colpevole *m*.
cult (kʌlt) *n* culto *m*.
cultivate (kʌltiveit) *vt* coltivare.
culture ('kʌltʃə) *n* **1** cultura *f*. **2** coltivazione *f*. **cultural** *adj* culturale. **cultured** *adj* colto.
cumbersome ('kʌmbəsəm) *adj* ingombrante, scomodo.
cunning ('kʌniŋ) *n* furbizia, accortezza *f*. *adj* astuto, furbo.
cup (kʌp) *n* **1** tazza *f*. **2** *sport* coppa *f*. **cupful** *n* tazza piena *f*.
cupboard ('kʌbəd) *n* credenza *f*.
curate ('kjuərit) *n* curato *m*.
curator (kju'reitə) *n* sovrintendente *m,f*.
curb (kə:b) *n* freno *m*. *vt* frenare, reprimere.
curdle ('kə:dl̩) *vt* agghiacciare. *vi* rapprendersi, coagularsi.
cure (kjuə) *n* cura *f*. rimedio *m*. *vt* **1** guarire, sanare. **2** *cul* salare.
curfew ('kə:fju:) *n* coprifuoco *m*.
curious ('kjuəriəs) *adj* curioso. **curiosity** *n* curiosità *f*.
curl (kə:l) *n* ricciolo *m*. *vt* arricciare. *vi* arrotolarsi. **curly** *adj* ricciuto.
currant ('kʌrənt) *n* **1** ribes *m*. **2** (dried) uva sultanina *f*.
current ('kʌrənt) *n* corrente *f*. *adj* attuale, in corso. **current account** *n* conto corrente *m*. **currency** *n* valuta, moneta legale *f*.
curry ('kʌri) *n* pietanza indiana *f*. *v* **curry favour with** cercare di avere il favore di. **curry powder** *n* curry, polvere di radice di curcuma *f*.
curse (kə:s) *n* maledizione, bestemmia *f*. *vt* maledire, imprecare. *vi* bestemmiare.
curt (kə:t) *adj* brusco, sbrigativo.
curtail (kə:'teil) *vt* accorciare, restringere.
curtain ('kə:tn̩) *n* **1** cortina, tendina *f*. **2** *Th* sipario *m*.
curtsy ('kə:tsi) *n* inchino *m*. riverenza *f*. *vi* inchinarsi, fare la riverenza.
curve (kə:v) *n* curva *f*. diagramma *m*. *vt* curvare. *vi* piegarsi, svoltare.
cushion ('kuʃən) *n* cuscino *m*. *vt* imbottire, ammortizzare.
custard ('kʌstəd) *n* crema *f*.
custody ('kʌstədi) *n* custodia, detenzione *f*.
custom ('kʌstəm) *n* **1** usanza, abitudine *f*. **2** *comm* clientela *f*. **3** *pl* dogana *f*. **customs officer** *n* doganiere *m*.
customer ('kʌstəmə) *n* cliente *m,f*. avventore *m*.
cut* (kʌt) *n* **1** taglio *m*. incisione *f*. **2** riduzione *f*. **3** (of clothes) linea *f*. *vt,vi* tagliare. *vt game* alzare. **cut down** **1** abbattere. **2** ridurre. **cut off** tagliar fuori. **cut out** ritagliare. **cut-price** *adj* a prezzo ridotto. **cutting** *adj* **1** tagliente. **2** mordace. *n* **1** taglio *m*. **2** ritaglio. *m*.
cute (kju:t) *adj* **1** svelto, ingegnoso. **2** grazioso.
cuticle ('kju:tikəl) *n* cuticola *f*.
cutlery ('kʌtləri) *n* posate *f pl*.
cutlet ('kʌtlit) *n* cotoletta *f*.
cycle ('saikəl) *n* **1** ciclo *m*. **2** bicicletta *f*. *vi* andare in bicicletta.
cyclone ('saikloun) *n* ciclone *m*.
cygnet ('signit) *n* giovane cigno *m*.
cylinder ('silində) *n* cilindro *m*.
cymbal ('simbəl) *n* cembalo *m*.
cynic ('sinik) *n* cinico *m*. **cynical** *adj* cinico.
cypress ('saiprəs) *n* cipresso *m*.
Cyprus ('saiprəs) *n* Cipro *f*. **Cypriot** *adj,n* cipriota.
czar (za:) *n* zar *m*.
Czechoslovakia (tʃekəslə'vækiə) *n* Cecoslovacchia *f*. **Czech** *adj,n* ceco. **Czech** (language) *n* ceco *m*.

D

dab (dæb) *n* colpetto *m*. macchia *f*. *vt* toccare leggermente, cospargere.
dabble ('dæbəl) *vt* inumidire. *vi* sguazzare. **dabble in** dilettarsi in.
daddy (dæd) *n inf also* **dad** babbo, babbino *m*.
daffodil ('dæfədil) *n* narciso selvatico *m*.
daft (da:ft) *adj* sciocco, matto.
dagger ('dægə) *n* stiletto, pugnale *m*.
dahlia ('deiliə) *n* dalia *f*.
daily ('deili) *adj* quotidiano, giornaliero. *adv* ogni giorno. *n* giornale, quotidiano *m*.
dainty ('deinti) *adj* raffinato, prelibato, grazioso.
dairy ('dɛəri) *n* latteria *f*. caseificio *m*. **dairy farm** *n* fattoria con cascina *f*
daisy ('deizi) *n* margherita *f*.
dam (dæm) *n* diga *f*. argine *m*. *vt* arginare, sbarrare.
damage ('dæmidʒ) *n* danno, guasto *m* *vt* danneggiare, avariare
damn (dæm) *vt* dannare. *n* un bel niente *m*. **I**

don't give a damn! non m'importa un fico! **damnable** *adj* **1** maledetto, dannabile **2** detestabile **damnation** *n* dannazione *f*

damp (dæmp) *adj* umido, bagnato *n* umidità *f* vapore *m*. **dampen 1** inumidire **2** soffocare, deprimere

damson ('dæmzən) *n* prugna damaschina *f* **damson tree** *n* prugno di Damasco *m*.

dance (da:ns) n **1** danza *f*. **2** ballo *m*. *vi* ballare

dandelion ('dændilaiən) *n* dente di leone *m*

dandruff ('dændrʌf) *n* forfora *f*.

Dane (dein) *n* danese *m,f* **Danish** *adj* danese **Danish** (language) *n* danese *m*

danger ('deindʒə) *n* pericolo *m*. **dangerous** *adj* pericoloso.

dangle ('dæŋgəl) *vt* far ciondolare *vi* penzolare

dare (dɛə) *vi* osare *vt* sfidare. **daring** *adj* audace, temerario

dark (da:k) *adj* buio, cupo, scuro *n* oscurità *f* buio *m* tenebre *f pl*. **darken** *vt* scurire, turbare *vi* rabbuiarsi

darling ('da:liŋ) *adj* caro, amatissimo *n* tesoro *m*.

darn (da:n) *vt* rammendare *n* rammendo *m*

dart (da:t) **1** dardo *m* **2** movimento improvviso *m*. *vi* scagliare, balzare, slanciarsi **dartboard** *n* tirassegno per freccette *m*

dash (dæʃ) *n* **1** slancio *m* **2** spruzzo *m* **3** trattino *m* *vt* **1** cozzare **2** spruzzare *vi* **1** slanciarsi **2** sbattere violentemente **dashboard** *n* cruscotto *m*

data ('deitə) *n pl* dati, elementi *m pl* **data processing** *n* elaborazione di dati *f*

date[1] (deit) *n* **1** data *f* **2** *inf* appuntamento *m* **be up to date 1** essere al corrente. **2** essere aggiornato **out of date** antiquato ~*vt* datare, mettere la data a **date from** risalire a.

date[2] (deit) *n bot* dattero *m*

daughter ('dɔ:tə) *n* figlia *f* **daughter-in-law** *n* nuora *f*

dawdle ('dɔ:dl) *vi* bighellonare, oziare

dawn (dɔ:n) *n* aurora, alba *f*. *vi* albeggiare

day (dei) *n* giorno *m*. giornata *f* **by day** di giorno **day after tomorrow** dopodomani **day before yesterday** l'altroieri **one day** un bel giorno. **daybreak** *n* spuntar del giorno *m*. **daydream** *n* fantasticheria *f* sogno ad occhi aperti *m* *vi* sognare ad occhi aperti **daylight** *n* luce del giorno *f*.

daze (deiz) *n* stupore, sbalordimento *m*. *vt* sbalordire, stupefare.

dazzle ('dæzəl) *vt* abbagliare. *n* abbagliamento *m*

dead (ded) *adj* **1** morto, estinto **2** spento **3** sordo. *adv* assolutamente **deaden** *vt* attutire, affievolire **deadline** *n* data di scadenza *f* **deadlock** *n* punto morto *m*

deaf (def) *adj* sordo **deaf-aid** *n* apparecchio acustico *m* **deafen** *vt* assordare **deafmute** *n* sordomuto *m*

deal* (di:l) *vi* **1** trattare **2** occuparsi **3** negoziare *vt* distribuire. *n* **1** quantità *f* **2** *comm* affare *m* **3** accordo *m* **4** *game* mano *f*

dean (di:n) *n* **1** *educ* preside *m* **2** *rel* decano *m*

dear (diə) *adj* **1** caro **2** costoso.

death (deθ) *n* morte *f* **death certificate** *n* certificato di morte m **death duty** *n* tassa di successione *f* **death rate** *n* (indice di) mortalità *f*

debase (di'beis) *vt* abbassare, degradare, svalutare.

debate (di'beit) *n* dibattito *m* disputa *f* *vt,vi* discutere, deliberare

debit ('debit) *n* debito *m* *vt* addebitare

debris ('deibri) *n* detriti *m pl*.

debt (det) *n* debito *m* **debtor** *n* debitore *m*

decade ('dekeid) *n* decennio *m*.

decadent ('dekədənt) *adj* decadente

decant (di'kænt) *vt* travasare **decanter** *n* caraffa *f*

decay (di'kei) *n* **1** rovina *f* deperimento *m* **2** putrefazione *f* *vi* decadere, andare in rovina, deperire

decease (di'si:s) *n* decesso *m* **deceased** *adj,n* defunto

deceit (di'si:t) *n* inganno *m* frode *f* **deceitful** *adj* ingannevole, falso

deceive (di'si:v) *vt* ingannare **deceive oneself** illudersi

December (di'sembə) *n* dicembre *m*.

decent ('di:sənt) *adj* **1** decente, modesto **2** onesto.

deceptive (di'septiv) *adj* ingannevole

decibel ('desibel) *n* decibel *m*.

decide (di'said) *vi* decidersi. *vt* decidere **decided** *adj* deciso, risoluto.

deciduous (di'sidjuəs) *adj* caduco

decimal ('desiməl) *adj,n* decimale *m*.

decipher (di'saifə) *vt* decifrare

decision (di'siʒən) *n* decisione *f*. **decisive** *adj* decisivo, fermo

deck (dek) *n* ponte *m*. coperta *f*. *vt* coprire, adornare. **deckchair** *n* sedia a sdraio *f*.

declare (di'klɛə) *vt* dichiarare, proclamare. **declaration** *n* dichiarazione *f.*

decline (di'klain) *vt* **1** declinare. **2** rifiutare. *vi* deperire. *n* **1** declino *m.* **2** deperimento *m.* **3** decadenza *f.* **declension** *n* declinazione *f.*

decorate ('dekəreit) *vt* decorare, abbellire. **decoration** *n* decorazione *f.* ornamento *m.*

decoy (*n* 'di:kɔi; *v* di'kɔi) *n* **1** trappola *f.* **2** uccello da richiamo *m.* *vt* adescare, abbindolare.

decrease (di'kri:s) *n* diminuzione *f.* *vt,vi* diminuire.

decree (di'kri:) *n* decreto *m.*

decrepit (di'krepit) *adj* decrepito.

dedicate ('dedikeit) *vt* dedicare. **dedicated** *adj* dedicato, scrupoloso.

deduce (di'dju:s) *vt* dedurre.

deduct (di'dʌkt) *vt* dedurre, sottrarre. **deduction** *n* sottrazione, deduzione *f.*

deed (di:d) *n* **1** atto *m.* **2** azione *f.* **3** impresa *f.*

deep (di:p) *adj* profondo, alto. *n* abisso *m.* *adv* profondamente. **deepen** *vt* approfondire. *vi* approfondirsi. **deep-freeze** *n* congelatore *m.* *vt* surgelare. **deep-seated** *adj* radicato.

deer (diə) *n invar* cervo, daino *m.*

deface (di'feis) *vt* sfigurare, deturpare, cancellare.

default (di'fɔ:lt) *n* **1** mancanza *f.* **2** *law* contumacia *f.*

defeat (di'fi:t) *n* sconfitta, disfatta *f.* *vt* sconfiggere.

defect (*n* 'di:fekt; *v* di'fekt) *n* difetto *m.* mancanza *f.* *vi* disertare, defezionare. **defection** *n* defezione *f.* abbandono *m.* **defective** *adj* difettoso, anormale.

defence (di'fens) *n* difesa *f.* **defenceless** *adj* indifeso. **defend** *vt* difendere. **defendant** *n* imputato *m.*

defer (di'fə:) *vt* differire, rimandare. **deference** *n* deferenza *f.* riguardo *m.* **deferential** *adj* deferente.

defiant (di'faiənt) *adj* ardito, provocante.

deficient (di'fiʃənt) *adj* deficiente, insufficiente.

deficit ('defisit) *n* deficit, disavanzo *m.*

define (di'fain) *vt* definire, determinare. **definition** *n* definizione *f.*

definite ('defənit) *adj* determinato, preciso. **definitely** *adv* definitivamente, senz'altro.

deflate (di'fleit) *vt* **1** sgonfiare. **2** *comm* deflazionare. *vi* sgonfiarsi. **deflation** *n* **1** sgonfiamento *m.* **2** *comm* deflazione *m.*

deform (di'fɔ:m) *vt* deformare.

defraud (di'frɔ:d) *vt* defraudare, privare.

defrost (di'frɔst) *vt* disgelare, sbrinare.

deft (deft) *adj* abile, destro.

defunct (di'fʌŋkt) *adj* defunto.

defy (di'fai) *vt* sfidare. **defiance** *n* sfida *f.*

degenerate (*v* di'dʒenəreit; *adj,n* di'dʒenərit) *vi* degenerare. *adj,n* degenerato.

degrade (di'greid) *vt* degradare. **degrading** *adj* avvilente.

degree (di'gri:) *n* **1** grado, punto *m.* **2** *educ* laurea *f.*

dehydrate (di'haidreit) *vt* disidratare.

deity ('deiiti) *n* divinità *f.*

dejected (di'dʒektid) *adj* scoraggiato, abbattuto.

delay (di'lei) *n* ritardo, indugio, rinvio *m.* *vt* ritardare. *vi* indugiare.

delegate (*n* 'deligət; *v* 'deligeit) *n* delegato *m.* *vt* delegare.

delete (di'li:t) *vt* cancellare.

deliberate (*adj* di'libərət; *v* di'libəreit) *adj* ponderato, intenzionale. *vt,vi* deliberare, riflettere.

delicate ('delikət) *adj* delicato, sensibile. **delicacy** *n* **1** delicatezza *f.* **2** leccornia *f.*

delicatessen (delikə'tesən) *n* pizzicheria *f.*

delicious (di'liʃəs) *adj* delizioso.

delight (di'lait) *n* gioia *f.* entusiasmo *m.* *vt* dilettare. **delightful** *adj* piacevole, simpatico.

delinquency (di'liŋkwənsi) *n* delinquenza *f.* **delinquent** *n* delinquente *m.*

deliver (di'livə) *vt* **1** distribuire, consegnare. **2** liberare. **3** partorire. **4** (a speech) pronunciare. **delivery** *n* **1** consegna, distribuzione *f.* **2** *med* parto *m.* **3** dizione *f.*

delta ('deltə) *n* delta *m.*

delude (di'lu:d) *vt* deludere, illudere.

delve (delv) *vi* scavare, far ricerche.

demand (di'ma:nd) *n* **1** domanda *f.* **2** esigenza *f.* *vt* **1** richiedere, domandare. **2** esigere.

democracy (di'mɔkrəsi) *n* democrazia *f.* **democrat** *n* democratico *m.* **democratic** *adj* democratico.

demolish (di'mɔliʃ) *vt* demolire. **demolition** *n* demolizione *f.*

demon ('di:mən) *n* demonio *m.*

demonstrate ('demənstreit) *vt* dimostrare. *vi* fare una dimostrazione. **demonstration** *n* **1** dimostrazione *f.* **2** *pol* manifestazione *f.*

demoralize (di'mɔrəlaiz) *vt* demoralizzare.

demure (di'mjuə) *adj* modesto, pudico.

den (den) *n* covo *m.* tana *f.*

denial (di'naiəl) *n* rifiuto, diniego *m.*

denim ('denim) *n* **1** tessuto di cotone *m*. **2** *pl* pantaloni, blue-jeans *m pl*.
Denmark ('denmɑ:k) *n* Danimarca *f*.
denomination (dinɔmi'neiʃən) *n* **1** denominazione *f*. **2** confessione *f*. **3** *comm* taglio *m*. **denominator** *n* denominatore *m*.
denote (di'nout) *vt* denotare, indicare.
denounce (di'nauns) *vi* denunciare.
dense (dens) *adj* **1** denso, fitto. **2** *inf* stupido. **density** *n* densità *f*.
dent (dent) *n* incavo *m*. ammaccatura *f*. *vt* ammaccare, intaccare.
dental ('dentḷ) *adj* dentale. **dentist** *n* dentista *m*. **dentistry** *n* odontoiatria *f*. **denture** *n* dentiera *f*.
deny (di'nai) *vt* negare, smentire.
deodorant (di'oudərənt) *n* deodorante *m*.
depart (di'pɑ:t) *vi* **1** partire. **2** deviare. **departure** *n* partenza *f*.
department (di'pɑ:tmənt) *n* dipartimento, reparto *m*. **department store** *n* grande magazzino *m*.
depend (di'pend) *vi* **1** dipendere. **2** fare assegnamento. **dependable** *adj* fidato, sicuro. **dependant** *n* dipendente *m,f*. **dependence** *n* dipendenza *f*. **dependent** *adj* dipendente.
depict (di'pikt) *vt* descrivere, rappresentare.
deplete (di'pli:t) *vt* vuotare, esaurire.
deplore (di'plɔ:) *vt* deplorare.
deport (di'pɔ:t) *vt* deportare, esiliare. **deportment** *n* comportamento *m*.
depose (di'pouz) *vt* deporre.
deposit (di'pɔzit) *n* deposito *m*. *vt* depositare, posare.
depot ('depou) *n* magazzino *m*.
deprave (di'preiv) *vt* depravare.
depreciate (di'pri:ʃieit) *vi* deprezzarsi.
depress (di'pres) *vt* deprimere. **depression** *n* **1** depressione *f*. avvilimento *m*. **2** *comm* depressione *f*. crisi *f invar*.
deprive (di'praiv) *vt* privare.
depth (depθ) *n* profondità, altezza *f*.
deputize ('depjutaiz) *vi* fungere da delegato. **deputation** *n* deputazione *f*. **deputy** *n* deputato, delegato *m*.
derail (di'reil) *vi* deragliare. *vt* far deragliare. **derailment** *n* deragliamento *m*.
derelict ('derəlikt) *adj* derelitto, abbandonato.
deride (di'raid) *vt* deridere.
derive (di'raiv) *vt,vi* derivare. *vi* provenire.
derogatory (di'rɔgətri) *adj* calunnioso, sprezzante
descend (di'send) *vt,vi* discendere, scendere. **descendant** *n* discendente *m,f*. **descent** *n* **1** discesa *f*. **2** discendenza *f*.
describe (di'skraib) *vt* descrivere. **description** *n* descrizione *f*.
desert[1] ('dezət) *n* deserto *m*.
desert[2] (di'zə:t) *vt,vi* disertare. **deserter** *n* disertore *m*. **desertion** *n* diserzione *f*. abbandono *m*.
desert[3] (di'zə:t) *n* merito *m*.
deserve (di'zə:v) *vt* meritare.
design (di'zain) *n* **1** progetto, disegno *m*. **2** intento *m*. *vt* progettare.
designate ('dezigneit) *vt* designare.
desire (di'zaiə) *n* desiderio *m*. passione *f*. *vt* desiderare, augurare.
desk (desk) *n* scrivania *f*.
desolate ('desələt) *adj* desolato, deserto.
despair (di'spɛə) *n* disperazione *f*. *vi* disperare.
desperate ('desprət) *adj* disperato, accanito.
despise (di'spaiz) *vt* disprezzare.
despite (di'spait) *prep* malgrado.
despondent (di'spɔndənt) *adj* scoraggiato, depresso.
dessert (di'zə:t) *n* frutta *f*. dolce *m*. **dessertspoon** *n* cucchiaio da dessert *m*.
destine ('destin) *vt* destinare. **destination** *n* destinazione *f* **destiny** *n* destino *m*.
destitute ('destitju:t) *adj* indigente.
destroy (di'strɔi) *vt* distruggere, abbattere. **destroyer** *n naut* cacciatorpediniere *m*.
detach (di'tætʃ) *vt* staccare, isolare. **detachable** *adj* staccabile. **detachment** *n* **1** distacco *m*. indifferenza *f*. **2** *mil* distaccamento *m*.
detail ('di:teil) *n* dettaglio, particolare *m*. *vt* specificare, dettagliare.
detain (di'tein) *vt* trattenere, detenere. **detainee** *n* confinato *m*
detect (di'tekt) *vt* scoprire, scovare, percepire. **detective** *n* investigatore *m*. *adj* poliziesco.
detention (di'tenʃən) *n* detenzione *f*. arresto *m*.
deter (di'tə:) *vt* trattenere, dissuadere. **deterrent** *n* arma *f*. freno *m*.
detergent (di'tə:dʒənt) *n* detergente, detersivo *m*.
deteriorate (di'tiəriəreit) *vi* deteriorare, deteriorarsi.
determine (di'tə:min) *vt* determinare, stabilire. *vi* decidersi. **determination** *n* determinazione, risolutezza *f*.

detest (di'test) *vt* detestare. **detestable** *adj* odioso

detonate ('detəneit) *vt,vi* detonare, esplodere.

detour ('di:tuə) *n* deviazione, digressione *f.*

detract (di'trækt) *vt* detrarre.

devalue (di'vælju:) *vt* svalutare. **devaluation** *n* svalutazione *f.*

devastate ('devəsteit) *vt* devastare, rovinare.

develop (di'veləp) *vt* sviluppare, ampliare. *vi* svilupparsi. **development** *n* sviluppo *m.* crescita *f.*

deviate ('di:vieit) *vi,vt* deviare. **devious** *adj* tortuoso, remoto.

device (di'vais) *n* **1** congegno, dispositivo *m.* **2** mezzo, stratagemma *m.*

devil ('devəl) *n* diavolo, demonio *m.*

devise (di'vaiz) *vt* escogitare, progettare.

devoid (di'vɔid) *adj* privo.

devote (di'vout) *vt* dedicare, consacrare. **devotee** *n* devoto, fanatico *m.* **devotion** *n* devozione *f.* affetto *m.*

devour (di'vauə) *vt* divorare.

devout (di'vaut) *adj* devoto, fervente.

dew (dju:) *n* rugiada *f.*

dexterous ('dekstrəs) *adj* abile, capace.

diabetes (daiə'bi:tiz) *n* diabete *m.*

diagonal (dai'agənl) *adj,n* diagonale *m.*

diagram ('daiəgræm) *n* diagramma *m.*

dial (dail) *n* **1** (of a clock) quadrante *m.* **2** (of a telephone) disco combinatore *m* *vt* comporre.

dialect ('daiəlekt) *n* dialetto *m.*

dialogue ('daiəlɔg) *n* dialogo *m.*

diameter (dai'æmitə) *n* diametro *m.*

diamond ('daiəmənd) *n* diamante *m.*

diaphragm ('daiəfræm) *n* diaframma *m.*

diarrhoea (daiə'riə) *n* diarrea *f.*

diary ('daiəri) *n* diario *m.*

dice (dais) *n pl* dadi *m pl.* *vt* tagliare a cubetti.

dictate (dik'teit:) *vt,vi* dettare. **dictation** *n* dettato *m.* **dictator** *n* dittatore *m.* **dictatorship** *n* dittatura *f.*

dictionary ('dikʃənri) *n* dizionario *m.*

did (did) *v* see **do.**

die (dai) *vi* morire.

diesel ('di:zəl) *n* diesel *m.*

diet ('daiət) *n* **1** dieta *f.* **2** alimentazione *f.* *vi* essere a dieta.

differ ('difə) *vi* **1** dissentire. **2** essere diverso.

difference ('difrəns) *n* **1** differenza *f.* **2** divergenza *f.* **different** *adj* differente. **differential** *adj,n* differenziale *m.* **differentiate** *vt* differenziare.

difficult ('difikəlt) *adj* difficile. **difficulty** *n* difficoltà *f*

dig* (dig) *vt,vi* scavare. *n* **1** vangata *f.* **2** urto *m.* **3** scavi *m pl.* **4** *pl* camera, ammobiliata *f.*

digest (dai'dʒest) *vt,vi* digerire. **digestible** *adj* digeribile. **digestion** *n* digestione *f.*

digit ('didʒit) *n* numero semplice *m.* cifra *f.* **digital** *adj* digitale.

dignity ('digniti) *n* dignità *f.* **dignified** *adj* dignitoso, nobile.

dilapidated (di'læpideitid) *adj* decrepito, in rovina

dilemma (di'lemə) *n* dilemma *m.*

diligent ('dilidʒənt) *adj* diligente.

dilute (dai'lu:t) *vt* diluire.

dim (dim) *adj* pallido, vago, ottuso. *vt* smorzare, offuscare. *vi* oscurarsi, indebolirsi.

dimension (di'menʃən) *n* dimensione *f*

diminish (di'miniʃ) *vt* diminuire, ridurre. *vi* ridursi.

diminutive (di'minjutiv) *adj,n* diminutivo *m.*

dimple ('dimpəl) *n* fossetta *f.*

din (din) *n* rumore assordante, fracasso *m.*

dine (dain) *vi* pranzare. **dining car** *n* carrozza ristorante *f.* **dining room** *n* sala da pranzo *f.*

dinghy ('diŋgi) *n* lancia, barchetta *f.*

dingy ('dindʒi) *adj* scuro, sbiadito, sporco.

dinner ('dinə) *n* pranzo, desinare *m.* cena *f.* **dinner jacket** *n* smoking *m.*

dinosaur ('dainəsɔ:) *n* dinosauro *m.*

diocese ('daiəsis) *n* diocesi *f invar.*

dip (dip) *vt* **1** immergere, intingere, tuffare. **2** abbassare. *vi* **1** immergersi. **2** abbassarsi. *n* **1** immersione *f.* tuffo *m.* **2** pendenza *f.*

diphthong ('difθɔŋ) *n* dittongo *m.*

diploma (di'ploumə) *n* diploma *m.*

diplomacy (di'ploumasi) *n* diplomazia *f.* **diplomat** ('dipləmæt) *n* diplomatico *m.* **diplomatic** *adj* diplomatico.

direct (di'rekt) *vt* **1** dirigere. **2** indirizzare. **3** ordinare. *adj* **1** diretto. **2** sincero. **direction** *n* **1** direzione *f.* senso *m.* **2** istruzione *f.* **director** *n* **1** direttore *m.* **2** *Th* regista *m.* **directory** *n* elenco telefonico *m.* guida *f.*

dirt (də:t) *n* sporcizia, immondizia *f.* **dirty** *adj* sporco, sudicio. *vt* insudiciare, sporcare.

disability (disə'biliti) *n* incapacità, impotenza *f.* **disabled** *adj* invalido *m.*

disadvantage (disəd'vɑ:ntidʒ) *n* svantaggio *m* **disadvantageous** *adj* svantaggioso.

disagree (disə'gri:) *vi* **1** non andar d'accordo,

differire. **2** far male. **disagreeable** *adj* sgradevole

disappear (disə'piə) *vi* sparire. **disappearance** *n* scomparsa *f*

disappoint ('disə'pɔint) *vt* deludere **disappointment** *n* delusione *f*.

disapprove (disə'pru:v) *vt,vi* disapprovare. **disapproval** *n* disapprovazione *f*.

disarm (dis'ɑ:m) *vt* disarmare **disarmament** *n* disarmo *m*

disaster (di'zɑ:stə) *n* disastro *m*. catastrofe *f* **disastrous** *adj* disastroso

disc (disk) *n* disco *m*. **disc jockey** *n* presentatore radiofonico di dischi *m*.

discard (di'skɑ:d) *vt* scartare, abbandonare.

discern (di'sə:n) *vt* percepire, scorgere **discernment** *n* discernimento, acume *m*.

discharge (dis'tʃɑ:dʒ) *vt* **1** scaricare. **2** congedare **3** assolvere, liberare. *n* **1** scarico *m*. **2** *mil* congedo *m* **3** *law* assoluzione *f*

disciple (di'saipəl) *n* discepolo *m*.

discipline ('disəplin) *n* disciplina *f*

disclose (dis'klouz) *vt* rivelare, svelare

discomfort (dis'kʌmfət) *n* disagio *m* *vt* mettere a disagio

disconnect (diskə'nekt) *vt* **1** sconnettere **2** *tech* disinnestare

disconsolate (dis'kɔnsələt) *adj* sconsolato

discontinue (diskən'tinju:) *vt,vi* cessare

discord ('diskɔ:d) *n* discordia, disarmonia *f*

discotheque ('diskətek) *n* discoteca *f*

discount (*n* 'diskaunt, *v* dis'kaunt) *n* sconto *m* riduzione *f* *vt* scontare, ribassare

discourage (dis'kʌridʒ) *vt* scoraggiare, dissuadere **discouragement** *n* scoraggiamento *m*

discover (dis'kʌvə) *vt* scoprire **discovery** *n* scoperta *f*

discredit (dis'kredit) *vt* screditare

discreet (dis'kri:t) *adj* prudente, riservato

discrepancy (dis'krepənsi) *n* contraddizione *f* divario *m* **discretion** *n* discrezione *f* discernimento *m*

discrete (dis'kri:t) *adj* separato, distinto

discriminate (dis'krimineit) *vt vi* discriminare, distinguere **discrimination** *n* **1** discriminazione *f* **2** discernimento *m*

discus ('diskəs) *n*, *pl* **discuses** disco *m*

discuss (dis'kʌs) *vt* discutere **discussion** *n* discussione *f*

disease (di'zi:z) *n* malattia *f*

disembark (disim'bɑ:k) *vi* sbarcare

disengage (disin'geidʒ) *vt* disimpegnare, disinnestare

disfigure (dis'figə) *vt* deturpare, sfigurare.

disgrace (dis'greis) *n* disonore *m*. vergogna *f* *vt* disonorare, destituire

disgruntled (dis'grʌntəld) *adj* di cattivo umore, scontento

disguise (dis'gaiz) *vt* travestire, dissimulare *n* **1** travestimento *m*. **2** finzione *f*.

disgust (dis'gʌst) *n* disgusto *m*. nausea *f* *vt* disgustare.

dish (diʃ) *n* **1** piatto *m*. **2** *cul* pietanza *f* *vt* scodellare, servire **dishcloth** *n* strofinaccio per i piatti *m*

dishearten (dis'hɑ:tn) *vt* scoraggiare.

dishevelled (di'ʃevəld) *adj* arruffato.

dishonest (dis'ɔnist) *adj* disonesto **dishonesty** *n* disonestà *f*

dishonour (dis'ɔnə) *n* disonore *m* *vt* disonorare

disillusion (disi'lu:ʒən) *n* disinganno *m*. *vt* disilludere

disinfect (disin'fekt) *vt* disinfettare **disinfectant** *adj,n* disinfettante *m*

disinherit (disin'herit) *vt* diseredare

disintegrate (dis'intigreit) *vt* disintegrare. *vi* disgregarsi

disinterested (dis'intrəstid) *adj* disinteressato

disjointed (dis'dʒɔintid) *adj* disgiunto, sconnesso

dislike (dis'laik) *vt* non piacere *n* antipatia, avversione *f*

dislocate ('disləkeit) *vt* slogare, spostare.

dislodge (dis'lɔdʒ) *vt* sloggiare, scacciare

disloyal (dis'lɔiəl) *adj* sleale

dismal ('dizməl) *adj* tetro, cupo, lugubre

dismantle (dis'mæntl̩) *vt* smantellare, demolire

dismay (dismei) *n* sgomento *m* *vt* costernare, spaventare

dismiss (dis'mis) *vt* **1** licenziare, mandar via **2** respingere **dismissal** *n* **1** licenziamento *m* **2** congedo *m*

dismount (dis'maunt) *vi* scendere *vt* smontare

disobey (disə'bei) *vt* disubbidire a **disobedient** *adj* disubbidiente **disobedience** *n* disubbidienza *f*

disorder (dis'ɔ:də) *n* **1** disordine *m* **2** *med* disturbo *m*

disorganized (dis'ɔ:gənaizd) *adj* disorganizzato

disown (dis'oun) *vt* smentire, rinnegare

disparage (dis'pæridʒ) *vt* sottovalutare, dis-

prezzare **disparaging** *adj* sprezzante, spregiativo
dispassionate (dis'pæʃənət) *adj* calmo, spassionato
dispatch (dis'pætʃ) *vt* spedire, inviare, sbrigare *n* **1** spedizione *f* **2** dispaccio *m* **3** prontezza *f*
dispel (dis'pel) *vt* dissipare, disperdere
dispense (dis'pens) *vt* dispensare, distribuire **dispense with** fare a meno di **dispensary** *n* dispensario *m*.
disperse (dis'pə:s) *vt* disperdere, sparpagliare. *vi* disperdersi.
displace (dis'pleis) *vt* spostare, soppiantare. **displacement** *n* **1** spostamento *m*. **2** *naut* dislocamento *m*.
display (dis'plei) *n* **1** mostra *f*. **2** ostentazione *f*. *vt* mostrare, ostentare, rivelare
displease (dis'pli:z) *vt* dispiacere a, offendere
dispose (dis'pouz) *vt* disporre. **dispose of** liberarsi di, eliminare. **disposal** *n* disposizione *f*. **disposition** *n* disposizione *f*. carattere *m*.
disprove (dis'pru:v) *vt* confutare, contraddire.
dispute (dis'pju:t) *n* disputa, vertenza *f*. *vt* contestare. *vi* discutere.
disqualify (dis'kwɔlifai) *vt* *sport* squalificare **disqualification** *n* squalifica *f*.
disregard (disri'ga:d) *n* noncuranza *f*. disprezzo *m*. *vt* ignorare, trascurare.
disreputable (dis'repjutəbəl) *adj* indecoroso, di cattiva fama
disrespect (disri'spekt) *n* mancanza di rispetto *f*.
disrupt (dis'rʌpt) *vt* **1** mettere in confusione. **2** rompere, spaccare. **disruption** *n* disordine *m*.
dissatisfy (di'sætisfai) *vt* scontentare, deludere. **dissatisfaction** *n* scontento *m*
dissect (di'sekt) *vt* sezionare, analizzare. **dissection** *n* sezionamento *m*.
dissent (di'sent) *n* dissenso *m*. *vi* dissentire.
dissimilar (di'similə) *adj* diverso
dissociate (di'souʃieit) *vt* dissociare, separare
dissolve (di'zɔlv) *vt* dissolvere. *vi* sciogliersi.
dissuade (di'sweid) *vt* dissuadere.
distance ('distəns) *n* distanza *f*.
distant ('distn̩t) *adj* **1** distante, lontano. **2** vago, riservato
distaste (dis'teist) *n* ripugnanza *f*.
distil (dis'til) *vt* stillare, distillare
distinct (dis'tiŋkt) *adj* **1** distinto, chiaro **2** diverso. **distinction** *n* distinzione *f*. **distinctive** *adj* caratteristico.
distinguish (dis'tiŋgwiʃ) *vt* distinguere. **distinguished** *adj* distinto, illustre.
distort (dis'tɔ:t) *vt* distorcere, alterare
distract (dis'trækt) *vt* **1** distrarre. **2** turbare. **distraction** *n* **1** distrazione *f*. **2** svago *m*. **3** follia *f*
distraught (dis'trɔ:t) *adj* turbato, pazzo.
distress (dis'tres) *n* **1** dolore *m*. angoscia *f*. **2** miseria *f* *vt* affliggere, tormentare.
distribute (dis'tribju:t) *vt* distribuire. **distribution** *n* distribuzione *f*.
district ('distrikt) *n* distretto, quartiere *m*.
distrust (dis'trʌst) *n* diffidenza *f*. sospetto *m*. *vt* non aver fiducia in
disturb (dis'tə:b) *vt* disturbare. **disturbance** *n* perturbazione *f* tumulto *m*.
ditch (ditʃ) *n* fossato *m*. *vt* *inf* piantare in asso.
ditto ('ditou) *n* idem, lo stesso *m*.
divan (di'væn) *n* divano *m*.
dive (daiv) *n* tuffo *m*. immersione *f*. *vi* tuffarsi, immergersi. **diving board** *n* trampolino *m*.
diverge (dai'və:dʒ) *vi* divergere.
diverse (dai'və:s) *adj* **1** differente. **2** vario.
diversify (di'və:rsifai) *vt* differenziare.
divert (dai'və:t) *vt* **1** deviare, sviare. **2** divertire. **diversion** *n* **1** diversione *f*. **2** diversivo *m*.
divide (di'vaid) *vt* dividere. *vi* separarsi. **divisible** *adj* divisibile **division** *n* divisione *f*.
dividend ('dividend) *n* dividendo *m*.
divine (di'vain) *adj* divino. **divinity** *n* divinità *f*.
divorce (di'vɔ:s) *n* divorzio *m*. *vt* **1** divorziare. **2** separare.
divulge (di'vʌldʒ) *vt* divulgare.
dizzy ('dizi) *adj* stordito, che ha il capogiro. **dizziness** *n* vertigine *f*.
do* (du:) *vt* fare, compiere. *vi* **1** bastare. **2** andare bene. **3** agire **do one's utmost** fare tutto il possibile **do up** abbottonare. **do without** fare a meno
docile ('dousail) *adj* docile.
dock[1] (dɔk) *n* *naut* molo, bacino, portuario *m*. *vi* attraccare. **dockyard** *n* arsenale *m*.
dock[2] (dɔk) *n* (tail) troncone *m*. *vt* mozzare, ridurre
dock[3] (dɔk) *n* *law* banco degli imputati *m*.
doctor ('dɔktə) *n* dottore, medico *m*.
doctrine ('dɔktrin) *n* dottrina *f*.
document ('dɔkjumənt) *n* documento *m*. *vt* documentare. **documentary** *adj,n* documentario *m*.
dodge (dɔdʒ) *vt* schivare, eludere. *vi* scansarsi *n* **1** sotterfugio *m*. **2** schivata *f*.

dog (dɔg) *n* cane *m*. *vt* pedinare. **dog-collar** *n* **1** collare per cani *m*. **2** *inf* collarino *m*. **dogged** *adj* ostinato.

dogma ('dɔgmə) *n* dogma *m*. **dogmatic** *adj* dogmatico.

dole (doul) *n* sussidio *m*. distribuzione *f*. **go on the dole** ricevere il sussidio per disoccupati. *v* **dole out** distribuire.

doll (dɔl) *n* bambola *f*.

dollar ('dɔlə) *n* dollaro *m*.

Dolomites ('dɔləmaits) *n pl* Dolomiti *f pl*.

dolphin ('dɔlfin) *n* delfino *m*.

domain (də'mein) *n* dominio *m*. proprietà *f*.

dome (doum) *n* cupola *f*.

domestic (də'mestik) *adj* domestico, casalingo. **domesticate** *vt* addomesticare.

dominate ('dɔmineit) *vt,vi* dominare. **dominant** *adj* dominante. **domineer** *vi* tiranneggiare.

dominion (də'miniən) *n* dominio *m*.

donate (dou'neit) *vt* donare. **donation** *n* **1** dono *m*. **2** *pl* carità *f*.

done (dʌn) *v* see **do**.

donkey ('dɔŋki) *n* asino *m*.

donor ('dounə) *n* donatore *m*. donatrice *f*.

doom (du:m) *n* destino *m*. sorte, distruzione, morte *f*. **doomsday** *n* giorno del giudizio *m*

door (dɔ:) *n* porta *f*. **doorbell** *n* campanello *m*. **doorhandle** *n* maniglia della porta *f*. **doorknob** *n* pomo della porta *m*. **door-knocker** *n* battente *m*. **doormat** *n* zerbino *m*. **doorstep** *n* gradino della porta *m*. **doorway** *n* soglia, entrata *f*.

dope (doup) *n sl* stupefacente *m*. *vt sl* narcotizzare, drogare.

dormant ('dɔ:mənt) *adj* dormiente, sopito, latente.

dormitory ('dɔ:mitri) *n* dormitorio *m*.

dormouse ('dɔ:maus) *n* ghiro *m*.

dose (dous) *n* dose *f* *vt* somministrare a dosi, dosare. **dosage** *n* dosaggio *m*.

dot (dɔt) *n* punto, puntino *m*. **on the dot** in punto. ~*vt* mettere il punto su, punteggiare

dote (dout) *vi* **dote on** essere infatuato di

double ('dʌbəl) *adj* doppio. *n* **1** doppio *m*. **2** sosia *m,f invar*. *adv* due volte tanto, in coppia. *vt* raddoppiare, doppiare. *vi* piegarsi. **double bass** *n* contrabbasso *m*. **double-cross** *vt* tradire. **double-decker bus** *n* autobus a due piani *m invar*. **double-dutch** *n* lingua incomprensibile *f*. **double glazing** *n* vetro doppio *m*.

doubt (daut) *n* dubbio *m*. incertezza *f*. *vt* dubitare di. *vi* dubitare. **doubtful** *adj* ambiguo, incerto.

dough (dou) *n* pasta *f*. **doughnut** *n* ciambella *f*

dove (dʌv) *n* colomba *f*. **dovecote** *n* colombaia *f*.

dowdy ('daudi) *adj* sciatto, vestito male.

down[1] (daun) *adv* giù, in basso, di sotto. *adj* abbattuto, depresso. *prep* giù per. *vt* **1** abbattere. **2** *inf* tracannare.

down[2] (daun) *n* (soft fur etc.) lanugine *f*.

downcast ('daunka:st) *adj* scoraggiato, abbattuto

downfall ('daunfɔ:l) *n* caduta, rovina *f*.

downhearted (daun'ha:tid) *adj* depresso.

downhill ('daunhil) *adj* discendente. *adv* in pendio.

downpour ('daunpɔ:) *n* acquazzone *m*.

downright ('daunrait) *adj* vero, sincero. *adv* assolutamente.

downstairs (daun'stɛəz) *adj* di sotto. *adv* dabbasso. *n* pianterreno *m*.

downstream (daun'stri:m) *adv* seguendo la corrente

downtrodden ('dauntrɔdn̩) *adj* calpestato, oppresso

downward ('daunwəd) *adj* discendente. **downwards** *adv* dall'alto al basso, verso il basso.

dowry ('dauəri) *n* dote *f*.

doze (douz) *n* sonnellino *m*. *vi* sonnecchiare. **doze off** assopirsi.

dozen ('dʌzən) *n* dozzina *f*.

drab (dræb) *adj* sbiadito, scialbo.

draft (dra:ft) *n* **1** abbozzo *m*. **2** *comm* assegno *m*. **3** *mil* leva *f*. *vt* **1** redigere. **2** *mil* arruolare.

drag (dræg) *vt* **1** trascinare. **2** *naut* dragare. *vi* trascinarsi. **drag on** prolungarsi.

dragon ('drægən) *n* drago *m*. **dragonfly** *n* libellula *f*

drain (drein) *n* canale, tubo di scarico *m*. *vt* prosciugare, drenare. *vi* defluire, prosciugarsi. **drainage** *n* fognatura *f*. drenaggio *m*. **draining board** *n* scolatoio *m*. **drainpipe** *n* tubo di scarico *m*.

drake (dreik) *n* anitra maschio *m*.

dram (dræm) *n* **1** (weight) dramma *f*. **2** sorso *m*.

drama ('dra:mə) *n* dramma *m*. arte drammatica *f* **dramatic** *adj* drammatico. **dramatist** *n* drammaturgo *m*. **dramatize** *vt* drammatizzare, mettere in forma drammatica.

drank (dræŋk) *v* see **drink**.

drape (dreip) *vt* drappeggiare.

draper (ˈdreipə) *n* negoziante di tessuti *m.* **drapery** *n* tendaggio *m.* tessuti *m pl.*
drastic (ˈdræstik) *adj* drastico.
draught (drɑ:ft) *n* **1** corrente d'aria *f.* **2** sorso *m.* **draughtsman** *n* disegnatore *m.*
draw* (drɔ:) *vt* **1** tirare, attirare, estrarre. **2** disegnare. **draw near** avvicinarsi. ~*n* **1** tirata *f.* **2** *sport* pareggio *m.* **3** estrazione *f.* **4** attrazione *f.* **drawback** *n* inconveniente, ostacolo *m.* **drawbridge** *n* ponte levatoio *m.* **drawer** *n* cassetto *m.* **drawing** *n* disegno *m.* **drawing pin** *n* puntina da disegno *f.* **drawing room** *n* salotto *m.*
drawl (drɔ:l) *vt,vi* strascicare.
dread (dred) *n* timore *m. adj* terribile. *vt* temere, aver paura di. **dreadful** *adj* spaventoso, terribile.
dream* (dri:m) *n* sogno *m. vt,vi* sognare.
dreary (ˈdriəri) *adj* triste, cupo.
dredge (dredʒ) *vt* dragare. **dredger** *n* draga *f.*
dregs (dregz) *n pl* feccia *f.* scorie *f pl.*
drench (drentʃ) *vt* inzuppare, bagnare.
dress (dres) *vt* **1** vestire. **2** *med* bendare. **3** *cul* condire. *vi* abbigliarsi. **1** abito *m.* **2** vestito *m.* **dress circle** *n Th* prima galleria *f.* **dressmaker** *n* sarta da donna *f* **dress rehearsal** *n* prova generale *f.* **dressing** *n* **1** *med* medicazione, benda *f.* **2** *cul* condimento *m.* **dressing-gown** *n* vestaglia *f.* **dressing-room** *n* spogliatoio, camerino *m.* **dressing-table** *n* tavola da toletta *f.*
dresser[1] (ˈdresə) *n Th* guardarobiere *m.*
dresser[2] (ˈdresə) *n* credenza *f.*
drew (dru:) *v* see **draw.**
dribble (ˈdribəl) *n* gocciolamento *m. vi* gocciolare, sbavare.
drier (ˈdraiə) *n* essiccatore *m.*
drift (drift) *n* **1** spinta *f.* **2** corrente *f.* **3** deriva *f.* **4** (of snow) monticello *m. vi* andare alla deriva.
drill (dril) *n* **1** *tech* trapano *m.* **2** *mil* esercitazione *f. vt* **1** *tech* trapanare. **2** *mil* addestrare.
drink* (driŋk) *vt,vi* bere. *n* bevanda *f.* **drinking water** *n* acqua potabile *f.*
drip (drip) *vi* gocciolare. *n* sgocciolio *m.* **drip-dry** *adj* che s'asciuga rapidamente e non si stira. **dripping** *adj* gocciolante. *n* **1** *cul* grasso colato *m.* **2** sgocciolio *m.*
drive* (draiv) *n* **1** corsa *f.* **2** viale *m.* **3** impulso *m. vt,vi* **1** guidare, condurre. **2** spingere. *vi* guidare. **drive away** scacciare. **drive mad** far impazzire. **drive off** partire. **driver** *n* guidatore, autista *m.* **driving licence** *n* patente automobilistica *f.* **driving school** *n* scuola guida *f.* **driving test** *n* esame di guida *m.*
drivel (ˈdrivəl) *vi* **1** sbavare. **2** dire sciocchezze. *n* **1** bava *f.* **2** stupidaggini *f pl.*
drizzle (ˈdrizəl) *vi* piovigginare. *n* pioggerella *f.*
dromedary (ˈdrʌmədəri) *n* dromedario *m.*
drone[1] (droun) *n zool* fuco *m.*
drone[2] (droun) *vi* ronzare. *n* ronzio *m.*
droop (dru:p) *vi* curvarsi, languire, afflosciarsi. **drooping** *adj* pendente, abbattuto.
drop (drɔp) *n* **1** goccio *m.* goccia *f.* **2** dislivello *m.* **3** abbassamento *m.* **4** pastiglia *f. vt* lasciar cadere. *vi* **1** cadere. **2** diminuire. **drop out** sparire, ritirarsi. **drop-out** *n* persona emarginata dalla società *f.*
drought (draut) *n* siccità *f.*
drove[1] (drouv) *v* see **drive.**
drove[2] (drouv) *n* mandria *f.* gregge *m.*
drown (draun) *vt,vi* annegare, affogare.
drowsy (drauzi) *adj* sonnolento.
drudge (drʌdʒ) *n* sgobbone, schiavo *m. vi* sfacchinare. **drudgery** *n* lavoro faticoso e monotono *m.*
drug (drʌg) *n* **1** droga *f.* stupefacente *m.* **2** prodotto chimico *m. vt* narcotizzare, drogare. **drug addict** *n* morfinomane *m,f.*
drum (drʌm) *n* **1** tamburo *m.* **2** *tech* rullo *m.* **3** *anat* timpano *m. vi* suonare il tamburo. *vt* tamburellare.
drunk (drʌŋk) *v* see **drink.** *adj,n* ubriaco. **drunken** *adj* ebbro, ubriaco.
dry (drai) *adj* **1** secco, arido. **2** monotono. *vt* seccare. *vi* asciugarsi. **dry-clean** *vt* lavare a secco. **dry-cleaning** *n* lavaggio a secco *m.*
dual (ˈdjuəl) *adj* doppio, duplice. **dual carriageway** *n* strada a doppia carreggiata *f.*
dubious (ˈdju:biəs) *adj* dubbio, esitante.
duchess (ˈdʌtʃis) *n* duchessa *f.*
duck[1] (dʌk) *n* anitra *f.* **duckling** *n* anatroccolo *m.*
duck[2] (dʌk) *n* **1** tuffo *m.* immersione *f.* **2** colpo *m. vi* **1** immergersi. **2** chinarsi di colpo. *vt* **1** tuffare. **2** chinare.
duct (dʌkt) *n* **1** condotto, canale *m.* **2** *anat* vaso *m.*
dud (dʌd) *adj* inutile, falso. *n* proiettile che non esplode *m.*
due (dju:) *adj* **1** dovuto, adatto. **2** scaduto. **3**

atteso **be due to** essere causato da. ~*n* spettanza *f*. debito *m*.
duel ('djuəl) *n* duello *m*.
duet (dju'et) *n* duetto *m*.
dug (dʌg) *v* see **dig**.
duke (dju:k) *n* duca *m*.
dulcimer ('dʌlsimə) *n* salterio *m*.
dull (dʌl) *adj* **1** tardo, lento. **2** sordo. **3** monotono **4** cupo. *vt* **1** istupidire, intorpidire. **2** smussare **3** offuscare. **dullness** *n* **1** stupidità, lentezza *f*. **2** monotonia *f*.
dumb (dʌm) *adj* **1** muto, reticente. **2** sciocco. **dumbfound** *vt* sbalordire, confondere.
dummy ('dʌmi) *adj* muto, falso. *n* **1** fantoccio *m*. **2** *game* morto *m*
dump (dʌmp) *n* **1** mucchio, deposito *m*. **2** luogo di scarico *m*. *vt* scaricare, ammassare.
dumpling ('dʌmpliŋ) *n* gnocco *m*.
dunce (dʌns) *n inf* ignorante *m,f*. asino *m*.
dune (dju n) *n* duna *f*
dung (dʌŋ) *n* sterco, letame *m*
dungeon ('dʌndʒən) *n* cella sotterranea *f*
duplicate (*adj,n* 'dju plikət. *v* 'dju pliket) *adj* doppio *n* duplicato *m* *vt* duplicare.
durable ('djuərəbəl) *adj* durevole
duration (djuə'reiʃən) *n* durata *f*
during ('djuəriŋ) *prep* durante
dusk (dʌsk) *n* crepuscolo *m*
dust (dʌst) *n* polvere *f* *vt* **1** impolverare. **2** spolverare **dustbin** *n* pattumiera *f* **duster** *n* spolverino *m* **dustman** *n* netturbino *m* **dustpan** *n* paletta per la spazzatura *f*
Dutch (dʌtʃ) *adj* olandese **go Dutch** pagare alla romana **Dutch** (language) *n* olandese *m*. **Dutchman** *n* olandese *m*
duty ('dju:ti) *n* **1** dovere, obbligo *m*. **2** *comm* dazio *m* imposta *f* **be on/off duty** essere in/fuori servizio **duty-free** *adj* esente da dogana **dutiful** *adj* rispettoso, obbediente
duvet ('du vei) *n* coperta imbottita con piume *f*
dwarf (dwɔ:f) *n* nano *m*. *vt* rimpicciolire
dwell* (dwel) *vi* **1** dimorare. **2** soffermarsi, restare. **dwelling** *n* abitazione, dimora *f*
dwindle ('dwindḷ) *vi* diminuire, consumarsi
dye (dai) *n* tintura *f* colorante *m* *vt* tingere *vi* tingersi
dyke (daik) *n* diga *f* argine *m*
dynamic (dai'næmik) *adj* dinamico **dynamics** *n* dinamica *f*
dynamite ('dainəmait) *n* dinamite *f*
dynasty ('dinəsti) *n* dinastia *f*
dysentery ('disəntri) *n* dissenteria *f*
dyslexia (dis'leksiə) *n* dislessia *f*

E

each (i:tʃ) *adj* ogni, ciascuno. *pron* ognuno. **each other** l'un l'altro, si
eager ('i:gə) *adj* ardente, avido, impaziente. **eagerness** *n* brama, impazienza *f*.
eagle ('i:gəl) *n* aquila *f*
ear[1] (iə) *n anat* orecchio *m*. **turn a deaf ear** fare orecchi da mercante. **earache** *n* mal d'orecchi *m* **eardrum** *n* timpano *m*. **earmark** *n* marchio di riconoscimento *m*. *vt* assegnare **earring** *n* orecchino *m*
ear[2] (iə) *n bot* spiga *f*
earl (ə:l) *n* conte *m* **earldom** *n* contea *f*.
early ('ə:li) *adv* presto, di buon'ora. *adj* **1** primo **2** mattiniero. **3** precoce.
earn (ə:n) *vt* guadagnare, meritarsi **earnings** *n pl* guadagni *m pl*. stipendio *m*
earnest ('ə:nist) *adj* serio, zelante. **in earnest** sul serio
earth (ə:θ) *n* **1** terra *f* mondo *m*. **2** terreno *m* **earthenware** *n* terraglia *f* **earthly** *adj* terrestre, terreno **earthquake** *n* terremoto *m* **earthworm** *n* lombrico *m*
earwig ('iəwig) *n* forfecchia *f*
ease (i:z) *n* **1** agio, comodo *m* **2** riposo *m*. *vt* alleviare, calmare. *vi* attenuarsi. **easy** *adj* **1** facile, agevole **2** disinvolto. *adv* facilmente, piano **easygoing** *adj* facilone, poco esigente.
easel ('i:zəl) *n* cavalletto *m*.
east (i st) *n* est, oriente *m*. *adj* d'est, orientale **easterly** *adj* d'est, orientale **eastern** *adj* orientale
Easter ('i:stə) *n* Pasqua *f*
eat* (i:t) *vt,vi* **1** mangiare. **2** corrodere
eavesdrop ('i:vzdrɔp) *vi* origliare.
ebb (eb) *n* **1** riflusso *m* **2** declino *m*. *vi* rifluire, abbassarsi
ebony ('ebəni) *n* ebano *m*. *adj* d'ebano, nero
eccentric (ik'sentrik) *adj,n* eccentrico
ecclesiastical (ikli:zi'æstikəl) *adj* ecclesiastico
echo ('ekou) *n*. *pl* **echoes** eco *f*. *pl* echi *m* *vi* echeggiare. *vt* ripetere
eclair (ei'klɛə) *n* bignè *m*. pasta al cioccolato *f*
eclipse (i'klips) *n* eclissi *f* *vt* eclissare
ecology (i'kɔlədʒi) *n* ecologia *f*
economy (i'kɔnəmi) *n* economia *f* **economic** *adj* economico **economics** *n* scienze economiche *f pl*. economia *f* **economical** *adj* eco-

nomico, parsimonioso. **economize** *vi* economizzare.

ecstasy ('ekstəsi) *n* ectasi *f invar*

eczema ('eksimə) *n* eczema *m*.

edge (edʒ) *n* **1** orlo, margine *m*. **2** (of a blade) filo *m*. **3** sponda *f*. **be on edge** avere i nervi tesi. ~*vt* bordare, rasentare. **edge one's way** farsi strada.

edible ('edibəl) *adj* commestibile.

Edinburgh ('edinbərə) *n* Edimburgo *f*.

edit ('edit) *vt* **1** redigere, corare. **2** dirigere. **editor** *n* redattore, direttore *m*. **editorial** *adj* editoriale. *n* articolo di fondo *m*.

edition (i'diʃən) *n* edizione *f*.

educate ('edjukeit) *vt* educare, istruire. **educated** *adj* istruito, colto **education** *n* istruzione, pedagogia *f*. **educational** *adj* pedagogico, della scuola.

eel (i:l) *n* anguilla *f*.

eerie ('iəri) *adj* strano, misterioso.

effect (i'fekt) *n* **1** risulato *m*. consequenza *f* **2** *pl* effetti personali *m pl*. *vt* compiere, eseguire **effective** *adj* efficace.

effeminate (i'feminət) *adj* effeminato.

effervesce (efə'ves) *vi* essere effervescente.

efficient (i'fiʃənt) *adj* efficiente, abile.

effigy ('efidʒi) *n* effigie *f*.

effort ('efət) *n* sforzo *m*. **effortless** *adj* senza sforzo.

egg[1] (eg) *n* uovo *m*, *pl* uova *f*. **eggcup** *n* portauovo *m*. **eggshell** *n* guscio d'uovo *m*. **eggwhisk** *n* frullino *m*.

egg[2] (eg) *vt* **egg on** incitare, istigare

ego ('i:gou) *n* ego *m*. **egocentric** *adj* egocentrico. **egoism** *n* egoismo *m* **egotism** *n* egotismo *m*.

Egypt ('i:dʒipt) *n* Egitto *m*. **Egyptian** *adj,n* egiziano.

eiderdown ('aidədaun) *n* piumino *m*.

eight (eit) *adj,n* otto *m*. **eighth** *adj* ottavo

eighteen (ei'ti:n) *adj,n* diciotto *m or f* **eighteenth** *adj* diciottesimo

eighty ('eiti) *adj,n* ottanta *m* **eightieth** *adj* ottantesimo.

either ('aiðə) *adj,pron* **1** l'uno o l'altro **2** tutti e due. *adv* nemmeno. **either...or** o ..o

ejaculate (i'dʒækjuleit) *vt* **1** esclamare **2** eiaculare. **ejaculation** *n* **1** esclamazione *f* **2** emissione *f*.

eject (i'dʒekt) *vt* espellere, emettere **ejection** *n* **1** espulsione *f*. **2** *tech* eiezione *f*

eke (i:k) *vt* **eke out** aggiungere a, accrescere

elaborate (*adj* i'læbrət; *v* i'læbəreit) *adj* elaborato, minuzioso. *vt* elaborare.

elapse (i'læps) *vi* trascorrere.

elastic (i'læstik) *adj,n* elastico *m*. **elastic band** *n* elastico *m*.

elated (i'leitid) *adj* esaltato, esultante.

elbow ('elbou) *n* gomito *m*.

elder[1] ('eldə) *adj* maggiore, più vecchio *n* maggiore *m,f*. **elderly** *adj* anziano

elder[2] ('eldə) *n bot* sambuco *m*. **elderberry** *n* bacca del sambuco *f*.

eldest ('eldist) *adj* primogenito, maggiore

elect (i'lekt) *vt* eleggere, designare, scegliere *adj* scelto, eletto. **election** *n* elezione *f*. **electorate** *n* elettorato *m*

electricity (ilek'trisiti) *n* elettricità *f* **electric** *adj* elettrico. **electrician** *n* elettricista *m* **electrify** *vt* **1** elettrificare **2** elettrizzare **electrocute** *vt* fulminare con l'elettricità. **electrode** *n* elettrodo *m*. **electron** *n* elettrone *m*. **electronic** *adj* elettronico **electronics** *n* elettronica *f*

elegant ('eligənt) *adj* elegante. **elegance** *n* eleganza *f*.

element ('eləmənt) *n* elemento, fattore *m*. **elemental** *adj* degli elementi, essenziale. **elementary** *adj* elementare, schematico.

elephant ('eləfənt) *n* elefante *m*.

elevate ('eləveit) *vt* innalzare, esaltare. **elevation** *n* elevazione, altezza *f* **elevator** *n* ascensore, elevatore *m*.

eleven (i'levən) *adj,n* undici *m or f*. **eleventh** *adj* undicesimo

elf (elf) *n* folletto *m*.

eligible ('elidʒəbəl) *adj* eleggibile, accettabile

eliminate (i'limineit) *vt* **1** eliminare. **2** scartare

elite (ei'li:t) *n* elite *f*. fior fiore della società *m*

ellipse (i'lips) *n* ellisse *f*

elm (elm) *n* olmo *m*

elocution (elə'kju:ʃən) *n* elocuzione *f*

elope (i'loup) *vi* fuggire **elopement** *n* fuga *f*

eloquent ('eləkwənt) *adj* eloquente.

else (els) *adv* **1** altro **2** altrimenti, oppure **elsewhere** *adv* altrove

elucidate (i'lu:sideit) *vt* spiegare, chiarire.

elude (i'lu:d) *vt* eludere, schivare.

emaciate (i'meisieit) *vt* emaciare **emaciated** *adj* emaciato.

emanate ('eməneit) *vi* emanare, provenire

emancipate (i'mænsipeit) *vt* emancipare **emancipation** *n* emancipazione *f*

embalm (im'ba:m) *vt* imbalsamare

embankment (im'bæŋkmənt) *n* argine *m*
embargo (ım'bɑ:gou) *n, pl* **-goes** embargo *m* proibizione *f*
embark (im'bɑ:k) *vt* imbarcare *vi* imbarcarsi
embarrass (ım'bærəs) *vt* mettere in imbarazzo **embarrassing** *adj* imbarazzante **embarrassment** *n* imbarazzo *m*
embassy ('embəsı) *n* ambasciata *f*
embellish (im'beliʃ) *vt* abbellire, ornare
ember ('embə) *n* **1** tizzone *m* **2** *pl* brace *f*
embezzle (ım'bezəl) *vt* appropriarsi indebitamente di **embezzlement** *n* appropriazione fraudolenta *f*
embitter (ım'bıtə) *vt* amareggiare
emblem ('embləm) *n* emblema *m*
embody (im'bɔdi) *vt* **1** incarnare, personificare **2** includere
emboss (im'bɔs) *vt* scolpire in rilievo.
embrace (im'breıs) *vt* abbracciare *vi* abbracciarsi *n* abbraccio *m*
embroider (ım'brɔıdə) *vt* ricamare **embroidery** *n* ricamo *m*
embryo ('embrıou) *n* embrione *m*
emerald ('emrəld) *n* smeraldo *m*
emerge (i'mə:dʒ) *vi* emergere, affiorare.
emergency (i'mə:dʒənsı) *n* emergenza *f* **emergency exit** *n* uscita di sicurezza *f*
emigrate ('emıgreıt) *vi* emigrare
eminent ('emınənt) *adj* eminente
emit (i'mit) *vt* emettere, emanare
emotion (i'mouʃən) *n* emozione *f*, sentimento *m* **emotional** *adj* emotivo, commovente
empathy ('empəθi) *n* empatia *f*
emperor ('empərə) *n* imperatore *m*
emphasis ('emfəsıs) *n, pl* **-ses** rilievo *m*, evidenza *f*, enfasi *f invar* **emphasize** *vt* accentuare, mettere in evidenza **emphatic** *adj* enfatico, espressivo
empire ('empaıə) *n* impero *m*
empirical (im'pirikəl) *adj* empirico
employ (im'plɔı) *vt* **1** impiegare, servirsi di. **2** dare impiego a **employee** *n* impiegato *m*. **employer** *n* datore di lavoro *m* **employment** *n* impiego *m* occupazione *f* **employment exchange** *n* ufficio collocamento *m*.
empower (im'pauə) *vt* autorizzare
empress ('emprəs) *n* imperatrice *f*
empty ('empti) *adj* **1** vuoto **2** vano *vt* vuotare *vi* vuotarsi **empty-handed** *adj* a mani vuote **empty headed** *adj* scervellato
emu ('i mju) *n* emu *m*
emulate ('emjuleıt) *vt* emulare
emulsion (i'mʌlʃən) *n* emulsione *f*
enable (ı'neibəl) *vt* mettere in grado di
enact (i'nækt) *vt* **1** *law* decretare. **2** *Th* rappresentare
enamel (i'næməl) *n* smalto *m* *vt* smaltare
enchant (in'tʃɑ:nt) *vt* incantare **enchantment** *n* incantesimo *m*
encircle (ın'sə:kəl) *vt* circondare, cingere
enclose (ın'klouz) *vt* **1** racchiudere. **2** includere
encore ('ɔŋkɔ:) *n Th* bis *m*
encounter (ın'kauntə) *n* **1** incontro *m*. **2** lotta *f* *vt* **1** incontrare **2** affrontare
encourage (in'kʌrıdʒ) *vt* incoraggiare **encouragement** *n* incoraggiamento *m*
encroach (ın'kroutʃ) *vi* usurpare, abusare, intromettersi.
encumber (in'kʌmbə) *vt* ingombrare, ostacolare, opprimere
encyclopedia (ınsaiklə'pi:diə) *n* enciclopedia *f*.
end (end) *n* **1** fine *f*. termine *m*. **2** scopo, fine *m* **3** morte *f* **make ends meet** sbarcare il lunario ~*vt,vi* finire, concludere **endless** *adj* senza fine, interminabile.
endanger (ın'deındʒə) *vt* mettere in pericolo.
endeavour (in'devə) *n* sforzo, tentativo *m*. *vi* tentare, sforzarsi
endemic (en'demik) *adj* endemico.
endive ('endaıv) *n* indivia *f*.
endorse (ın'dɔ:s) *vt* **1** *comm* girare, firmare. **2** approvare **endorsement** *n* **1** *comm* girata *f* **2** altergato *m*
endow (in'dau) *vt* dotare. **endowment** *n* dotazione *f*
endure (in'djuə) *vt* **1** sopportare **2** durare. *vi* durare.
enemy ('enəmi) *adj,n* nemico, *pl* nemici *m*.
energy ('enədʒi) *n* energia *f*. **energetic** *adj* energico
enfold (in'fould) *vt* avvolgere.
enforce (in'fɔ:s) *vt* imporre, far rispettare **enforcement** *n* **1** imposizione *f*. **2** *law* applicazione *f*
engage (in'geidʒ) *vt* **1** impegnare, occupare. **2** *mot* ingranare. *vi* impegnarsi. **engaged 1** fidanzato. **2** occupato. **engagement** *n* **1** impegno, appuntamento *m*. **2** fidanzamento *m*
engine ('endʒin) *n* motore *m*.
engineer (endʒı'nıə) *n* **1** ingegnere *m*. **2** meccanico *m* *vt* costruire, ideare **engineering** *n* ingegneria *f*
England ('iŋglənd) *n* Inghilterra *f*. **English** *adj*

inglese. **English** (language) *n* inglese *m*. **English Channel** *n* Manica *f*. **Englishman** *n* inglese *m*.
engrave (in'greiv) *vt* intagliare, incidere. **engraving** *n* incisione *f*.
engross (in'grous) *vt* assorbire.
engulf (in'gʌlf) *vt* inghiottire, inabissare.
enhance (in'hɑ:ns) *vt* **1** migliorare. **2** accrescere.
enigma (i'nigmə) *n* enigma *m*. **enigmatic** *adj* enigmatico.
enjoy (in'dʒɔi) *vt* **1** godere. **2** apprezzare. **enjoy oneself** divertirsi. **enjoyment** *n* divertimento, piacere *m*.
enlarge (in'lɑ:dʒ) *vt* espandere, ingrandire
enlighten (in'laitn̩) *vt* illuminare. **enlightenment** *n* **1** spiegazione *f*. **2** *cap* Illuminismo *m*.
enlist (in'list) *vt* arruolare. *vi* arruolarsi.
enormous (i'nɔ:məs) *adj* enorme, immenso.
enough (i'nʌf) *adj* abbastanza. *adv* sufficientemente, abbastanza. **be enough** bastare.
enquire (in'kwaiə) *vi* chiedere, domandare, informarsi. *vt* chiedere, domandare. **enquiry** *n* **1** domanda *f*. **2** *law* inchiesta *f*. **enquiry office** *n* ufficio informazioni *m*.
enrage (in'reidʒ) *vt* far arrabbiare.
enrich (in'ritʃ) *vt* arricchire.
enrol (in'roul) *vt* arruolare, iscrivere. **enrolment** *n* arruolamento *m*.
ensign ('ensain) *n* bandiera, insegna *f*.
enslave (in'sleiv) *vt* assoggettare, asservire.
ensure (in'ʃuə) *vt* assicurare, garantire.
entail (in'teil) *vt* implicare.
entangle (in'tæŋgəl) *vt* impigliare, coinvolgere. **entanglement** *n* groviglio, imbroglio *m*.
enter ('entə) *vt* **1** entrare in. **2** iscrivere. *vi* entrare.
enterprise ('entəpraiz) *n* impresa, iniziativa *f*. **enterprising** *adj* intraprendente.
entertain (entə'tein) *vt* **1** intrattenere, divertire. **2** ricevere. **3** accarezzare. **entertaining** *adj* divertente. **entertainment** *n* festa *f*. spettacolo *m*.
enthral (in'θrɔ:l) *vt* affascinare, incantare.
enthusiasm (in'θju:ziæzəm) *n* entusiasmo *m*. **enthusiast** *n* entusiasta *m*. **enthusiastic** *adj* entusiastico.
entice (in'tais) *vt* **1** sedurre. **2** allettare.
entire (in'taiə) *adj* intero, completo.
entitle (in'taitl̩) *vt* intitolare, dare diritto a.
entity ('entiti) *n* entità *f*.
entrails ('entreilz) *n pl* viscere *f pl*. intestini *m pl*.
entrance[1] ('entrəns) *n* **1** entrata *f* ingresso *m*. **2** ammissione *f*. **entrance fee** *n* tassa d'iscrizione *f*
entrance[2] (in'trɑ:ns) *vt* mandare in estasi.
entreat (in'tri:t) *vt* supplicare. **entreaty** *n* supplica *f*.
entrench (in'trentʃ) *vt* trincerare
entrepreneur (ɔntrəprə'nə:) *n* impresario, imprenditore *m*.
entrust (in'trʌst) *vt* affidare, consegnare.
entry ('entri) *n* **1** entrata *f*. ingresso *m*. **2** registrazione *f*
entwine (in'twain) *vt* intrecciare.
enunciate (i'nʌnsieit) *vt* enunciare.
envelop (in'veləp) *vt* avviluppare.
envelope ('envəloup) *n* busta *f*.
environment (in'vairənmənt) *n* ambiente *m*.
envisage (in'vizidʒ) *vt* considerare, immaginare.
envoy ('envɔi) *n* inviato *m*.
envy ('envi) *n* invidia, gelosia *f*. *vt* invidiare.
enzyme ('enzaim) *n* enzima *m*.
epaulet ('epəlet) *n* spallina *f*.
ephemeral (i'femərəl) *adj* effimero.
epic ('epik) *adj* epico. *n* epica *f*.
epidemic (epi'demik) *n* epidemia *f*. *adj* epidemico.
epilepsy ('epilepsi) *n* epilessia *f*. **epileptic** *adj,n* epilettico.
epilogue ('epilɔg) *n* epilogo *m*.
Epiphany (i'pifəni) *n* Epifania *f*
episcopal (i'piskəpəl) *adj* episcopale.
episode ('episoud) *n* episodio *m*.
epitaph ('epitɑ:f) *n* epitaffio *m*.
epitome (i'pitəmi) *n* epitome *f*.
epoch ('i:pɔk) *n* epoca *f*
equable ('ekwəbəl) *adj* uniforme, costante.
equal ('i:kwəl) *adj* uguale, simile, pari. *n* pari *m invar*. *vt* uguagliare. **equalize** *vt* uguagliare. *vt,vi sport* pareggiare.
equate (i'kweit) *vt* uguagliare, paragonare. **equation** *n* equazione *f*. **equator** *n* equatore *m*.
equestrian (i'kwestriən) *adj* equestre.
equilateral (i:kwi'lætərəl) *adj* equilatero.
equilibrium (i:kwi'libriəm) *n* equilibrio *m*.
equinox ('i:kwinɔks) *n* equinozio *m*.
equip (i'kwip) *vt* **1** equipaggiare **2** fornire. **equipment** *n* **1** equipaggiamento *m*. **2** attrezzatura *f*.
equity ('ekwiti) *n* giustizia *f*.

equivalent (i'kwivələnt) *adj* equivalente
era ('iərə) *n* era, epoca *f*.
eradicate (i'rædikeit) *vt* sradicare.
erase (i'reiz) *vt* cancellare, raschiare
erect (i'rekt) *adj* eretto, elevato *vt* erigere, rizzare. **erection** *n* costruzione, erezione *f*
ermine ('ə:min) *n* ermellino *m*.
erode (i'roud) *vt* erodere, corrodere **erosion** *n* erosione *f*
erotic (i'rɔtik) *adj* erotico
err (ə:) *vi* sbagliare
errand ('erənd) *n* commissione *f* **errand boy** *n* fattorino *m*.
erratic (i'rætik) *adj* erratico, irregolare
error ('erə) *n* **1** errore *m*. **2** torto *m*.
erupt (i'rʌpt) *vi* erompere, eruttare **eruption** *n* eruzione *f*.
escalate ('eskəleit) *vt* aumentare, accrescere **escalator** *n* scala mobile *f*.
escalope (i'skæləp) *n* scaloppa *f*
escape (i'skeip) *vi* fuggire, evadere, sfuggire *vt* **1** evitare. **2** sfuggire. *n* **1** fuga *f*. **2** salvezza *f*.
escort (*n* 'eskɔ:t; *v* is'kɔ:t) *n* scorta *f*. *vt* scortare, accompagnare.
Eskimo ('eskimou) *adj,n* eschimese
esoteric (esə'terik) *adj* esoterico
especial (i'speʃəl) *adj* speciale **especially** *adv* soprattutto, specialmente.
espionage ('espiənɑ:ʒ) *n* spionaggio *m*
esplanade ('esplәneid) *n* spianata, passeggiata lungo mare *f*.
essay ('esei) *n* saggio *m*.
essence ('esəns) *n* essenza *f*. **essential** *adj* essenziale.
establish (i'stæbliʃ) *vt* **1** affermare. **2** fondare, stabilire. **establishment** *n* **1** fondazione *f*. **2** stabilimento *m*.
estate (i'steit) *n* proprietà *f*. patrimonio *m*. **estate agent** *n* mediatore *m*. **estate car** *n* giardiniera *f*.
esteem (i'sti:m) *vt* stimare, rispettare *n* stima, considerazione *f*.
estimate (*n* 'estimət; *v* 'estimeit) *n* valutazione *f*. preventivo *m*. *vt* valutare, preventivare..
estuary ('estʃuəri) *n* estuario *m*.
etching ('etʃiŋ) *n* incisione, acquaforte *f*.
eternal (i'tə:nl) *adj* eterno **eternity** *n* eternità *f*
ether ('i:θə) *n* etere *m*.
ethereal (i'θiəriəl) *adj* etereo, leggero
ethical ('eθikəl) *adj* etico, morale **ethics** *n pl* etica *f*
Ethiopia (i:θi'oupiə) *n* Etiopia *f* **Ethiopian** *adj,n* etiope
ethnic ('eθnik) *adj* etnico
etiquette ('etikit) *n* etichetta *f* cerimoniale *m*
etymology (eti'mɔlədʒi) *n* etimologia *f*.
eucalyptus (ju:kə'liptəs) *n* eucalipto *m*
Eucharist ('ju:kərist) *n* Eucarestia *f*
eunuch ('ju:nək) *n* eunuco *m*
euphemism ('ju:fəmizəm) *n* eufemismo *m*.
euphoria (ju:'fɔ:riə) *n* euforia *f*
Europe ('juərəp) *n* Europa *f* **European** *adj,n* europeo.
European Economic Community *n* Mercato Comune Europeo *m*
euthanasia (ju:θə'neiziə) *n* eutanasia *f*
evacuate (i'vækjueit) *vt* evacuare, sfollare. **evacuation** *n* evacuazione *f*.
evade (i'veid) *vt* evitare, eludere. **evasion** *n* evasione *f*. **evasive** *adj* evasivo
evaluate (i'væljueit) *vt* valutare
evangelical (i:væn'dʒelikəl) *adj* evangelico **evangelist** *n* evangelista *m*
evaporate (i'væpəreit) *vi* evaporare. *vt* far evaporare
eve (i:v) *n* vigilia *f*
even ('i:vən) *adj* **1** uguale, costante **2** pari. **3** piano. *adv* perfino, anche *vt* appianare, livellare **even-tempered** *adj* di umore costante
evening ('i:vəniŋ) *n* sera, serata *f* **evening dress** *n* abito da sera *m*
event (i'vent) *n* **1** avvenimento *m* **2** eventualità *f*. **3** *sport* prova *f* **eventual** *adj* eventuale, finale **eventually** *adv* alla fine
ever ('evə) *adv* **1** mai **2** sempre **for ever** per sempre. **evergreen** *adj,n* sempreverde *m* **everlasting** *adj* eterno, perenne **evermore** *adv* sempre.
every ('evri) *adj* ogni, ciascuno. **every now and then** di tanto in tanto **everybody** *pron* ognuno, tutti **everyday** *adj* di tutti i giorni **everyone** *pron* ognuno, tutti. **everything** *pron* tutto, ogni cosa **everywhere** *adv* dovunque
evict (i'vikt) *vt* sfrattare **eviction** *n* sfratto *m*
evidence ('evidəns) *n* **1** evidenza, prova *f* **2** *law* deposizione *f* **evident** *adj* evidente, ovvio
evil ('i:vəl) *adj* cattivo, malvagio *n* male *m*.
evoke (i'vouk) *vt* evocare
evolve (i'vɔlv) *vt* evolvere *vi* svilupparsi **evolution** *n* evoluzione *f* sviluppo *m*
ewe (ju:) *n* pecora *f*

exact (ig'zækt) *adj* esatto, giusto. *vt* esigere, richiedere. **exacting** *adj* esigente, impegnativo.

exaggerate (ig'zædʒəreit) *vt,vi* esagerare. **exaggeration** *n* esagerazione *f*.

exalt (ig'zɔ:lt) *vt* esaltare, innalzare **exaltation** *n* esaltazione *f*

examine (ig'zæmin) *vt* esaminare, verificare. **examination** *n* esame *m*. **examiner** *n* ispettore, esaminatore *m*.

example (ig'zɑ:mpəl) *n* esempio *m*.

exasperate (ig'zɑ:spəreit) *vt* esasperare, inasprire.

excavate ('ekskəveit) *vt* scavare. **excavation** *n* scavo *m*.

exceed (ik'si:d) *vt* eccedere, superare.

excel (ik'sel) *vi* eccellere. *vt* battere.

Excellency ('eksələnsi) *n* (title) Eccellenza *f*.

excellent ('eksələnt) *adj* eccellente, ottimo.

except (ik'sept) *prep* eccetto, tranne, all'infuori di. **excepting** *prep* tranne. **exception** *n* eccezione *f*. **with the exception of** eccetto. **exceptional** *adj* eccezionale.

excerpt ('eksə:pt) *n* brano *m*.

excess (ik'ses) *n* eccesso *m*. **excessive** *adj* eccessivo.

exchange (iks'tʃeindʒ) *n* **1** scambio *m*. **2** *comm* cambio *m*. **3** (telephone) centralino *m*. *vt* cambiare, scambiare.

exchequer (iks'tʃekə) *n* tesoro *m*.

excise ('eksaiz) *n* imposta indiretta *f*.

excite (ik'sait) *vt* **1** eccitare. **2** provocare, suscitare. **excitement** *n* agitazione *f*.

exclaim (ik'skleim) *vt,vi* esclamare, gridare. **exclamation** *n* esclamazione *f*. **exclamation mark** *n* punto esclamativo *m*.

exclude (ik'sklu:d) *vt* escludere, interdire. **exclusion** *n* esclusione *f*. **exclusive** *adj* scelto, esclusivo, unico.

excommunicate (ekskə'mju:nikeit) *vt* scomunicare.

excruciating (ik'skru:ʃieitiŋ) *adj* straziante, tormentoso.

excursion (ik'skə:ʒən) *n* gita *f*.

excuse (*v* ik'skju:z; *n* ik'skju:s) *vt* scusare, esentare. *n* scusa *f*. pretesto *m*.

execute ('eksikju:t) *vt* **1** eseguire. **2** giustiziare. **execution** *n* esecuzione *f*. **executioner** *n* boia *m invar*.

executive (ig'zekjutiv) *adj* esecutivo. *n* **1** *pol* potere esecutivo *m*. **2** *comm* dirigente *m*.

exempt (ig'zempt) *adj* esente. *vt* esentare, esonerare

exercise ('eksəsaiz) *n* **1** esercizio *m*. **2** *mil* esercitazione *f* **exercise book** *n* quaderno *m*

exert (ig'zə:t) *vt* esercitare, fare uso di. **exert oneself** sforzarsi

exhale (eks'heil) *vt* esalare, emanare.

exhaust (ig'zɔ:st) *vt* esaurire. *n* scarico, scappamento *m*. **exhaust pipe** *n* tubo di scappamento *m*. **exhausted** *adj* esaurito, sfinito.

exhibit (ig'zibit) *vt* esbire, esporre. *n* oggetto per mostra *m*. **exhibition** *n* mostra, esibizione *f*. **exhibitionism** *n* esibizionismo *m*.

exhilarate (ig'ziləreit) *vt* rallegrare, esilarare.

exile ('egzail) *n* **1** esilio *m*. **2** esule *m,f* *vt* esiliare, bandire

exist (ig'zist) *vi* esistere. **existence** *n* esistenza *f*. **existent** *adj* esistente. **existentialism** *n* esistenzialismo *m*.

exit ('eksit) *n* uscita *f*.

exorbitant (ig'zɔ:bitənt) *adj* esorbitante.

exorcize ('eksɔ:saiz) *vt* esorcizzare.

exotic (ig'zɔtik) *adj* esotico.

expand (ik'spænd) *vt* espandere. *vi* dilatarsi. **expansion** *n* espansione *f*.

expanse (ik'spæns) *n* spazio *m*. estensione *f*

expatriate (*adj,n* eks'pætriit; *v* eks'pætrieit) *adj,n* espatriato. *vt* esiliare, espatriare **expatriation** *n* espatrio *m*.

expect (ik'spekt) *vt* **1** aspettare, aspettarsi. **2** pensare. **expectation** *n* **1** aspettativa *f*. **2** attesa *f*. **3** speranza *f*.

expedient (ik'spi:diənt) *adj* conveniente. *n* espediente, mezzo *m*.

expedition (ekspi'diʃən) *n* spedizione *f*

expel (ik'spel) *vt* espellere.

expenditure (ik'spenditʃə) *n* spesa *f*.

expense (ik'spens) *n* **1** spesa *f*. **2** *pl* spese *f pl*. indennità *f*. **expensive** *adj* costoso, caro.

experience (ik'spiəriəns) *n* esperienza *f*. *vt* provare, subire.

experiment (ik'sperimənt) *n* esperimento *m*. *vi* fare esperimenti. **experimental** *adj* sperimentale.

expert ('ekspə:t) *adj* esperto, competente *n* esperto, perito *m*. **expertise** *n* abilità *f*.

expire (ik'spaiə) *vi* **1** scadere. **2** morire.

explain (ik'splein) *vt* spiegare. **explanation** *n* spiegazione *f*.

expletive (ik'spli:tiv) *n* bestemmia *f*.

explicit (ik'splisit) *adj* esplicito.

explode (ik'sploud) *vt* **1** far esplodere. **2** demo-

lire *vi* esplodere, scoppiare. **explosive** *adj,n* esplosivo *m*
exploit[1] (ɪk'splɔɪt) *vt* sfruttare utilizzare **exploitation** *n* sfruttamento *m* utilizzazione *f*
exploit[2] ('eksplɔɪt) *n* impresa eroica *f*
explore (ɪk'splɔː) *vt* esplorare
exponent (ɪk'spounənt) *n* esponente *m*
export (*v* ɪk'spɔːt, 'ekspɔːt, *n* 'ekspɔːt) *vt* esportare. *n* esportazione *f*
expose (ɪk'spouz) *vt* esporre, scoprire, svelare **exposure** *n* **1** esposizione *f* **2** smascheramento *m*. **3** *phot* posa *f*
express (ɪk'spres) *adj* **1** espresso **2** preciso *vt* esprimere **expression** *n* **1** espressione *f* **2** manifestazione *f* **express train** *n* direttissimo *m*
exquisite (ek'skwɪzɪt) *adj* squisito, fine
extend (ik'stend) *vt* estendere, prolungare. *vi* estendersi **extension** *n* estensione, proroga *f* **extensive** *adj* esteso, vasto
extent (ik'stent) *n* limite, grado, punto *m*
exterior (ek'stɪərə) *adj* esteriore *n* esterno *m*
exterminate (ɪk'stəːmɪneɪt) *vt* distruggere, sterminare
external (ek'stəːnl̩) *adj* esterno
extinct (ik'stɪŋkt) *adj* estinto, spento
extinguish (ɪk'stɪŋgwɪʃ) *vt* estinguere, spegnere
extra ('ekstrə) *adj* extra, straordinario *n* **1** supplemento *m*. **2** edizione straordinaria *f* **3** *Th* comparsa *f* *adv* in più.
extract (ik'strækt) *n* estratto *m* citazione *f* *vt* estrarre **extraction** *n* **1** estrazione *f*. **2** origine *f*
extramural (ekstrə'mjuərəl) *adj* fuori dell'università
extraordinary (ik'strɔːdənrɪ) *adj* straordinario
extravagant (ik'strævəgənt) *adj* stravagante, eccessivo
extreme (ik'striːm) *adj* estremo, grave. *n* estremo *m* **extremist** *n* estremista *m* **extremity** *n* estremità *f*.
extricate ('ekstrɪkeɪt) *vt* districare, liberare.
extrovert ('ekstrəvəːt) *n* estroverso *m*
exuberant (ig'zjuːbərənt) *adj* esuberante
eye (aɪ) *n* **1** occhio *m*. **2** (of needle) cruna *f* *vt* **1** guardare. **2** sbirciare.
eyeball ('aibɔːl) *n* bulbo oculare *m*
eyebrow ('aɪbrau) *n* sopracciglio *m,pl* sopracciglia *f*
eye-catching *adj* che salta all'occhio
eyelash ('ailæʃ) *n* ciglio *m*, *pl* ciglia *f*
eyelid ('aɪlid) *n* palpebra *f*.
eye-opener *n* fatto sorprendente *m*
eye shadow *n* ombretto *m*
eyesight ('aɪsaɪt) *n* vista *f*.
eye-witness *n* testimone oculare *m,f*.

F

fable ('feɪbəl) *n* favola *f*
fabric ('fæbrɪk) *n* **1** tessuto *m* stoffa *f* **2** struttura *f* **fabricate** *vt* inventare, falsificare
fabulous ('fæbjuləs) *adj* favoloso, leggendario
façade (fə'sɑːd) *n* **1** *arch* facciata *f* **2** apparenza *f*
face (feɪs) *n* **1** faccia *f*. volto *m* **2** (of a clock) quadrante *m* **lose face** perdere prestigio ~*vt* fronteggiare, essere esposto a **facecloth** *n* telo per lavarsi il volto *m* **facecream** *n* crema per il viso *f* **facelift** *n* plastica facciale *f* **face-pack** *n* maschera di bellezza *f* **face value** *n* valore nominale *m*.
facet ('fæsɪt) *n* **1** faccetta *f* **2** aspetto *m*
facetious (fə'siːʃəs) *adj* gioviale, scherzoso
facile ('fæsaɪl) *adj* **1** facile **2** superficiale **facilitate** *vt* facilitare **facility** *n* **1** facilità, destrezza *f* **2** *pl* attrezzatura *f*
facing ('feɪsɪŋ) *n* rivestimento *m*
facsimile (fæk'sɪməli) *n* facsimile *m*
fact (fækt) *n* fatto *m* **as a matter of fact** effettivamente **in fact** infatti **factual** *adj* effettivo, reale
faction ('fækʃən) *n* **1** fazione *f* **2** discordia *f*.
factor ('fæktə) *n* **1** fattore *m*. **2** agente *m*
factory ('fæktəri) *n* fabbrica, officina, azienda *f*.
faculty ('fækəltɪ) *n* facoltà *f*.
fad (fæd) *n* capriccio *m*. ubbria *f*.
fade (feɪd) *vi* **1** appassire. **2** scolorirsi *vt* far sbiadire. **faded** *adj* sbiadito.
fag (fæg) *n* **1** lavoro pesante *m*. **2** *sl* sigaretta *f* **fagged out** *adj* stanco morto.
Fahrenheit ('færənhait) *adj* Fahrenheit
fail (feɪl) *vi* **1** venire a mancare **2** diminuire. **3** *comm* fallire *vt* **1** bocciare **2** abbandonare **without fail** *adv* senza fallo. **failing** *n* difetto *m* debolezza *f* *adj* debole. *prep* in mancanza di **failure** *n* **1** insuccesso *m*. **2** indebolimento *m*. **3** fallimento *m*.
faint (feɪnt) *vi* svenire *adj* fiacco, incerto, tenue *n* svenimento *m* **faint-hearted** *adj* timido, pussilanime
fair[1] (fɛə) *adj* **1** giusto, onesto **2** chiaro, biondo

3 bello *adv* giustamente, lealmente. **fair play** *n* comportamento leale *m* **fairly** *adv* abbastanza, giustamente

fair² (fɛə) *n* mercato *m* fiera *f*. **fairground** *n* spazio per la fiera *m*

fairy ('fɛəri) *n* fata *f* **fairytale** *n* fiaba *f*

faith (feiθ) *n* fede, fiducia *f* **faith-healing** *n* guarigione ottenuta con preghiere *f*. **faithful** *adj* fedele

fake (feik) *vt* contraffare, fingere. *n* trucco *m*. *adj* falso

falcon ('fɔ.lkən) *n* falcone *m*

fall* (fɔ:l) *n* **1** caduta *f*. **2** crollo *m* **3** ribasso *m*. *vi* cadere **fall down** prostarsi. **fall off** staccarsi **fall through** fallire

fallacy ('fæləsi) *n* errore, sofisma *m* **fallacious** *adj* fallace

fallible ('fæləbəl) *adj* fallibile

fallow ('fælou) *adj* fulvo, incolto

false (fɔ:ls) *adj* falso *adv* falsamente **false alarm** *n* falso allarme *m*. **falsehood** *n* menzogna, bugia *f*. **false pretences** *n pl* millantato credito *m*. **false teeth** *n pl* dentiera *f*. **falsify** *vt* falsificare

falter ('fɔ:ltə) *vi* **1** barcollare, indugiare **2** balbettare

fame (feim) *n* fama, rinomanza *f*

familiar (fə'miliə) *adj* familiare, usuale **familiarize** *vt* familiarizzare.

family ('fæmili) *n* famiglia *f*

famine ('fæmin) *n* carestia *f*. **famished** *adj* affamato

famous ('feiməs) *adj* famoso

fan¹ (fæn) *n* **1** ventaglio *m*. **2** ventilatore *m*. *vt* far vento a, ventilare **fanbelt** *n* cinghia del ventilatore *f*

fan² (fæn) *n* tifoso, appassionato *m*. **fan club** *n* circolo di ammiratori *m*.

fanatic (fə'nætik) *adj,n* fanatico.

fanciful ('fænsifəl) *adj* fantasioso, bizzarro.

fancy ('fænsi) *adj* elaborato *n* **1** immaginazione *f*. **2** capriccio *m*. **3** illusione *f*. *vt* **1** credere **2** desiderare **3** immaginare **fancy dress** *n* costume *m*

fanfare ('fænfɛə) *n* fanfara *f*.

fang (fæŋ) *n* zanna *f*

fantasy ('fæntəsi) *n* fantasia *f*

fantastic (fæn'tæstik) *adj* fantastico.

far (fɑ:) *adj* lontano, distante *adv* **1** lontano. **2** molto, assai. **far-fetched** *adj* improbabile, inverosimile **far-off** *adj* lontano **far-reaching** *adj* di grande portata

farce (fɑ:s) *n* farsa *f*

fare (fɛə) *n* prezzo *m*. tariffa *f*.

Far East *n* Estremo Oriente *m*

farewell (fɛə'wel) *n* addio, congedo *m*

farm (fɑ:m) *n* fattoria *f* podere *m* *vt* coltivare. *vi* fare l'agricoltore **farmer** *n* coltivatore *m* **farmhouse** *n* casa colonica *f*. **farmland** *n* terreno da coltivare *m* **farmyard** *n* aia *f*.

farther ('fɑ:ðə) *adj,adv* più lontano **farthest** *adj* il più lontano

fascinate ('fæsineit) *vt* affascinare **fascination** *n* fascino *m*

fascism ('fæʃizəm) *n* fascismo *m* **fascist** *n* fascista *m*

fashion ('fæʃən) *n* **1** moda *f* **2** maniera *f*. *vt* foggiare, adattare **fashionable** *adj* elegante, di moda.

fast¹ (fɑ:st) *adj* **1** veloce. **2** saldo, costante. **3** *inf* dissoluto *adv* **1** velocemente. **2** saldamente

fast² (fɑ:st) *vi* digiunare *n* digiuno *m*.

fasten ('fɑ:sən) *vt* attaccare, fissare *vi* chiudersi **fastener** *n* chiusura *f*. fermaglio *m*

fastidious (fə'stidiəs) *adj* meticoloso, schizzinoso

fat (fæt) *adj* **1** untuoso **2** grasso. *n* grasso *m*.

fatal ('feitl̩) *adj* fatale, mortale. **fatality** *n* fatalità *f*

fate (feit) *n* fato *m*. sorte *f*.

father ('fɑ:ðə) *n* padre *m*. **father-in-law** *n* suocero *m*. **fatherland** *n* patria *f*. **fatherly** *adj* paterno.

fathom ('fæðəm) *n naut* braccio *m*. *pl* braccia *f* *vt* capire **fathomless** *adj* impenetrabile.

fatigue (fə'ti:g) *n* stanchezza *f*. *vt* affaticare

fatten ('fætn̩) *vt,vi* ingrassare.

fatuous ('fætjuəs) *adj* fatuo

fault (fɔ:lt) *n* **1** errore *m*. **2** colpa *f* **3** difetto *m*. **faulty** *adj* difettoso.

fauna ('fɔ:nə) *n* fauna *f*

favour ('feivə) *n* **1** favore *m*. **2** parzialità *f*. *vt* favorire, preferire **favourable** *adj* propizio, favorevole. **favourite** *adj* preferito. *n* favorito *m*.

fawn¹ (fɔ:n) *n* **1** *zool* cerbiatto *m*. **2** fulvo *m*. *adj* fulvo

fawn² (fɔ:n) *vi* **fawn on** adulare.

fear (fiə) *n* paura *f* *vt* temere, aver paura di **fearless** *adj* ardimentoso.

feasible ('fi:zibəl) *adj* probabile, realizzabile.

feast (fi:st) *n* **1** festa *f*. **2** banchetto *m*. *vi* far festa, banchettare.

feat (fi:t) *n* azione, impresa *f*.

feather ('feðə) *n* piuma, penna *f*. **featherbed** *n* letto di piume *m*. **featherweight** *n* peso piuma *m*

feature ('fi:tʃə) *n* **1** fattezza *f* **2** *pl* fisionomia *f* **3** caratteristica *f* **4** articolo speciale *m*. *vt* **1** caratterizzare. **2** mettere in risalto

February ('februəri) *n* febbraio *m*

feckless ('fekləs) *adj* debole, inetto

fed (fed) *v* see **feed.**

federal ('fedərəl) *adj* federale **federate** *vt* imfederare *vi* confederarsi. *adj* confederato **federation** *n* federazione *f*

fee (fi:) *n* **1** onorario *m*. **2** tassa *f*

feeble ('fi:bəl) *adj* debole

feed* (fi:d) *vt* nutrire *vi* nutrirsi. **be fed up** essere stufo ~*n* alimentazione, pastura *f* **feedback** *n* reazione *f*

feel* (fi:l) *vt* **1** sentire, percepire. **2** ritenere. *vi* sentirsi **feel one's way** procedere a tastoni. ~*n* tatto *m*. **feeler** *n* **1** tentacolo *m*. **2** sondaggio *m*. **feeling** *n* sentimento *m*. sensazione *f*

feign (fein) *vt* fingere, simulare

feint[1] (feint) *n* finta *f* *vi* fare una finta

feint[2] (feint) *adj* rigato leggermente

feline ('fi:lain) *adj* felino

fell[1] (fel) *v* see **fall.**

fell[2] (fel) *vt* abbattere

fellow ('felou) *n* **1** compagno, collega *m*. **2** individuo *m* **3** *educ* docente *m* **fellowship** *n* **1** associazione *f* **2** borsa di studio *f*

felon ('felən) *n* criminale *m,f* **felony** *n* crimine *m*

felt[1] (felt) *v* see **feel.**

felt[2] (felt) *n* feltro *m*

female ('fi:meil) *adj* femminile, di sesso femminile. *n* donna, femmina *f*

feminine ('feminin) *adj* femminile, femminino **feminism** *n* femminismo *m*

fence (fens) *n* recinto *m* palizzata *f* *vt* recintare *vi* tirar di scherma. **fencing** *n* **1** *sport* scherma *f* **2** recinto *m*

fend (fend) *vt* **fend for oneself** provvedere a se stesso **fend off** parare, schivare **fender** *n* paraurti *m invar*

fennel ('fenḷ) *n* finocchio *m*

ferment (fə'ment) *vi* fermentare *vt* fare fermentare **fermentation** *n* fermentazione *f*

fern (fə:n) *n* felce *f*

ferocious (fə'rouʃəs) *adj* feroce

ferret ('ferit) *n* furetto *m* *vi* frugare **ferret out** scoprire

ferry ('feri) *n* traghetto *m*. **ferryboat** *n* nave traghetto *f*

fertile ('fə:tail) *adj* fertile. **fertilize** *vt* fertilizzare

fervent ('fə:vənt) *adj* fervente, ardente.

fervour ('fə:və) *n* fervore *m*.

fester ('festə) *vi* suppurare.

festival ('festivəl) *n* festival *m*. celebrazione *f* **festivity** *n* festa *f*

festoon (fes'tu:n) *vt* decorare con festoni *n* festone *m*

fetch (fetʃ) *vt* **1** andare a prendere, andare a chiamare. **2** dare. **fetching** *adj* attraente.

fete (feit) *n* festa *f*

fetid ('fetid) *adj* fetido

fetish ('fetiʃ) *n* feticcio *m*.

fetlock ('fetlɔk) *n* barbetta *f*

fetter ('fetə) *n* catena *f* *vt* incatenare.

feud (fju:d) *n* feudo *m*. **feudal** *adj* feudale.

fever ('fi:və) *n* febbre *f* **feverish** *adj* febbricitante, eccitato

few (fju:) *adj,pron* pochi, alcuni. *adj* qualche. **a few** alcuni. **quite a few** un numero considerevole

fiancé (fi'ãsei) *n* fidanzato *m*. **fiancée** *n* fidanzata *f*

fiasco (fi'æskou) *n* fiasco, insuccesso *m*.

fib (fib) *n* frottola, bugia *f* *vi* raccontare frottole

fibre ('faibə) *n* fibra *f* **fibreglass** *n* lana di vetro *f*

fickle ('fikəl) *adj* volubile.

fiction ('fikʃən) *n* **1** novellistica *f* **2** finzione *f* **fictitious** *adj* falso

fiddle ('fidḷ) *n* **1** violino *m*. **2** *inf* imbroglio *m*. *vt* *inf* imbrogliare

fidelity (fi'deliti) *n* fedeltà *f*

fidget ('fidʒit) *vi* agitarsi, essere irrequieto

field (fi:ld) *n* **1** campo *m*. **2** settore *m* **fieldwork** *n* fortificazione *f*

fiend (fi:nd) *n* demonio *m* **fiendish** *adj* diabolico

fierce (fiəs) *adj* **1** fiero, selvaggio **2** ardente

fiery ('faiəri) *adj* impetuoso.

fifteen (fif'ti:n) *adj,n* quindici *m or f* **fifteenth** *adj* quindicesimo

fifth (fifθ) *adj* quinto

fifty ('fifti) *adj,n* cinquanta *m* **fiftieth** *adj* cinquantesimo

fig (fig) *n* fico *m*

fight* (fait) *vt,vi* combattere *n* combattimento *m* lotta *f*

figment ('figmənt) *n* finzione, invenzione *f*

figure ('figə) *n* **1** figura *f*. **2** *math* cifra *f*. **3** linea *f*. *vt* figurarsi, immaginare. *vi* apparire. **figure out** calcolare. **figurative** *adj* figurativo, simbolico. **figurehead** *n* uomo di paglia *m*.

filament ('filəmənt) *n* filamento *m*.

file[1] (fail) *n* schedario, archivio *m*. *vt* ordinare, archiviare. **filing cabinet** *n* casellario *m*.

file[2] (fail) *n* lima *f*. *vt* limare.

filial ('filiəl) *adj* filiale.

fill (fil) *vt* **1** riempire. **2** (a tooth) otturare. **3** ricoprire. *vi* riempirsi. **fill in** compilare. **fill up** *mot* fare il pieno. ~*n* sazietà, sufficienza *f*. **filling** *n* **1** otturazione *f*. **2** *cul* ripieno *m*. **filling station** stazione di rifornimento *f*.

fillet ('filit) *n* filetto *m*.

filly ('fili) *n* puledra *f*.

film (film) *n* **1** pellicola *f*. velo *m*. **2** film *m*. *vt* filmare. **film star** *n* diva, stella del cinema *f*.

filter ('filtə) *n* filtro *m*. *vt* filtrare.

filth (filθ) *n* sudiciume *m*. **filthy** *adj* sudicio, sporco, sordido.

fin (fin) *n* pinna *f*.

final ('fainḷ) *adj* ultimo, decisivo. *n* **1** *sport* finale *f*. **2** *pl* esami finali *m pl*. **finalize** *vt* mettere a punto, concludere.

finance ('fainæns) *n* finanza *f*. *vt* finanziare **financial** *adj* finanziario. **financier** *n* finanziere *m*.

finch (fintʃ) *n* fringuello *m*.

find* (faind) *vt* trovare, scoprire **find out** scoprire. *n* scoperta *f*.

fine[1] (fain) *adj* bello, buono, raffinato. *adv* bene. **fine arts** *n pl* belle arti *f pl* **finery** *n* abiti delle feste *m pl*.

fine[2] (fain) *n* multa *f*. *vt* multare.

finesse (fi'nes) *n* delicatezza, sottigliezza *f*.

finger ('fiŋgə) *n* dito *m,pl* dita *f*. *vt* toccare con le dita. **fingermark** *n* ditata *f*. **fingernail** *n* unghia *f*. **fingerprint** *n* impronta digitale *f*. **fingertip** *n* punta delle dita *f*.

finish ('finiʃ) *vt,vi* finire. *n* **1** fine, conclusione *f* **2** rifinitura *f*.

finite ('fainait) *adj* limitato, circoscritto.

Finland ('finlənd) *n* Finlandia *f*. **Finn** *n* finlandese *m,f*. **Finnish** *adj* finnico, finlandese **Finnish** (language) *n* finlandese *m*.

fiord (fjɔ:d) *n* fiordo *m*.

fir (fɜ:) *n* abete *m*. **fir cone** *n* pigna *f*.

fire (faiə) *n* **1** fuoco *m*. **2** incendio *m*. **catch fire** prendere fuoco. ~*vt* **1** incendiare. **2** (a gun, etc.) sparare. **3** *inf* licenziare. *vi* **1** incendiarsi **2** sparare.

fire alarm *n* allarme d'incendio *m*.

fire brigade *n* pompieri *m pl*.

fire drill *n* esercitazione di pompieri *f*.

fire-engine *n* pompa antincendio *f*.

fire-escape *n* uscita di sicurezza *f*.

fireguard ('faiəga:d) *n* parafuoco *m*.

firelight ('faiəlait) *n* luce del focolare *f*.

fireman ('faiəmən) *n* pompiere *m*.

fireplace ('faiəpleis) *n* caminetto *m*.

fireside ('faiəsaid) *n* angolo del focolare *m*.

fire station *n* caserma dei pompieri *f*.

firework ('faiəwɜ:k) *n* fuoco d'artificio *m*.

firm[1] (fɜ:m) *adj* **1** solido. **2** risoluto. **firmly** *adv* fermamente.

firm[2] (fɜ:m) *n* ditta, società *f*.

first (fɜ:st) *adj* primo. *adv* prima di tutto. **first aid** *n* pronto soccorso *m*. **first-class** *adj* di prima qualità. **first-hand** *adj,adv* di prima mano. **first person** *n* prima persona *f*. **first-rate** *adj* ottimo.

fiscal ('fiskəl) *adj* fiscale.

fish (fiʃ) *n*, *pl* **fishes** *or* **fish** pesce *m*. *vi* pescare. **fisherman** *n* pescatore *m*. **fish finger** *n* bastoncino di pesce *m*. **fishing** *n* pesca *f*. *adj* da pesca. **fishing rod** *n* canna da pesca *f*. **fishmonger** *n* pescivendolo *m*. **fish-slice** *n* paletta per il pesce *f*. **fishy** *adj inf* losco, ambiguo.

fission ('fiʃən) *n* fissione *f*.

fist (fist) *n* pugno *m*.

fit*[1] (fit) *adj* **1** adatto. **2** sano, in forma. *n* misura *f*. *vt* **1** adattare. **2** convenire a. *vi* **1** andare bene. **2** convenire **fitting** *adj* adatto, opportuno. *n* **1** prova *f* **2** *pl* mobili *m pl*.

fit[2] (fit) *n med* convulsione *f*. accesso *m*. **fitful** *adj* spasmodico, incostante.

five (faiv) *adj,n* cinque *m*

fix (fiks) *vt* **1** assicurare, sistemare **2** riparare *n inf* difficoltà *f* **fixation** *n* fissazione *f*. **fixture** *n* **1** infisso *m*. **2** avvenimento sportivo *m*.

fizz (fiz) *vi* frizzare. **fizzy** *adj* effervescente, frizzante **fizzle** *vi* frizzare **fizzle out** fare fiasco.

flabbergast ('flæbəga:st) *vt inf* sbalordire

flabby ('flæbi) *adj* floscio, molle.

flag[1] (flæg) *n* bandiera *f* **flagpole** *n* asta della bandiera *f*.

flag[2] (flæg) *vi* pendere, avvizzire, indebolirsi

flagon ('flægən) *n* flacone, bottiglione *m*

flagrant ('fleigrənt) *adj* flagrante.

flair ('flɛə) *n* istinto *m*. attitudine *f*.

flake (fleik) *n* **1** fiocco *m.* **2** scaglia *f.* *vt* sfaldare. *vi* squamarsi. **flaky** *adj* a scaglie.
flamboyant (flæm'bɔiənt) *adj* sgargiante, vistoso.
flame (fleim) *n* fiamma *f.*
flamingo (flə'miŋgou) *n* fenicottero *m.*
flan (flæn) *n* sformato *m.*
flank (flæŋk) *n* fianco, lato *m.* *vt* fiancheggiare.
flannel ('flænl) *n* flanella *f.* *adj* di flanella.
flap (flæp) *n* **1** lembo *m.* **2** colpo leggero *m.* **3** *tech* deflettore *m.* **be in a flap** essere agitato ~*vt* **1** agitare **2** (wings) battere *vi* sbattere.
flare (flɛə) *n* **1** bagliore *m.* fiammata *f.* **2** razzo *m.* *vi* splendere, avvampare **flare up** infiammarsi
flash (flæʃ) *n* lampo, sprazzo *m.* *vi* lampeggiare, balenare *vt* dirigere. **flashback** *n* scena retrospettiva *f.* **flashbulb** *n* lampada per fotolampo *f.* **flashlight** *n* fotolampo *m*
flask (flɑ:sk) *n* borraccia *f.* fiasco *m*
flat[1] (flæt) *adj* **1** piatto. **2** insipido **3** deciso **flatfish** *n* sogliola *f.* **flat-footed** *adj* con i piedi piatti **flatten** *vt* appiatire.
flat[2] (flæt) *n* appartamento *m.*
flatter ('flætə) *vt* adulare, lusingare **flattering** *adj* lusinghiero **flattery** *n* adulazione *f.*
flaunt (flɔ:nt) *vt* ostentare *vi* pavoneggiarsi
flautist ('flɔ:tist) *n* flautista *m*
flavour ('fleivə) *n* gusto, sapore *m* *vt* aromatizzare.
flaw (flɔ:) *n* difetto *m.*
flax (flæks) *n* lino *m.*
flea (fli:) *n* pulce *f*
fleck (flek) *n* chiazza *f.*
fled (fled) *v* see **flee.**
flee* (fli:) *vt* fuggire, abbandonare *vi* fuggire
fleece (fli:s) *n* vello *m.* *vt* **1** tosare **2** *sl* derubare
fleet (fli:t) *n* flotta *f.*
fleeting ('fli:tiŋ) *adj* fuggevole
Fleming ('flemiŋ) *n* fiammingo *m*
Flemish ('flemiʃ) *adj* fiammingo **Flemish** (language) *n* fiammingo *m.*
flesh (fleʃ) *n* **1** carne *f.* **2** polpa *f.*
flew (flu:) *v* see **fly.**
flex (fleks) *n* filo *m.* **flexible** *adj* flessibile, arrendevole.
flick (flik) *n* colpo, buffetto *m.* *vt* far saltare con un colpetto.
flicker ('flikə) *n* barlume, guizzo *m.* *vi* tremolare
flight[1] (flait) *n* **1** (of a bird, plane, etc) volo *m* **2** slancio *m.* **3** (of stairs) rampa *f.*
flight[2] (flait) *n* (departure) fuga *f.*
flimsy ('flimzi) *adj* **1** sottile, fragile. **2** inconsistente.
flinch (flintʃ) *vi* ritrarsi, sottrarsi.
fling* (fliŋ) *vt* gettare, lanciare. *n* lancio *m.*
flint (flint) *n* **1** selce *f.* **2** pietra focaia *f.*
flip (flip) *n* colpetto, buffetto *m.* *vt* dare un buffetto a. **flipper** *n* pinna *f.*
flippant ('flipənt) *adj* impertinente, leggero.
flirt (flə:t) *n* civetta *f.* *vi* civettare, flirtare.
flit (flit) *vi* **1** svolazzare **2** andarsene.
float (flout) *n* **1** carro *m.* **2** galleggiante *m.* **3** *comm* riserva di cassa. *vi* **1** galleggiare **2** fluttuare.
flock[1] (flɔk) *n* **1** gregge *m.* **2** folla *f.* *vi* affollarsi
flock[2] (flɔk) *n* (of wool, etc) fiocco di lana *m.*
flog (flɔg) *vt* frustare.
flood (flʌd) *n* **1** diluvio *m* inondazione, piena *f* **2** (of tears) torrente *m.* *vt* allagare, inondare **floodlight** *n* riflettore *m.*
floor (flɔ:) *n* **1** pavimento *m.* **2** piano *m.* **floorboard** *n* tavola di pavimento *f.*
flop (flɔp) *vi* fallire. **flop down** cadere. ~*n* **1** tonfo *m.* **2** *inf* fiasco *m.*
flora ('flɔ:rə) *n* flora *f.*
floral ('flɔ:rəl) *adj* floreale **florist** *n* fiorista *m.f.*
Florence ('flɔrəns) *n* Firenze *f.* **Florentine** *adj,n* fiorentino
flounce[1] (flauns) *n* gesto rapido *m.* *vi* sussultare, agitarsi.
flounce[2] (flauns) *n* falpalà *m.*
flounder[1] ('flaundə) *vi* dibattersi.
flounder[2] ('flaundə) *n* *zool* passera *f.*
flour ('flauə) *n* farina *f.*
flourish ('flʌriʃ) *vi* prosperare, fiorire *vt* agitare *n* **1** ornamento *m.* **2** squillo di tromba *m.*
flout (flaut) *vt* sprezzare.
flow (flou) *n* **1** flusso *m.* **2** corrente *f.* *vi* **1** scorrere. **2** circolare.
flown (floun) *v* see **fly.**
flower ('flauə) *n* fiore *m.* *vi* fiorire. **flowerbed** *n* aiuola *f.* **flowerpot** *n* vaso da fiori *m.*
fluctuate ('flʌktʃueit) *vi* fluttuare, oscillare **fluctuation** *n* fluttuazione *f.*
flue (flu:) *n* canna del camino *f.*
fluent ('flu:ənt) *adj* scorrevole **fluently** *adv* correntemente.
fluff (flʌf) *n* lanugine, peluria *f.*
fluid ('flu:id) *adj,n* fluido *m.*
flung (flʌŋ) *v* see **fling.**
fluorescent (flu'resənt) *adj* fluorescente
fluoride ('fluəraid) *n* fluoruro *m.*

flush[1] (flʌʃ) *n* **1** rossore *m.* **2** violento flusso d'acqua *m.* **3** *game* colore *m. vi* arrossire. *vt* sciacquare. **flushed** *adj* accaldato.
flush[2] (flʌʃ) *adj* **1** a livello, rasente. **2** abbondante.
fluster ('flʌstə) *n* agitazione *f. vt* stordire, eccitare.
flute (flu:t) *n* flauto *m.*
flutter ('flʌtə) *n* **1** battito *m.* **2** agitazione *f. vt* **1** battere. **2** innervosire. *vi* sventolare.
flux (flʌks) *n* flusso *m.*
fly*[1] (flai) *vi* volare, slanciarsi. *vt* far volare. **flyover** *n* cavalcavia *m.*
fly[2] (flai) *n* mosca *f.*
foal (foul) *n* puledro *m.*
foam (foum) *n* schiuma, bava *f. vi* spumeggiare, far bava.
focus ('foukəs) *n* **1** fuoco *m.* **2** centro *vt* **1** mettere a fuoco. **2** concentrare. *vi* convergere.
fodder ('fɔdə) *n* foraggio *m.*
foe (fou) *n* nemico, *pl* nemici, avversario *m.*
foetus ('fi:təs) *n* feto *m.*
fog (fɔg) *n* nebbia *f.* **foghorn** *n* sirena da nebbia *f.* **foggy** *adj* nebbioso.
foible ('fɔibəl) *n* punto debole *m.*
foil[1] (fɔil) *vt* frustrare, sventare.
foil[2] (fɔil) *n* **1** lamina di metallo *f.* **2** carta stagnola *f.*
foil[3] (fɔil) *n sport* fioretto *m.*
foist (fɔist) *vt* rifilare, introdurre di soppiatto.
fold[1] (fould) *n* piega, ripiegatura *f. vt* **1** piegare. **2** (one's arms) incrociare. **folder** *n* cartella *f*
fold[2] (fould) *n* (for sheep) ovile *m.*
foliage ('fouliidʒ) *n* fogliame *m.*
folk (fouk) *n* gente *f.* popolo *m.* **folkdance** *n* ballo popolare *m.* **folklore** *n* folclore *m.* **folksong** *n* canzone popolare *f.* **folktale** *n* racconto *m.* leggenda popolare *f.*
follicle ('fɔlikəl) *n* follicolo *m.*
follow ('fɔlou) *vt* **1** seguire. **2** imitare *vi* seguire, risultare. **follower** *n* seguace *m,f*
folly ('fɔli) *n* pazzia, follia *f.*
fond (fɔnd) *adj* amante, affezionato. **be fond of** **1** voler bene a. **2** amare.
fondant ('fɔndənt) *adj,n* fondente *m.*
fondle ('fɔndḷ) *vt* accarezzare, vezzeggiare
font (fɔnt) *n* fonte battesimale *f.*
food (fu:d) *n* cibo, nutrimento *m.*
fool (fu:l) *n* sciocco, stupido, buffone *m.* **make a fool of oneself** rendersi ridicolo ~*vt* ingannare. **foolish** *adj* stolto, insensato
foolscap ('fu:lzkæp) *n* carta protocollo *f.*
foot (fut) *n, pl* **feet** **1** *anat* piede *m.* **2** base *f.* **3** (measure) piede *m. v* **foot the bill** pagare il conto. **football** *n* **1** (game) calcio *m.* **2** pallone *m.* **footbridge** *n* passerella *f.* **foothold** *n* punto d'appoggio *m.* **footing** *n* **1** punto d'appoggio *m.* **2** posizione *f.* **footnote** *n* nota in calce *f.* **footprint** *n* orma *f.* **footstep** *n* passo, rumore di passi *m.* **footwear** *n* calzatura *f.*
for (fə; *stressed* fɔ:) *prep* per, adatto a, di. **for sale** in vendita. ~*conj* poichè, perchè.
forage ('fɔridʒ) *n* foraggio *m.*
forbear* (fə'bɛə) *vt* astenersi da. *vi* astenersi.
forbid* (fə'bid) *vt* proibire, impedire. **forbidding** *adj* severo, minaccioso.
force (fɔ:s) *n* **1** forza *f.* vigore *m.* **2** validità *f.* **3** *pl* forze armate *f pl. vt* forzare, costringere. **forcible** *adj* forte.
forceps ('fɔ:seps) *n pl* forcipe *m.*
ford (fɔ:d) *n* guado *m.*
fore (fɔ:) *adj* anteriore *n naut* prua *f.*
forearm[1] ('fɔ:ra:m) *n* avambraccio *m.*
forearm[2] (fɔ:'ra:m) *vt* premunire.
forecast ('fɔ:ka:st) *vt* prevedere, predire *n* pronostico *m.* previsione *f.*
forecourt ('fɔ:kɔ:t) *n* cortile *m.*
forefather ('fɔ:fa:ðə) *n* avo, antenato *m.*
forefinger ('fɔ:fiŋgə) *n* dito indice *m.*
forefront ('fɔ:frʌnt) *n* prima linea *f.*
foreground ('fɔ:graund) *n* primo piano *m.*
forehand ('fɔ:hænd) *n* **1** posizione superiore *f.* **2** *sport* colpo diritto *m.*
forehead ('fɔrid) *n* fronte *f.*
foreign ('fɔrin) *adj* straniero, estraneo. **foreigner** *n* straniero *m.*
foreleg ('fɔ:leg) *n* zampa anteriore *f.*
forelock ('fɔ:lɔk) *n* ciuffo *m.*
foreman ('fɔ:mən) *n* caposquadra, capo-operaio *m.*
foremost ('fɔ moust) *adj* primo, principale *adv* in testa.
forensic (fə'rensik) *adj* forense.
forerunner ('fɔ.rʌnə) *n* precursore *m.*
foresee* (fɔ:'si:) *vt* prevedere.
foresight ('fɔ:sait) *n* previsione, prudenza *f.*
forest ('fɔrist) *n* foresta *f.*
forestall (fɔ.'stɔ:l) *vt* prevenire, anticipare.
foretaste ('fɔ:teist) *n* pregustazione *f.*
foretell (fɔ.'tel) *vt* predire.
forethought ('fɔ:θɔ:t) *n* premeditazione, previdenza *f.*

forfeit ('fɔ·fit) *n* multa, pena, perdita *f* *vt* perdere
forge[1] (fɔ·dʒ) *n* fucina *f* *vt* **1** forgiare **2** contraffarre, falsificare **forgery** *n* **1** contraffazione *f* **2** documento falso *m* **3** falsificazione *f*
forge[2] (fɔ·dʒ) *vi* **forge ahead** avanzare gradatamente
forget* (fə'get) *vt* dimenticare **forgetful** *adj* smemorato, immemore
forgive* (fə'gɪv) *vt* perdonare **forgiving** *adj* indulgente
forgo* (fɔ·'gou) *vt* rinunziare a fare senza di
fork (fɔ·k) *n* **1** *cul* forchetta *f* **2** forca *f* **3** (in a road) biforcazione *f* *vi* biforcarsi
forlorn (fə'lɔ·n) *adj* sperduto desolato
form (fɔ·m) *n* **1** forma *f* **2** modulo *m* **3** classe *f* **4** formalità *f* *vt* formare **formal** *adj* formale **formality** *n* **1** formalità *f* **2** convenzionalismo *m* **formation** *n* formazione *f* **formative** *adj* formativo
former ('fɔ·mə) *adj* precedente, anteriore **formerly** *adv* in passato, già
formidable ('fɔ·midəbəl) *adj* spaventoso, temibile.
formula ('fɔ·mjulə) *n, pl* **-las** *or* **-lae** formula *f.* **formulate** *vt* formulare
forsake* (fə'seɪk) *vt* abbandonare
fort (fɔ·t) *n* forte *m*
forte ('fɔ·teɪ) *n* forte *m*
forth (fɔ·θ) *adv* avanti **and so forth** e così via **forthcoming** *adj* prossimo imminente
fortify ('fɔ·tifaɪ) *vt* **1** *mil* fortificare **2** rinvigorire incoraggiare
fortnight ('fɔ·tnait) *n* due settimane *f pl* quindicina *f*
fortress ('fɔ·trəs) *n* fortezza *f*
fortune ('fɔ·tʃən) *n* **1** fortuna sorte *f* **2** ricchezza *f* **fortune-teller** *n* chiromante *m,f* **fortunate** *adj* fortunato
forty ('fɔ·ti) *adj,n* quaranta *m* **fortieth** *adj* quarantesimo
forum ('fɔ·rəm) *n* foro *m*
forward ('fɔ·wəd) *adj* **1** avanzato precoce **2** sfrontato *adv* avanti *n sport* attaccante *m* *vt* **1** promuovere, agevolare, inoltrare **2** rispedire **forwards** *adv* avanti in poi
fossil ('fɔsəl) *n* fossile *m*
foster ('fɔstə) *vt* **1** allevare **2** favorire incoraggiare **fosterchild** *n* figlio adottivo *m* **fostermother** *n* madre adottiva *f*
fought (fɔ·t) *v* see **fight.**
foul (faul) *adj* **1** sporco, infetto, osceno **2** (of weather) cattivo *n sport* fallo *m* *vt* **1** sporcare **2** *sport* commettere un fallo su **foul play** *n* giuoco scorretto *m*
found[1] (faund) *v* see **find.**
found[2] (faund) *vt* fondare, istituire **foundation** *n* **1** istituzione *f* **2** base *f* **3** *pl* fondamenta *f pl*
founder[1] ('faundə) *n* fondatore *m*
founder[2] ('faundə) *vi* affondare sprofondarsi
foundry ('faundrı) *n* fonderia *f*
fountain ('fauntın) *n* fontana, sorgente *f*
four (fɔ·) *adj,n* quattro *m* or *f* **on all fours** carponi **four-poster** *n* letto a quattro colonne *m* **foursome** *n* quartetto *m* **fourth** *adj* quarto
fourteen (fɔ·'ti·n) *adj,n* quattordici *m* or *f* **fourteenth** *adj* quattordicesimo
fowl (faul) *n* pollo, uccello *m*
fox (fɔks) *n* volpe f **foxglove** *n* digitale *m* **foxhound** *n* cane per caccia alla volpe *m* **foxhunting** *n* caccia alla volpe *f*
foyer ('fɔieı) *n* ridotto *m*
fraction ('frækʃən) *n* frazione *f*
fracture ('fræktʃə) *n* frattura *f* *vt* spaccare *vi* fratturarsi
fragile ('frædʒail) *adj* fragile
fragment ('frægmənt) *n* frammento brano *m*
fragrant ('freigrənt) *adj* fragrante
frail (freil) *adj* debole fragile
frame (freım) *n* **1** struttura *f* **2** telaio *m* **3** cornice *f* **4** inquadratura *f* **frame of mind** stato d animo *m* ~*vt* **1** costruire **2** incorniciare **framework** *n* struttura *f* scheletro *m*
franc (fræŋk) *n* franco *m*
France (frɑ·ns) *n* Francia *f*
franchise ('fræntʃaız) *n* **1** diritto di voto *m* **2** franchigia *f*
frank (fræŋk) *adj* sincero, schietto
frankfurter ('fræŋkfə·tə) *n* salsiccia tedesca *f*
frantic ('fræntik) *adj* frenetico
fraternal (frə'tə·nḷ) *adj* fraterno **fraternity** *n* fraternità confraternità *f* **fraternize** *vi* fraternizzare
fraud (frɔ·d) *n* frode *f*
fraught (frɔ·t) *adj* carico
fray[1] (freı) *n* lotta *f* conflitto *m*
fray[2] (freı) *vt* consumare *vi* logorarsi
freak (fri·k) *n* **1** capriccio *m* **2** anomalia della natura *f*
freckle ('frekəl) *n* lentiggine *f*
free (fri·) *adj* **1** libero **2** esente **3** gratuito *adv*

liberamente, gratuitamente. *vt* liberare. **freedom** *n* libertà *f*. **freehold** *n* proprietà fondiaria assoluta *f*. **freelance** *adj* a ore, indipendente. *n* giornalista indipendente *m*. **free will** *n* libero arbitrio *m*.

freeze* (fri:z) *vt* congelare, gelare. *vi* gelare **freezing point** *n* punto di congelamento *m*.

freight (freit) *n* **1** carico mercantile *m*. **2** trasporto *m*. *vt* trasportare. **freight train** *n* treno merci *m*.

French (frentʃ) *adj* francese **French** (language) *n* francese *m*. **French bean** *n* fagiolino verde *m*. **French dressing** *n* condimento alla francese *m* **French horn** *n* corno da caccia *m* **Frenchman** *n* francese *m* **French window** *n* porta-finestra *f*

frenzy ('frenzi) *n* frenesia *f*.

frequency ('fri:kwənsi) *n* frequenza *f* **frequent** *adj* frequente, diffuso.

fresco ('freskou) *n, pl* **-oes** *or* **-os** affresco *m*.

fresh (freʃ) *adj* **1** fresco, nuovo. **2** vigoroso **freshwater** *adj* d'acqua dolce.

fret[1] (fret) *vi* logorarsi, affliggersi.

fret[2] (fret) *n arch* fregio *m*. **fretwork** *n* lavoro di traforo *m*.

friar ('fraiə) *n* frate *m*.

friction ('frikʃən) *n* frizione *f*.

Friday ('fraidi) *n* venerdì *m*

fridge (fridʒ) *n* frigorifero *m*.

friend (frend) *n* amico, *pl* amici *m* **friendly** *adj* amichevole, affabile **friendship** *n* amicizia *f*

frieze (fri:z) *n* fregio *m*

fright (frait) *n* spavento *m* paura *f* **frighten** *vt* spaventare **frightful** *adj* spaventoso, terribile **frightfully** *adv* straordinariamente

frigid ('fridʒid) *adj* frigido, freddo

frill (fril) *n* fronzolo *m*

fringe ('frindʒ) *n* **1** frangia *f* orlo *m* **2** periferia *f*. *vt* ornare con frangia, orlare

frisk (frisk) *vt* perquisire *vi* saltellare

fritter[1] ('fritə) *vt* sperperare, sciupare

fritter[2] ('fritə) *n* frittella *f*

frivolity (fri'vɔliti) *n* leggerezza, vanità *f* **frivolous** *adj* leggero, frivolo

frizz (friz) *vt* arricciare *n* ricciolo *m* **frizzy** *adj* ricciuto

frizzle[1] ('frizl̩) *vt* arricciare *vi* arricciarsi

frizzle[2] ('frizəl) *cul vt* friggere *vi* sfrigolare

fro (fro) **to and fro** *adv* avanti e indietro

frock (frɔk) *n* abito *m*

frog (frɔg) *n* rana *f* **frogman** *n* sommozzatore *m*

frolic ('frɔlik) *vi* divertirsi *n* scherzo *m*. **frolicsome** *adj* allegro, vivace

from (frəm, *stressed* frɔm) *prep* **1** da **2** da parte di. **3** per

front (frʌnt) *adj* di fronte, anteriore *n* **1** *arch* facciata *f*. **2** fronte *m* **3** lungomare *m* **in front of** davanti a

frontier ('frʌntiə) *n* frontiera *f* confine *m*.

frost (frɔst) *n* gelo *m*. brina *f* **frostbite** *n* congelamento *m* **frosty** *adj* gelato, congelato.

froth (frɔθ) *n* schiuma, spuma *f* *vi* schiumare

frown (fraun) *n* cipiglio *m* *vi* aggrottare le ciglia

froze (frouz) *v* see **freeze.**

frozen ('frouzn̩) *v* see **freeze.**

frugal ('fru:gəl) *adj* frugale, sobrio

fruit (fru:t) *n* **1** frutta *f invar*. **2** frutto *m*. **fruit salad** *n* macedonia di frutta *f*. **fruitful** *adj* fertile, vantaggioso **fruition** *n* realizzazione *f*. **fruitless** *adj* infruttuoso, vano

frustrate (frʌs'treit) *vt* frustrare, deludere

fry (frai) *vt,vi* friggere **frying pan** *n* padella *f*.

fuchsia ('fju:ʃə) *n* fucsia *m*.

fuck (fʌk) *tab vt* chiavare. **fuck off!** va' fan culo!

fudge (fʌdʒ) *n* dolce caramellato con cioccolata *m*.

fuel ('fju:əl) *n* carburante *m*.

fugitive ('fju:dʒitiv) *adj* fuggente *n* fuggiasco *m*.

fulcrum ('fʌlkrəm) *n* fulcro *m*.

fulfil (ful'fil) *vt* soddisfare, esaudire, completare **fulfilment** *n* adempimento *m* realizzazione *f*.

full (ful) *adj* pieno, completo, colmo, abbondante **full-length** *adj* in tutta la lunghezza **full moon** *n* luna piena *f* **full stop** *n* punto *m* **full-time** *adj,adv* orario completo *m*

fumble ('fʌmbəl) *vi* **1** annaspare **2** andare a tastoni

fume (fju:m) *n* esalazione *f* *vi* **1** esalare fumo **2** irritarsi

fun (fʌn) *n* allegria *f* divertimento *m* **make fun of** prendere in giro **funfair** *n* parco dei divertimenti *m*

function ('fʌŋkʃən) *n* **1** funzione *f* **2** cerimonia *f* *vi* funzionare

fund (fʌnd) *n* fondo *m* riserva *f*

fundamental (fʌndə'mentl̩) *adj* fondamentale

funeral ('fju:nərəl) *n* funerale *m* *adj* funebre, funereo.

fungus ('fʌŋgəs) *n, pl* **fungi** *or* **funguses** *bot* fungo *m*
funnel ('fʌnl) *n* **1** imbuto *m*. **2** *naut* ciminiera *f*
funny ('fʌnı) *adj* **1** divertente **2** strano
fur (fə:) *n* **1** pelo, pelame *m* **2** pelliccia *f*
furious ('fjuərıəs) *adj* furibondo, furioso
furnace ('fə:nıs) *n* fornace *f*
furnish ('fə:nıʃ) *vt* ammobiliare, fornire
furniture ('fə:nıtʃə) *n* mobilio *m*
furrow ('fʌrou) *n* solco *m* scia *f*
further ('fə:ðə) *adj* più lontano ulteriore *adv* oltre, inoltre *vt* favorire, promuovere **furthest** *adj* il più lontano, estremo
furtive ('fə:tıv) *adj* furtivo
fury ('fjuəri) *n* furia, violenza *f*
fuse[1] (fju:z) *n* **1** *tech* fusibile *m* valvola *f* **2** *mil* spoletta, miccia *f* *vi* saltare
fuse[2] (fju:z) *vt* fondere *vi* fondersi
fuselage ('fju:zəlɑ:ʒ) *n* fusoliera *f*
fusion ('fju:ʒən) *n* fusione *f*
fuss (fʌs) *n* trambusto *m* agitazione *f* *vi* affaccendarsi, preoccuparsi per nulla **fussy** *adj* pignolo, meticoloso
futile ('fju:tail) *adj* inutile, vano
future ('fju:tʃə) *adj n* futuro *m*
fuzz (fʌz) *n* **1** lanuggine *f* **2** *sl* polizia *f* **fuzzy** *adj* **1** increspato **2** confuso

G

gabble ('gæbəl) *n* borbottio *m* *vt* borbottare *vi* parlare in modo confuso
gable ('geıbəl) *n* frontone *m*
gadget ('gædʒıt) *n* congegno gingillo *m*
gag[1] (gæg) *n* bavaglio *m* *vt* imbavagliare
gag[2] (gæg) *n* battuta comica *f*
gaiety ('geıətı) *n* allegria *f*
gaily ('geili) *adv* gaiamente
gain (gein) *n* **1** guadagno, profitto *m* **2** miglioramento *m* *vt* guadagnare *vi* profittare
gait (geıt) *n* andatura *f*
gala ('gɑ:lə) *n* gala *f*
galaxy ('gæləksı) *n* galassia *f*
gale (geil) *n* burrasca *f*
gall (gɔ:l) *n* bile *f* fiele *m*
gallant ('gælənt) *adj* valoroso cortese
galleon ('gæliən) *n* galeone *m*
gallery ('gæləri) *n* galleria *f* loggione *m*
galley ('gæli) *n* **1** galera, galea *f* **2** cambusa *f*
gallon ('gælən) *n* gallone *m*
gallop ('gæləp) *n* galoppo *m* *vi* galoppare
gallows ('gælouz) *n pl* forca *f* patibolo *m*
galore (gə'lɔ:) *adv* in quantità
galvanize ('gælvənaız) *vt* galvanizzare
gamble ('gæmbəl) *n* gioco d'azzardo *m* *vi* giocare d'azzardo *vt* **1** giocare **2** rischiare **gambler** *n* giocatore d'azzardo *m*
game (geım) *n* **1** gioco *m* **2** partita *f* **3** (hunting) selvaggina *f* *adj* **1** coraggioso **2** pronto **gamekeeper** *n* guardiacaccia *m*
gammon ('gæmən) *n* prosciutto affumicato
gander ('gændə) *n* papero *m*
gang (gæŋ) *n* squadra, banda *f* *v* **gang up** allearsi **gangster** *n* bandito *m* **gangway** *n* corridoio, passaggio *m* passerella *f*
gangrene (gæŋ'gri:n) *n* cancrena *f*
gap (gæp) *n* breccia, apertura, fessura, lacuna *f*
gape (geıp) *vi* **1** sbadigliare **2** restare a bocca aperta *n* sbadiglio *m*
garage ('gærɑ:ʒ) *n* garage *m* autorimessa *f*
garbage ('gɑ:bıdʒ) *n* **1** rifiuti *m pl* **2** cosa spregevole *f*
garble ('gɑ:bəl) *vt* alterare
garden ('gɑ:dn) *n* giardino *m* *vi* fare del giardinaggio **gardener** *n* giardiniere *m* **gardening** *n* giardinaggio *m*
gargle ('gɑ:gəl) *vi* fare gargarismi *n* liquido per gargarismi
gargoyle ('gɑ:gɔil) *n* mascherone da grondaia *m*
garland ('gɑ:lənd) *n* ghirlanda *f*
garlic ('gɑ:lik) *n* aglio *m*
garment ('gɑ:mənt) *n* indumento *m*
garnish ('gɑ:nıʃ) *vt* guarnire, ornare *n* guarnizione *f* contorno *m*
garrison ('gærisən) *n* presidio *m* guarnigione *f* *vt* presidiare
garter ('gɑ:tə) *n* giarrettiera *f*
gas (gæs) *n* gas *m invar* *vt* asfissiare con il gas **gas cooker** *n* fornello a gas *m* **gas fire** *n* stufa a gas *f* **gasworks** *n pl* officina del gas *f*
gash (gæʃ) *n* ferita *f* squarcio *m* *vt* sfregiare, tagliare
gasket ('gæskit) *n* guarnizione *f*
gasp (gɑ:sp) *n* rantolo *m* *vi* boccheggiare ansimare
gastric ('gæstrik) *adj* gastrico **gastronomic** *adj* gastronomico
gate (geıt) *n* cancello *m* porta *f* **gatecrash** *vt* entrare senza invito a
gateau ('gætou) *n, pl* **-teaux** pasticcino *m*

gather (ˈgæðə) *vt* **1** riunire. **2** raccogliere. **3** dedurre. *vi* radunarsi. **gathering** *n* riunione *f*.
gauche (gouʃ) *adj* maldestro.
gaudy (ˈgɔ:di) *adj* vistoso, di gusto pesante.
gauge (geidʒ) *n* **1** misura *f*. **2** calibro *m*. *vt* misurare, stimare.
gaunt (gɔ:nt) *adj* magro, scarno.
gauze (gɔ:z) *n* garza *f*. velo *m*.
gave (geiv) *v see* **give.**
gay (gei) *adj* allegro, vivace.
gaze (geiz) *n* sguardo fisso *m*. *vi* guardare fissamente.
gazelle (gəˈzel) *n* gazzella *f*.
gear (giə) *n* **1** meccanismo *m*. **2** *mot* marcia *f*. **3** utensili *m pl*. *vt* adattare. **gearbox** *n* scatola del cambio *f*. **gear lever** *n* leva del cambio *f*.
gelatine (ˈdʒeləti:n) *n* gelatina *f*.
gelignite (ˈdʒelignait) *n* nitroglicerina *f*.
gem (dʒem) *n* gemma *f*. gioiello *m*.
Gemini (ˈdʒεminai) *n pl* Gemelli *m pl*.
gender (ˈdʒendə) *n* genere *m*.
gene (dʒi:n) *n* gene *m*.
genealogy (dʒiniˈælədʒi) *n* genealogia *f*.
general (ˈdʒenərəl) *adj* generale, comune. **general election** *n* elezioni generali *f pl*. **general practitioner** *n* medico generico *m*. **generally** *adv* in generale, generalmente. **generalize** *vt,vi* generalizzare.
generate (ˈdʒenəreit) *vt* generare, produrre. **generation** *n* generazione *f*.
generic (dʒiˈnerik) *adj* generico.
generous (ˈdʒenərəs) *adj* generoso, abbondante.
genetic (dʒiˈnetik) *adj* genetico. **genetics** *n* genetica *f*.
genial (ˈdʒi:niəl) *adj* cordiale, amabile.
genital (ˈdʒenitl̩) *adj* genitale. **genitals** *n pl* organi genitali *m pl*.
genius (ˈdʒi:niəs) *n* **1** genio *m*. **2** talento *m*.
genteel (dʒenˈti:l) *adj* garbato, compito.
gentian (ˈdʒenʃən) *n* genziana *f*.
gentile (ˈdʒentail) *adj* pagano. *n* gentile, pagano *m*.
gentle (ˈdʒentl̩) *adj* mite, nobile, cortese **gentleman** *n, pl* **gentlemen** signore *m*.
genuflect (ˈdʒenjuflekt) *vi* genuflettersi.
genuine (ˈdʒenjuin) *adj* **1** genuino. **2** sincero. **3** puro.
genus (ˈdʒi:nəs) *n, pl* **genera** classe, specie *f*.
geography (dʒiˈɔgrəfi) *n* geografia *f*. **geographical** *adj* geografico.
geology (dʒiˈɔlədʒi) *n* geologia *f*. **geological** *adj* geologico.
geometry (dʒiˈɔmətri) *n* geometria *f*. **geometric** *adj also* **geometrical** geometrico.
geranium (dʒəˈreiniəm) *n* geranio *m*.
geriatric (dʒeriˈætrik) *adj* geriatrico. **geriatrics** *n* geriatria, gerontologia *f*.
germ (dʒə:m) *n* germe *m*.
Germany (ˈdʒə:məni) *n* Germania *f*. **German** *adj,n* tedesco. **German** (language) *n* tedesco *m*. **German measles** *n* rosolia *f*. **Germanic** *adj* germanico.
germinate (ˈdʒə:mineit) *vi* germinare. **germination** *n* germinazione *f*.
gerund (ˈdʒerənd) *n* gerundio *m*.
gesticulate (dʒisˈtikjuleit) *vi* gesticolare.
gesture (ˈdʒestʃə) *n* gesto *m*.
get* (get) *vt* **1** ottenere, guadagnare. **2** prendere, afferrare. *vi* **1** divenire. **2** arrivare. **3** fare, farsi. **4** persuadere. **get off** scendere. **get on** montare. **get over** superare. **get up** alzarsi.
geyser (ˈgi:zə) *n* **1** *geog* geyser *m*. **2** scaldabagno *m*.
ghastly (ˈgɑ:stli) *adj* orrendo, spettrale.
gherkin (ˈgə:kin) *n* cetriolo *m*.
ghetto (ˈgetou) *n, pl* **-os** *or* **-oes** ghetto *m*.
ghost (goust) *n* spirito, fantasma *m*.
giant (ˈdʒaiənt) *n* gigante *m*. *adj* gigantesco.
giddy (ˈgidi) *adj* stordito, vertiginoso. **giddiness** *n* vertigine *f*.
gift (gift) *n* regalo, dono *m*. **gifted** *adj* dotato, fornito di talento.
gigantic (dʒaiˈgæntik) *adj* gigantesco.
giggle *n* risatina sciocca *f*. *vi* far risatine.
gild (gild) *vt* dorare.
gill (gil) *n zool* branchia *f*.
gilt (gilt) *adj* dorato. *n* doratura *f*.
gimmick (ˈgimik) *n* trucco, stratagemma *m*.
gin (dʒin) *n* gin *m*.
ginger (ˈdʒindʒə) *n* zenzero *m*. *adj* fulvo. **ginger beer** *n* bibita allo zenzero *f*. **gingerbread** *n* pan di zenzero *m*.
gingham (ˈgiŋəm) *n* percallina *f*.
Gipsy (ˈdʒipsi) *n* gitano, zingaro *m*.
giraffe (dʒiˈrɑ:f) *n* giraffa *f*.
girder (ˈgə:də) *n* putrella *f*.
girdle (ˈgə:dl̩) *n* cintura *f*. busto *m*. *vt* cingere, fasciare.
girl (gə:l) *n* ragazza, fanciulla *f*.
Giro (ˈdʒairou) *n* sistema bancario *m*.
girth (gə:θ) *n* **1** giro *m*. circonferenza *f*. **2** sottopancia *f*.

give* (giv) *vt* **1** dare. **2** consegnare. *vi* cedere. **give away 1** rivelare, tradire. **2** regalare **give back** restituire. **give in** cedere. **give up 1** smettere. **2** arrendersi.
glacier ('glæsiə) *n* ghiacciaio *m*.
glad (glæd) *adj* contento, allegro **gladly** *adv* con piacere
glamour ('glæmə) *n* fascino, incantesimo *m*. **glamorous** *adj* affascinante **glamorize** *vt* rendere attraente, valorizzare.
glance (glɑ:ns) *n* occhiata *f*. sguardo *m*. *vi* dare un'occhiata, guardare di sfuggita
gland (glænd) *n* ghiandola *f*.
glare (glɛə) *n* **1** riverbero *m*. **2** sguardo penetrante *m* *vi* guardare con astio.
glass (glɑ:s) *n* **1** vetro *m*. **2** bicchiere *m*. **3** *pl* occhiali *m pl* *adj* di vetro
glaze (gleiz) *n* smalto *m*. vernice *f* *vt* **1** fornire di vetro. **2** smaltare.
gleam (gli:m) *n* barlume *m*. *vi* scintillare, brillare.
glean (gli:n) *vt* **1** spigolare. **2** raccogliere
glee (gli:) *n* allegria, gioia *f*
glib (glib) *adj* scorrevole, loquace
glide (glaid) *n* **1** scivolata *f* **2** *mus* legamento *m*. **3** *aviat* volo libero *m*. *vi* **1** scorrere **2** scivolare **3** planare **glider** *n* aliante *m*.
glimmer ('glimə) *n* barlume, luccichio *m*. *vi* brillare, luccicare
glimpse (glimps) *n* visione *f*. colpo d'occhio *m*. **catch a glimpse of** vedere di sfuggita
glint (glint) *n* scintillio *m*. *vi* scintillare
glisten ('glisən) *vi* brillare
glitter ('glitə) *n* scintillio *m* lucentezza *f* *vi* brillare, rifulgere
gloat (glout) *vi* gongolare (malignamente).
globe (gloub) *n* **1** globo *m*. sfera *f*. **2** mappamondo *m*
gloom[1] (glu:m) *n* oscurità *f* buio *m* **gloomy** *adj* annuvolato.
gloom[2] (glu:m) *n* malinconia, tristezza *f*. **gloomy** *adj* cupo, triste.
glory ('glɔ:ri) *n* gloria *f*. splendore *m*. **glorify** *vt* glorificare **glorious** *adj* maestoso, splendido.
gloss[1] (glɔs) *n* lucentezza *f*. *vt* **1** lucidare **2** rendere plausibile
gloss[2] (glɔs) *n* chiosa *f* commento *m* *vt* interpretare, commentare
glossary ('glɔsəri) *n* glossario, lessico *m*.
glove (glʌv) *n* guanto *m*.
glow (glou) *n* ardore *m* incandescenza *f* *vi* ardere, essere incandescente. **glow-worm** *n* lucciola *f*.
glower ('glauə) *vi* guardare con occhi torvi
glucose ('glu:kous) *n* glucosio *m*.
glue (glu:) *n* colla *f*. *vt* incollare.
glum (glʌm) *adj* tetro, accigliato
glut (glʌt) *n* sovrabbondanza *vt* satollare, rimpinzare
glutton ('glʌtn̩) *n* ghiottone, goloso *m* **gluttony** *n* ghiottoneria *f*.
gnarled (nɑ:ld) *adj* nodoso, rugoso
gnash (næʃ) *vt* digrignare
gnat (næt) *n* moscerino *m*. zanzara *f*
gnaw (nɔ:) *vt* rodere, tormentare
gnome (noum) *n* gnomo *m*.
go* (gou) *vi* **1** andare, partire **2** funzionare **3** divenire **go about** occuparsi di. **go back** ritornare **go down 1** discendere **2** affondare **go into** entrare **go on** continuare **go out 1** uscire. **2** spegnersi. **go up** salire ~*n* **1** vigore *m*. **2** tentativo *m*.
goad (goud) *n* pungolo *m*. *vt* stimolare, incitare
goal (goul) *n* **1** traguardo, scopo *m* **2** *sport* rete, porta *f* **goalkeeper** *n* portiere *m* **goalpost** *n* palo della porta *m*.
goat (gout) *n* capra *f*
gobble ('gɔbəl) *vt* inghiottire, trangugiare
goblin ('gɔblin) *n* folletto *m*
god (gɔd) *n* **1** idolo *m* divinità *f* **2** *cap* Dio *m* **goddaughter** *n* figlioccia *f* **godfather** *n* padrino *m*. **godmother** *n* madrina *f* **godson** *n* figlioccio *m*. **goddess** *n* dea *f*
goggles ('gɔgəlz) *n pl* occhiali di protezione *m pl*.
going ('gouiŋ) *n* **1** landare *m* andatura *f* **2** *sport* terreno *adj* attivo
gold (gould) *n* oro *m* *adj* d'oro **goldfish** *n* pesce rosso *m* **goldmine** *n* **1** miniera d'oro *f* **2** fonte di ricchezza *f* **gold rush** *n* febbre dell'oro *f* **goldsmith** *n* orefice *m* **golden** *adj* d'oro, aureo **golden syrup** *n* melassa *f*
golf (gɔlf) *n* golf *m*. **golfball** *n* palla da golf *f*. **golf club** *n* **1** mazza da golf *f*. **2** circolo del golf *m* **golfcourse** *n* campo di golf *m*.
gondola ('gɔndələ) *n* gondola *f* **gondolier** *n* gondoliere *m*.
gone (gɔn) *v* see **go**.
gong (gɔŋ) *n* gong *m*.
good (gud) *adj* **1** buono, onesto **2** valido *n* bene, vantaggio *m*. **for good** per sempre **it is no good** è inutile
good afternoon *interj* buon giorno!

goodbye (gud'bai) *interj* addio! arrivederci!
good evening *interj* buona sera!
Good Friday *n* Venerdì Santo *m*.
good-humoured *adj* di buon umore.
good-looking *adj* di bell'aspetto
good morning *interj* buon giorno!
good night *interj* buona notte!
goods train *n* treno merci *m*.
good will *n* buona volontà *f*.
goose (gu:s) *n, pl* **geese** *n* oca *f* **gooseberry** *n* uva spina *f*.
gore[1] (gɔ:) *n* sangue *m*.
gore[2] (gɔ:) *vt* trafiggere con le corna.
gorge (gɔ:dʒ) *n* gola *f*. *vt* satollare.
gorgeous ('gɔ:dʒəs) *adj* magnifico, splendido.
gorilla (gə'rilə) *n* gorilla *m*.
gorse (gɔ:s) *n* ginestra spinosa *f*.
gory ('gɔ:ri) *adj* insanguinato.
gosh (gɔʃ) *interj* perbacco!
gosling ('gɔzliŋ) *n* papero *m*.
gospel ('gɔspəl) *n* vangelo *m*.
gossip ('gɔsip) *n* **1** chiacchiera *f* pettegolezzo *m*. **2** pettegolo *m*. *vi* far pettegolezzi
got (gɔt) *v see* **get**.
Gothic ('gɔθik) *adj* gotico
goulash ('gu:læʃ) *n* gulash *m*.
gourd (guəd) *n* zucca *f*
gourmet (guə'mei) *n* buongustaio *m*.
govern ('gʌvən) *vt* governare, influenzare, controllare. **government** *n* governo *m*. **governmental** *adj* governativo. **governor** *n* **1** governatore *m*. **2** *sl* capo, principale *m*.
gown (gaun) *n* **1** veste *f*. **2** toga *f*
grab (græb) *vt* afferrare, arraffare. *n* presa, stretta *f*
grace (greis) *n* grazia *f* **His/Your Grace** Sua/Vostra Grazia. **graceful** *adj* grazioso, leggiadro. **gracious** *adj* clemente, benigno.
grade (greid) *n* grado, rango *m*. *vt* graduare, classificare **gradient** *n* pendenza *f* gradiente *m*. **gradual** *adj* graduale. **graduate** *n* laureato *m*. *vi* laurearsi
graffiti (grə'fi:ti) *n pl* graffiti *m pl*.
graft (grɑ:ft) *vt* **1** innestare. **2** trapiantare. *n* **1** *bot* innesto *m*. **2** *med* trapianto *m*.
grain (grein) *n* **1** grano *m*. **2** chicco *m*. **3** granello *m*
gram (græm) *n* grammo *m*.
grammar ('græmə) *n* grammatica *f* **grammar school** *n* scuola secondaria *f*. **grammatical** *adj* grammaticale.
gramophone ('græməfoun) *n* grammofono *m*
granary ('grænəri) *n* granaio *m*.
grand (grænd) *adj* grandioso, imponente **grandeur** *n* grandiosità *f*. splendore *m*.
grandad ('grændæd) *n inf also* **grandpa** nonno *m*.
grandchild ('grænt∫aild) *n* nipote *m,f*
granddaughter ('grændɔ:tə) *n* nipote, nipotina *f*
grandfather ('grænfɑ:ðə) *n* nonno *m*.
grandma ('grænmɑ:) *n inf also* **granny** nonnina *f*
grandmother ('grænmʌðə) *n* nonna *f*.
grandparent ('grænpɛərənt) *n* nonno *m*.
grand piano *n* piano a coda *m*.
grandson ('grænsʌn) *n* nipote, nipotino *m*.
grandstand ('grændstænd) *n* tribuna d'onore *f*.
granite ('grænit) *n* granito *m*.
grant (grɑ:nt) *vt* concedere, ammettere. **take for granted** dare per scontato. *n* **1** concessione *f* **2** *educ* borsa di studio *f*.
grape (greip) *n* **1** acino *m*. **2** *pl* uva *f*. **grapefruit** *n* pompelmo *m*. **grapevine** *n* vite *f*.
graph (græf) *n* grafico *m*. curva *f*. **graphic** *adj* grafico
grapple ('græpəl) *vi* venire alle prese.
grasp (grɑ:sp) *vt* afferrare, capire. *n* **1** stretta *f*. **2** comprensione *f*
grass (grɑ:s) *n* erba *f*. prato *m*.
grate[1] (greit) *n* griglia, graticola *f*.
grate[2] (greit) *vt* grattugiare. *vi* stridere.
grateful ('greitfəl) *adj* grato, riconoscente **gratify** *vt* ricompensare, soddisfare.
gratitude ('grætitju:d) *n* gratitudine *f*.
grave[1] (greiv) *n* fossa, tomba *f*. **gravestone** *n* lapide *f* **graveyard** *n* cimitero *m*.
grave[2] (greiv) *adj* serio, solenne, grave.
gravel ('grævəl) *n* ghiaia *f*.
gravity ('græviti) *n* gravità, serietà *f*.
gravy ('greivi) *n* sugo di carne *m*.
graze[1] (greiz) *vi* pascolare.
graze[2] (greiz) *vt med* sfiorare, scalfire. *n* scalfittura *f*
grease (gri:s) *n* unto, grasso *m*. *vt* ungere. ingrassare. **greaseproof** *adj* deato.
great (greit) *adj* **1** grande. **2** celebre. **a great deal** molto.
Great Britain *n* Gran Bretagna *f*.
Greece (gri:s) *n* Grecia *f*. **Grecian** *adj* greco, *pl* greci. **Greek** *adj,n* greco, *pl* greci. **Greek** (language) *n* greco *m*.
greed (gri:d) *n* avidità, ingordigia *f*. **greedy** *adj* avido, goloso.

green (gri:n) *adj* **1** verde. **2** inesperto. *n* **1** prato *m.* **2** (colour) verde *m.* **3** *pl* verdura *f.* **greenery** *n* vegetazione *f.* **greenfly** *n* pidocchio delle piante *m.* **greengage** *n* prugna *f.* **greengrocer** *n* erbivendolo *m.* **greenhouse** *n* serra *f.*

Greenland ('gri:nlənd) *n* Groenlandia *f.* **Greenlander** *n* groenlandese *m,f.*

greet (gri:t) *vt* salutare. **greeting** *n* saluto *m.*

gregarious (gri'gɛəriəs) *adj* socievole, gregario

grenade (gri'neid) *n* granata *f.*

grew (gru:) *v* see **grow.**

grey (grei) *adj,n* grigio *m.* **greyhound** *n* levriero *m.*

grid (grid) *n* griglia *f.*

grief (gri:f) *n* dolore *m.* angoscia *f.*

grieve (gri:v) *vt* affliggere. *vi* affliggersi **grievance** *n* **1** lamentela *f.* **2** ingiustizia *f.*

grill (gril) *n* graticola *f.* *vt* cuocere ai ferri

grille (gril) *n* griglia, inferriata *f.*

grim (grim) *adj* torvo, sinistro.

grimace ('grimis) *n* smorfia *f.* *vi* fare smorfie.

grime (graim) *n* sporcizia *f.* **grimy** *adj* sporco

grin (grin) *n* sogghigno *m.* *vi* sogghignare.

grind* (graind) *vt* **1** macinare. **2** affilare. **3** (teeth) digrignare. *vi* sgobbare. *n* lavoro arduo *m.*

grip (grip) *vt* **1** afferrare. **2** attirare. *vi* afferrare. *n* stretta *f.*

gripe (graip) *n* colica *f.*

gristle ('grisəl) *n* cartilagine *f.*

grit (grit) *n* **1** sabbia *f.* pulviscolo *m.* **2** *inf* forza di carattere *f.* *vt* digrignare.

groan (groun) *n* gemito *m.* *vi* lamentarsi.

grocer ('grousə) *n* droghiere *m.* **grocer's shop** *n* drogheria *f.*

groin (grɔin) *n* inguine *m.*

groom (gru:m) *n* **1** palafreniere *m.* **2** sposo *m.* *vt* strigliare, riordinare.

groove (gru:v) *n* scanalatura *f.* canale *m.* *vt* scanalare.

grope (group) *vi* brancolare, andare a tastoni.

gross (grous) *adj* **1** volgare, grossolano. **2** *comm* lordo. *n* massa *f.*

grotesque (grou'tesk) *adj* grottesco.

grotto ('grɔtou) *n, pl* **-toes** *or* **-tos** grotta *f.*

ground[1] (graund) *n* **1** terra *f.* terreno *m.* **2** motivo *m.* base *f.* **3** campo, fondo *m.* *vt* **1** basare. **2** trattenere a terra. *vi* incagliarsi. **ground floor** *n* pianterreno *m.* **groundsheet** *n* telone impermeabile *m.* **groundsman** *n* addetto in un campo sportivo *m.* **groundwork** *n* base *f.* fondamento *m.*

ground[2] (graund) *v* see **grind.** *adj* macinato, levigato.

group (gru:p) *n* gruppo *m.* *vt* raggruppare.

grouse[1] (graus) *n* gallo cedrone *m.*

grouse[2] (graus) *vi* brontolare.

grove (grouv) *n* boschetto *m.*

grovel ('grɔvəl) *vi* umiliarsi.

grow* (grou) *vi* **1** crescere, aumentare. **2** diventare. *vt* coltivare. **grow up** crescere. **growth** *n* **1** crescita *f.* aumento *m.* **2** *med* escrescenza *f.*

growl (graul) *n* brontolio, ringhio *m.* *vi* borbottare, ringhiare.

grub (grʌb) *n* **1** verme, lombrico *m.* **2** *sl* cibo *m.* **grubby** *adj* sporco.

grudge (grʌdʒ) *n* rancore, risentimento *m.* **bear a grudge** avere del risentimento. ~*vt* lesinare, concedere a malincuore.

gruelling ('gru:əliŋ) *adj* estenuante.

gruesome ('gru:səm) *adj* macabro.

gruff (grʌf) *adj* burbero, arcigno.

grumble ('grʌmbəl) *vi* borbottare, lamentarsi. *n* lagnanza *f.*

grumpy ('grʌmpi) *adj* bisbetico, irritabile.

grunt (grʌnt) *vi* grugnire, brontolare. *n* grugnito, borbottio *m.*

guarantee (gærən'ti:) *n* **1** garanzia *f.* **2** garante *m.* *vt* garantire, assicurare, rendersi garante di. **guarantor** *n* garante *m.*

guard (ga:d) *vt,vi* guardare. *n* **1** guardia *f.* **2** (railway) capotreno *m.* **3** protezione *f.* **guard's van** *n* carro di servizio *m.* **guardian** *n* guardiano *m.* **guardian angel** *n* angelo custode *m.*

guerrilla (gə'rilə) *n* guerrigliero *m.*

guess (ges) *n* congettura, supposizione *f.* *vt,vi* supporre, indovinare. **guesswork** *n* congettura *f.*

guest (gest) *n* ospite *m,f.* invitato *m.* **guesthouse** *n* pensione *f.*

guide (gaid) *n* guida *f.* cicerone *m.* *vt* dirigere, guidare. **guidance** *n* guida, direzione *f.* **guidebook** *n* guida *f.* manuale *m.* **guide-dog** *n* cane guida *m.*

guild (gild) *n* corporazione *f.*

guillotine (gilə'ti:n) *n* ghigliottina *f.* *vt* ghigliottinare.

guilt (gilt) *n* colpa *f.* **guilty** *adj* colpevole.

guinea ('gini) *n* ghinea *f.* **guinea pig** *n* porcellino d'India *m.* cavia *f.*

guitar (gɪ'tɑ:) *n* chitarra *f*.

gulf (gʌlf) *n* **1** *geog* golfo *m*. **2** abisso *m*.

gull (gʌl) *n* gabbiano *m*.

gullet ('gʌlit) *n* gola *f*. esofago *m*.

gulp (gʌlp) *n* boccone, sorso *m*. *vt* inghiottire, trangugiare.

gum[1] (gʌm) *n* gengiva *f*.

gum[2] (gʌm) *n* gomma *f* *vt* ingommare.

gun (gʌn) *n* **1** cannone *m*. **2** rivoltella *f*. fucile *m*. **gunman** *n* bandito, terrorista *m*. **gunpowder** *n* polvere da sparo *f*. **gunrunning** *n* contrabbando d'armi *m*. **gunshot** *n* colpo d'arma da fuoco *m*.

gurgle ('gə:gəl) *n* gorgoglio *m*. *vi* gorgogliare, mormorare.

gush (gʌʃ) *n* **1** sgorgo, zampillo *m*. **2** effusione *f*. *vi* **1** sgorgare **2** abbandonarsi ad effusioni.

gust (gʌst) *n* raffica *f*.

gut (gʌt) *n* **1** budello *m*, *pl* budella *f*. **2** *pl sl* coraggio *m*. *vt* sventrare.

gutter ('gʌtə) *n* grondaia *f*. rigagnolo *m*.

guy[1] (gai) *n* **1** *inf* individuo, tipo *m*. **2** spauracchio *m*.

guy[2] (gai) *n* (rope) tirante di fissaggio *m*.

gymnasium (dʒim'neiziəm) *n* palestra *f*. **gymnast** *n* ginnasta *m*. **gymnastic** *adj* ginnastico. **gymnastics** *n pl* ginnastica *f*.

gynaecology (gaini'kɔlədʒi) *n* ginecologia *f*. **gynaecologist** *n* ginecologo *m*.

gypsum ('dʒipsəm) *n* pietra da gesso *f*.

H

haberdasher ('hæbədæʃə) *n* merciaio *m*. **haberdashery** *n* merceria *f*.

habit ('hæbit) *n* abitudine *f* **habitable** *adj* abitabile. **habitual** *adj* abituale.

hack[1] (hæk) *vt* tagliare, troncare. *n* tacca *f*. taglio *m*. **hacksaw** *n* seghetto *m*.

hack[2] (hæk) *n* **1** (horse) ronzino *m*. **2** scribacchino *m*.

hackneyed ('hæknid) *adj* trito, banale.

had (hæd) *v* see **have**.

haddock ('hædək) *n* merluzzo *m*.

haemorrhage ('hemərid3) *n* emorragia *f*.

hag (hæg) *n* strega, vecchiaccia *f*.

haggard ('hægəd) *adj* smunto, sparuto.

haggle ('hægḷ) *vi* mercanteggiare.

Hague, The (heig) *n* L'Aia *f*.

hail[1] (heil) *n* grandine *f*. *vi* grandinare. **hailstone** *n* chicco di grandine *m*. **hailstorm** *n* grandinata *f*.

hail[2] (heil) *vt* salutare, chiamare. *n* saluto *m*.

hair (hɛə) *n* **1** capelli *m pl*. **2** pelo *m* **3** pelame *m*. **split hairs** cercare il pelo nell'uovo.

hairbrush ('hɛəbrʌʃ) *n* spazzola per capelli *f*.

haircut ('hɛəkʌt) *n* taglio dei capelli *m*.

hairdo ('hɛədu:) *n* acconciatura *f*.

hairdresser ('hɛədresə) *n* parrucchiere *m*. parrucchiera *f*. **hairdressing** *n* mestiere del parrucchiere *m*.

hairdryer ('hɛədraiə) *n* asciugacapelli *m invar*.

hairgrip ('hɛəgrip) *n* forcina per capelli *f*.

hairnet ('hɛənet) *n* retina per capelli *f*.

hairpiece ('hɛəpi:s) *n* toupet *m*.

hair-raising *adj* raccapricciante, che fa rizzare i capelli.

hairstyle ('hɛəstail) *n* pettinatura *f*.

hairy ('hɛəri) *adj* peloso.

half (hɑ:f) *n*, *pl* **halves** metà *f*. mezzo *m*. **go halves** fare a metà. ~*adj* mezzo. *adv* a mezzo.

half-a-dozen *adj,n* mezza dozzina *f*.

half-and-half *adj,adv* mezzo e mezzo.

half-back *n* mediano *m*.

half-baked *adj* **1** non completamente cotto. **2** incompleto.

half-breed *n* meticcio *m*.

half-brother *n* fratellastro *m*.

half-caste *n* mulatto *m*.

half-hearted *adj* esitante, abulico.

half-hour *n* mezz'ora *f*.

half-mast *adv* **at half-mast** a mezz'asta.

halfpenny ('heipni) *n* moneta da mezzo penny *f*.

half-pint *n* mezza pinta *f*.

half-sister *n* sorellastra *f*.

half-term *n* vacanza di metà trimestre *f*.

half-time *n* intervallo *m*.

halftone ('hɑ:ftoun) *n* mezzatinta *f*.

halfway (hɑ:f'wei) *adj,adv* a mezza strada.

halfwit ('hɑ:fwit) *n* tonto, stupido *m*.

halibut ('hælibət) *n*, *pl* **-buts** *or* **-but** sogliola atlantica *f*. halibut *m invar*.

hall (hɔ:l) *n* sala *f*. salone *m*.

hallelujah (hæli'lu:jə) *interj n* alleluia *m*.

hallmark ('hɔ:lmɑ:k) *n* marchio *m*.

hallo (hə'lou) *interj* see **hello**.

hallowed ('hæloud) *adj* benedetto, santo.

Hallowe'en (hælou'i:n) *n* vigilia dell'Ognissanti *f*.

hallucination (həlu:si'neiʃən) *n* allucinazione *f*.

halo (ˈheilou) *n, pl* **-loes** *or* **-los** aureola *f* alone *m.*
halt (hɔ:lt) *n* fermata, sosta *f. vt* fermare *vi* trattenersi
halter (ˈhɔ:ltə) *n* cavezza *f* capestro *m*
halve (hɑ:v) *vt* dimezzare
ham (hæm) *n* prosciutto *m*
hamburger (ˈhæmbə:gə) *n* **1** polpetta di carne *f* **2** panino con polpetta *m.*
hammer (ˈhæmə) *n* martello *m vt* martellare
hammock (ˈhæmək) *n* amaca *f*
hamper[1] (ˈhæmpə) *vt* ostacolare, impedire
hamper[2] (ˈhæmpə) *n* paniere *m*
hamster (ˈhæmstə) *n* criceto *m.*
hand (hænd) *n* **1** mano *f, pl* mani **2** operaio *m* **3** lato *m.* **4** calligrafia *f* **5** (of a clock) lancetta *f.* **at hand** a portata di mano **on the other hand** d'altra parte ~*vt* porgere, consegnare, dare.
handbag (ˈhændbæg) *n* borsa, borsetta *f*
handbook (ˈhændbuk) *n* manuale *m.*
handbrake (ˈhændbreik) *n* freno a mano *m*
handcart (ˈhændkɑ:t) *n* carretto a mano *m.*
handcuff (ˈhændkʌf) *n* manetta *f vt* mettere le manette a.
handful (ˈhændful) *n* **1** manata, manciata *f* **2** piccolo numero *m.*
hand grenade *n* granata *or* bomba a mano *f*
handicap (ˈhændikæp) *n* **1** svantaggio, ostacolo *m.* **2** *sport* handicap *m. vt* **1** impedire, intralciare. **2** regolare un handicap **handicapped** *adj* mutilato, menomato
handicraft (ˈhændikrɑ:ft) *n* **1** artigianato *m* **2** arte *f.*
handiwork (ˈhændiwə:k) *n* lavoro a mano *m*
handkerchief (ˈhæŋkətʃif) *n* fazzoletto *m*
handle (ˈhændḷ) *n* **1** manico *m.* **2** maniglia *f* **3** manubrio *m. vt* maneggiare, trattare **handlebar** *n* manubrio *m*
handmade (hændˈmeid) *adj* fatto a mano
hand-pick *vt* scegliere singolarmente, cogliere a mano.
handrail (ˈhændreil) *n* corrimano *m* ringhiera *f*
handshake (ˈhændʃeik) *n* stretta di mano *f.*
handsome (ˈhænsəm) *adj* **1** bello, ben fatto **2** considerevole, generoso.
handstand (ˈhændstænd) *n* posata verticale sulle mani *f.*
handwriting (ˈhændraitiŋ) *n* calligrafia *f.*
handy (ˈhændi) *adj* **1** abile. **2** utile, a portata di mano.
hang* (hæŋ) *vt* **1** appendere. **2** impiccare. **3** attaccare *vi* pendere **hang back** esitare **hang on 1** persistere **2** rimanere attaccato **hang out** stendere **hang up 1** appendere **2** riattaccare **hanger** *n* gancio *m.* stampella *f.* **hangman** *n* boia *m invar* **hangover** *n* malessere *m* postumi di sbornia *m pl.*
hanker (ˈhæŋkə) *vi* agognare, bramare
haphazard (hæpˈhæzəd) *adj* casuale
happen (ˈhæpən) *vi* avvenire, accadere **happening** *n* avvenimento *m.*
happy (ˈhæpi) *adj* felice, contento **happy-go-lucky** *adj* spensierato
harass (ˈhærəs) *vt* molestare, tormentare **harassment** *n* molestia *f.* tormento *m.*
harbour (ˈhɑ:bə) *n* **1** porto *m.* **2** rifugio *m vt* **1** dar rifugio a **2** albergare
hard (hɑ:d) *adj* **1** duro **2** difficile, faticoso *adv* **1** energicamente **2** molto **hardback** *n* libro con la copertina dura *m* **hardboard** *n* pannello di fibra di legno *m.* **hard-boiled** *adj* sodo **hard-headed** *adj* ostinato **hard-hearted** *adj* insensibile, senza cuore **hardship** *n* disagio, stento *m* privazione *f.* **hardware** *n* ferramenta *f pl.* **harden** *vt* indurire *vi* indurirsi
hardly (ˈhɑ:dli) *adv* **1** appena, a stento **2** quasi
hardy (ˈhɑ:di) *adj* coraggioso, resistente.
hare (ˈhɛə) *n* lepre *f.*
haricot (ˈhærikou) *n* fagiolino *m.*
hark (hɑ:k) *vi* ascoltare
harm (hɑ:m) *n* torto, danno *m. vt* nuocere a, danneggiare
harmonic (hɑ:ˈmɔnik) *adj* armonioso, armonico **harmonica** *n* armonica *f* **harmonize** *vt* armonizzare. *vi* andare d'accordo **harmony** *n* armonia *f*
harness (ˈhɑ:nis) *n* finimenti *m pl vt* bardare, imbrigliare
harp (hɑ:p) *n* arpa *f.*
harpoon (hɑ:ˈpu:n) *n* fiocina *f. vt* fiocinare.
harpsichord (ˈhɑ:psikɔ:d) *n* clavicembalo *m.*
harrow (ˈhærou) *n* erpice *m. vt* **1** erpicare **2** straziare
harsh (hɑ:ʃ) *adj* ruvido, aspro, severo. **harshness** *n* durezza, severità *f.*
harvest (ˈhɑ:vist) *n* raccolto *m. vt* mietere, raccogliere.
has (hæz) *v* see **have.**
hashish (ˈhæʃiʃ) *n* hascisc *m.*
haste (heist) *n* fretta *f.* **hasten** *vt* affrettare. *vi* affrettarsi.
hat (hæt) *n* cappello *m.* **bowler hat** bombetta *f.*

hatch[1] (hætʃ) *vt* covare. *vi* nascere. *n* covata *f.*
hatch[2] (hætʃ) *naut* portello, boccaporto *m.*
hatchet (ˈhætʃit) *n* scure, accetta *f.*
hate (heit) *vt* odiare, detestare. *n* odio *m.* **hateful** *adj* odioso.
haughty (ˈhɔːti) *adj* superbo, altezzoso.
haul (hɔːl) *vt* tirare, trainare. *n* bottino *m.* retata *f.*
haunch (hɔːntʃ) *n* anca *f.* fianco *m.*
haunt (hɔːnt) *vt* **1** frequentare. **2** perseguitare *n* ritrovo *m.* tana *f.* **haunted** *adj* **1** perseguitato. **2** infestato da apparizioni.
have* (hæv) *vt* **1** avere. **2** possedere. **3** dovere. *v aux* avere. **have done** *or* **made** far fare.
haven (ˈheivən) *n* **1** porto *m.* **2** rifugio *m.*
haversack (ˈhævəsək) *n* zaino *m.*
havoc (ˈhævək) *n* rovina, devastazione *f.*
hawk (hɔːk) *n* falco, sparviero *m.*
hawthorn (ˈhɔːθɔːn) *n* biancospino *m.*
hay (hei) *n* fieno *m.* **hayfever** *n* febbre da fieno *f.* **haystack** *n* mucchio di fieno *m.* **haywire** *adj* pazzo. **go haywire** eccitarsi.
hazard (ˈhæzəd) *n* rischio, azzardo *m.* *vt* arrischiare. **hazardous** *adj* rischioso.
haze (heiz) *n* **1** nebbia *f.* **2** confusione *f.*
hazel (ˈheizəl) *n* nocciuolo *m.* **hazelnut** *n* nocciuola *f.*
he (hiː) *pron 3rd pers s* **1** egli *m.* **2** lui *m.* **3** colui *m.*
head (hed) *n* **1** *anat* testa *f.* **2** dirigente *m,f.* **3** capezzale *m.* **4** schiuma *f.* *vt* **1** colpire con la testa. **2** intestare. **3** dirigere. **head for** dirigersi verso.
headache (ˈhedeik) *n* mal di testa *m.*
heading (ˈhediŋ) *n* intestazione *f.*
headlight (ˈhedlait) *n* faro *m.*
headline (ˈhedlain) *n* titolo di prima pagina *m.*
headlong (ˈhedlɔŋ) *adv* a capofitto.
headmaster (hedˈmɑːstə) *n* direttore, preside *m.*
headphone (ˈhedfoun) *n* cuffia *f.*
headquarters (ˈhedkwɔːtəz) *n pl* **1** *mil* quartiere generale *m.* **2** centro *m.*
headscarf (ˈhedskɑːf) *n* fazzoletto da testa *m.*
headstrong (ˈhedstrɔŋ) *adj* testardo.
headway (ˈhedwei) *n* progresso *m.*
heal (hiːl) *vt,vi* guarire.
health (helθ) *n* salute *f.* **healthy** *adj* sano, salubre.
heap (hiːp) *n* mucchio, cumulo *m.* *vt* ammucchiare, accumulare.
hear* (hiə) *vt* **1** udire, ascoltare. **2** apprendere. *vi* udire, sentire. **hear about** avere notizie di **hearing** *n* **1** udito *m.* **2** udienza *f.* **hearing aid** *n* apparecchio acustico *m.*
hearse (həːs) *n* carro funebre *m.*
heart (hɑːt) *n* **1** cuore *m.* **2** coraggio *m.* **3** centro *m.* **by heart** a memoria. **heart attack** *n* attacco cardiaco *m.* **heartbeat** *n* pulsazione *f.* **heartbroken** *adj* affranto, angosciato **heartless** *adj* spietato, senza cuore **hearty** *adj* cordiale, vigoroso.
hearth (hɑːθ) *n* focolare *m.*
heat (hiːt) *n* **1** caldo *m.* **2** ardore *m.* **3** *sport* prova singola *f.* **heater** *n* radiatore *m* stufetta *f.* **heatwave** *n* ondata di caldo *f.*
heath (hiːθ) *n* brughiera *f.*
heathen (ˈhiːðən) *adj,n* pagano.
heather (ˈheθə) *n* erica *f.*
heave (hiːv) *n* sollevamento *m.* *vt* sollevare, issare. *vi* gonfiarsi.
heaven (ˈhevən) *n* cielo, paradiso *m.*
heavy (ˈhevi) *adj* pesante. **heavyweight** *n sport* peso massimo *m.*
Hebrew (ˈhiːbruː) *adj* ebreo, ebraico. *n* ebreo *m.* **Hebrew** (language) *n* ebraico *m*
heckle (ˈhekəl) *vt* tempestare di domande.
hectare (ˈhektɛə) *n* ettaro *m.*
hectic (ˈhektik) *adj* movimentato.
hedge (hedʒ) *n* siepe *f.* *vt* circondare con siepe. *vi* evitare di dare una risposta diretta. **hedgehog** *n* porcospino *m.*
heed (hiːd) *n* attenzione *f.* *vt* fare attenzione a, badare a.
heel (hiːl) *n* **1** calcagno *m,* *pl* calcagna *f or* calcagni *m.* **2** tacco *m.*
hefty (ˈhefti) *adj* **1** forte. **2** vigoroso.
height (hait) *n* **1** altezza *f.* **2** colmo *m.* **3** altura *f.* **heighten** *vt* **1** intensificare. **2** innalzare. *vi* accentuarsi.
heir (ɛə) *n* erede *m,f.* **heirloom** *n* cimelio di famiglia *m.*
held (held) *v see* **hold.**
helicopter (ˈhelikɔptə) *n* elicottero *m.*
helium (ˈhiːliəm) *n* elio *m.*
hell (hel) *n* inferno *m.* **hellish** *adj* infernale.
hello (həˈlou) *interj* **1** salve! ciao! **2** (on the telephone) pronto!
helm (helm) *n* timone *m.*
helmet (ˈhelmit) *n* casco, elmetto *m.*
help (help) *n* **1** aiuto *m.* assistenza *f.* **2** rimedio *m.* *vt* aiutare, assistere. **helpful** *adj* utile, vantaggioso. **helpless** *adj* indifeso, debole.
hem (hem) *n* orlo *m.* *vt* orlare.

hemisphere (ˈhemisfiə) *n* emisfero *m*
hemp (hemp) *n* canapa *f*
hen (hen) *n* **1** gallina *f* **2** femmina *f*
hence (hens) *adv* **1** di qui. **2** perciò **henceforth** *adv* d'ora in avanti.
henna (ˈhenə) *n* alcanna *f*
her (hə:) *pron 3rd pers s* la, lei, le *f* *poss adj 3rd pers s* (il) suo, (la) sua, (i) suoi, (le) sue
herald (ˈherəld) *n* araldo, messaggero *m* *vt* annunziare
herb (hə:b) *n* erba aromatica *f*.
herd (hə:d) *n* gregge *m* mandria *f*
here (hiə) *adv* qui, qua **hereafter** *adv* in futuro.
hereditary (hiˈreditri) *adj* ereditario
heredity (hiˈrediti) *n* ereditarietà *f*
heresy (ˈherəsi) *n* eresia *f*.
heritage (ˈheritidʒ) *n* eredità *f*
hermit (ˈhə:mit) *n* eremita *m*.
hero (ˈhiərou) *n, pl* **-oes** *n* **1** eroe *m* **2** protagonista *m*.
heroin (ˈherouin) *n* eroina *f*
heroine (ˈherouin) *n* **1** eroina *f* **2** protagonista *f*
heron (ˈherən) *n* airone *m*.
herring (ˈheriŋ) *n, pl* **herrings** *or* **herring** aringa *f*.
hers (hə:z) *pron 3rd pers s* il suo, la sua, i suoi, le sue, di lei. **herself** *pron 3rd pers s* **1** ella *or* lei stessa. **2** si, sè.
hesitate (ˈheziteit) *vi* esitare **hesitation** *n* esitazione *f*.
heterosexual (hetərəˈsekʃuəl) *adj* eterosessuale.
hexagon (ˈheksəgən) *n* esagono *m*. **hexagonal** *adj* esagonale.
hibernate (ˈhaibəneit) *vi* svernare, essere in letargo. **hibernation** *n* ibernazione *f*.
hiccup (ˈhikʌp) *n* singhiozzo *m*. *vi* avere il singhiozzo.
hide*[1] (haid) *vt* nascondere. *vi* celarsi. **hide-and-seek** *n* nascondino *m*.
hide[2] (haid) *n* cuoio *m*. pelle *f*.
hideous (ˈhidiəs) *adj* orrendo, mostruoso.
hiding[1] (ˈhaidiŋ) *n* nascondiglio *m*.
hiding[2] (ˈhaidiŋ) *n inf* bastonatura, sculacciata *f*.
hierarchy (ˈhaiərɑ:ki) *n* gerarchia *f*.
high (hai) *adj* **1** alto, elevato. **2** importante. **3** *cul* alterato. *adv* **1** in alto. **2** fortemente. **highbrow** *adj* intellettuale. **high-fidelity** *n* alta fedeltà *f*. **high-frequency** *adj* ad alta frequenza *f*. **highland** *n* altopiano *m*. regione montuosa *f* **highlight** *n* momento culminante *m* *vt* **1** mettere in risalto. **2** proiettare un fascio di luce su **highpitched** *adj* stridulo, acuto. **high tide** *n* alta marea *f* **highway** *n* strada maestra *f*
Highness (ˈhainis) *n* Altezza *f*.
hijack (ˈhaidʒæk) *vt* **1** sequestrare **2** costringere a cambiar rotta **hijacker** *n* pirata *m*
hike (haik) *n* escursione a piedi *f*.
hilarious (hiˈlɛəriəs) *adj* allegro, esilarante
hill (hil) *n* colle *m*. collina *f*. **hillside** *n* pendio *m* **hilltop** *n* sommità della collina *f*.
him (him) *pers pron 3rd pers s* lo, lui, gli *m* **himself** *pron 3rd pers s* **1** egli *or* lui stesso. **2** si, sè.
hind (haind) *adj* posteriore **hindleg** *n* gamba posteriore *f*. **hindsight** *n* senno di poi *m*.
hinder (ˈhində) *vt* impedire, ostacolare **hindrance** *n* impedimento, ostacolo *m*.
Hindu (ˈhindu:) *adj,n* indù.
hinge (hindʒ) *n* perno, cardine *m*. cerniera *f*
hint (hint) *n* **1** accenno *m*. allusione *f*. **2** consiglio *m*. *vi* accennare, insinuare, alludere **take the hint** capire al volo.
hip (hip) *n anat* anca *f*. fianco *m*.
hippopotamus (hipəˈpɔtəməs) *n, pl* **-muses** *or* **-mi** ippopotamo *m*
hire (haiə) *vt* affittare, noleggiare. *n* affitto *m*. **for hire** da nolo.
his (hiz) *pron 3rd pers s* il suo, la sua, i suoi, le sue, di lui. *poss adj 3rd pers s* (il) suo, (la) sua, (i) suoi, (le) sue.
hiss (his) *vi* sibilare, fischiare *n* sibilo, fischio *m*.
history (ˈhistri) *n* storia *f*. **historian** *n* storico *m* **historic** *adj* storico.
hit* (hit) *vt* **1** colpire. **2** urtare. **3** toccare. *n* **1** colpo *m*. **2** successo *m*.
hitch (hitʃ) *vt* agganciare. *vi* fare l'autostop. *n* difficoltà *f*. **hitch-hike** *vi* fare l'autostop.
hive (haiv) *n* alveare *m*.
hoard (hɔ:d) *n* cumulo, tesoro *m*. *vt* ammassare
hoarding (ˈhɔ:diŋ) *n* **1** recinto provvisorio *m*. **2** tabellone *m*.
hoarse (hɔ:s) *adj* rauco **hoarseness** *n* raucedine *f*.
hoax (houks) *n* inganno, scherzo *m*.
hobble (ˈhɔbəl) *vi* zoppicare.
hobby (ˈhɔbi) *n* passatempo svago *m*.
hock[1] (hɔk) *n* (of a horse) garetto *m*.
hock[2] (hɔk) *n* vino bianco del Reno *m*.
hockey (ˈhɔki) *n* hockey *m*.
hoe (hou) *n* zappa *f*. *vt* zappare.

hoist (hɔɪst) *n* montacarichi *m*. *vt* alzare, sollevare.

hold*[1] (hould) *vt* **1** tenere. **2** contenere. **3** trattenere. *vi* tenere. **hold back** trattenersi, esitare. **hold up 1** (traffic, etc.) fermare. **2** rapinare. ~*n* **1** presa *f*. **2** sostegno *m*. **holdall** *n* borsa da viaggio *f*. **holder** *n* **1** possessore *m*. **2** astuccio *m*.

hold[2] (hould) *n naut* stiva *f*.

hole (houl) *n* **1** buco *m*. buca *f*. **2** tana *f*.

holiday ('hɔlidi) *n* vacanza, festa *f*. **holidaymaker** *n* villeggiante *m,f*.

Holland ('hɔlənd) *n* Olanda *f*.

hollow ('hɔlou) *n* cavità *f*. fosso *m*. *adj* **1** cavo, vuoto. **2** falso. *vt* scavare.

holly ('holi) *n* agrifoglio *m*. **hollyhock** *n* altea rosata *f*.

holster ('houlstə) *n* fondina *f*.

holy ('houli) *adj* santo, sacro.

homage ('hɔmidʒ) *n* omaggio *m*.

home (houm) *n* **1** casa *f*. focolare domestico *m*. **2** patria *f*. **3** rifugio *m*. *adj* **1** familiare, domestico. **2** nazionale. *adv* **1** a casa, di ritorno. **2** a segno. **homecoming** *n* ritorno alla propria casa *m*. **homeland** *n* patria *f*. **homesick** *adj* nostalgico. **homesickness** *n* nostalgia *f*. **homework** *n* compiti *m pl*.

homosexual (houmə'sekʃuəl) *adj,n* omosessuale *m*.

honest ('ɔnist) *adj* onesto, leale, genuino. **honestly** *adv* veramente. **honesty** *n* onestà *f*.

honey ('hʌni) *n* miele *m*. **honeycomb** *n* favo *m*. **honeymoon** *n* luna di miele *f*. **honeysuckle** *n* caprifoglio *m*.

honour ('ɔnə) *n* **1** onore *m*. **2** reputazione *f*. **His/Your Honour** Sua/Vostra Eccellenza. ~*vt* onorare, rispettare. **honorary** *adj* onorario, onorifico. **honourable** *adj* stimato, onorevole.

hood (hud) *n* **1** cappuccio *m*. **2** *mot* mantice *m*. *vt* incappucciare. **hoodwink** *vt* ingannare.

hoof (hu:f) *n*, *pl* **hoofs** *or* **hooves** zoccolo *m*.

hook (huk) *n* **1** gancio, uncino *m*. **2** amo *m*. **by hook or by crook** a qualunque costo. ~*vt* agganciare.

hooligan ('hu:ligən) *n* teppista *m*. **hooliganism** *n* teppismo *m*.

hoop (hu:p) *n* cerchio *m*. *vt* cerchiare.

hoot (hu:t) *n* grido *m*. *vi* **1** urlare. **2** *mot* suonare.

Hoover ('hu:və) *n Tdmk* aspirapolvere *m*.

hop[1] (hɔp) *n* balzo, salto *m*. *vi* saltellare.

hop[2] (hɔp) *n bot* luppolo *m*.

hope (houp) *n* speranza *f*. *vt,vi* sperare. **hopeful** *adj* fiducioso, promettente **hopeless** *adj* disperato, irrimediabile.

horde (hɔ:d) *n* orda *f*.

horizon (hə'raizən) *n* orizzonte *m*. **horizontal** *adj* orizzontale.

hormone ('hɔ:moun) *n* ormone *m*.

horn (hɔ:n) *n* **1** corno *m*, *pl* corna *f*. *or* corni *m*. **2** *mot* clacson *m*.

hornet ('hɔ:nit) *n* calabrone *m*.

horoscope ('hɔrəskoup) *n* oroscopo *m*.

horrible ('hɔrəb|) *adj* orrendo, orribile.

horrid ('hɔrid) *adj* **1** spaventoso. **2** *inf* spiacevole.

horrify ('hɔrifai) *vt* atterrire, far inorridire.

horror ('hɔrə) *n* orrore *m*.

hors d'oeuvres (ɔ: 'də:vs) *n pl* antipasto *m*.

horse (hɔ:s) *n* cavallo *m*. **on horseback** *adv* a cavallo. **horse chestnut** *n* ippocastano *m*. **horsefly** *n* mosca cavallina *f*. **horsehair** *n* crine di cavallo *m*. **horseman** *n* cavaliere *m*. **horsepower** *n* cavallo vapore *m*. **horseradish** *n* rafano *m*. **horseshoe** *n* ferro di cavallo *m*.

horticulture ('hɔ:tikʌltʃə) *n* orticultura *f*.

hose (houz) *n* tubo flessibile *m*.

hosiery ('houziəri) *n* maglieria *f*.

hospitable ('hɔspitəbəl) *adj* ospitale.

hospital ('hɔspit|) *n* ospedale *m*.

hospitality (hɔspi'tæliti) *n* ospitalità *f*.

host[1] (houst) *n* ospite *m*.

host[2] (houst) *n* (crowd) moltitudine, schiera *f*.

hostage ('hɔstidʒ) *n* ostaggio *m*.

hostel ('host|) *n* locanda *f*. ostello *m*.

hostess ('houstis) *n* ospite *f*.

hostile ('hɔstail) *adj* nemico, ostile.

hot (hɔt) *adj* **1** caldo, bollente, ardente. **2** piccante. **3** pericoloso. **hot-blooded** *adj* ardente, dal sangue caldo. **hot dog** *n* panino imbottito con salsiccia *m*. **hothouse** *n* serra *f*. **hotplate** *n* fornello *m*. piastra riscaldente *f*. **hot-tempered** *adj* dal temperamento focoso. **hot-water bottle** *n* borsa dell'acqua calda *f*.

hotel (hou'tel) *n* albergo *m*.

hound (haund) *n* cane da caccia *m*. *vt* inseguire.

hour (auə) *n* ora *f*.

house (*n* haus; *v* hauz) **1** casa *f*. **2** dinastia *f*. **3** ditta *f*. **4** *Th* sala *f*. *vt* alloggiare.

houseboat ('hausbout) *n* casa galleggiante *f*.

housebound ('hausbaund) *adj* costretto a casa.

household (ˈhaushould) *n* famiglia *f.*

housekeeper (ˈhauski:pə) *n* governante, massaia *f.*

housemaid (ˈhausmeid) *n* cameriera *f.*

House of Commons *n* Camera dei Comuni *f.*

House of Lords *n* Camera dei Pari *f.*

houseproud (ˈhauspraud) *adj* orgoglioso della propria casa.

housewife (ˈhauswaif) *n* casalinga, donna di casa *f.*

housework (ˈhauswə:k) *n* faccende domestiche *f pl.*

housing (ˈhauziŋ) *n* alloggio *m* **housing estate** *n* zona residenziale *f.*

hover (ˈhɔvə) *vi* librarsi sulle ali, ondeggiare, sorvolare. **hovercraft** *n* veicolo a cuscino pneumatico *m.* hovercraft *m invar.*

how (hau) *adv* **1** come, in che modo **2** quanto **how are you?** come stai? **how long** quanto tempo. **however** *conj* tuttavia. *adv* **1** comunque. **2** per quanto.

howl (haul) *n* ululato *m.* *vi* lamentarsi, ululare

hub (hʌb) *n* **1** *mot* mozzo *m.* **2** centro *m.*

huddle (ˈhʌdḷ) *n* calca, folla *f.* *vt* metter insieme alla rinfusa. *vi* affollarsi.

huff (hʌf) *n* collera *f.*

hug (hʌg) *n* abbraccio *m.* *vt* abbracciare *vi* abbracciarsi.

huge (hju:dʒ) *adj* enorme, vasto.

hulk (hʌlk) *n* carcassa *f.*

hull[1] (hʌl) *n bot* baccello, guscio *m.* *vt* sgusciare.

hull[2] hʌl) *n naut* scafo *m.*

hullo (həˈlou) *interj* see **hello.**

hum (hʌm) *vi* ronzare, mormorare. *vt* cantare a bocca chiusa. *n* ronzio *m.*

human (ˈhju:mən) *adj* umano. *n* essere umano *m.* **human nature** *n* natura umana *f.* **humane** *adj* umano, compassionevole. **humanism** *n* umanesimo *m.* **humanitarian** *adj* filantropico. *n* filantropo *m.* **humanity** *n* umanità, benevolenza *f.*

humble (ˈhʌmbəl) *adj* umile, modesto. *vt* umiliare.

humdrum (ˈhʌmdrʌm) *adj* monotono.

humid (ˈhju:mid) *adj* umido.

humiliate (hju:ˈmilieit) *vt* umiliare. **humiliation** *n* umiliazione *f.*

humility (hju:ˈmiliti) *n* umiltà *f.*

humour (ˈhju:mə) *n* **1** umore *m.* **2** capriccio *m.* *vt* assecondare, compiacere. **humorist** *n* umorista *m.* **humorous** *adj* umoristico, comico.

hump (hʌmp) *n* gobba *f*

hunch (hʌntʃ) *n* **1** gobba *f* **2** *inf* sospetto, presentimento *m.* *vt* curvare **hunchback** *n* gobbo *m.*

hundred (ˈhʌndrəd) *adj,n* cento *m.* *n* centinaio *m, pl* centinaia *f* **hundredth** *adj* centesimo **hundredweight** *n* misura di peso di 112 libbre *f.*

hung (hʌŋ) *v* see **hang.**

Hungary (ˈhʌŋgəri) *n* Ungheria *f* **Hungarian** *adj,n* ungherese **Hungarian** (language) *n* ungherese *m.*

hunger (ˈhʌŋgə) *n* fame *f.* *vi* bramare **hunger-strike** *n* sciopero della fame *m.* **hungry** *adj* affamato. **be hungry** avere fame.

hunt (hʌnt) *n* **1** caccia *f.* **2** inseguimento *m.* *vt* **1** cacciare. **2** inseguire **hunting** *n* caccia *f* **huntsman** *n* cacciatore *m.*

hurdle (ˈhə:dḷ) *n* **1** ostacolo *m.* **2** barriera *f*

hurl (hə:l) *vt* scagliare.

hurrah (huˈrɑ:) *interj* urrà! evviva!

hurricane (ˈhʌrikein) *n* uragano, ciclone *m*

hurry (ˈhʌri) *n* fretta, urgenza *f.* *vt* affrettare *vi* precipitarsi.

hurt* (hə:t) *vt* **1** far male a. **2** offendere **3** danneggiare. *vi* dolere.

husband (ˈhʌzbənd) *n* marito *m*

hush (hʌʃ) *n* silenzio *m.* *interj* zitto! *vi* tacere *vt* far tacere.

husk (hʌsk) *n* guscio, baccello *m.*

husky (ˈhʌski) *adj* rugoso, rauco

hustle (ˈhʌsəl) *vt* spingere. *vi* affrettarsi *n* spinta, fretta *f.*

hut (hʌt) *n* capanna, baracca *f.*

hutch (hʌtʃ) *n* conigliera *f.*

hyacinth (ˈhaiəsinθ) *n* giacinto *m.*

hybrid (ˈhaibrid) *adj,n* ibrido *m.*

hydraulic (haiˈdrɔ:lik) *adj* idraulico

hydro-electric (haidrouiˈlektrik) *adj* idroelettrico.

hydrogen (ˈhaidrədʒən) *n* idrogeno *m.* **hydrogen bomb** *n* bomba all'idrogeno *f.*

hyena (haiˈi:nə) *n* iena *f.*

hygiene (ˈhaidʒi:n) *n* igiene *f.* **hygienic** *adj* igienico.

hymn (him) *n* inno *m.* **hymnbook** *n* libro di inni *m.*

hyphen (ˈhaifən) *n* trattino *m.* lineetta di congiunzione *f.* **hyphenate** *vt* mettere un trattino a.

hypnosis (hipˈnousis) *n, pl* **-ses** ipnosi *f.* **hypnotism** *n* ipnotismo *m.*

hypochondria (haipə'kɔndriə) *n* ipocondria *f.* **hypochondriac** *n* ipocondriaco.

hypocrisy (hi'pɔkrəsi) *n* ipocrisia *f.* **hypocrite** *n* ipocrita *m.* **hypocritical** *adj* ipocrito.

hypodermic (haipə'də:mik) *adj* ipodermico.

hypothesis (hai'pɔθəsis) *n, pl* **-ses** ipotesi *f invar.* **hypothetical** *adj* ipotetico.

hysterectomy (histə'rektəmi) *n* isterectomia *f.*

hysteria (his'tiəriə) *n* isterismo *m.* **hysterical** *adj* isterico. **hysterics** *n pl* attacco d'isteria *m.*

I

I (ai) *pron 1st pers s* io *m.,f.*

ice (ais) *n* ghiaccio *m.* *vt* **1** ghiacciare. **2** *cul* glassare. **iceberg** *n* massa di ghiaccio galleggiante *f.* **ice-cream** *n* gelato *m.* **ice-cube** *n* cubetto di ghiaccio *m.* **ice hockey** *n* hockey su ghiaccio *m.* **ice rink** *n* pista di pattinaggio *f.* **icicle** *n* ghiacciolo *m.* **icing** *n* glassa *f.* **icy** *adj* gelido, ghiacciato.

Iceland ('aislənd) *n* Islanda *f.* **Icelandic** *adj* islandese. **Icelandic** (language) *n* islandese *m.* **Icelander** *n* islandese *m.,f.*

icon ('aikɔn) *n* icona *f.*

idea (ai'diə) *n* idea *f.* concetto *m.*

ideal (ai'diəl) *adj.n* ideale *m.* **idealistic** *adj* idealistico. **idealize** *vt* idealizzare.

identify (ai'dentifai) *vt* identificare. **identification** *n* identificazione *f.*

identity (ai'dentiti) *n* identità *f.* **identity card** *n* carta d'identita *f.* **identical** *adj* identico. **identical twins** *n pl* gemelli monozigotici *m pl.*

ideology (aidi'ɔlədʒi) *n* ideologia *f.*

idiom ('idiəm) *n* idioma, dialetto *m.* **idiomatic** *adj* idiomatico.

idiosyncrasy (idiə'siŋkrəsi) *n* idiosincrasia *f.*

idiot ('idiət) *n* idiota *m.* **idiotic** *adj* idiota, ebete.

idle ('aidḷ) *adj* pigro, inutile, vano. *vi* oziare. **idleness** *n* pigrizia, indolenza *f.*

idol ('aidḷ) *n* idolo *m.* **idolatry** *n* idolatria *f.* **idolize** *vt* idolatrare.

idyllic (i'dilik) *adj* idillico.

if (if) *conj* se. **if anything** se mai.

igloo ('iglu:) *n* igloo *m.*

ignite (ig'nait) *vt* accendere. *vi* accendersi. **ignition** *n* ignizione, accensione *f.*

ignorant ('ignərənt) *adj* ignorante.

ignore (ig'nɔ:) *vt* ignorare, far finta di non vedere *or* sentire.

ill (il) *adj* **1** ammalato. **2** cattivo. *n* male, danno *m.* *adv* male. **ill-bred** *adj* maleducato. **illness** *n* malattia *f.* **ill-treat** *vt* maltrattare. **ill will** *n* cattiva volontà *f.*

illegal (i'li:gəl) *adj* illegale.

illegible (i'ledʒəbəl) *adj* illeggibile.

illegitimate (ili'dʒitimət) *adj* illegittimo.

illicit (i'lisit) *adj* illecito.

illiterate (i'litərət) *adj* analfabeta.

illogical (i'lɔdʒikəl) *adj* illogico.

illuminate (i'lu:mineit) *vt* rischiarare, illuminare. **illumination** *n* illuminazione *f.*

illusion (i'lu:ʒən) *n* illusione *f.*

illustrate ('iləstreit) *vt* spiegare, illustrare. **illustration** *n* illustrazione *f.*

illustrious (i'lʌstriəs) *adj* illustre, celebre.

image ('imidʒ) *n* immagine *f.* **imagery** *n* linguaggio figurato *m.*

imagine (i'mædʒin) *vt* immaginare, farsi un' idea di. **imaginary** *adj* immaginario. **imagination** *n* fantasia, immaginazione *f.* **imaginative** *adj* fantasioso.

imbecile ('imbisi:l) *adj.n* imbecille.

imitate ('imiteit) *vt* imitare. **imitation** *n* imitazione *f.* *adj* contraffatto, artificiale.

immaculate (i'mækjulət) *adj* immacolato.

immature (imə'tjuə) *adj* immaturo.

immediate (i'mi:diət) *adj* immediato, istantaneo. **immediately** *adv* subito, d'un tratto.

immense (i'mens) *adj* immenso. **immensely** *adv* moltissimo.

immerse (i'mə:s) *vt* immergere, tuffare.

immigrate ('imigreit) *vi* immigrare. **immigrant** *n* immigrante *m,f.* **immigration** *n* immigrazione *f.*

imminent ('iminənt) *adj* imminente.

immobile (i'moubail) *adj* immobile. **immobilize** *vt* immobilizzare.

immoral (i'mɔrəl) *adj* immorale.

immortal (i'mɔ:tḷ) *adj* immortale. **immortality** *n* immortalità *f.*

immovable (i'mu:vəbəl) *adj* inamovibile.

immune (i'mju:n) *adj* immune, esente. **immunize** *vt* immunizzare.

imp (imp) *n* diavoletto *m.*

impact ('impækt) *n* **1** urto *m.* **2** impressione *f.*

impair (im'pɛə) *vt* indebolire, menomare.

impart (im'pa:t) *vt* impartire, dare.

impartial (im'pa:ʃəl) *adj* imparziale, giusto. **impartiality** *n* impartialità *f.*

impatient (im'peiʃənt) *adj* impaziente. **impatience** *n* impazienza *f.*

impeach (ɪm'piːtʃ) *vt* imputare, incriminare **impeachment** *n* accusa, incriminazione *f*
impeccable (ɪm'pekəbəl) *adj* impeccabile
impediment (ɪm'pedɪmənt) *n* ostacolo, impedimento *m*
impel (ɪm'pel) *vt* incitare, stimolare
imperative (ɪm'peratɪv) *adj* imperativo, urgente *n* imperativo *m*
imperfect (ɪm'pəːfikt) *adj* imperfetto
imperial (ɪm'pɪərɪəl) *adj* imperiale
impersonal (ɪm'pəːsənḷ) *adj* impersonale
impersonate (ɪm'pəːsəneɪt) *vt* impersonare, imitare
impertinent (ɪm'pəːtɪnənt) *adj* impertinente
impetuous (ɪm'petʃuəs) *adj* impetuoso
impetus ('ɪmpɪtəs) *n* impeto, slancio *m*
impinge (ɪm'pɪndʒ) *vi* **impinge on 1** urtare contro **2** violare
implement (*n* 'ɪmpləmənt, *v* 'ɪmpləment) *n* **1** utensile *m* **2** *pl* attrezzi *m pl* *vt* compiere, attuare
implicit (ɪm'plɪsɪt) *adj* implicito
implore (ɪm'plɔː) *vt* implorare
imply (ɪm'plaɪ) *vt* implicare, insinuare, significare
import (*v* ɪm'pɔːt, *n* 'ɪmpɔːt) *vt* **1** *comm* importare **2** significare *n* **1** *comm* importazione *f* **2** portata *f* significato *m*
importance (ɪm'pɔːtṇs) *n* importanza *f* **important** *adj* importante
impose (ɪm'pouz) *vt* imporre *vi* imporsi **impose on** abusare di **imposing** *adj* imponente, grandioso
impossible (ɪm'posəbəl) *adj* impossibile
impostor (ɪm'pɔstə) *n* impostore, imbroglione *m*
impotent ('ɪmpətənt) *adj* impotente, debole
impound (ɪm'paund) *vt* sequestrare, confiscare
impoverish (ɪm'pɔvərɪʃ) *vt* impoverire
impress (ɪm'pres) *vt* **1** fare buona impressione su **2** inculcare **3** stampare **impression** *n* **1** impressione *f* **2** ristampa *f* **impressive** *adj* impressionante
imprint (*n* 'ɪmprɪnt, *v* ɪm'prɪnt) *n* impronta *f* *vt* stampare
improbable (ɪm'prɔbəbəl) *adj* improbabile
impromptu (ɪm'prɔmptjuː) *adj* improvvisato *adv* all'improvviso, a prima vista
improper (ɪm'prɔpə) *adj* erroneo, sconveniente
improve (ɪm'pruːv) *vt,vi* migliorare **improvement** *n* miglioramento, progresso *m*
improvise ('ɪmprəvaɪz) *vt* improvvisare. **improvisation** *n* improvvisazione *f*
impudent ('ɪmpjudənt) *adj* sfrontato. **impudence** *n* impudenza *f*
impulse ('ɪmpʌls) *n* impeto, stimolo *m* **impulsive** *adj* impulsivo
impure (ɪm'pjuə) *adj* impuro, contaminato **impurity** *n* impurità *f*
in (ɪn) *prep* **1** a, in **2** entro, tra **3** durante, **4** di *adv* dentro, a casa
inability (ɪnə'bilɪtɪ) *n* incapacità *f*
inaccurate (ɪn'ækjurət) *adj* impreciso, sbagliato **inaccuracy** *n* inesattezza *f*
inadequate (ɪn'ædikwɪt) *adj* insufficiente
inadvertent (ɪnəd'vəːtṇt) *adj* sbadato, involontario
inane (ɪ'neɪn) *adj* vuoto, insensato
inarticulate (ɪnɑ'tikjulət) *adj* inarticolato, indistinto
inasmuch (ɪnəz'mʌtʃ) *conj* **inasmuch as** in quanto che
inaugurate (i'nɔ.gjureɪt) *vt* inaugurare
incapable (ɪn'keɪpəbəl) *adj* incapace, inetto
incendiary (in'sendiəri) *adj,n* incendiario *m*
incense[1] ('ɪnsens) *n* incenso *m*
incense[2] (ɪn'sens) *vt* provocare, irritare
incessant (ɪn'sesənt) *adj* continuo
incest ('ɪnsest) *n* incesto *m* **incestuous** *adj* incestuoso
inch (ɪntʃ) *n* pollice *m* **inch by inch** gradatamente
incident ('ɪnsɪdənt) *n* **1** caso *m* **2** episodio *m* **incidental** *adj* fortuito, accidentale
incite (ɪn'saɪt) *vt* spronare, incitare
incline (ɪn'klaɪn) *vt* inclinare *vi* propendere *n* pendio *m* **inclined** *adj* propenso
include (ɪn'kluːd) *vt* includere, comprendere **inclusion** *n* inclusione *f* **inclusive** *adj* compreso
incognito (ɪnkɔg'niːtou) *adj* incognito *adv* in incognito
incoherent (ɪnkou'hɪərənt) *adj* incoerente
income ('ɪnkʌm) *n* reddito *m* entrata *f* **income tax** *n* tassa sul reddito *f*
incompatible (ɪnkəm'pætibəl) *adj* incompatibile
incompetent (ɪn'kɔmpətənt) *adj* incompetente, incapace
incongruous (ɪn'kɔŋgruəs) *adj* incongruo, assurdo
inconsiderate (ɪnkən'sɪdərɪt) *adj* sconsiderato, senza riguardi

inconsistent (inkən'sistənt) *adj* inconsistente, incompatibile.

inconvenient (inkən'vi:niənt) *adj* scomodo, inopportuno. **inconvenience** *n* inconveniente, incomodo *m*. *vt* incomodare, disturbare.

incorporate (in'kɔ:pəreit) *vt* incorporare. *vi* unirsi.

incorrect (inkə'rekt) *adj* inesatto, scorretto.

increase (*v* in'kri:s; *n* 'inkri:s) *n* aumento *m*. aggiunta *f*. *vt* accrescere. *vi* ingrandirsi.

incredible (in'kredəbəl) *adj* incredibile.

incubate ('inkjubeit) *vt,vi* covare. **incubator** *n* incubatrice *f*.

incur (in'kə:) *vt* incorrere in, esporsi a.

incurable (in'kjuərəbəl) *adj* incurabile.

indecent (in'di:sənt) *adj* indecente.

indeed (in'di:d) *adv* veramente, infatti, proprio, anzi.

indefinite (in'defənit) *adj* indefinito.

indent (in'dent) *vt* **1** dentellare. **2** iniziare a distanza dal margine.

independent (indi'pendənt) *adj* indipendente **independence** *n* indipendenza *f*

index ('indeks) *n, pl* **-exes** *or* **-ices** indice *m*. rubrica *f*. *vt* **1** corredare d'indice. **2** mettere in ordine alfabetico. **index finger** *n* dito indice *m*.

India ('indiə) *n* India *f*. **Indian** *adj,n* indiano.

indicate ('indikeit) *vt* indicare. **indicator** *n* indicatore *m*.

indifferent (in'difrənt) *adj* indifferente, mediocre.

indigestion (indi'dʒestʃən) *n* indigestione *f*.

indignant (in'dignənt) *adj* indignato.

indirect (indi'rekt) *adj* indiretto, secondario.

indispensable (indi'spensəbəl) *adj* indispensabile.

individual (indi'vidʒuəl) *adj* singolo, particolare. *n* individuo *m*.

indoctrinate (in'dɔktrineit) *vt* addottrinare.

indolent ('indələnt) *adj* indolente

Indonesia (ində'ni:ziə) *n* Indonesia *f*. **Indonesian** *adj,n* indonesiano.

indoor ('indɔ:) *adj* interno, da casa. **indoors** *adv* al coperto, all'interno

induce (in'dju:s) *vt* indurre, produrre.

indulge (in'dʌldʒ) *vt* essere indulgente con. **indulge in** permettersi di. **indulgent** *adj* indulgente, condiscendente, benevolo.

industry ('indəstri) *n* **1** industria *f*. **2** diligenza *f*. **industrial** *adj* industriale. **industrious** *adj* operoso, attivo.

inefficient (ini'fiʃənt) *adj* inefficiente.

inept (i'nept) *adj* incapace, sciocco.

inequality (ini'kwɔliti) *n* ineguaglianza *f*.

inert (i'nə:t) *adj* inerte, apatico. **inertia** *n* inerzia, apatia *f*.

inevitable (in'evitəbəl) *adj* inevitabile.

infallible (in'fæləbəl) *adj* infallibile.

infamous ('infəməs) *adj* infame.

infant ('infənt) *n* neonato, bambino *m*. **infancy** *n* infanzia *f*. **infantile** *adj* infantile, puerile.

infantry ('infəntri) *n* fanteria *f*.

infatuate (in'fætʃueit) *vt* infatuare. **infatuation** *n* infatuazione *f*.

infect (in'fekt) *vt* infettare. **infection** *n* infezione *f*. contagio *m*.

infer (in'fə:) *vt* dedurre, arguire.

inferior (in'fiəriə) *adj,n* inferiore. **inferiority** *n* inferiorità *f*.

infernal (in'fə:nl) *adj* infernale.

infest (in'fest) *vt* infestare.

infidelity (infi'deliti) *n* infedeltà *f*.

infiltrate ('infiltreit) *vt* infiltrare. *vi* infiltrarsi.

infinite ('infinit) *adj* infinito, immenso. *n* infinito *m*. **infinity** *n* infinità *f*.

infinitive (in'finitiv) *adj,n* infinito *m*.

infirm (in'fə:m) *adj* infermo, malaticcio.

inflame (in'fleim) *vt* infiammare. *vi* ardere, infiammarsi. **inflammable** *adj* infiammabile.

inflate (in'fleit) *vt* gonfiare. *vi* gonfiarsi. **inflation** *n* **1** gonfiatura *f*. **2** *comm* inflazione *f*

inflection (in'flekʃən) *n* inflessione *f*.

inflict (in'flikt) *vt* infliggere.

influence ('influəns) *n* ascendenza, influenza *f*. *vt* influenzare.

influenza (influ'enzə) *n* influenza *f*.

influx ('inflʌks) *n* affluenza *f*.

inform (in'fɔ:m) *vt* informare. **informant** *n* informatore *m*. **information** *n* **1** informazioni *f pl*. **2** *law* accusa *f*.

informal (in'fɔ:məl) *adj* non ufficiale, semplice.

infringe (in'frindʒ) *vt* violare. **infringe upon** trasgredire. **infringement** *n* violazione, infrazione *f*

infuriate (in'fjuərieit) *vt* far infuriare.

ingenious (in'dʒi:niəs) *adj* ingegnoso.

ingredient (in'gri.diənt) *n* ingrediente *m*.

inhabit (in'hæbit) *vt* abitare. **inhabitant** *n* abitante *m,f*

inhale (in'heil) *vt* inalare, aspirare.

inherent (in'hiərənt) *adj* inerente, intrinsico.

inherit (ɪn'herit) *vt,vi* ereditare **inheritance** *n* eredità *f*
inhibit (ɪn'hibɪt) *vt* inibire, reprimere **inhibition** *n* inibizione *f*
inhuman (ɪn'hju mən) *adj* inumano, brutale
initial (i'niʃəl) *adj,n* iniziale *f* *vt* siglare
initiate (ɪ'nɪʃieɪt) *vt* **1** cominciare **2** iniziare a. **initiative** *n* iniziativa *f*
inject (ɪn'dʒekt) *vt* iniettare **injection** *n* iniezione *f*
injure ('ɪndʒə) *vt* **1** danneggiare, ferire **2** offendere **injury** *n* **1** male *m* ferita *f* **2** offesa *f*
injustice (ɪn'dʒʌstɪs) *n* ingiustizia *f*
ink (ɪŋk) *n* inchiostro *m* *vt* imbrattare d'inchiostro
inkling ('ɪŋklɪŋ) *n* indizio, sentore *m*
inland ('ɪnlənd) *adv* interno *n* retroterra *m*
Inland Revenue *n* fisco *m*
inmate ('ɪnmeɪt) *n* **1** inquilino *m* **2** ricoverato *m*
inn (ɪn) *n* osteria, locanda *f*
innate (ɪ'neɪt) *adj* istintivo, innato
inner ('ɪnə) *adj* interiore, intimo **innermost** *adj* il più profondo
innocent ('ɪnəsənt) *adj* innocente, innocuo
innocuous (ɪ'nɔkjuəs) *adj* innocuo
innovation (ɪnə'veɪʃən) *n* innovazione *f*
innuendo (ɪnju'endou) *n* insinuazione, allusione
innumerable (ɪ'nju.mərəbəl) *adj* innumerevole
inoculate (ɪ'nɔkjuleɪt) *vt* inoculare
input ('ɪnput) *n tech* potenza, entrata *f* input *m invar*
inquest ('ɪnkwest) *n* inchiesta, indagine *f*
inquire (ɪn'kwaɪə) *vt* domandare *vi* **1** informarsi **2** indagare **inquiry** *n* **1** domanda *f* **2** indagine *f* **3** *law* inchiesta *f*
inquisition (ɪnkwi'zɪʃən) *n* **1** inchiesta *f* **2** *cap* Inquisizione *f*
inquisitive (ɪn'kwɪzɪtɪv) *adj* curioso, indagatore
insane (ɪn'seɪn) *adj* pazzo, insensato
insatiable (ɪn'seɪʃəbəl) *adj* insaziabile
inscribe (ɪn'skraɪb) *vt* incidere, iscrivere **inscription** *n* iscrizione *f*
insect ('ɪnsekt) *n* insetto *m* **insecticide** *n* insetticida *m*
insecure (ɪnsɪ'kjuə) *adj* malsicuro, instabile
inseminate (ɪn'semɪneɪt) *vt* fecondare
insert (ɪn'sə·t) *vt* inserire, introdurre *n* inserzione *f* allegato *m* **insertion** *n* inserzione, aggiunta *f*
inside (ɪn'saɪd) *prep* entro *adv* **1** internamente **2** dentro *adj,n* interno *m*
insidious (ɪn'sɪdiəs) *adj* insidioso
insight ('ɪnsaɪt) *n* perspicacia *f* intuito *m*
insinuate (ɪn'sɪnjueɪt) *vt* **1** insinuare **2** introdurre
insist (ɪn'sɪst) *vi* insistere **insistence** *n* insistenza *f* **insistent** *adj* insistente
insolent ('ɪnsələnt) *adj* insolente
insomnia (ɪn'sɔmnɪə) *n* insonnia *f*
inspect (ɪn'spekt) *vt* ispezionare, sorvegliare **inspection** *n* ispezione *f* **inspector** *n* ispettore *m*
inspire (ɪn'spaɪə) *vt* ispirare, infondere **inspiration** *n* ispirazione *f*
instability (ɪnstə'bilɪtɪ) *n* instabilità *f*
install (ɪn'stɔ:l) *vt* installare **installation** *n* impianto *m* installazione *f*
instalment (ɪn'stɔ·lmənt) *n* **1** *comm* rata *f* **2** puntata *f*
instance ('ɪnstəns) *n* esempio, caso *m* **instant** *adj* istantaneo *n* istante, momento *m* **instantaneous** *adj* istantaneo
instead (ɪn'sted) *adv* invece
instep ('ɪnstep) *n* collo del piede *m*
instigate ('ɪnstɪgeɪt) *vt* istigare, incitare
instil (ɪn'stɪl) *vt* infondere, instillare
instinct ('ɪnstɪŋkt) *n* istinto *m* **instinctive** *adj* istintivo, impulsivo
institute ('ɪnstɪtju t) *n* istituto *m* istituzione *f* *vt* istituire, fondare **institution** *n* istituzione *f* ente *m*
instruct (ɪn'strʌkt) *vt* istruire, dare istruzioni a **instruction** *n* **1** istruzione *f* **2** *pl* disposizioni *f pl*
instrument ('ɪnstrumənt) *n* strumento *m* **instrumental** *adj* strumentale
insubordinate (ɪnsə'bɔ dɪnət) *adj* insubordinato
insufferable (ɪn'sʌfərəbəl) *adj* insopportabile
insular ('ɪnsjulə) *adj* insulare
insulate ('ɪnsjuleɪt) *vt* isolare **insulation** *n* isolamento *m*
insulin ('ɪnsjulɪn) *n* insulina *f*
insult (*v* ɪn'sʌlt *n* 'ɪnsʌlt) *vt* insultare *n* insulto *m*
insure (ɪn'ʃuə) *vt* assicurare, garantire **insurance** *n* assicurazione *f* **insurance company** *n* compagnia d assicurazione *f*
intact (ɪn'tækt) *adj* intatto, integro
intake ('ɪnteɪk) *n* **1** *tech* presa *f* **2** entrata *f*
integral ('ɪntɪgrəl) *adj* integrale, completo
integrate ('ɪntɪgreɪt) *vt* integrare, completare
integrity (ɪn'tegrɪtɪ) *n* integrità *f*

intellect ('intəlekt) *n* intelletto *m*. **intellectual** *adj,n* intellettuale.
intelligent (in'telidʒənt) *adj* intelligente. **intelligence** *n* **1** intelligenza *f*. **2** informazioni *f pl*. **intelligence service** *n* servizio segreto *m*. **intelligible** *adj* intelligibile, chiaro.
intend (in'tend) *vt* **1** intendere, proporsi. **2** destinare.
intense (in'tens) *adj* intenso, profondo. **intensify** *vt* intensificare. *vi* rafforzarsi. **intensity** *n* intensità *f*. vigore *m*. **intensive** *adj* intensivo. **intensive course** *n* corso accelerato *m*.
intent[1] (in'tent) *n* scopo, proposito *m*.
intent[2] (in'tent) *adj* intento, assorto.
intention (in'tenʃən) *n* intenzione *f*. proposito *m*.
inter (in'tə:) *vt* seppellire.
interact (intə'rækt) *vi* esercitare un'azione reciproca.
intercept (intə'sept) *vt* intercettare **interception** *n* intercettamento *m*.
interchange (*v* intə'tʃeindʒ; *n* 'intətʃeindʒ) *vt* scambiare. *vi* scambiarsi. *n* scambio reciproco *m*.
intercourse ('intəkɔ:s) *n* relazione *f* rapporto *m*.
interest ('intrəst) *vt* interessare *n* **1** interesse *m* **2** interessamento *m*. **interesting** *adj* interessante.
interfere (intə'fiə) *vi* interferire, intromettersi **interfere with** ostacolare **interference** *n* **1** ingerenza *f*. **2** *tech* interferenza *f*.
interim ('intərim) *adj* **1** provvisorio. **2** *pol* interino. *n* interim, intervallo *m*.
interior (in'tiəriə) *adj,n* interno *m*.
interjection (intə'dʒekʃn̩) *n* interiezione *f*.
interlude ('intəlu:d) *n* **1** intervallo *m*. **2** *mus* intermezzo *m*.
intermediate (intə'mi:diət) *adj* intermedio **intermediary** *adj,n* intermediario *m*.
interminable (in'tə:minəbəl) *adj* interminabile
intermission (intə'miʃən) *n* pausa *f*. intervallo *m*.
intermittent (intə'mitn̩t) *adj* intermittente
intern (in'tə:n) *vt* internare **internee** *n* internato *m*.
internal (in'tə:nl̩) *adj* interno
international (intə'næʃənl̩) *adj* internazionale
interpose (intə'pouz) *vt* interporre *vi* interferire
interpret (in'tə prit) *vt* interpretare *vi* fare l'interprete **interpretation** *n* interpretazione *f*. **interpreter** *n* interprete *m,f*.
interrogate (in'terəgeit) *vt* interrogare **interrogation** *n* interrogazione *f*. **interrogative** *adj* interrogativo.
interrupt (intə'rʌpt) *vt* interrompere **interruption** *n* interruzione *f*.
intersect (intə'sekt) *vt* intersecare *vi* incrociarsi **intersection** *n* intersecazione *f*
interval ('intəvəl) *n* intervallo *m*.
intervene (intə'vi:n) *vi* **1** intervenire **2** accadere.
interview ('intəvju:) *n* intervista *f* colloquio *m* *vt* intervistare
intestine (in'testin) *n* intestino *m*.
intimate[1] ('intimit) *adj* intimo.
intimate[2] ('intimeit) *vt* intimare, accennare a
intimidate (in'timideit) *vt* intimidire.
into ('intə; *stressed* 'intu:) *prep* in, dentro, entro
intolerable (in'tɔlərəbəl) *adj* insopportabile, intollerabile **intolerance** *n* intolleranza *f* **intolerant** *adj* intollerante
intonation (intə'neiʃən) *n* intonazione *f* accento *m*
intoxicate (in'tɔksikeit) *vt* ubriacare, inebriare
intransitive (in'trænsitiv) *adj* intransitivo
intricate ('intrikət) *adj* intricato, complicato
intrigue (in'tri:g) *vt* incuriosire *vi* intrigare *n* intrigo *m*
intrinsic (in'trinsik) *adj* intrinseco
introduce (intrə'dju:s) *vt* **1** introdurre **2** presentare **introduction** *n* **1** introduzione *f* **2** presentazione *f*.
introspective (intrə'spektiv) *adj* introspettivo
introvert ('intrəvə:t) *adj* introverso, introvertito *n* introvertito *m*.
intrude (in'tru:d) *vi* intromettersi **intrusion** *n* intrusione *f*.
intuition (intju'iʃən) *n* intuito *m* intuizione *f*. **intuitive** *adj* intuitivo.
inundate ('inʌndeit) *vt* inondare
invade (in'veid) *vt* invadere, assalire **invasion** *n* invasione *f*
invalid[1] ('invəli:d) *adj,n* invalido
invalid[2] (in'vælid) *adj* non valevole, nullo
invaluable (in'væljubəl) *adj* inestimabile
invariable (in'vɛəriəbəl) *adj* invariabile, costante
invent (in'vent) *vt* inventare **invention** *n* invenzione *f*
inventory ('invəntəri) *n* inventario *m*
invert (in'və:t) *vt* invertire. **inverted** *adj* rovesciato, capovolto **inverted commas** *n pl* virgolette *f pl*.

invertebrate (in'vɜ:təbreit) *adj,n* invertebrato *m.*
invest (in'vest) *vt* investire. **investment** *n* investimento *m.*
investigate (in'vestigeit) *vt* investigare, indagare **investigation** *n* investigazione *f.*
invincible (in'vinsəbəl) *adj* invincibile.
invisible (in'vizəbəl) *adj* invisibile.
invite (in'vait) *vt* **1** invitare. **2** provocare. **invitation** *n* invito *m.*
invoice ('invɔis) *n* fattura *f. vt* fatturare.
invoke (in'vouk) *vt* invocare
involve (in'vɔlv) *vt* **1** implicare, avvolgere, coinvolgere **2** richiedere, comportare. **get involved** impegnarsi. **involvement** *n* implicazione *f*
inward ('inwəd) *adj* interno, intimo. **inwards** *adv* internamente, verso l'interno
iodine ('aiədi:n) *n* iodio *m.*
ion ('aiən) *n* ione *m*
Iran (i'rɑ:n) *n* Iran *m* **Iranian** *adj,n* persiano
Iraq (i'rɑ:k) *n* Iraq *m* **Iraqi** *adj,n* iracheno
Ireland ('aiələnd) *n* Irlanda *f.* **Irish** *adj* irlandese **Irishman** *n* irlandese *m*
iris ('airis) *n* **1** *anat* iride *f* **2** *bot* giaggiolo *m*
iron ('aiən) *n* **1** ferro *m.* **2** *dom* ferro da stiro *m adj* di ferro *vt* stirare. **ironing board** *n* tavola da stiro *f* **ironmonger** *n* negoziante in ferramenta *m.* **Iron Curtain** *n* Cortina di ferro *f*
irony ('airəni) *n* ironia *f.* **ironic** *adj* ironico
irrational (i'ræʃənḷ) *adj* irrazionale, assurdo
irregular (i'regjulə) *adj* irregolare
irrelevant (i'reləvənt) *adj* non pertinente.
irresistible (iri'zistəbəl) *adj* irresistibile
irrespective (iri'spektiv) *adj* noncurante
irresponsible (iri'spɔnsəbəl) *adj* irresponsabile
irrevocable (i'revəkəbəl) *adj* irrevocabile
irrigate ('irigeit) *vt* irrigare. **irrigation** *n* irrigazione *f*
irritate ('iriteit) *vt* irritare
is (iz) *v* see **be.**
Islam ('izlɑ:m) *n* islamismo *m* **Islamic** *adj* islamico, maomettano.
island ('ailənd) *n* isola *f*
isle (ail) *n* isola *f.*
isolate ('aisəleit) *vt* isolare, separare **isolation** *n* isolamento *m.*
Israel ('izreiəl) *n* Israele *m* **Israeli** *adj,n* israeliano.
issue ('iʃu:) *n* edizione *f.* numero *m.* **2** risultato *m.* **3** problema *m.* **4** prole *f vt* **1** emettere. **2** pubblicare. **3** rilasciare *vi* uscire.
it (it) *pron 3rd pers s* **1** esso *m.* essa *f* **2** lo *m.* la *f.* **3** gli *m.* le *f.* **4** ci *m,f* **5** ne, sè *m,f* **its** *poss adj* (il) suo, (la) sua, (i) suoi, (le) sue. **itself** *pron 3rd pers s* **1** se stesso *or* esso stesso. **2** si, sè. sue
italic (i'tælik) *adj* italico. **italics** *n pl* corsivi *m pl.*
Italy ('itəli) *n* Italia *f* **Italian** *adj,n* italiano **Italian** (language) *n* italiano *m.*
itch (itʃ) *n* prurito *m. vi* prudere.
item ('aitəm) *n* **1** *comm* voce *f* capo *m* **2** articolo *m*
itinerary (ai'tinərəri) *n* itinerario *m*
ivory ('aivəri) *n* avorio *m adj* d'avorio
ivy ('aivi) *n* edera *f*

J

jab (dʒæb) *vt* colpire, dare un colpo secco a *n* colpo *m* stoccata *f*
jack (dʒæk) *n* **1** *mot* cricco *m* **2** *game* fante *m v* **jack up** levare
jackal ('dʒækəl) *n* sciacallo *m.*
jackdaw ('dʒækdɔ.) *n* cornacchia *f*
jacket ('dʒækit) *n* **1** giacca, giubba *f* **2** *cul* buccia *f* **3** (of a book) copertina *f*
jackpot ('dʒækpɔt) *n* vincita *f*
jade (dʒeid) *n* giada *f*
jaded ('dʒeidid) *adj* stanco, sfinito
jagged ('dʒægid) *adj* frastagliato, dentellato
jaguar ('dʒægjuə) *n* giaguaro *m*
jail (dʒeil) *n* carcere *m vt* incarcerare
jam[1] (dʒæm) *n* conserva di frutta, marmellata *f* **jam-jar** *n* barattolo per marmellata *m*
jam[2] (dʒæm) *vt* **1** pigiare **2** bloccare *vi* bloccarsi *n* ingorgo *m*
Jamaica (dʒə'meikə) *n* Giamaica *f* **Jamaican** *adj,n* giamaicano
jangle ('dʒæŋgəl) *n* suono stonato *m vi* far rumori discordanti
January ('dʒænjuəri) *n* gennaio *m*
Japan (dʒə'pæn) *n* Giappone *m* **Japanese** *adj,n* giapponese **Japanese** (language) *n* giapponese *m*
jar[1] (dʒɑ:) *r* barattolo *m* brocca *f*
jar[2] (dʒɑ:) *vi* discordare, stridere *n* discordanza *f* stridio *m*
jargon ('dʒɑ.gən) *n* gergo *m*
jasmine ('dʒæzmin) *n* gelsomino *m*
jaundice ('dʒɔ:ndis) *n* itterizia *f.*

jaunt (dʒɔ:nt) *n* gita *f.*
javelin ('dʒævlin) *n* giavellotto *m.*
jaw (dʒɔ:) *n* mascella, mandibola *f* **jawbone** *n* osso mascellare *m.* mascella *f.*
jazz (dʒæz) *n* jazz *m.*
jealous ('dʒeləs) *adj* geloso, invidioso. **jealousy** *n* gelosia *f*
jeans (dʒi:nz) *n pl* blue-jeans, calzoni all'americana *m pl.*
jeep (dʒi:p) *n* jeep, camionetta *f.*
jeer (dʒiə) *vi* schernire. *n* scherno *m.* derisione *f.*
jelly ('dʒeli) *n* gelatina *f.* **jellyfish** *n* medusa *f.*
jeopardize ('dʒepədaiz) *vt* mettere in pericolo
jerk (dʒə:k) *n* **1** strattone *m.* **2** sussulto *m.* *vt* dare uno strattone a. *vi* sobbalzare.
jersey ('dʒə:zi) *n* maglia *f.*
Jersey ('dʒə:zi) *n* Jersey *f.*
jest (dʒest) *n* scherzo *m.* burla *f.* *vi* scherzare.
Jesus ('dʒi:zəs) *n* Gesù *m.*
jet[1] (dʒet) *n* **1** spruzzo, zampillo *m.* **2** *aviat* aviogetto *m*
jet[2] (dʒet) *n min* giavazzo *m* ambra nera *f* *adj* **1** d'ambra nera **2** nero lucido.
jetty ('dʒeti) *n* gettata *f* molo *m*
Jew (dʒu:) *n* ebreo, giudeo *m* **Jewish** *adj* ebreo, giudeo
jewel ('dʒu:əl) *n* gioiello *m.* **jeweller** *n* gioielliere, orefice *m.*
jig[1] (dʒig) *n tech* maschera di montaggio *f.*
jig[2] (dʒig) *n* giga *f*
jiggle ('dʒigəl) *vi* muoversi a scatti.
jigsaw ('dʒigsɔ:) *n* (puzzle) gioco di pazienza *m.*
jilt (dʒilt) *vt* piantare in asso.
jingle ('dʒiŋgəl) *n* tintinnio *m.* *vi* tintinnare.
job (dʒɔb) *n* impiego, lavoro, affare *m.* impresa *f.*
jockey ('dʒɔki) *n* fantino *m.*
jodhpurs ('dʒɔdpəz) *n pl* calzoni da cavallerizzo *m pl.*
jog (dʒɔg) *vt* spingere, urtare *vi* muoversi a rilento. *n* **1** spinta, gomitata *f.* **2** andatura lenta *f.*
join (dʒɔin) *vt* **1** unire, congiungere **2** partecipare a *vi* unirsi **join up** arruolarsi ~*n* giuntura *f* **joiner** *n* falegname *m* **joint** *n* **1** giuntura *f* **2** *cul* pezzo di carne *m.* **3** *anat* articolazione *f* *adj* comune, collettivo
joist (dʒɔist) *n* travetto *m*
joke (dʒouk) *n* scherzo *m.* burla *f* **crack a joke** dire una battuta. ~*vi* burlare, celiare.
jolly ('dʒɔli) *adj* gaio, vivace *adv inf* molto
jolt (dʒoult) *n* scossa *f.* sobbalzo *m.* *vt* spingere, urtare *vi* sobbalzare
Jordan ('dʒɔ:dn̩) *n* Giordania *f* (**River**) **Jordan** *n* (fiume) Giordano *m.* **Jordanian** *adj,n* giordano.
jostle ('dʒɔsəl) *n* urto *m.* gomitata *f.* *vt* spingere, urtare col gomito. *vi* urtarsi.
journal ('dʒə:nl̩) *n* **1** giornale *m.* **2** diario *m.* **journalism** *n* giornalismo *m.* **journalist** *n* giornalista *m*
journey ('dʒə:ni) *n* viaggio *m.*
jovial ('dʒouviəl) *adj* allegro, gioviale.
joy (dʒɔi) *n* gioia, allegria *f* **joyful** *adj* gioioso.
jubilee ('dʒu:bili:) *n* giubileo *m.*
Judaism ('dʒu:deiizəm) *n* giudaismo *m.*
judge (dʒʌdʒ) *n* giudice *m.* *vt,vi* giudicare. **judgment** *n* **1** giudizio *m.* **2** sentenza *f.*
judicial (dʒu:'diʃəl) *adj* giuridico, giudiziario. **judicious** *adj* giudizioso.
judo ('dʒu:dou) *n* giudò *m*
jug (dʒʌg) *n* caraffa *f* boccale *m*
juggernaut ('dʒʌgənɔ:t) *n* gran camion *m.*
juggle ('dʒʌgəl) *vt* **1** giocare. **2** ingannare *vi* fare giochi di prestigio. **juggler** *n* giocoliere *m.*
juice (dʒu:s) *n* succo *m.* **juicy** *adj* succoso, sostanzioso
jukebox ('dʒu:kbɔks) *n* grammofono automatico a gettoni, jukebox *m*
July (dʒu'lai) *n* luglio *m*
jumble ('dʒʌmbəl) *n* miscuglio *m* confusione *f* *vt* mescolare, gettare alla rinfusa. **jumble sale** *n* vendita di merci varie per beneficenza *f*
jump (dʒʌmp) *n* salto, balzo, sussulto *m.* *vi* **1** saltare, trasalire. **2** (of prices, etc.) rincarare. *vt* saltare.
jumper ('dʒʌmpə) *n* **1** maglione *m.* **2** casacchina *f*
junction ('dʒʌŋkʃən) *n* **1** cogiunzione *f* **2** (railway) nodo ferroviario *m*
June (dʒu:n) *n* giugno *m*
jungle ('dʒʌŋgəl) *n* giungla *f*
junior ('dʒu:niə) *adj* minore, cadetto *n* minore, cadetto *m*
juniper ('dʒu:nipə) *n* ginepro *m*
junk (dʒʌŋk) *n* cianfrusaglie *f pl*
junta ('dʒʌntə) *n* giunta *f*
Jupiter ('dʒu:pitə) *n* Giove *m*
jurisdiction (dʒuəris'dikʃən) *n* giurisdizione *f*
jury ('dʒuəri) *n* giuria *f* **juror** *n* giurato *m*
just (dʒʌst) *adj* giusto, retto, dovuto *adv* **1** proprio, appunto **2** soltanto. **3** appena

justice (ˈdʒʌstɪs) *n* giustizia *f* **justice of the peace** *n* giudice conciliatore *m*
justify (ˈdʒʌstɪfaɪ) *vt* giustificare, assolvere.
jut (dʒʌt) *vi* **jut out** sporgersi, protendersi
jute (dʒuːt) *n* iuta *f*
juvenile (ˈdʒuːvənaɪl) *adj* giovane, immaturo. *n* giovane, ragazzo *m* **juvenile delinquency** *n* delinquenza minorile *f*
juxtapose (dʒʌkstəˈpouz) *vt* affiancare

K

kaftan (ˈkæftn̩) *n* caffettano *m*
kaleidoscope (kəˈlaɪdəskoup) *n* caleidoscopio *m*
kangaroo (kæŋgəˈruː) *n* canguro *m.*
karate (kəˈrɑːtɪ) *n* karatè *m*
kebab (kəˈbæb) *n* carne marinata cotta allo spiedo *f*
keel (kiːl) *n* chiglia *f* *v* **keel over** capovolgere, rovesciarsi
keen (kiːn) *adj* **1** aguzzo, acuto, perspicace. **2** appassionato
keep* (kiːp) *vt* **1** tenere **2** mantenere, conservare **3** trattenere *vi* **1** continuare **2** mantenersi, restare **3** durare. **keep on** continuare. **keep up** mantenere. **keeper** *n* guardiano *m* custode *m,f* **keepsake** *n* ricordo, pegno *m*
keg (keg) *n* barilotto *m.*
kennel (ˈkenl̩) *n* canile *m*
Kenya (ˈkenjə) *n* Kenia *m* **Kenyan** *adj,n* keniano
kept (kept) *v* see **keep.**
kerb (kəːb) *n* bordo del marciapiede *m*
kernel (ˈkəːnl̩) *n* **1** mandorla *f* **2** seme *m.* **3** nucleo *m*
kettle (ˈketl̩) *n* bollitore *m* **kettledrum** *n* timpano *m*
key (kiː) *n* **1** chiave *f* **2** (of a piano, typewriter, etc.) tasto *m* **3** *mus* tono *m.* **keyboard** *n* tastiera *f* **keyhole** *n* buco della serratura *m* **keyring** *n* portachiavi *m invar*
khaki (ˈkɑːkɪ) *adj,n* cachi *m*
kibbutz (kɪˈbuts) *n* kibbutz *m.* comunità agricola israeliana *f*
kick (kɪk) *n* calcio *m.* pedata *f* *vt* dar calci a, tirar pedate a. *vi* calciare. **kick off** dare il calcio d'inizio. **kick-off** *n* calcio d'inizio *m.*
kid[1] (kɪd) *n* **1** capretto *m.* **2** *sl* bambino *m.*
kid[2] (kɪd) *vt inf* burlare, prendere in giro.
kidnap (ˈkɪdnæp) *vt* rapire. **kidnapper** *n* rapitore *m* rapitrice *f*
kidney (ˈkɪdnɪ) *n* **1** *anat* rene *m.* **2** *cul* rognone *m* **kidney bean** *n* fagiolo *m.*
kill (kil) *vt* **1** uccidere **2** distruggere. **killer** *n* assassino, uccisore *m.*
kiln (kɪln) *n* fornace *f*
kilo (ˈkiːlou) *n* chilo *m*
kilogram (ˈkiləgræm) *n* chilogrammo *m.*
kilometre (kɪˈlɔmɪtə) *n* chilometro *m*
kilowatt (ˈkɪləwɔt) *n* chilowatt *m*
kilt (kɪlt) *n* gonnellino scozzese *m*
kimono (kɪˈmounou) *n* chimono *m*
kin (kɪn) *n* parenti *m pl*
kind[1] (kaɪnd) *adj* buono, gentile **kindness** *n* bontà, gentilezza *f*
kind[2] (kaɪnd) *n* specie, natura *f* genere *m*
kindergarten (ˈkɪndəgɑ tn̩) *n* asilo, giardino d'infanzia *m*
kindle (ˈkɪndl̩) *vt* **1** accendere **2** eccitare *vi* infiammarsi
kinetic (kɪˈnetɪk) *adj* cinetico **kinetics** *n* cinetica *f*
king (kɪŋ) *n* re *m invar* monarca *m* **kingdom** *n* reame, regno *m* **kingfisher** *n* martin pescatore *m*
kink (kɪŋk) *n* **1** nodo *m* **2** ghiribizzo *m* *vt* attorcigliare *vi* attorcigliarsi
kiosk (ˈkiɔsk) *n* edicola *f* chiosco *m*
kipper (ˈkɪpə) *n* aringa affumicata *f*
kiss (kɪs) *n* bacio *m* *vt* baciare
kit (kɪt) *n* equipaggiamento *m* attrezzi *m pl*
kitchen (ˈkɪtʃin) *n* cucina *f*
kite (kaɪt) *n* **1** aquilone *m* **2** *zool* nibbio *m*
kitten (ˈkɪtn̩) *n* gattino *m*
kitty (ˈkɪtɪ) *n* fondi comuni *m pl*
kiwi (ˈkiːwɪ) *n* kivi *m*
kleptomania (kleptəˈmeɪnɪə) *n* cleptomania *f* **kleptomaniac** *n* cleptomane *m,f*
knack (næk) *n* abilità, facoltà *f*
knave (neɪv) *n* **1** furfante *m.* **2** *game* fante *m*
knead (niːd) *vt* impastare, massaggiare
knee (niː) *n* ginocchio *m, pl* ginocchi *m* or ginocchia *f* **kneecap** *n* rotula *f*
kneel* (niːl) *vi* inginocchiarsi.
knew (nuː) *v* see **know.**
knickers (ˈnikəz) *n pl* mutandine *f pl*
knife (naɪf) *n, pl* **knives** coltello *m.* *vt* pugnalare, accoltellare
knight (naɪt) *n* cavaliere *m.*
knit* (nɪt) *vt* **1** lavorare a maglia **2** (one's brows) aggrottare. *vi* **1** lavorare a maglia **2**

(one's bones) saldarsi. **knitting** *n* lavoro a maglia *m*. **knitting needle** *n* ferro da calza *m*. **knitwear** *n* maglieria *f*.

knob (nɔb) *n* **1** pomo *m*. manopola *f*. **2** protuberanza *f*. **knobbly** *adj* nodoso, bitorzoluto.

knock (nɔk) *n* colpo *m*. *vt* urtare, colpire, battere. *vi* bussare. **knock down** abbattere. **knock out** mettere fuori combattimento.

knot (nɔt) *n* nodo *m*. *vt* annodare.

know* (nou) *vt* **1** conoscere. **2** sapere. **3** riconoscere. **knowing** *adj* intelligente, accorto. **knowledge** *n* conoscenza *f*. sapere *m*. **known** *adj* noto.

knuckle ('nʌkəl) *n* nocca delle dita, giuntura *f*.

Korea (kə'riə) *n* Corea *f*. **Korean** *adj,n* coreano.

kosher ('kouʃə) *adj* puro, lecito. *n* cibo permesso dalla religione ebraica *m*.

Kuwait (ku'weit) *n* Kuwait *m*. **Kuwaiti** *adj,n* kuwaitiano.

L

label ('leibəl) *n* etichetta *f*. cartellino *m*. *vt* **1** mettere le etichette a. **2** classificare.

laboratory (lə'bɔrətri) *n* laboratorio *m*.

labour ('leibə) *n* **1** lavoro *m*. fatica *f*. **2** manodopera *f*. **3** *med* doglie *f pl*. *vi* lavorare, affaticarsi. **labour-saving** *adj* che fa risparmiare lavoro. **laborious** *adj* laborioso. **Labour Party** *n* partito laburista *m*.

laburnum (lə'bə:nəm) *n* laburno *m*.

labyrinth ('læbərinθ) *n* labirinto *m*.

lace (leis) *n* **1** (of shoes) laccio *m*. **2** merletto *m*. *vt* allacciare.

lack (læk) *n* mancanza *f*. *vt* mancare di. *vi* mancare.

lacquer ('lækə) *n* lacca *f*. *vt* laccare.

lad (læd) *n inf* ragazzo *m*.

ladder ('lædə) *n* **1** scala *f*. **2** (in a stocking) smagliatura *f*. *vi* smagliarsi.

laden ('leidn̩) *adj* carico.

ladle ('leidl̩) *n* mestolo *m*. *vt* versare.

lady ('leidi) *n* signora *f*. **ladybird** *n* coccinella *f*.

lag¹ (læg) *vi* ritardare. *n* ritardo *m*.

lag² (læg) *vt* rivestire con materiale isolante.

lager ('lɑ:gə) *n* birra chiara *f*.

laid (leid) *v* see **lay**.

lain (lein) *v* see **lie**.

lair (laiə) *n* tana *f*.

laity ('leiəti) *n* laici *m pl*.

lake (leik) *n* lago *m*.

lamb (læm) *n* agnello *m*.

lame (leim) *adj* zoppo. *vt* storpiare.

lament (lə'ment) *n* lamento *m*. *vi* lamentarsi, dolersi. *vt* lamentare.

lamp (læmp) *n* lampada *f*. lume *m*. **lamppost** *n* lampione *m*. **lampshade** *n* paralume *m*.

lance (lɑ:ns) *n* lancia *f*

land (lænd) *n* **1** terra *f*. **2** paese *m*. **3** terreno *m*. proprietà *f*. *vi* **1** sbarcare. **2** approdare. **3** *aviat* atterrare. *vt* **1** ottenere. **2** allungare. **land on one's feet** cadere in piedi. **landing** *n* **1** pianerottolo *m*. **2** atterraggio *m*. **3** sbarco *m*. **landlady** *n* padrona di casa, affittacamere *f*. **landlord** *n* padrone di casa, affittacamere, proprietario *m*. **landmark** *n* punto di riferimento *m*. **landscape** *n* paesaggio *m*.

lane (lein) *n* **1** viottolo *m*. **2** *mot* corsia *f*.

language ('læŋgwidʒ) *n* lingua *f*. linguaggio *m*. **language laboratory** *n* laboratorio linguistico *m*.

lanky ('læŋki) *adj* allampanato.

lantern ('læntən) *n* lanterna *f*.

lap¹ (læp) *n* grembo, seno *m*.

lap² (læp) *n sport* giro di pista *m*.

lap³ (læp) *vt* bere avidamente. *vi* lambire.

lapel (lə'pel) *n* risvolto *m*.

Lapland ('læplænd) *n* Lapponia *f*. **Lapp** *n* lappone *m,f*.

lapse (læps) *n* **1** errore *m*. **2** intervallo *m*. *vi* **1** sbagliare. **2** trascorrere. **3** scadere.

larceny ('lɑ:səni) *n* furto *m*.

larch (lɑ:tʃ) *n* larice *m*.

lard (lɑ:d) *n* lardo, strutto *m*. *vt* ungere con lardo.

larder ('lɑ:də) *n* dispensa *f*.

large (lɑ:dʒ) *adj* grande, spazioso.

lark¹ (lɑ:k) *n zool* allodola *f*.

lark² (lɑ:k) *n* burla *f*.

larva ('lɑ:və) *n, pl* **larvae** larva *f*.

larynx ('læriŋks) *n* laringe *f*. **laryngitis** *n* laringite *f*.

laser ('leizə) *n* laser *m*.

lash (læʃ) *n* **1** frustata *f*. **2** (of an eye) ciglio *m*, *pl* cigli *m*. *or* ciglia *f*. *vt* frustare.

lass (læs) *n* ragazza, fanciulla *f*.

lasso (læ'su:) *n* lasso, laccio *m*.

last¹ (lɑ:st) *adj* ultimo, scorso, finale. *n* **1** fine *f* **2** ultimo *m*. *adv* per ultimo, l'ultima volta. **at last** finalmente. **to the last** fino all'ultimo.

last² (lɑ:st) *vi* durare, resistere.

latch (lætʃ) *n* chiavistello *m*.

late (leit) *adj* **1** tardi, tardivo **2** recente **3**

defunto *adv* tardi, in ritardo **be late** essere in ritardo **latecomer** *n* ritardatario *m* **lately** *adj* ultimamente, recentemente

latent (ˈleitnt) *adj* latente, nascosto

lateral (ˈlætərəl) *adj* laterale

latest (ˈleitist) *adj* ultimo **at the latest** al più tardi

lathe (leið) *n* tornio *m*

lather (ˈlɑːðə) *n* schiuma *f* *vt* insaponare *vi* schiumare

Latin (ˈlætin) *adj,n* latino *m*

latitude (ˈlætitjuːd) *n* latitudine *f*

latter (ˈlætə) *adj* 1 ultimo 2 posteriore

lattice (ˈlætis) *n* grata, inferriata *f*

laugh (lɑːf) *vi* ridere **laugh at** farsi beffe di ~*n* risata *f*

launch[1] (lɔːntʃ) *n naut* lancia, scialuppa *f*

launch[2] (lɔːntʃ) *vt* 1 *aviat* lanciare. 2 *naut* varare **launching pad** *n* piattaforma di lancio *f*

launder (ˈlɔːndə) *vt* lavare e stirare **laundry** *n* 1 (place) lavanderia *f* 2 bucato *m*

laurel (ˈlɔrəl) *n* lauro, alloro *m*

lava (ˈlɑːvə) *n* lava *f*

lavatory (ˈlævətri) *n* gabinetto *m*

lavender (ˈlævində) *n* lavanda *f*

lavish (ˈlæviʃ) *adj* prodigo, generoso *vt* prodigare, elargire

law (lɔː) *n* legge *f* diritto *m* **law-abiding** *adj* osservante della legge **lawful** *adj* legale, consentito **lawyer** *n* avvocato *m*

lawn (lɔːn) *n* prato *m* **lawn-mower** *n* falciatrice per prati *f*

lax (læks) *adj* 1 trascurato 2 rilasciato

laxative (ˈlæksətiv) *adj,n* lassativo *m*

lay*[1] (lei) *vt* posare, collocare, adagiare *vi* fare le uova **lay aside** mettere da parte **lay out** esporre, distendere **layer** *n* strato *m*

lay[2] (lei) *v* see **lie.**

lay[3] (lei) *adj* laico **layman** *n* secolare *m*

laze (leiz) *vi* oziare, fare il pigro **lazy** *adj* pigro, indolente **laziness** *n* pigrizia *f*

lead*[1] (liːd) *vt* 1 condurre, dirigere 2 indurre *vi* cominciare **lead astray** traviare, sviare ~*n* 1 comando *m* 2 guida *f* 3 guinzaglio *m* **be in the lead** essere in testa **leader** *n* 1 capo *m* guida *f* 2 articolo di fondo *m* **leadership** *n* comando *m* direzione *f*

lead[2] (led) *n* piombo *m*

leaf (liːf) *n, pl* **leaves** 1 *bot* foglia *f* 2 pagina *f* 3 battente *m* **leaflet** *n* volantino, manifestino *m*

league (liːg) *n* lega, società *f*

leak (liːk) *n* 1 *naut* falla *f* 2 (of gas) fuga *f* 3 fessura *f* *vi* perdere, colare **leak out** trapelare

lean*[1] (liːn) *vi* 1 pendere, inclinare 2 appoggiarsi *vt* appoggiare **lean out** sporgersi

lean[2] (liːn) *adj* magro, esile

leap* (liːp) *vi* balzare lanciarsi *n* salto, balzo *m* **leapfrog** *n* cavalletta *f* **leap year** *n* anno bisestile *m*

learn* (ləːn) *vt,vi* imparare, studiare **learned** *adj* colto, istruito

lease (liːs) *n* contratto d'affitto *m* *vt* affittare **leasehold** *n* proprietà in affitto *f*

leash (liːʃ) *n* guinzaglio *m*

least (liːst) *adj* minimo *n* meno *m* **at least** almeno **not in the least** per niente ~*adv* (il) meno, minimamente

leather (ˈleðə) *n* pelle *f* cuoio *m*

leave*[1] (liːv) *vt* abbandonare, lasciare *vi* partire **leave alone** lasciare in pace **leave off** smettere

leave[2] (liːv) *n* 1 permesso *m* 2 congedo *m*

Lebanon (ˈlebənən) *n* Libano *m* **Lebanese** *adj,n* libanese

lecherous (ˈletʃərəs) *adj* lascivo, vizioso

lectern (ˈlektən) *n* leggio *m*

lecture (ˈlektʃə) *n* 1 conferenza, lezione *f* 2 *inf* ramanzina *f* *vi* tenere delle lezioni *vt* ammonire **lecturer** *n* insegnante universitario *m*

led (led) *v* see **lead**[1].

ledge (ledʒ) *n* sporgenza *f*

ledger (ˈledʒə) *n* libro mastro *m*

lee (liː) *n* 1 riparo *m* 2 sottovento *m*. *adj* sottovento **leeward** *adj,adv* sottovento

leech (liːtʃ) *n* sanguisuga *f*

leek (liːk) *n* porro *m*

leer (liə) *n* occhiata tendenziosa *f* *vi* guardare di traverso *or* biecamente

left[1] (left) *adj* sinistro *n* sinistra *f* *adv* a sinistra **left hand** *n* mano sinistra *f* **left-handed** *adj* mancino **left-wing** *adj* sinistro **left-luggage office** *n* deposito bagagli *m*

left[2] (left) *v* see **leave.**

leg (leg) *n* 1 *anat* gamba *f* 2 (of furniture) piede *m* 3 *zool* zampa *f* **pull someone's leg** prendere in giro qualcuno

legacy (ˈlegəsi) *n* lascito *m* eredità *f*

legal (ˈliːgəl) *adj* legale **legalize** *vt* legalizzare

legend (ˈledʒənd) *n* leggenda *f*

legible (ˈledʒibl) *adj* leggibile

legion ('li:dʒən) *n* legione *f.*
legislate ('ledʒisleit) *vi* promulgare leggi. **legislation** *n* legislazione *f.*
legitimate (li'dʒitimət) *adj* legittimo.
leisure ('leʒə) *n* **1** agio *m.* **2** tempo a disposizione *m.*
lemon ('lemən) *n* limone *m.* **lemon tree** *n* limone *m.* **lemonade** *n* limonata *f.*
lend* (lend) *vt* prestare, imprestare.
length (leŋθ) *n* **1** lunghezza *f.* **2** durata *f.* **3** (of material, etc.) taglio *m.*
lenient ('li:niənt) *adj* indulgente, benevolo.
lens (lenz) *n* lente *f*
lent (lent) *v* see **lend.**
Lent (lent) *n* Quaresima *f.*
lentil ('lentl̩) *n* lenticchia *f.*
Leo ('li:ou) *n* Leone *m.*
leopard ('lepəd) *n* leopardo, gattopardo *m.*
leper ('lepə) *n* lebbroso *m.* **leprosy** *n* lebbra *f.*
lesbian ('lezbiən) *adj* lesbico. *n* lesbica *f.*
less (les) *adj* minore, meno. *n* meno *m. adv,prep* meno. **lessen** *vt,vi* diminuire.
lesson ('lesən) *n* lezione *f*
lest (lest) *conj* per paura che.
let* (let) *vt* **1** permettere, lasciare **2** affittare. **let down** **1** piantare in asso. **2** allungare. **let know** far sapere. **let loose** sciogliere, scatenare.
lethal ('li:θəl) *adj* letale.
lethargy ('leθədʒi) *n* letargo *m.* **lethargic** *adj* letargico
letter ('letə) *n* lettera *f.* **letterbox** *n* buca delle lettere *f* **lettering** *n* iscrizione *f.*
lettuce ('letis) *n* lattuga *f*
leukaemia (lu'ki:miə) *n* leucemia *f*
level ('levəl) *adj* **1** uniforme **2** a livello. *n* livello *m.* **on the level** onesto. ~*vt* **1** livellare, spianare. **2** (a gun) puntare. **level crossing** *n* passaggio a livello *m.* **level-headed** *adj* equilibrato.
lever ('li:və) *n* leva *f* manubrio *m.*
levy ('levi) *n* **1** imposta *f.* **2** *mil* leva *f* *vt* **1** imporre. **2** *mil* arruolare.
lewd (lu:d) *adj* lascivo, osceno.
liable ('laiəbəl) *adj* **1** soggetto. **2** responsabile. **liability** *n* **1** obbligo *m.* **2** responsabilità *f* **3** tendenza *f.* **4** *pl comm* passività *f.* debiti *m pl*
liaison (li'eizən) *n* **1** legame *m* **2** *mil* collegamento *m*
liar ('laiə) *n* bugiardo *m*
libel ('laibəl) *n* calunnia *f*
liberal ('libərəl) *adj* liberale, generoso. *n* liberale *m,f.*
liberate ('libəreit) *vt* liberare.
liberty ('libəti) *n* libertà *f.*
Libra ('li:brə) *n* Libra *f.*
library ('laibrəri) *n* biblioteca *f.* **librarian** *n* bibliotecario *m.*
libretto (li'bretou) *n* libretto d'opera *m.*
Libya ('libiə) *n* Libia *f.* **Libyan** *adj,n* libico.
licence ('laisəns) *n* **1** *mot* patente *f.* **2** licenza *f.* **license** *vt* permettere, autorizzare. **licensee** *n* colui che possiede un'autorizzazione *m.*
lichen ('laikən) *n* lichene *m.*
lick (lik) *vt* leccare. *n* leccata *f.*
lid (lid) *n* coperchio *m.*
lie*[1] (lai, *n* bugia, menzogna *f.* *vi* mentire.
lie[2] (lai) *vi* **1** giacere. **2** trovarsi. **3** consistere. **lie down** coricarsi.
lieutenant (lef'tenənt) *n* tenente *m.* **lieutenant colonel** *n* tenente colonnello *m.*
life (laif) *n, pl* **lives** vita *f.* **lifebelt** *n* cintura di salvataggio *f.* **lifeboat** *n* scialuppa di salvataggio *f.* **lifebuoy** *n* salvagente *m.* **lifeguard** *n* bagnino *m.* **lifeline** *n* sagola di salvataggio *f.* **lifetime** *n* durata della vita *f.*
lift (lift) *vt* alzare, sollevare *vi* **1** levarsi. **2** dissiparsi *n* **1** ascensore *m.* **2** passaggio *m.*
light*[1] (lait) *adj* chiaro, luminoso. *n* **1** luce *f.* lume *m.* **2** fuoco, fiammifero *m.* *vt* **1** accendere. **2** illuminare. **light up** illuminarsi. **lighter** *n* accendisigari *m invar.* **lighthouse** *n* faro *m.* **lighting** *n* illuminazione *f.*
light[2] (lait) *adj* **1** leggero. **2** semplice, frivolo. **light-headed** *adj* scervellato, frivolo. **light-hearted** *adj* allegro, gaio. **lightweight** *n* peso leggero *m.*
light[3] (lait) *vi* scendere, smontare.
lighten[1] ('laitn̩) *vt* illuminare. *vi* **1** illuminarsi. **2** rischiararsi.
lighten[2] ('laitn̩) *vt* alleggerire *vi* alleggerirsi.
lightning ('laitniŋ) *n* fulmine, lampo *m.*
like[1] (laik) *prep* come, alla maniera di. *adj* **1** simile, uguale. **2** tipico di. *n* simile, uguale *m.* **feel like** aver voglia di **likelihood** *n* probabilità *f.* **likely** *adj* verosimile *adv* probabilmente **like-minded** *adj* dello stesso parere **likeness** *n* **1** somiglianza *f* **2** ritratto *m* **likewise** *adv* similmente, lo stesso **liking** *n* simpatia *f*
like[2] (laik) *vt* **1** gradire, piacere a. **2** amare, preferire *vi* desiderare, volere, piacere
lilac ('lailək) *n bot* lilla *f*

lily (ˈlili) *n* giglio *m* **lily-of-the-valley** *n* mughetto *m*
limb (lim) *n* **1** arto *m* membro *m*, *pl* membra *f* **2** *bot* ramo *m*
limbo (ˈlimbou) *n* limbo *m*
lime[1] (laim) *n* calce, calcina *f* **limelight** *n* luci della ribalta *f pl* **limestone** *n* calcare *m*
lime[2] (laim) *n bot* cedro *m* **limejuice** *n* succo di cedro *m*. **lime tree** *n* tiglio *m*
limerick (ˈlimərik) *n* piccola poesia umoristica *f*
limit (ˈlimit) *n* **1** limite *m* **2** *inf* colmo *m* *vt* limitare. **limitation** *n* limitazione *f*
limp[1] (limp) *vi* zoppicare *n* andatura zoppicante *f*.
limp[2] (limp) *adj* molle, debole, floscio
limpet (ˈlimpit) *n* patella *f*.
linden (ˈlindən) *n* tiglio *m*.
line[1] (lain) *n* **1** linea, riga *f* **2** corda *f* **3** limite *m*. **4** campo d'attività *m* **5** tipo *m* *vt* rigare, segnare. **lineage** *n* lignaggio *m* stirpe *f*. **linear** *adj* lineare.
line[2] (lain) *vt* (clothes, etc) foderare **lining** *n* fodera *f*
linen (ˈlinin) *n* **1** tela di lino *f* **2** biancheria *f* *invar*. *adj* di lino **linen basket** *n* cesto dei panni *m*.
liner (ˈlainə) *n* transatlantico *m*.
linger (ˈliŋgə) *vi* indugiare, soffermarsi
lingerie (ˈlɔnʒəri:) *n* biancheria per signora *f*
linguist (ˈliŋgwist) *n* linguista *m*. **linguistic** *adj* linguistico. **linguistics** *n* linguistica *f*
link (liŋk) *n* **1** anello *m*. **2** legame *m*. **3** collegamento *m*. *vt* collegare. *vi* congiungersi
linoleum (liˈnouliəm) *n* linoleum *m*. **lino** *n* linoleum *m*.
linseed (ˈlinsi:d) *n* semi di lino *m pl*
lion (ˈlaiən) *n* leone *m*. **lioness** *n* leonessa *f*.
lip (lip) *n* **1** labbro *m*, *pl* labbra *f*. **2** orlo *m*. **lip-read** *vt* capire dal movimento delle labbra. **lipstick** *n* rossetto *m*
liqueur (liˈkjuə) *n* liquore *m*
liquid (ˈlikwid) *adj,n* liquido *m*. **liquidate** *vt* liquidare. **liquidation** *n* liquidazione *f*. **liquidize** *vt* rendere liquido.
liquor (ˈlikə) *n* bevanda alcoolica *f*
liquorice (ˈlikəris) *n* liquirizia *f*
lira (ˈliərə) *n* lira *f*
lisp (lisp) *n* blesità *f* *vi* parlare bleso
list (list) *n* lista *f* elenco, listino *m* *vt* elencare
listen (ˈlisən) *vi* ascoltare. **listener** *n* ascoltatore *m*.
listless (ˈlistləs) *adj* svogliato, apatico, languido
lit (lit) *v* see **light**.
litany (ˈlitəni) *n* litania *f*
literal (ˈlitərəl) *adj* letterale, alla lettera
literary (ˈlitərəri) *adj* letterario
literate (ˈlitərət) *adj* che sa leggere e scrivere
literature (ˈlitərətʃə) *n* letteratura *f*
litre (ˈli:tə) *n* litro *m*
litter (ˈlitə) *n* **1** rifiuti *m pl* cartacce *f pl* **2** (of animals) figliata *f* *vt* mettere in disordine **litter-bin** *n* cestino dei rifiuti *m*
little (ˈlitl) *adj* **1** piccolo **2** poco **3** breve *adv* poco, un po **little by little** a poco a poco ~*n* poco, po *m* **little finger** *n* (dito) mignolo *m* **little toe** *n* mignolo (del piede) *m*
liturgy (ˈlitədʒi) *n* liturgia *f*
live[1] (liv) *vt,vi* vivere, abitare **live on** nutrirsi di **live up to** mettere in pratica, non venir meno a
live[2] (laiv) *adj* **1** vivo, vivente **2** ardente **3** (of electricity) sottotensione **livestock** *n* bestiame *m*
livelihood (ˈlaivlihud) *n* vita *f*
lively (ˈlaivli) *adj* vivace **liveliness** *n* vivacità *f*
liver (ˈlivə) *n* fegato *m*
livery (ˈlivəri) *n* livrea *f*
livid (ˈlivid) *adj* **1** livido, cereo **2** furioso
living (ˈliviŋ) *adj* vivo, in esistenza *n* **1** vita, sussistenza *f* **2** *rel* beneficio *m* **living room** *n* stanza di soggiorno *f*
lizard (ˈlizəd) *n* lucertola *f*
llama (ˈlɑ:mə) *n* lama *m invar*
load (loud) *n* carico, fardello *m* *vt* caricare
loaf[1] (louf) *n*, *pl* **loaves** pagnotta *f* pane carré *m*
loaf[2] (louf) *vi* oziare, vagabondare, bighellonare
loan (loun) *n* prestito *m* *vt* prestare
loathe (louð) *vt* detestare, provare ripugnanza per **loathing** *n* ripugnanza *f* **loathsome** *adj* ripugnante
lob (lɔb) *vt* tirare alto *n* pallonetto *m*
lobby (ˈlɔbi) *n* **1** atrio *m*. **2** *pol* corridoio *m* *vi* sollecitar voti
lobe (loub) *n* lobo *m*
lobster (ˈlɔbstə) *n* aragosta *f*
local (ˈloukəl) *adj* locale *n* **1** *inf* pub *m* *invar* **2** *pl* gente del luogo *f* **locality** *n* località *f* **localize** *vt* circoscrivere **locate** *vt* **1** individuare, localizzare **2** situare **location** *n* luogo, sito *m*
loch (lɔx) *n* lago *m*
lock[1] (lɔk) *n* **1** (of a door, etc.) serratura *f* **2**

naut chiusa *f.* *vt* chiudere a chiave, sprangare **lock in** chiudere dentro a chiave. **lock up** mettere sotto chiave, chiudere.

lock[2] (lɔk) *n* (of hair) riccio *m.* crocca *f.*

locker ('lɔkə) *n* armadietto *m.*

locket ('lɔkit) *n* medaglione *m*

locomotive (loukə'moutiv) *n* locomotiva *f* *adj* locomotivo **locomotion** *n* locomozione *f*

locust ('loukəst) *n* locusta *f*

lodge (lɔdʒ) *n* **1** villetta, dipendenza *f* **2** portineria *f* *vt* **1** alloggiare **2** piazzare **3** presentare *vi* alloggiare **lodger** *n* pensionante *m,f.* **lodgings** *n pl* camera d'affitto *f.*

loft (lɔft) *n* soffitta *f.* solaio *m.*

log (lɔg) *n* **1** tronco, ciocco *m.* **2** *naut* giornale di bordo *m.* **logbook** *n mot* libretto di circolazione *m.*

logarithm ('lɔgəriðəm) *n* logaritmo *m.*

logic ('lɔdʒik) *n* logica *f.* **logical** *adj* logico

loins (lɔinz) *n pl* fianchi *m pl.*

loiter ('lɔitə) *vi* bighellonare.

lollipop ('lɔlipɔp) *n* lecca lecca *m invar.*

London ('lʌndən) *n* Londra *f.*

lonely ('lounli) *adj* solitario, solo. **loneliness** *n* solitudine *f*

long[1] (lɔŋ) *adj* **1** lungo. **2** lento. **a long time ago** molto tempo fa. **in the long run** a lungo andare. ~*adv* a lungo. **all day long** tutto il giorno. **as long as I want** finchè voglio. **as long as** purchè. **long-distance** *adj* interurbano. **long-playing** *adj* a lunga durata. **long-range** *adj* a lunga scadenza, a lunga portata. **long-sighted** *adj* **1** presbite. **2** previdente **longstanding** *adj* di vecchia data, di lunga data. **long wave** *n* onda lunga *f.* **longwinded** *adj* **1** prolisso. **2** noioso.

long[2] (lɔŋ) *vi* struggersi per, desiderare ardentemente. **long to** non veder l'ora di.

longevity (lɔn'dʒeviti) *n* longevità *f.*

longitude ('lɔndʒitju:d) *n* longitudine *f.*

loo (lu:) *n inf* gabinetto *m.*

look (luk) *n* **1** sguardo *m.* occhiata *f.* **2** apparenza *f.* *vi* **1** guardare. **2** sembrare, parere **look after** prendersi cura di. **look at** guardare. **look for** cercare **look on to** dare su. **look out** fare attenzione.

loom[1] (lu:m) *n* telaio *m.*

loom[2] (lu:m) *vi* intravedersi, apparire

loop (lu:p) *n* cappio *m.* *vi* descrivere una curva

loophole ('lu:phoul) *n* scappatoia *f*

loose (lu:s) *adj* **1** sciolto, libero **2** allentato **3** sfrenato, dissoluto **4** vago, libero **at a loose end** senza nulla da fare ~*vt* sciogliere **loosen** *vt* **1** allentare **2** sciogliere

loot (lu:t) *n* bottino *m* *vt* saccheggiare **looting** *n* saccheggio *m*

lop (lɔp) *vt* **1** mozzare **2** *bot* potare

lopsided (lɔp'saidid) *adj* storto, pencolante

lord (lɔ:d) *n* **1** sovrano, signore *m* **2** *cap* Pari *m invar* **lordship** *n* potere *m* signoria *f* **Your Lordship** Vostra Signoria, Vostra Eccellenza

lorry ('lɔri) *n* camion *m invar* autocarro *m*

lose* (lu:z) *vt* perdere, smarrire *vi* **1** rimetterci **2** (of a watch) ritardare. **lose one's temper** arrabbiarsi **lose one's way** smarrirsi **loser** *n* perdente *m*

loss (lɔs) *n* perdita *f.*

lost (lɔst) *v* see **lose.**

lot (lɔt) *n* **1** sorte, ventura *f.* destino *m* **2** *comm* partita *f.* **3** quantità *f.*

lotion ('louʃən) *n* lozione *f.*

lottery ('lɔtəri) *n* lotteria *f.* lotto *m*

lotus ('loutəs) *n* loto *m.*

loud (laud) *adj* **1** forte, alto, rumoroso **2** (of colours) vistoso *adv* alto, forte **loudmouthed** *adj* sguaiato, vociferatore. **loudness** *n* sonorità *f.* **loudspeaker** *n* altoparlante *m.*

lounge (laundʒ) *n* **1** salotto *m.* **2** sala di ritrovo *f.* *vi* poltrire, oziare.

louse (laus) *n, pl* **lice** pidocchio *m.* **lousy** *adj* **1** pidocchioso. **2** *inf* sordido, pessimo

love (lʌv) *n* **1** amore *m.* **2** *sport* zero *m* **fall in love with** innamorarsi di. ~*vt* **1** amare **2** voler bene a. **lovely** *adj* bello, carino, piacevole **lover** *n* amante *m,f.* **lovesick** *adj* malato d'amore.

low[1] (lou) *adj* **1** basso. **2** volgare. *adv* **1** basso. **2** sottovoce. **lowbrow** *adj* incolto, di bassa levatura. **low frequency** *n* bassa frequenza *f.* **low-grade** *adj* inferiore, di qualità inferiore. **lowland** *n* pianura *f.* bassopiano *m.* *adj* di pianura. **low-necked** *adj* scollato. **low-pitched** *adj* basso. **low tide** *n* bassa marea *f.*

low[2] (lou) *vi* muggire.

lower ('louə) *vt* abbassare. *vt,vi* calare, diminuire **lower-case** *adj* minuscolo **lower classes** classi inferiori *f pl.*

loyal ('lɔiəl) *adj* fedele, leale **loyalty** *n* fedeltà, lealtà *f*

lozenge ('lɔzindʒ) *n* pastiglia *f.*

LSD *n* LSD *f*

lubricate ('lu:brikeit) *vt* lubrificare **lubrication** *n* lubrificazione *f*

lucid ('lu:sid) *adj* **1** chiaro, limpido. **2** lucido.
luck (lʌk) *n* fortuna *f*. **good luck!** auguri! **lucky** *adj* fortunato.
lucrative ('lu:krətiv) *adj* lucroso, lucrativo.
ludicrous ('lu:dikrəs) *adj* ridicolo, irrisorio.
lug (lʌg) *vt* trascinare.
luggage ('lʌgidʒ) *n* bagaglio *m*.
lukewarm (lu:k'wɔ:m) *adj* tiepido.
lull (lʌl) *n* pausa, calma *f*. **lullaby** *n* ninnananna *f*.
lumbago (ləm'beigou) *n* lombaggine *f*.
lumber[1] ('lʌmbə) *n* legname *m*. **lumberjack** *n* boscaiolo, taglialegna *m*.
lumber[2] ('lʌmbə) *vi* muoversi goffamente.
luminous ('lu:minəs) *adj* luminoso.
lump (lʌmp) *n* **1** massa *f*. pezzo *m*. **2** gonfiore *m*. *vt* ammassare.
lunacy ('lu:nəsi) *n* pazzia *f*.
lunar ('lu:nə) *adj* lunare.
lunatic ('lu:nətik) *adj,n* pazzo, matto *m*.
lunch (lʌntʃ) *n* colazione *f*. pranzo *m* *vi* far colazione, pranzare.
lung (lʌŋ) *n* polmone *m*.
lunge (lʌndʒ) *n* affondo *m*. *vi* scagliarsi.
lurch[1] (lə:tʃ) *n* sbandata *f*. *vi* barcollare.
lurch[2] (lə:tʃ) *n* **leave in the lurch** piantare in asso.
lure (luə) *vt* allettare. *n* allettamento *m*.
lurid ('luərid) *adj* **1** spettrale. **2** raccapricciante.
lurk (lə:k) *vi* stare in agguato, essere nascosto.
luscious ('lʌʃəs) *adj* succulento.
lush (lʌʃ) *adj* lussureggiante.
lust (lʌst) *n* cupidigia, libidine *f*. *v* **lust for** *or* **after** bramare. **lustful** *adj* bramoso, avido.
lustre ('lʌstə) *n* lustro *m*.
lute (lu:t) *n* liuto *m*.
Luxembourg ('lʌksəmbə:g) *n* Lussemburgo *m*.
luxury ('lʌkʃəri) *n* lusso *m*. *adj* di lusso.
lynch (lintʃ) *vt* linciare.
lynx (liŋks) *n* lince *f*.
lyre ('laiə) *n* lira *f*.
lyrics ('liriks) *n pl* parole di una canzone *f pl*. **lyrical** *adj* lirico.

M

mac (mæk) *n inf* impermeabile *m*.
macabre (mə'kɑ:b) *adj* macabro.
macaroni (mækə'rouni) *n* maccheroni *m pl*.
mace[1] (meis) *n* mazza *f*.
mace[2] (meis) *n bot* macis *m or f*.
machine (mə'ʃi:n) *n* macchina *f* **machine-gun** *n* mitragliatrice *f*. mitragliatore *m*. **machinery** *n* **1** macchinario *m* **2** meccanismo *m*. **3** procedimento *m*. **machinist** *n* **1** macchinista *m*. **2** meccanico *m*. **3** lavorante *m,f*.
mackerel ('mækrəl) *n* sgombro *m*
mackintosh ('mækintɔʃ) *n* impermeabile *m*.
mad (mæd) *adj* **1** matto, pazzo. **2** *inf* arrabbiato **madness** *n* pazzia *f*
madam ('mædəm) *n* signora *f*.
made (meid) *v* see **make**.
Madonna (mə'dɔnə) *n* Madonna *f*.
madrigal ('mædrigəl) *n* madrigale *m*.
magazine (mægə'zi:n) *n* **1** periodico, mensile *m*. **2** *mil* caricatore *m*.
Maggiore, Lake (mædʒi'ɔ:ri) *n* Lago Maggiore *m*.
maggot ('mægət) *n* larva *f*.
magic ('mædʒik) *n* magia *f*. *adj* magico. **magical** *adj* magico. **magician** *n* mago *m*.
magistrate ('mædʒistreit) *n* magistrato *m*
magnanimous (mæg'næniməs) *adj* magnanimo
magnate ('mægneit) *n* magnate *m*.
magnet ('mægnit) *n* calamita *f*. magnete *m*. **magnetic** *adj* magnetico. **magnetism** *n* magnetismo *m*. **magnetize** *vt* magnetizzare
magnificent (mæg'nifisənt) *adj* magnifico.
magnify ('mægnifai) *vt* **1** ingrandire. **2** esagerare. **magnifying glass** *n* lente d'ingrandimento *f*.
magnitude ('mægnitju:d) *n* grandezza, magnitudine *f*.
magnolia (mæg'nouliə) *n* magnolia *f*.
magpie ('mægpai) *n* gazza *f*.
mahogany (mə'hɔgəni) *n* mogano *m*. *adj* di mogano.
maid (meid) *n* domestica *f*. **maiden** *adj* inaugurale, primo. *n* fanciulla, signorina *f*. **maiden name** *n* cognome da ragazza *m*.
mail (meil) *n* posta *f*. *vt* imbucare, mandare per posta. **mailbag** *n* sacco postale *m*. **mailing list** *n* elenco di indirizzi per l'invio di materiale pubblicitario, etc. *m*. **mail order** *n* ordinazione per posta *f*.
maim (meim) *vt* ferire gravemente, mutilare.
main (mein) *adj* principale. **mainland** *n* terraferma *f*. **mainsail** *n* vela (di) maestra *f*. **mainspring** *n* **1** *tech* molla principale *f*. **2** agente principale *m*. **mainstream** *n* corrente principale *f* **mains** *n pl* **1** fognatura *f*. **2** rete elettrica *f*

maintain (mein'tein) *vt* **1** mantenere. **2** sostenere. **maintenance** *n* **1** manutenzione *f*. **2** mantenimento *m*.
maize (meiz) *n* granturco *m*
majesty ('mædʒisti) *n* maestà *f* **majestic** *adj* maestoso.
major ('meidʒə) *adj* maggiore, più importante *n* maggiore *m* **major general** *n* generale di divisione *m*. **majority** *n* **1** maggioranza *f* **2** maggior età *f*.
make* (meik) *vt* **1** fare, costruire. **2** costringere a. *vi* fare. **make for** avviarsi verso **make off** squagliarsela. **make out** **1** scorgere. **2** riempire. **make up** **1** completare **2** inventare **3** *Th* truccare. **make-up** *n* trucco *m*. **make up for** compensare. ~*n* **1** forma, fabbricazione *f*. **2** marca *f* **make-believe** *n* finzione *f*. **make-shift** *adj* improvvisato.
maladjusted (mælə'dʒʌstid) *adj* incapace di adattarsi.
malaria (mə'lɛəriə) *n* malaria *f*.
Malaya (mə'leiə) *n* Malesia *f*. **Malay** *adj,n* malese. **Malay** (language) *n* malese *m*.
Malaysia (mə'leiziə) *n* Malaysia *f*. **Malaysian** *adj,n* malese.
male (meil) *adj* maschile. *n* maschio *m*.
malfunction (mæl'fʌŋkʃən) *vi* funzionare male *n* funzionamento imperfetto *m*.
malice ('mælis) *n* malignità *f*
malignant (mə'lignənt) *adj* maligno.
mallet ('mælət) *n* maglio *m*.
malnutrition (mælnju'triʃən) *n* malnutrizione *f*.
malt (mɔ:lt) *n* malto *m*.
Malta ('mɔ:ltə) *n* Malta *f*. **Maltese** *adj,n* maltese.
maltreat (mæl'tri:t) *vt* maltrattare.
mammal ('mæməl) *n* mammifero *m*.
mammoth ('mæməθ) *adj* immenso.
man (mæn) *n, pl* **men** uomo *m, pl* uomini. *vt* equipaggiare. **man-handle** *vt* malmenare. **manhole** *n* chiusino *m*. **man-made** *adj* artificiale. **manpower** *n* manodopera *f*. **manslaughter** *n* omicidio preterintenzionale *m*.
Man, Isle of *n* Isola di Man *f*.
manage ('mænidʒ) *vt* dirigere. *vi* cavarsela. **manage to** riuscire a. **manageable** *adj* docile. **management** *n* direzione *f*. **manager** *n* direttore *m*.
mandarin ('mændərin) *n* mandarino *m*.
mandate ('mændeit) *n* mandato *m* **mandatory** *adj* obbligatorio.
mandolin ('mændəlin) *n* mandolino *m*.
mane (mein) *n* criniera *f*
mange (meindʒ) *n* rogna *f* **mangy** *adj* **1** rognoso **2** *inf* squallido
mangle[1] ('mæŋgəl) *vt* rovinare, deformare.
mangle[2] ('mæŋgəl) *n* mangano, strizzatoio *m* *vt* manganare.
mango ('mæŋgou) *n, pl* **-goes** *or* **-gos** mango *m*
mania ('meiniə) *n* mania *f* **maniac** *n* maniaco *m* **manic** *adj* maniaco
manicure ('mænikjuə) *n* manicure, cosmesi delle mani *f* *vt* fare la manicure **manicurist** *n* manicure *m,f*
manifest ('mænifest) *adj* evidente, palese, manifesto *vt* dimostrare.
manifesto (mæni'festou) *n* manifesto *m*
manifold ('mænifould) *adj* molteplice.
manipulate (mə'nipjuleit) *vt* **1** manipolare **2** manovrare, maneggiare. **manipulation** *n* **1** manipolazione *f*. maneggio *m*.
mankind ('mænkaind) *n* umanità *f*
manner ('mænə) *n* maniera *f*. modo *m*. **mannerism** *n* manierismo *m*.
manoeuvre (mə'nu:və) *n* manovra *f*. *vt,vi* manovrare.
manor ('mænə) *n* maniero *m*.
mansion ('mænʃən) *n* casa signorile *f*.
mantelpiece ('mæntəlpi:s) *n* mensola *f*.
mantilla (mæn'tilə) *n* mantiglia *f*.
mantle ('mæntl) *n* mantello *m*.
manual ('mænjuəl) *adj* manuale
manufacture (mænju'fæktʃə) *n* manifattura *f* *vt* fabbricare. **manufacturer** *n* fabbricante *m*.
manure (mə'njuə) *n* letame *m*. *vt* concimare.
manuscript ('mænjuskript) *n* manoscritto *m*
Manx (mæŋks) *adj* dell'isola di Man
many ('meni) *adj* molti. **a good many** parecchi **as many** altrettanti. **how many?** quanti? **many a** molti. **so many** tanti
Maori ('mauri) *adj,n* maori *invar*.
map (mæp) *n* **1** mappa, carta *f*. **2** (of a town) pianta *f*. *vt* fare la carta di. **map out** tracciare.
maple ('meipəl) *n* acero *m*.
mar (mɑ:) *vt* guastare.
marathon ('mærəθən) *n* maratona *f*.
marble ('mɑ:bəl) *n* **1** marmo *m*. **2** *game* billia, pallina *f*. *adj* di marmo, marmoreo.
march (mɑ:tʃ) *n* marcia *f* *vi* marciare.
March (mɑ:tʃ) *n* marzo *m*.
marchioness ('mɑ:ʃənis) *n* marchesa *f*.
mare (mɛə) *n* cavalla *f*
margarine (mɑ:dʒə'ri:n) *n* margarina *f*.

margin (ˈmɑːdʒin) *n* margine *m*. **marginal** *adj* marginale.
marguerite (mɑːgəˈriːt) *n* margherita *f*.
marigold (ˈmærigould) *n* calendola *f*
marijuana (mæriˈwɑːnə) *n* marijuana *f*
marinade (*n* mæriˈneid) *n* marinata *f* **marinate** *vt* marinare.
marine (məˈriːn) *adj* marino. *n* soldato di marina *m*. **maritime** *adj* marittimo
marital (ˈmæritl̩) *adj* maritale, coniugale.
marjoram (ˈmɑːdʒərəm) *n* maggiorana *f*.
mark[1] (mɑːk) *n* **1** segno, marchio *m*. impronta *f* **2** *educ* voto *m* *vt* **1** segnare, marcare. **2** *educ* correggere. **mark out** tracciare. **marksman** *n* tiratore scelto *m*.
mark[2] (mɑːk) *n comm* marco *m*.
market (ˈmɑːkit) *n* **1** mercato *m*. **2** *comm* borsa *f*. *vt* mettere in vendita. **market garden** *n* orto *m*. **market research** *n* ricerca di mercato *f*
marmalade (ˈmɑːməleid) *n* marmellata *f*
maroon[1] (məˈruːn) *adj,n* marrone rossastro *m*
maroon[2] (məˈruːn) *vt* abbandonare
marquee (mɑːˈkiː) *n* grande tenda *f*.
marquess (ˈmɑːkwis) *n* marchese *m*.
marquise (mɑːˈkiːz) *n* marchesa *f*.
marrow (ˈmærou) *n* **1** midollo *m*. **2** *bot* zucca *f* **marrowbone** *n* ossobuco *m*.
marry (ˈmæri) *vt* sposare *vi* sposarsi. **marriage** *n* matrimonio *m*. **marriage certificate** *n* certificato di matrimonio *m*.
Mars (mɑːz) *n* Marte *m*.
marsh (mɑːʃ) *n* palude *f*. **marshy** *adj* paludoso. **marshmallow** *n* **1** *bot* altea *f*. **2** specie di caramella *f*
marshal (ˈmɑːʃəl) *n* maresciallo *m*. *vt* ordinare.
marsupial (mɑːˈsjuːpiəl) *adj,n* marsupiale *m*.
martial (ˈmɑːʃəl) *adj* marziale.
martin (ˈmɑːtin) *n* balestruccio *m*.
martini (mɑːˈtiːni) *n* martini *m invar*.
martyr (ˈmɑːtə) *n* martire *m*. **martyrdom** *n* martirio *m*.
marvel (ˈmɑːvəl) *n* meraviglia *f*. *vi* meravigliarsi **marvellous** *adj* meraviglioso.
Marxism (ˈmɑːksizəm) *n* marxismo *m*. **Marxist** *adj,n* marxista
marzipan (ˈmɑːzipæn) *n* marzapane *m*.
mascara (mæˈskɑːrə) *n* mascara *m*
mascot (ˈmæskɔt) *n* mascotte *f*, *pl* mascottes.
masculine (ˈmæskjulin) *adj* maschile, mascolino.
mash (mæʃ) *vt* schiacciare, pestare.
mask (mɑːsk) *n* maschera *f*. *vt* mascherare.
masochism (ˈmæsəkizəm) *n* masochismo *m* **masochist** *n* masochista *m* **masochistic** *adj* masochistico
mason (ˈmeisən) *n* **1** muratore *m*. **2** massone *m*. **masonic** *adj* massonico **masonry** *n* **1** muratura *f*. **2** massoneria *f*.
masquerade (mæskəˈreid) *n* **1** ballo in maschera *m*. mascherata *f*. **2** finzione *f*. *vi* mascherarsi
mass[1] (mæs) *n* massa *f*. **masses of** un sacco di. ~*vt* adunare, ammassare. **mass media** *n* mass media *m pl*. **mass-produce** *vt* produrre in massa.
mass[2] (mæs) *n rel* messa *f*.
massacre (ˈmæsəkə) *n* massacro *m*. *vt* massacrare.
massage (ˈmæsɑːʒ) *vt* massaggiare. *n* massaggio *m*.
massive (ˈmæsiv) *adj* massiccio.
mast (mɑːst) *n* albero *m*.
master (ˈmɑstə) *n* **1** padrone *m*. **2** *educ* maestro, professore *m*. *vt* dominare. **masterful** *adj* imperioso. **mastermind** *n* cervello *m*. **masterpiece** *n* capolavoro *m*.
masturbate (ˈmæstəbeit) *vi* masturbarsi. **masturbation** *n* masturbazione *f*.
mat (mæt) *n* **1** stuoia *f*. **2** (table) sottovaso, sottopiatto *m*.
matador (ˈmætədɔː) *n* matador *m*, *pl* matadores
match[1] (mætʃ) *n* fiammifero *m*. **matchbox** *n* scatola da fiammiferi *f*. **matchstick** *n* fiammifero *m*.
match[2] (mætʃ) *n* **1** uguale *m,f*. pari *m,f invar*. **2** *sport* partita *f*. incontro *m*. **3** matrimonio *m*. *vt* **1** uguagliare. **2** andar bene con. **3** opporre. *vi* andar bene insieme.
mate (meit) *n* **1** *inf* compagno, amico *m*. **2** *naut* ufficiale in seconda *m*. *vt* accoppiare. *vi* accoppiarsi.
material (məˈtiəriəl) *n* **1** materiale *m*. **2** stoffa *f*. *adj* **1** materiale. **2** essenziale. **materialist** *n* materialista *m*. **materialistic** *adj* materialistico **materialize** *vi* realizzarsi.
maternal (məˈtəːnl̩) *adj* materno. **maternity** *n* maternità *f*.
mathematics (mæθəˈmætiks) *n* matematica *f*
matins (ˈmætinz) *n pl* mattutino *m*.
matinee (ˈmætinei) *n* (rappresentazione) diurna *f*
matriarchal (ˈmeitriɑːkəl) *adj* matriarcale.

matrimony ('mætrimǝni) *n* matrimonio *m*.
matrix ('meitriks) *n, pl* **matrices** or **matrixes** matrice *f*.
matron ('meitrǝn) *n* **1** *educ* governante *f*. **2** *med* capoinfermiera *f*
matter ('mætǝ) *n* **1** materia *f*. **2** contenuto *m*. **3** faccenda, questione *f* **as a matter of fact** a dire il vero. **printed matter** *n* stampati *m pl*. **what's the matter?** che c'è? ~*vi* importare, aver importanza.
Matterhorn ('mætǝhɔ:n) *n* Cervino *m*.
mattress ('mætrǝs) *n* materasso *m*.
mature (mǝ'tjuǝ) *adj* maturo. *vt,vi* maturare **maturity** *n* maturità *f*
maudlin ('mɔ:dlin) *adj* piagnucoloso, sentimentale.
maul (mɔ:l) *vt* dilaniare, straziare
Maundy Thursday ('mɔ:ndi) *n* Giovedì Santo *m*.
mausoleum (mɔ:sǝ'liǝm) *n* mausoleo *m*.
mauve (mouv) *adj,n* malva *m invar*.
maxim ('mæksim) *n* massima *f*.
maximum ('mæksimǝm) *adj,n* massimo *m*. **maximize** *vt* rendere massimo
may (mei) *v mod aux* potere. **it may be so** può darsi. **maybe** *adv* forse, può darsi che.
May (mei) *n* maggio *m*. **May Day** *n* primo maggio *m*. festa del lavoro *f* **maypole** *n* albero di maggio *m*.
mayonnaise (meiǝ'neiz) *n* maionese *f*.
mayor ('mɛǝ) *n* sindaco *m*. **mayoress** *n* sindaca *f*.
maze (meiz) *n* labirinto *m*.
me (mi:) *pers pron 1st pers s* mi, me.
meadow ('medou) *n* prato *m*.
meagre ('mi:gǝ) *adj* magro.
meal[1] (mi:l) *n cul* pasto *m*.
meal[2] (mi:l) *n* farina grossa *f*.
mean*[1] (mi:n) *vt* **1** significare, voler dire. **2** intendere. **3** destinare **mean well** essere ben intenzionato.
mean[2] (mi:n) *adj* **1** meschino, di basso conio **2** gretto, tirchio, taccagno. **3** medio.
meander (mi'ændǝ) *vi* serpeggiare *n* meandro *m*.
meaning ('mi:niŋ) *n* significato *m*. **meaningful** *adj* significativo. **meaningless** *adj* privo di significato.
means (mi:nz) *n pl* mezzo *m*. **by all means** certo, senz'altro. **by no means** non...affatto, niente affatto.
meantime ('mi:ntaim) *adv* intanto. **in the meantime** nel frattempo.
measles ('mi:zǝlz) *n* morbillo *m*.
measure ('meʒǝ) *n* misura *f*. **made to measure** confezionato su misura. ~*vt,vi* misurare **measurement** *n* misura *f*.
meat (mi:t) *n* carne *f*
mechanic (mi'kænik) *n* meccanico *m*. **mechanical** *adj* meccanico **mechanical engineering** *n* ingegneria meccanica *f* **mechanism** *n* meccanismo *m*. **mechanize** *vt* meccanizzare
medal ('medl̩) *n* medaglia *f* **medallion** *n* medaglione *m*.
meddle ('medl̩) *vi* immischiarsi, intromettersi.
media ('mi:diǝ) **mass media** *n* mezzi di comunicazione di massa *m pl*.
medial ('mi:diǝl) *adj* mediano, medio
median ('mi:diǝn) *adj* mediano *n* mediana *f*
mediate ('mi:dieit) *vt,vi* mediare **mediator** *n* mediatore *m*.
medical ('medikǝl) *adj* medico. *n* esame medico *m*. **medication** *n* medicazione *f*. **medicine** *n* **1** medicina *f*. **2** farmaco *m*.
medieval (medi'i:vǝl) *adj* medievale.
mediocre (mi:di'oukǝ) *adj* mediocre **mediocrity** *n* mediocrità *f*
meditate ('mediteit) *vt,vi* meditare **meditator** *n* meditatore *m*
Mediterranean (meditǝ'reiniǝn) *adj* mediterraneo. **Mediterranean (Sea)** *n* (Mare) Mediterraneo *m*.
medium ('mi:diǝm) *n,pl* **media** *or* **mediums** mezzo *m*. **happy medium** giusto mezzo *adj* medio.
meek (mi:k) *adj* remissivo, mite
meet* (mi:t) *vt* incontrare *vi* **1** incontrarsi **2** riunirsi. **meet with 1** imbattersi in. **2** subire **meeting** *n* riunione, assemblea *f*.
megaphone ('megǝfoun) *n* megafono *m*.
melancholy ('melǝnkǝli) *n* malinconia *f* *adj* malinconico.
mellow ('melou) *adj* **1** maturo. **2** amabile **3** addolcito. **4** morbido. *vt* far maturare, addolcire. *vi* maturare, addolcirsi.
melodrama ('melǝdra:mǝ) *n* melodramma *m*. **melodramatic** *adj* melodrammatico.
melody ('melǝdi) *n* melodia *f*.
melon ('melǝn) *n* melone *m*.
melt* (melt) *vt* squagliare, sciogliere, fondere *vi* squagliarsi, sciogliersi, fondere **melt down** fondere **melting** *n* fusione *f* **melting point** *n* punto di fusione *m*.

member (ˈmembə) *n* membro, socio *m*. **member of Parliament** *n* deputato *m*. **membership** *n* 1 appartenenza *f* 2 totale dei membri *m*.
membrane (ˈmembrein) *n* membrana *f*.
memento (məˈmentou) *n*, *pl* **-os** *or* **-oes** ricordo *m*.
memo (ˈmemou) *n inf* memorandum *m*.
memoir (ˈmemwɑ:) *n* 1 nota biografica *f*. 2 *pl* memorie *f pl*.
memorandum (meməˈrændəm) *n*, *pl* **-dums** *or* **-da** memorandum *m*.
memory (ˈmeməri) *n* 1 memoria *f*. 2 ricordo *m*. **memorable** *adj* memorabile. **memorial** *n* monumento *m*. *adj* commemorativo. **memorize** *vt* imparare a memoria.
menace (ˈmenəs) *n* minaccia *f*. *vt* minacciare. **menacing** *adj* minaccioso.
menagerie (məˈnædʒəri) *n* serraglio *m*.
mend (mend) *vt* 1 riparare, rammendare. 2 migliorare. *vi* rimettersi, migliorare. **mend one's ways** ravvedersi *n* aggiustatura *f* rammendo *m* **mending** *n* 1 riparazione *f*. 2 roba da riparare *f*
menial (ˈmi:niəl) *adj* umile, servile. *n* servo *m*.
menopause (ˈmenəpɔ:z) *n* menopausa *f*.
menstrual (ˈmenstruəl) *adj* mestruale. **menstruate** *vi* mestruare
mental (ˈmentl̩) *adj* mentale **mental hospital** *n* manicomio *m* **mentality** *n* mentalità *f*
menthol (ˈmenθɔl) *n* mentolo *m*.
mention (ˈmenʃən) *vt* far menzione di, citare, menzionare **don't mention it!** di nulla! ~*n* menzione, citazione *f*
menu (ˈmenju:) *n* menu *m invar*.
mercantile (ˈmə:kəntail) *adj* mercantile
mercenary (ˈmə:sənəri) *adj* mercenario, venale *n* mercenario *m*.
merchant (ˈmə:tʃənt) *n* commerciante, mercante *m*. **merchant bank** *n* banca *f* **merchant navy** *n* marina mercantile *f* **merchandise** *n* merce, mercanzia *f*.
mercury (ˈmə:kjuri) *n* mercurio *m*.
mercy (ˈmə:si) *n* misericordia, pietà, clemenza *f*
mere (miə) *adj* puro, semplice, mero
merge (mə:dʒ) *vt* fondere, amalgamare *vi* fondersi **merger** *n* fusione *f*.
meridian (məˈridiən) *n* meridiano *m*
meringue (məˈræŋ) *n* meringa *f*.
merit (ˈmerit) *n* merito *m*. *vt* meritare
mermaid (ˈmə:meid) *n* sirena *f*.
merry (ˈmeri) *adj* 1 allegro, giocondo 2 *inf* brillo, alticcio. **merry-go-round** giostra *f* carosello *m*.
mesh (meʃ) *n* maglia *f*
mesmerize (ˈmezməraiz) *vt* ipnotizzare.
mess (mes) *n* 1 pasticcio *m*. confusione *f*. 2 mensa *f*. *v* **mess about** perdere tempo. **mess up** guastare.
message (ˈmesidʒ) *n* 1 messaggio *m*. 2 commissione *f*. **messenger** *n* messaggero, fattorino *m*.
met (met) *v* see **meet**.
metabolism (miˈtæbəlizəm) *n* metabolismo *m*.
metal (ˈmetl̩) *n* metallo *m*. *adj* di metallo, metallico. **metallic** *adj* metallico. **metallurgy** *n* metallurgia *f*.
metamorphosis (metəˈmɔ:fəsis) *n*, *pl* **metamorphoses** metamorfosi *f invar*.
metaphor (ˈmetəfə) *n* metafora *f*. **metaphorical** *adj* metaforico
metaphysics (metəˈfiziks) *n* metafisica *f*. **metaphysical** *adj* metafisico.
meteor (ˈmi:tiə) *n* meteora *f*. **meteorology** *n* meteorologia *f*
meter (ˈmi:tə) *n* 1 contatore *m* 2 *mot* parchimetro *m*
methane (ˈmi:θein) *n* metano *m*.
method (ˈmeθəd) *n* metodo *m* **methodical** *adj* metodico **methodology** *n* metodologia *f*
Methodist (ˈmeθədist) *n* metodista *m*
meticulous (miˈtikjuləs) *adj* meticoloso
metre (ˈmi:tə) *n* metro *m* **metric** *adj* metrico
metropolis (məˈtrɔpəlis) *n* metropoli *f invar* **metropolitan** *adj* metropolitano
Mexico (ˈmeksikou) *n* Messico *m* **Mexican** *adj* messicano
miaow (miˈau) *n* miagolio *m* *vi* miagolare
microbe (ˈmaikroub) *n* microbo *m*.
microphone (ˈmaikrəfoun) *n* microfono *m*
microscope (ˈmaikrəskoup) *n* microscopio *m*
mid (mid) *adj* 1 mezzo, di mezzo, a metà. 2 pieno. **midday** *n* mezzogiorno *m* **midland** *adj* interno **midmorning** *n* metà mattina *f*. **midnight** *n* mezzanotte *f*. **midstream** *n* centro della corrente *m* **midsummer** *n* mezza estate *f* **midway** *adj,adv* a metà strada **midweek** *n* metà (della) settimana *f*.
middle (ˈmidl̩) *n* mezzo, centro *m*. metà *f*. *adj* di mezzo, medio. **middle finger** *n* (dito) medio *m*. **middle-aged** *adj* di mezz'età. **middle-class** *adj* borghese
Middle Ages *n pl* medioevo *m*.
Middle East *n* Medio Oriente *m*.

midget ('midʒit) *n* nano *m*.
midst (midst) *n* mezzo, centro *m*.
midwife ('midwaif) *n* ostetrica *f*. **midwifery** *n* ostetricia *f*
might[1] (mait) *v* see **may**.
might[2] (mait) *n* forza, potenza *f*.
migraine ('mi·grein) *n* emicrania *f*
migrate (mai'greit) *vi* **1** *zool* migrare **2** emigrare **migration** *n* **1** migrazione *f* **2** emigrazione *f*
mike (maik) *n inf* microfono *m*
Milan (mi'læn) *n* Milano *f* **Milanese** *adj,n* milanese
mild (maild) *adj* **1** mite, gentile. **2** dolce, leggero. **3** clemente **mildly** *adv* gentilmente.
mildew ('mildju:) *n* muffa *f*
mile (mail) *n* miglio *m*, *pl* miglia *f* **mileage** *n* distanza percorsa in miglia *f*. chilometraggio *m*. **mileometer** *n* contamiglia, contachilometri *m*. **milestone** *n* pietra miliare *f*
militant ('militant) *adj,n* militante **military** *adj* militare.
milk (milk) *n* latte *m* *vt* mungere **milkman** *n* lattaio *m*
Milky Way *n* Via Lattea *f*
mill (mil) *n* **1** mulino *m* **2** fabbrica *f* stabilimento *m* **3** macinino *m* **millstone** *n* macina *f*
millennium (mi'leniəm) *n*, *pl* **-niums** *or* **-nia** millennio *m*
milligram ('miligræm) *n* milligrammo *m*
millilitre ('milili·tə) *n* millilitro *m*.
millimetre ('milimi·tə) *n* millimetro *m*
million ('miliən) *n* milione *m* **millionaire** *n* milionario *m* **millionth** *adj* milionesimo
mime (maim) *n* mimo *m* *vt,vi* mimare **mimic** *n* mimo, imitatore *m* *vt* imitare **mimicry** *n* mimica *f*
mimosa (mi'mouzə) *n* mimosa *f*
minaret (minə'ret) *n* minareto *m*.
mince (mins) *vt* tritare, tagliuzzare *n* carne tritata *f* **mincer** *n* tritatutto *m*
mind (maind) *n* **1** mente *f*. **2** memoria *f* **make up one's mind** decidersi ~*vt* **1** badare a, fare attenzione a **2** occuparsi di *vi* stare attento **do you mind?** ti dispiace? **never mind!** non importa!
mine[1] (main) *poss pron 1st pers s* mio, il mio, mia, la mia, miei, i miei, mie, le mie.
mine[2] (main) *n* **1** miniera *f* **2** *mil* mina *f* *vt* **1** scavare, estrarre **2** *mil* minare **miner** *n* minatore *m*
mineral ('minərəl) *adj,n* minerale *m*. **mineral water** *n* acqua minerale *f*.
minestrone (mini'strouni) *n* minestrone *m*.
mingle ('miŋgəl) *vt* mischiare. *vi* mescolarsi.
miniature ('miniətʃə) *n* miniatura *f*. *adj* in miniatura.
minim ('minim) *n* minima *f*. **minimize** *vt* minimizzare. **minimum** *adj,n* minimo *m*.
mining ('mainiŋ) *n* attività mineraria, estrazione *f* *adj* minerario
minister ('ministə) *n* **1** ministro *m* **2** *rel* pastore *m*. **ministerial** *adj* ministeriale **ministry** *n* **1** ministero *m*. **2** *rel* clero *m*.
mink (miŋk) *n* visone *m*.
minor ('mainə) *adj* minore, più piccolo, secondario *n* minorenne *m,f*. **minority** *n* **1** minoranza *f*. **2** *law* qualità di minorenne *f*
minstrel ('minstrəl) *n* menestrello *m*
mint[1] (mint) *n zool* menta *f*.
mint[2] (mint) *n* zecca *f* *vt* coniare
minuet (minju'et) *n* minuetto *m*
minus ('mainəs) *adj,prep* meno
minute[1] ('minit) *n* **1** minuto *m* **2** momento *m* **3** *pl* verbale *m*
minute[2] (mai'nju·t) *adj* **1** minuto **2** particolareggiato
miracle ('mirəkəl) *n* miracolo *m* **miraculous** *adj* miracoloso
mirage ('mira·ʒ) *n* miraggio *m*
mirror ('mirə) *n* specchio *m* *vt* rispecchiare
mirth (mə·θ) *n* ilarità, allegria *f*. riso *m*, *pl* risa *f*
misbehave (misbi'heiv) *vi* comportarsi male **misbehaviour** *n* cattiva condotta *f*
miscarriage (mis'kæridʒ) *n* **1** *med* aborto *m* **2** insuccesso *m* **miscarry** *vi* **1** abortire **2** fare cilecca.
miscellaneous (misə'leiniəs) *adj* miscellaneo **miscellany** *n* miscellanea *f*
mischance (mis'tʃa:ns) *n* disavventura *f*.
mischief ('mistʃif) *n* **1** birichinata *f* **2** danno *m*. **mischievous** *adj* birichino, dispettoso
misconceive (miskən'si·v) *vt* fraintendere, farsi un'idea erronea di **misconception** *n* malinteso *m*. idea erronea *f*
misconduct (miskən'dʌkt) *n* **1** cattiva condotta *f* **2** cattiva amministrazione *f*.
misdeed (mis'di.d) *n* misfatto *m*.
miser ('maizə) *n* avaro *m* **miserly** *adj* avaro
miserable ('mizərəbəl) *adj* **1** triste, infelice **2** misero, miserabile.
misery ('mizəri) *n* depressione, sofferenza *f*

misfire (mis'faiə) *vi* **1** incepparsi. **2** fare fiasco, mancare il bersaglio.
misfit ('misfit) *n* **1** spostato *m*. **2** vestito che non va bene *m*.
misfortune (mis'fɔ:tʃən) *n* sfortuna *f*
misgiving (mis'giviŋ) *n* **1** dubbio, sospetto *m* **2** diffidenza *f*.
misguided (mis'gaidid) *adj* sviato
mishap ('mishæp) *n* infortunio *m*.
mislay (mis'lei) *vt* smarrire
mislead (mis'li:d) *vt* **1** ingannare **2** fuorviare **misleading** *adj* fallace.
misprint (*n* 'misprint; *v* mis'print) *n* errore di stampa *m* *vt* stampare male.
miss[1] (mis) *vt* **1** mancare, sbagliare **2** sentire la mancanza di. **3** perdere **4** evitare *vi* mancare, sbagliare. **miss out** omettere ~*n* colpo mancato, sbaglio *m*. **missing** *adj* **1** mancante, smarrito. **2** *mil* disperso.
miss[2] (mis) *n* **1** signorina *f* **2** *cap* (title of address) Signorina.
missile ('misail) *n* missile *m*.
mission ('miʃən) *n* missione *f* **missionary** *adj,n* missionario *m*
mist (mist) *n* foschia *f* *vi* appannarsi **misty** *adj* **1** fosco **2** nebuloso
mistake* (mis'teik) *n* sbaglio, errore *m* *vt* **1** sbagliare **2** fraintendere **3** scambiare
mister ('mistə) *n* signore *m*
mistletoe ('misəltou) *n* vischio *m*
mistress ('mistrəs) *n* **1** signora *f* **2** padrona *f* **3** professoressa *f* **4** amante *f*
mistrust (mis'trʌst) *vt* non fidarsi di *n* diffidenza *f*. **mistrustful** *adj* diffidente
misunderstand* (misʌndə'stænd) *vt* fraintendere **misunderstanding** *n* equivoco *m*
misuse (*v* mis'ju:z; *n* mis'ju:s) *vt* **1** far cattivo uso di, usare a sproposito **2** maltrattare *n* cattivo uso *m*
mitre ('maitə) *n* mitra *f*.
mitten ('mitn̩) *n* manopola *f*
mix (miks) *vt* mischiare, combinare, mettere insieme *vi* mischiarsi, andar bene insieme **mixture** *n* **1** misto *m* mistura *f* **2** miscela *f*
moan (moun) *n* gemito, lamento *m* *vi* gemere, lamentarsi *vt* lamentare
moat (mout) *n* fossato *m*
mob (mɔb) *n* marmaglia *f* popolaccio *m* *vt* assalire
mobile ('moubail) *adj* **1** mobile **2** mutevole **mobility** *n* mobilità *f* **mobilize** *vt* mobilitare *vi* mobilitarsi **mobilization** *n* mobilitazione *f*
mock (mɔk) *vt* deridere, prendere in giro. *adj* finto **mockery** *n* derisione *f*
mode (moud) *n* modo *m*.
model ('mɔdl̩) *n* **1** modello *m*. **2** *Art* modello *m* **3** indossatrice *f* *adj* essemplare, modello *vt* modellare *vi* fare l'indossatore
moderate (*adj,n* 'mɔdərət, *v* 'mɔdəreit) *adj,n* moderato *vt* moderare **moderation** *n* moderazione *f*
modern ('mɔdən) *adj* moderno **modernize** *vt* modernizzare
modest ('mɔdist) *adj* modesto **modesty** *n* modestia *f*
modify ('mɔdifai) *vt* **1** modificare **2** temperare **modifier** *n* parola modificante *f*
modulate ('mɔdjuleit) *vt* modulare
module ('mɔdju:l) *n* modulo *m*
mohair ('mouhɛə) *n* mohair *m*
moist (mɔist) *adj* umido **moisten** *vt* inumidire *vi* inumidirsi **moisture** *n* vapore condensato *m* **moisturize** *vt* umidificare
mole[1] (moul) *n* neo *m*
mole[2] (moul) *n* *zool* talpa *f*
molecule ('mɔlikju:l) *n* molecola *f* **molecular** *adj* molecolare
molest (mə'lest) *vt* molestare
mollusc ('mɔləsk) *n* mollusco *m*
molten ('moultən) *adj* fuso
moment ('moumənt) *n* **1** momento *m* **2** importanza *f* **momentary** *adj* momentaneo **momentous** *adj* grave, di grande importanza **momentum** *n* **1** *sci* momento *m* **2** slancio *m*
monarch ('mɔnək) *n* monarca *m* **monarchy** *n* monarchia *f*.
monastery ('mɔnəstri) *n* monastero, convento *m*. **monastic** *adj* monastico
Monday ('mʌndi) *n* lunedì *m*
money ('mʌni) *n* quattrini, soldi *m pl* denaro *m* **moneybox** *n* salvadanaio *m* **money order** *n* vaglia *m invar* **monetary** *adj* monetario
mongrel ('mʌngrəl) *adj,n* bastardo *m*
monitor ('mɔnitə) *n* **1** monitor *m invar* **2** addetto all'ascolto di trasmissioni estere *m* *vt* **1** controllare **2** ascoltare
monk (mʌŋk) *n* monaco, frate *m*
monkey ('mʌŋki) *n* scimmia *f*
monochrome ('mɔnəkroum) *adj* monocromo *n* monocromato *m*
monogamy (mə'nɔgəmi) *n* monogamia *f*
monologue ('mɔnəlɔg) *n* monologo *m*

monopoly (mə'nɔpəli) *n* monopolio *m.* **monopolize** *vt* monopolizzare.

monosyllable ('mɔnəsiləbəl) *n* monosillabo *m.* **monosyllabic** *adj* monosillabico, monosillabo.

monotone ('mɔnətoun) *n* tono uniforme *m* **monotonous** *adj* monotono **monotony** *n* monotonia *f.*

monsoon (mɔn'su:n) *n* monsone *m.*

monster ('mɔnstə) *n* mostro *m* **monstrous** *adj* mostruoso.

month (mʌnθ) *n* mese *m* **monthly** *adj* mensile. *adv* mensilmente

monument ('mɔnjumənt) *n* monumento *m* **monumental** *adj* monumentale.

moo (mu:) *vi* muggire. *n* muggito *m.*

mood[1] (mu:d) *n* umore *m.* **moody** *adj* capriccioso

mood[2] (mu:d) *n gram* modo *m.*

moon (mu:n) *n* luna *f.* **moonlight** *n* chiaro di luna *m.*

moor[1] (muə) *n* brughiera *f* **moorhen** *n* gallinella d'acqua *f.* **moorland** *n* brughiera *f.*

moor[2] (muə) *vt* ormeggiare **moorings** *n pl* ormeggio *m*

Moor (muə) *n* moro, saraceno *m* **Moorish** *adj* moresco.

mop (mɔp) *n* **1** strofinaccio *m.* **2** (of hair) zazzera *f.* *vt* **1** asciugare **2** raccogliere **mop up** pulire.

mope (moup) *vi* darsi alla malinconia, immusonirsi

moped ('mouped) *n* ciclomotore *m*

moral ('mɔrəl) *adj* morale. *n* **1** morale *f.* **2** *pl* morale *f.* **morale** *n* morale *m.* **morality** *n* moralità *f* **moralize** *vi* moraleggiare *vt* moralizzare.

morbid ('mɔ:bid) *adj* morboso

more (mɔ:) *adj* più, di più, maggiore *adv* **1** di più, più. **2** ancora **more and more** sempre più. **once more** ancora una volta **moreover** *adj* inoltre

morgue (mɔ:g) *n* obitorio *m*

morning ('mɔ:niŋ) *n* mattina, mattinata *f* mattino *m.* **this morning** stamattina, stamane

Morocco (mə'rɔkou) *n* Marocco *m* **Moroccan** *adj,n* marocchino

moron ('mɔ:rɔn) *n* **1** *med* oligofrenico *m* **2** *inf* idiota *m.*

morose (mə'rous) *adj* scontroso

morphine ('mɔ:fi:n) *n* morfina *f.*

morse code (mɔ:s) *n* alfabeto Morse *m*

mortal ('mɔ:tl) *adj,n* mortale *m.* **mortality** *n* mortalità *f.*

mortar[1] ('mɔ:tə) *n* mortaio *m.*

mortar[2] ('mɔ:tə) *n* (for building) malta *f.*

mortgage ('mɔ:gidʒ) *n* ipoteca *f.* *vt* ipotecare

mortify ('mɔ:tifai) *vt* mortificare.

mortuary ('mɔ:tjuəri) *n* camera mortuaria *f*

mosaic (mou'zeiik) *n* mosaico *m.*

mosque (mɔsk) *n* moschea *f.*

mosquito (mə'ski:tou) *n, pl* **-oes** *or* **-os** zanzara *f*

moss (mɔs) *n* muschio *m.*

most (moust) *adj* **1** il maggior numero di, la maggior quantità di, la maggior parte di **2** più. *n* massimo, più *m.* **at the most** al massimo **make the most of** usar bene, sfruttare ~*adv* più, di più. **mostly** *adv* per lo più, per la maggior parte.

motel (mou'tel) *n* motel *m.*

moth (mɔθ) *n* farfalla notturna *f.*

mother ('mʌðə) *n* madre, mamma *f* **motherly** *adj* materno **motherhood** *n* maternità *f* **mother-in-law** *n* suocera *f.* **mother superior** *n* (madre) superiora *f.*

motion ('mouʃən) *n* **1** movimento, moto *m.* **2** *pol* mozione *f.* *vt,vi* far segno a **motionless** *adj* immobile.

motive ('moutiv) *n* motivo *m. adj* motore.

motor ('moutə) *n* motore *m.* *vi* andare in macchina. **motor car** *n* automobile, macchina *f.* auto *f invar* **motor cycle** *n* motocicletta *f* **motorist** *n* automobilista *m* **motorway** *n* autostrada *f.*

mottle ('mɔtl) *vt* chiazzare

motto ('mɔtou) *n, pl* **-oes** *or* **-os** motto *m.*

mould[1] (mould) *n* stampo *m.* *vt* **1** formare, modellare **2** plasmare

mould[2] (mould) *n* muffa *f* **mouldy** *adj* **1** ammuffito **2** stantio

moult (moult) *vi* fare la muda.

mound (maund) *n* **1** collinetta *f.* **2** mucchio *m.*

mount[1] (maunt) *vt* **1** montare, salire **2** (jewels) incastonare *vi* **1** salire, montare **2** aumentare *n* (of a picture, etc.) montatura *f.*

mount[2] (maunt) *n* monte *m.* montagna *f.*

mountain ('mauntin) *n* montagna *f.* **mountaineer** *n* alpinista *m* **mountaineering** *n* alpinismo *m* **mountainous** *adj* montuoso, montagnoso

mourn (mɔ:n) *vi* lamentarsi. *vt* lamentare, piangere, esser in lutto per. **mourning** *n* cordoglio, lutto *m* lamentazione *f.*

mouse (maus) *n, pl* **mice** topo *m*. **mousetrap** *n* trappola per i topi *f*.
mousse (mu:s) *n* dolce di panna montata e aromi *m*.
moustache (mə'stɑ:ʃ) *n* baffi *m pl*.
mouth (mauθ) *n* **1** bocca *f*. **2** (of a river) foce *f*. **mouthful** *n* boccone *m*. **mouthpiece** *n* **1** bocchino *m*. **2** organo, portavoce *m*
move (mu:v) *vi* **1** muoversi, spostarsi **2** cambiar casa, traslocare. **3** far progressi. *vt* **1** muovere, spostare. **2** trasportare. **3** commuovere. **4** proporre. **move in** occupare. **move out** sgombrare. ~*n* **1** mossa *f*. **2** trasloco *m*. **3** manovra *f*. **movable** *adj* movibile, mobile **movement** *n* movimento *m*. **moving** *adj* **1** commovente. **2** mobile. **3** in moto.
mow* (mou) *vt* falciare. **mow down** falciare, abbattere. **mower** *n* falciatrice *f*.
Mr ('mistə) (title of address) Signor
Mrs ('misiz) (title of address) Signora
much (mʌtʃ) *adj,adv* molto, assai. **how much** quanto. **so much** tanto. **too much** troppo.
muck (mʌk) *n* **1** sterco *m*. **2** sudiciume *m*.
mud (mʌd) *n* fango *m*. **muddy** *adj* fangoso **mudguard** *n* parafango *m*.
muddle ('mʌdl̩) *vt* **1** impasticciare **2** confondere. *n* **1** pasticcio *m* **2** confusione *f*
muff (mʌf) *n* manicotto *m*.
muffle ('mʌfəl) *vt* **1** (sound) smorzare, attenuare. **2** imbacuccare, avvolgere
mug (mʌg) *n* **1** boccale *m*. **2** *sl* muso, grugno *m* *vt sl* assalire.
mulberry ('mʌlbəri) *n* mora *f* **mulberry bush** *n* gelso *m*.
mule[1] (mju:l) *n zool* mulo *m*.
mule[2] (mju:l) *n* pianella *f*
mullet ('mʌlit) *n* triglia *f*.
multiple ('mʌltipəl) *adj* molteplice *n* multiplo *m*.
multiply ('mʌltiplai) *vt* moltiplicare *vi* moltiplicarsi.
multitude ('mʌltitju:d) *n* moltitudine *f*
mum (mʌm) *n inf* mamma *f*.
mumble ('mʌmbəl) *vi* borbottare.
mummy[1] ('mʌmi) *n* mummia *f*.
mummy[2] ('mʌmi) *n inf* mamma *f*
mumps (mʌmps) *n pl* orecchioni *m pl*
munch (mʌntʃ) *vt* sgranocchiare *vi* masticare rumorosamente
mundane ('mʌndein) *adj* mondano
municipal (mju'nisipəl) *adj* municipale, comunale **municipality** *n* municipio, comune *m*
mural ('mjuərəl) *adj* murale. *n* pittura murale *f*.
murder ('mə:də) *vt* assassinare. *n* assassinio *m*. **murderer** *n* assassino *m*. **murderous** *adj* **1** brutale. **2** micidiale.
murmur ('mə:mə) *n* mormorio *m* *vt,vi* mormorare.
muscle ('mʌsəl) *n* muscolo *m*.
muse (mju:z) *n* musa *f* *vi* rimuginare, meditare
museum (mju:'ziəm) *n* museo *m*.
mushroom ('mʌʃrum) *n* fungo *m*.
music ('mu:zik) *n* musica *f*. **musical** *adj* musicale. **musician** *n* musicista *m*.
musk (mʌsk) *n* muschio *m*.
musket ('mʌskit) *n* moschetto *m*.
Muslim ('muzlim) *adj,n* islamico, mussulmano.
muslin ('mʌzlin) *n* mussolina *f*.
mussel ('mʌsəl) *n* cozza *f*
must* (mʌst) *v mod aux* dovere
mustard ('mʌstəd) *n* senape, mostarda *f*
mute (mju:t) *adj,n* muto
mutilate ('mju:tileit) *vt* mutilare **mutilation** *n* mutilazione *f*
mutiny ('mju:tini) *n* ammutinamento *m*. *vi* ammutinarsi
mutter ('mʌtə) *vt,vi* borbottare
mutton ('mʌtn̩) *n* carne di montone *f*.
mutual ('mju:tjuəl) *adj* mutuo, reciproco
muzzle ('mʌzəl) *n* **1** muso *m* **2** museruola *f* **3** (of a gun) bocca *f* *vt* mettere la museruola a
my (mai) *poss adj 1st pers s* (il) mio, (la) mia, (il) miei, (le) mie **myself** *pron 1st pers s* **1** io stesso **2** me stesso, mi, me
myrrh (mə:) *n* mirra *f*
myrtle ('mə:tl̩) *n* mortella *f*
mystery ('mistəri) *n* mistero *m* **mysterious** *adj* misterioso
mystic ('mistik) *adj,n* mistico *m*. **mysticism** *n* misticismo *m* **mystify** *vt* sconcertare
mystique (mi'sti:k) *n* mistica *f*
myth (miθ) *n* mito *m* **mythical** *adj* mitico **mythology** *n* mitologia *f* **mythological** *adj* mitologico

N

nag[1] (næg) *vt* rimbrottare *vi* brontolare
nag[2] (næg) *n inf* ronzino *m*
nail (neil) *n* **1** *anat* unghia *f*. **2** chiodo *m* **hit the nail on the head** colpire nel segno ~*vt* inchiodare **nailbrush** *n* spazzolino per le

unghie *m* **nailfile** *n* lima per le unghie *f.* **nail varnish** *n* smalto *m.*

naive (nai'i:v) *adj* ingenuo.

naked ('neikid) *adj* nudo.

name (neim) *n* nome *m.* *vt* **1** chiamare **2** nominare. **3** fissare. **nameless** *adj* senza nome, anonimo. **namely** *adv* vale a dire. **namesake** *n* omonimo *m.*

nanny ('næni) *n* governante, bambinaia *f.*

nap[1] (næp) *n* pisolino *m.*

nap[2] (næp) *n* (of material) pelo *m.*

napalm ('neipa:m) *n* napalm *m.*

napkin ('næpkin) *n* salvietta *f* tovagliolo *m.*

Naples ('neipəlz) *n* Napoli *f.*

nappy ('næpi) *n* pannolino *m.*

narcotic (na:'kɔtik) *adj,n* narcotico, stupefacente *m.*

narrate (nə'reit) *vt* narrare, raccontare. **narration** *n* narrazione *f.* racconto *m.* **narrative** *n* narrativa *f.* *adj* narrativo **narrator** *n* narratore *m.*

narrow ('nærou) *adj* **1** stretto. **2** ristretto. *vt* **1** assottigliare. **2** restringere. *vi* **1** assottigliarsi **2** restringersi. **narrowly** *adv* per un pelo. **narrow-minded** *adj* gretto.

nasal ('neizəl) *adj* nasale.

nasturtium (nə'stə:ʃəm) *n* nasturzio *m.*

nasty ('na:sti) *adj* **1** sgradevole, disgustoso. **2** cattivo. **nastily** *adv* con cattiveria **nastiness** *n* cattiveria *f.*

nation ('neiʃən) *n* nazione *f* popolo *m* **national** *adj* nazionale. **national anthem** *n* inno nazionale *m.* **national insurance** *n* assicurazione sociale *f.* **national service** *n* servizio di leva *m.* leva *f* **nationality** *n* nazionalità *f.* **nationalize** *vt* nazionalizzare **nationalization** *n* nazionalizzazione *f.* **nationwide** *adj* nazionale.

native ('neitiv) *n* oriundo, indigeno, nativo *m* *adj* **1** nativo, natio. **2** innato.

nativity (nə'tiviti) *n* natività *f.*

natural ('nætʃərəl) *adj* naturale **natural gas** metano *m.* **natural history** *n* storia naturale *f.* **natural science** *n* scienze naturali *f pl* **naturalize** *vt* naturalizzare

nature ('neitʃə) *n* natura *f.*

naughty ('nɔ:ti) *adj* **1** cattivo, birichino **2** indecente.

nausea ('nɔ:siə, -ziə) *n* nausea *f* **nauseate** *vt* nauseare.

nautical ('nɔ·tikəl) *adj* nautico.

naval ('neivəl) *adj* navale.

nave (neiv) *n* navata centrale *f.*

navel ('neivəl) *n* ombelico *m.*

navigate ('nævigeit) *vt* **1** pilotare, dirigere **2** mantenere in rotta. *vi* navigare. **navigator** *n* **1** ufficiale di rotta *m.* **2** navigatore *m.*

navy ('neivi) *n* marina militare *f.* **navy blue** *adj,n* blu scuro *m.*

Neapolitan (niə'pɔlitn̩) *adj,n* napoletano

near (niə) *adj* **1** vicino, prossimo. **2** intimo. **3** esalto. **4** stretto *adv* **1** vicino. **2** quasi **near at hand** a portata di mano. **near by** vicino ~*prep* vicino a, accanto a. *vt* avvicinarsi a. *vi* avvicinarsi. **nearby** *adj,adv* vicino. **nearly** *adv* quasi **nearside** *n* lato a *or* di sinistra *m.*

Near East *n* Vicino Oriente *m.*

neat (ni:t) *adj* **1** nitido, accurato, ordinato **2** elegante **3** (of drinks) liscio.

nebulous ('nebjuləs) *adj* nebuloso, vago.

necessary ('nesəsəri) *adj* necessario **necessity** *n* necessità *f.* bisogno *m.* **of necessity** necessariamente **necessitate** *vt* necessitare.

neck (nek) *n* collo *m.* **neckband** *n* colletto *m.* **necklace** *n* collana *f* **neckline** *n* scollatura *f.*

nectar ('nektə) *n* nettare *m.*

need (ni:d) *n* **1** bisogno *m.* necessità *f* **2** povertà *f.* **if need be** all'occorrenza. ~*vt* **1** aver bisogno di. **2** dovere. **3** chiedere *vi* occorrerre **needless** *adj* superfluo **needy** *adj* bisognoso

needle ('ni:dl̩) *n* **1** ago *m.* **2** (knitting) ferro *m.* **3** *tech* puntina *f* **needlework** *n* cucito, ricamo *m.*

negate (ni'geit) *vt* negare **negative** *adj* negativo *n* **1** negazione *f* **2** *phot* negativa *f.*

neglect (ni'glekt) *vt* trascurare *n* trascuratezza *f* **negligent** *adj* negligente **negligible** *adj* trascurabile.

negotiate (ni'gouʃieit) *vi* discutere, intavolare trattative. *vt* **1** negoziare. **2** superare **negotiation** *n* trattiva *f.* **negotiator** *n* negoziatore *m.*

Negro ('ni·grou) *adj or n, pl* **-oes** negro *m.*

neigh (nei) *n* nitrito *m* *vi* nitrire.

neighbour ('neibə) *n* vicino *m* **neighbourhood** *n* vicinato *m.*

neither ('naiðə) *adj,pron* nessuno dei due, nè l'uno nè l'altro. *adv* nè. *conj* neppure, nemmeno. **neither...nor** nè. nè.

neon ('ni·ən) *n* neon *m.*

nephew ('nevju·) *n* nipote *m.*

nepotism ('nepətizəm) *n* nepotismo *m*

Neptune (ˈneptju:n) *n* Nettuno *m*.

nerve (nə:v) *n* **1** nervo *m*. **2** nerbo *m*. **3** *inf* sfacciataggine *f* **nerve-racking** *adj* esasperante. **nervous** *adj* **1** nervoso, timido. **2** vigoroso. **nervous breakdown** *n* esaurimento nervoso *m*. **nervous system** *n* sistema nervoso *m*.

nest (nest) *n* nido *m*. *vi* nidificare.

nestle (ˈnesəl) *vi* annidarsi

net[1] (net) *n* rete *f* *vt* prendere con la rete **netball** *n* pallavolo *f* **network** *n* rete *f*

net[2] (net) *adj* netto. *vt* ricavare

Netherlands (ˈneðələndz) *n pl* Paesi Bassi *m pl*

nettle (ˈnetl̩) *n* ortica *f*

neurosis (njuəˈrousis) *n, pl* **-ses** nevrosi *f invar* **neurotic** *adj* nevrotico

neuter (ˈnju:tə) *adj* **1** neutro **2** castrato *n* neutro *m*.

neutral (ˈnju:trəl) *adj* **1** neutrale. **2** *tech* neutro **3** *mot* folle **neutrality** *n* neutralità *f* **neutralize** *vt* neutralizzare.

neutron (ˈnju:trɔn) *n* neutrone *m*.

never (ˈnevə) *adv* mai, non. .mai **never mind!** pazienza! **nevertheless** *adv,conj* nondimeno, tuttavia

new (nju:) *adj* **1** nuovo. **2** fresco. **brand new** nuovo di zecca. **newcomer** *n* nuovo venuto *m*. **news** *n* **1** notizie *f pl*. novita *f* **2** (on radio, etc.) notiziario *m*. informazioni *f pl*. **a piece of news** una notizia *f*. **newsagent** *n* giornalaio *m*. **newspaper** *n* giornale, quotidiano *m*. **newsreel** *n* cinegiornale *m*.

newt (nju:t) *n* tritone *m*.

New Testament *n* Nuovo Testamento *m*.

New Year *n* Anno Nuovo *m*. **Happy New Year!** Buon Anno!

New Zealand (ˈzi:lənd) *n* Nuova Zelanda *f* *adj* della Nuova Zelanda. **New Zealander** *n* neozelandese *m,f*.

next (nekst) *adj* **1** prossimo. **2** vicino **3** successivo, seguente. *adv* dopo, poi, in seguito **next day** l'indomani. **next to nothing** quasi niente.

nib (nib) *n* pennino *m*.

nibble (ˈnibəl) *vt,vi* **1** mordicchiare **2** sbocconcellare. **3** brucare.

nice (nais) *adj* **1** piacevole, buono, bello **2** sottile, delicato. **3** fine, raffinato **nicely** *adv* **1** molto bene, gradevolmente. **2** esattamente.

niche (nitʃ) *n* nicchia *f*.

nick (nik) *n* tacca *f*. *vt* **1** intaccare **2** *inf* rubare

nickel (ˈnikəl) *n* **1** nichel *m*. **2** *comm* nichelino *m*

nickname (ˈnikneim) *n* soprannome, nomignolo *m*. *vt* soprannominare.

nicotine (ˈnikəti:n) *n* nicotina *f*

niece (ni:s) *n* nipote *f*

Nigeria (naiˈdʒiəriə) *n* Nigeria *f* **Nigerian** *adj,n* nigeriano

nigger (ˈnigə) *n derog* negro *m*.

niggle (ˈnigəl) *vi* preoccuparsi d'inezie **niggling** *adj* insignificante

night (nait) *n* notte, nottata, sera *f* **nightclub** *n* locale notturno *m*. **nightdress** *n* camicia da notte *f* **nightmare** *n* incubo *m*. **night-time** *n* notte *f*. **night-watchman** *n* guardiano notturno *m*.

nightingale (ˈnaitiŋgeil) *n* usignolo *m*.

nil (nil) *n* zero *m*.

Nile (nail) *n* Nilo *m*.

nimble (ˈnimbəl) *adj* agile, svelto.

nine (nain) *adj,n* nove *m* **ninth** *adj* nono

nineteen (nainˈti:n) *adj,n* diciannove *m or f* **nineteenth** *adj* diciannovesimo.

ninety (ˈnainti) *adj,n* novanta *m* **ninetieth** *adj* novantesimo

nip[1] (nip) *n* pizzico, pizzicotto *m*. *vt* pizzicare.

nip[2] (nip) *n* (small amount) bicchierino *m*.

nipple (ˈnipəl) *n* capezzolo *m*.

nit (nit) *n* lendine *m*

nitrogen (ˈnaitrədʒən) *n* azoto *m*.

no[1] (nou) *adv* **1** no. **2** non. *n, pl* **noes** no *m*.

no[2] (nou) *adj* **1** nessun, nessuno. **2** non, niente

noble (ˈnoubəl) *adj,n* nobile *m*. **nobleman** *n* nobiluomo, nobile *m* **nobility** *n* nobiltà *f*

nobody (ˈnoubədi) *pron* nessuno *n* illustre sconosciuto *m*.

nocturnal (nɔkˈtə:nl̩) *adj* notturno.

nod (nɔd) *vi* **1** inchinare la testa, fare un cenno col capo. **2** annuire. **3** addormentarsi, sonnecchiare *vt* accennare col capo. *n* cenno *m*

node (noud) *n* nodo *m*.

noise (nɔiz) *n* rumore, chiasso *m*. **noisy** *adj* rumoroso, chiassoso

nomad (ˈnoumæd) *n* nomade *m,f* **nomadic** *adj* nomade

nominal (ˈnɔminl̩) *adj* **1** nominale **2** nominativo

nominate (ˈnɔmineit) *vt* nominare, designare **nomination** *n* nomina *f*

nominative (ˈnɔminətiv) *adj,n* nominativo *m*

non- *pref* non, non

nonchalant (ˈnɔnʃələnt) *adj* noncurante

nondescript (ˈnɔndiskript) *adj* scadente

none (nʌn) *pron* 1 nessuno. 2 niente. **none other than** nientedimeno che. ~*adj* nessuno. *adv* non...affatto, mica. **none the less** nondimeno.

nonentity (nɔn'entiti) *n* nullità *f*.

nonsense ('nɔnsəns) *n* 1 nonsenso *m*. insensatezza *f*. 2 sciocchezze *f pl*. **nonsensical** *adj* assurdo.

noodles ('nu:dlz) *n pl* pasta *f*.

noon (nu:n) *n* mezzogiorno *m*.

no-one *pron* nessuno.

noose (nu:s) *n* nodo scorsoio *m*.

nor (nɔ:) *conj* né, e non, e neanche.

norm (nɔ:m) *n* 1 norma *f*. 2 quota *f*. **normal** *adj* normale.

Norse (nɔ:s) *adj,n* norvegese *m*. **Norse** (language) *n* norvegese *m*.

north (nɔ:θ) *n* nord, settentrione *m*. *adj* del nord, settentrionale **northerly** *adj* di, da, *or* a nord. **northern** *adj* settentrionale, del nord. **north-east** *n* nordest *m*. **north-easterly** *adj* di, da, *or* a nordest. **north-eastern** *adj* del *or* dal nordest. **north-west** *n* nordovest *m*. **north-westerly** *adj* di, da, *or* a nordovest **north-western** *adj* del *or* dal nordovest.

North America *n* America del Nord *m*. **North American** *adj,n* nordamericano.

Northern Ireland *n* Irlanda del Nord *f*.

Norway ('nɔ:wei) *n* Norvegia *f*. **Norwegian** *adj,n* norvegese. **Norwegian** (language) *n* norvegese *m*.

nose (nouz) *n* 1 naso *m*. 2 *aviat* muso *m*. **nosy** *adj* curioso.

nostalgia (nɔ'stældʒiə) *n* nostalgia *f*. **nostalgic** *adj* nostalgico.

nostril ('nɔstril) *n* narice *f*.

not (nɔt) *adv* non. **not at all!** di nulla!

notch (nɔtʃ) *n* tacca *f*. intaglio *m*. *vt* intaccare.

note (nout) *n* 1 nota *f*. appunto *m*. 2 biglietto *m*. 3 *mus* nota *f*. *vt* rilevare, fare attenzione a. **note down** prender nota di. **notable** *adj* notevole. **notation** *n* notazione *f*. **notebook** *n* taccuino *m*. **noted** *adj* celebre. **notepaper** *n* carta da lettere *f*. **noteworthy** *adj* degno di nota.

nothing ('nʌθiŋ) *n* nessuna cosa *f*. niente, nulla *m*. **for nothing** gratis. ~*adv* niente affatto. **nothingness** *n* nulla *m*.

notice ('noutis) *n* 1 annuncio, avviso *m*. 2 conoscenza, attenzione *f*. 3 recensione *f*. 4 preavviso *m*. **take no notice of** ignorare. **notice board** *n* quadro (degli) annunci *m*.

notify ('noutifai) *vt* informare, notificare a. **notification** *n* comunicazione, notifica *f*

notion ('nouʃən) *n* idea, nozione *f*.

notorious (nou'tɔ:riəs) *adj* famigerato, notorio **notoriety** *n* notorietà *f*

notwithstanding (nɔtwiθ'stændiŋ) *prep* nonostante. *adv* lo stesso

nougat ('nu:ga:) *n* torrone *m*.

nought (nɔ:t) *n* zero *m*

noun (naun) *n* sostantivo *m*.

nourish ('nʌriʃ) *vt* nutrire, alimentare **nourishing** *adj* nutriente **nourishment** *n* nutrimento, cibo *m*

novel[1] ('nɔvəl) *n* romanzo *m*. **novelist** *n* romanziere *m*.

novel[2] ('nɔvəl) *adj* nuovo, insolito **novelty** *n* novità *f*.

November (nou'vembə) *n* novembre *m*.

novice ('nɔvis) *n* novizio *m*.

now (nau) *adv* 1 adesso, ora. 2 dunque *conj* ora che **just now** appena adesso, proprio adesso. **now and then** di quando in quando **nowadays** *adv* oggi, al giorno d'oggi.

nowhere ('nouwɛə) *adv* in nessun luogo.

noxious ('nɔkʃəs) *adj* nocivo, pericoloso.

nozzle ('nɔzəl) *n* becco *m*. imboccatura *f*

nuance ('nju:əns) *n* sfumatura *f*.

nucleus ('nju:kliəs) *n* nucleo *m*. **nuclear** *adj* nucleare.

nude (nju:d) *adj,n* nudo. **nudist** *n* nudista *m*. **nudity** *n* nudità *f*.

nudge (nʌdʒ) *n* gomitata *f*. *vt* dare una gomitata a.

nugget ('nʌgit) *n* pepita *f*.

nuisance ('nju:səns) *n* 1 fastidio *m*. noia *f* 2 (person) seccatore *m*.

null (nʌl) *adj* nullo. **null and void** annullato.

numb (nʌm) *adj* intorpidito. *vt* intorpidire **numbness** *n* intorpidimento, torpore *m*.

number ('nʌmbə) *n* numero *m*. cifra *f*. *vt* numerare, contare. **a number of** parecchi **numeral** *adj,n* numerale *m*. **numerate** *vt* enumerare, contare, numerare. **numerical** *adj* numerico. **numerous** *adj* numeroso.

nun (nʌn) *n* suora, religiosa, monaca *f*. **nunnery** *n* convento *m*.

nurse (nə:s) *n* 1 infermiera *f*. 2 bambinaia *f*. *vt* 1 curare. 2 allattare. 3 covare. **nursery** *n* 1 stanza dei bambini *f*. 2 *bot* vivaio *m*. serra *f*. **nursery rhyme** *n* poesia per bambini *f*. **nursery school** *n* asilo *m*. **nursing home** *n* clinica *f*.

nurture (ˈnəːtʃə) *vt* allevare, nutrire.
nut (nʌt) *n* **1** noce *f*. **2** *tech* dado *m*. **nutcrackers** *n* schiaccianoci *m*. **nutmeg** *n* noce moscata *f*. **nutshell** *n* guscio di noce *m*. **in a nutshell** in poche parole
nutrition (nju ˈtriʃən) *n* nutrizione *f*. **nutritious** *adj* nutriente, nutritivo
nuzzle (ˈnʌzəl) *vt* annusare *vi* annidarsi, accoccolarsi
nylon (ˈnailən) *n* nailon *m*
nymph (nimf) *n* ninfa *f*

O

oak (ouk) *n* quercia *f*
oar (ɔː) *n* remo *m* *vi* remare **oarsman** *n* rematore *m*.
oasis (ouˈeisis) *n*, *pl* **oases** oasi *f invar*.
oath (ouθ) *n* **1** (promise) giuramento *m*. **2** bestemmia *f*
oats (outs) *n pl* avena *f*. **oatmeal** *n* farina d'avena *f*
obedient (əˈbiːdiənt) *adj* ubbidiente, obbediente **obedience** *n* ubbidienza, obbedienza *f*
obese (ouˈbiːs) *adj* obeso, corpulento **obesity** *n* obesità *f*
obey (əˈbei) *vt* ubbidire, obbedire.
obituary (əˈbitjuəri) *n* necrologia *f*.
object (*n* ˈɔbdʒikt, *v* əbˈdʒekt) *n* **1** oggetto *m* **2** scopo, fine *m* *vi* obiettare, protestare **objection** *n* obiezione *f* **objective** *n* obiettivo, scopo *m*. *adj* obiettivo
oblige (əˈblaidʒ) *vt* **1** costringere, obbligare **2** fare un favore a. **be obliged to 1** dovere **2** essere riconoscente a. **obligation** *n* obbligazione *f* dovere *m* **obligatory** *adj* obbligatorio **obliging** *adj* gentile, cortese.
oblique (əˈbliːk) *adj* obliquo.
obliterate (əˈblitəreit) *vt* cancellare, distruggere **obliteration** *n* distruzione, obliterazione *f*.
oblivion (əˈbliviən) *n* oblio *m*. **oblivious** *adj* dimentico, immemore.
oblong (ˈɔblɔŋ) *adj* oblungo. *n* rettangolo *m*.
obnoxious (əbˈnɔkʃəs) *adj* odioso, offensivo.
oboe (ˈoubou) *n* oboe *m*
obscene (əbˈsiːn) *adj* osceno, impudico. **obscenity** *n* oscenità *f*.
obscure (əbˈskjuə) *adj* oscuro, sconosciuto. *vt* oscurare **obscurity** *n* oscurità *f*.
observe (əbˈzəːv) *vt* **1** osservare, notare. **2** celebrare **observance** *n* osservanza *f*. rito *m*
observant *adj* osservante, attento. **observation** *n* osservazione *f*. **observatory** *n* osservatorio *m*. **observer** *n* osservatore *m*.
obsess (əbˈses) *vt* ossessionare. **obsessed** *adj* ossesso **obsession** *n* ossessione *f*.
obsolescent (ɔbsəˈlesənt) *adj* che cade in disuso. **obsolescence** *n* disuso *m*.
obsolete (ˈɔbsəliːt) *adj* caduto in disuso, disusato
obstacle (ˈɔbstəkəl) *n* ostacolo, impedimento *m*
obstinate (ˈɔbstinət) *adj* ostinato, inflessibile **obstinacy** *n* ostinazione *f*.
obstruct (əbˈstrʌkt) *vt* impedire, ostruire **obstruction** *n* ostacolo, impedimento *m*.
obtain (əbˈtein) *vt* ottenere, raggiungere.
obtrusive (əbˈtruːsiv) *adj* importuno, indiscreto
obtuse (əbˈtjuːs) *adj* **1** ottuso. **2** stupido.
obverse (ˈɔbvəːs) *n* **1** faccia *f*. **2** (of a page) retto *m*.
obvious (ˈɔbviəs) *adj* ovvio, evidente.
occasion (əˈkeiʒən) *n* **1** occasione *f*. **2** causa *f* motivo *m*. *vt* occasionare **occasional** *adj* occasionale, raro. **occasionally** *adv* qualche volta.
Occident (ˈɔksidənt) *n* occidente *m*.
occult (ɔˈkʌlt) *adj* occulto, misterioso, segreto
occupy (ˈɔkjupai) *vt* **1** occupare. **2** impiegare **3** abitare in. **occupation** *n* **1** occupazione *f*. **2** lavoro *m*. professione *f* **occupational** *adj* del lavoro. **occupier** *n* abitante *m,f*.
occur (əˈkəː) *vi* succedere, capitare, accadere **occurrence** *n* avvenimento, caso *m*.
ocean (ˈouʃən) *n* oceano *m*.
ochre (ˈoukə) *n* ocra *f*
octagon (ˈɔktəgən) *n* ottagono *m* **octagonal** *adj* ottagonale.
octane (ˈɔktein) *n* ottano *m*.
octave (ˈɔktiv) *n* ottava *f*
October (ɔkˈtoubə) *n* ottobre *m*.
octopus (ˈɔktəpəs) *n*, *pl* **-puses** *or* **-pi** polipo *m*
oculist (ˈɔkjulist) *n* oculista *m*.
odd (ɔd) *adj* **1** dispari *invar*. **2** strano, bizzarro, eccentrico. **odds and ends** cianfrusaglie *f pl*. **oddity** *n* **1** bizzarria, stranezza *f*. **2** persona eccentrica *f*. **oddment** *n* articolo spaiato *m*. **odds** *n pl* **1** probabilità *f*. **2** differenza *f*. **odds and ends** avanzi *m pl*.
ode (oud) *n* ode *f*.
odious (ˈoudiəs) *adj* odioso.
odour (ˈoudə) *n* odore, profumo *m*. fragranza *f*.
oesophagus (iˈsɔfəgəs) *n* esofago *m*.
oestrogen (ˈiːstrədʒən) *n* estrogeno *m*.

oestrus ('i.strəs) *n* estro *m*.

of (əv; *stressed* ɔv) *prep* **1** di. **2** da. **3** a, in. **4** per. **of course** naturalmente.

off (ɔf) *adv* lontano, via. *prep* da. *adj* **1** più distante **2** laterale. **3** esterno. **4** libero. **be well off** essere ricco.

offal ('ɔfəl) *n* frattaglie *f pl*.

offend (ə'fend) *vt* offendere. **offence** *n* **1** offesa, ingiuria *f* **2** contravvenzione *f*. **3** delitto *m*. **offender** *n* offensore *m*. **offensive** *adj* offensivo, oltraggioso, spiacevole *n* offensiva *f*

offer ('ɔfə) *vt* offrire, porgere *n* offerta, proposta *f* **on offer** in vendita

offhand (ɔf'hænd) *adj* indifferente, noncurante.

office ('ɔfis) *n* **1** ufficio *m* **2** ministero *m*. **take office** entrare in carica **officer** *n* ufficiale *m* **official** *n* funzionario, impiegato *m*. *adj* ufficiale.

officious (ə'fiʃəs) *adj* ufficioso

offing ('ɔfiŋ) **in the offing** *adv* in vista.

off-licence *n* negozio dove si vendono bevande alcoliche *m*.

off-peak *adj* non di punta.

off-putting *adj* dissuadente

off-season *adj* fuori stagione.

offset ('ɔfset) *vt* controbilanciare

offshore (ɔf'ʃɔ:) *adv* al largo. *adj* di terra

offside (ɔf'said) *adj,adv* fuori gioco

offspring ('ɔfspriŋ) *n* discendenti, figli *m pl*.

offstage (ɔf'steidʒ) *adv,adj* fuori scena.

often ('ɔfən) *adv* spesso, molte volte. **how often?** quante volte?

ogre ('ougə) *n* orco *m*.

oil (ɔil) *n* **1** olio *m*. **2** petrolio *m*. **3** gasolio *m*. *vt* lubrificare, ungere. **oilfield** *n* giacimento di petrolio, campo petrolifero *m*. **oilskin** *n* impermeabile *m*. **oily** *adj* oleoso.

ointment ('ɔintmənt) *n* unguento *m*.

old (ould) *adj* **1** vecchio. **2** antico. **old age** *n* vecchiaia *f*. **old-fashioned** *adj* fuori moda.

Old Testament *n* Antico Testamento *m*.

olive ('ɔliv) *n* oliva *f*. **olive oil** *n* olio d'oliva *m*. **olive tree** *n* olivo *m*.

omelette ('ɔmlət) *n* frittata *f*.

omen ('oumen) *n* presagio, augurio *m*.

ominous ('ɔminəs) *adj* sinistro, di cattivo augurio. **ominously** *adv* minaccevolmente.

omit (ə'mit) *vt* omettere, tralasciare. **omission** *n* omissione *f*.

omnibus ('ɔmnibəs) *n* autobus *m invar*.

omnipotent (ɔm'nipətənt) *adj* onnipotente.

on (ɔn) *prep* **1** su, sopra **2** a, di *adv* **1** avanti **2** su, sopra **and so on** e così via

once (wʌns) *adv* una volta **all at once** ad un tratto. **at once** subito

one (wʌn) *adj,n* uno *adj* unico, solo *pron* **1** (l')uno *m* (l')una *f* **2** si, uno **one and all** tutti quanti **one by one** uno dopo l'altro *poss pron 3rd pers s* il suo, la sua, i suoi, le sue **oneself** *pron 3rd pers s* **1** se stesso **2** sè. **one-sided** *adj* **1** unilaterale **2** ingiusto **one-way** *adj* a senso unico.

onion ('ʌniən) *n* cipolla *f*

onlooker ('ɔnlukə) *n* spettatore *m*

only ('ounli) *adj* solo, unico *adv* soltanto, non .che **if only** se almeno **only just** appena

onset ('ɔnset) *n* **1** inizio *m* **2** attacco *m*

onslaught ('ɔnslɔ t) *n* assalto *m*

onus ('ounəs) *n* onere *m*

onward ('ɔnwəd) *adv* avanti **onwards** *adv* avanti **from now onwards** da ora in poi

ooze (u:z) *vi* colare, trapelare

opal ('oupəl) *n* opale *m*

opaque (ou'peik) *adj* opaco

open ('oupən) *vt* **1** aprire **2** cominciare, iniziare *adj* **1** aperto **2** chiaro, franco **wide open** spalancato **in the open** all'aperto **open-air** *adj* all'aria aperta **open-ended** *adj* senza limiti **open-handed** *adj* generoso. **open-hearted** *adj* franco, sincero **open-minded** *adj* liberale, spregiudicato **open-mouthed** *adj,adv* a bocca aperta. **open-plan** *adj* ambiente aperto **opening** *n* **1** apertura *f* **2** occasione *f*

opera ('ɔprə) *n* opera *f*. **opera house** *n* teatro dell'opera *m*. **operetta** *n* operetta *f*.

operate ('ɔpəreit) *vt* **1** operare **2** dirigere. *vt,vi* operare, agire **operation** *n* **1** operazione *f*. **2** *med* intervento chirurgico *m*. **operative** *adj* operativo, attivo.

opinion (ə'piniən) *n* opinione *f*. parere *m*. **opinion poll** *n* scrutinio dell'opinione pubblica *m*.

opium ('oupiəm) *n* oppio *m*.

opponent (ə'pounənt) *n* avversario, opponente, rivale *m*.

opportune (ɔpə'tju:n) *adj* opportuno.

opportunity (ɔpə'tju:niti) *n* occasione *f*.

oppose (ə'pouz) *vt* contrapporre, opporre, combattere. **opposed** *adj* contrario.

opposite ('ɔpəzit) *adj* contrario, opposto.

diverso *n* contrario *m* *prep* in faccia a, di fronte a **opposition** *n* opposizione *f*.

oppress (ə'pres) *vt* opprimere **oppression** *n* oppressione *f* **oppressive** *adj* oppressivo **oppressor** *n* oppressore, tiranno *m*

opt (ɔpt) *vi* scegliere

optical ('ɔptikəl) *adj* ottico **optician** *n* ottico *m* **optics** *n pl* ottica *f*.

optimism ('ɔptimizəm) *n* ottimismo *m* **optimist** *n* ottimista *m* **optimistic** *adj* ottimistico

option ('ɔpʃən) *n* scelta, opzione *f* **optional** *adj* facoltativo

opulent ('ɔpjulənt) *adj* opulento **opulence** *n* opulenza *f*.

or (ɔ:) *conj* o, oppure **or else** altrimenti

oral ('ɔ:rəl) *adj* orale

orange ('ɔrindʒ) *n* **1** *bot* arancia *f*. **2** (colour) arancio *m* *adj* arancione **orange tree** *n* arancio *m*

oration (ɔ'reiʃən) *n* orazione *f* discorso *m* **orator** *n* oratore *m*

orbit ('ɔ:bit) *n* orbita *f*.

orchard ('ɔ:tʃəd) *n* frutteto *m*

orchestra ('ɔ:kistrə) *n* orchestra *f* **orchestrate** *vt* orchestrare **orchestration** *n* orchestrazione *f*

orchid ('ɔ:kid) *n* orchidea *f*

ordain (ɔ:'dein) *vt* **1** ordinare, decretare **2** *rel* ordinare, consacrare

ordeal (ɔ:'di:l) *n* prova *f* travaglio *m*

order ('ɔ:də) *n* **1** ordine *m* **2** *comm* ordinazione *f* **3** grado *m* *vt* ordinare, comandare **in order that** affinchè, perchè **in order to** per **orderly** *adj* ordinato, regolato *n* attendente *m*

ordinal ('ɔ:dinl) *adj* ordinale

ordinary ('ɔ:dənri) *adj* ordinario, solito, normale, comune **out of the ordinary** straordinario **ordinarily** *adv* di solito

ore (ɔ:) *n* minerale *m*.

oregano (ɔri'gɑ:nou) *n* origano *m*

organ ('ɔ:gən) *n* organo *m*.

organism ('ɔ:gənizəm) *n* organismo *m* **organic** *adj* organico

organize ('ɔ:gənaiz) *vt* organizzare **organization** *n* organizzazione *f* **organizer** *n* organizzatore *m*.

orgasm ('ɔ:gæzəm) *n* orgasmo *m*.

orgy ('ɔ:dʒi) *n* orgia *f*.

Orient ('ɔ:riənt) *n* oriente, levante *m*. **oriental** *adj* orientale.

orientate ('ɔ:rienteit) *vt* orientare.

origin ('ɔridʒin) *n* origine *f* **original** *adj* originale, nuovo *n* originale *m* **originality** *n* originalità *f* **originate** *vt* originare, produrre *vi* originarsi, derivare **originate from** provenire da

Orlon ('ɔ:lɔn) *n Tdmk* Orlon *m*

ornament ('ɔ:nəmənt) *n* ornamento *m* *vt* ornare, adornare, abbellire **ornamental** *adj* decorativo

ornate (ɔ:'neit) *adj* ornato

ornithology (ɔ:ni'θɔlədʒi) *n* ornitologia *f* **ornithologist** *n* ornitologo *m*

orphan ('ɔ:fən) *adj,n* orfano **orphanage** *n* orfanotrofio *m*

orthodox ('ɔ:θədɔks) *adj* ortodosso

orthography (ɔ:'θɔgrəfi) *n* ortografia *f*

orthopaedic (ɔ:θə'pi:dik) *adj* ortopedico

oscillate ('ɔsəleit) *vi* oscillare

ostensible (ɔ'stensəbəl) *adj* ostensibile, preteso **ostensibly** *adv* ostensibilmente

ostentatious (ɔsten'teiʃəs) *adj* vanitoso, ostentato

osteopath ('ɔstiəpæθ) *n* specialista di osteopatia *m*

ostracize ('ɔstrəsaiz) *vt* ostracizzare

ostrich ('ɔstritʃ) *n* struzzo *m*.

other ('ʌðə) *adj* altro, diverso **every other day** ogni due giorni **on the other hand** d'altra parte. ~*pron* l'altro **each other** l'un l'altro **otherwise** *adv* altrimenti

otter ('ɔtə) *n* lontra *f*

ought* (ɔ:t) *v mod aux* dovere

ounce (auns) *n* oncia *f*

our (auə) *poss adj 1st pers pl* (il) nostro, (la) nostra, (i) nostri, (le) nostre. **ours** *poss pron 1st pers pl* il nostro, la nostra, i nostri, le nostre **ourselves** *pron 1st pers pl* **1** noi stessi **2** ci.

oust (aust) *vt* espellere, cacciare

out (aut) *adv* fuori, via. *prep* fuori di. *adj* **1** di fuori. **2** (of a fire, etc.) spento. **out of work** disoccupato **out-of-date** *adj* fuori moda.

outboard ('autbɔ:d) *adj* fuoribordo.

outbreak ('autbreik) *n* **1** scoppio *m*. **2** *med* epidemia *f*.

outburst ('autbə:st) *n* **1** scoppio *m* esplosione *f* **2** tirata *f*.

outcast ('autkɑ:st) *n* proscritto *m*.

outcome ('autkʌm) *n* risultato, esito *m*.

outcry ('autkrai) *n* clamore, grido *m*.

outdo (aut'du:) *vt* superare, sorpassare.

outdoor ('autdɔ:) *adj* all'aperto, di fuori **outdoors** *adv* fuori di casa, all'aria aperta
outer ('autə) *adj* esterno, esteriore
outfit ('autfit) *n* **1** abito, corredo *m* **2** equipaggiamento *m*
outgoing ('autgouiŋ) *adj* partente, uscente
outgrow (aut'grou) *vt* diventare troppo grande per.
outhouse ('authaus) *n* tettoia *f* edificio annesso *m*.
outing ('autiŋ) *n* gita, escursione *f*
outlandish (aut'lændiʃ) *adj* strano, bizzarro
outlaw ('autlɔ:) *n* bandito, fuorilegge *m* *vt* bandire, proscrivere
outlay ('autlei) *n* spesa *f*.
outlet ('autlet) *n* uscita *f*. sbocco *m*
outline ('autlain) *n* **1** contorno *m* **2** abbozzo *m* *vt* abbozzare, delineare
outlive (aut'liv) *vt* sopravvivere a
outlook ('autluk) *n* prospetto *m* veduta *f*
outlying ('autlaiiŋ) *adj* remoto, lontano
outnumber (aut'nʌmbə) *vt* superare in numero
outpatient ('autpeiʃənt) *n* malato esterno *m*
outpost ('autpoust) *n* avamposto *m*.
output ('autput) *n* produzione *f*.
outrage (aut'reidʒ) *n* oltraggio *m* *vt* oltraggiare, violare **outrageous** *adj* oltraggioso, esorbitante.
outright ('autrait) *adv* **1** subito, immediatamente **2** apertamente *adj* completo
outside (aut'said) *adj* esterno, esteriore *adv* fuori, all'aperto. *prep* fuori di *n* esterno *m* superficie *f* **at the outside** al massimo **outsider** *n* estraneo *m*.
outsize ('autsaiz) *adj* di taglia fuori misura
outskirts ('autskə:ts) *n pl* periferia *f* dintorni *m pl*.
outspoken (aut'spoukən) *adj* franco, esplicito
outstanding (aut'stændiŋ) *adj* **1** prominente **2** *comm* non pagato. **3** eminente.
outstrip (aut'strip) *vt* superare, sorpassare
outward ('autwəd) *adj* esterno, esteriore **outwards** *adv* fuori, esternamente.
outweigh (aut'wei) *vt* **1** sorpassare in importanza. **2** sorpassare in peso.
outwit (aut'wit) *vt* superare in furberia.
oval ('ouvəl) *adj,n* ovale *m*.
ovary ('ouvəri) *n* ovaia *f*.
ovation (ou'veiʃən) *n* ovazione *f*.
oven ('ʌvən) *n* forno *m*.
over ('ouvə) *prep* **1** sopra, su. **2** attraverso. **3** più di, oltre. **over here** da questa parte. **over there** laggiù ~*adv* **1** al di sopra **2** oltre **all over** dappertutto **over and over again** continuamente
overall ('ɔvərɔ:l) *n* **1** (woman's) grembiule *m* **2** (workman's) tuta *f*
overbalance (ouvə'bæləns) *vi* perdere l'equilibrio
overbearing (ouvə'bɛəriŋ) *adj* arrogante
overboard ('ouvəbɔ:d) *adv* fuori bordo, in mare
overcast ('ouvəkɑ:st) *adj* coperto di nuvole
overcharge (ouvə'tʃɑ:dʒ) *vt* far pagare troppo
overcoat ('ouvəkout) *n* soprabito, cappotto *m*
overcome (ouvə'kʌm) *vt* superare, vincere *adj* commosso
overdo (ouvə'du:) *vt* **1** esagerare **2** *cul* cuocere troppo
overdose ('ouvədous) *n* dose troppo forte *f*
overdraft ('ouvədrɑ:ft) *n* credito allo scoperto *m*
overdraw* (ouvə'drɔ:) *vt* trarre allo scoperto
overdue (ouvə'dju:) *adj* in ritardo, non pagato in tempo
overestimate (ouvər'estimeit) *vt* sopravalutare
overfill (ouvə'fil) *vt* riempire troppo
overflow (*v* ouvə'flou, *n* 'ouvəflou) *vt* inondare *vi* **1** traboccare **2** straripare *n* inondazione *f*
overhang (*v* ouvə'hæŋ, *n* 'ouvəhæŋ) *vt* sovrastare a. *n* strapiombo *m*
overhaul (ouvə'hɔ:l) *vt* esaminare, restaurare
overhead (*adv* ouvə'hed, *adj,n* 'ouvəhed) *adv* in alto *adj* di sopra **overheads** *n pl* spese generali *f pl*.
overhear (ouvə'hiə) *vt* sentire per caso
overheat (ouvə'hi:t) *vt,vi* riscaldare troppo
overjoyed (ouvə'dʒɔid) *adj* molto felice, colmo di gioia
overland (*adv* ouvə'lænd, *adj* 'ouvəlænd) *adj, adv* per terra
overlap (*v* ouvə'læp, *n* 'ouvəlæp) *vi* **1** sovrapporsi **2** coincidere *n* sovrapposizione *f*
overlay (*v* ouvə'lei, *n* 'ouvəlei) *vt* coprire *n* copertura *f*
overleaf (ouvə'li:f) *adv* al rovescio **see overleaf** vedi retro
overload (*v* ouvə'loud, *n* 'ouvəloud) *vt* sovraccaricare *n* sovraccarico *m*.
overlook (ouvə'luk) *vt* passare sopra, trascurare.
overnight (*adv* ouvə'nait; *adj* 'ouvənait) *adv* durante la notte. *adj* **1** per una notta. **2** compiute durante la notte.
overpower (ouvə'pauə) *vt* soggiogare, vincere.

overrate (ouvə'reit) *vt* sopravalutare.
overreach (ouvə'ri:tʃ) *vt* oltrepassare.
overrule (ouvə'ru:l) *vt* annullare.
overrun (*v* ouvə'rʌn) *vt* invadere.
overseas (ouvə'si:z) *adj* d'oltremare *adv* oltremare.
overshadow (ouvə'ʃædou) *vt* **1** ombreggiare **2** oscurare.
overshoot (ouvə'ʃu:t) *vt* oltrepassare
oversight ('ouvəsait) *n* svista *f*. sbaglio *m*.
oversleep (ouvə'sli:p) *vi* dormire oltre l'ora giusta.
overspend (ouvə'spend) *vi* spendere troppo
overt ('ouvə:t) *adj* aperto, evidente
overtake (ouvə'teik) *vt* sorpassare, raggiungere
overthrow (*v* ouvə'θrou; *n* 'ouvəθrou) *vt* rovesciare, sconfiggere *n* sconfitta *f*
overtime ('ouvətaim) *n* ore straordinarie *f pl*.
overtone ('ouvətoun) *n* sfumatura *f* sottinteso *m*.
overture ('ouvətʃə) *n* preludio *m*.
overturn (ouvə'tə:n) *vt* rovesciare, capovolgere
overweight (*adj* ouvə'weit *n* 'ouvəweit) *adj* grasso, che pesa troppo. *n* eccesso di peso *m*
overwhelm (ouvə'welm) *vt* opprimere, sconvolgere.
overwork (*v* ouvə'wə:k, *n* 'ouvəwə:k) *vi* lavorare troppo *vt* far lavorare troppo. *n* eccesso di lavoro *m*
overwrought (ouvə'rɔ:t) *adj* sovreccitato
ovulate ('ɔvjuleit) *vi* ovulare
owe (ou) *vt* dovere **owing to** *prep* a causa di
owl (aul) *n* gufo *m*.
own (oun) *adj* proprio *vt* possedere **own up** confessare **owner** *n* proprietario, padrone *m*. **ownership** *n* possesso *m* diritti di proprietà *m pl*.
ox (ɔks) *n*, *pl* **oxen** bue *m*, *pl* buoi **oxtail** *n* coda di bue *f*
oxygen ('ɔksidʒən) *n* ossigeno *m*
oyster ('ɔistə) *n* ostrica *f*.

P

pace (peis) *n* **1** passo *m*. **2** velocità *f* *vt* misurare con i passi. *vi* passeggiare, camminare lento.
Pacific (pə'sifik) *adj* pacifico **Pacific (Ocean)** *n* (Ocean) Pacifico *m*.
pacify ('pæsifai) *vt* pacificare. **pacifism** *n* pacifismo *m*. **pacifist** *n* pacifista *m*.
pack (pæk) *n* **1** pacco *m*. **2** *game* mazzo *m* **3** (of hounds) muta *f*. **4** (of thieves) banda *f* *vt* imballare, impaccare. *vi* fare le valigie **package** *n* pacco *m*. balla *f*. **packet** *n* pacchetto *m* **packhorse** *n* cavallo da soma *m*.
pact (pækt) *n* patto *m*.
pad[1] (pæd) *n* **1** cuscinetto, tampone *m* **2** blocco *m* **3** *zool* zampa *f* *vt* imbottire.
pad[2] (pæd) *n* passo *m*. *vi* camminare silenziosamente
paddle[1] ('pædl̩) *n* (of a boat) pagaia *f* remo *m* *vt* pagaiare, remare.
paddle[2] ('pædl̩) *vi* sguazzare.
paddock ('pædɔk) *n* recinto per cavalli *m*
paddyfield ('pædifi:ld) *n* risaia *f*.
padlock ('pædlɔk) *n* lucchetto *m*. *vt* chiudere col lucchetto.
paediatric (pi:di'ætrik) *adj* pediatrico **paediatrics** *n* pediatria *f*.
pagan ('peigən) *adj,n* pagano.
page[1] (peidʒ) *n* (of a book) pagina *f*.
page[2] (peidʒ) *n* paggio, fattorino *m*
pageant ('pædʒənt) *n* spettacolo storico *m* **pageantry** *n* spettacolo sfarzoso *m*
pagoda (pə'goudə) *n* pagoda *f*
paid (peid) *v* see **pay**.
pain (pein) *n* dolore, male *m*. sofferenza *f* **painful** *adj* doloroso **painstaking** *adj* laborioso, diligente
paint (peint) *n* colore *m*. vernice *f* *vt* colorire dipingere **paintbrush** *n* pennello *m* **painter** *n* **1** *Art* pittore *m*. **2** imbianchino *m* **painting** *n* **1** pittura *f* **2** quadro *m*.
pair (pɛə) *n* paio *m*, *pl* paia *f* coppia *f* *vt* appaiare, accoppiare **pair off** andare in due, appaiare.
Pakistan (pɑ:ki'stɑ:n) *n* Pakistan *m* **Pakistani** *adj,n* pachistano
pal (pæl) *n inf* amico, compagno *m*.
palace ('pælis) *n* palazzo *m*.
palate ('pælət) *n* palato *m*. **palatable** *adj* appetitoso, gustoso.
pale (peil) *adj* pallido **paleness** *n* pallidezza *f*
Palestine ('pælistain) *n* Palestina *f* *adj,n* palestinese
palette ('pælit) *n* tavolozza *f*. **palette knife** *n* spatola *f*
palm[1] (pɑ:m) *n* *anat* palmo *m*. **palmistry** *n* chiromanzia *f*.
palm[2] (pɑ:m) *n* *bot* palma *f*.
Palm Sunday *n* Domenica delle Palme *f*.
pamper ('pæmpə) *vt* accarezzare, viziare.

pamphlet ('pæmflət) *n* opuscolo, libretto *m*
pan (pæn) *n* padella *f*, tegame *m*. **pancake** *n* frittella *f*.
Panama ('pænəmɑ:) *n* Panama *m*
pancreas ('pæŋkriəs) *n* pancreas *m*
panda ('pændə) *n* panda *f*.
pander ('pændə) *n* mezzano *m* *vi* fare il mezzano.
pane (pein) *n* vetro *m*.
panel ('pænḷ) *n* **1** pannello *m*. **2** lista *f* *vt* pannellare, rivestire di legno **panelling** *n* rivestimento *m*.
pang (pæŋ) *n* dolore acuto, spasimo *m*
panic* ('pænik) *n* panico *m* *vi* essere colto dal panico
pannier ('pæniə) *n* paniere, cesto *m*
panorama (pænə'rɑ:mə) *n* panorama *m* **panoramic** *adj* panoramico.
pansy ('pænzi) *n* viola del pensiero *f*.
pant (pænt) *vi* ansare, anelare *n* anelito *m*
panther ('pænθə) *n* pantera *f*
pantomime ('pæntəmaim) *n* pantomima *f*
pantry ('pæntri) *n* dispensa *f*.
pants (pænts) *n* mutande *f pl*.
papal ('peipəl) *adj* papale, pontificio.
paper ('peipə) *n* **1** carta *f*. **2** documento *m*. **3** giornale *m*. *vt* coprire di carta, tappezzare con carta **paperback** *n* edizione economica *f*. **paperclip** *n* serracarte *m* **paperwork** *n* amministrazione *f*.
papier-mâché (pæpiei'mæʃei) *n* cartapesta *f*.
papist ('peipist) *n* papista *m*.
paprika ('pæprikə) *n* paprica *f*.
par (pɑ:) *n* pari, parità *f*. **above/below par** sopra/sotto la pari. **on a par with** pari a
parable ('pærəbəl) *n* parabola *f*.
parachute ('pærəʃu:t) *n* paracadute *m* **parachutist** *n* paracadutista *m*.
parade (pə'reid) *n* parata, mostra *f*. *vt* far mostra di. *vi* sfilare in parata.
paradise ('pærədais) *n* paradiso *m*.
paradox ('pærədɔks) *n* paradosso *m*. **paradoxical** *adj* paradossale.
paraffin ('pærəfin) *n* petrolio combustibile *m*.
paragraph ('pærəgrɑ:f) *n* paragrafo *m*.
parallel ('pærəlel) *adj* **1** parallelo. **2** analogo. *n* **1** *math* parallela *f*. **2** *geog* parallelo *m*. *vt* paragonare.
paralyse ('pærəlaiz) *vt* paralizzare. **paralysis** *n* paralisi *f*.
paramount ('pærəmaunt) *adj* supremo, sommo.
paranoia (pærə'nɔiə) *n* paranoia *f*
parapet ('pærəpit) *n* parapetto *m*
paraphernalia (pærəfə'neiliə) *n* roba *f* oggetti *m pl*
paraphrase ('pærəfreiz) *n* parafrasi *f* *vt* parafrasare
parasite ('pærəsait) *n* parassita *m*
paratrooper ('pærətru:pə) *n* soldato paracadutista *m*
parcel ('pɑ:səl) *n* pacco, pacchetto *m* *vt* impacchettare
parch (pɑ:tʃ) *vt* arsicciare *vi* diventare riarso **parched** *adj* riarso
parchment ('pɑ:tʃmənt) *n* pergamena *f*
pardon ('pɑ:dṇ) *n* perdono *m* grazia, amnistia *f* *vt* perdonare **pardon me!** mi scusi! **pardonable** *adj* scusabile
pare (pɛə) *vt* sbucciare, pelare
parent ('pɛərənt) *n* genitore *m* **parenthood** *n* paternità, maternità *f*
parenthesis (pə'renθəsis) *n, pl* **-ses** parentesi *f*
parish ('pæriʃ) *n* **1** *rel* parrocchia *f* **2** comune *m* **parishioner** *n* parrocchiano *m*
parity ('pæriti) *n* parità *f*
park (pɑ:k) *n* parco *m* *vt* posteggiare **parking** *n* posteggio *m* **parking meter** *n* parchimetro *m*
parliament ('pɑ:ləmənt) *n* parlamento *m* camera dei deputati *f* **parliamentary** *adj* parlamentare.
parlour ('pɑ:lə) *n* salotto *m*.
parochial (pə'roukiəl) *adj* **1** comunale. **2** *rel* parrocchiale.
parody ('pærədi) *n* parodia *f* *vt* parodiare
parole (pə'roul) *n* parola d'onore *f*. **on parole** lasciato libero sulla parola.
parquet ('pɑ:kei) *n* pavimento di legno lucido *m*
parrot ('pærət) *n* pappagallo *m*.
parry ('pæri) *vt* **1** parare **2** evitare.
parsley ('pɑ:sli) *n* prezzemolo *m*.
parsnip ('pɑ:snip) *n* pastinaca *f*.
parson ('pɑ:sən) *n* parroco, prete *m*.
part (pɑ:t) *n* **1** parte *f* **2** pezzo *m*. **3** regione *f*. **spare part** pezzo di ricambio. ~*vt* dividere, separare. *vi* dividersi, separarsi. **part with** disfare di. **parting** *n* **1** separazione, divisione *f*. **2** (in hair) scriminatura *f*. **part-time** *adj* a mezza giornata.
partake (pɑ:'teik) *vi* partecipare, prendere parte.
partial ('pɑ:ʃəl) *adj* parziale. **be partial to** avere un debole per.

participate (pɑ:ˈtisipeit) *vi* partecipare **participation** *n* partecipazione *f*.
participle (ˈpɑ:tisəpəl) *n* participio *m*.
particle (ˈpɑ:tikəl) *n* particola, particella *f*
particular (pəˈtikjulə) *adj* particolare, preciso *n* particolare, dettaglio *m*
partisan (pɑ:tiˈzæn) *adj,n* partigiano
partition (pɑ:ˈtiʃən) *n* **1** partizione *f* **2** (in a room) tramezzo *m* *vt* **1** dividere **2** tramezzare
partner (ˈpɑ:tnə) *n* **1** compagno *m*. **2** *comm* socio *m*. *vt* fare da campagno di, ballare con **partnership** *n* **1** società *f*. **2** associazione *f*
partridge (ˈpɑ:tridʒ) *n* pernice *f*
party (ˈpɑ:ti) *n* **1** ricevimento *m* festa *f* **2** *pol* partito *m*. **3** gruppo *m*.
pass (pɑ:s) *vt* **1** passare **2** attraversare **3** superare *vi* **1** succedere **2** accadere *n* **1** lasciapassare *m*. **2** (through a mountain) passo *m*. **passer-by** *n* passante *m* **password** *n* parola d'ordine *f*
passage (ˈpæsidʒ) *n* **1** passaggio *m*. **2** corridoio *m*. **3** viaggio *m*.
passenger (ˈpæsindʒə) *n* viaggiatore *m*.
passion (ˈpæʃən) *n* passione *f* **passionate** *adj* appassionato.
passive (ˈpæsiv) *adj* passivo.
passivity (pæˈsiviti) *n* passività *f*
Passover (ˈpɑ:souvə) *n* Pasqua degli ebrei *f*
passport (ˈpɑ:spɔ:t) *n* passaporto *m*
past (pɑ:st) *adj* **1** passato, trascorso. **2** scorso **3** ultimo. *prep* dopo, oltre. *n* passato *m* **past participle** *n* participio passato *m*.
pasta (ˈpæstə) *n* pasta *f*
paste (peist) *n* colla *f*. *vt* incollare.
pastel (ˈpæstəl) *n* pastello *m*.
pasteurize (ˈpæstəraiz) *vt* pastorizzare.
pastime (ˈpɑ:staim) *n* passatempo, svago *m*
pastoral (ˈpæstərəl) *adj* pastorale
pastry (ˈpeistri) *n* **1** pasticceria *f* pasticcio *m*. **2** pasta *f*
pasture (ˈpɑ:stʃə) *n* pascolo *m*. pastura *f*
pasty[1] (ˈpeisti) *adj* pallido.
pasty[2] (ˈpæsti) *n* pasticcio *m*.
pat[1] (pæt) *n* **1** colpetto *m*. carezza *f*. **2** (of butter) panetto *m*. *vt* accarezzare.
pat[2] (pæt) *adj* pronto, opportuno. *adv* a proposito.
patch (pætʃ) *n* **1** toppa *f*. **2** (of land) pezzo *m*. *vt* raccomodare, rappezzare. **patchwork** *n* rappezzamento, mosaico *m*.
pâté (ˈpætei) *n* pasticcio *m*.
patent (ˈpeitn̩t) *n* brevetto *m*. *adj* aperto, evidente. *vt* prendere un brevetto per **patent leather** *n* cuoio verniciato *m*.
paternal (pəˈtə:nl̩) *adj* paterno **paternity** *n* paternità *f*
path (pɑ:θ) *n* sentiero *m*. via, strada *f*
pathetic (pəˈθetik) *adj* patetico, commovente
pathology (pəˈθɔlədʒi) *n* patologia *f*
patience (ˈpeiʃəns) *n* pazienza *f* **patient** *adj* paziente *n* paziente *m,f* malato sotto cura *m*
patio (ˈpætiou) *n* patio *m*
patriarchal (peitriˈɑ:kəl) *adj* patriarcale
patriot (ˈpeitriət) *n* patriota *m*. **patriotic** *adj* patriottico **patriotism** *n* patriottismo *m*
patrol (pəˈtroul) *n* pattuglia *f* *vi* andare di pattuglia
patron (ˈpeitrən) *n* **1** patrono, protettore *m* **2** (customer) cliente *m* **patronage** *n* patronato *m* protezione *f* **patronize** *vt* **1** proteggere **2** frequentare **patronizing** *adj* condiscendente
patter[1] (ˈpætə) *n* (noise) picchiettio *m* *vi* picchiettare
patter[2] (ˈpætə) *n* (talk) cicalio *m*.
pattern (ˈpætən) *n* **1** modello, disegno *m* **2** esempio *m* *vt* modellare.
paunch (pɔ:ntʃ) *n* pancione *m*.
pauper (ˈpɔ:pə) *n* indigente, mendicante *m*
pause (pɔ:z) *n* pausa, fermata *f* *vi* far pausa, fermarsi
pave (peiv) *vt* pavimentare **pavement** *n* marciapiede *m*
pavilion (pəˈviliən) *n* padiglione *m*. tenda *f*
paw (pɔ:) *n* zampa *f* *vt* zampare **paw the ground** scalpitare.
pawn[1] (pɔ:n) *vt* impegnare *n* pegno *m* **pawnbroker** *n* prestatore su pegni *m*.
pawn[2] (pɔ:n) *n* *game* pedina *f*
pay* (pei) *vt* **1** pagare. **2** fare *vi* rendere *n* paga *f* stipendio, salario *m*. **payment** *n* pagamento *m*. **payroll** *n* distinta dei salarii *f*
pea (pi:) *n* pisello *m*.
peace (pi:s) *n* pace, tranquillità *f* **peaceful** *adj* tranquillo.
peach (pi:tʃ) *n* pesca *f* **peach tree** *n* pesco *m*
peacock (ˈpi:kɔk) *n* pavone *m*.
peak (pi:k) *n* **1** cima, vetta *f*. picco *m*. **2** (of a cap) visiera *f*.
peal (pi:l) *n* **1** scoppio, scroscio *m*. **2** (of bells) scampanio *m*. *vi* **1** scampanare, risonare. **2** (of thunder) tuonare.
peanut (ˈpi:nʌt) *n* arachide, nocciolina americana *f*.
pear (pɛə) *n* pera *f* **pear tree** *n* pero *m*.

pearl (ˈpɜːl) *n* perla *f* **mother of pearl** *n* madreperla *f*

peasant (ˈpezənt) *n* contadino *m* *adj* contadinesco. **peasantry** *n* contadini *m pl*

peat (piːt) *n* torba *f*

pebble (ˈpebəl) *n* ciottolo, sasso *m*

peck (pek) *vt,vi* beccare *n* **1** beccata *f* **2** bacetto *m*

peckish (ˈpekiʃ) *adj* che ha fame

peculiar (piˈkjuːliə) *adj* **1** particolare, speciale. **2** strano **peculiarity** *n* particolarità, stranezza *f*

pedal (ˈpedḷ) *n* pedale *m* *vi* pedalare

peddle (ˈpedḷ) *vt* vendere in piccola quantità *vi* fare il venditore ambulante **pedlar** *n* merciaiuolo ambulante *m*

pedestal (ˈpedistəl) *n* piedestallo *m*

pedestrian (piˈdestriən) *n* pedone *m* *adj* pedestre **pedestrian crossing** *n* passaggio pedonale *m*.

pedigree (ˈpedigriː) *n* genealogia *f* albero genealogico *m*. *adj* di razza pura

peel (piːl) *n* buccia, pelle *f* *vt* sbucciare pelare **peelings** *n pl* bucce *f pl*

peep (piːp) *n* occhiata *f* sguardo furtivo *m* *vi* spiare, guardare furtivamente

peer[1] (piə) *n* pari *m invar* **peerage** *n* nobiltà *f*

peer[2] (piə) *vi* guardare da vicino.

peevish (ˈpiːviʃ) *adj* irritabile, brontolone

peg (peg) *n* **1** gancio *m* **2** molletta *f* appiglio *m*. *vt* fissare con mollette

pejorative (piˈdʒɔrətiv) *adj* peggiorativo

pelican (ˈpelikən) *n* pellicano *m*

pellet (ˈpelit) *n* **1** pallina, pallottola *f* **2** pillola *f*

pelmet (ˈpelmit) *n* pendaglio sopra le tende *m*

pelt[1] (pelt) *vt,vi* colpire, tirare

pelt[2] (pelt) *n* pelliccia, pelle greggia *f*

pelvis (ˈpelvis) *n* pelvi *f* bacino *m*

pen[1] (pen) *n* penna *f* **fountain pen** *n* penna stilografica *f* **penfriend** *n* amico per corrispondenza *m* **penknife** *n* temperino *m* **pen nib** *n* pennino *m*

pen[2] (pen) *n* **1** recinto *m* **2** (for sheep) ovile *m* *vt* rinchiudere

penal (ˈpiːnḷ) *adj* penale **penalize** *vt* punire **penalty** *n* pena, penalità *f* **penalty kick** *n* calcio di rigore *m*

penance (ˈpenəns) *n* penitenza *f*

pencil (ˈpensəl) *n* matita *f* lapis *m invar* **pencil-sharpener** *n* temperamatite *m invar*

pendant (ˈpendənt) *n* pendente, pendaglio *m*.

pending (ˈpendiŋ) *adj* pendente *prep* in attesa di.

pendulum (ˈpendjuləm) *n* pendolo *m*

penetrate (ˈpenitreit) *vt* penetrare **penetration** *n* penetrazione *f*

penguin (ˈpeŋgwin) *n* pinguino *m*

penicillin (peniˈsilin) *n* penicillina *f*

peninsula (pəˈninsjulə) *n* penisola *f* **peninsular** *adj* peninsulare

penis (ˈpiːnis) *n* pene *m*

penitent (ˈpenitənt) *adj* penitente

pennant (ˈpenənt) *n* banderuola *f* pennone *m*

penny (ˈpeni) *n* **1** *pl* **pennies** British unit of currency **2** *pl* **pence** soldo *m* **penniless** *adj* senza un soldo, povero, indigente

pension (ˈpenʃən) *n* pensione *f* *v* **pension off** mettere in pensione **pensioner** *n* pensionato *m*

pensive (ˈpensiv) *adj* pensieroso

pent (pent) *adj* rinchiuso **pent-up** *adj* represso

pentagon (ˈpentəgən) *n* pentagono *m*

Pentecost (ˈpentikɔst) *n* Pentecoste *f*

penthouse (ˈpenthaus) *n* tettoia *f*

people (ˈpiːpəl) *n* **1** gente *f* **2** (race) popolo *m* nazione *f* *vt* popolare

pepper (ˈpepə) *n* pepe *m* **peppercorn** *n* granello di pepe *m* **peppermill** *n* macinino da pepe *m* **peppermint** *n* **1** menta peperina *f* **2** (sweet) caramella alla menta *f*

per (pəː) *prep* per, per mezzo di

perambulator (pəˈræmbjuleitə) *n* carrozzina *f*

perceive (pəˈsiːv) *vt* **1** accorgersi di **2** osservare **3** capire **perceptible** *adj* percettibile visibile

per cent (pə ˈsent) *prep* per cento

percentage (pəˈsentidʒ) *n* percentuale *f*

perception (pəˈsepʃən) *n* percezione, nozione *f* **perceptive** *adj* percettivo

perch[1] (pəːtʃ) *n zool* pesce persico *m*

perch[2] (pəːtʃ) *n* posatoio *m* *vi* appollaiarsi, posarsi

percolate (ˈpəːkəleit) *vt,vi* filtrare **percolator** *n* filtro *m*

percussion (pəˈkʌʃən) *n* percussione *f*

perennial (pəˈreniəl) *adj* perenne eterno

perfect (*adj,n* ˈpəːfikt; *v* pəˈfekt) *adj* perfetto, completo *n gram* tempo perfetto *m*. *vt* perfezionare **perfection** *n* perfezione *f*

perforate (ˈpəːfəreit) *vt* perforare **perforation** *n* perforazione *f* buco *m*.

perform (pəˈfɔːm) *vt,vi* **1** eseguire, compire. **2** *Th* rappresentare **performance** *n* **1** esecuzione *f*, adempimento *m*. **2** *Th* rappresentazione *f*. spettacolo *m*.

perfume (*n* 'pɜ:fju:m; *v* pə'fju:m) *n* profumo *m.* fragranza *f.* *vt* profumare. **perfumery** *n* profumeria *f.*

perhaps (pə'hæps) *adv* forse.

peril ('perəl) *n* pericolo, rischio *m.* **perilous** *adj* pericoloso.

perimeter (pə'rimitə) *n* perimetro *m.*

period ('piəriəd) *n* **1** periodo *m.* **2** epoca *f.* **3** *med* mestruazioni *f pl.* **periodic** *adj* periodico. **periodical** *n* periodico, giornale *m.* rivista *f.*

peripheral (pə'rifərəl) *adj* periferico.

perish ('periʃ) *vi* **1** perire, morire. **2** guastarsi. **perishable** *adj* deperibile.

perjury ('pɜ:dʒəri) *n* spergiuro *m.*

perk (pɜ:k) *vi* **perk up** rianimarsi. **perky** *adj* impertinente, vivace.

permanent ('pɜ:mənənt) *adj* permanente, durevole.

permeate ('pɜ:mieit) *vt* permeare, penetrare.

permit (*v* pə'mit; *n* 'pɜ:mit) *vt* permettere, lasciare. *n* permesso, lasciapassare *m.* licenza *f.* **permission** *n* permesso *m.* licenza *f.* **permissive** *adj* permissivo.

permutation (pɜ:mju'teiʃən) *n* permutazione *f.*

peroxide (pə'rɔksaid) *n* perossido *m.*

perpendicular (pɜ:pən'dikjulə) *adj,n* perpendicolare *f.*

perpetual (pə'petʃuəl) *adj* perpetuo, continuo.

perpetuate (pə'petʃueit) *vt* perpetuare.

perplex (pə'pleks) *vt* confondere, imbarazzare. **perplexed** *adj* perplesso. **perplexity** *n* perplessità *f.* imbarazzo *m.*

persecute ('pɜ:sikju:t) *vt* perseguitare, importunare. **persecution** *n* persecuzione *f.*

persevere (pɜ:si'viə) *vi* perseverare. **perseverance** *n* perseveranza *f.*

Persia ('pɜ:ʃə) *n* Persia *f.* **Persian** *adj,n* persiano. **Persian** (language) *n* persiano *m.*

persist (pə'sist) *vi* persistere, ostinarsi. **persist in** persistere a. **persistence** *n* persistenza *f.* **persistent** *adj* persistente, tenace.

person ('pɜ:sən) *n* persona *f.* **personage** *n* personaggio *m.* **personal** *adj* personale. **personality** *n* personalità *f.* **personify** *vt* personificare. **personnel** *n* personale *m.*

perspective (pə'spektiv) *n* prospettiva, vista *f.*

Perspex ('pɜ:speks) *n Tdmk* Perspex *m.*

perspire (pə'spaiə) *vi* sudare, traspirare. **perspiration** *n* sudore *m.*

persuade (pə'sweid) *vt* persuadere. **persuasion** *n* persuasione *f.* **persuasive** *adj* persuasivo.

pert (pɜ:t) *adj* **1** impertinente, sfrontato. **2** vivace.

pertain (pə'tein) *vi* appartenere. **pertinent** *adj* pertinente, relativo. **pertinence** *n* pertinenza *f.*

perturb (pə'tɜ:b) *vt* perturbare, confondere, agitare.

Peru (pə'ru:) *n* Perù *m.* **Peruvian** *adj,n* peruviano.

pervade (pə'veid) *vt* pervadere, permeare, diffondersi in. **pervasive** *adj* penetrante, diffuso.

perverse (pə'vɜ:s) *adj* perverso, malvagio. **perversity** *n* perversità, malvagità *f.*

pervert (*v* pə'vɜ:t; *n* 'pɜ:vɜ:t) *vt* pervertire, corrompere. *n* pervertito *m.* **perversion** *n* perversione *f.*

pessimism ('pesimizəm) *n* pessimismo *m.* **pessimist** *n* pessimista *m.* **pessimistic** *adj* pessimistico.

pest (pest) *n* peste, pestilenza *f.* **pesticide** *n* pesticida *f.*

pester ('pestə) *vt* annoiare, tormentare.

pet (pet) *n* **1** favorito *m.* **2** animale favorito *m.* *adj* favorito, preferito. *vt* accarezzare. **pet name** *n* nomignolo *m.*

petal ('petl̩) *n* petalo *m.*

peter ('pi:tə) *vi* **peter out** diminuire, finire, morire.

petition (pi'tiʃən) *n* petizione, supplica *f.* *vt* **1** supplicare **2** presentare una petizione a.

petrify ('petrifai) *vt* **1** pietrificare. **2** stupire, spaventare.

petroleum (pi'trouliəm) *n* petrolio *m.* **petrol** *n* benzina *f.*

petticoat ('petikout) *n* sottoveste *f.*

petty ('peti) *adj* insignificante, meschino, triviale. **petty cash** *n* spese minute *f pl.* **petty officer** *n* sottufficiale di marina *m.* **pettiness** *n* piccolezza, meschinità *f.*

petulant ('petjulənt) *adj* petulante, capriccioso, irritabile.

pew (pju:) *n* panca di chiesa *f.*

pewter ('pju:tə) *n* peltro *m.*

phantom ('fæntəm) *n* fantasma, spettro *m.* *adj* spettrale, irreale.

pharmacy ('fɑ:məsi) *n* farmacia *f.* **pharmacist** *n* farmacista *m.*

pharynx ('færiŋks) *n* faringe *f.*

phase (feiz) *n* fase *f.*

pheasant ('fezənt) *n* fagiano *m.*

phenomenon (fi'nɔmınən) *n, pl* **-na** fenomeno *m.* **phenomenal** *adj* fenomenale.

philanthropy (fi'lænθrəpı) *n* filantropia *f* **philanthropist** *n* filantropo *m*

philately (fi'lætəli) *n* filatelia *f* **philatelist** *n* filatelico *m*

Philistine ('filistaın) *n* filisteo *m.*

philosophy (fi'lɔsəfi) *n* filosofia *f* **philosopher** *n* filosofo *m* **philosophical** *adj* filosofico

phlegm (flem) *n* flemma *f*

phlegmatic (fleg'mætik) *adj* flemmatico, calmo

phobia ('foubiə) *n* fobia *f*

phoenix ('fi:niks) *n* fenice *f*

phone (foun) *inf n* telefono *m. vt,vi* telefonare **phone call** *n inf* telefonata *f*

phonetic (fə'netik) *adj* fonetico **phonetics** *n* fonetica *f*

phoney ('founi) *adj* fasullo, falso, finto

phosphate ('fɔsfeit) *n* fosfato *m*

phosphorescence (fɔsfə'resəns) *n* fosforescenza *f* **phosphorescent** *adj* fosforescente.

phosphorus ('fɔsfərəs) *n* fosforo *m* **phosphorous** *adj* fosforoso

photo ('foutou) *n inf* foto *f invar*

photocopy ('foutoukɔpi) *vt* fotocopiare *n* fotocopia *f*

photogenic (foutə'dʒenik) *adj* fotogenico

photograph ('foutəgra:f) *n* fotografia *f vt* fotografare. **photographer** *n* fotografo *m.* **photographic** *adj* fotografico. **photography** *n* fotografia *f*

phrase (freiz) *n* **1** frase *f* **2** modo di dire *m. vt* esprimere, dire. **phrasebook** *n* libro di frasi *m*

physical ('fizikəl) *adj* fisico. **physical education** *n* educazione fisica *f*

physician (fi'ziʃən) *n* medico, dottore *m.*

physics ('fiziks) *n* fisica *f* **physicist** *n* fisico *m*

physiognomy (fizi'ɔnəmı) *n* fisionomia *f*

physiology (fizi'ɔlədʒı) *n* fisiologia *f.* **physiological** *adj* fisiologico **physiologist** *n* fisiologo *m.*

physiotherapy (fiziou'θerəpı) *n* fisioterapia *f.* **physiotherapist** *n* fisioterapista *m.*

physique (fi'zi:k) *n* fisico *m.* costituzione *f.*

piano (pı'ænou) *n* pianoforte *m.* **grand piano** pianoforte a coda. **pianist** *n* pianista *m.*

pick[1] (pik) *n* scelta *f vt* **1** scegliere. **2** cogliere. **3** (a lock) aprire. **pick up** raccogliere. **picking** *n* raccolta *f.* **pickpocket** *n* borsaiolo *m.*

pick[2] (pik) *n* (tool) piccone *m.*

picket ('pikıt) *n* picchetto, palo *m vt* picchettare

pickle ('pıkəl) *n* **1** salamoia *f* **2** *pl* sottaceti *m pl vt* mettere sotto aceto, marinare **pickled** *adj* in aceto

picnic* ('piknik) *n* merenda all'aperto *f* picnic *m vi* mangiare all'aperto

pictorial (pık'tɔ:rıəl) *adj* pittorico, illustrato

picture ('piktʃə) *n* **1** quadro *m* pittura *f* **2** immagine *f* **3** *pl* cinema *m vt* figurare, descrivere

picturesque (pıktʃə'resk) *adj* pittoresco

pidgin ('pıdʒən) *n* pidgin, gergo *m*

pie (paı) *n* **1** (meat) pasticcio *m* **2** (fruit) torta, crostata *f*

piece (pi:s) *n* **1** pezzo *m* parte *f* **2** (of material) pezza *f* **piecemeal** *adv* a spizzico, pezzo a pezzo **piecework** *n* lavoro a cottimo *m*

pied (paıd) *adj* screziato variegato

pier (pıə) *n* **1** molo *m* banchina *f* **2** *arch* pilone *m*

pierce (pıəs) *vt* penetrare, perforare **piercing** *adj* penetrante, acuto

piety ('paıətı) *n* pietà *f*

pig (pıg) *n* maiale, porco *m* **pig-headed** *adj* ostinato, testardo **pig-iron** *n* ghisa *f* **piglet** *n* porcellino *m* **pigskin** *n* pelle di cinghiale *f* **pigsty** *n* porcile *m* **pigtail** *n* treccia *f*

pigeon ('pıdʒən) *n* piccione *m* colomba *f* **pigeonhole** *n* casella *f*

piggyback ('pıgibæk) *n* cavalcata sul dorso *f adv* sul dorso.

pigment ('pigmənt) *n* pigmento, colore *m*

pike (paik) *n* picca *f*

pilchard ('piltʃəd) *n* sardella *f*

pile[1] (pail) *n* mucchio, ammasso *m vt* ammucchiare, accumulare

pile[2] (pail) *n tech* palo *m* **piledriver** *n* battipalo *m*

pile[3] (pail) *n* (of material, etc.) pelo *m*

piles (pəlz) *n pl* emorroidi *f pl*

pilfer ('pılfə) *vt* rubacchiare. **pilferer** *n* ladroncello *m*

pilgrim ('pilgrım) *n* pellegrino *m* **pilgrimage** *n* pellegrinaggio *m.*

pill (pıl) *n* pillola, compressa *f.*

pillage ('pilidʒ) *n* saccheggio *m. vt* saccheggiare.

pillar ('pılə) *n* pilastro *m.* colonna *f* **pillar-box** *n* buca delle lettere *f*

pillion ('piliən) *n* sedile posteriore *m.*

pillow ('pilou) *n* guanciale, cuscino *m*. **pillowcase** *n* federa *f*.
pilot ('pailət) *n* pilota *m*. *vt* pilotare.
pimento (pi'mentou) *n* pimento *m*.
pimple ('pimpəl) *n* pustoletta *f*. foruncolo *m*.
pin (pin) *n* spillo *m*. *vt* appuntare, fissare. **pins and needles** *n* formicolio *m*. **pincushion** *n* portaspilli *m invar*. **pinpoint** *vt* segnalare con precisione. **pinstripe** *adj* a striscie fine.
pinafore ('pinəfɔ:) *n* grembiule *m*.
pincers ('pinsəz) *n pl* tenaglie *f pl*.
pinch (pintʃ) *vt* **1** pizzicare, stringere. **2** *sl* rubare. *n* **1** pizzicotto *m*. **2** pizzico *m*. presa *f*.
pine[1] (pain) *n* pino *m*. **pine cone** *n* pigna *f*.
pine[2] (pain) *vi* languire, sospirare per, consumarsi.
pineapple ('painæpəl) *n* ananasso *m*. ananas *m invar*.
Ping-pong ('piŋpɔŋ) *n Tdmk* tennis da tavola *m*.
pinion ('piniən) *n tech* pignone *m*.
pink (piŋk) *adj,n* rosa *m invar*.
pinnacle ('pinəkəl) *n* sommo, colmo *m*. cima *f*.
pint (paint) *n* pinta *f*.
pioneer (paiə'niə) *n* pioniere *m*. *vt* preparare la via a.
pious ('paiəs) *adj* pio, religioso.
pip[1] (pip) *game* macchia *f*.
pip[2] (pip) *n bot* granelle, seme *m*.
pipe (paip) *n* **1** tubo, condotto *m*. **2** (tobacco) pipa *f*. **3** *mus* piffero *m*. **pipedream** *n* progetto inattuabile *m*. **pipeline** *n* **1** condotto di petrolio *m*. **2** linea di comunicazione *f*. **pipette** *n* pipetta *f*.
piquant ('pi:kənt) *adj* piccante. **piquancy** *n* gusto piccante *m*.
pique (pi:k) *n* irritazione *f*. *vt* offendere, irritare.
pirate ('pairət) *n* pirata *m*. **piracy** *n* pirateria *f*.
pirouette (piru'et) *n* piroetta *f*. *vi* piroettare.
Pisces ('pisi:z) *n pl* Pesci *m pl*.
piss (pis) *tab vi* pisciare. **piss off!** va' via! *n* orina *f*.
pistachio (pis'tæʃiou) *n* pistacchio *m*.
pistol ('pistəl) *n* pistola *f*.
piston ('pistən) *n* pistone, stantuffo *m*.
pit (pit) *n* **1** fossa, buca *f*. pozzo *m*. **2** miniera *f*. **pitfall** *n* trappola *f*.
pitch[1] (pitʃ) *n* **1** punto, lancio *m*. **2** *mus* tono *m*. *vt* **1** lanciare, gettare. **2** fissare. *vi* beccheggiare. **pitchfork** *n* forcone *m*.
pitch[2] (pitʃ) *n* pece *f*.
pith (piθ) *n* midollo *m*.
pittance ('pitṇs) *n* piccola quantità *f*.
pituitary gland (pi'tjuətri) *n* pituitario *m*.
pity ('piti) *n* pietà, compassione *f*. *vt* avere pietà di. **pitiful** *adj* pietoso.
pivot ('pivət) *n* pernio *m*. asse *f*. *vt* imperniare.
pizza ('pi:tsə) *n* pizza *f*.
placard ('plækɑ:d) *n* affisso, cartellone *m*.
placate (plə'keit) *vt* placare, pacificare.
place (pleis) *n* luogo, posto *m*. **out of place** inopportuno. **take place** accadere, succedere, avere luogo. ~*vt* porre, mettere. **placename** *n* nome di località *m*.
placenta (plə'sentə) *n* placenta *f*.
placid ('plæsid) *adj* tranquillo, sereno.
plagiarize ('pleidʒəraiz) *vt* plagiare. **plagiarism** *n* plagio *m*. **plagiarist** *n* plagiario *m*.
plague (pleig) *n* **1** peste, pestilenza *f*. **2** flagello *m*. *vt* tormentare, importunare.
plaice (pleis) *n* passerino *m*.
plaid (plæd) *n* mantello scozzese *m*.
plain (plein) *adj* **1** semplice, ordinario. **2** evidente, chiaro. *n* pianura *f*. **plain-clothes** *adj* in borghese.
plaintiff ('pleintif) *n* attore *m*.
plaintive ('pleintiv) *adj* lamentoso, triste, querulo.
plait (plæt) *n* treccia *f*. *vt* intrecciare.
plan (plæn) *n* piano, disegno, progetto *m*. *vt* progettare, fissare. *vi* fare progetti.
plane[1] (plein) *n* **1** piano *m*. **2** *aviat* aereoplano *m*.
plane[2] (plein) *n tech* pialla *f*. *vt* piallare.
plane[3] (plein) *n bot* platano *m*.
planet ('plænit) *n* pianeta *m*.
plank (plæŋk) *n* asse, tavola *f*.
plankton ('plæŋktən) *n* plancton *m*.
plant (plɑ:nt) *n* **1** *bot* pianta *f*. **2** *tech* impianto *m*. attrezzi *m pl*. *vt* piantare. **plantation** *n* piantagione *f*.
plaque (plɑ:k) *n* placca, lastra *f*.
plasma ('plæzmə) *n* plasma *m*.
plaster ('plɑ:stə) *n* **1** *med* cerotto *m*. **2** gesso *m*. **3** stucco *m*. *vt* ingessare, intonacare. **plaster of Paris** *n* **1** gesso m. **2** *med* ingessatura *f*. **plasterer** *n* intonacatore *m*.
plastic ('plæstik) *adj* plastico. *n* plastica *f*. **plastic surgery** *n* chirurgia estetica *f*.
Plasticine ('plæstisi:n) *n Tdmk* Plastilina *Tdmk f*.
plate (pleit) *n* **1** *cul* piatto *m*. **2** placca, lamina *f*. **3** argenteria *f*. **4** illustrazione *f*. *vt* **1** placcare,

laminare. **2** inargentare. **platelayer** *n* guardalinea *m*.

plateau ('plætou) *n* altipiano *m*.

platform ('plætfɔ:m) *n* **1** piattaforma *f*. **2** (railway) marciapiede, binario *m*. banchina *f*.

platinum ('plætnəm) *n* platino *m*.

platonic (plə'tɔnik) *adj* platonico.

plausible ('plɔ:zəbəl) *adj* plausibile.

play (plei) *n* **1** gioco, divertimento *m*. **2** *Th* dramma *m*. commedia *f*. *vt* **1** giocare a. **2** rappresentare. **3** suonare. *vi* scherzare. **playful** *adj* scherzoso. **playground** *n* cortile di ricreazione *f*. **playgroup** *n* asilo *m*. **playhouse** *n* teatro *m*. **playmate** *n* compagno di gioco *m*. **playschool** *n* asilo *m*. **playwright** *n* drammaturgo *m*. **playing card** *n* carta da gioco *f*. **playing field** *n* campo di gioco *m*.

plea (pli:) *n* **1** scusa *f*. pretesto *m*. **2** *law* causa, difesa *f*. **3** supplica *f*.

plead (pli:d) *vt* **1** perorare. **2** allegare *vi* implorare, appellarsi.

pleasant ('plezənt) *adj* piacevole, gradevole, simpatico.

please (pli:z) *vt,vi* piacere, soddisfare. **pleased** *adj* contento, soddisfatto. **pleasing** *adj* piacevole, gradevole.

pleasure ('pleʒə) *n* piacere, favore *m*.

pleat (pli:t) *n* piega, ripiegatura *f*. *vt* piegare

plectrum ('plektrəm) *n, pl* **-tra** *or* **-trums** plettro *m*.

pledge (pledʒ) *n* impegno *m*. promessa *f*. *vt* impegnare.

plenty ('plenti) *n* abbondanza *f*. **plenty of** tanto. **plentiful** *adj* abbondante.

pliable ('plaiəbəl) *adj* **1** pieghevole, flessibile. **2** influenzato facilmente.

plight (plait) *n* condizione *f*. stato *m*.

plimsoll ('plimsəl) *n* scarpa da tennis *f*.

plod (plɔd) *vi* camminare a fatica. **plodder** *n* sgobbone *m*.

plonk (plɔŋk) *vt* buttare giù.

plot[1] (plɔt) *n* **1** complotto *m*. cospirazione *f*. **2** (of a book) intreccio *m*. *vt* **1** complottare. **2** fare un piano di **plotter** *n* cospiratore *m*.

plot[2] (plɔt) *n* (of ground) pezzo di terreno *m*.

plough (plau) *n* aratro *m*. *vt* arare, solcare. **ploughing** *n* aratura *f*

pluck (plʌk) *vt* **1** cogliere, tirare. **2** spennare. **pluck up courage** farsi coraggio. ~*n* **1** strappo *m*. **2** *inf* coraggio, fegato *m*. **plucky** *adj* coraggioso.

plug (plʌg) *n* **1** tappo, tampone, zaffo *m*. **2** *tech* spina *f*. **3** *mot* candela *f*. *vt* tamponare, tappare, zaffare.

plum (plʌm) *n* prugna, susina *f*. **plum tree** *n* prugno, susino *m*.

plumage ('plu:midʒ) *n* piumaggio *m*. penne *f pl*.

plumb (plʌm) *n* piombo *m*. *adj,adv* a piombo. *vt* **1** piombare. **2** *naut* scandagliare. **plumber** *n* idraulico, tubista *m*. **plumbing** *n* piombatura *f*.

plume (plu:m) *n* penna, piuma *f*. pennacchio *m*.

plump[1] (plʌmp) *adj* grassoccio, paffuto.

plump[2] (plʌmp) *vi* cadere a piombo. **plump for** scegliere.

plunder ('plʌndə) *n* bottino, saccheggio *m*. *vt* rubare, saccheggiare.

plunge (plʌndʒ) *n* tuffo *m*. *vt* tuffare, immergere. *vi* **1** tuffarsi. **2** precipitare.

pluperfect (plu:'pə:fikt) *n* passato anteriore *m*.

plural ('pluərəl) *adj,n* plurale *m*.

plus (plʌs) *prep* più. *adj* in più.

plush (plʌʃ) *n* felpa *f*. *adj* lussuoso.

Pluto ('plu:tou) *n* Plutone *m*.

ply[1] (plai) *vt* **1** adoperare, usare. **2** applicare, manipolare.

ply[2] (plai) *n* spessore *m*. **plywood** *n* legno compensato *m*.

pneumatic (nju:'mætik) *adj* pneumatico. **pneumatic drill** *n* trapano pneumatico *m*.

pneumonia (nju:'mouniə) *n* polmonite *f*.

poach[1] (poutʃ) *vi* andare a caccia di frodo. **poacher** *n* cacciatore di frodo *m*. **poaching** *n* caccia di frodo *f*.

poach[2] (poutʃ) *vt* cuocere. **poached egg** *n* uovo in camicia *m*.

pocket ('pɔkit) *n* tasca *f*. *vt* intascare, appropriarsi **pocket-knife** *n* temperino *m* **pocket-money** *n pl* soldi per le piccole spese *m pl*.

pod (pɔd) *n* baccello, guscio *m*.

poem ('pouim) *n* **1** poesia *f*. **2** (epic) poema *m*.

poet ('pouit) *n* poeta *m*. **poetic** *adj* poetico. **poetry** *n* poesia *f*

poignant ('pɔinjənt) *adj* intenso, commovente. **poignancy** *n* acutezza, violenza *f*.

point (pɔint) *n* **1** punto *m*. **2** (of a pencil, etc.) punta *f* **be on the point of** stare per. **to the point** a proposito ~*vt* appuntare, puntare. **point out** additare, mostrare. **point-blank** *adj* diretto *adv* a bruciapelo. **pointed** *adj* appuntato, acuto. **pointless** *adj* inutile.

poise (pɔiz) *n* 1 equilibrio *m.* 2 portamento *m.* *vt* equilibrare, bilanciare. *vi* equilibrarsi.

poison ('pɔizən) *n* veleno *m.* *vt* avvelenare, intossicare **poisonous** *adj* velenoso

poke (pouk) *vt* 1 colpire, dare una botta a. 2 (fire) attizzare. **poke fun at** deridere ~*n* spinta, puntata *f.* **poky** *adj* piccolo

poker[1] ('poukə) *n* attizzatoio *m.*

poker[2] ('poukə) *n game* poker *m.*

Poland ('poulənd) *n* Polonia *f* **Pole** *n* polacco *m.*

polar ('poulə) *adj* polare. **polar bear** *n* orso bianco *m.* **polarization** *n* polarizzazione *f.* **polarize** *vt* polarizzare

pole[1] (poul) *n* palo, polo *m.* **pole-vault** *vi* saltare all'asta.

pole[2] (poul) *n geog* polo *m.*

Pole Star *n* stella polare *f*

polemic (pə'lemik) *n* polemica *f* *adj* polemico

police (pə'li:s) *n* polizia *f* **policeman** *n* poliziotto, carabiniere, vigile urbano *m.* **police station** *n* questura *f.* posto di polizia *m*

policy[1] ('pɔlisi) *n pol* politica, linea di condotta *f.* sistema *m.*

policy[2] ('pɔlisi) *n* (insurance) polizza *f*

polish ('pɔliʃ) *n* 1 lucido *m.* crema, vernice *f.* 2 raffinatezza *f* *vt* 1 lustrare, lucidare 2 raffinare. **polishing** *n* verniciatura *f*

Polish ('pouliʃ) *adj* polacco. **Polish** (language) *n* polacco *m.*

polite (pə'lait) *adj* cortese, gentile **politeness** *n* cortesia, gentilezza *f.*

politics ('pɔlitiks) *n* politica *f.* **political** *adj* politico. **politician** *n* politico *m.*

polka ('pɔlkə) *n* polca *f*

poll (poul) *n* elezione, votazione *f* scrutinio *m.* *vt* ottenere **polling booth** *n* cabina elettorale *f.*

pollen ('pɔlən) *n* polline *m.* **pollinate** *vt* pollinare.

pollute (pə'lu:t) *vt* contaminare, corrompere. **pollution** *n* contaminazione, corruzione *f.* inquinamento *m.*

polygamy (pə'ligəmi) *n* poligamia *f.* **polygamist** *n* poligamo *m.* **polygamous** *adj* poligamo.

polygon ('pɔligən) *n* poligono *m.* **polygonal** *adj* poligonale.

Polynesia (pɔli'ni:ziə) *n* Polinesia *f.* **Polynesian** *adj,n* polinesiano.

polytechnic (pɔli'teknik) *adj,n* politecnico *m.*

polythene ('pɔliθi:n) *n* politene *m.*

pomegranate ('pɔmigrænət) *n* melagrana *f*

pommel ('pʌməl) *n* pomo, pomolo *m.* *vt* battere, percuotere

pomp (pɔmp) *n* pompa, ostentazione *f* **pompous** *adj* pomposo, affettato.

pond (pɔnd) *n* stagno, laghetto *m.*

ponder ('pɔndə) *vt,vi* considerare, meditare

pony ('pouni) *n* cavallino *m.*

poodle ('pu:dl) *n* cane barbone *m.*

pool[1] (pu:l) *n* (of water, etc.) stagno *m.* pozzanghera *f*

pool[2] (pu:l) *n* 1 *comm* fondo comune *m* 2 *pl* totocalcio *m* *vt* mettere in comune

poor (puə, pɔ:) *adj* 1 povero, indigente 2 scarso, misero **poorly** *adv* male *adj* indisposto

pop[1] (pɔp) *n* schiocco, scatto *m.* *vt,vi* schioccare, esplodere **pop in** fare una breve visita **pop out** uscire per un attimo. **popcorn** *n* pop-corn *m.* chicchi di granoturco arrostiti *m pl*

pop[2] (pɔp) *adj* popolare. **pop music** *n* musica pop *f*

pope (poup) *n* Papa *m.*

poplar ('pɔplə) *n* pioppo *m.*

poppy ('pɔpi) *n* papavero *m*

popular ('pɔpjulə) *adj* 1 popolare, alla moda. 2 ben voluto. **popularity** *n* popolarità, voga *f.*

populate ('pɔpjuleit) *vt* popolare. **population** *n* popolazione *f*

porcelain ('pɔ:slin) *n* porcellana *f.*

porch (pɔ:tʃ) *n* portico, vestibolo, atrio *m.*

porcupine ('pɔ:kjupain) *n* porcospino *m*

pore[1] (pɔ:) *vt* **pore over** 1 studiare con diligenza. 2 meditare

pore[2] (pɔ:) *n* poro *m*

pork (pɔ:k) *n* carne di maiale *f.*

pornography (pɔ:'nɔgrəfi) *n* pornografia *f.* **pornographic** *adj* pornografico

porous ('pɔ:rəs) *adj* poroso.

porpoise ('pɔ:pəs) *n* marsovino *m.*

porridge ('pɔridʒ) *n* pappa fatta con farina di avena *f*

port[1] (pɔ:t) *n* (harbour) porto *m.*

port[2] (pɔ:t) *n naut* babordo *m.* sinistra *f.*

port[3] (pɔ:t) *n* (drink) vino di Oporto *m.*

portable ('pɔ:təbəl) *adj* portabile, portatile.

porter[1] ('pɔ:tə) *n* (of baggage) facchino, portabagagli *m.*

porter[2] ('pɔ:tə) *n* portinaio, portiere *m.*

portfolio (pɔ:t'fouliou) *n* 1 cartella *f.* 2 *pol* portafoglio *m.*

porthole (ˈpɔ:thoul) *n* bocca porto *m*.
portion (ˈpɔ:ʃən) *n* porzione, parte *f*.
portrait (ˈpɔ:trit) *n* ritratto *m*. **portrait painter** *n* ritrattista *m*.
portray (pɔ:ˈtrei) *vt* **1** fare il ritratto a, dipingere. **2** descrivere.
Portugal (ˈpɔ:tjugəl) *n* Portogallo *m*. **Portuguese** *adj,n* portoghese. **Portuguese** (language) *n* portoghese *m*.
pose (pouz) *vt* proporre. *vi* atteggiarsi, posare. *n* posa *f*. atteggiamento *m*.
posh (pɔʃ) *adj* elegante.
position (pəˈziʃən) *n* **1** posizione, situazione *f*. **2** posto, impiego *m*. *vt* collocare.
positive (ˈpɔzitiv) *adj* positivo, sicuro, certo.
possess (pəˈzes) *vt* possedere, avere. **possessed** *adj* possesso. **possession** *n* possesso, possedimento *m*. **possessive** *adj* possessivo. **possessor** *n* posseditore *m*.
possible (ˈpɔsəbəl) *adj* possibile. **possibly** *adv* forse, può darsi.
post[1] (poust) *n* palo, pilastro *m*. *vt* affiggere. **poster** *n* affisso, avviso *m*.
post[2] (poust) *n* (job) posto, impiego *m*.
post[3] (poust) *n* (mail) posta *f*. *vt* imbucare. **postal** *adj* postale. **postal order** *n* vaglia *m invar*. **postage** *n* affrancatura, tariffa postale *f*. **postbox** *n* cassetta postale *f*. **postcard** *n* cartolina *f*. **postcode** *n* codice postale *m*. **postman** *n* postino *m*. **postmark** *n* timbro postale *m*. **post office** *n* ufficio postale *m*.
posterior (pɔsˈtiəriə) *adj* posteriore.
posterity (pɔsˈteriti) *n* posterità *f*.
postgraduate (poustˈgrædjuət) *adj* di perfezionamento. *n* perfezionando *m*.
posthumous (ˈpɔstjuməs) *adj* postumo. **posthumously** *adv* dopo la morte.
post-mortem (poustˈmɔ:təm) *n* autopsia *f*.
postpone (pəsˈpoun) *vt* posporre, rimandare, rinviare. **postponement** *n* rinvio *m*.
postscript (ˈpousskript) *n* poscritto *m*.
postulate (ˈpɔstjuleit) *vt* postulare, domandare.
posture (ˈpɔstʃə) *n* posizione *f*. atteggiamento *m*.
pot (pɔt) *n* **1** vaso *m*. **2** pentola *f*. *vt* piantare in vaso.
potassium (pəˈtæsiəm) *n* potassio *m*.
potato (pəˈteitou) *n, pl* **-toes** patata *f*.
potent (ˈpoutn̩t) *adj* potente, forte. **potency** *n* potenza, forza *f*.
potential (pəˈtenʃəl) *adj,n* potenziale *m*.
pothole (ˈpɔthoul) *n* **1** marmitta *f*. **2** (in a road) buca *f*.
potion (ˈpouʃən) *n* pozione, bevanda *f*.
potter (ˈpɔtə) *vi* gingillarsi.
pottery (ˈpɔtəri) *n* ceramica *f*. stoviglie *f pl*.
pouch (pautʃ) *n* borsa *f*. sacchetto *m*.
poultice (ˈpoultis) *n* cataplasma *m*.
poultry (ˈpoultri) *n* pollame *m*.
pounce (pauns) *vi* piombare. **pounce upon** gettarsi addosso a. ~*n* spolvero *m*.
pound[1] (paund) *vt* polverizzare, battere.
pound[2] (paund) *n* **1** (weight) libbra *f*. **2** (currency) sterlina *f*.
pour (pɔ:) *vt* versare, spargere. *vi* riversarsi.
pout (paut) *vi* fare il broncio. *n* broncio *m*.
poverty (ˈpɔvəti) *n* miseria, povertà *f*. **poverty-stricken** *adj* miserabile, indigente.
powder (ˈpaudə) *n* **1** polvere *f*. **2** (face) cipria *f*. *vt* **1** spolverizzare. **2** incipriare. **powder room** *n* toilette *f invar*. **powdery** *adj* polveroso.
power (ˈpauə) *n* **1** potere *m*. potenza *f*. **2** energia *f*. **3** potestà *f*. **4** possibilità *f*. **powerful** *adj* potente. **powerless** *adj* senza potere, impotente.
practicable (ˈpræktikəbəl) *adj* praticabile.
practical (ˈpræktikəl) *adj* pratico. **practically** *adv* quasi.
practice (ˈpræktis) *n* **1** pratica *f*. esercizio *m*. **2** clientela *f*. **3** abitudine *f*. **out of practice** fuori esercizio. **practise** *vt* esercitare, praticare. *vi* esercitarsi. **practised** *adj* pratico, esperto. **practising** *adj* praticante.
practitioner (prækˈtiʃənə) *n* **1** professionista *m*. **2** medico *m*.
pragmatic (prægˈmætik) *adj* prammatico.
prairie (ˈprɛəri) *n* prateria *f*.
praise (preiz) *n* lode *f*. elogio *m*. *vt* lodare, elogiare, vantare. **praiseworthy** *adj* lodevole.
pram (præm) *n* carrozzina *f*.
prance (prɑ:ns) *vi* **1** saltellare. **2** (of a horse) impennarsi.
prank (præŋk) *n* scherzo, tiro *m*. burla *f*.
prattle (ˈprætl̩) *vi* chiacchierare, cianciare. *n* chiacchierio *m*.
prawn (prɔ:n) *n* palemone *m*.
pray (prei) *vt,vi* pregare. **prayer** *n* preghiera, supplica *f*. **prayerbook** *n* libro di preghiere *m*.
preach (pri:tʃ) *vt,vi* predicare. **preacher** *n* predicatore *m*.
precarious (priˈkɛəriəs) *adj* precario, incerto.

precaution (pri'kɔ:ʃən) *n* precauzione *f.*

precede (pri'si:d) *vt* precedere. **precedence** *n* precedenza *f.* **precedent** *n* precedente *m.*

precinct ('pri:siŋkt) *n* **1** recinto *m.* **2** *pl* confini, limiti *m pl.*

precious ('preʃəs) *adj* **1** prezioso. **2** ricercato.

precipice ('presipis) *n* precipizio *m.*

precipitate (prə'sipiteit) *vt* precipitare. *adj* affrettato, precipitato.

precis ('preisi) *n* sunto *m.*

precise (pri'sais) *adj* preciso, esatto, scrupoloso. **precision** *n* precisione, esattezza *f.*

precocious (pri'kouʃəs) *adj* precoce.

preconceive (pri:kən'si:v) *vt* formare un'opinione di in anticipo. **preconceived** *adj* preconcetto. **preconception** *n* preconcetto, pregiudizio *m.*

predatory ('predətəri) *adj* predatorio, rapace.

predecessor ('pri:disesə) *n* predecessore *m.*

predestine (pri:'destin) *vt* predestinare **predestination** *n* predestinazione *f*

predicament (pri'dikəmənt) *n* imbroglio *m.* situazione difficile *f.*

predicate (*n* 'predikit; *v* 'predikeit) *n* predicato *m. vt* predicare.

predict (pri'dikt) *vt* predire. **prediction** *n* predizione *f.*

predominate (pri'dɔmineit) *vi* predominare, prevalere. **predominance** *n* predominio *m.* **predominant** *adj* predominante.

pre-eminent *adj* preminente. **pre-eminence** *n* preminenza *f.*

preen (pri:n) *vt* pulire. **preen oneself** pavoneggiarsi.

prefabricate (pri'fæbrikeit) *vt* prefabbricare. **prefab** *n* casa prefabbricata *f.*

preface ('prefis) *n* prefazione *f. vt* premettere, scrivere la prefazione a.

prefect ('pri:fekt) *n* **1** prefetto *m.* **2** *educ* capoclasse, prefetto *m.*

prefer (pri'fə:) *vt* preferire. **preferable** *adj* preferibile. **preference** *n* preferenza *f.* **preferential** *adj* preferenziale.

prefix ('pri:fiks) *n* prefisso *m. vt* premettere.

pregnant ('pregnənt) *adj* **1** (of a woman) incinta. **2** (of an animal) gravida. **3** pregnante, fecondo. **pregnancy** *n* gravidanza *f.*

prehistoric (pri:his'tɔrik) *adj* preistorico.

prejudice ('predʒədis) *n* pregiudizio *m. vt* pregiudicare, compromettere. **prejudiced** *adj* prevenuto.

preliminary (pri'liminəri) *adj,n* preliminare *m.*

prelude ('prelju:d) *n* preludio *m. vt,vi* preludere, preannunziare.

premarital (pri:'mæritl) *adj* prematrimoniale.

premature ('premətʃə) *adj* prematuro, precoce

premeditate (pri:'mediteit) *vt* premeditare **premeditation** *n* premeditazione *f*

premier ('premiə) *adj* primo. *n* primo ministro *m.*

premiere ('premiɛə) *n Th* prima *f.*

premise ('premis) *n* **1** premessa *f* **2** *pl* locali *m pl*

premium ('pri:miəm) *n* premio, aggio *m.* **premium bond** *n* titoli dello stato *m pl.*

preoccupied (pri:'ɔkjupaid) *adj* preoccupato.

prepare (pri'pɛə) *vt* **1** preparare. **2** apparecchiare *vi* prepararsi. **be prepared to** essere pronto a. **preparation** *n* preparazione *f.* preparativo *m.* **preparatory** *adj* preparatorio

preposition (prepə'ziʃən) *n* preposizione *f*

preposterous (pri'pɔstərəs) *adj* assurdo

prerogative (pri'rɔgətiv) *n* prerogativa *f* privilegio *m.*

Presbyterian (prezbi'tiəriən) *adj,n* presbiteriano

prescribe (pri'skraib) *vt,vi* **1** prescrivere **2** *med* ordinare **prescription** *n* ricetta medica *f.*

presence ('prezəns) *n* **1** presenza *f.* **2** aspetto *m.*

present[1] ('prezənt) *adj* attuale, presente. *n* presente *m.* **at present** adesso. **for the present** per il momento. **present participle** *n* participio presente *m.* **presently** *adv* fra poco

present[2] (*v* pri'zent; *n* 'prezənt) *vt* **1** presentare. **2** regalare a. **3** *Th* rappresentare. *n* regalo *m.* **presentation** *n* presentazione *f.*

preserve (pri'zə:v) *n* **1** conserva, marmellata *f* **2** (for animals) riserva *f. vt* conservare, preservare, salvare. **preservation** *n* **1** preservazione. **2** salvezza *f.*

preside (pri'zaid) *vi* presiedere.

president ('prezidənt) *n* presidente *m.* **presidential** *adj* presidenziale.

press (pres) *vt* **1** premere, comprimere, stringere. **2** stirare. *n* **1** stampa *f.* **2** *tech* torchio *m.* **3** calca *f.* **press conference** *n* conferenza stampa *f.* **press-stud** *n* automatico *m.* **press-up** *n* esercizio di ginnastica alzando il corpo con le braccia *m.* **pressing** *adj* urgente, incalzante.

pressure ('preʃə) *n* **1** pressione, costrizione *f.* **2** urgenza *f.* **pressure cooker** *n* pentola a pressione *f*. **pressurize** *vt* pressurizzare, costringere.

prestige (pres'ti:ʒ) *n* prestigio *m*.

presume (pri'zju:m) *vt* presumere, supporre. **presumption** *n* **1** presunzione, supposizione *f*. **2** arroganza *f* **presumptuous** *adj* presuntuoso, arrogante

pretend (pri'tend) *vt* fingere, far finta di. *vi* pretendere **pretence** *n* pretesa, scusa *f* pretesto *m* **pretension** *n* pretesa *f*. **pretentious** *adj* prentenzioso, arrogante. **pretentiousness** *n* arroganza *f*

pretext ('pri tekst) *n* pretesto *m*. scusa *f*

pretty ('priti) *adj* bellino, carino, grazioso. *adv* quasi, press a poco, piuttosto.

prevail (pri'veil) *vi* prevalere, predominare. **prevalent** *adj* prevalente

prevent (pri'vent) *vt* impedire. **prevention** *n* prevenzione *f* **preventive** *adj* preventivo

preview ('pri.vju.) *n* anteprima *f*

previous ('pri.viəs) *adj* precedente, anteriore. **previously** *adv* prima.

prey (prei) *n* preda *f* *v* **prey on 1** predare **2** consumare.

price (prais) *n* prezzo, costo *m*. *vt* valutare, fissare il prezzo di. **price-list** *n* listino dei prezzi *m*.

prick (prik) *n* pungolo *m*. puntura *f* *vt* pungere, punzecchiare **prick one's ears** drizzare gli orecchi. **prickle** *n* spina *f* **prickly** *adj* spinoso, pungente

pride (praid) *n* orgoglio *m*. superbia *f* *v* **pride oneself on** vantarsi di.

priest (pri st) *n* prete sacerdote *m*. **priesthood** *n* sacerdozio *m*

prim (prim) *adj* affettato, preciso.

primary ('praiməri) *adj* primario, elementare, fondamentale. **primary school** *n* scuola elementare *f*

primate *n* **1** ('praimit) *rel* primate *m*. **2** ('praimeit) *pl* primati *m pl*.

prime (praim) *adj* primo, principale, fondamentale *n* fiore, colmo *m*. *vt* **1** istruire. **2** caricare **prime minister** *n* primo ministro *m*

primitive ('primitiv) *adj* primitivo

primrose ('primrouz) *n* primula *f*

prince (prins) *n* principe *m*

princess (prin'ses) *n* principessa *f*

principal ('prinsəpəl) *adj* principale primo *n* capo, direttore, principale, padrone *m*

principality (prinsi'pæliti) *n* principato *m*

principle ('prinsəpəl) *n* principio *m*

print (print) *n* **1** stampa, impressione *f* **2** *phot* prova *f* *vt* stampare, imprimere. **out of print** esaurito **printer** *n* stampatore, tipografo *m*. **printing** *n* stampa, tiratura *f*

prior ('praiə) *adj* antecedente, precedente. *adv* prima. **priority** *n* priorità *f*

prise (praiz) *vt* far leva su **prise open** forzare

prism ('prizəm) *n* prisma *m*

prison ('prizən) *n* prigione *f* carcere *m*. **prisoner** *n* prigioniero, detenuto *m*.

private ('praivit) *adj* **1** privato, persolnale **2** confidenziale *n* soldato semplice *m*. **privacy** *n* solitudine, intimità *f*

privet ('privit) *n* ligustro *m*

privilege ('privilidʒ) *n* privilegio *m*

prize[1] (praiz) *n* premio *m* **prizewinner** *n* premiato, vincitore *m*

prize[2] (praiz) *vt* valutare, apprezzare

probable ('prɔbəbəl) *adj* probabile **probability** *n* probabilità *f* **probably** *adv* probabilmente

probation (prə'beiʃən) *n* probazione, prova *f* **on probation** in prova **probation officer** *n*. ufficiale sorvegliante *m* **probationary** *adj* probatorio

probe (proub) *vt* **1** sondare **2** esaminare a fondo *n* sonda *f*

problem ('prɔbləm) *n* problema *m*

proceed (prə'si d) *vi* **1** procedere, continuare. **2** derivare **procedure** *n* procedura *f* procedimento *m* **proceeding** *n* **1** azione *f* procedimento *m* **2** *pl* atti *m pl* **proceeds** *n pl* profitti *m pl*

process prouses) *n* processo, corso *m*. *vt* processare, preparare

procession (prə seʃən) *n* processione *f* corteo *m*

proclaim (prə'kleim) *vt* proclamare, dichiarare. **proclamation** *n* proclamazione, dichiarazione

procreate ('proukrieit) *vt* procreare **procreation** *n* procreazione *f*

ocure (prə'kjuə) *vt* procurare

prod (prɔd) *vt* stimolare pungere *n* pungolo *m*.

prodigy (prɔdidʒi) *n* prodigio, miracolo *m*

produce (*v* prə'dju s, *n* prɔdju s) *vt* **1** produrre, fabbricare **2** *Th* mettere in scena *n* prodotto *m* **producer** *n* **1** produttore *m* **2** *Th* direttore *m* **product** *n* prodotto, frutto *m* **production** *n* **1** produzione *f* **2** *Th* messa in scena *f* **productive** *adj* produttivo, fertile **productivity** *n* produttività *f*

profane (prə'fein) *adj* profano *vt* profanare

profess (prə'fes) *vt,vi* professare, dichiarare. **profession** *n* professione *f.* mestiere *m.* **professional** *adj* professionale. *n* professionista *m.* **professor** *n* professore universitario *m* **professorship** *n* cattedra *f.*

proficient (prə'fiʃənt) *adj* esperto, bravo **proficiency** *n* abilità *f*

profile ('proufail) *n* profilo *m*

profit ('prɔfit) *n* **1** profitto, guadagno *m.* **2** utile, vantaggio *m.* *vi* approfittare, trarre vantaggio **profitable** *adj* utile, vantaggioso.

profound (prə'faund) *adj* profondo, intenso.

profuse (prə'fju:s) *adj* profuso, prodigo **profusion** *n* profusione, prodigalità *f*

programme ('prougræm) *n* programma *m.* **program** (in computers) *n* programma *m* *vt* programmare

progress (*n* 'prougres, *v* prə'gres) *n* progresso, corso, avanzamento *m.* *vi* progredire, procedere, avanzare. **progression** *n* progresso *m* **progressive** *adj* progressivo

prohibit (prə'hibit) *vt* proibire, vietare, interdire **prohibition** *n* proibizione *f* **prohibitive** *adj* proibitivo

project (*n* 'prɔdʒekt; *v* prə'dʒekt) *n* progetto, disegno, piano *m.* *vt* **1** progettare **2** proiettare. *vi* sporgere. **projectile** *n* proiettile *m.* **projection** *n* prominenza, sporgenza *f* **projector** *n* **1** progettista *m* **2** *phot* proiettore *m*

proletariat (prouli'tɛəriət) *n* proletariato *m.* **proletarian** *adj,n* proletario

proliferate (prə'lifəreit) *vi* prolificare

prolific (prə'lifik) *adj* prolifico, fecondo

prologue ('proulɔg) *n* prologo *m*

prolong (prə'lɔŋ) *vt* prolungare, tirare in lungo

promenade (prɔmə'na:d) *n* **1** passeggiata *f* **2** lungomare *m*

prominent ('prɔminənt) *adj* **1** prominente **2** eminente, importante **3** notevole **prominence** *n* prominenza, eminenza, importanza *f.*

promiscuous (prə'miskjuəs) *adj* promiscuo **promiscuity** *n* promiscuità *f*

promise ('prɔmis) *n* promessa *f* *vt,vi* promettere.

promote (prə'mout) *vt* promuovere, favorire **promotion** *n* **1** promozione *f* **2** *comm* lancio *m*

prompt (prɔmpt) *adj* pronto, rapido *vt* **1** stimolare, ispirare. **2** *Th* suggerire **prompter** *n* suggeritore *m.* **prompting** *n* stimolo *m.* suggestione *f* **promptness** *n* prontezza *f.*

prone (proun) *adj* incline, disposto, prono.

prong (prɔŋ) *n* rebbio *m.* punta *f*

pronoun ('prounaun) *n* pronome *m.*

pronounce (prə'nauns) *vt* pronunciare, dire, dichiarare **pronunciation** *n* pronuncia *f*

proof (pru:f) *n* **1** prova *f.* **2** (of drink) grado *m.* *vt* rendere impermeabile. **proofreader** *n* correttore di bozze *m*

prop[1] (prɔp) *vt* puntellare, sostenere. *n* appoggio, puntello, sostegno *m*

prop[2] (prɔp) *n* *Th* oggetto teatrale *m.*

propaganda (prɔpə'gændə) *n* propaganda *f*

propagate ('prɔpəgeit) *vt* propagare, spargere

propel (prə'pel) *vt* spingere avanti, avviare **propeller** *n* elica *f*

proper ('prɔpə) *adj* **1** proprio. **2** particolare. **3** adatto **4** esatto, giusto, corretto. **proper noun** *n* nome proprio *m* **properly** *adv* bene, giustamente

property ('prɔpəti) *n* proprietà *f.* possesso *m.* beni *m pl*

prophecy ('prɔfisi) *n* profezia *f* **prophesy** *vt,vi* profetizzare, predire

prophet ('prɔfit) *n* profeta *m* **prophetic** *adj* profetico

proportion (prə'pɔ:ʃən) *n* proporzione, parte *f* **out of proportion** fuori di misura

propose (prə'pouz) *vt* **1** proporre, suggerire **2** (a toast, etc) fare *vi* fare una proposta di matrimonio **proposal** *n* proposta, offerta *f* **proposition** *n* proposizione, proposta *f* progetto *m*

proprietor (prə'praiətə) *n* proprietario *m*

propriety (prə'praiəti) *n* proprietà, convenienza *f*

propulsion (prə'pʌlʃən) *n* propulsione *f*

prose (prouz) *n* prosa *f*

prosecute ('prɔsikju:t) *vt* processare **prosecution** *n* processo *m* **prosecutor** *n* accusatore *m*

prospect ('prɔspekt) *n* **1** prospetto *m* vista *f* **2** prospettiva *f* **3** speranza *f* *vi* esplorare, fare ricerche **prospective** *adj* prospettivo, aspettato, futuro **prospectus** *n* prospetto, programma manifesto *m*

prosper ('prɔspə) *vi* prosperare, riuscire **prosperity** *n* prosperità *f* **prosperous** *adj* prospero felice, fortunato

prostitute ('prɔstitju:t) *n* prostituta, puttana *f* *vt* prostituire **prostitution** *n* prostituzione *f*

prostrate (*v* prɔs'treit; *adj* 'prɔstreit) *vt* **1** prostrare. **2** abbatere. *adj* prostrato, abbatuto
protagonist (prə'tægənist) *n* protagonista *m*.
protect (prə'tekt) *vt* proteggere, difendere **protection** *n* protezione *f* **protective** *adj* protettivo. **protectorate** *n* protettorato *m*.
protégé ('prɔtiʒei) *n* protetto *m*
protein ('prouti:n) *n* proteina *f*
protest (*n* 'proutest; *v* prə'test) *n* protesta *f* **under protest** protestando ~*vt,vi* protestare.
Protestant ('prɔtistənt) *adj,n* protestante.
protocol ('proutəkɔl) *n* protocollo *m*
proton ('proutɔn) *n* protone *m*
prototype ('proutətaip) *n* prototipo *m*
protrude (prə'tru:d) *vt,vi* sporgere
proud (praud) *adj* fiero, orgoglioso, superbo, arrogante.
prove (pru:v) *vt* provare, dimostrare *vi* mostrarsi.
proverb ('prɔvə:b) *n* proverbio *m* **proverbial** *adj* proverbiale.
provide (prə'vaid) *vt* provvedere, procurare, fornire **provided** *conj* purché. **provision** *n* **1** provvedimento *m*. **2** provviste *f pl* **provisional** *adj* provvisorio
province ('prɔvins) *n* **1** provincia *f* **2** competenza *f*. **provincial** *adj,n* provinciale
proviso (prə'vaizou) *n* stipulazione *f*
provoke (prə'vouk) *vt* provocare, irritare **provocation** *n* provocazione *f* **provocative** *adj* provocativo, provocatore
prow (prau) *n* prua *f*
prowess ('prauis) *n* bravura, prodezza *f* valore *m*
prowl (praul) *vi* vagare, gironzolare, vagolare **prowler** *n* girellone, predone *m*.
proximity (prɔk'simiti) *n* prossimità, vicinanza *f*
prude (pru:d) *n* persona di modestia affettata *f*
prudent ('pru:dn̩t) *adj* prudente, cauto, giudizioso **prudence** *n* prudenza *f*
prune[1] (pru n) *n* prugna secca *f*
prune[2] (pru n) *vt* potare, troncare **pruning** *n* potatura *f*
pry (prai) *vi* rovistare, ficcare il naso
psalm (sa:m) *n* salmo *m*
pseudonym ('sju:dənim) *n* pseudonimo *m*
psychedelic (saiki'delik) *adj* psicodelico
psychiatry (sai'kaiətri) *n* psichiatria *f* **psychiatric** *adj* psichiatrico **psychiatrist** *n* psichiatra *m*.
psychic ('saikik) *adj* psichico
psychoanalysis (saikouə'næləsis) *n* psicoanalisi *f* **psychoanalyst** *n* psicoanalista *m*.
psychology (sai'kɔlədʒi) *n* psicologia *f*. **psychological** *adj* psicologico. **psychologist** *n* psicologo *m*.
psychopath ('saikəpæθ) *n* psicopatico *m* **psychopathic** *adj* psicopatico.
psychosomatic (saikousə'mætik) *adj* psicosomatico
pub (pʌb) *n* bar *m invar* osteria, birreria *f*
puberty ('pju:bəti) *n* pubertà *f*.
public ('pʌblik) *adj,n* pubblico *m*. **publican** *n* proprietario del bar *m*. **public holiday** *n* giorno di festa *m* **public house** *n* bar *m invar* osteria, birreria *f*. **public relations** *n* servizio di stampa e propaganda *m*. **public school** *n* scuola privata *f*
publication (pʌbli'keiʃən) *n* pubblicazione *f*.
publicity (pʌb'lisiti) *n* pubblicità *f*
publicize ('pʌblisaiz) *vt* pubblicare.
publish ('pʌbliʃ) *vt* pubblicare, promulgare **publisher** *n* **1** editore *m* **2** casa editrice *f* **publishing** *n* pubblicazione *f*.
pucker ('pʌkə) *vt* raggrinzare, increspare, corrugare *vi* raggrinzarsi, incresparsi. *n* grinza, crespa, riga *f*
pudding ('pudiŋ) *n* budino, dolce *m*.
puddle ('pʌdl̩) *n* pozzanghera *f*
puff (pʌf) *n* **1** sbuffo soffio *m* **2** piumino *m* *vt,vi* soffiare, sbuffare. **puff pastry** *n* pasta sfoglia *f*
pull (pul) *n* **1** tirata *f* strappo, sforzo *m* **2** *sl* influenza *f* *vt,vi* **1** tirare, trascinare **2** trarre, strappare **pull down** demolire. **pull up** fermarsi. **pullover** *n* pullover *m invar* maglione *m*
pulley ('puli) *n* puleggia *f*
pulp (pʌlp) *n* polpa *f* *vt* ridurre in polpa.
pulpit ('pʌlpit) *n* pulpito *m*.
pulsate (pʌl'seit) *vi* pulsare, battere, palpitare
pulse (pʌls) *n* polso *m*
pulverize ('pʌlvəraiz) *vt* polverizzare
pump (pʌmp) *n* pompa *f* *vt* **1** pompare. **2** ottenere informazione da **pump up** gonfiare.
pumpkin ('pʌmpkin) *n* zucca *f*
pun (pʌn) *n* gioco di parole *m*
punch[1] (pʌntʃ) *n* pugno *m* *vt* dare pugni a.
punch[2] (pʌntʃ) *n* (tool) strumento per perforare *vt* perforare
punch[3] (pʌntʃ) *n cul* ponce *m*
punctual ('pʌŋktʃuəl) *adj* puntuale **punctuality** *n* puntualità *f*

punctuate (ˈpʌŋktʃueit) *vt* punteggiare **punctuation** *n* punteggiatura, puntuazione *f*.
puncture (ˈpʌŋktʃə) *n* **1** *mot* bucatura *f*. **2** *med* puntura *f* *vt* forare, bucare
pungent (ˈpʌndʒənt) *adj* acre, pungente, aspro
punish (ˈpʌniʃ) *vt* punire, castigare **punishment** *n* punizione, pena *f* castigo *m*
punt[1] (pʌnt) *n naut* chiatta *f* *vt* spingere
punt[2] (pʌnt) *vi game* scommettere
pupil[1] (ˈpju:pəl) *n* scolaro, alunno *m*
pupil[2] (ˈpju:pəl) *n anat* pupilla *f*
puppet (ˈpʌpit) *n* marionetta *f* burattino *m*
puppy (ˈpʌpi) *n* cagnolino *m*
purchase (ˈpə:tʃis) *vt* comprare, acquistare *n* compera *f* acquisto *m* **purchaser** *n* compratore *m*
pure (pjuə) *adj* puro, chiaro **purity** *n* purità, purezza *f*
purgatory (ˈpə.gətri) *n* purgatorio *m*
purge (pə:dʒ) *n* **1** purga *f* purgante *m* **2** *pol* epurazione *f* *vt* **1** purgare, purificare **2** *pol* epurare
purify (ˈpjuərifai) *vt* purificare **purification** *n* purificazione *f*
Puritan (ˈpjuəritən) *n* puritano *m* **puritanical** *adj* puritano
purl (pə.l) *vt,vi* smerlare
purple (ˈpə:pəl) *n* porpora *f* *adj* purpureo, violaceo
purpose (ˈpə:pəs) *n* proposito, scopo, fine *m* intenzione *f* **on purpose** apposta
purr (pə:) *vi* fare le fusa *n* fusa *f*
purse (pə:s) *n* borsellino *m*
pursue (pəˈsju:) *vt* **1** perseguire, incalzare **2** cercare **pursuer** *n* inseguitore *m* **pursuit** *n* **1** inseguimento *m* **2** ricerca *f*
pus (pʌs) *n* pus *m* marcia *f*
push (puʃ) *vt* spingere, urtare, premere **push on** avanzarsi **push through** sbrigare ~*n* spinta *f* urto, impulso *m* **pushchair** *n* carrozzino *m*
pussy (ˈpusi) *n inf* micio *m*
put* (put) *vt* **1** mettere, porre **2** collocare, presentare **put off 1** rinviare **2** dissuadere **put on** indossare **put up** aumentare **put up with** sopportare
putrid (ˈpju:trid) *adj* putrido, marcio, putrefatto
putty (ˈpʌti) *n* stucco *m*
puzzle (ˈpʌzəl) *n* enigma, indovinello *m* *vt* confondere, sbalordire **puzzled** *adj* perplesso
PVC *n* PVC *m*
Pygmy (ˈpigmi) *adj,n* pigmeo.
pyjamas (pəˈdʒɑ:məz) *n pl* pigiama *m*.
pylon (ˈpailən) *n* pilone *m*
pyramid (ˈpirəmid) *n* piramide *f*
Pyrex (ˈpaireks) *n Tdmk* pirofila *f*
python (ˈpaiθən) *n* pitone *m*

Q

quack[1] (kwæk) *n* gracidio *m* *vi* gracidiare
quack[2] (kwæk) *n* ciarlatano *m*
quadrangle (ˈkwɔdræŋgəl) *n* quadrangolo *m*
quadrant (ˈkwɔdrənt) *n* quadrante *m*
quadrilateral (kwɔdriˈlætərəl) *adj,n* quadrilatero *m*
quadruped (ˈkwɔdruped) *adj,n* quadrupede *m*
quadruple (ˈkwɔdrupəl) *adj,n* quadruplo *m* *vt* quadruplare **quadruplet** *n* uno di quattri nati in un solo parto *m*
quail[1] (kweil) *n* quaglia *f*
quail[2] (kweil) *vi* tremare, avere paura
quaint (kweint) *adj* **1** strano. **2** pittoresco
quake (kweik) *vi* tremolare
Quaker (ˈkweikə) *n* quacchero *m*
qualify (ˈkwɔlifai) *vt* **1** qualificare, abilitare **2** moderare, mitigare *vi* abilitarsi **qualification** *n* **1** titolo *m* qualifica *f* **2** condizione, riserva *f* **qualified** *adj* qualificato, competente
quality (ˈkwɔliti) *n* qualità *f*
qualm (kwɑ:m) *n* **1** scrupolo *m* **2** nausea *f* malessere *m*
quandary (ˈkwɔndəri) *n* impaccio *m* situazione difficile *f*
quantify (ˈkwɔntifai) *vt* quantificare
quantity (ˈkwɔntiti) *n* quantità *f*
quarantine (ˈkwɔrənti:n) *n* quarentena *f*
quarrel (ˈkwɔrəl) *n* disputa, lite, contesa *f* *vi* litigare, disputare **quarrelsome** *adj* litigioso
quarry[1] (ˈkwɔri) *n* cava, pietraia *f* *vt* scavare
quarry[2] (ˈkwɔri) *n* (prey) preda *f*
quart (kwɔ:t) *n* quarto di un gallone *m*
quarter (ˈkwɔ:tə) *n* **1** quarto *m* **2** trimestre *m* **3** quartiere *m* località *f* **4** *pl mil* quartieri *m pl* **at close quarters** da vicino ~*vt* dividere in quarti **quarterly** *adj* trimestrale **quarterdeck** *n* cassero *m* **quartermaster** *n* commissario *m*
quartet (kwɔˈtet) *n* quartetto *m*
quartz (kwɔ:ts) *n* quarzo *m*
quash[1] (kwɔʃ) *vt* schiacciare
quash[2] (kwɔʃ) *vt law* annullare, invalidare

quaver (ˈkweɪvə) *n mus* croma *f. vi* tremolare, vibrare.
quay (ki:) *n* banchina *f.* molo *m.*
queasy (ˈkwi:zi) *adj* **1** nauseante **2** delicato. **feel queasy** sentire la nausea.
queen (kwi:n) *n* **1** regina *f* **2** *game* donna *f* **beauty queen** reginetta *f.*
queer (kwiə) *adj* strano, bizzarro, curioso *n sl* finocchio *m.*
quell (kwel) *vt* reprimere, domare, soffocare
quench (kwentʃ) *vt* spegnere, estinguere **quench one's thirst** dissetarsi
query (ˈkwiəri) *n* domanda, questione *f. vt* **1** domandare **2** mettere in dubbio
quest (kwest) *n* ricerca *f* **in quest of** in cerca di
question (ˈkwestʃən) *n* **1** domanda, questione *f.* **2** dubbio *m* **3** soggetto *m* **ask a question** fare una domanda **out of the question** impossibile ~*vt* **1** interrogare **2** mettere in dubbio **question mark** *n* punto interrogativo *m* **questionable** *adj* discutibile **questionnaire** *n* questionario *m*
queue (kju:) *n* coda, fila *f vi* far coda
quibble (ˈkwibəl) *vi* cavillare, equivocare *n* cavillo *m* scappatoia *f*
quick (kwik) *adj* **1** presto, rapido **2** svelto, vivace **3** intelligente *adv* presto, subito *n* vivo *m* **quicken** *vt* affrettare **quickness** *n* prontezza, rapidità *f* **quicksand** *n* sabbia mobile *f* **quicksilver** *n* mercurio, argento vivo *m* **quickstep** *n* quickstep *m* **quick-tempered** *adj* irascibile **quick-witted** *adj* acuto
quid (kwid) *n sl* sterlina *f*
quiet[1] (ˈkwaiət) *n* quiete, tranquillità *f* silenzio *m*
quiet[2] (ˈkwaiət) *adj* **1** quieto, tranquillo, placido **2** modesto **be quiet!** sta zitto! **on the quiet** quatto quatto ~*vt* acquietare *vi* acquietarsi **quieten** *vt* calmare, quietare, pacificare *vi* calmarsi
quill (kwil) *n* **1** penna *f* **2** (of a porcupine) spina *f*
quilt (kwilt) *n* piumino *m vt* trapuntare
quinine (kwiˈni:n) *n* chinino *m*
quintessence (kwinˈtesəns) *n* quintessenza *f*
quintet (kwinˈtet) *n* quintetto *m*
quirk (kwə:k) *n* vezzo, frizzo *m*
quit* (kwit) *vt* lasciare, abbandonare *vi* partire **be quits** essere pari **notice to quit** *n* disdetta *f*
quite (kwait) *adv* tutto, affatto, proprio, completamente.
quiver[1] (ˈkwivə) *vi* tremare, vacillare. *n* brivido, tremito *m*
quiver[2] (ˈkwivə) *n sport* faretra *f.*
quiz (kwiz) *n, pl* **quizzes** questionario *m* quiz *m invar vt* fare delle domande a
quizzical (ˈkwizikəl) *adj* curioso
quoit (kɔit) *n* anello (di ferro, etc.) *m*
quota (ˈkwoutə) *n* quota, rata *f*
quote (kwout) *vt* **1** citare **2** *comm* quotare **quotation** *n* **1** citazione *f* brano *m* **2** *comm* quotazione *f* **quotation marks** *n pl* virgolette *f pl*

R

rabbi (ˈræbai) *n* rabbino *m*
rabbit (ˈræbit) *n* coniglio *m*
rabble (ˈræbəl) *n* plebaglia *f*
rabies (ˈreibi:z) *n* idrofobia, rabbia *f* **rabid** *adj* **1** fanatico **2** furioso **3** *med* rabbioso, idrofobo
race[1] (reis) *n* (competition) corsa, gara *f vt* far correre in una corsa *vi* correre **racecourse** *n* campo di corse *m* pista *f* **racehorse** *n* cavallo da corsa *m*
race[2] (reis) *n* (people) razza, stirpe *f* **race relations** *n pl* relazioni razziali *f pl* **racial** *adj* razziale, di razza
rack (ræk) *n* **1** rastrelliera *f* **2** (for plates) scolapiatti *m* **3** (for luggage, etc) rete *f vt* tormentare **rack one's brains** stillarsi il cervello
racket[1] (ˈrækit) *n* chiasso, rumore, fracasso *m*
racket[2] (ˈrækit) *n sport* racchetta *f*
radar (ˈreida:) *n* radar *m invar*
radial (ˈreidiəl) *adj* radiale.
radiant (ˈreidiənt) *adj* raggiante, irradiato, brillante **radiance** *n* splendore *m*
radiate (ˈreidieit) *vt* raggiare, diffondere, irradiare **radiation** *n* irradiazione *f* **radiator** *n* **1** termosifone *m* **2** *mot* radiatore *m.*
radical (ˈrædikəl) *adj,n* radicale *m*
radio (ˈreidiou) *n* radio *f invar*
radioactive (reidiouˈæktiv) *adj* radioattivo **radioactivity** *n* radioattività *f*
radish (ˈrædiʃ) *n* ravanello *m*
radium (ˈreidiəm) *n* radio *m*
radius (ˈreidiəs) *n, pl* **-dii** *or* **-diuses** raggio *m*
raffia (ˈræfiə) *n* rafia *f*

raffle ('ræfəl) *n* lotteria privata *f*. *vt* vendere per mezzo di una lotteria.

raft (rɑ:ft) *n* zattera, chiatta *f*.

rafter ('rɑ:ftə) *n* trave *f*.

rag[1] (ræg) *n* straccio, cencio *m*. **ragged** *adj* **1** cencioso, stracciato. **2** aspro, ruvido.

rag[2] (ræg) *vt* prendere in giro.

rage (reidʒ) *n* **1** collera, furia *f*. **2** mania, passione *f*. **all the rage** di moda ~*vi* infuriare.

raid (reid) *n* scorreria, incursione *f*. *vt* invadere, fare un'incursione in.

rail (reil) *n* **1** sbarra *f*. **2** (of banisters, etc.) ringhiera *f*. **3** (railway) rotaia *f*. **railing** *n* cancellata *f*. **railway** *n* ferrovia *f*. **railway line** *n* binario *m*.

rain (rein) *n* pioggia *f*. *v imp* piovere. **rainbow** *n* arcobaleno *m*. **raindrop** *n* goccia di pioggia *f*. **rainfall** *n* caduta di pioggia *f*.

raise (reiz) *vt* **1** alzare. **2** sollevare. **3** allevare. **4** innalzare, aumentare.

raisin ('reizən) *n* uva secca *f*.

rajah ('rɑ:dʒə) *n* ragià *m*.

rake (reik) *n* rastrello *m*. *vt* rastrellare, raccogliere.

rally ('ræli) *n* **1** ripresa *f*. **2** riunione *f*. **3** *mot* rally *m*. *vt* raccogliere, riunire. *vi* rimettersi.

ram (ræm) *n* montone *m*. *vt* **1** ficcare. **2** *naut* speronare.

ramble ('ræmbəl) *n* passeggiata *f* giro *m*. *vi* **1** vagare. **2** divagare.

ramp (ræmp) *n* rampa, salita *f*.

rampage ('ræmpeidʒ) *n* furia, condotta violenta *f*. *vi* smaniare, scalmanarsi.

rampant ('ræmpənt) *adj* **1** predominante. **2** violento.

rampart ('ræmpɑ:t) *n* bastione *m*. difesa *f*.

ramshackle ('ræmʃækəl) *adj* sgangherato, rovinato.

ran (ræn) *v see* **run.**

ranch (rɑ:ntʃ) *n* podere *m*. fattoria *f*.

rancid ('rænsid) *adj* rancido.

rancour ('ræŋkə) *n* rancore, risentimento *m*. acrimonia *f*.

random ('rændəm) *adj* casuale, a caso. **at random** a casaccio.

rang (ræŋ) *v see* **ring.**

range (reindʒ) *n* **1** serie, portata *f*. **2** *sport* campo di tiro *m*. **3** *geog* catena *f*. *vt* ordinare, collocare. *vi* stendersi.

rank[1] (ræŋk) *n* **1** fila *f*. **2** classe, condizione *f*. **3** rango, grado *m*. **rank and file** *n* gregari *m pl*. ~*vt* **1** classificare. **2** ordinare. *vi* prendere posto.

rank[2] (ræŋk) *adj* rancido, schifoso, turpe.

rankle ('ræŋkəl) *vi* bruciare.

ransack ('rænsæk) *vt* frugare, saccheggiare.

ransom ('rænsəm) *n* riscatto *m*. *vt* riscattare

rap (ræp) *n* colpo, colpetto *m*. picchiata *f*. *vt* battere, colpire, picchiare.

rape (reip) *n* violenza carnale *f*. *vt* violare.

rapid ('ræpid) *adj* rapido, veloce. *n* rapida *f*. **rapidity** *n* velocità, rapidità *f*.

rapier ('reipiə) *n* spada *f*.

rapture ('ræptʃə) *n* entusiasmo *m*. estasi *f*.

rare[1] (rɛə) *adj* **1** raro, scarso. **2** insolito. **3** prezioso. **rarity** *n* rarità *f*.

rare[2] (rɛə) *adj cul* poco cotto.

rascal ('rɑ:skəl) *n* furfante, briccone *m*.

rash[1] (ræʃ) *adj* precipitoso, inconsiderato, avventato. **rashness** *n* imprudenza *f*.

rash[2] (ræʃ) *n med* eruzione *f*.

rasher ('ræʃə) *n* fetta di prosciutto *f*.

raspberry ('rɑ:zbri) *n* lampone *m*. **raspberry cane** *n* lampone *m*.

rat (ræt) *n* ratto *m*.

rate (reit) *n* **1** prezzo *m*. tariffa *f*. **2** imposta *f* **3** velocità *f*. **4** *comm* tasso *m*. **at any rate** comunque. ~*vt* **1** valutare. **2** stimare, considerare. **rate payer** *n* contribuente *m*.

rather ('rɑ:ðə) *adv* piuttosto, alquanto, abbastanza. *interj* certo!

ratio ('reiʃiou) *n* ragione, proporzione *f*.

ration ('ræʃən) *n* **1** razione *f*. **2** *pl* viveri *m pl*. *vt* razionare. **rationing** *n* razionamento *m*.

rational ('ræʃənəl) *adj* ragionevole, razionale. **rationalism** *n* razionalismo *m*. **rationalization** *n* razionalizzazione *f*. **rationalize** *vt* razionalizzare.

rattle ('rætl) *n* **1** (toy) sonaglio *m*. **2** rumore, fracasso, tintinnio *m*. *vt* risuonare. *vi* far rumore.

raucous ('rɔ:kəs) *adj* rauco, aspro.

ravage ('rævidʒ) *vt* devastare, rovinare. **ravages** *n pl* danni *m pl*. devastazione *f*.

rave (reiv) *vi* delirare. **rave about** andare pazzo per.

raven ('reivən) *n* corvo *m*. *adj* corvino. **ravenous** *adj* affamato, vorace.

ravine (rə'vi:n) *n* burrone *m*. gola *f*.

ravioli (rævi'ouli) *n pl* ravioli *m pl*.

ravish ('ræviʃ) *vt* **1** violare, stuprare. **2** estasiare. **ravishing** *adj* incantevole

raw (rɔ:) *adj* 1 crudo. 2 greggio. 3 inesperto. **raw materials** *n pl* materie prime *f pl*

ray (rei) *n* raggio *m*.

rayon ('reiɔn) *n* raion *m*

razor ('reizə) *n* rasoio *m*. **razor blade** *n* lametta *f*.

reach (ri:tʃ) *vt* arrivare a, giungere, raggiungere *vi* stendersi *n* portata, capacità *f* **out of/within reach** fuori/alla mano

react (ri'ækt) *vi* reagire **reaction** *n* reazione *f* **reactionary** *adj,n* reazionario

read* (ri:d) *vt* 1 leggere. 2 studiare **reading** *n* lettura *f*

readjust (ri:ə'dʒʌst) *vt* raggiustare **readjustment** *n* raggiustamento *m*.

ready ('redi) *adj* 1 pronto, preparato. 2 disposto **get ready** prepararsi **ready-made** *adj* confezionato **ready money** *n* contanti *m pl*. **readiness** *n* prontezza *f*.

real (riəl) *adj* 1 reale 2 vero, genuino. **real estate** *n* beni immobili *m pl* **realism** *n* realismo *m*. **realist** *n* realista *m*. **realistic** *adj* realistico **reality** *n* realtà *f*. **really** *adv* proprio. *interj* davvero!

realize ('riəlaiz) *vt* 1 accorgersi di, rendersi conto di 2 realizzare **realization** *n* realizzazione *f*.

realm (relm) *n* regno, dominio *m*

reap (ri:p) *vt* mietere, raccogliere

reappear (ri:ə'piə) *vi* riapparire **reappearance** *n* ricomparsa *f*

rear[1] (riə) *n* parte posteriore *f* dietro *m*. **in the rear** al di dietro ~*adj* posteriore **rear admiral** *n* contrammiraglio *m* **rearguard** *n* retroguardia *f*

rear[2] (riə) *vt* allevare, coltivare *vi* impennarsi **rearing** *n* allevamento *m*.

rearrange (riə'reindʒ) *vt* riordinare, riarrangiare **rearrangement** *n* riordinamento *m*

reason ('ri:zən) *n* ragione, causa *f* motivo *m vi* ragionare, discorrere. **reasonable** *adj* ragionevole, giusto. **reasoning** *n* ragionamento *m*

reassure (ri:ə'ʃuə) *vt* rassicurare

rebate ('ri:beit) *n* sconto *m* riduzione, restituzione *f*

rebel (*adj,n*, 'rebəl. *v* ri'bel) *adj,n* ribelle. *vi* ribellarsi **rebellion** *n* ribellione, rivolta *f* **rebellious** *adj* ribelle, disubbidiente

rebound (*v* ri'baund, *n* 'ri:baund) *vi* rimbalzare *n* 1 rimbalzo *m* 2 reazione *f*

rebuff (ri'bʌf) *n* rifiuto *m vt* respingere, rifiutare

rebuild (ri:'bild) *vt* ricostruire. **rebuilding** *n* ricostruzione *f*

rebuke (ri'bju:k) *n* rimprovero, biasimo *m*. sgridata *f*. *vt* rimproverare, sgridare.

recall (ri'kɔ:l) *vt* richiamare, ricordare, rievocare.

recede (ri'si:d) *vi* recedere, ritirarsi

receipt (ri'si:t) *n* ricevuta, quietanza *f*

receive (ri'si:v) *vt* ricevere, accogliere **receiver** *n* 1 (telephone) ricevitore *m* 2 destinatario *m*

recent ('ri:sənt) *adj* recente, nuovo. **recently** *adv* di recente, in questi giorni.

receptacle (ri'septəkəl) *n* recipiente, ricettacolo *m*

reception (ri'sepʃən) *n* 1 ricevimento *m*. accoglienza *f*. 2 *tech* ricezione *f*. **receptionist** *n* segretaria *f* **receptive** *adj* recettivo.

recess (ri'ses) *n* 1 nicchia, alcova *f*. recesso *m*. 2 vacanze *f pl*.

recession (ri'seʃən) *n* recessione *f*.

recipe ('resipi) *n* ricetta *f*

recipient (ri'sipiənt) *n* destinatario *m*. *adj* ricevente, ricettivo.

reciprocate (ri'siprəkeit) *vt* contraccambiare, reciprocare **reciprocity** *n* reciprocità *f* **reciprocal** *adj* reciproco

recite (ri'sait) *vt* recitare, narrare, raccontare **recital** *n* 1 racconto *m*. narrazione *f*. 2 *mus* concerto *m*.

reckless ('rekləs) *adj* temerario, imprudente **recklessness** *n* temerità, imprudenza *f*

reckon ('rekən) *vt* 1 contare, computare 2 giudicare **reckoning** *n* conto, calcolo *m*

reclaim (ri'kleim) *vt* 1 redimere. 2 (land) bonificare **reclamation** *n* 1 redenzione *f* 2 bonifica *f*

recline (ri'klain) *vt* appoggiare, reclinare. *vi* appoggiarsi, sdraiarsi

recluse (ri'klu:s) *n* recluso, eremita *m*

recognize ('rekəgnaiz) *vt* riconoscere **recognition** *n* riconoscimento *m*

recoil (ri'kɔil) *vi* rinculare, indietreggiare *n* rinculo, indietreggiamento *m*

recollect (rekə'lekt) *vt* ricordarsi di **recollection** *n* ricordo *m* memoria *f*

recommence (ri:kə'mens) *vt,vi* ricominciare

recommend (rekə'mend) *vt* raccomandare **recommendation** *n* raccomandazione *f*

recompense ('rekəmpəns) *n* ricompensa, rimunerazione *f vt* ricompensare, rimunerare

reconcile ('rekənsail) *vt* riconciliare, comporre **reconciliation** *n* riconciliazione *f* **reconciliatory** *adj* riconciliatorio

reconstruct (ri:kən'strʌkt) *vt* ricostruire. **reconstruction** *n* ricostruzione *f*.

record (*v* ri'kɔ:d; *n* 'rekɔ:d) *vt* registrare, notare. *n* **1** ricordo, registro *m*. **2** *sport* record, primato *m*. **3** *mus* disco *m*. **record player** *n* giradischi *m*.

recount (ri'kaunt) *vt* raccontare, narrare.

recover (ri'kʌvə) *vt* ricuperare, riprendere. *vi* rimettersi, guarire. **recovery** *n* **1** ricupero *m*. **2** *med* guarigione *f*.

recreation (rekri'eiʃən) *n* divertimento, passatempo *m*. ricreazione *f*.

recruit (ri'kru:t) *n* recluta *f*. *vt* reclutare. **recruitment** *n* reclutamento *m*.

rectangle ('rektæŋgəl) *n* rettangolo *m*. **rectangular** *adj* rettangolare.

rectify ('rektifai) *vt* correggere, rettificare.

recuperate (ri'kju:pəreit) *vt* ricuperare. *vi* ricuperarsi, rimettersi. **recuperation** *n* ricupero *m*.

recur (ri'kə:) *vi* ricorrere, ritornare. **recurrence** *n* **1** ricorrenza *f*. **2** *med* ripresa *f*. **recurrent** *adj* ricorrente, periodico.

red (red) *adj,n* rosso *m*. **turn red** arrossire. **redcurrant** *n* ribes *m*. **red-handed** *adj* in flagrante. **reddish** *adj* rossastro.

redeem (ri'di:m) *vt* redimere, riscattare, salvare. **redeeming** *adj* compensatore. **redemption** *n* redenzione *f*.

redevelop (ri:di'veləp) *vt* ricostruire. **redevelopment** *n* ricostruzione *f*.

Red Indian *n* pellerossa *m,f*.

redress (ri'dres) *n* riparazione *f*. rimedio *m*. *vt* riparare, correggere.

reduce (ri'dju:s) *vt* ridurre, diminuire. **reduction** *n* riduzione, diminuzione *f*.

redundant (ri'dʌndənt) *adj* ridondante. **redundancy** *n* ridondanza *f*

reed (ri:d) *n* canna *f*.

reef (ri:f) *n* scoglio *m*. scogliera *f*.

reek (ri:k) *n* fumo, vapore, puzzo *m*. *vi* puzzare.

reel[1] (ri:l) *n* **1** aspo, rocchetto *m*. **2** *phot* rotolo *m*. *vt* aggomitolare.

reel[2] (ri:l) *vi* vacillare, girare.

re-establish (ri:i'stæbliʃ) *vt* ristabilire. **re-establishment** *n* ristabilimento *m*.

refectory (ri'fektəri) *n* refettorio *m*. mensa *f*.

refer (ri'fə:) *vt* **1** riferire, rimandare. **2** attribuire, ascrivere. *vi* **1** rivolgersi. **2** alludere. **referee** *n* arbitro *m*. *vt* arbitrare. **reference** *n* **1** riferimento *m*. allusione *f*. **2** referenza, raccomandazione *f*. **referendum** *n, pl* **-da** referendum *m*.

refill (*v* ri:'fil; *n* 'ri:fil) *vt* riempire, rifornire. *n* rifornimento *m*. refill *m invar*.

refine (ri'fain) *vt* raffinare, purificare. **refined** *adj* colto, elegante. **refinement** *n* raffinatezza, eleganza, sottigliezza *f*. **refinery** *n* raffineria *f*.

reflation (ri'fleiʃən) *n* inflazione controllata *f*.

reflect (ri'flekt) *vt* riflettere. *vi* riflettere, pensare, meditare. **reflection** *n* **1** riflessione *f*. **2** biasimo *m*. **reflective** *adj* riflessivo, pensieroso. **reflector** *n* riflettore *m*.

reflex ('ri:fleks) *adj,n* riflesso *m*. **reflexive** *adj* riflessivo.

reform (ri'fɔ:m) *n* riforma *f*. *vt* riformare, correggere. *vi* riformarsi, correggersi. **reformation** *n* riforma *f*. **reformer** *n* riformatore *m*.

refract (ri'frækt) *vt* rifrangere.

refrain[1] (ri'frein) *vi* frenarsi, trattenersi.

refrain[2] (ri'frein) *n* ripresa *f*.

refresh (ri'freʃ) *vt* rinfrescare, ristorare **refreshments** *n pl* rinfreschi *m pl*

refrigerate (ri'fridʒəreit) *vt* refrigerare. **refrigeration** *n* refrigerazione *f*. **refrigerator** *n* frigorifero *m*.

refuel (ri:'fju:əl) *vt* rifornire di carburante. *vi* rifornirsi di carburante.

refuge ('refju:dʒ) *n* rifugio, asilo *m*. **take refuge** rifugiarsi. **refugee** *n* rifugiato, esule, profugo *m*.

refund (*v* ri'fʌnd; *n* 'ri:fʌnd) *vt* rimborsare, restituire. *n* rimborso *m*.

refuse[1] (ri'fju:z) *vt* rifiutare, vietare. *vi* rifiutarsi. **refusal** *n* rifiuto *m*.

refuse[2] ('refju:s) *n* immondizie *f pl*. rifiuti *m pl*.

refute (ri'fju:t) *vt* confutare, ribattere.

regain (ri'gein) *vt* riprendere, riacquistare, ricuperare.

regal ('ri:gəl) *adj* regale, reale.

regard (ri'gɑ:d) *n* **1** rispetto *m*. **2** sguardo *m*. **3** considerazione, stima *f*. **4** *pl* saluti *m pl*. **with regard to** quanto a. ~*vt* considerare, stimare. **regardless** *adj* senza riguardo. **regardless of** indifferente a.

regatta (ri'gɑ:tə) *n* regata *f*.

regent ('ri:dʒənt) *n* reggente *m*. **regency** *n* reggenza *f*.

regime (rei'ʒi:m) *n* regime *m*.

regiment ('redʒimənt) *n* reggimento *m*. *vt* reggimentare. **regimental** *adj* reggimentale **regimentation** *n* reggimentazione *f*.

region (ˈriːdʒən) *n* regione *f* **regional** *adj* regionale.

register (ˈredʒistə) *n* **1** registro *m*. **2** *pol* lista elettorale *f* *vt* **1** registrare, indicare. **2** (post) raccomandare. *vi* iscriversi **registrar** *n* segretario *m* **registration** *n* registrazione *f*. **registry office** *n* ufficio dello stato civile *m* anagrafe *f*

regress (riˈgres) *vi* regredire. **regression** *n* regressione *f* **regressive** *adj* regressivo.

regret (riˈgret) *vt* deplorare, rammaricarsi di *n* dispiacere, rammarico, rincrescimento *m* **regrettable** *adj* spiacevole.

regular (ˈregjulə) *adj* regolare, normale, ordinato. **regular soldier** *n* soldato di professione *m*. **regularity** *n* regolarità *f*.

regulate (ˈregjuleit) *vt* regolare, moderare. **regulation** *n* **1** regola, ordinanza *f*. **2** regolamento *m*. *adj* regolamentare **regulator** *n* regolatore *m*.

rehabilitate (ri əˈbiliteit) *vt* riabilitare **rehabilitation** *n* riabilitazione *f*.

rehearse (riˈhəːs) *vt* **1** ripetere, narrare **2** *Th* provare. **rehearsal** *n* **1** ripetizione *f* **2** *Th* prova *f*

reheat (riːˈhiːt) *vt* riscaldare di nuovo.

reign (rein) *n* regno *m*. *vi* regnare.

reimburse (riːimˈbəːs) *vt* rimborsare, rifondere **reimbursement** *n* rimborso *m*.

rein (rein) *n* **1** redine *f* **2** freno *m*

reincarnation (riːinkɑːˈneiʃən) *n* reincarnazione *f*.

reindeer (ˈreindiə) *n invar* renna *f*

reinforce (riːinˈfɔːs) *vt* rinforzare, rafforzare **reinforcement** *n* rinforzo *m*.

reinstate (riːinˈsteit) *vt* ristabilire, reintegrare **reinstatement** *n* ristabilimento *m* reintegrazione *f*

reinvest (riːinˈvest) *vt* rinvestire **reinvestment** *n* rinvestimento *m*.

reissue (riːˈiʃuː) *n* **1** ristampa *f*. **2** *comm* nuova emissione *f*. *vt* **1** ristampare, ripubblicare. **2** *comm* emettere di nuovo.

reject (*v* riˈdʒekt; *n* ˈriːdʒekt) *vt* rifiutare, respingere. *n* rifiuto *m*. **rejection** *n* rifiuto *m* ripulsa *f*.

rejoice (riˈdʒɔis) *vi* rallegrarsi, gioire, godere **rejoicing** *n* allegrezza, gioia *f*.

rejuvenate (riˈdʒuːvəneit) *vt* ringiovanire **rejuvenation** *n* ringiovanimento *m*.

relapse (riˈlæps) *n* ricaduta *f*. *vi* ricadere.

relate (riˈleit) *vt* **1** raccontare, narrare. **2** riferire *vi* riferirsi, aver rapporto. **related** *adj* connesso, congiunto **be related to** essere parente di **relation** *n* **1** parente *m,f* **2** narrazione *f* **3** rapporto *m*. **relationship** *n* **1** parentela *f* **2** rapporto *m*. **relative** *n* parente *m,f* *adj* relativo rispettivo **relativity** *n* relatività *f*

relax (riˈlæks) *vt* rilassare, allentare, riposare *vi* riposarsi, distrarsi. **relaxation** *n* **1** ricreazione *f* riposo *m*. **2** rilassamento *m*. **3** svago *m*.

relay (*n* ˈriːlei, *v* riˈlei) *n* **1** muta *f*. **2** trasmissione *f* *vt* **1** cambiare **2** ritrasmettere **relay race** *n* corsa a staffetta *f*

release (riˈliːs) *vt* liberare, lasciar andare *n* liberazione *f*.

relent (riˈlent) *vi* pentirsi, cedere **relentless** *adj* inflessibile, severo.

relevant (ˈreləvənt) *adj* relativo, pertinente **relevancy** *n* rapporto *m*.

reliable (riˈlaiəbəl) *adj* fidato, sicuro. **reliability** *n* fidatezza, sicurezza *f*

relic (ˈrelik) *n* **1** reliquia *f* **2** *pl* resti, avanzi *m pl*.

relief (riˈliːf) *n* **1** sollievo, soccorso *m*. **2** aiuto *m* **3** rilievo *m* **4** *mil* cambio *m*

relieve (riˈliːv) *vt* **1** sollevare, mitigare **2** soccorrere, aiutare

religion (riˈlidʒən) *n* religione *f* **religious** *adj* religioso, pio, devoto

relinquish (riˈliŋkwiʃ) *vt* abbandonare, rinunziare a **relinquishment** *n* abbandono *m*.

relish (ˈreliʃ) *n* **1** gusto *m* **2** condimento *m*. *vt* gustare, godere

relive (riːˈliv) *vi,vt* rivivere

reluctant (riˈlʌktənt) *adj* riluttante, poco disposto a. **reluctance** *n* riluttanza, avversione *f* **reluctantly** *adv* con riluttanza.

rely (riˈlai) *vi* contare, fidarsi **reliance** *n* confidenza, fiducia *f*.

remain (riˈmein) *vi* rimanere, restare **remainder** *n* **1** resto, rimanente *m*. **2** *math* avanzo *m*. **remains** *n pl* resti, avanzi *m pl*

remand (riˈmɑːnd) *vt* rimandare in carcere sotto processo

remark (riˈmɑːk) *n* osservazione *f* commento *m* *vt* osservare, notare *vi* fare commenti **remarkable** *adj* notevole, straordinario

remarry (riːˈmæri) *vt* riposare *vi* riposarsi

remedy (ˈremədi) *n* rimedio *m*. *vt* rimediare a

remember (riˈmembə) *vt* ricordarsi di, rimembrare *vi* ricordarsi **remembrance** *n* ricordo *m* memoria, rimembranza *f*.

remind (ri'maind) *vt* ricordare, richiamare alla mente. **reminder** *n* ricordo *m*.
reminiscence (remi'nisəns) *n* reminiscenza *f*. **reminiscent** *adj* che fa ricordare
remiss (ri'mis) *adj* negligente, trascurato. **remission** *n* remissione *f* perdono *m*
remit (ri'mit) *vt* **1** rimandare. **2** rimettere **3** ridurre. *vi* mitigarsi. **remittance** *n* rimessa *f*
remnant ('remnənt) *n* **1** resto, avanzo *m*. **2** (of material) scampolo *m*.
remorse (ri'mɔ:s) *n* rimorso *m*
remote (ri'mout) *adj* lontano, remoto.
remove (ri'mu:v) *vt* **1** spostare, trasferire, rimuovere. **2** eliminare. *vi* sgombrare, trasferirsi. **removal** *n* spostamento, trasferimento *m*.
remunerate (ri'mju:nəreit) *vt* rimunerare. **remuneration** *n* rimunerazione *f*. **remunerative** *adj* rimunerativo.
renaissance (ri'neisəns) *n* rinascimento *m*.
rename (ri:'neim) *vt* rinominare
render ('rendə) *vt* rendere, fare
rendezvous ('rɔndivu:) *n* appuntamento *m*.
renew (ri'nju:) *vt* **1** rinnovare. **2** sostituire **renewal** *n* **1** rinnovamento *m*. **2** ripresa *f*
renounce (ri'nauns) *vt* rinunciare a, ripudiare **renouncement** *n* rinuncia *f* **renunciation** *n* rinunzia *f*
renovate ('renəveit) *vt* rinnovare. **renovation** *n* rinnovamento *m*.
renown (ri'naun) *n* fama, rinomanza *f* **renowned** *adj* famoso, celebre.
rent (rent) *vt* affittare, prendere in affitto, noleggiare. *n* affitto *m*. **rental** *n* affitto *m*.
reopen (ri:'oupən) *vt* riaprire. *vi* riaprirsi. **reopening** *n* riapertura *f*
reorganize (ri:'ɔ:gənaiz) *vt* riorganizzare. **reorganization** *n* riorganizzazione *f*.
repair (ri'pɛə) *vt* riparare, rifare, aggiustare. *vi* rifugiarsi, recarsi. *n* **1** riparazione *f*. **2** stato *m*.
repartee (repə'ti:) *n* riposta pronta *f* rimbecco *m*.
repatriate (ri'pætrieit) *vt* rimpatriare. **repatriation** *n* rimpatrio *m*.
repay (ri'pei) *vt* **1** rimborsare, restituire. **2** ricompensare. **repayment** *n* **1** rimborso *m*. restituzione *f*. **2** ricompensa *f*.
repeal (ri'pi:l) *vt* abrogare, revocare, annullare *n* abrogazione *f*. annullamento *m*.
repeat (ri'pi:t) *vt* ripetere, rifare. *vi* ripetersi. *n* ripetizione *f*. **repeatedly** *adv* ripetutamente.
repel (ri'pel) *vt* respingere. **repellent** *adj* repellente
repent (ri'pent) *vi* pentirsi. **repentance** *n* penitenza *f* **repentant** *adj* penitente, contrito
repercussion (ri:pə'kʌʃən) *n* ripercussione *f*
repertoire ('repətwa:) *n* repertorio *m*
repertory ('repətri) *n* repertorio *m*
repetition (repə'tiʃən) *n* ripetizione, copia *f*
replace (ri'pleis) *vt* **1** rimettere a posto, restituire **2** sostituire **replacement** *n* restituzione, sostituzione *f*
replay (*v* ri:'plei, *n* 'ri plei) *vt* giocare di nuovo *n* **1** partita ripetuta *f* **2** ripetizione *f*
replenish (ri'pleniʃ) *vt* riempire, rifornire
replica ('replikə) *n* replica *f* facsimile *m*
reply (ri'plai) *n* risposta *f* *vi* rispondere
report (re'pɔ:t) *n* **1** rapporto, resoconto *m*. **2** diceria *f* **3** *educ* pagella *f* *vt* **1** rapportare, raccontare. **2** fare la cronaca di *vi* fare il cronista. **reporter** *n* giornalista, corrispondente *m,f*
repose (ri'pouz) *n* riposo *m* *vi* **1** riposarsi **2** fondarsi
represent (repri'zent) *vt* rappresentare. **representation** *n* rappresentazione *f* **representative** *n* **1** rappresentante *m,f*. **2** deputato *m* *adj* rappresentativo
repress (ri'pres) *vt* reprimere, frenare **repression** *n* repressione *f* **repressive** *adj* repressivo
reprieve (ri'pri:v) *n* proroga, sospensione, grazia *f* *vt* sospendere la sentenza di, graziare
reprimand ('reprima:nd) *n* rimprovero *m*. sgridata *f*. *vt* rimproverare, sgridare
reprint (*v* ri:'print; *n* 'ri:print) *vt* ristampare *n* ristampa *f*
reprisal (ri'praizəl) *n* rappresaglia *f*
reproach (ri'proutʃ) *vt* rimproverare, biasimare. *n* rimprovero, biasimo *m*.
reproduce (ri:prə'dju:s) *vt* riprodurre. *vi* riprodursi **reproduction** *n* riproduzione *f*
reptile ('reptail) *n* rettile *m*.
republic (ri'pʌblik) *n* repubblica *f*. **republican** *adj,n* repubblicano
repudiate (ri'pju:dieit) *vt* ripudiare, sconfessare **repudiation** *n* ripustio *m*. sconfessione *f*
repugnant (ri'pʌgnənt) *adj* ripugnante, spiacevole, contrario. **repugnance** *n* ripugnanza, avversione *f*
repulsion (ri'pʌlʃən) *n* ripulsione, ripulsa *f* rifiuto *m*. **repulsive** *adj* ripulsivo, schifoso, ripugnante

repute (riˈpju:t) *n* fama *f.* nome *m. vt* reputare, stimare, credere. **reputable** *adj* stimabile, reputato, onorevole. **reputation** *n* riputazione, fama *f.* onore *m.* **reputedly** *adv* secondo l'opinione generale

request (riˈkwest) *n* richiesta, domanda *f. vt* chiedere, domandare, pregare.

requiem (ˈrekwiəm) *n* requiem *m.*

require (riˈkwaiə) *vt* **1** richiedere, esigere. **2** domandare. **3** aver bisogno di **requirement** *n* **1** bisogno *m.* **2** esigenza *f.*

requisition (rekwiˈziʃən) *n* **1** richiesta, domanda *f.* **2** requisizione *f. vt* requisire.

re-read (ri:ˈri:d) *vt* rileggere.

re-route (ri:ˈru:t) *vt* deviare.

re-run (ri:ˈrʌn) *vt* ripetere. *n* ripetizione *f.*

resale (ˈri:seil) *n* rivendita *f.*

rescue (ˈreskju:) *n* **1** soccorso, aiuto *m.* **2** liberazione *f. vt* **1** soccorrere, aiutare. **2** liberare.

research (riˈsə:tʃ) *n* **1** ricerca *f.* **2** studio *m. vi* far ricerche, ricercare. **researcher** *n* ricercatore, investigatore *m.*

resell (ri:ˈsel) *vt* rivendere.

resemble (riˈzembəl) *vt* somigliare a, assomigliare a. **resemblance** *n* somiglianza, rassomiglianza *f.*

resent (riˈzent) *vt* offendersi di, arrabbiarsi per. **resentful** *adj* acrimonioso, risentito **resentment** *n* risentimento *m.*

reserve (riˈzə:v) *vt* riservare. *n* **1** riserva *f.* **2** riserbo *m.* riservatezza *f.* **reservation** *n* **1** riserva *f.* **2** prenotazione *f* **reserved** *adj* riservato

reservoir (ˈrezəvwa:) *n* serbatoio *m.* cisterna *f.*

reside (riˈzaid) *vi* abitare, dimorare, stare **residence** *n* abitazione, residenza, dimora *f.* **resident** *n* residente, abitante *m.f. adj* residente. **residential** *adj* residenziale

residue (ˈrezidju:) *n* residuo, resto, avanzo *m.*

resign (riˈzain) *vt* rinunciare a. *vi* dimettersi. **resignation** *n* **1** dimissione *f.* **2** rassegnazione *f.* **resigned** *adj* rassegnato.

resilient (riˈziliənt) *adj* **1** rimbalzante, elastico. **2** capace di ricupero. **resilience** *n* **1** elasticità *f* **2** capacità di ricupero *f.*

resin (ˈrezin) *n* resina *f.* **resinous** *adj* resinoso

resist (riˈzist) *vt* resistere a, opporsi a. *vi* resistere. **resistance** *n* resistenza *f.* **resistant** *adj* resistente.

resit (ri:ˈsit) *vt* rifare.

resolute (ˈrezəlu:t) *adj* risoluto, deciso, determinato. **resolution** *n* **1** risoluzione *f.* **2** decisione *f.* **3** determinazione *f.*

resolve (riˈzɔlv) *vt* risolvere, decidere. *vi* risolversi, decidersi. *n* risoluzione, decisione *f.*

resonant (ˈrezənənt) *adj* risonante. **resonance** *n* risonanza *f.*

resort (riˈzɔ:t) *vi* ricorrere, recarsi. *n* **1** ricorso, ritrovo *m.* **2** stazione di villeggiatura *f.*

resound (riˈzaund) *vi* risuonare, echeggiare.

resource (riˈzɔ:s) *n* **1** risorsa *f.* **2** espediente, mezzo *m.* **resourceful** *adj* intraprendente.

respect (riˈspekt) *n* riguardo, rispetto *m.* stima *f. vt* stimare, rispettare. **respectable** *adj* rispettabile. **respectful** *adj* rispettoso **respective** *adj* rispettivo.

respite (ˈrespait) *n* **1** tregua *f.* **2** respiro, riposo *m.*

respond (riˈspɔnd) *vi* rispondere, reagire. **response** *n* risposta *f.* **responsibility** *n* responsabilità *f.* **responsible** *adj* responsabile. **responsive** *adj* responsivo.

rest[1] (rest) *n* riposo *m.* sosta *f. vi* **1** riposarsi. **2** appoggiarsi. **3** fermarsi, stare. *vt* far riposare. **restless** *adj* agitato, turbato, inquieto. **restlessness** *n* agitazione *f.*

rest[2] (rest) *n* **1** resto, rimanente *m.* **2** altri *m pl.*

restaurant (ˈrestərɔnt) *n* ristorante *m.* trattoria *f*

restore (riˈstɔ:) *vt* **1** restaurare **2** ristabilire **3** restituire. **restoration** *n* **1** restaurazione, restituzione *f* **2** *arch* restauro *m.*

restrain (riˈstrein) *vt* trattenere, frenare, reprimere **restraint** *n* freno, ritegno *m.* restrizione *f*

restrict (riˈstrikt) *vt* restringere, limitare. **restriction** *n* restrizione *f.* **restrictive** *adj* restrittivo.

result (riˈzʌlt) *n* risultato, esito *m* conseguenza *f. vi* risultare.

resume (riˈzju:m) *vt* **1** riprendere. **2** riassumere. **resumption** *n* ripresa *f.*

résumé (ˈrezumei) *n* sunto *m.*

resurrect (rezəˈrekt) *vt* risuscitare. **resurrection** *n* risurrezione *f.*

retail (ˈri:teil) *n* vendita al minuto *or* al dettaglio *f. adj* al minuto, al dettaglio. *vt* vendere al minuto *or* al dettaglio. **retailer** *n* venditore al minuto *m.*

retain (riˈtein) *vt* ritenere, mantenere, conservare.

retaliate (riˈtælieit) *vt* ricambiare insulto. *vi* rendere la pariglia, reagire. **retaliation** *n* rappresaglia, vendetta *f.*

retard (ri'tɑ:d) *vt,vi* ritardare
reticent ('retisənt) *adj* reticente. **reticence** *n* reticenza *f*.
retina ('retinə) *n* retina *f*.
retire (ri'taiə) *vi* ritirarsi, andare in pensione. **retirement** *n* ritiro, riposo *m*.
retort[1] (ri'tɔ:t) *n* ritorsione, risposta aspra *f*. *vt* ribattere, rispondere aspramente. *vi* rimbeccare
retort[2] (ri'tɔ:t) *n sci* storta *f*.
retrace (ri'treis) *vt* rintracciare. **retrace one's steps** rifare la strada.
retract (ri'trækt) *vt* ritirare, ritrarre, disdire. *vi* ritrattarsi
retreat (ri'tri:t) *n* **1** ritiro, asilo *m*. **2** *mil* ritirata *f*. *vi* ritirarsi, andarsene
retrieve (ri'tri:v) *vt* ricuperare, riprendere, riacquistare
retrograde ('retrəgreid) *adj* retrogrado.
retrogressive (retrə'gresiv) *adj* regressivo.
retrospect ('retrəspekt) *n* sguardo retrospettivo *m*. **in retrospect** in retrospettivo
return (ri'tə:n) *vi* tornare, ritornare *vt* **1** rendere, restituire. **2** contraccambiare. *n* **1** ritorno *m*. **2** rinvio *m*. restituzione *f*. **3** *comm* rendiconto *m*. **return ticket** *n* biglietto di andata e ritorno *m*
reunite (ri:ju.'nait) *vt* riunire. *vi* riunirsi **reunion** *n* riunione *f*
reveal (ri'vi:l) *vt* rivelare, manifestare. **revelation** *n* rivelazione *f*.
revel ('revəl) *vi* **revel in** divertirsi di
revenge (ri'vendʒ) *n* vendetta *f*.
revenue ('revənju:) *n* **1** entrata *f* reddito *m*. **2** fisco *m*.
reverberate (ri'və:bəreit) *vi* riverberare, risuonare. **reverberation** *n* riverberazione *f* riverbero *m*.
reverence ('revərəns) *n* riverenza, venerazione *f*
reverse (ri'və:s) *n* **1** contrario, opposto *m*. **2** rovescio *m*. **3** *mot* retromarcia *f*. *adj* **1** contrario. **2** rovescio. *vt* **1** rivoltare, capovolgere. **2** revocare. *vi mot* far retromarcia.
revert (ri'və:t) *vi* ritornare
review (ri'vju:) *n* **1** rivista *f*. **2** recensione *f* **3** revisione *f*. *vt* **1** rivedere, ripassare. **2** criticare, recensire.
revise (ri'vaiz) *vt* rivedere, correggere. **revision** *n* revisione, correzione *f*.
revive (ri'vaiv) *vt* ravvivare, rinnovare. *vi* rianimarsi, rinascere. **revival** *n* rinascimento, risorgimento *m*.
revoke (ri'vouk) *vt* revocare, ritirare.
revolt (ri'voult) *n* rivolta, ribellione *f* *vi* ribellarsi, rivoltarsi *vt* disgustare. **revolting** *adj* ripugnante, disgustoso, nauseante. **revolution** *n* rivoluzione *f* **revolutionary** *adj,n* rivoluzionario.
revolve (ri'vɔlv) *vi* girare. **revolving** *adj* girevole, rotante. **revolver** *n* revolver *m invar*.
revue (ri'vju:) *n* rivista *f*
revulsion (ri'vʌlʃən) *n* ripugnanza, repulsione *f*.
reward (ri'wɔ:d) *n* ricompensa *f* compenso *m*. *vt* ricompensare, retribuire, premiare.
rhetoric ('retərik) *n* retorica *f*. **rhetorical** *adj* retorico. **rhetorical question** *n* domanda retorica *f*
rheumatism ('ru:mətizəm) *n* reumatismo *m*. **rheumatic** *adj* reumatico.
rhinoceros (rai'nɔsərəs) *n* rinoceronte *m*.
Rhodesia (rou'di:ʃə) *n* Rhodesia *f*. **Rhodesian** *adj,n* rhodesiano
rhododendron (roudə'dendrən) *n* rododendro *m*
rhubarb ('ru:bɑ:b) *n* rabarbaro *m*.
rhyme (raim) *n* rima, poesia *f*. *vt* mettere in rima *vi* rimare
rhythm ('riðəm) *n* ritmo *m*. **rhythmic** *adj* ritmico
rib (rib) *n* **1** *anat* costola *f*. **2** stecca *f*
ribbon ('ribən) *n* nastro *m*
rice (rais) *n* riso *m*
rich (ritʃ) *adj* ricco **riches** *n pl* ricchezze *f pl* **richness** *n* ricchezza, opulenza *f*.
rickety ('rikiti) *adj* zoppicante, sgangherato.
rid* (rid) *vt* liberare, sbarazzare. **get rid of** liberarsi di, sbarazzarsi di **riddance** *n* liberazione *f*
riddle[1] ('ridl̩) *n* indovinello, enigma *m*.
riddle[2] ('ridl̩) *vt* crivellare, vagliare.
ride* (raid) *vt* cavalcare. *vi* andare a cavallo. *n* **1** cavalcata *f*. **2** corsa *f* giro *m*. **rider** *n* cavaliere *m* **riding** *n* equitazione *f*.
ridge (ridʒ) *n* **1** *geog* cresta, cima *f*. **2** *arch* colmo, comignolo *m*. **3** solco *m*.
ridicule ('ridikju:l) *n* ridicolo *m*. *vt* mettere in ridicolo, canzonare. **ridiculous** *adj* ridicolo
rife (raif) *adj* dominante, diffuso, generale. **be rife** imperversare
rifle[1] ('raifəl) *n* fucile *m*. carabina *f*
rifle[2] ('raifəl) *vt* svaligiare, saccheggiare, rubare.
rift (rift) *n* (of a friendship) spaccatura, rottura *f*.

rig (rig) *n* **1** arnese *m*. **2** *naut* impianto *m*. *vt* truccare. **rigging** *n* attrezzatura *f*

right (rait) *adj* **1** destro. **2** giusto **3** opportuno. *adv* **1** bene. **2** diritto. **3** a destra *n* **1** diritto *m* **2** destra *f*. **on the right** a destra. ~*vt* **1** correggere. **2** raddrizzare **right angle** *n* angolo retto *m*. **right hand** *n* mano destra *f*. **right-handed** *adj* destro **right of way** *n* diritto di passaggio *m* **right-wing** *adj* della destra.

righteous ('raitʃəs) *adj* giusto, retto, virtuoso **righteousness** *n* giustizia *f*

rigid ('ridʒid) *adj* rigido, inflessibile

rigour ('rigə) *n* rigore *m*. severità *f* **rigorous** *adj* rigoroso, rigido.

rim (rim) *n* orlo, bordo, margine *m*

rind (raind) *n* **1** *bot* buccia *f*. **2** (of cheese) crosta *f*. **3** (of bacon) contenna *f*.

ring[1] (riŋ) *n* **1** anello *m* **2** cerchio *m* **3** *sport* recinto *m*. **4** *comm* sindacato *m* *vt* circondare. **ringleader** *n* caporione *m* **ring-road** *n* strada circolare *f* **ringside** *adj* vicino all'arena

ring*[2] (riŋ) *n* **1** suono, squillo, tintinnio *m* **2** risonanza *f* *vi* suonare, squillare *vt* **1** suonare **2** chiamare **ring up** telefonare

rink (riŋk) *n* recinto di pattinaggio *m* pista di pattinaggio *f*

rinse (rins) *vt* risciacquare *n* risciacquatura *f*.

riot ('raiət) *n* tumulto *m* rivolta *f* *vi* tumultuare, sollevarsi **riotous** *adj* tumultuante, sedizioso

rip (rip) *n* lacerazione *f* squarcio, strappo *m* *vt* squarciare, strappare

ripe (raip) *adj* maturo **ripen** *vt,vi* maturare **ripeness** *n* maturità *f*.

ripple ('ripəl) *n* increspamento *m* *vi* incresparsi

rise* (raiz) *vi* **1** alzarsi, levarsi **2** (of sun) sorgere **3** salire, aumentare *n* **1** *geog* salita, elevazione *f* **2** *comm* aumento *m*

risk (risk) *n* rischio, pericolo *m* *vt* rischiare, azzardare

rissole ('risoul) *n* crocchetta *f*

rite (rait) *n* rito *m*.

ritual ('ritjuəl) *adj,n* rituale *m*

rival ('raivəl) *adj,n* rivale *vt,vi* rivaleggiare **rivalry** *n* rivalità *f*

river ('rivə) *n* fiume *m* **down river** a valle **up river** a monte **river bank** *n* argine *m* **riverbed** *n* letto del fiume *m* **riverside** *n* riva del fiume *f*

rivet ('rivit) *n* chiodo ribadito *m* *vt* ribadire, fissare

road (roud) *n* strada, via *f* **roadblock** *n* blocco stradale *m*. **roadside** *n* ciglio della strada *m*. **roadworthy** *adj* atto a prendere la strada.

roam (roum) *vi* girovagare, vagare, errare. *vt* percorrere.

roar (rɔ:) *n* **1** urlo, ruggito *m*. **2** muggito *m*. **3** (of laughter) scroscio *m*. *vi* **1** urlare, ruggire **2** muggire **3** scrosciare. **4** scoppiare.

roast (roust) *n* arrosto *m* *vt* **1** arrostire. **2** (coffee) tostare. **roast beef** *n* arrosto di manzo *m*

rob (rɔb) *vt* rubare, spogliare, svaligiare. **robber** *n* ladro *m*. **robbery** *n* furto *m*.

robe (roub) *n* vestito lungo. *m* toga *f*.

robin ('rɔbin) *n* pettirosso *m*

robot ('roubɔt) *n* automa *m*.

robust (rou'bʌst) *adj* robusto, forte, vigoroso.

rock[1] (rɔk) *n* **1** roccia, rupe *f*. **2** sasso, scoglio *m*. **rock-bottom** *adj* bassissimo **rock garden** *n* giardino alpino *m*. **rocky** *adj* roccioso, sassoso

rock[2] (rɔk) *vt* cullare, dondolare. *vi* vacillare, oscillare, dondolarsi **rocker** *n* asse ricurvo *m*. **rocking-chair** *n* sedia a dondolo *f*. **rocking-horse** *n* cavallo a dondolo *m*.

rocket ('rɔkit) *n* razzo *m*. *vi* rimbalzare

rod (rɔd) *n* **1** bacchetta, verga *f*. **2** (fishing) canna per pescare *f*.

rode (roud) *v* see **ride.**

rodent ('roudn̩t) *n* roditore *m*.

roe (rou) *n* uova di pesce *f pl*

rogue (roug) *n* **1** briccone, furfante *m*. **2** (child) biricchino *m* **roguish** *adj* **1** furfante, furbo **2** biricchino

role (roul) *n* ruolo *m*.

roll (roul) *n* **1** rotolo *m*. **2** (bread) panino *m*. **3** elenco *m*. **4** rullo *m* *vt* **1** arrotolare. **2** rullare. *vi* **1** rotolarsi **2** rullare. **rollcall** *n* appello *m* **roller** *n* cilindro, rullo *m*. **roller-skate** *n* pattino a rotelle *m* **rolling pin** *n* matterello *m*.

Roman Catholic *adj,n* cattolico.

romance *n* ('roumæns) **1** romanzo *m*. favola *f*. **2** avventura amorosa *f* *vi* (rə'mæns) favoleggiare. **romantic** *adj* **1** romantico. **2** romanzesco. **romanticism** *n* romanticismo *m* **romanticize** *vt* rendere romantico.

Rome (roum) *n* Roma *f* **Roman** *adj,n* romano.

romp (rɔmp) *vi* giocare con chiasso. *n* gioco chiassoso *m*. **rompers** *n pl* pagliaccetto da bambino *m*

roof (ru:f) *n* tetto *m* *vt* coprire con tetto

rook[1] (ruk) *n* cornacchia *f.* **rookery** *n* cornacchiaia *f.*

rook[2] (ruk) *n game* torre *f.*

room (ru:m) *n* 1 stanza, sala, camera *f.* 2 posto, spazio *m.* **roomy** *adj* spazioso, ampio.

roost (ru:st) *n* posatoio *m.* pertica *f. vi* appollaiarsi.

root[1] (ru:t) *n* radice *f. vi* attecchire, radicarsi. *vt* 1 piantare. 2 fissare.

root[2] (ru:t) *vi* frugacchiare, sradicare.

rope (roup) *n* corda, fune *f.* filo *m. vt* legare, cingere.

rosary ('rouzəri) *n* rosario *m.*

rose (rouz) *n* rosa *f.* **rose bush** *n* rosaio *m.* **rosette** *n* rosetta *f.* nastrino *m.* **rosy** *adj* roseo, colore di rosa.

rosemary ('rouzməri) *n* rosmarino *m.*

rot (rɔt) *vt* putrefare, corrompere. *vi* marcire, guastarsi, imputridire. *n* 1 putrefazione, decadenza *f.* 2 *sl* sciocchezze *f pl.*

rota ('routə) *n* lista *f.* **rotary** *adj* rotatorio, rotante. **rotate** *vt,vi* rotare. **rotation** *n* rotazione, successione *f.*

rotten ('rɔtn̩) *adj* marcio, putrido, guasto.

rouble ('ru.bl) *n* rublo *m.*

rouge (ru:ʒ) *n* rossetto *m.*

rough (rʌf) *adj* 1 ruvido, rozzo. 2 grossolano, crudo. 3 agitato. 4 tempestoso. 5 approssimativo. **rough and ready** improvvisato. **roughness** *n* ruvidezza *f.*

roulette (ru:'let) *n* roulette *f.*

round (raund) *n* 1 tondo *m.* 2 cerchio *m.* 3 giro *m.* 4 sfera *f.* 5 *sport* ripresa *f. adj* 1 rotondo, circolare, sferico. 2 intero. 3 franco. *adv* in giro, all'intorno. *prep* intorno a. **roundabout** *n* rotatoria *f. adj* indiretto.

rouse (rauz) *vt* 1 svegliare. 2 provocare, incitare. **rousing** *adj* eccitante, travolgente.

route (ru:t) *n* via, strada *f.* itinerario *m. vt* avviare.

routine (ru:'ti:n) *n* 1 abitudine, usanza *f.* 2 uso *m. adj* abitudinario.

rove (rouv) *vi* errare, vagare.

row[1] (rou) *n* (line) fila, riga *f.* rango *m.*

row[2] (rou) *vi,vt sport* remare. **rower** *n* rematore, canottiere *m.* **rowing** *n* canottaggio *m.* **rowing boat** barca a remi *f.*

row[3] (rau) *n* 1 chiasso, rumore *m.* 2 lite *f. vi* litigare.

rowdy ('raudi) *adj* rumoroso, tumultuoso, litigioso.

royal ('rɔiəl) *adj* reale, regale. **royalist** *n* realista *m.* **royalty** *n* 1 regalità *f.* reali *m pl.* 2 *comm* diritti d'autore *m pl.*

rub (rʌb) *n* 1 fregamento, strofinamento *m.* 2 *med* frizione *f. vt* 1 fregare, strofinare. 2 lucidare. *vi* fregarsi. **rub out** cancellare.

rubber ('rʌbə) *n* gomma *f.* **rubber band** *n* elastico *m.*

rubbish ('rʌbiʃ) *n* 1 immondizia *f.* rifiuti *m pl.* 2 sciocchezze *f pl.*

rubble ('rʌbəl) *n* macerie *f pl.*

ruby ('ru:bi) *n* rubino *m. adj* di rubino, vermiglio.

rucksack ('rʌksæk) *n* sacco da montagna *m.*

rudder ('rʌdə) *n* timone *m.*

rude (ru.d) *adj* grossolano, offensivo, sgarbato. **rudeness** *n* grossolanità, inciviltà *f.*

rudiment ('ru:dimənt) *n* 1 rudimento *m.* 2 *pl* elementi *m pl.* **rudimentary** *adj* rudimentale.

rueful ('ru:fəl) *adj* triste, malinconico.

ruff (rʌf) *n* gorgiera *f.*

ruffian ('rʌfiən) *n* furfante, scellerato *m.*

ruffle ('rʌfəl) *vt* 1 increspare. 2 arruffare. 3 agitare. 4 irritare.

rug (rʌg) *n* 1 tappeto, tappetino *m.* 2 coperta da viaggio *f*

rugby ('rʌgbi) *n* rugby *m.*

rugged ('rʌgid) *adj* ruvido, rozzo, aspro. **ruggedness** *n* ruvidezza *f.*

ruin ('ru:in) *n* 1 rovina *f.* 2 disgrazia *f.* disastro *m. vt* rovinare. **ruinous** *adj* rovinoso, dannoso.

rule (ru:l) *n* 1 regola, legge *f.* 2 governo, dominio *m.* **as a rule** di solito. ~*vt* regolare, governare, dirigere. **ruler** *n* 1 sovrano, governatore *m.* 2 *math* regolo *m.* **ruling** *adj* dirigente. *n* decisione *f.*

rum (rʌm) *n* rum *m.*

rumble ('rʌmbəl) *vi* rimbombare, rumoreggiare. *n* rumorio *m.*

rummage ('rʌmidʒ) *vt,vi* rovistare. *n* ricerca *f.* rovistio *m.*

rumour ('ru:mə) *n* diceria, voce *f. vt* far correre voce.

rump (rʌmp) *n* 1 *cul* culatta *f.* 2 natiche *f pl.* **rump steak** *n* bistecca *f.*

run* (rʌn) *vi,vt* correre. *vi* 1 fluire. 2 (of colour) spandere. *vt* condurre. **run away** fuggire. **run out of** esaurire. **run over** (of a car, etc.) investire. ~*n* 1 corsa *f.* 2 serie *f invar.* 3 corso, recinto *m.* 4 gita *f.* 5 smagliatura *f.* **in the long run** a lungo andare. **runway** *n* pista di decollo *f.* **runner** *n* 1 fattorino, messaggero

m. 2 *sport* corridore *m* **runner bean** *n* fagiolo rampicante *m.* **runner-up** *n* secondo in una gara *m.* **running** *n* 1 corsa *f* 2 marcia *f* funzionamento *m.* 3 direzione *f* *adj* 1 corrente. 2 consecutivo.

rung[1] (rʌŋ) *v* see **ring**[2].

rung[2] (rʌŋ) *n* piolo *m.*

rupee (ru:ˈpi:) *n* rupia *f.*

rupture (ˈrʌptʃə) *n* 1 rottura *f* 2 *med* ernia *f.* *vt* rompere

rural (ˈruərəl) *adj* rurale, campestre.

rush[1] (rʌʃ) *vi* precipitarsi, affrettarsi. *vt* prendere d'assalto *n* 1 impeto *m* 2 attacco *m.* 3 fretta, furia *f* **rush hour** *n* ora di punta *f*

rush[2] (rʌʃ) *n bot* giunco *m.*

Russia (ˈrʌʃə) *n* Russia *f.* **Russian** *adj,n* russo. **Russian (language)** *n* russo *m.*

rust (rʌst) *n* ruggine *f.* *vt* corrodere. *vi* arrugginirsi **rusty** *adj* rugginoso

rustic (ˈrʌstik) *adj* rustico, campagnolo, rurale.

rustle (ˈrʌsəl) *n* fruscio, mormorio *m.* *vi* frusciare, stormire.

rut (rʌt) *n* 1 rotaia *f* solco *m* 2 abitudine fissa *f*

ruthless (ˈru:θləs) *adj* spietato, crudele, inesorabile.

rye (rai) *n* segale *f*

S

Sabbath (ˈsæbəθ) *n* domenica *f*

sable (ˈseibəl) *n* zibellino *m* *adj* di zibellino

sabotage (ˈsæbəta:ʒ) *n* sabotaggio *m.* *vt* sabotare

sabre (ˈseibə) *n* sciabola *f.*

saccharin (ˈsækərin) *n* saccarina *f.*

sachet (ˈsæʃei) *n* sacchetto *m.*

sack (sæk) *n* sacco *m.* **get the sack** essere licenziato ~*vt inf* congedare

sacrament (ˈsækrəmənt) *n* sacramento *m.*

sacred (ˈseikrid) *adj* 1 sacro, consacrato 2 santo

sacrifice (ˈsækrifais) *n* sacrificio *m* *vt,vi* sacrificare

sacrilege (ˈsækrilidʒ) *n* sacrilegio *m.* **sacrilegious** *adj* sacrilego.

sad (sæd) *adj* triste, addolorato, doloroso **sadden** *vt* attristare, rattristare **sadness** *n* tristezza *f*

saddle (ˈsædl) *n* sella *f* *vt* sellare. **saddle with** gravare di **saddler** *n* sellaio *m.*

sadism (ˈseidizəm) *n* sadismo *m.* **sadist** *n* sadista *m*

safari (səˈfa:ri) *n* safari *m invar*

safe (seif) *adj* salvo, sicuro, sano, intatto **safe and sound** sano e salvo ~*n* 1 cassaforte *f* 2 *cul* guardavivande *m invar* **safeguard** *n* salvaguardia *f* *vt* salvaguardare **safely** *adv* in salvo **safety** *n* sicurezza, salvezza *f* **safety belt** *n* cintura di sicurezza *f* **safety pin** *n* spillo di sicurezza *m* **safety valve** *n* valvola di sicurezza *f*

saffron (ˈsæfrən) *n* zafferano *m*

sag (sæg) *vi* ripiegarsi, curvarsi. *n* depressione *f*

saga (ˈsa:gə) *n* saga *f*

sage[1] (seidʒ) *n* savio *m* *adj* saggio, prudente

sage[2] (seidʒ) *n bot* salvia *f*

Sagittarius (sædʒiˈtɛəriəs) *n* Sagittario *m*

sago (ˈseigou) *n* sago *m*

said (sed) *v* see **say.**

sail (seil) *n* 1 vela *f* 2 viaggio sul mare *m.* 3 (of a windmill, etc) ala *f* *vi* navigare, veleggiare *vt* navigare, percorrere **sailing** *n* navigazione *f* **sailor** *n* marinaio *m*

saint (seint) *n* santo *m* **saintly** *adj* santo, pio

sake (seik) *n* ragione, causa *f*

salad (ˈsæləd) *n* insalata *f* **salad dressing** *n* condimento d'insalata *m*

salamander (ˈsæləmændə) *n* salamandra *f*

salami (səˈla:mi) *n* salame *m pl*

salary (ˈsæləri) *n* stipendio, salario *m* paga *f*

sale (seil) *n* 1 vendita *f* 2 liquidazione *f* 3 spaccio *m* **for sale** da vendere **on sale** in vendita **salesman** *n* commesso, venditore *m* **salesmanship** *n* arte commerciale *f*

saliva (səˈlaivə) *n* saliva *f* **salivate** *vi* salivare

sallow (ˈsælou) *adj* olivastro, pallido

salmon (ˈsæmən) *n* salmone *m*

salon (ˈsælɔn) *n* salone, negozio *m.*

saloon (səˈlu:n) *n* 1 sala *f* salone *m* 2 *mot* vettura salone *f*

salt (sɔ:lt) *n* sale *m* *adj* salato, salso *vt* salare **salt cellar** *n* saliera *f*

salute (səˈlu:t) *vt* salutare *n* 1 saluto *m.* 2 *mil* salva *f*

salvage (ˈsælvidʒ) *n* salvataggio, ricupero *m* *vt* salvare, ricuperare

salvation (sælˈveiʃən) *n* salvazione, salvezza *f*

same (seim) *adj* 1 stesso, medesimo. 2 monotono *pron* stesso *m* **all the same** nondimeno **the same to you!** altrettanto!

sample (ˈsa:mpəl) *n* campione, modello, esemplare *m* *vt* assaggiare

sanatorium (sænəˈtɔ:riəm) *n* sanatorio *m*. casa di salute *f*

sanction (ˈsæŋkʃən) *n* **1** sanzione *f*. **2** autorizzazione *f*. permesso *m*. *vt* **1** sanzionare. **2** permettere, autorizzare.

sanctuary (ˈsæŋktʃuəri) *n* santuario, asilo *m*.

sand (sænd) *n* sabbia, rena *f*. *vt* coprire di sabbia. **sandpaper** *n* carta vetrata *f*. **sandpit** *n* cava di rena *f*. **sandy** *adj* sabbioso.

sandal (ˈsændl) *n* sandalo *m*.

sandwich (ˈsænwidʒ) *n* sandwich, panino imbottito *m*. tartina *f*. *vt* serrare in mezzo.

sane (sein) *adj* sano di mente, equilibrato. **sanity** *n* sanità di mente *f*.

sang (sæŋ) *v* see **sing**.

sanitary (ˈsænitri) *adj* sanitario, igienico. **sanitary towel** *n* assorbente igienico *m*. **sanitation** *n* igiene *f*

sank (sæŋk) *v*

sap (sæp) *n bot* succhio *m*. *vt* indebolire.

sapphire (ˈsæfaiə) *n* zaffiro *m*.

sarcasm (ˈsɑ:kæzəm) *n* sarcasmo *m*. **sarcastic** *adj* sarcastico.

sardine (sɑ:ˈdi:n) *n* sardina *f*.

Sardinia (sɑ:ˈdiniə) *n* Sardegna *f*. **Sardinian** *adj,n* sardo.

sardonic (sɑ:ˈdɔnik) *adj* sardonico.

sari (ˈsɑ:ri) *n* sari *m invar*.

sash[1] (sæʃ) *n* cintura, sciarpa *f*.

sash[2] (sæʃ) *n arch* telaio *m*. **sash-window** *n* finestra all'inglese *f*.

sat (sæt) *v* see **sit**.

Satan (ˈseitn) *n* Satana *m*.

satchel (ˈsætʃəl) *n* cartella, borsa *f*.

satellite (ˈsætəlait) *n* satellite *m*.

satin (ˈsætin) *n* raso *m*.

satire (ˈsætaiə) *n* satira *f*. **satirical** *adj* satirico.

satisfy (ˈsætisfai) *vt* soddisfare, contentare. *vi* soddisfare, dare soddisfazione. **satisfaction** *n* soddisfazione, contentezza *f*. **satisfactory** *adj* soddisfacente.

saturate (ˈsætʃəreit) *vt* saturare. **saturation** *n* saturazione *f*.

Saturday (ˈsætədi) *n* sabato *m*.

Saturn (ˈsætən) *n* Saturno *m*.

sauce (sɔ:s) *n* salsa *f*. condimento *m*. **saucepan** *n* pentola, casseruola *f*. tegame *m*. **saucer** *n* sottocoppa, piattino *m*. **saucy** *adj* insolente, impertinente.

Saudi Arabia (ˈsaudi) *n* Arabia Saudita *f*.

sauna (ˈsɔ:nə) *n* sauna *f*.

saunter (ˈsɔ:ntə) *vi* gironzare, girovagare.

sausage (ˈsɔsidʒ) *n* **1** (fresh) salsiccia *f*. **2** (smoked) salame *m*.

savage (ˈsævidʒ) *adj* selvaggio, selvatico, feroce. *n* selvaggio, barbaro *m*. *vt* mordere.

save[1] (seiv) *vt* **1** salvare, preservare. **2** conservare. **3** risparmiare. *vi* economizzare. **savings** *n pl* risparmi *m pl*

save[2] (seiv) *prep* eccetto, tranne, salvo.

saviour (ˈseiviə) *n* **1** salvatore *m*. **2** *cap* Redentore *m*.

savoury (ˈseivəri) *adj* saporoso, saporito, gustoso. *n* piatto saporito *m*.

saw*[1] (sɔ:) *n* sega *f*. *vt* segare. **sawdust** *n* segatura *f*

saw[2] (sɔ:) *v* see **see**[1].

saxophone (ˈsæksəfoun) *n* sassofono *m*.

say* (sei) *vt,vi* dire, affermare. **have one's say** dire la sua. **saying** *n* adagio, proverbio *m*.

scab (skæb) *n* tigna, rogna *f*.

scaffold (ˈskæfəld) *n* palco, patibolo *m* **scaffolding** *n* impalcatura *f*

scald (skɔ:ld) *vt* scottare. *n* scottatura, scottata *f*

scale[1] (skeil) *n zool* scaglia, squama *f*.

scale[2] (skeil) *n* **1** piatto della bilancia *m*. **2** *pl* bilancia *f*

scale[3] (skeil) *n* **1** gradazione, scala *f* **2** *mus* gamma *f*. *vt* **1** scalare, graduare. **2** scavalcare.

scallop (ˈskɔləp) *n* **1** *zool* pettine *m*. **2** smerlo *m*. dentellatura *f*. *vt* smerlare

scalp (skælp) *n* cuoio capelluto *m*. *vt* scotennare.

scalpel (ˈskælpəl) *n* scalpello *m*.

scampi (ˈskæmpi) *n pl* scampi *m pl*.

scan (skæn) *vt* **1** scrutare, esaminare. **2** *lit* scandire

scandal (ˈskændl) *n* **1** scandalo *m*. maldicenza *f*. **2** vergogna *f*. **scandalous** *adj* scandaloso.

Scandinavia (skændiˈneiviə) *n* Scandinavia *f* **Scandinavian** *adj,n* scandinavo.

scant (skænt) *adj* scarso, insufficiente **scanty** *adj* **1** poco, scarso. **2** sommario.

scapegoat (ˈskeipgout) *n* capro espiatorio *m*

scar (skɑ:) *n* cicatrice *f* sfregio, segno *m*. *vt* cicatrizzare, sfregiare. *vi* cicatrizzarsi.

scarce (skɛəs) *adj* raro, scarso. **scarcely** *adv* appena, quasi. **scarcity** *n* scarsezza *f*

scare (skɛə) *vt* spaventare, impaurire. **be scared** aver paura. ~*n* spavento, panico *m* paura *f*. **scarecrow** *n* spauracchio *m*.

scarf (skɑ:f) *n* sciarpa, cravatta *f*

scarlet ('skɑ:lit) *adj,n* scarlatto *m*. **scarlet fever** *n* scarlattina *f*.

scathing ('skeiðiŋ) *adj* mordace, feroce.

scatter ('skætə) *vt* spargere, diffondere, disperdere. *vi* spargersi, disperdersi.

scavenge ('skævindʒ) *vt* spazzare. **scavenger** *n* spazzino *m*

scene (si:n) *n* **1** scena, scenata *f*. **2** spettacolo *m*. **scenery** *n* **1** paesaggio, panorama *m*. **2** *Th* scenario *m*.

scent (sent) *n* **1** odore, profumo *m*. **2** (of an animal) fiuto *m* *vt* profumare.

sceptic ('skeptik) *n* scettico *m*. **sceptical** *adj* scettico **scepticism** *n* scetticismo *m*.

sceptre ('septə) *n* scettro *m*.

schedule ('ʃedju:l) *n* orario, prospetto *m*. scheda *f*. *vt* schedare.

scheme (ski:m) *n* schema, progetto, piano *m* *vt* progettare. *vi* far progetti, macchinare.

schizophrenia (skitsou'fri:niə) *n* schizofrenia *f*. **schizophrenic** *adj* schizofrenico.

scholar ('skɔlə) *n* **1** erudito, letterato *m*. **2** (pupil) scolaro, alunno *m*. **3** borsista *m*. **scholarship** *n* **1** borsa di studio *f*. **2** erudizione *f*.

scholastic (skə'læstik) *adj* scolastico

school[1] (sku:l) *n* *educ* scuola *f*. liceo, ginnasio, collegio *m*. *vt* istruire **schoolboy** *n* scolaro *m*. **schoolgirl** *n* scolara *f*. **schoolmaster** *n* maestro, professore *m* **schoolmistress** *n* maestra, professoressa *f* **schoolteacher** *n* insegnante *m,f*

school[2] (sku:l) *n* frotta *f*.

schooner ('sku:nə) *n* goletta *f*

science ('saiəns) *n* scienza *f*. **science fiction** *n* fantascienza *f*. **scientific** *adj* scientifico. **scientist** *n* scienziato *m*.

scissors ('sizəz) *n pl* forbici *f pl*.

scoff[1] (skɔf) *n* derisione *f*. scherno *m*. *vi* beffare, schernire. **scoff at** beffarsi di, deridere.

scoff[2] (skɔf) *vt,vi sl* mangiare in fretta.

scold (skould) *vt* sgridare, rimproverare. *vi* brontolare.

scone (skoun) *n* focaccina *f*.

scoop (sku:p) *n* **1** paletta *f*. **2** ramaiolo *m*. **3** *inf* colpo *m*. *vt* scavare, vuotare. **scoop up** raccogliere.

scooter ('sku:tə) *n* motoretta *f*.

scope (skoup) *n* **1** portata *f*. **2** prospettiva *f*. campo *m*.

scorch (skɔ:tʃ) *vt* bruciare, scottare. *n* scottatura *f*.

score (skɔ:) *n* **1** *sport* punti *m pl*. **2** sconto *m* **3** tacca *f*. **4** ventina *f*. **5** *mus* partitura *f* *vt* **1** *sport* segnare. **2** intagliare. *vi* far punti **scoreboard** *n* tabellone *m*.

scorn (skɔ:n) *n* sdegno, disprezzo, spregio *m*. *vt* sdegnare, sprezzare **scornful** *adj* sdegnoso, sprezzante.

Scorpio ('skɔ:piou) *n* Scorpione *m*.

scorpion ('skɔ:piən) *n* scorpione *m*

Scot (skɔt) *n* scozzese *m,f*.

Scotch (skɔtʃ) *adj* scozzese. *n* whisky *m invar*

Scotland ('skɔtlənd) *n* Scozia *f*.

Scots (skɔts) *adj* scozzese.

Scottish ('skɔtiʃ) *adj* scozzese.

scoundrel ('skaundrəl) *n* mascalzone, scellerato *m*.

scour[1] ('skauə) *vt* (clean) pulire, nettare, fregare.

scour[2] ('skauə) *vt* percorrere.

scout (skaut) *n* esploratore *m*. *vi* esplorare, perlustrare. *vt* respingere.

scowl (skaul) *n* sguardo torvo *m* *vi* aggrottare le ciglia.

scramble ('skræmbəl) *n* parapiglia, confusione *f* *vi* affrettarsi, sgambare, arrampicarsi **scrambled eggs** *n pl* uova strapazzate *f pl*.

scrap (skræp) *n* pezzetto, frammento *m*. briciola *f* *vt* rigettare, scartare **scrapbook** *n* album *m invar* **scrap iron** *n* ferraccio *m*.

scrape (skreip) *vt* raschiare, grattare, scrostare *n* **1** raschiatura *f* **2** imbroglio, impaccio *m*.

scratch (skrætʃ) *n* graffio *m*. graffiatura *f*. *vt* **1** graffiare, grattare **2** *sport* ritirare.

scrawl (skrɔ:l) *n* scarabocchio *m*. *vt,vi* scarabocchiare.

scream (skri:m) *vi* gridare, strillare, urlare. *n* grido, strillo *m*.

screech (skri:tʃ) *n* strillo *m*. *vt,vi* strillare.

screen (skri:n) *n* **1** riparo *m*. **2** parafuoco, paravento *m*. **3** (cinema, etc.) schermo *m*. *vt* nascondere, proteggere.

screw (skru:) *n* vite *f*. *vt* avvitare, torcere. **screwdriver** *n* cacciavite *m*.

scribble ('skribəl) *n* scarabocchio *m*. *vt,vi* scarabocchiare.

script (skript) *n* scritto *m* scrittura *f*.

Scripture ('skriptʃə) *n* Sacra Scrittura *f*.

scroll (skroul) *n* rotolo *m*.

scrounge (skraundʒ) *vt,vi* mendicare, scroccare.

scrub[1] (skrʌb) *vt* strofinare, fregare. *n* strofinata *f*. **scrubbing brush** *n* spazzola dura *f*.
scrub[2] (skrʌb) *n* (bush) macchia, boscaglia *f*.
scruffy ('skrʌfi) *adj* scadente, trascurato, disordinato.
scruple ('skru:pəl) *n* scrupolo *m*. **scrupulous** *adj* scrupoloso.
scrutiny ('skru:tini) *n* esame, scrutinio *m*. **scrutinize** *vt* scrutinare, investigare.
scuffle ('skʌfəl) *n* baruffa, rissa, zuffa *f*.
scullery ('skʌləri) *n* retrocucina *m*.
sculpt (skʌlpt) *vt* scolpire. **sculptor** *n* scultore *m*. **sculpture** *n* scultura *f*.
scum (skʌm) *n* **1** spuma, schiuma *f*. **2** feccia *f*. *vt* schiumare.
scurf (skə:f) *n* forfora *f*.
scythe (saið) *n* falce *f*.
sea (si:) *n* mare *m*.
seabed ('si:bed) *n* letto del mare *m*.
seafaring ('si:fεəriŋ) *adj* marinaro.
seafront ('si:frʌnt) *n* marina *f*.
seagull ('si:gʌl) *n* gabbiano *m*.
seahorse ('si:hɔ:s) *n* cavalluccio marino, ippocampo *m*.
seal[1] (si:l) *n* **1** sigillo, timbro, suggello *m*. **2** segno *m*. *vt* sigillare, bollare
seal[2] (si:l) *n zool* foca *f*. **sealskin** *n* pelle di foca *f*
sea-level *n* livello del mare *m*.
sea-lion *n* otaria *f*.
seam (si:m) *n* **1** cucitura, costura *f*. **2** *geog* vena *f*, giacimento *m*.
seaman ('si:mən) *n* marinaio *m*. **seamanship** *n* arte marinaresca *f*
search (sə:tʃ) *n* ricerca, perquisizione, visita *f*. *vt* perquisire *vi* cercare, ricercare. **searching** *adj* penetrante, scrutatore. **searchlight** *n* proiettore *m*
seashore ('si:ʃɔ:) *n* spiaggia *f*.
seasick ('si:sik) *adj* che soffre il mal di mare **seasickness** *n* mal di mare *m*.
seaside ('si:said) *n* marina, spiaggia *f*.
season ('si:zən) *n* **1** stagione *f*. **2** tempo *m*. *vt* condire **season ticket** *n* tessera *f*. **seasoning** *n cul* condimento *m*.
seat (si:t) *n* **1** sedia *f* posto *m*. **2** fondo *m*. **3** *anat* sedere *m*. **4** *pol* seggio *m*. **5** castello *m*. *vt* **1** far sedere **2** installare. **seat belt** *n* cintura di sicurezza *f*
seaweed ('si:wi:d) *n* alga *f*
secluded (si'klu:did) *adj* ritirato, solitario. **seclusion** *n* solitudine *f*
second[1] ('sekənd) *adj* secondo. *vt* secondare. **second-best** *adj* di seconda qualità, di riserva. **second-class** *adj* di seconda classe, inferiore. **second-hand** *adj* d'occasione. **second nature** *n* seconda natura *f*. **second-rate** *adj* inferiore, di secondo grado. **secondary** *adj* secondario **secondary school** *n* scuola media *f*
second[2] ('sekənd) *n* (of time) secondo *m*.
secret ('si:krət) *adj* segreto, nascosto, ritirato. *n* segreto *m* **secretive** *adj* segreto, riservato
secretary ('sekrətri) *n* **1** segretaria *f* **2** *pol* ministro *m*.
secrete (si'kri:t) *vt* secernere.
sect (sekt) *n* setta *f*.
sectarian (sek'tεəriən) *adj,n* settario. **sectarianism** *n* spirito settario *m*
section ('sekʃən) *n* sezione, parte, divisione *f*.
sector ('sektə) *n* settore *m*.
secular ('sekjulə) *adj* **1** laico. **2** mondano. **3** secolare
secure (si'kjuə) *adj* sicuro, certo, salvo. *vt* **1** ottenere. **2** assicurare. **3** chiudere. **security** *n* **1** sicurezza *f* **2** *law* garanzia *f*. **3** *pl* titoli *m pl*
sedate (si'deit) *adj* calmo, composto. *vt* rendere tranquillo. **sedation** *n* sedazione *f*. **sedative** *adj,n* sedativo, calmante *m*.
sediment ('sedimənt) *n* sedimento, deposito *m*
seduce (si'dju:s) *vt* sedurre. **seduction** *n* seduzione *f* **seductive** *adj* seducente
see*[1] (si:) *vt,vi* **1** vedere. **2** capire. **see to** occuparsi di
see[2] (si:) *n rel* sede *f*. diocesi *f invar*.
seed (si:d) *n* seme *m*. semenza *f* **seedling** *n* pianticella *f* **seedy** *adj* **1** trascurato, malconcio. **2** *inf* indisposto.
seek* (si:k) *vt* cercare
seem (si:m) *vi* sembrare, parere. **seeming** *adj* apparente
seep (si:p) *vi* gocciolare.
seesaw ('si:sɔ:) *n* altalena *f*
seethe (si:ð) *vi* bollire, agitarsi.
segment ('segmənt) *n* **1** segmento *m*. **2** pezzo *m* **3** spicchio *m*. porzione *f*
segregate ('segrigeit) *vt* segregare. **segregation** *n* segregazione *f*
seize (si:z) *vt* **1** afferrare, prendere. **2** confiscare, sequestrare. **seizure** *n* **1** afferramento *m* confisca *f* **2** *med* attacco *m*.
seldom ('seldəm) *adv* di rado, raramente
select (si'lekt) *vt* **1** scegliere, **2** *sport* selezionare *adj* scelto, eletto **selection** *n* scelta, selezione *f* **selective** *adj* selettivo

self (self) *n, pl* **selves** persona *f.* io *m. adj,pron* stesso.
self-assured *adj* confidente.
self-aware *adj* conscio di sè.
self-centred *adj* egocentrico.
self-confident *adj* sicuro di sè. **self-confidence** *n* sicurezza di sè *f.*
self-conscious *adj* imbarazzato.
self-contained *adj* **1** indipendente. **2** riservato
self-defence *n* difesa personale *f.*
self-discipline *n* autodisciplina *f.*
self-employed *adj* che lavora in proprio.
self-expression *n* espressione personale *f.*
self-government *n* autonomia *f*
self-indulgent *adj* indulgente con sè stesso.
self-interest *n* interesse personale *m.*
selfish ('selfiʃ) *adj* egoista, egoistico
self-made *adj* fatto da sè.
self-pity *n* autocommiserazione *f*
self-portrait *n* autoritratto *m.*
self-respect *n* dignità *f.* amor proprio *m.*
self-righteous *adj* compiaciuto.
self-sacrifice *n* abnegazione *f.* sacrificio di sè *m.*
selfsame ('selfseim) *adj* proprio lo stesso.
self-satisfied *adj* soddisfatto di sè.
self-service *adj,n* self-service *invar.*
self-sufficient *adj* bastante a sè.
self-will *n* ostinazione *f.*
sell* (sel) *vt* vendere, smerciare, spacciare *vi* vendersi.
Sellotape ('seləteip) *n Tdmk* Scotch *Tdmk m.*
semantic (si'mæntik) *adj* semantico. **semantics** *n* semantica *f.*
semaphore ('seməfɔ:) *n* semaforo *m.*
semibreve ('semibri:v) *n* semibreve *f.*
semicircle ('semisə.kəl) *n* semicircolo *m.* **semicircular** *adj* semicircolare.
semicolon (semi'koulən) *n* punto e virgola *m.*
semidetached (semidi'tætʃt) *adj* gemello, accoppiato.
semifinal (semi'fainl̩) *n* semifinale *f.*
seminar ('seminɑ:) *n* seminario *m.*
semiprecious (semi'preʃəs) *adj* semiprezioso.
semiquaver (semi'kweivə) *n* semicroma *f.*
semivowel ('semivauəl) *n* semivocale *f.*
semolina (seməli:nə) *n* semolino *m.*
senate ('senət) *n* senato *m.* **senator** *n* senatore *m.*
send* (send) *vt* mandare, inviare, spedire. **send for** far venire.
Senegal (seni'gɔ:l) *n* Senegaglia *f.* **senegalese** *adj,n* senegalese.
senile ('si:nail) *adj* senile.
senior ('si:niə) *adj* **1** maggiore, più anziano **2** principale. *n* seniore, maggiore *m.*
sensation (sen'seiʃən) *n* sensazione, impressione *f.* **sensational** *adj* sensazionale.
sense (sens) *n* **1** senso *m.* **2** facoltà *f.* **sense of humour** senso dell'umorismo. ~*vt* indovinare **senseless** *adj* **1** assurdo, stupido. **2** senza conoscenza
sensible ('sensəbəl) *adj* **1** ragionevole, saggio. **2** sensibile **sensibility** *n* sensibilità *f*
sensitive ('sensitiv) *adj* **1** sensibile, sensitivo **2** impressionabile. **sensitivity** *n* sensitività *f.*
sensual ('senʃuəl) *adj* sensuale, carnale. **sensuality** *n* sensualità, voluttà *f.*
sensuous ('senʃuəs) *adj* sensuoso, sensuale.
sentence ('sentəns) *n* **1** *gram* frase *f.* **2** *law* sentenza, condanna *f. vt* condannare.
sentiment ('sentimənt) *n* **1** sentimento *m.* **2** idea, opinione *f.* **sentimental** *adj* sentimentale.
sentry ('sentri) *n* sentinella, guardia *f.*
separate (*v* 'sepəreit; *adj* 'seprit) *vt* separare, dividere. *vi* separarsi, dividersi. *adj* separato, diviso, distinto **separation** *n* separazione, divisione *f.*
September (sep'tembə) *n* settembre *m.*
septet (sep'tet) *n* settimino *m.*
septic ('septik) *adj* settico.
sequel ('si:kwəl) *n* seguito *m.* conseguenza *f.*
sequence ('si:kwəns) *n* successione *f.* serie *f invar.*
sequin ('si:kwin) *n* lustrino *m.*
serenade (serə'neid) *n* serenata *f.*
serene (si'ri:n) *adj* calmo, sereno, tranquillo. **serenity** *n* serenità, tranquillità *f.*
serf (sə:f) *n* servo della gleba, schiavo *m.*
sergeant ('sɑ:dʒənt) *n* sergente *m.* **sergeant major** *n* sergente maggiore *m.*
serial ('siəriəl) *n* romanzo *or* film a puntate *m.* **serialize** *vt* pubblicare a puntate.
series ('siəri:z) *n* **1** successione *f.* seguito *m.* **2** serie *f invar.*
serious ('siəriəs) *adj* grave, serio. **seriousness** *n* gravità *f.*
sermon ('sə:mən) *n* predica *f.* sermone *m.*
serpent ('sə:pənt) *n* serpente *m.*
serrated (sə'raitid) *adj* dentellato.
serve (sə:v) *vt,vi* **1** servire. **2** *sport* mandare. **3** portare. **servant** *n* domestico, servo *m.*

service ('sə:vis) *n* **1** servizio *m*. **2** impiego *m*. **3** utilità *f*. **4** servigio *m*. **5** *rel* ufficio divino. *vt* mettere in ordine, aggiustare. **service station** *n* stazione di servizio *f*.

serviette (sə:vi'et) *n* tovagliolo *m*.

servile ('səvail) *adj* servile.

session ('seʃən) *n* sessione, seduta *f*.

set* (set) *vt* **1** mettere, porre. **2** dare. **3** regolare. **4** ridurre. **5** stabilire. **6** montare. **7** assegnare. *vi* **1** rapprendersi. **2** (of the sun) tramontare. **set about** mettersi a. **set out** partire. ~*n* **1** collezione *f*. serie *f invar*. **2** (television, etc.) apparecchio *m*. **3** (of hair) messa in piega *f*. *adj* **1** fisso. **2** posto. **3** regolare. **setback** *n* **1** regresso *m*. **2** *med* ricaduta *f*. **setting** *n* **1** ambiente *m*. **2** (of the sun) tramonto *m*.

settee (se'ti:) *n* divano *m*.

settle ('setl̩) *vt* **1** accomodare, fissare. **2** stabilire. **3** decidere. **4** pagare. *vi* stabilirsi, fissarsi. **settlement** *n* **1** decisione *f*. **2** colonia *f*.

seven ('sevən) *adj,n* sette *m or f*. **seventh** *adj* settimo.

seventeen (sevən'ti:n) *adj,n* diciassette *m or f*. **seventeenth** *adj* diciassettesimo.

seventy ('sevənti) *adj,n* settanta *m*. **seventieth** *adj* settantesimo.

several ('sevrəl) *adj* **1** parecchi. **2** diversi. *pron* parecchi.

severe (si'viə) *adj* **1** severo, austero. **2** duro, rigido **severity** *n* severità *f*.

sew* (sou) *vt,vi* cucire. **sewing** *n* cucito *m*. **sewing machine** *n* macchina da cucire *f*.

sewage ('su:idʒ) *n* fognatura, scolatura *f*.

sewer ('su:ə) *n* fogna, cloaca *f*.

sex (seks) *n* sesso *m*. **sexual** *adj* sessuale. **sexuality** *n* sessualità *f*. **sexy** *adj* sexy *invar*.

sextet (seks'tet) *n* sestetto *m*.

shabby ('ʃæbi) *adj* **1** trasandato, mal vestito. **2** malconcio. **3** meschino, gretto.

shack (ʃæk) *n* capanna *f*.

shade (ʃeid) *n* **1** ombra, oscurità *f*. **2** gradazione *f*. *vt* **1** ombreggiare, oscurare. **2** proteggere, parare. **shading** *n* sfumatura *f*.

shadow ('ʃædou) *n* ombra, riflessione *f*. *vt* **1** ombreggiare, oscurare. **2** sorvegliare, spiare. **shadow cabinet** *n* gruppo di ministri dell'opposizione *m*.

shaft (ʃɑ:ft) *n* **1** asta *f*. **2** raggio *m*. **3** *tech* asse *m*.

shaggy ('ʃægi) *adj* peloso, irsuto, ispido.

shake* (ʃeik) *vt* **1** scuotere, agitare. **2** scrollare. **3** stringere. *vi* tremolare, vacillare, agitarsi. *n* scossa *f*. urto, tremito *m*.

shall* (ʃəl; *stressed* ʃæl) *v mod aux* **1** dovere. **2** expressed by the future tense.

shallot (ʃə'lɔt) *n* scalogno *m*.

shallow ('ʃælou) *adj* **1** basso. **2** superficiale, leggero. *n* bassofondo *m*.

sham (ʃæm) *n* finzione, simulazione *f*. inganno *m*. *adj* finto, falso. *vt* fingere, simulare.

shame (ʃeim) *n* vergogna, ignominia, onta *f*. **what a shame!** che peccato! ~*vt* svergognare. **shamefaced** *adj* vergognoso, timido.

shampoo (ʃæm'pu:) *n* shampoo *m invar*.

shamrock ('ʃæmrɔk) *n* trifoglio d'Irlanda *m*.

shandy ('ʃændi) *n* bibita fatta di birra e di limonata *f*.

shanty[1] ('ʃænti) *n* capanna *f*.

shanty[2] ('ʃænti) *n* (song) canzone marinaresca *f*.

shape (ʃeip) *n* forma, figura *f*. *vt* **1** formare. **2** modellare. **3** dirigere, concepire. **shapeless** *adj* informe.

share (ʃɛə) *n* **1** parte, porzione, quota *f*. **2** *comm* azione *f*. *vt* **1** dividere. **2** condividere. *vi* partecipare. **shareholder** *n* azionista *m*.

shark (ʃɑ:k) *n zool* pescecane *m*.

sharp (ʃɑ:p) *adj* **1** acuto, affilato. **2** penetrante, furbo. **3** piccante. **4** aspro, severo. *adv* pronto. *n mus* diesis *m*. **sharp-sighted** *adj* di vista acuta. **sharpen** *vt* **1** appuntare, affilare **2** eccitare.

shatter ('ʃætə) *vt* **1** fracassare, spezzare. **2** distruggere.

shave (ʃeiv) *vt* fare la barba a. *vi* farsi la barba. *n* rasatura *f*.

shawl (ʃɔ:l) *n* scialle *m*.

she (ʃi:) *pron 3rd pers s* lei, ella *f*.

sheaf (ʃi:f) *n, pl* **sheaves** covone, fascio *m*.

shear* (ʃiə) *vt* tosare. **shears** *n pl* cesoie *f pl*.

sheath (ʃi:θ) *n* guaina *f*. fodero, astuccio *m*. **sheathe** *vt* ringuainare, foderare.

shed[1] (ʃed) *n* rimessa, tettoia *f*. capannone *m*.

shed*[2] (ʃed) *vt* versare, spargere, perdere.

sheen (ʃi:n) *n* lustro, splendore *m*.

sheep (ʃi:p) *n invar* pecora *f*. **sheepdog** *n* cane pastore *m*. **sheepish** *adj* timido, goffo. **sheepskin** *n* pelle di pecora *f*.

sheer[1] (ʃiə) *adj* **1** puro, semplice. **2** a piombo *invar*. perpendicolare. **3** diafano. *adv* perpendicolarmente

sheer[2] (ʃiə) *vi* cambiare rotta.

sheet (ʃi:t) *n* **1** lenzuolo *m*. **2** (of paper) foglio *m*. **3** (of metal, etc.) lastra *f*.
sheikh (ʃeik) *n* sceicco *m*.
shelf (ʃelf) *n*, *pl* **shelves** scaffale *m*. mensola *f*.
shell (ʃel) *n* **1** conchiglia *f* guscio *m*. **2** involucro *m*. **3** *mil* proiettile, bossolo *m*. *vt* **1** sgusciare. **2** *mil* bombardare **shellfish** *n* mollusco, crostaceo, frutto di mare *m*
shelter (ˈʃeltə) *n* riparo, ricovero *m*, *vt* riparare
shelve (ʃelv) *vt* **1** mettere su scaffali, archiviare **2** mettere da parte, differire.
shepherd (ˈʃepəd) *n* pastore *m* **shepherdess** *n* pastorella *f*
sherbet (ˈʃə:bət) *n* sorbetto *m*
sheriff (ˈʃerif) *n* sceriffo *m*
sherry (ˈʃeri) *n* sherry, vino di Xeres *m*.
shield (ʃi:ld) *n* **1** scudo *m* **2** riparo *m* *vt* riparare.
shift (ʃift) *n* **1** spostamento *m* sostituzione *f* **2** turno *m*. *vt* spostare. *vi* sostituirsi **shifty** *adj* furtivo, equivoco
shilling (ˈʃiliŋ) *n* scellino *m*.
shimmer (ˈʃimə) *n* luccichio *m* *vi* luccicare
shin (ʃin) *n* stinco *m*. tibia *f*
shine* (ʃain) *vt* lucidare *vi* brillare, risplendere *n* brillantezza, luce *f*.
ship (ʃip) *n* nave, imbarcazione *f* *vt* **1** inviare, spedire. **2** imbarcare. **shipment** *n* **1** carico *m* **2** consegna *f* **shipshape** *adj,adv* a posto, in ordine **shipwreck** *n* naufragio *m* **shipyard** *n* cantiere navale *m*.
shirk (ʃə·k) *vt* evitare
shirt (ʃə:t) *n* camicia *f*
shit (ʃit) *n tab* merda *f*
shiver (ˈʃivə) *n* tremolio, brivido *m*. *vi* tremare, rabbrividire
shock[1] (ʃɔk) *n* **1** urto, impatto *m*. **2** spavento *m*. impressione *f* *vt* spaventare, impressionare. **shock absorber** *n* ammortizzatore *m*. **shocking** *adj* terribile.
shock[2] (ʃɔk) *n* (of hair) zazzera *f*
shoddy (ˈʃɔdi) *adj* scadente
shoe* (ʃu:) *n* scarpa, calzatura *f*. *vt* ferrare. **shoelace** *n* stringa *f*. **shoemaker** *n* calzolaio *m*. **shoeshop** *n* calzoleria *f*.
shone (ʃɔn) *v* see **shine.**
shook (ʃuk) *v* see **shake.**
shoot* (ʃu:t) *vt* **1** lanciare, tirare. **2** fucilare. **3** (film) girare. *vi* **1** tirare. **2** cacciare **3** crescere, germinare. *n* **1** *bot* rampollo *m*. **2** caccia *f* **shooting** *n* **1** tiro *m*. **2** caccia *f*
shop (ʃɔp) *n* negozio *m*. bottega *f* *vi* fare gli acquisti. **shop assistant** *n* commesso *m*. **shop floor** *n* **1** fabbrica, officina *f*. **2** gli operai che lavorana nella fabbrica *m pl* **shopkeeper** *n* negoziante *m*. **shoplifter** *n* taccheggiatore *m*. **shopping** *n* spesa *f*. **shop steward** *n* membro della commissione interna *m* **shopwindow** *n* vetrina *f*
shore[1] (ʃɔ.) *n* riva, spiaggia, costa *f*
shore[2] (ʃɔ·) *vt* puntellare.
shorn (ʃɔ:n) *v* see **shear.**
short (ʃɔ·t) *adj* **1** breve, corto **2** (in stature) basso **3** privo **4** brusco *adv* corto *vt,vi* mettere in corto circuito **shortage** *n* mancanza, carenza *f* **shorten** *vt* accorciare, ridurre *vi* raccorciarsi **shortly** *adv* fra poco **shorts** *n pl* calzoncini *m pl*
shortcoming (ˈʃɔ·tkʌmiŋ) *n* difetto, ostacolo *m*
short cut *n* scorciatoia *f*
shorthand (ˈʃɔ thænd) *n* stenografia *f*. **shorthand typist** *n* stenodattilografo *m*.
short-handed *adj* a corto di manodopera
shortlived (ˈʃɔ.tlivd) *adj* di breve durata
short-sighted *adj* miope
short-tempered *adj* irritabile, brusco.
short-term *adj* a breve scadenza
short wave *n* onda corta *f*
shot[1] (ʃɔt) *n* **1** colpo, sparo *m*. **2** *phot* fotografia *f* **shotgun** *n* fucile *m*.
shot[2] (ʃɔt) *v* see **shoot.**
should (ʃəd, *stressed* ʃud) *v* see **shall.**
shoulder (ˈʃouldə) *n* spalla *f* **shoulder-blade** *n* scapola *f*
shout (ʃaut) *vt,vi* gridare. **shout at** rimproverare ~*n* grido *m*
shove (ʃʌv) *vt,vi* spingere. *n* spinta *f*
shovel (ˈʃʌvəl) *n* pala *f* badile *m*. *vt* spalare
show* (ʃou) *vt* **1** mostrare. **2** manifestare. **3** dimostrare *vi* mostrarsi. **show off** pavoneggiarsi, esibire ~*n* **1** mostra *f* **2** spettacolo *m* **3** sembianza *f* **4** pompa *f* **show business** *n* mondo dello spettacolo *m*. **showcase** *n* campionario *m*. vetrina *f* **showdown** *n* resa dei conti *f*. **show-jumping** *n* concorso ippico *m*. **showmanship** *n* capacità propagandistica *f* **showroom** *n* sala d'esposizione *f*
shower (ˈʃauə) *n* **1** doccia *f* **2** (of rain) acquazzone, rovescio *m*. *vt* inondare. **showerproof** *adj* impermeabile
shrank (ʃræŋk) *v* see **shrink.**
shred (ʃred) *n* strappo, brandello, frammento *m* briciola *f* *vt* fare a brandelli, stracciare

shrewd (ʃru:d) *adj* accorto, scaltro **shrewdness** *n* accortezza, sagacia *f*
shriek (ʃri:k) *n* grido, strillo *m*. *vi* gridare, strillare.
shrill (ʃril) *adj* acuto, stridulo.
shrimp (ʃrimp) *n* gamberetto *m*.
shrine (ʃrain) *n* **1** tempio, altare *m*. **2** sacrario *m*
shrink* (ʃriŋk) *vi* restringersi. *vt* diminuire, raccorciare. **shrink from** rifuggire da, tirarsi indietro.
shrivel (ˈʃrivəl) *vi* avvizzire, aggrinzarsi.
shroud (ʃraud) *n* sudario *m*. *vt* **1** avvolgere. **2** celare, nascondere.
Shrove Tuesday (ʃrouv) *n* Martedì Grasso *m*.
shrub (ʃrʌb) *n* arbusto *m*. **shrubbery** *n* boschetto *m*. macchia *f*.
shrug (ʃrʌg) *vt* scrollare. *vi* scrollare le spalle. *n* alzata di spalle *f*.
shrunk (ʃrʌŋk) *v* see **shrink**.
shudder (ˈʃʌdə) *n* brivido, fremito *m*. *vi* rabbrividire, fremere.
shuffle (ˈʃʌfəl) *vt* mischiare, mescolare. *vi* trascinarsi.
shun (ʃʌn) *vt* evitare, schivare.
shunt (ʃʌnt) *vt* deviare, smistare. *n* scambio *m*.
shut* (ʃʌt) *vt* chiudere, serrare. **shut down** chiudere. **shut in** rinchiudere **shut out** escludere. ~*adj* chiuso.
shutter (ˈʃʌtə) *n* imposta *f*
shuttlecock (ˈʃʌtəlkɔk) *n* volano *m*.
shy (ʃai) *adj* timido. *vi* esitare. **shyness** *n* timidezza *f*
Sicily (ˈsisəli) *n* Sicilia *f* **Sicilian** *adj,n* siciliano.
sick (sik) *adj* **1** ammalato, indisposto. **2** *inf* disgustato, stufo. **be sick** vomitare. **sicken** *vt* nauseare. *vi* ammalarsi. **sickening** *adj* disgustoso, nauseante. **sickness** *n* malattia *f*. malessere *m*.
side (said) *n* **1** lato, fianco *m*. **2** parte *f*. **3** bordo *m*. *adj* **1** di lato, laterale. **2** indiretto. **sideboard** *n* credenza *f*. **side effect** *n* effetto secondario *m*. **sidelight** *n* fanalino *m*. **sideline** *n* **1** attività secondaria *f*. **2** *game* fuoricampo *m*. **sideshow** *n* spettacolo secondario *m*. **sidestep** *vt* evitare. **sidetrack** *vt* distrarre. **sideways** *adv* lateralmente. **siding** *n* raccordo *m*.
sidle (ˈsaidl̩) *vi* procedere con timore *or* furtivamente.
siege (si:dʒ) *n* assedio *m*.
siesta (siˈestə) *n* siesta *f*.
sieve (siv) *n* setaccio *m*. *vt* setacciare.
sift (sift) *vt* stacciare, separare, distinguere.
sigh (sai) *n* sospiro *m*. *vi* sospirare.
sight (sait) *n* **1** vista *f*. **2** spettacolo *m*. *vt* avvistare, intravvedere. **sightread** *vt* leggere a prima vista. **sightseeing** *n* giro turistico *m*.
sign (sain) *n* **1** segno, cenno *m*. **2** indizio *m*. traccia *f*. **3** segnale *m*. *vt* **1** firmare, sottoscrivere. **signpost** *n* indicatore stradale *m*.
signal (ˈsignl̩) *n* segnale *m*. *vi* segnalare, fare segnalazioni.
signature (ˈsignətʃə) *n* firma *f*.
signify (ˈsignifai) *vt* significare. **significance** *n* significato *m*. **significant** *adj* significativo, importante.
silence (ˈsailəns) *n* silenzio *m*. quiete *f*. *vt* ridurre al silenzio. **silencer** *n* silenziatore *m*. **silent** *adj* silenzioso, taciturno.
silhouette (silu:ˈet) *n* profilo *m*. sagoma *f*. *vt* profilare.
silk (silk) *n* seta *f*. *adj* di seta. **silkworm** *n* baco da seta *m*.
sill (sil) *n* **1** soglia *f*. **2** (of a window) davanzale *m*.
silly (ˈsili) *adj* sciocco, stupido.
silt (silt) *n* limo *m*. sedimenti *m pl*.
silver (ˈsilvə) *n* argento *m*. *adj* argenteo, d'argento.
similar (ˈsimilə) *adj* **1** simile. **2** pari. **similarity** *n* somiglianza *f*.
simile (ˈsimili) *n* similitudine *f*.
simmer (ˈsimə) *vt* bollire lentamente. *vi* ribollire. **simmer down** calmarsi.
simple (ˈsimpəl) *adj* semplice. **simple-minded** *adj* ingenuo. **simplicity** *n* semplicità *f*. **simplify** *vt* semplificare. **simply** *adv* semplicemente, assolutamente.
simultaneous (siməlˈteiniəs) *adj* simultaneo.
sin (sin) *n* peccato *m*. colpa *f*. *vi* peccare.
since (sins) *adv* da allora, dopo. *prep* da quando. *conj* **1** dacchè, poichè. **2** da quando.
sincere (sinˈsiə) *adj* sincero, genuino.
sinew (ˈsinju:) *n* **1** *anat* tendine *m*. **2** struttura, fibra *f*. tendine *m*.
sing* (siŋ) *vt,vi* cantare. **singer** *n* cantante *m,f*.
singe (sindʒ) *vt* scottare, strinare.
single (ˈsiŋgəl) *adj* **1** singolo, solo. **2** celibe, nubile. *v* **single out** scegliere, isolare. **single-handed** *adj* da solo, senza aiuto. **single-minded** *adj* schietto, semplice. **singly** *adv* individualmente, ad uno ad uno.

singular (ˈsiŋgjulə) *adj,n* singolare *m.* **singularly** *adv* insolitamente, particolarmente.
sinister (ˈsinistə) *adj* sinistro
sink* (siŋk) *vi* **1** affondare **2** abbassarsi. *vt* affondare. *n* lavandino, acquaio *m.*
sinner (ˈsinə) *n* peccatore *m*
sinus (ˈsainəs) *n* cavità *f* seno *m.*
sip (sip) *vt* sorseggiare. *n* sorso *m.*
siphon (ˈsaifən) *n* sifone *m* *vt* sifonare.
sir (sə:) *n* **1** signore *m.* **2** *cap* Sir *m*
siren (ˈsairən) *n* sirena *f*
sirloin (ˈsə:lɔin) *n* lombo *m*
sister (ˈsistə) *n* **1** sorella *f* **2** *rel* suora *f.* **3** *med* infermiera *f* **sisterhood** *n* sorellanza *f* **sister-in-law** *n* cognata *f*
sit* (sit) *vi* **1** sedere, sedersi **2** posare. *vt* far sedere. **sit down** accomodarsi. **sit-in** *n* sit-in *m.* **sitting** *n* **1** seduta, adunanza *f* **2** *phot* seduta di posa *f* **sitting room** *n* salotto *m.*
site (sait) *n* sito, luogo *m.* *vt* situare.
situation (sitjuˈeiʃən) *n* **1** situazione *f.* **2** posto, lavoro *m.*
six (siks) *adj,n* sei *m or f* **sixth** *adj* sesto.
sixteen (siksˈti:n) *adj,n* sedici *m or f* **sixteenth** *adj* sedicesimo.
sixty (ˈsiksti) *adj,n* sessanta *m.* **sixtieth** *adj* sessantesimo
size (saiz) *n* **1** misura *f.* **2** grandezza *f* *v* **size up** misurare la capacità da
sizzle (ˈsizəl) *vi* sfrigolare. *n* sfrigolio *m.*
skate[1] (skeit) *n* pattino *m.* *vi* pattinare **skating** *n* pattinaggio *m*
skate[2] (skeit) *n zool* razza *f*
skeleton (ˈskelətn̩) *n* **1** scheletro *m.* **2** telaio *m.* **3** schema *m.*
sketch (sketʃ) *n* **1** bozzetto *m.* **2** *Th* scenetta *f* *vt* abbozzare
skewer (ˈskjuə) *n* spiedo *m.*
ski (ski) *n* sci *m invar* *vi* sciare. **skiing** *n* sci *m.* **ski-lift** *n* sciovia *f*
skid (skid) *n* slittamento *m.* *vi* slittare.
skill (skil) *n* abilità *f* **skilful** *adj* pratico, abile.
skim (skim) *vt* **1** schiumare, scremare. **2** sfiorare. **skim through** scorrere rapidamente.
skimp (skimp) *vi* fare economie. **skimpy** *adj* scarso.
skin (skin) *n* **1** pelle *f* **2** (rind) buccia *f* *vt* scorticare. **skin-diving** *n* immersione senza scafandro *f* **skin-tight** *adj* aderente. **skinny** *adj* magro, ossuto.
skip (skip) *n* balzo, saltello *m.* *vi* saltellare. *vt* omettere
skipper (ˈskipə) *n* capitano *m*
skirmish (ˈskə miʃ) *n* schermaglia *f*
skirt (skə:t) *n* sottana, gonna *f* *vt* rasentare
skittle (ˈskitl̩) *n* birillo *m.*
skull (skʌl) *n* cranio, teschio *m*
skunk (skʌŋk) *n* moffetta *f*
sky (skai) *n* cielo *m* **sky-high** *adv* alle stelle **skylark** *n* allodola *f* **skyline** *n* orizzonte *m* **skyscraper** *n* grattacielo *m*
slab (slæb) *n* lastra, piastra *f*
slack (slæk) *adj* **1** fiacco, inerte **2** lento **3** negligente *n* imbando *m* **slacken** *vt* rallentare, ridurre *vi* rallentarsi
slacks (slæks) *n pl* pantaloni *m pl*
slalom (ˈslɑ:ləm) *n* slalom *m*
slam (slæm) *vt,vi* sbattere *n* sbattuta *f*
slander (ˈslændə) *n* calunnia, diffamazione *f* *vt* diffamare
slang (slæŋ) *n* gergo *m*
slant (slɑ:nt) *vi* inclinarsi *vt* inclinare *n* inclinazione *f*
slap (slæp) *n* schiaffo *m* *vt* schiaffeggiare, dare pacche a **slapdash** *adj* noncurante *adv* senza riguardi **slapstick** *n* commedia grossolana *f*
slash (slæʃ) *vt* **1** tagliare, sfregiare **2** ridurre *n* taglio, spacco *m*
slat (slæt) *n* assicella, stecca *f*
slate (sleit) *n* **1** ardesia *f* **2** lavagna *f* **3** tegola *f*
slaughter (ˈslɔ:tə) *n* macello, massacro *m* *vt* macellare **slaughterhouse** *n* mattatoio *m*
slave (sleiv) *n* schiavo *m*
sledge (sledʒ) *n* slitta *f*
sledgehammer (ˈsledʒhæmə) *n* mazza *f* maglio *m*
sleek (sli:k) *adj* liscio, lustro
sleep* (sli:p) *vi* dormire *n* sonno, riposo *m* **sleeper** *n* (railway) traversina *f* **sleeping-bag** *n* sacco a pelo *m* **sleeping-car** *n* vagone letto *m.* **sleeping-pill** *n* sonnifero *m* **sleep-walking** *n* sonnambulismo *m* **sleepy** *adj* assonnato **feel sleepy** avere sonno
sleet (sli:t) *n* nevischio *m* *v imp* nevischiare
sleeve (sli:v) *n* **1** manica *f* **2** (of a record) copertina *f*
sleigh (slei) *n* slitta *f*
slender (ˈslendə) *adj* esile, snello
slept (slept) *v* see **sleep.**
slice (slais) *n* fetta, porzione *f* *vt* affettare
slick (slik) *adj* liscio, disinvolto
slide* (slaid) *vi* scivolare, scorrere *vt* far scorrere *n* **1** scivolata *f* **2** scivolo *m* **3** *phot*

diapositiva *f.* **slide rule** *n* regolo calcolatore *m.*

slight (slaɪt) *adj* esile. *vt* disdegnare. *n* affronto *m.* **slightly** *adv* leggermente, un po'

slim (slim) *adj* smilzo, snello. *vi* dimagrire.

slime (slaɪm) *n* fanghiglia *f.*

sling* (sliŋ) *vt* scagliare. *n* **1** fionda *f.* **2** *med* fascia *f*

slink* (sliŋk) *vi* strisciare, camminare furtivamente.

slip[1] (slip) *vt,vi* scivolare. *n* **1** scivolata *f.* **2** passo falso *m.* **3** federa *f.* **4** sottoveste *m.* **slippery** *adj* scivoloso, viscido

slip[2] (slip) *n* (cutting) ritaglio *m.*

slipper ('slipə) *n* pantofola *f.*

slit* (slit) *n* taglio *m.* fessura *f.* *vt* tagliare, fendere.

slobber ('slobə) *n* bava *f.* *vi* sbavare.

slog (slɔg) *vi* sgobbare.

slogan ('slougən) *n* motto *m.*

slop (slɔp) *vt* schizzare. **slops** *n* cibi liquidi *m pl.*

slope (sloup) *n* pendio *m.* china *f.* *vi* pendere, inclinarsi.

sloppy ('slɔpɪ) *adj* **1** trascurato. **2** *sl* sdolcinato.

slot (slɔt) *n* fessura, scanalatura *f.*

slouch (slautʃ) *vi* ciondolare.

slovenly ('slʌvənli) *adj* sciatto.

slow (slou) *adj* **1** lento. **2** tardo. **3** (of a clock) indietro. *adv* piano, adagio. *v* **slow down** rallentare.

slug (slʌg) *n* *zool* lumaca *f.* **sluggish** *adj* indolente, tardo.

sluice (slu:s) *n* chiusa *f.*

slum (slʌm) *n* **1** catapecchia *f.* **2** *pl* quartieri poveri *m pl.*

slumber ('slʌmbə) *vi* dormire pacificamente. *n* dormita *f.*

slump (slʌmp) *n* *comm* caduta dei prezzi *f.* ribasso *m.* *vi* **1** subire un tracollo. **2** lasciarsi andare.

slung (slʌŋ) *v* see **sling.**

slur (slə:) *vt* biascicare. *n* **1** macchia *f.* **2** *mus* legatura *f.*

slush (slʌʃ) *n* fanghiglia *f.*

sly (slai) *adj* astuto, malizioso, sornione.

smack[1] (smæk) *n* gusto, sapore *m.* *v* **smack of** sapere di.

smack[2] (smæk) *vt* schiaffeggiare, schioccare. *n* schiaffo, schiocco *m.* *adv inf* in pieno.

small (smɔ:l) *adj* piccolo, basso. **smallholding** *n* piccola fattoria *f.* **small-minded** *adj* meschino. **smallpox** *n* vaiolo *m.*

smart (smɑ:t) *adj* **1** furbo. **2** elegante **3** svelto *vi* dolere. **smarten** *vt* abbellire, ravvivare. **smarten up** ravvivarsi.

smash (smæʃ) *vt* fracassare, rovinare *n* **1** fracasso *m.* **2** disastro *m.* **3** scontro *m.*

smear (smɪə) *vt* **1** macchiare. **2** spalmare. *n* macchia *f*

smell* (smel) *n* **1** odore *m.* **2** (sense of) odorato *m* *vt* sentire l'odore di, fiutare. *vi* sentire.

smile (smaɪl) *vi* sorridere. *n* sorriso *m.*

smirk (smə:k) *vi* sorridere con affettazione *n* sorriso affettato *m.*

smock (smɔk) *n* grembiule *m.*

smog (smɔg) *n* smog *m.*

smoke (smouk) *n* fumo *m.* *vt,vi* fumare.

smooth (smu:ð) *adj* **1** liscio. **2** facile. *vt* lisciare, appianare.

smother ('smʌðə) *vt,vi* soffocare.

smoulder ('smouldə) *vi* bruciare lentamente.

smudge (smʌdʒ) *n* macchia *f.* scarabocchio *m* *vt* macchiare.

smug (smʌg) *adj* soddisfatto.

smuggle ('smʌgəl) *vt* contrabbandare. **smuggler** *n* contrabbandiere *m.* **smuggling** *n* contrabbando *m*

snack (snæk) *n* spuntino *m.* **snack-bar** *n* tavola calda *f*

snag (snæg) *n* ostacolo, intoppo *m.*

snail (sneɪl) *n* chiocciola *f*

snake (sneɪk) *n* serpe *f* serpente *m.*

snap (snæp) *vt,vi* schioccare. *n* schiocco *m.* *adj* improvvisa. **snapshot** *n* istantanea *f.*

snarl (snɑ:l) *vt* aggrovigliare. *n* intrico, imbroglio *m.*

snatch (snætʃ) *n* **1** rapimento *m.* **2** tentativo di prendere *m.* **3** brandello, pezzo *m.* *vt* afferrare, carpire.

sneak (sni:k) *n* spione *m.*

sneer (snɪə) *vi* ghignare. *n* ghigno *m.*

sneeze (sni:z) *vi* sternutire. *n* sternuto *m.*

sniff (snɪf) *vt,vi* fiutare, annusare. *n* annusata *f.*

snip (snɪp) *n* forbiciata *f.* ritaglio *m.* *vi* fare tagli.

snipe (snaɪp) *n* beccaccino *m.*

snivel ('snɪvəl) *vi* frignare.

snob (snɔb) *n* snob *m invar.*

snooker ('snu:kə) *n* gioco di biliardo *m.*

snoop (snu:p) *vi* curiosare.

snooty ('snu:tɪ) *adj* altezzoso.

snooze (snu:z) *vi* sonnecchiare. *n* pisolino *m.*

snore (snɔ:) *vi* russare. *n* russare *m.*

snort (snɔ:t) *n* sbuffata *f* *vi* sbuffare.
snout (snaut) *n* muso, grugno *m*
snow (snou) *n* neve *f* *v imp* nevicare **snowball** *n* palla di neve *f* **snowdrift** *n* cumulo di neve *m* **snowdrop** *n* bucaneve *m invar* **snowflake** *n* fiocco di neve *m*. **snowman** *n* fantoccio di neve *m* **snowplough** *n* spazzaneve *m* **snowstorm** *n* tormenta di neve *f*
snub (snʌb) *vt* fare un affronto a *n* affronto *m* *adj* camuso
snuff (snʌf) *n* tabacco da fiuto *m*
snug (snʌg) *adj* comodo, intimo
snuggle (ˈsnʌgəl) *vi* rannicchiarsi, accoccolarsi
so (sou) *adv* **1** così, talmente **2** anche **and so on** e così via **so many** tanti **so what?** e allora? ~*conj* quindi, perciò **so-and-so** *pron* un tale **so-called** *adj* cosiddetto **so-so** *adv* così così
soak (souk) *vt* bagnare inzuppare *n* bagno *m*
soap (soup) *n* sapone *m* **soap powder** *n* detersivo *m*
soar (sɔ:) *vi* librarsi, veleggiare
sob (sɔb) *n* singhiozzo, singulto *m* *vi* singhiozzare
sober (ˈsoubə) *adj* sobrio lucido *v* **sober up** smaltire una sbornia
social (ˈsouʃəl) *adj* sociale socievole **sociable** *adj* socievole, affabile **socialism** *n* socialismo *m* **socialist** *n* socialista *m* **society** *n* **1** società *f* **2** comunità, compagnia *f* **sociology** *n* sociologia *f*
sock[1] (sɔk) *n* calza *f* calzino *m*
sock[2] (sɔk) *sl vt* percuotere colpire *n* pugno *m* percossa *f*
socket (ˈsɔkit) *n* **1** incavo *m* **2** (electric) presa *f* **3** *anat* orbita *f*
soda (ˈsoudə) *n* soda *f* **soda-water** *n* acqua di selz *f* selz *m invar*
sofa (ˈsoufə) *n* sofà divano *m*
soft (sɔft) *adj* soffice, tenero tenue **soften** *vt* ammorbidire *vi* placarsi, intenerirsi **soft-hearted** *adj* compassionevole **softly** *adv* dolcemente
soggy (ˈsɔgi) *adj* fradicio, inzuppato
soil[1] (sɔil) *n* terreno *m* terra *f*
soil[2] (sɔil) *vt* insudiciare, sporcare
solar (ˈsoulə) *adj* solare **solar plexus** *n* plesso solare *m*
sold (sould) *v* see **sell.**
solder (ˈsɔldə) *n* lega per saldatura *f* *vt* saldare
soldier (ˈsouldʒə) *n* soldato, militare *m*
sole[1] (soul) *adj* solo, unico
sole[2] (soul) *n* **1** *anat* pianta del piede *f* **2** suola *f* *vt* risuolare
sole[3] (soul) *n zool* sogliola *f*
solemn (ˈsɔləm) *adj* solenne, grave
solicitor (səˈlisitə) *n* avvocato, procuratore legale *m*
solid (ˈsɔlid) *adj* **1** solido, massiccio **2** posato **solidarity** *n* solidarietà *f* **solidify** *vt* solidificare *vi* solidificarsi
solitary (ˈsɔlitri) *adj* **1** solitario, isolato **2** unico, solo
solitude (ˈsɔlitju d) *n* solitudine *f* isolamento *m*
solo (ˈsoulou) *n* assolo *m* **soloist** *n* solista *m*
solstice (ˈsɔlstis) *n* solstizio *m*
soluble (ˈsɔljubəl) *adj* **1** solubile **2** risolvibile
solution (səˈlu ʃən) *n* **1** risoluzione *f* **2** *sci* soluzione *f*
solve (sɔlv) *vt* risolvere, chiarire, sciogliere spiegare **solvent** *adj,n* solvente *m*
sombre (ˈsɔmbə) *adj* tetro, triste, fosco
some (sʌm) *adj* **1** qualche alcuni, dei **2** un po' di del *pron* **1** alcuni **2** ne, un po *adv* circa **somebody** *pron* qualcuno **somehow** *adv* in qualche modo in un modo o nell'altro **someone** *pron* qualcuno **something** *pron* qualche cosa **sometime** *adv* un tempo, un giorno o l altro presto o tardi **sometimes** *adv* qualche volta, tavolta, a volte, di quando in quando **somewhat** *adv* piuttosto, un po' **somewhere** *adv* qualche posto *or* luogo
somersault (ˈsʌməsɔ lt) *n* capriola *f* salto mortale *m* *vi* fare salti mortali
son (sʌn) *n* figlio, figliolo *m* **son-in-law** *n* genero *m*
sonata (səˈnɑ tə) *n* sonata *f*
song (sɔŋ) *n* canzone *f* canto *m*
sonic (ˈsɔnik) *adj* sonico
sonnet (ˈsɔnit) *n* sonetto *m*
soon (su n) *adv* presto tosto, tra poco **as soon as** non appena **the sooner the better** prima è meglio è
soot (sut) *n* fuliggine *f*
soothe (su ð) *vt* calmare, placare, lenire **soothing** *adj* calmante, riposante
sophisticated (səˈfistikeitid) *adj* sofisticato, raffinato
soprano (səˈprɑ nou) *n* soprano *m,f*
sorbet (ˈsɔ bit) *n* sorbetto *m*
sordid (ˈsɔ did) *adj* sordido, gretto
sore (sɔ) *adj* **1** addolorato **2** irritato, offeso *n* piaga, ulcera *f* **soreness** *n* dolore *m*

sorrow (ˈsɔrou) *n* **1** dispiacere, dolore *m*. **2** rincrescimento *m* **sorrowful** *adj* addolorato

sorry (ˈsɔri) *adj* **1** spiacente, dolente. **2** meschino **be sorry** dispiacersi. ~*interj* scusate!

sort (sɔ:t) *n* **1** sorta *f*. genere *m*. **2** modo *m*. maniera *f*. **out of sorts** giù di giri. ~*vt* classificare, scegliere.

soufflé (ˈsu flei) *n* soufflé, sformato *m*.

sought (sɔ:t) *v* see **seek.**

soul (soul) *n* **1** anima *f*. **2** creatura *f*. **not a soul** nessuno. **soul-destroying** *adj* struggente. **soulful** *adj* sentimentale, pieno di sentimento.

sound[1] (saund) *n* rumore, suono *m*. *vt,vi* suonare. **soundproof** *adj* **1** isolato acusticamente. **2** fonoassorbente.

sound[2] (saund) *adj* **1** giusto, logico. **2** solido, in buona condizione.

sound[3] (saund) *vt* sondare, scandagliare.

soup (su:p) *n* zuppa, minestra *f*. brodo *m*.

sour (sauə) *adj* **1** acido, acerbo, stizzoso. **2** aspro.

source (sɔ:s) *n* fonte, sorgente, origine *f*.

south (sauθ) *n* sud, mezzogiorno *m*. *adj* del sud, meridionale. **southerly** *adj* del sud, meridionale **southern** *adj* del sud, del meridione. **south-east** *n* sud-est *m*. **south-west** *n* sud-ovest *m*.

South Africa *n* Africa del Sud *f*. **South African** *adj,n* sud-africano.

South America *n* America del Sud *f*. **South American** *adj,n* sud-americano.

South Pole *n* polo sud *m*.

souvenir (su:vəˈniə) *n* ricordo *m*.

sovereign (ˈsɔvrin) *n* **1** sovrano *m*. re *m invar*. **2** *comm* sterlina, moneta d'oro *f* *adj* sovrano. **sovereignty** *n* sovranità *f*

Soviet Union (ˈsouviət) *n* Unione Sovietica *f*.

sow*[1] (sou) *vt* seminare, spargere, piantare

sow[2] (sau) *n* scrofa *f*.

soya bean (ˈsɔiə) *n* soia *f*

spa (spɑ:) *n* sorgente minerale, stazione termale *f*

space (speis) *n* spazio *m*. *vt* spaziare, disporre ad intervalli **spaceman** *n* astronauta *m*. **spaceship** *n* astronave *f*. **spacious** *adj* spazioso, ampio **spaciousness** *n* spazio *m*

spade[1] (speid) *n* vanga *f*. badile *m*.

spade[2] (speid) *n game* picche *f pl*.

Spain (spein) *n* Spagna *f*. **Spaniard** *nm* spagnolo *m*. **Spanish** *adj* spagnolo. **Spanish** (language) *n* spagnolo *m*.

span[1] (spæn) *n* **1** spanna *f*. palmo *m*. **2** periodo di tempo *m* *vt* stendersi attraverso.

span[2] (spæn) *v* see **spin.**

spaniel (ˈspæniəl) *n* spaniel *m*.

spank (spæŋk) *vt* sculacciare

spanner (ˈspænə) *n* chiave inglese *f*.

spare (spɛə) *adj* **1** d'avanzo, in più, extra. **2** parco, frugale. **3** disponibile. *vt* **1** risparmiare. **2** fare a meno di

spark (spɑ:k) *n* scintilla, favilla *f*. lampo *m*. *vi* scintillare, emettere scintille. **spark off** lanciare **spark plug** *n* candela *f*.

sparkle (ˈspɑ:kəl) *n* bagliore *m*. scintilla *f*. *vi* emettere scintille, risplendere.

sparrow (ˈspærou) *n* passero *m*.

sparse (spɑ:s) *adj* rado, sparso.

spasm (ˈspæzəm) *n* spasmo, spasimo *m*. contrazione *f* **spastic** *adj* spastico.

spat (spæt) *v* see **spit.**

spatial (ˈspeiʃəl) *adj* spaziale.

spatula (ˈspætjulə) *n* spatula *f*.

spawn (spɔ:n) *n* uova *f pl*. *vt,vi* deporre.

speak* (spi:k) *vi* parlare. *vt* esprimere, pronunciare. **speak out** parlare francamente **speak up** alzare la voce

spear (spiə) *n* lancia, asta, fiocina *f*. *vt* fiocinare, trafiggere.

special (ˈspeʃəl) *adj* **1** speciale, particolare. **2** straordinario. **specialist** *n* specialista *m*. **speciality** *n* specialità *f*. **specialize** *vi* specializzarsi.

species (ˈspi:ʃi:z) *n* specie *f invar*. genere, tipo *m*.

specify (ˈspesifai) *vt* specificare, precisare. **specific** *adj* specifico, particolare.

specimen (ˈspesimən) *n* campione, modello, esemplare *m*.

speck (spek) *n* granello, punto *m*. macchiolina *f*. *vt* macchiare, chiazzare.

spectacle (ˈspektəkəl) *n* **1** spettacolo *m*. vista *f*. **2** *pl* occhiali *m pl*. **spectacular** *adj* spettacolare, spettacoloso.

spectator (spekˈteitə) *n* spettatore *m*.

spectrum (ˈspektrəm) *n* spettro *m*.

speculate (ˈspekjuleit) *vi* **1** meditare, considerare. **2** *comm* speculare. **speculation** *n* speculazione *f*. **speculator** *n* speculatore *m*.

speech (spi:tʃ) *n* **1** discorso *m*. orazione *f*. **2** favella *f*.

speed* (spi:d) *n* velocità, rapidità, sveltezza *f*. *vi* affrettarsi. **speedboat** *n* motoscafo veloce *m*.

spell*[1] (spel) *vt,vi* sillabare, compitare

spell[2] (spel) *n* fascino, incantesimo *m* magia *f* **spellbound** *adj* incantato, affascinato

spell[3] (spel) *n* periodo intervallo *m*

spend* (spend) *vt* **1** spendere, sborsare **2** passare, trascorrere **3** impiegare *vi* spendere **spendthrift** *adj,n* prodigo *m*

sperm (spə:m) *n* sperma *m*

sphere (sfiə) *n* **1** sfera *f* globo *m* **2** ambiente *m* **spherical** *adj* sferico

spice (spais) *n* **1** aroma *f* **2** *pl* spezie *f pl vt* **1** aromatizzare **2** rendere piccante **spicy** *adj* **1** piccante **2** arguto, mordace

spider ('spaidə) *n* ragno *m*

spike (spaik) *n* **1** punta *f* aculeo *m* **2** chiodo *m vt* inchiodare

spill* (spil) *vt* versare, spargere *n* caduta *f*

spin* (spin) *vt* **1** filare **2** far girare *vi* girare *n* **1** giro *m* rotazione *f* **2** gita *f* **spin drier** *n* macchina asciugatrice *f* **spin-dry** *vt* asciugare colla centrifuga **spinning wheel** *n* filatoio *m*

spinach ('spinidʒ) *n* spinaci *m pl*

spine (spain) *n* **1** spina dorsale *f* **2** spina, lisca *f* **3** (of a book) dorso *m* **spineless** *adj* debole

spinster ('spinstə) *n* zitella, nubile *f*

spire[1] (spaiə) *n arch* guglia, cuspide *f*

spire[2] (spaiə) *n* spira, spirale *f* **spiral** *adj,n* spirale *f* **spiral staircase** *n* scala a chiocciola *f*

spirit ('spirit) *n* **1** spirito *m* anima *f* **2** fantasma *m* **3** coraggio *m* **4** *pl* liquori *m pl* **spiritual** *adj* spirituale

spit*[1] (spit) *vt* sputare. *vi* (of rain) piovigginare *n* sputo *m* saliva *f*

spit[2] (spit) *n cul* spiedo *m*

spite (spait) *n* dispetto, rancore, ripicco *m*. **in spite of** malgrado **out of spite** per dispetto ~*vt* contrariare, far dispetto a **spiteful** *adj* malevolo, dispettoso.

splash (splæʃ) *vt* schizzare, spruzzare *vi* cadere con un tonfo *n* spruzzo, schizzo *m*

splendid ('splendid) *adj* splendido, magnifico **splendour** *n* splendore, lustro *m*.

splint (splint) *n* **1** scheggia *f*. **2** *med* stecca *f*. **splinter** *n* scheggia *f*. frantume *m*. *vt,vi* frantumare.

split* (split) *vt* fendere, spaccare. *vi* fendersi. *n* spaccatura, fessura *f*.

splutter ('splʌtə) *vt,vi* barbugliare.

spoil* (spɔil) *vt* **1** guastare, rovinare, sciupare. **2** viziare. **spoil-sport** *n* guastafeste *m invar*.

spoke[1] (spouk) *n* (of a wheel) raggio *m*

spoke[2] (spouk) *v* see **speak.**

spoken ('spoukən) *v* see **speak.**

spokesman ('spouksmən) *n* portavoce *m*

sponge (spʌndʒ) *n* spugna *f vt* **1** lavare con la spunga **2** scroccare

sponsor ('spɔnsə) *n* **1** garante *m* **2** padrino *m* madrina *f vt* essere garante di **sponsorship** *n* garanzia *f*

spontaneous (spɔn'teiniəs) *adj* spontaneo naturale

spool (spu:l) *n* rocchetto *m* bobina *f*

spoon (spu:n) *n* cucchiaio *m* **spoonful** *n* cucchiaiata *f*

sport (spɔ:t) *n* **1** gioco divertimento *m* **2** sport *m invar* **sportsman** *n* sportivo *m*

spot (spɔt) *n* **1** luogo posto *m* località *f* **2** macchia *f vt* **1** macchiare **2** scoprire, individuare **spotlight** *n* riflettore *m* luce della ribalta *f*

spouse (spaus) *n* coniuge *m,f*

spout (spaut) *n* tubo di scarico becco, getto *m vi* **1** scaturire, zampillare **2** declamare

sprain (sprein) *n* strappo muscolare *m* storta *f vt* slogare, storcere

sprang (spræŋ) *v* see **spring.**

sprawl (sprɔ:l) *vi* sdraiarsi in modo scomposto

spray[1] (sprei) *n* spruzzo, getto *m vt* spruzzare polverizzare

spray[2] (sprei) *n* (of flowers, etc) ramoscello rametto *m*

spread* (spred) *vt* **1** distendere **2** diffondere, propagare **3** spiegare **4** spalmare *vi* **1** stendersi. **2** diffondersi *n* **1** distesa, estensione *f* **2** diffusione *f*

spree (spri:) *n* **1** baldoria *f*. **2** divertimento *m*

sprig (sprig) *n* ramoscello, rametto *m*

sprightly ('spraitli) *adj* vivace, spiritoso

spring* (spriŋ) *vi* **1** nascere, sorgere, provenire **2** balzare, scaturire *n* **1** fonte, sorgente *f*. **2** primavera *f*. **3** molla *f* **4** salto *m* **springboard** *n* trampolino *m* **spring-clean** *vt* pulire accuratamente **spring onion** *n* cipollina *f* **springtime** *n* primavera *f*.

sprinkle ('spriŋkəl) *vt* spruzzare, spargere. *n* spruzzatina *f*. **sprinkling** *n* infarinatura *f*

sprint (sprint) *vi* correre velocemente *n* corsa breve *f*. scatto *m*.

sprout (spraut) *vi* germogliare. *n* germoglio *m*.

sprung (sprʌŋ) *v* see **spring.**

spun (spʌn) *v* see **spin.**

spur (spɜ:) *n* sperone, sprone *m* *vt* incitare, stimolare, spronare
spurt (spɜ:t) *n* 1 getto *m*. 2 breve sforzo *m*. *vt,vi* spruzzare
spy (spai) *n* spia *f* *vi* spiare, fare la spia
squabble ('skwɔbəl) *n* bisticcio *m* lite *f* *vi* bisticciarsi, accapigliarsi.
squad (skwɔd) *n* squadra *f* plotone *m*.
squadron ('skwɔdrən) *n* 1 *mil* squadrone *m* 2 *naut,aviat* squadriglia *f*
squalid ('skwɔlid) *adj* misero, squallido.
squander ('skwɔndə) *vt* sprecare, scialacquare, sperperare
square (skwɛə) *adj* 1 quadrato 2 giusto, preciso. 3 *inf* all'antica. *n* 1 quadrato *m*. 2 piazza *f*. *vt* quadrare. *adv* chiaro e tondo **square root** *n* radice quadrata *f*.
squash (skwɔʃ) *n* 1 spremuta *f*. 2 *sport* squash *m*. *vt* 1 schiacciare, spremere. 2 umiliare.
squat (skwɔt) *adj* tarchiato, tozzo. *vi* 1 rannicchiarsi, accovacciarsi. 2 occupare abusivamente.
squawk (skwɔ:k) *vi* emettere un grido rauco *n* grido rauco *m*.
squeak (skwi:k) *n* grido acuto *m*. *vi* strillare acutamente, guaire
squeal (skwi:l) *n* strillo *m*. *vi* strillare
squeamish ('skwi:miʃ) *adj* schizzinoso.
squeeze (skwi:z) *vt* spremere, stringere, comprimere, strizzare. *n* stretta, spremitura, compressione *f*
squid (skwid) *n* seppia *f*. calamaro *m*.
squiggle ('skwigəl) *n* scarabocchio *m*
squint (skwint) *vi* 1 essere strabico 2 guardare obliquamente. *n* strabismo *m*. *adj* strabico
squire ('skwaiə) *n* gentiluomo, proprietario di terre *m*
squirm (skwɜ:m) *vi* 1 imbarazzarsi. 2 contorcersi.
squirrel ('skwirl) *n* scoiattolo *m*.
squirt (skwɜ:t) *vt* spruzzare, schizzare. *n* schizzetto *m*
stab (stæb) *n* pugnalata, coltellata *f* *vt* pugnalare, accoltellare
stabilize ('steibəlaiz) *vt* stabilizzare. *vi* stabilizzarsi
stable[1] ('steibəl) *n* stalla, scuderia *f*
stable[2] ('steibəl) *adj* stabile, permanente
stack (stæk) *n* catasta *f* mucchio, cumulo *m* *vt* ammucchiare, accatastare.
stadium ('steidiəm) *n* stadio *m*.
staff (stɑ:f) *n* 1 bastone *m* 2 personale *m* 3 *mil* stato maggiore *m*
stag (stæg) *n* cervo *m*
stage (steidʒ) *n* 1 palcoscenico, teatro *m* 2 stadio *m* 3 momento *m*. *vt* mettere in scena **stage manager** *n* direttore di scena *m*.
stagger ('stægə) *vi* vacillare, esitare, barcollare
stagnate (stæg'neit) *vi* ristagnare **stagnant** *adj* stagnante, fermo, inattivo.
stain (stein) *n* macchia *f* *vt* macchiare, colorire **stained glass** *n* vetro istoriato *m*. vetrata a colori *f*
stair (stɛə) *n* 1 scalino, gradino *m*. 2 *pl* scale *f pl*. **staircase** *n* scala, tromba delle scale *f*
stake[1] (steik) *n* palo *m* incudine *f*. *vt* cintare, chiudere
stake[2] (steik) *n game* 1 scommessa *f*. 2 *pl* premio *m*. *vt* scommettere, mettere in gioco.
stale (steil) *adj* stantio, vecchio, raffermo.
stalemate ('steilmeit) *n* stallo, punto morto *m*.
stalk[1] (stɔ:k) *n* stelo, gambo *m*.
stalk[2] (stɔ:k) *vi* camminare maestosamente. *vt* inseguire
stall[1] (stɔ:l) *n* 1 chiosco *m*. edicola, bancherella *f* 2 *pl Th* poltrona *f*
stall[2] (stɔ:l) *vi* 1 agire evasimente. 2 *mot* fermarsi
stallion ('stæliən) *n* stallone *m*.
stamina ('stæminə) *n* capacità di resistenza *f* vigore *m*
stammer ('stæmə) *n* balbuzie *f* balbettamento *m* *vt,vi* balbettare
stamp (stæmp) *n* 1 impronta *f*. 2 (on a letter, etc.) francobollo, bollo *m*. *vt* 1 incidere, imprimere. 2 timbrare
stampede (stæm'pi:d) *n* fuga precipitosa *f*.
stand* (stænd) *vi* 1 stare in piedi. 2 stare 3 essere valido *vt* sopportare. **stand out** spiccare ~*n* 1 posizione *f* 2 pausa *f*. 3 bancarella *f* chiosco *m* 4 *sport* tribuna *f* **stand-by** *n* scorta, riserva *f* **standing** *n* posizione, reputazione *f* *adj* 1 eretto. 2 fermo. **standstill** *n* 1 arresto *m*. 2 fermata *f* **at a standstill** fermo
standard ('stændəd) *n* 1 modello, campione *m*. 2 bandiera *f*. stendardo *m*. 3 livello *m*. qualità *f* 4 base *f* supporto *m*. *adj* standard *invar* normale. **standard lamp** *n* lampada a stelo *f*
stank (stæŋk) *v* see **stink**.
staple[1] ('steipəl) *n* chiodo ad U *m*. graffetta *f*
staple[2] ('steipəl) *adj* principale *n* prodotto principale *m*.
star (stɑ:) *n* 1 stella *f*. astro *m*. 2 *Th* diva *f*. *vi Th*

avere il ruolo di protagonista **starfish** *n* stella di mare *f*.

starboard ('sta·bəd) *adj* di dritta *n* dritta *f* tribordo *m*.

starch (sta·tʃ) *n* amido *m* *vt* inamidare

stare (stɛə) *n* sguardo fisso *m*. *vi* spalancare gli occhi **stare at** fissare, sguardare

stark (sta:k) *adj* **1** rigido **2** completo **3** desolato *adv* interamente, completamente

starling ('sta·liŋ) *n* storno *m*.

start (sta t) *vi* **1** cominciare **2** partire **3** trasalire *vt* **1** dare inizio a. **2** *mot* mettere in moto *n* **1** inizio *m* **2** partenza *f*. **3** soprassalto *m*. **make an early start** partire di buon'ora

startle ('sta tl̩) *vt* spaventare, allarmare

starve (sta v) *vt* far soffrire la fame *vi* morire di fame

state (steit) *n* **1** stato *m* condizione, situazione *f*. **2** *pol* stato *m* **3** rango *m* *adj* di stato. *vt* **1** dichiarare **2** stabilire **3** esporre **stately** *adj* signorile, maestoso **statement** *n* **1** dichiarazione *f*. **2** rapporto, esposto *m*. **3** *comm* bilancio *m* **statesman** *n* uomo di stato, statista *m*. **statesmanship** *n* abilità politica *f*

static ('stætik) *adj* statico

station ('steiʃən) *n* **1** stazione *f*. **2** posto, luogo *m*. **3** base *f* *vt* assegnare un posto a, collocare **stationmaster** *n* capostazione *m*.

stationary ('steiʃənri) *adj* stazionario, fermo, fisso.

stationer ('steiʃənə) *n* cartolaio *m* **stationer's shop** *n* cartoleria *f* **stationery** *n* articoli di cancelleria *m pl*.

statistics (stə'tistiks) *n* **1** statistica *f* **2** *pl* statistiche *f pl* **vital statistics** misure vitali *f pl*.

statue ('stætju·) *n* statua *f*.

stature ('stætʃə) *n* statura *f*

status ('steitəs) *n* stato *m* condizione sociale *f*. **status symbol** *n* oggetto il cui possesso denota un alto stato sociale *m*

statute ('stætju:t) *n* statuto, regolamento *m*. **statutory** *adj* statutario.

stay[1] (stei) *vi* fermarsi, restare, soggiornare

stay[2] (stei) *n* sostegno, supporto *m*.

steadfast ('stedfa:st) *adj* costante, fermo, risoluto.

steady ('stedi) *adj* **1** fermo, saldo **2** regolare **3** serio, equilibrato. *vt* rafforzare, stabilizzare *vi* stabilizzarsi.

steak (steik) *n* bistecca, fetta di carne *f*.

steal* (sti:l) *vt,vi* rubare, sottrarre.

steam (sti·m) *n* vapore *m* *vt* cucinare a vapore *vi* emettere vapore, fumare **steam-engine** *n* macchina a vapore *f* **steam-roller** *n* compressore rullo *m* **steamship** *n* piroscafo, vapore *m*.

steel (sti·l) *n* acciaio *m*. *vt* indurire **steel oneself** corazzarsi **stainless steel** *n* acciaio inossidabile *m*

steep[1] (sti·p) *adj* **1** ripido, erto **2** *inf* esorbitante, irragionevole

steep[2] (sti·p) *vt* immergere, inzuppare

steeple ('sti:pəl) *n* guglia *f*. campanile *m* **steeplechase** *n* corsa ad ostacoli *f*.

steer (stiə) *vt* **1** *mot* sterzare, manovrare **2** dirigere *vi* sterzare **steering wheel** *n* volante *m*

stem[1] (stem) *n* stelo, gambo *m*.

stem[2] (stem) *vt* arrestare, arginare

stencil ('stensəl) *n* stampino *m* *vt* stampinare

step (step) *n* **1** passo *m*. **2** orma, impronta *f* **3** gradino *m*. **4** grado, avanzamento *m* *vi* camminare, andare, recarsi **stepladder** *n* scala a libretto *f*. **stepping stone** *n* **1** pietra per guadare *f* **2** trampolino *m*.

stepbrother ('stepbrʌðə) *n* fratellastro *m*

stepdaughter ('stepdɔ·tə) *n* figliastra *f*

stepfather ('stepfa:ðə) *n* patrigno *m*.

stepmother ('stepmʌðə) *n* matrigna *f*

stepsister ('stepsistə) *n* sorellastra *f*

stepson ('stepsʌn) *n* figliastro *m*

stereo ('steriou) *n* stereo *m* *adj* stereoscopico

stereophonic (steriə'fɔnik) *adj* stereofonico

stereotype ('steriətaip) *n* stereotipo *m*

sterile ('sterail) *adj* sterile **sterilize** *vt* sterilizzare.

sterling ('stə:liŋ) *adj* genuino, puro *n* sterlina *f*

stern[1] (stə·n) *adj* severo, rigido, rigoroso

stern[2] (stə·n) *n* **1** *naut* poppa *f* **2** parte posteriore, coda *f*.

stethoscope ('steθəskoup) *n* stetoscopio *m*.

stew (stju:) *n* stufato, umido *m*.

steward ('stju:əd) *n* **1** *naut* cameriere di bordo *m*. **2** dispensiere *m*. **3** intendente, amministratore *m*.

stick[1] (stik) *n* bastone *m*. bacchetta, stecca *f*.

stick*[2] (stik) *vt* **1** ficcare. **2** incollare. *vi* **1** ficcarsi. **2** attaccarsi. **stick out** tirare fuori. **stick up for** prendere le difese di. **sticky** *adj* appiccicoso, viscoso.

stiff (stif) *adj* rigido, duro. **stiffen** *vt* irrigidire, indurire, rassodare. *vi* irrigidirsi.

stifle ('staifəl) *vt* reprimere, trattenere.

stigma (ˈstɪgmə) *n,pl* **stigmata** marchio, segno, stigma *m*.
stile (stail) *n* barriera *f*.
still[1] (stil) *adj* **1** immobile, fermo **2** silenzioso *adv* ancora. **stillborn** *adj* nato morto **still life** *n* natura morta *f*.
still[2] (stil) *n* alambicco *m*
stilt (stilt) *n* trampolo *m*
stilted (ˈstiltid) *adj* artificioso
stimulate (ˈstimjuleit) *vt* stimolare, incitare **stimulus** *n, pl* **stimuli** stimolo, incentivo *m*.
sting* (stiŋ) *vt,vi* pungere, colpire. *n* pungiglione *m*. puntura d'insetto *f*.
stink* (stiŋk) *vi* puzzare. *n* puzzo, fetore *m*. **stinking** *adj* puzzolente.
stint (stint) *vt* limitare, lesinare. *n* limite *m* restrizione *f*.
stipulate (ˈstipjuleit) *vt* stipulare. **stipulation** *n* stipulazione *f*.
stir (stɔ:) *vt* mescolare, agitare. **stir up** agitare. ~*n* **1** rimescolio *m*. **2** animazione *f*.
stirrup (ˈstirəp) *n* staffa *f*.
stitch (stitʃ) *n* **1** punto *m*. **2** maglia *f*. **3** *med* fitta, trafitta *f*. *vt* **1** cucire. **2** *med* suturare.
stoat (stout) *n* ermellino *m*.
stock (stɔk) *n* **1** provvista *f*. rifornimento *m*. **2** razza, stirpe *f*. **3** *pl comm* titoli *m pl*. azioni *f pl*. *vt* approvvigionare, fornire. **stockbreeding** *n* allevamento di bestiame *m*. **stockbroker** *n* agente di cambio *m*. **stock exchange** *n* borsa valori *f*. **stockpile** *n* riserva, scorta *f*. *vt* accumulare. **stocktaking** *n* inventario *m*.
stocking (ˈstɔkiŋ) *n* calza *f*.
stocky (ˈstɔki) *adj* tozzo, tarchiato.
stodge (stɔdʒ) *n* cibo pesante *m*. **stodgy** *adj* pesante, indigesto.
stoical (ˈstouikḷ) *adj* stoico.
stoke (stouk) *vt* **1** accudire alle caldaie. **2** alimentare, caricare. **stoker** *n* fochista *m*.
stole[1] (stoul) *v see* **steal.**
stole[2] (stoul) *n* stola *f*.
stolen (ˈstoulən) *v see* **steal.**
stomach (ˈstʌmək) *n* stomaco, ventre *m*. *vt* sopportare, digerire, tollerare. **stomach-ache** *n* mal di stomaco *m*.
stone (stoun) *n* **1** pietra, roccia *f*. sasso *m*. **2** *bot* nocciolo di frutta *m*. *vt* **1** lapidare, colpire a sassate. **2** togliere il nocciolo a.
stood (stud) *v see* **stand.**
stool (stu:l) *n* sgabello, seggiolino *m*.
stoop (stu:p) *vi* abbassarsi, chinarsi, curvarsi. *n* curvatura *f*.
stop (stɔp) *vt* **1** fermare, arrestare, cessare, sospendere, smettere **2** otturare, tamponare *vi* fermarsi. *n* **1** sosta *f*. arresto *m*. **2** (bus) fermata *f* **stopgap** *n* palliativo *m*. **stoppage** *n* **1** blocco *m*. ostruzione *f*. **2** pausa, interruzione *f*. **stopper** *n* turacciolo, tappo *m* **stopwatch** *n* cronometro *m*.
store (stɔ:) *n* **1** negozio, magazzino *m* **2** provvista, scorta *f*. *vt* **1** fornire. **2** immagazzinare, conservare **storage** *n* **1** deposito, immagazzinamento *m*. **2** magazzino *m*.
storey (ˈstɔ:ri) *n* piano di edificio *m*.
stork (stɔ:k) *n* cicogna *f*
storm (stɔ:m) *n* **1** temporale *m*. tempesta *f*. **2** tumulto *m*. *vt* assalire, attaccare.
story (ˈstɔ:ri) *n* storia, favola *f* racconto, aneddoto *m*
stout (staut) *adj* grosso, robusto, corpulento. *n* birra scura *f*
stove (stouv) *n* cucina, stufa *f*. fornello *m*.
stow (stou) *vt* riporre, stipare. **stow away** conservare **stowaway** *n* passeggero clandestino *m*
straddle (strædḷ) *vt* stare a cavalcioni.
straggle (ˈstrægəl) *vi* sparpagliarsi, disperdersi
straight (streit) *adj* **1** diritto. **2** onesto. **3** (of drinks, etc.) liscio. *adv* **1** in linea retta **2** direttamente. **straight away** subito. **straighten** *vt* **1** raddrizzare. **2** rassettare. **3** regolare. **straightforward** *adj* franco, leale, schietto.
strain[1] (strein) *vt* **1** tendere. **2** sforzare, mettere a dura prova. **3** filtrare. *vi* sforzarsi. *n* **1** tensione *f*. **2** sforzo *m*. **3** *med* strappo *m*.
strain[2] (strein) *n* razza, tendenza *f*.
strand[1] (strænd) *vt* arenare.
strand[2] (strænd) *n* filo *m*.
strange (streindʒ) *adj* **1** strano, curioso. **2** estraneo, sconosciuto. **stranger** *n* sconosciuto, forestiero *m*.
strangle (ˈstræŋgəl) *vt* strangolare, strozzare, soffocare.
strap (stræp) *n* cinghia, correggia *f*. *vt* legare con cinghia.
strategy (ˈstrætidʒi) *n* strategia *f*. **strategic** *adj* strategico.
straw (strɔ:) *n* **1** paglia *f*. **2** (for drinking) cannuccia *f*. **the last straw** il colmo. ~*adj* di paglia.
strawberry (ˈstrɔ:bri) *n* fragola *f*. **strawberry plant** *n* fragola *f*.
stray (strei) *adj* **1** randagio, smarrito. **2** isolato,

occasionale. *n* trovatello *m*. *vi* **1** vagare. **2** deviare.

streak (stri:k) *n* striscia, stria *f*. *vt* strisciare.

stream (stri:m) *n* corrente *f*. corso d'acqua *m*. *vi* scorrere, sgorgare. **streamline** *vt* snellire, organizzare.

street (stri:t) *n* strada, via *f*.

strength (streŋθ) *n* **1** forza *f*. vigore *m*. **2** solidità, tenacia *f*. **strengthen** *vt* rafforzare, irrobustire, sviluppare.

strenuous ('strenjuəs) *adj* strenuo, stancante.

stress (stres) *n* **1** tensione *f*. sforzo *m*. **2** accento *m*. enfasi *f invar*. *vt* accentuare, sottolineare.

stretch (stretʃ) *vt* stendere, tirare, allungare **stretch one's legs** sgranchirsi le gambe. ~*n* **1** stiramento *m* tensione *f*. **2** estensione, distesa *f*. **stretcher** *n* barella, lettiga *f*.

strict (strikt) *adj* **1** severo, rigoroso, rigido **2** preciso.

stride* (straid) *vi* **1** camminare a passi lunghi. **2** stare a cavalcioni *n* passo lungo *m* andatura *f*. **take in one's stride** superare facilmente

strike* (straik) *vt* **1** battere, colpire. **2** impressionare **3** accendere. *vi* **1** scioperare. **2** suonare le ore. *n* sciopero *m*.

string* (striŋ) *n* spago *m* corda *f*. *vt* **1** legare **2** (pearls) infilare

stringent ('strindʒənt) *adj* severo, rigoroso

strip[1] (strip) *vt* spogliare, denudare *vi* svestirsi **striptease** *n* spogliarello *m*.

strip[2] (strip) *n* striscia *f* nastro *m*

stripe (straip) *n* **1** riga, striscia *f* **2** *mil* gallone *m*. *vt* striare, rigare.

strive* (straiv) *vi* sforzarsi

strode (stroud) *v* see **stride.**

stroke[1] (strouk) *n* **1** colpo *m* percossa *f* **2** *sport* bracciata, remata *f*. **3** *med* colpo apoplettico *m*.

stroke[2] (strouk) *vt* accarezzare, lisciare. *n* carezza *f*.

stroll (stroul) *n* passeggiatina *f*. **go for a stroll** andar a fare quattro passi ~*vi* passeggiare, andare a spasso

strong (strɔŋ) *adj* forte, robusto, efficace **stronghold** *n* fortezza *f* **strong-minded** *adj* volitivo.

strove (strouv) *v* see **strive.**

struck (strʌk) *v* see **strike.**

structure ('strʌktʃə) *n* **1** struttura *f* **2** costruzione *f*

struggle ('strʌgəl) *n* lotta *f*. sforzo *m* *vi* lottare, dibattersi, sforzarsi

strum (strʌm) *vt,vi* strimpellare.

strung (strʌŋ) *v* see **string.**

strut[1] (strʌt) *vi* camminare impettito.

strut[2] (strʌt) *n* puntone, contropalo *m*.

stub (stʌb) *n* **1** mozzicone *m*. rimanenza *f*. **2** *comm* matrice *f*. **3** ceppo *m*. *vt* inciampare. **stub out** spegnere.

stubborn ('stʌbən) *adj* ostinato, testardo, cocciuto.

stud[1] (stʌd) *n* **1** chiodo a capocchia larga *m*. **2** bottoncino *m*. *vt* guarnire, ornare.

stud[2] (stʌd) *n* (of horses) scuderia *f*. allevamento *m*.

student ('stju:dn̩t) *n* studente *m*. studentessa *f*.

studio ('stju:diou) *n* **1** studio *m*. **2** teatro di posa *m*.

study ('stʌdi) *n* **1** studio *m*. **2** esame attento *m*. investigazione *f*. *vt* studiare, esaminare attentamente. **studious** *adj* **1** studioso. **2** attento.

stuff (stʌf) *n* **1** *inf* sostanza, cosa, roba *f*. **2** stoffa *f*. tessuto *m*. *vt* **1** imbottire. **2** *cul* farcire **3** rimpinzare **stuffing** *n* **1** imbottitura *f*. **2** *cul* ripieno *m* **stuffy** *adj* afoso, mal ventilato.

stumble ('stʌmbəl) *vi* inciampare *n* inciampata *f*.

stump (stʌmp) *n* **1** tronco, ceppo *m*. **2** moncone di membro *m* **3** mozzicone *m*.

stun (stʌn) *vt* stordire, tramortire

stung (stʌŋ) *v* see **sting.**

stunk (stʌŋk) *v* see **stink.**

stunt[1] (stʌnt) *vt* impedire la crescita a.

stunt[2] (stʌnt) *n* **1** trovata pubblicitaria *f*. **2** bravata *f*.

stupid ('stju:pid) *adj* stupido, sciocco.

sturdy ('stə:di) *adj* forte, robusto, vigoroso

sturgeon ('stə:dʒən) *n* storione *m*.

stutter ('stʌtə) *n* balbuzie *f invar*. *vi* balbettare, tartagliare

sty (stai) *n* porcile *m*.

style (stail) *n* **1** stile, modello *m* **2** moda *f* *vt* chiamare, designare

stylus ('stailəs) *n* **1** stilo *m*. **2** puntina per grammofono *f*

subconscious (sʌb'kɔnʃəs) *adj,n* subcosciente *m*.

subcontract (*n* sʌb'kɔntrækt; *v* sʌbkən'trækt) *n* subappalto *m*. *vt* subappaltare

subdue (səb'dju:) *vt* **1** domare, soggiogare **2** attenuare.

subject (*n,adj* 'sʌbdʒikt; *v* səb'dʒekt) *n* **1** soggetto, argomento *m* **2** suddito *m*. **3** *educ* materia *f*. *adj* soggetto, assoggettato. *vt* assoggettare, sottomettere, soggiogare. **subjective** *adj* soggettivo, individuale.

subjunctive (səb'dʒʌŋktiv) *adj,n* congiuntivo *m*.

sublime (sə'blaim) *adj* sublime.

submachine-gun (səbmə'ʃi:ngʌn) *n* mitra *f* fucile, mitragliatore *m*.

submarine (sʌbmə'ri:n) *n* sommergibile *m*

submerge (səb'mə:dʒ) *vt* sommergere, immergere.

submit (səb'mit) *vi* sottomettersi, rassegnarsi *vt* presentare. **submission** *n* sottomissione *f*

subnormal (sʌb'nɔ:məl) *adj* subnormale, al di sotto della normalità.

subordinate (*adj,n* sə'bɔ:dinət; *v* sə'bɔ:dineit) *adj* subordinato, secondario *n* subalterno, inferiore *m*. *vt* subordinare

subscribe (səb'skraib) *vt* **1** sottoscrivere **2** abbonarsi a. *vi* **1** approvare **2** sottoscrivere **3** abbonarsi. **subscriber** *n* abbonato *m* **subscription** *n* **1** abbonamento *m*. **2** sottoscrizione *f*.

subsequent ('sʌbsikwint) *adj* successivo, ulteriore.

subservient (səb'sə:viənt) *adj* servile, subordinato.

subside (səb'said) *vi* **1** decrescere, sprofondare, calare. **2** quietarsi.

subsidiary (səb'sidiəri) *adj* supplementare, secondario, sussidiario

subsidize ('sʌbsidaiz) *vt* sussidiare, sovvenzionare. **subsidy** *n* sussidio *m*

subsist (səb'sist) *vi* sussistere

substance ('sʌbstəns) *n* **1** sostanza, essenza *f*. **2** solidità *f*. **substantial** *adj* **1** sostanzioso, resistente. **2** notevole **substantive** *adj,n* sostantivo *m*.

substitute ('sʌbstitju:t) *n* sostituto, delegato, supplente *m* *vt* sostituire

subtitle ('sʌbtaitḷ) *n* sottotitolo *m*.

subtle ('sʌtḷ) *adj* **1** sottile, indefinibile **2** astuto, scaltro.

subtract (səb'trækt) *vt* sottrarre, detrarre. **subtraction** *n* sottrazione *f*

suburb ('sʌbə:b) *n* sobborgo *m* periferia *f*. **suburban** *adj* suburbano, periferico. **suburbia** *n* quartieri fuori città *m pl*.

subvert (sʌb'və:t) *vt* sovvertire.

subway ('sʌbwei) *n* **1** sottopassaggio *m*. **2** metropolitana *f*.

succeed (sək'si:d) *vi* **1** riuscire. **2** raggiungere la fama. **success** *n* successo *m*. **succession** *n* successione *f* serie *f invar* **successive** *adj* successivo, consecutivo

succulent ('sʌkjulənt) *adj* succulento

succumb (sə'kʌm) *vi* soccombere

such (sʌtʃ) *adj* tale, simile **in such cases** in casi del genere **such as it is** così com'è ~*pron* tale, questo **suchlike** *adj* simile

suck (sʌk) *vt* succhiare, poppare *n* succhiata, poppata *f*

sucker ('sʌkə) *n* **1** *sl* credulone *m* **2** *tech* pistone *m* **3** ventosa *f*

suction ('sʌkʃən) *n* risucchio, assorbimento *m*

sudden ('sʌdṇ) *adj* subitaneo, improvviso, repentino

suds (sʌdz) *n pl* schima, saponata *f*

sue (su:) *vt* far causa a *vi* citare, far causa

suede (sweid) *n* camoscio *m* pelle scamosciata *f* *adj* di camoscio

suet ('su:it) *n* lardo *m*

suffer ('sʌfə) *vt,vi* soffrire, patire *vt* tollerare, subire.

sufficient (sə'fiʃənt) *adj* sufficiente, bastevole.

suffix ('sʌfiks) *n* suffisso *m*.

suffocate ('sʌfəkeit) *vt,vi* soffocare

sugar ('ʃugə) *n* zucchero *m*. *vt* inzuccherare, addolcire **sugar beet** *n* barbabietola da zucchero *f* **sugar cane** *n* canna da zucchero *f*

suggest (sə'dʒest) *vt* **1** suggerire, proporre **2** alludere a **suggestion** *n* **1** suggerimento *m* proposta *f* **2** allusione *f*. **3** lieve traccia *f*

suicide ('su:isaid) *n* **1** suicidio *m*. **2** (person) suicida *m* **commit suicide** suicidarsi **suicidal** *adj* che tende al suicidio.

suit (sju:t) *n* **1** abito da uomo *m*. **2** *law* causa *f* **3** *game* seme *m*. *vt* **1** soddisfare. **2** star bene a. **3** adattare. **suit yourself** fa come vuoi **suitable** *adj* adatto, adeguato **suitability** *n* convenienza *f*.

suitcase ('sju:tkeis) *n* valigia *f*

suite (swi:t) *n* **1** seguito, corteo *m*. **2** (of rooms) appartamento *m* **3** (of furniture) completo *m*

sulk (sʌlk) *vi* tenere il broncio. *n* broncio *m*. **sulky** *adj* imbronciato.

sullen ('sʌlən) *adj* accigliato.

sulphur ('sʌlfə) *n* zolfo *m*

sultan ('sʌltən) *n* sultano *m*.

sultana (sʌl'tɑ:nə) *n* uva sultanina *f*

sultry ('sʌltri) *adj* **1** afoso, soffocante. **2** provocante

sum (sʌm) *n* **1** somma *f*. **2** addizione *f* *v* **sum up** ricapitolare

summarize ('sʌməraiz) *vt* riassumere. **summary** *n* sommario, sunto *m*.
summer ('sʌmə) *n* estate *f* *adj* d'estate, estivo. **summerhouse** *n* chiosco *m*. **summertime** *n* 1 stagione estiva *f*. 2 ora legale estiva *f*.
summit ('sʌmit) *n* 1 cima *f* 2 culmine, apice *m*.
summon ('sʌmən) *vt* convocare, fare appello a **summon up courage** prendere coraggio **summons** *n* 1 chiamata *f* 2 *law* citazione *f*. *vt* citare in giudizio.
sun (sʌn) *n* sole *m*.
sunbathe ('sʌnbeið) *vi* fare bagni di sole
sunburn ('sʌnbə:n) *n* scottatura *f*
Sunday ('sʌndi) *n* domenica *f*
sundial ('sʌndaiəl) *n* meridiana *f*
sundry ('sʌndri) *adj* parecchi, vari
sunflower ('sʌnflauə) *n* girasole *m*
sung (sʌŋ) *v* see **sing**.
sunglasses ('sʌnglɑ:siz) *n pl* occhiali da sole *m pl*
sunk (sʌŋk) *v* see **sink**.
sunken ('sʌŋkən) *adj* sprofondato, incavato.
sunlight ('sʌnlait) *n* luce del sole *f*
sunny ('sʌni) *adj* luminoso, soleggiato.
sunrise ('sʌnraiz) *n* alba *f* sorgere del sole *m*.
sunset ('sʌnset) *n* tramonto *m*
sunshine ('sʌnʃain) *n* 1 luce del sole *f* 2 bel tempo *m*.
sunstroke ('sʌnstrouk) *n* colpo di sole *m*.
suntan ('sʌntæn) *n* abbronzatura *f*
super ('su:pə) *adj* eccellente, sopraffino.
superannuation (su.pərænju'eiʃən) *n* pensione di vecchiaia *f*
superb (su.'pə:b) *adj* eccellente, superbo.
superficial (su.pə'fiʃəl) *adj* superficiale, poco profondo.
superfluous (su.'pə.fluəs) *adj* superfluo.
superhuman (su.pə'hju.mən) *adj* sovrumano.
superimpose (su.pərim'pouz) *vt* sovrapporre
superintendent (su:pərin'tendənt) *n* sovrintendente *m*.
superior (su'piəriə) *adj,n* superiore *m*.
superlative (su'pə.lətiv) *adj,n* superlativo *m*.
supermarket ('su:pəmɑ.kit) *n* supermercato *m*.
supernatural (su.pə'nætʃrəl) *adj* soprannaturale
supersede (su.pə'si.d) *vt* rimpiazzare, sostituire.
supersonic (su.pə'sɔnik) *adj* ultrasonico, supersónico
superstition (su.pə'stiʃən) *n* superstizione *f* **superstitious** *adj* superstizioso.
supervise ('su:pəvaiz) *vt* sorvegliare, sovrintendere. **supervision** *n* sorveglianza *f* **supervisor** *n* sorvegliante, sovrintendente *m*.
supper ('sʌpə) *n* cena *f* **have supper** cenare.
supple ('sʌpəl) *adj* pieghevole, flessibile
supplement (*n* 'sʌplimənt; *v* 'sʌpliment) *n* supplemento *m*. *vt* completare, integrare **supplementary** *adj* supplementare
supply (sə'plai) *vt* fornire, provvedere *n* provvista *f* rifornimento *m*
support (sə'pɔ:t) *n* sostegno, appoggio *m*. *vt* 1 sostenere, reggere. 2 mantenere
suppose (sə'pouz) *vt* supporre, presumere, credere **supposing** *conj* se nel caso
suppress (sə'pres) *vt* 1 sopprimere, reprimere. 2 tener nascosto
supreme (sə'pri:m) *adj* supremo, massimo.
surcharge ('sə tʃɑ.dʒ) *n* soprattassa *f*
sure (ʃuə) *adj* sicuro, certo. *adv,interj* certamente, davvero **surely** *adv* certamente **surety** *n* 1 certezza *f* 2 garanzia *f* pegno *m*.
surf (sə.f) *n* risacca *f*
surface ('sə.fis) *n* superficie *f*. *vi* affiorare
surfeit ('sə:fit) *n* eccesso *m*
surge (sə:dʒ) *n* impeto *m*. *vi* gonfiarsi
surgeon ('sə:dʒən) *n* chirurgo *m*. **surgery** *n* 1 chirurgia *f* 2 (place) ambulatorio, studio medico *m*
surly ('sə:li) *adj* scontroso, sgarbato.
surmount (sə'maunt) *vt* sormontare, superare
surname ('sə.neim) *n* cognome *m*
surpass (sə'pɑ.s) *vt* superare
surplus ('sə.plis) *n* sovrappiù *m invar* avanzo *m*
surprise (sə'praiz) *n* sorpresa *f* stupore *m*. *adj* inaspettato. *vt* sorprendere, stupire.
surrealism (sə'riəlizəm) *n* surrealismo *m*.
surrender (sə'rendə) *vt* cedere *vi* arrendersi. *n* 1 resa *f* 2 abbandono *m*.
surreptitious (sʌrəp'tiʃəs) *adj* furtivo, clandestino
surround (sə'raund) *vt* circondare, cingere. *n* bordura *f* **surrounding** *adj* circostante. **surroundings** *n pl* ambiente *m*. dintorni *m pl*.
survey (*n* 'sə.vei, *v* sə'vei) *n* 1 perizia *f* 2 esame *m* indagine *f* *vt* esaminare, ispezionare.
surveyor (sə'veiə) *n* topografo, ispettore *m*.
survive (sə'vaiv) *vi* sopravvivere *vt* sopravvivere a. **survival** *n* sopravvivenza *f*
susceptible (sə'septəbəl) *adj* 1 suscettibile, impressionabile, permaloso. 2 disposto
suspect (*v* sə'spekt, *n,adj* 'sʌspekt) *vt* 1 sospet-

tare. 2 credere. *n* persona sospetta *f*. *adj* sospetto

suspend (sə'spend) *vt* **1** sospendere. **2** appendere, tenere sospeso **suspense** *n* ansia, incertezza *f* **suspension** *n* sospensione *f*.

suspicion (sə'spɪʃən) *n* sospetto, dubbio *m*. **suspicious** *adj* **1** sospettoso, diffidente **2** losco

sustain (sə'steɪn) *vt* **1** sostenere, sopportare **2** subire. **3** reggere

swab (swɔb) *n* tampone *m*

swagger ('swægə) *vi* pavoneggiarsi, muoversi con boria *n* andatura spavalda *f*

swallow[1] ('swɔlou) *vt* inghiottire, ingoiare *n* sorso *m*

swallow[2] ('swɔlou) *n zool* rondine *f*

swam (swæm) *v see* **swim.**

swamp (swɔmp) *n* palude *f* *vt* inondare, sommergere.

swan (swɔn) *n* cigno *m*

swank (swæŋk) *vi* darsi arie *n inf* vanagloria *f*

swap (swɔp) *n* scambio *m* *vt* barattare, scambiare

swarm (swɔ:m) *n* sciame *m* folla *f* *vi* **1** sciamare **2** pullulare, brulicare.

swastika ('swɔstikə) *n* svastica, croce uncinata *f*

swat (swɔt) *vt inf* colpire *n* acchiappamosche *m*.

sway (swei) *vi* oscillare, ondeggiare *vt* influenzare, dominare *n* **1** preponderanza *f* **2** oscillazione *f*

swear* (swɛə) *vt* giurare *vi* bestemmiare **swearword** *n* bestemmia, imprecazione *f*.

sweat (swet) *vi* sudare, traspirare *n* sudore *m*. traspirazione *f* **sweater** *n* maglione *m*.

swede (swi:d) *n* rapa svedese *f*

Sweden ('swi:dn̩) *n* Svezia *f* **Swede** *n* svedese *m,f* **Swedish** *adj* svedese. **Swedish** (language) *n* svedese *m*

sweep* (swi:p) *vt* **1** spazzare, scopare **2** sfiorare. *vi* **1** muoversi velocemente. **2** scopare *n* **1** scopata, spazzata *f* **2** curva *f*. **3** movimento rapido *m* **sweeping** *adj* **1** generale. **2** vasto **3** rapido

sweet (swi:t) *adj* **1** dolce. **2** amabile. *n* dolce *m*. caramella *f*. **sweetbread** *n* animella *f*. **sweet corn** *n* granoturco *m*. **sweetheart** *n* innamorato *m* **sweet pea** *n* pisello odoroso *m*. **sweeten** *vt* **1** zuccherare. **2** addolcire.

swell* (swel) *vt* **1** aumentare. **2** gonfiare. *vi* gonfiarsi. *n naut* mare lungo *m*. risacca *f* **swelling** *n* infiammazione *f*.

swept (swept) *v see* **sweep.**

swerve (swə:v) *vi* deviare. *n* deviazione *f*.

swift (swift) *adj* **1** svelto. **2** rapido, agile. *n zool* rondone *m*

swig (swɪg) *n inf* bevuta, sorsata *f*. *vt,vi* tracannare.

swill (swil) *n* risciacquatura *f*. *vt* **1** risciacquare **2** tracannare

swim* (swɪm) *vi* nuotare. *n* nuotata *f*. **swimmer** *n* nuotatore *m*. **swimming** *n* nuoto *m* **swimming costume** *n* costume da bagno *m*. **swimming pool** *n* piscina *f*.

swindle ('swɪndl̩) *vt* frodare, truffare. *n* frode *f*.

swine (swaɪn) *n* maiale, porco *m*.

swing* (swɪŋ) *vi* **1** dondolare, oscillare. **2** girare. *vt* agitare *n* **1** oscillazione *f*. dondolio *m*. **2** altalena *f* **3** ritmo *m*

swipe (swaɪp) *inf n* colpo violento *m* *vt* colpire con forza

swirl (swə:l) *n* vortice, turbine *m*. *vi* turbinare.

swish (swɪʃ) *n* sibilo *m*. sferzata *f* *vi* sibilare, fischiare

switch (swɪtʃ) *n* **1** (electric) interruttore *m*. **2** frustino *m* *vt* mutare, spostare. **switch on/off** accendere/spegnere **switchboard** *n* centralino *m*

Switzerland ('swɪtsələnd) *n* Svizzera *f*. **Swiss** *adj,n* svizzero

swivel ('swɪvəl) *n* perno, snodo *m* *vi* girare **swivel chair** sedia girevole

swollen ('swoulən) *v see* **swell.**

swoop (swu:p) *n* attacco, assalto *m*. *vi* assalire, abbattersi

swop (swɔp) *n* scambio *m* *vt* barattare, scambiare

sword (sɔ:d) *n* spada *f* **swordfish** *n* pesce spada *m*. **swordsman** *n* spadaccino *m*. **swordsmanship** *n* maestria nel maneggiare la spada *f*

swore (swɔ:) *v see* **swear.**

sworn (swɔ:n) *v see* **swear.**

swot (swɔt) *sl vi* sgobbare. *n* sgobbone *m*.

swum (swʌm) *v see* **swim.**

swung (swʌŋ) *v see* **swing.**

sycamore ('sikəmɔ:) *n* sicomoro *m*

syllable ('siləbəl) *n* sillaba *f*

syllabus ('siləbəs) *n* programma, prospetto *m*.

symbol ('sɪmbəl) *n* simbolo *m*. **symbolic** *adj* simbolico. **symbolism** *n* simbolismo *m*. **symbolize** *vt* simboleggiare.

symmetry ('sımıtrı) *n* simmetria *f* **symmetrical** *adj* simmetrico
sympathy ('simpəθi) *n* **1** simpatia, comprensione *f* **2** compassione, solidarietà *f* **sympathetic** *adj* **1** simpatizzante, cordiale **2** simpatico **sympathize** *vi* capire, condividere i sentimenti
symphony ('sımfənı) *n* sinfonia *f*
symposium (sım'pouziəm) *n* simposio *m*.
symptom ('simptəm) *n* sintomo, indizio *m*
synagogue ('sınəgɔg) *n* sinagoga *f*
synchronize ('sıŋkrənaız) *vt* sincronizzare
syndicate ('sındıkət) *n* sindacato *m*
syndrome ('sındroum) *n* sindrome *f*
synonym ('sınənım) *n* sinonimo *m*
synopsis (sı'nɔpsıs) *n*, *pl* **synopses** sinossi *f invar*
syntax ('sıntæks) *n* sintassi *f*
synthesis ('sınθəsıs) *n*, *pl* **syntheses** sintesi *f* **synthetic** *adj* sintetico
syphilis ('sifəlis) *n* sifilide *f*
Syria ('sırıə) *n* Siria *f* **Syrian** *adj,n* siriano
syringe (sı'rındʒ) *n* siringa *f*
syrup ('sırəp) *n* sciroppo *m*
system ('sıstəm) *n* sistema, metodo *m* **systematic** *adj* sistematico

T

tab (tæb) *n* **1** linguetta *f* **2** etichetta *f*
tabby ('tæbı) *adj* tigrato *n* gatto soriano *m*.
table ('teibəl) *n* **1** tavola *f* **2** tabella, classifica *f* **lay/clear the table** apparecchiare/sparecchiare la tavola. **tablecloth** *n* tovaglia *f* **tablemat** *n* tovaglietta *f* sottopiatto *m*. **tablespoon** *n* cucchiaio *m*. **table tennis** *n* Ping-pong *Tdmk m*
tablet ('tæblət) *n* **1** *med* pastiglia, compressa *f* **2** lapide, tavoletta *f*
taboo (tə'bu.) *adj,n* tabù *m invar*
tack (tæk) *n* **1** puntina *f* **2** (sewing) imbastitura *f* *vt* **1** attaccare. **2** imbastire *vi naut* virare
tackle ('tækəl) *vt* **1** affrontare **2** *sport* caricare, placcare. *n* attrezzi *m pl*
tact (tækt) *n* tatto *m* **tactful** *adj* pieno di tatto
tactics ('tæktıks) *n pl* tattica *f*
tadpole ('tædpoul) *n* girino *m*
taffeta ('tæfitə) *n* taffettà *m*
tag (tæg) *n* **1** cartellino *m* etichetta *f* **2** linguetta *f*
Tahiti (tə'hi:tı) *n* Tahiti *m* **Tahitian** *adj,n* tahitiano
tail (teıl) *n* **1** coda *f* **2** *pl* (of a coin) rovescio *m*. **3** *pl* marsina *f* frac *m*.
tailor ('teılə) *n* sarto *m*.
taint (teınt) *vt* contaminare, corrompere, inquinare *n* **1** infezione *f* **2** marchio *m*.
take* (teık) *vt* **1** prendere **2** portare. **3** accompagnare **4** occorrere **take after** assomigliare a **take down 1** abbassare. **2** smontare. **3** *inf* umilire **take in 1** comprendere. **2** (clothes) stringere **3** ingannare **take off 1** togliere. **2** *aviat* decollare **take-off** *n* decollo *m*. **take over** rilevare **take-over** *n* rilevamento *or* assorbimento di una ditta *m* **takings** *n pl* incassi *m pl*
talcum powder ('tælkəm) *n* borotalco, talco *m*
tale (teıl) *n* **1** storia *f*. racconto *m*. **2** chiacchiera, diceria *f*
talent ('tælənt) *n* talento, ingegno *m*.
talk (tɔ.k) *vi* parlare, conversare, chiacchierare. **talk over** discutere su ~*n* discorso *m*. conversazione, chiacchierata *f* **talkative** *adj* loquace, chiacchierone
tall (tɔ:l) *adj* **1** alto **2** incredibile
tally ('tælı) *n* talloncino *m* etichetta *f*. *vt* calcolare, registrare *vi* corrispondere.
talon ('tælən) *n* artiglio *m*.
tambourine (tæmbə'ri.n) *n* tamburello *m*
tame (teım) *adj* **1** domestico, docile, mansueto. **2** banale *vt* addomesticare, domare
tamper ('tæmpə) *vi* alterare, corrompere
tampon ('tæmpɔn) *n* tampone *m*
tan (tæn) *vt* **1** abbronzare **2** (leather) conciare. *vi* abbronzarsi *n* abbronzatura *f* *adj* marrone rossiccio
tangent ('tændʒənt) *n* tangente *m*.
tangerine (tændʒə'ri.n) *n* mandarino *m*
tangible ('tændʒəbəl) *adj* **1** tangibile. **2** chiaro, manifesto
tangle ('tæŋgəl) *n* groviglio, imbroglio *m*. *vt* aggrovigliare, ingarbugliare *vi* aggrovigliarsi
tango ('tæŋgou) *n* tango *m*
tank (tæŋk) *n* **1** vasca, cisterna *f*. **2** *mil* carro armato *m* **tanker** *n* nave cisterna *f* **oil tanker** *n* petroliera *f*
tankard ('tæŋkəd) *n* boccale *m*
tantalize ('tæntəlaız) *vt* tentare, tormentare
tantrum ('tæntrəm) *n* **1** accesso d'ira *m* **2** *pl* capricci *m pl*
tap[1] (tæp) *vt* (hit) colpire lievemente *n* colpetto

tap[2] (tæp) *n* rubinetto *m*. *vt* attingere, utilizzare
tape (teip) *n* **1** nastro *m*. **2** (ribbon) fettuccia *f*. *vt* **1** legare con un nastro. **2** incidere su un nastro magnetico **tape-measure** *n* metro *m*. **tape-recorder** *n* registratore *m*
taper ('teipə) *n* candela sottile *f*. *vt* assottigliare
tapestry ('tæpistri) *n* arazzo *m*. tappezzeria *f*
tapioca (tæpi'oukə) *n* tapioca *f*.
tar (tɑ:) *n* catrame *m*. *vt* incatramare impeciare
tarantula (tə'ræntjulə) *n* tarantola *f*
target ('tɑ:git) *n* bersaglio, obiettivo traguardo *m*.
tariff ('tærif) *n* tariffa *f*
Tarmac ('ta:mæk) *n* *Tdmk* macadam al catrame *m*.
tarnish ('tɑ.niʃ) *vt* **1** annerire, ossidare **2** macchiare. *n* annerimento *m*. ossidazione *f*
tarragon ('tærəgən) *n* dragoncello *m*
tart[1] (tɑ:t) *adj* **1** agro, aspro. **2** sarcastico
tart[2] (tɑ:t) *n* **1** *cul* crostata *f*. **2** *sl* meretrice *f*
tartan ('tɑ:tn̩) *n* tessuto scozzese *m*
tartar sauce ('tɑ:tə) *n* salsa tartara *f*
task (tɑ:sk) *n* compito, dovere *m*
tassel ('tæsəl) *n* nappa *f*. fiocco *m*.
taste (teist) *vt* gustare, assagiare **taste of** sapere di. ~*n* **1** gusto, sapore *m*. **2** assaggio *m*. **3** inclinazione *f*. **4** buon gusto *m*.
tattoo[1] (tə'tu:) *n* ritirata militare *m*.
tattoo[2] (tə'tu:) *n* tatuaggio *m*. *vt* tatuare.
taught (tɔ:t) *v* see **teach.**
taunt (tɔ:nt) *n* sarcasmo, insulto *m*. *vt* schernire
Taurus ('tɔ:rəs) *n* Toro *m*.
taut (tɔ:t) *adj* teso, tirato.
tautology (tɔ:'tɔlədʒi) *n* tautologia *f*
tavern ('tævən) *n* taverna *f*.
tax (tæks) *n* tassa, imposta *f*. *vt* **1** tassare **2** mettere alla prova.
taxi ('tæksi) *n* tassì *m*.
tea (ti:) *n* tè *m*. **high tea** *n* pasto serale con tè *m*. **tea bag** *n* bustina di tè *f* **tea-break** *n* intervallo per merenda *m*. **tea cloth** *n* strofinaccio da cucina. **teacup** *n* tazza de tè *f*. **tea-leaf** *n* foglia del tè *f*. **teapot** *n* teiera *f*. **teaspoon** *n* cucchiaino *m*. **tea-tray** *n* vassoio da tè *m*.
teach* (ti:tʃ) *vt* insegnare. **teacher** *n* insegnante, professore *m*. professoressa *f*
teak (ti:k) *n* tek *m*
team (ti:m) *n* **1** squadra *f*. **2** (of horses) tiro *m*.
tear[1] (tiə) *n* lacrima *f* **teardrop** *n* lacrima *f*. **tear gas** *n* gas-lacrimogeno *m*.
tear*[2] (tεə) *vt* **1** strappare **2** dividere, lacerare. *vi* strapparsi **tear along** correre. **tear up** fare a pezzi ~*n* strappo *m* lacerazione *f*
tease (ti:z) *vt* stuzzicare, prendere in giro
teat (ti:t) *n* **1** tettarella *f* **2** *zool* capezzolo *m*
technical ('teknikəl) *adj* tecnico **technician** *n* tecnico *m* **technique** *n* tecnica *f* **technology** *n* tecnologia *f*
teddy bear ('tedi) *n* orsacchiotto *m*
tedious ('ti:diəs) *adj* tedioso
tee (ti:) *n* *sport* tee *m* **to a tee** a puntino ~*vt* mettere sul tee
teenage ('ti:neidʒ) *adj* adolescente **teenager** *n* adolescente *m,f*
teetotal (ti:'toutl̩) *adj* astemio **teetotaller** *n* astemio *m*
telegram ('teligræm) *n* telegramma *m*.
telegraph ('teligrɑ:f) *n* telegrafo *m*. *vt,vi* telegrafare **telegraph pole** *n* palo telegrafico *m*
telepathy (ti'lepəθi) *n* telepatia *f*
telephone ('telifoun) *n* telefono *m* *vt* telefonare a. *vi* telefonare
telescope ('teliskoup) *n* telescopio, cannocchiale *m* *vi* incastrarsi l'uno nell'altro
televise ('telivaiz) *vt* teletrasmettere **television** *n* televisione *f* **television set** *n* televisore *m*.
telex ('teleks) *n* telex *m* *vt* trasmettere per telex.
tell* (tel) *vt* **1** dire, raccontare. **2** distinguere **telltale** *n* chiacchierone, pettegolo *m*. *adj* rivelatore
temper ('tempə) *n* **1** collera *f*. **2** umore *m*. **3** indole *f* *vt* moderare, temperare. **temperament** *n* temperamento *m*. indole *f* **temperamental** *adj* capriccioso. **temperate** *adj* temperato, moderato. **temperature** *n* temperatura *f* **have a temperature** avere la febbre.
tempestuous (tem'pestjuəs) *adj* **1** tempestoso, burrascoso. **2** agitato
temple[1] ('tempəl) *n* *rel* tempio *m*.
temple[2] ('tempəl) *n* *anat* tempia *f*.
tempo ('tempou) *n* tempo, ritmo *m*.
temporal ('tempərəl) *adj* temporale. **temporary** *adj* temporaneo
tempt (tempt) *vt* tentare, indurre al male.
ten (ten) *adj,n* dieci *m* or *f*. **tenth** *adj* decimo.
tenacious (tə'neiʃəs) *adj* tenace, ostinato.
tenant ('tenənt) *n* inquilino *m*. **tenancy** *n* affitto *m*. locazione *f*
tend[1] (tend) *vi* tendere. **tendency** *n* tendenza, inclinazione *f*
tend[2] (tend) *vt* curare.

tender[1] (ˈtendə) *adj* **1** affettuoso, tenero **2** delicato, sensibile
tender[2] (ˈtendə) *vt* offrire, presentare *vi* fare offerte per un appalto *n* offerta *f*
tendon (ˈtendən) *n* tendine *m*
tendril (ˈtendril) *n* viticcio *m*
tenement (ˈtenəmənt) *n* abitazione *f*
tennis (ˈtenis) *n* tennis *m* **tennis court** *n* campo da tennis *m*
tenor (ˈtenə) *n* **1** tenore *m* **2** *mus* tenore *m*
tense[1] (tens) *adj* teso *vt* tendere *vi* innervosirsi **tension** *n* tensione *f*
tense[2] (tens) *n gram* tempo *m*
tent (tent) *n* tenda *f*
tentacle (ˈtentəkəl) *n* tentacolo *m*
tentative (ˈtentətiv) *adj* sperimentale, di prova
tenuous (ˈtenjuəs) *adj* **1** tenue, sottile **2** rarefatto
tepid (ˈtepid) *adj* tiepido
term (tə m) *n* **1** termine *m* **2** *educ* trimestre *m* **3** termine *m* parola *f* **4** *pl* rapporti *m pl* *vt* chiamare, definire
terminal (ˈtə minḷ) *n* **1** stazione terminale, capolinea *f* **2** *tech* morsetto *m* *adj* estremo, finale
terminate (ˈtə mineit) *vt,vi* terminare **termination** *n* terminazione
terminology (tə miˈnɔlədʒi) *n* terminologia *f*
terminus (ˈtə minəs) *n, pl* **termini** **1** capolinea *f* **2** termine *m*
terrace (ˈterəs) *n* **1** terrazza *f* **2** fila di case *f*
terrestrial (təˈrestriəl) *adj* terrestre
terrible (ˈteribəl) *adj* terribile
terrier (ˈteriə) *n* terrier *m*
terrify (ˈterifai) *vt* atterrire **terrific** *adj* **1** terrificante **2** straordinario, magnifico
territory (ˈteritri) *n* **1** territorio *m* **2** zona *f*
terror (ˈterə) *n* terrore *m* **terrorist** *n* terrorista *m* **terrorize** *vt* terrorizzare
Terylene (ˈterili n) *n Tdmk* terital *m*
test (test) *n* **1** prova *f* esame *m* **2** collaudo *m* **3** *med* analisi *f invar* *vt* **1** esaminare, mettere alla prova **2** collaudare **3** *med* analizzare **test-tube** *n* provetta *f*
testament (ˈtestəmənt) *n* testamento *m*
testicle (ˈtestikəl) *n* testicolo *m*
testify (ˈtestifai) *vt* **1** attestare, dimostrare **2** testimoniare
testimony (ˈtestiməni) *n* attestato *m* deposizione, testimonianza *f* **testimonial** *n* testimonianza *f* benservito *m*
tether (ˈteðə) *vt* impastoiare *n* pastoia *f*
text (tekst) *n* testo *m* **textbook** *n* libro di testo *m* **textual** *adj* testuale
textile (ˈtekstail) *adj,n* tessile *m*
texture (ˈtekstʃə) *n* **1** *tech* grana *f* **2** tessuto *m*
Thames (temz) *n* Tamigi *m*
than (ðən, *stressed* ðæn) *conj* che, di, di quanto, di quello che, che non
thank (θæŋk) *vt* ringraziare **thanks** *n pl* grazie *f pl* **thank you!** grazie! **thankful** *adj* riconoscente
that (ðæt) *adj* quel, quello *ms* quella *fs* quei, quegli *m pl* quelle *f pl* *pron* **1** quello *ms* quella *fs* quei, quegli *m pl* quelle *f pl* **2** ciò **3** che, il quale *ms*, la quale *fs*, i quali *m pl*, le quali *f pl* **4** in cui *conj* che
thatch (θætʃ) *n* paglia *f* *vt* coprire di paglia
thaw (θɔ) *vt* sgelare *vi* sgelarsi *n* disgelo *m*
the (ðə, *stressed* ði) *def art* il, lo l' *ms* la, l' *fs* i, gli *m pl* le *f pl*
theatre (ˈθiətə) *n* **1** teatro *m* scena *f* **2** *med* sala operatoria *f* **theatrical** *adj* teatrale, drammatico
theft (θeft) *n* furto *m*
their (ðɛə) *poss adj 3rd pers pl* (il) loro, (la) loro, (i) loro, (le) loro **theirs** *pron 3rd pers pl* il loro, la loro, i loro, le loro, di loro
them (ðəm, *stressed* ðem) *pron 3rd pers pl* **1** li *m pl* le *f pl* loro *m,f pl* **2** essi *m pl* esse *f pl* loro *m,f pl* **themselves** *pron 3rd pers pl* **1** se *or* si stessi **2** si, sè
theme (θi m) *n* tema, soggetto *m* **thematic** *adj* tematico
then (ðən, *stressed* ðen) *adv* **1** allora, a quel tempo **2** poi, dopo *conj* in questo caso, quindi, dunque **by then** ormai **up to then** fino allora, fino a quel momento
theology (θiˈɔlədʒi) *n* teologia *f* **theologian** *n* teologo *m* **theological** *adj* teologico
theorem (ˈθiərəm) *n* teorema *m*
theory (ˈθiəri) *n* **1** teoria *f* **2** opinione *f* **theoretical** *adj* teorico, astratto **theoretically** *adv* in teoria **theorize** *vi* formulare teorie, teorizzare
therapy (ˈθerəpi) *n* terapia, cura *f* **therapeutic** *adj* terapeutico, curativo
there (ðɛə) *adv* **1** lì, là **2** ci, vi **3** in ciò *interj* ecco! **thereabouts** *adv* **1** là vicino, nei pressi **2** circa, pressappoco **thereafter** *adv* da allora in poi, in seguito **thereby** *adv* così, in tal modo **therefore** *adv* quindi, dunque, perciò **thereupon** *adv* al che, quindi **therewith** *adv* con ciò

thermal (ˈθə.məl) *adj also* **thermic 1** termale. **2** termico.

thermodynamics (θə:moudaiˈnæmiks) *n* termodinamica *f.* **thermodynamic** *adj* termodinamico.

thermometer (θəˈmɔmitə) *n* termometro *m.*

thermonuclear (θə:mouˈnju:kliə) *adj* termonucleare

Thermos (ˈθə:məs) *n Tdmk* termos *m invar.*

thermostat (ˈθə.məstæt) *n* termostato *m.*

these (ði:z) *adj,pron* questi.

thesis (ˈθi:sis) *n, pl* **theses** tesi *f invar* teoria *f*

they (ðei) *pron 3rd pers pl* essi *m pl.* esse *f pl* loro *m,f pl.*

thick (θik) *adj* **1** grosso, spesso. **2** denso. **3** fitto. **4** stupido. **thick as thieves** amici per la pelle. **thick-skinned** *adj* insensibile **thicken** *vt* addensare, rendere più denso. *vi* **1** infittirsi. **2** complicarsi. **3** offuscarsi. **thickness** *n* spessore *m.*

thief (θi:f) *n, pl* **thieves** ladro *m.*

thigh (θai) *n* coscia *f.*

thimble (ˈθimbəl) *n* ditale *m.*

thin (θin) *adj* **1** sottile, fine. **2** magro, snello. **3** rado, scarso. **thin-skinned** *adj* sensibile **thinness** *n* magrezza *f.*

thing (θiŋ) *n* **1** cosa, roba *f.* oggetto *m.* **2** *pl* effetti *m pl.* **for one thing...for another** in primo luogo...d'altra parte.

think* (θiŋk) *vt,vi* **1** pensare, riflettere. **2** credere, immaginare. **think about/of** pensare di/a. **think over** ripensare, ripensarci.

third (θə:d) *adj* terzo. *n* terzo *m.* terza parte *f.* **third party** *n comm* terzi *m pl.* **third person** *n* terza persona *f.* **third-rate** *adj* scadente.

thirst (θə:st) *n* sete *f.* *v* **thirst for** bramare, desiderare. **thirsty** *adj* assetato. **be thirsty** avere sete.

thirteen (θə.ˈti:n) *adj,n* tredici *m or f.* **thirteen** *adj* tredicesimo.

thirty (ˈθə:ti) *adj,n* trenta *m.* **thirtieth** *adj* trentesimo.

this (ðis) *adj,pron* questo.

thistle (ˈθisəl) *n* cardo *m.*

thorn (θɔ:n) *n* spino *m.* spina *f.*

thorough (ˈθʌrə) *adj* esauriente, accurato. **thoroughbred** *adj* di razza. **thoroughfare** *n* strada, via di transito *f.* **thoroughly** *adv* a fondo, in dettaglio.

those (ðouz) *adj,pron* quei, quegli, quelli *m pl.* quelle *f pl* **those who** chi.

though (ðou) *conj* **1** sebbene, benchè **2** anche se. **as though** come se ~*adv* tuttavia

thought[1] (θɔ:t) *n* pensiero *m.* idea, opinione *f* **on second thoughts** ripensandoci **thoughtful** *adj* **1** pensieroso. **2** premuroso **thoughtless** *adj* **1** avventato, sbadato **2** irriguardoso.

thought[2] (θɔ:t) *v* see **think.**

thousand (ˈθauzənd) *adj* mille. *n* mille *m* migliaio *m, pl* migliaia *f* **thousandth** *adj* millesimo.

thrash (θræʃ) *vt* battere, colpire, frustare **thrashing** *n* **1** percosse *f pl* **2** sconfitta *f*

thread (θred) *n* filo *m* *vt* infilare **threadbare** *adj* logoro

threat (θret) *n* minaccia *f* **threaten** *vt* minacciare **threatening** *adj* minaccioso.

three (θri:) *adj,n* tre *m* or *f* **three-cornered** *adj* triangolare **three-dimensional** *adj* tridimensionale **threequarters** *adv* a tre quarti **threesome** *n* trio *m.*

thresh (θreʃ) *vt* trebbiare

threshold (ˈθreʃhould) *n* soglia *f*

threw (θru:) *v* see **throw.**

thrift (θrift) *n* economia, parsimonia *f.* **thrifty** *adj* frugale, parco.

thrill (θril) *n* brivido *m.* *vt* eccitare. *vi* fremere. **thriller** *n* romanzo poliziesco, giallo *m.* **thrilling** *adj* eccitante.

thrive* (θraiv) *vi* prosperare. **thriving** *adj* prosperoso, florido.

throat (θrout) *n* gola *f* **have a sore throat** avere mal di gola.

throb (θrɔb) *n* battito, palpito *m.* *vi* battere, palpitare, pulsare.

throne (θroun) *n* trono *m*

throng (θrɔŋ) *n* folla, ressa *f.* *vt* affollare. *vi* affollarsi.

throttle (ˈθrɔtl̩) *n* valvola *f.* *vt* strozzare.

through (θru:) *prep* **1** per, attraverso. **2** durante. **3** mediante. *adj* diretto. *adv* completamente. **throughout** *adv* completamente. *prep* in tutto.

throw* (θrou) *n* lancio, tiro *m.* *vt* gettare, lanciare, tirare. **throw away** gettar via. **throw out** cacciar fuori, espellere.

thrush (θrʌʃ) *n* tordo *m.*

thrust* (θrʌst) *n* spinta *f.* colpo *m.* *vt* conficcare.

thud (θʌd) *n* tonfo *m.* *vi* cadere con un tonfo.

thumb (θʌm) *n* pollice *m.* *vt* voltare le pagine di.

thump (θʌmp) *n* **1** botta *f.* colpo *m.* **2** tonfo *m. vt* battere, colpire.

thunder (ˈθʌndə) *n* tuono *m. vi* tuonare. **thunderstorm** *n* temporale *m.*

Thursday (ˈθəːzdi) *n* giovedì *m.*

thus (ðʌs) *adv* così, quindi

thwart (θwɔːt) *vt* frustrare, contrastare

thyme (taɪm) *n* timo *m*

thyroid (ˈθaɪrɔid) *n* tiroide *f*

tiara (tiˈɑːrə) *n* tiara *f*

tick[1] (tik) *n* **1** tic tac, ticchettio, scatto *m* **2** segno *m* **3** *inf* attimo *m. vi* ticchettare *vt* segnare **tick off** spuntare

tick[2] (tik) *n zool* zecca *f* acaro *m*

ticket (ˈtikɪt) *n* biglietto, scontrino *m* **ticket collector** *n* bigliettaio *m* **ticket office** *n* biglietteria *f*

tickle (ˈtikəl) *vt* fare il solletico a, stuzzicare *vi* prudere **ticklish** *adj* **1** sensibile al solletico **2** difficile

tide (taɪd) *n* marea *f* flusso *m*

tidy (ˈtaɪdi) *adj* ordinato *vt* mettere in ordine **tidiness** *n* ordine *m* accuratezza *f*

tie (taɪ) *n* **1** legame, vincolo *m.* **2** (clothing) cravatta *f vt* legare, annodare

tier (tɪə) *n* fila *f* ordine *m*

tiger (ˈtaɪgə) *n* tigre *f*

tight (taɪt) *adj* **1** stretto, aderente, fermo **2** *inf* brillo *adv* saldamente. **tight-fisted** *adj* tirchio **tightrope** *n* corda dell'acrobata *f* **tightrope walker** *n* funambolo *m* **tighten** *vt* serrare *vi* tendersi **tights** *n pl* calzamaglia *f* collant *m*

tile (tail) *n* tegola, mattonella, piastrella *f vt* lastricare

till[1] (til) *prep* fino a *conj* finché

till[2] (til) *vt* coltivare

till[3] (til) *n* cassa *f* cassetto *m*

tiller (ˈtɪlə) *n naut* barra *f*

tilt (tilt) *n* inclinazione, pendenza *f vt* inclinare *vi* pendere

timber (ˈtɪmbə) *n* legname *m*

time (taɪm) *n* **1** tempo *m* **2** ora *f* **3** volta *f vt,vi* cronometrare, scegliere il momento **from time to time** a volte, di quando in quando **time bomb** *n* bomba a orologeria *f* **timekeeper** *n* cronometrista, segnatempo *m* **timetable** *n* orario *m* **timely** *adj* opportuno

timid (ˈtɪmɪd) *adj* timido

timpani (ˈtɪmpənɪ) *n pl* timpani *m pl*

tin (tɪn) *n* **1** *min* stagno *m* **2** barattolo *m* lattina *f vt* **1** stagnare. **2** inscatolare. **tin-opener** *n* apriscatole *m invar.*

tinge (tɪndʒ) *n* **1** tinta *f.* **2** sfumatura *f vt* **1** tingere **2** sfumare

tingle (ˈtiŋgəl) *n* formicolio *m. vi* formicolare

tinker (ˈtiŋkə) *n* calderaio *m v* **tinker with** armeggiare con

tinkle (ˈtiŋkəl) *n* tintinnio, trillo *m vt* far tintinnare *vi* trillare

tinsel (ˈtinsəl) *n* lustrino *m*

tint (tɪnt) *n* **1** tinta *f* **2** sfumatura *f vt* **1** tingere **2** sfumare

tiny (ˈtaɪni) *adj* piccolo, minuscolo

tip[1] (tɪp) *n* (point) punta *f* **tiptoe** *n* punta di piedi *f vi* camminare in punta di piedi

tip[2] (tip) *n* **1** inclinazione pendenza *f* **2** deposito *m vt* **1** inclinare **2** buttare **tip over** rovesciare

tip[3] (tip) *n* **1** (gratuity) mancia *f.* **2** informazione riservata *f vt* dare la mancia a **tip off** avvertire **tip-off** *n* avvertimento *m*

tipsy (ˈtipsi) *adj* brillo, alticcio

tire (ˈtaɪə) *vt* stancare *vi* stancarsi **tired** *adj* **1** stanco **2** stufo

tissue (ˈtiʃu) *n* **1** tessuto *m* **2** fazzoletto di carta *m*

tit (tɪt) *n* **1** capezzolo *m* **2** *zool* cincia *f* **tit for tat** botta e risposta

title (ˈtaɪtl̩) *n* titolo *m*

to (tə, *stressed* tu) *prep* **1** a, da **2** con, verso, per **3** fina a **4** in confronto a **to and fro** su e giù

toad (toud) *n* rospo *m* **toadstool** *n* fungo velenoso *m*

toast[1] (toust) *n cul* pane tostato, toast *m vt* tostare, abbrustolire **toaster** *n* tostapane *m*

toast[2] (toust) *n* brindisi *m invar vi* brindare

tobacco (təˈbækou) *n* tabacco *m* **tobacconist** *n* tabaccaio *m*

toboggan (təˈbɔgən) *n* toboga *m invar* slitta *f*

today (təˈdeɪ) *adv,n* oggi *m*

toddler (ˈtɔdlə) *n* infante *m*

toe (tou) *n* **1** *anat* dito del piede *m* **2** punta *f* **toenail** *n* unghia del piede *f*

toffee (ˈtɔfɪ) *n* caramella *f*

toga (ˈtougə) *n* toga *f*

together (təˈgeðə) *adv* **1** insieme **2** contemporaneamente

toil (tɔɪl) *n* lavoro *m* fatica *f vi* faticare

toilet (ˈtɔɪlət) *n* gabinetto *m* toletta *f* **toilet paper** *n* carta igienica *f* **toilet roll** *n* rotolo di carta igienica *m*. **toilet water** *n* acqua da toletta *f*.

token (ˈtoukən) *n* segno, pegno *m*

told (tould) *v* see **tell.**

tolerate (ˈtɔləreit) *vt* tollerare, sopportare. **tolerance** *n* tolleranza, indulgenza *f* **tolerant** *adj* tollerante.

toll[1] (toul) *vt* suonare. *n* rintocco *m*.

toll[2] (toul) *n* pedaggio *m*. imposta *f*. **tollgate** *n* barriera di pedaggio *f*.

tomato (təˈmɑːtou) *n*, *pl* **-toes** pomodoro *m*

tomb (tuːm) *n* tomba *f*. **tombstone** *n* lapide *f*

tomorrow (təˈmɔrou) *adv,n* domani *m*.

ton (tʌn) *n* tonnellata *f*.

tone (toun) *n* **1** tono *m*. **2** tonalità *f*. *v* **tone down** attenuare, smorzare. **tone with** armonizzarsi con. **tonality** *n* tonalità *f*

tongs (tɔŋz) *n pl* pinze, molle *f pl*

tongue (tʌŋ) *n* lingua *f*. **tongue-tied** *adj* ammutolito, reticente. **tongue-twister** *n* scioglilingua *m*

tonic (ˈtɔnik) *adj,n* tonico *m* **tonic water** *n* acqua tonica *f*

tonight (təˈnait) *adv* questa sera, stasera, questa notte, stanotte

tonsil (ˈtɔnsəl) *n* tonsilla *f*. **tonsillitis** *n* tonsillite *f*

too (tuː) *adv* **1** anche, inoltre, pure **2** troppo **too many** troppi **too much** troppo

took (tuk) *v* see **take.**

tool (tuːl) *n* attrezzo, strumento *m*

tooth (tuːθ) *n*, *pl* **teeth** dente *m* **toothache** *n* mal di denti *m*. **toothbrush** *n* spazzolino da denti *m* **toothpaste** *n* dentifricio *m* **toothpick** *n* stuzzicadenti *m invar*

top[1] (tɔp) *n* **1** cima *f* vertice *m* **2** coperchio, tappo *m* *adj* superiore, principale *vt* **1** superare. **2** coprire **top hat** *n* tuba *f* **top-heavy** *adj* sbilanciato

top[2] (tɔp) *n* (toy) trottola *f*

topaz (ˈtoupæz) *n* topazio *m*

topic (ˈtɔpik) *n* argomento, soggetto *m* **topical** *adj* d'attualità.

topography (təˈpɔgrəfi) *n* topografia *f*

topple (ˈtɔpəl) *vt* rovesciare *vi* vacillare cadere **topple over** rovesciarsi.

topsoil (ˈtɔpsɔil) *n* terriccio *m*

topsy-turvy (tɔpsiˈtəːvi) *adj,adv* sottosopra

torch (tɔːtʃ) *n* torcia, fiaccola *f*

tore (tɔː) *v* see **tear.**

torment (ˈtɔːmənt) *n* tormento *m* pena *f* *vt* tormentare, molestare

torn (tɔːn) *v* see **tear.**

tornado (tɔːˈneidou) *n*, *pl* **-does** *or* **-dos** tornado, uragano, ciclone *m*

torpedo (tɔːˈpiːdou) *n*, *pl* **-does** torpedine *f* siluro *m*. *vt* silurare

torrent (ˈtɔrənt) *n* torrente *m*. **torrential** *adj* torrenziale.

torso (ˈtɔːsou) *n* tronco, torso *m*.

tortoise (ˈtɔːtəs) *n* testuggine, tartaruga *f*

tortuous (ˈtɔːtʃuəs) *adj* tortuoso.

torture (ˈtɔːtʃə) *n* tortura *f*. supplizio *m* *vt* torturare, tormentare.

Tory (ˈtɔːri) *adj,n* conservatore *m*.

toss (tɔs) *n* **1** lancio *m*. **2** scrollata *f* *vt* **1** lanciare **2** scrollare. *vi* agitarsi

tot[1] (tɔt) *n* **1** (child) bambino *m* **2** sorso *m*

tot[2] (tɔt) *vt* **tot up** sommare.

total (ˈtoutḷ) *n* totale *m*. *adj* totale, completo *vt* sommare. *vi* ammontare. **totalitarian** *adj* totalitario

totem (ˈtoutəm) *n* totem *m invar*. **totem pole** *n* palo del totem *m*.

totter (ˈtɔtə) *vi* barcollare, vacillare.

touch (tʌtʃ) *n* **1** tocco, colpetto *m*. **2** tatto *m* **3** contatto *m*. **4** po', poco di *m* **get in touch with** mettersi in contatto con. ~*vt* **1** toccare **2** sfiorare. *vi* toccarsi. **touching** *adj* commovente **touchy** *adj* permaloso, suscettibile.

tough (tʌf) *adj* **1** duro, tenace, violento. **2** forte. **3** difficile **toughen** *vt* indurire, rafforzare.

toupee (ˈtuːpei) *n* toupet, parrucchino *m*.

tour (tuə) *n* viaggio, giro *m* *vt* visitare *vi* viaggiare **tourism** *n* turismo *m* **tourist** *n* turista *m* *adj* turistico

tournament (ˈtuənəmənt) *n* torneo *m*

tow (tou) *vt* rimorchiare, trainare *n* rimorchio *m* **towrope** *n* cavo da rimorchio *m*.

towards (twɔːdz) *prep also* **toward** verso

towel (ˈtauəl) *n* asciugamano *m* salvietta *f*.

tower (ˈtauə) *n* torre *f* *vi* torreggiare **towering** *adj* dominante, imponente

town (taun) *n* città *f* **town clerk** *n* segretario comunale *m* **town hall** *n* municipio *m* **town-planning** *n* urbanistica *f*.

toxic (ˈtɔksik) *adj* tossico, velenoso

toy (tɔi) *n* giocattolo *m*

trace (treis) *n* traccia *f* segno *m* *vt* **1** tracciare, rintracciare **2** ricalcare

track (træk) *n* **1** traccia, impronta *f* **2** percorso *m* **3** (railway) binario *m* *vt* seguire le tracce di inseguire **track down** scovare **tracksuit** *n* tuta ginnica *f*

tract (trækt) *n* **1** periodo *m.* **2** zona *f.*
tractor ('træktə) *n* trattore *m.*
trade (treɪd) *n* **1** mestiere *m.* **2** commercio *m.* *vt* scambiare *vi* commerciare. **trademark** *n* marchio di fabbrica *m.* **tradesman** *n* negoziante, commerciante *m.* **trade union** *n* sindacato *m.*
tradition (trə'diʃən) *n* tradizione *f* **traditional** *adj* tradizionale
traffic* ('træfik) *n* traffico *m.*. *vi* trafficare, commerciare **traffic jam** *n* ingorgo *m.* **traffic lights** *n pl* semaforo *m* **traffic warden** *n* addetto al traffico *m.*
tragedy ('trædʒədi) *n* tragedia *f* **tragic** *adj* tragico
trail (treɪl) *n* **1** traccia *f.* **2** scia *f.* *vt* **1** trascinare. **2** seguire le tracce di. *vi* strisciare. **trailer** *n* rimorchio *m.*
train (treɪn) *n* **1** treno *m.* **2** seguito *m.* **3** serie *f invar.* **4** strascico *m.* *vt* addestrare. *vi* allenarsi. **trainee** *n* apprendista *m* **trainer** *n* allenatore *m.* **training** *n* allenamento *m.*
traitor ('treɪtə) *n* traditore *m.*
tram (træm) *n* tram *m invar*
tramp (træmp) *n* vagabondo *m* *vi* camminare con passo pesante.
trample ('træmpəl) *n* scalpitio *m* *vt* calpestare *vi* camminare pesantemente
trampoline ('træmpəli:n) *n* trampolino *m*
trance (trɑ:ns) *n* trance *f* sonno ipnotico *m.*
tranquil ('træŋkwɪl) *adj* calmo tranquillo **tranquillity** *n* calma, tranquillità *f* **tranquillizer** *n* tranquillante *m.*
transact (træn'zækt) *vt* trattare **transaction** *n* trattativa *f*
transatlantic (trænzət'læntɪk) *adj* transatlantico
transcend (træn'send) *vt* trascendere
transcribe (træn'skraɪb) *vt* trascrivere **transcription** *n* trascrizione *f*
transfer (*v* træns'fə , *n* 'trænsfə) *vt* trasferire *n* trasferimento, trasporto *m*
transform (træns'fɔ.m) *vt* trasformare **transformation** *n* trasformazione *f*
transfuse (træns'fju.z) *vt* travasare **transfusion** *n* trasfusione *f*
transistor (træn'zɪstə) *n* transistor *m invar*
transit ('trænsɪt) *n* transito, passaggio *m*
transition (træn'zɪʃən) *n* transizione *f* cambiamento *m*
transitive ('trænsɪtɪv) *adj* transitivo
translate (trænz'leɪt) *vt* tradurre **translation** *n* traduzione *f* **translator** *n* traddutore *m*
translucent (trænz'lu sənt) *adj* traslucido
transmit (trænz'mit) *vt* trasmettere. **transmitter** *n* trasmettitore *m.*
transparent (træns'pærənt) *adj* trasparente.
transplant (*v* træns'plɑ:nt; *n* 'trænsplɑ:nt) *vt* **1** trapiantare. **2** *med* innestare. *n* trapianto *m.*
transport (*v* træns'pɔ t; *n* 'trænspɔ:t) *vt* **1** trasportare. **2** deportare. *n* **1** trasporto *m.* **2** slancio *m*
transpose (træns'pouz) *vt* trasporre, trasportare.
trap (træp) *n* **1** trappola *f.* **2** calesse *m.* *vt* intrappolare, prendere in trappola
trapdoor (træp'dɔ:) *n* botola *f.*
trapeze (trə'pi:z) *n* trapezio *m.*
trash (træʃ) *n* **1** rifiuti *m pl.* **2** sciocchezze *f pl.*
trauma ('trɔ:mə) *n* trauma *m.* **traumatic** *adj* traumatico.
travel ('trævəl) *vi* viaggiare. *n* viaggi *m pl.* **travel agency** *n* agenzia di viaggio *f.* **traveller** *n* viaggiatore *m.* viaggiatrice *f.* **traveller's cheque** *n* assegno turistico *m.*
trawl (trɔ:l) *n* strascico *m.* *vt* pescare con rete **trawler** *n* barca da pesca a motore *f.*
tray (trei) *n* vassoio *m.*
treachery ('tretʃəri) *n* tradimento *m.* slealtà *f*
treacle ('trɪ kəl) *n* melassa *f*
tread* (tred) *vt* calpestare, schiacciare. *vi* camminare. *n* **1** passo *m.* **2** battistrada *m.*
treason ('trɪ zən) *n* tradimento *m.*
treasure ('treʒə) *n* tesoro *m* *vt* custodire gelosamente, aver caro. **treasurer** *n* tesoriere *m.* **treasury** *n* tesoreria *f.* fisco *m.*
treat (trɪ·t) *vt* **1** trattare **2** *med* curare **3** offrire a, pagare a. *n* **1** festa *f.* **2** premio *m.* **treatment** *n* **1** trattamento *m.* **2** *med* cura *f.*
treatise ('trɪ tɪz) *n* trattato *m.*
treaty ('trɪ tɪ) *n* trattato *m.* convenzione *f.*
treble ('trebəl) *adj* **1** triplo. **2** *mus* di soprano. *n* **1** triplo *m* **2** *mus* soprano *m.* *vt* triplicare **2** triplicarsi
tree (trɪ) *n* albero *m.*
trek (trek) *n* **1** migrazione *f* **2** viaggio scomodo *m.* *vi* viaggiare senza comodità.
trellis ('trelis) *n* grata *f*
tremble ('trembəl) *vi* tremare. *n* tremito, fremito *m*
tremendous (trɪ'mendəs) *adj* **1** tremendo, terribile **2** *inf* straordinario.
tremor ('tremə) *n* tremore *m.*
trench (trentʃ) *n* **1** *mil* trincea *f.* **2** fosso *m.*
trend (trend) *n* direzione, tendenza *f.*
trespass ('trespəs) *n* **1** (of property) trasgres-

sione, violazione *f* **2** *rel* peccato *m*. offesa *f* *vi* violare, oltrepassare i confini. **trespasser** *n* trasgressore *m*.

trestle ('tresəl) *n* **1** cavalletto *m*. **2** intelaiatura *f*.

trial ('traiəl) *n* **1** *law* processo *m*. **2** prova *f*. esperimento *m*.

triangle 'traiæŋgəl) *n* triangolo *m*. **triangular** *adj* triangolare.

tribe (traib) *n* tribù *f* **tribesman** *n* membro di tribù *m*.

tribunal (trai'bju:nḷ) *n* tribunale *m*.

tributary ('tribjutəri) *adj* tributario *n* tributario, affluente *m*.

tribute ('tribju:t) *n* **1** tributo *m*. **2** omaggio *m*.

trick (trik) *n* **1** trucco, espediente *m*. **2** inganno *m*. **3** gioco di prestigio *m*. *vt* ingannare. **tricky** *adj* **1** complicato **2** scaltro.

trickle ('trikəl) *n* gocciolio *m*. *vi* gocciolare.

tricycle ('traisikəl) *n* triciclo *m*.

trifle ('traifəl) *n* **1** sciocchezza *f* **2** *cul* zuppa inglese *f*. *vi* baloccarsi, scherzare.

trigger ('trigə) *n* grilletto *m*.

trill (tril) *n* trillo *m*. *vi* trillare.

trim (trim) *adj* ordinato, accurato. *n* ordine *m*. *vt* **1** assettare **2** guarnire, ornare. **3** tagliare.

trio ('triou) *n* trio *m*.

trip (trip) *n* **1** gita *f*. viaggio *m*. **2** passo falso, sgambetto *m*. *vi* **1** inciampare. **2** camminare con passo svelto.

tripe (traip) *n* **1** *cul* trippa *f*. **2** *sl* robaccia *f*.

triple ('tripəl) *adj* triplo. *vt* triplicare. *vi* triplicarsi. **triplet** *n* bimbo nato da parto trigemino *m*.

tripod ('traipɔd) *n* treppiede, tripode *m*

trite (trait) *adj* comune, banale.

triumph ('traiʌmf) *n* trionfo *m*. *vi* trionfare **triumphant** *adj* trionfante.

trivial ('triviəl) *adj* insignificante, banale. frivolo

trod (trɔd) *v* see **tread.**

trodden ('trɔdṇ) *v* see **tread.**

trolley ('trɔli) *n* carrello *m*.

trombone (trɔm'boun) *n* trombone *m*

troop (tru:p) *n* **1** gruppo *m*. **2** *pl mil* truppe *f pl*.

trophy ('troufi) *n* trofeo *m*.

tropic ('trɔpik) *n* tropico *m*. **tropical** *adj* tropicale.

trot (trɔt) *n* trotto *m*. trottata *f*. *vi* trottare **trotter** *n* **1** trottatore *m*. **2** *cul* piedino *m*.

trouble ('trʌbəl) *n* **1** guaio *m* preoccupazione *f* **2** fastidio, disturbo *m*. *vt* **1** turbare, preoccupare. **2** disturbare **troublemaker** *n* sobillatore, attaccabrighe *m*

trough (trɔf) *n* tinozza *f*

troupe (tru:p) *n* troupe, compagnia *f*.

trousers ('trauzəz) *n pl* pantaloni, calzoni *m pl*.

trout (traut) *n invar* trota *f*.

trowel ('trauəl) *n* paletta, cazzuola *f*.

truant ('truənt) *n* pigrone *m*. **play truant** marinare la scuola

truce (tru:s) *n* tregua *f*

truck (trʌk) *n* carro, autocarro *m*.

trudge (trʌdʒ) *vi* camminare faticosamente.

true (tru:) *adj* **1** vero, reale. **2** fedele, leale. **truly** *adv* sinceramente, veramente.

truffle ('trʌfəl) *n* tartufo *m*.

trump (trʌmp) *n* briscola *f*. *vt,vi* giocare.

trumpet ('trʌmpit) *n* tromba *f*. *vi* suonare la tromba.

truncheon ('trʌntʃən) *n* **1** manganello *m*. **2** mazza *f*.

trunk (trʌŋk) *n* **1** (luggage) baule *m*. cassa *f*. **2** tronco *m*. **3** proboscide *f*. **4** *pl* calzoni corti *m pl*. **trunk call** *n* telefonata interurbana *f*.

trust (trʌst) *n* **1** fiducia, fede *f*. **2** *law* patrimonio amministrato *m*. **3** sindacato *m*. società finanziaria *f*. *vt* **1** aver fiducia in, fidarsi di. **2** sperare. *vi* fidarsi. **trustee** *n* fiduciario, amministratore *m* **trustworthy** *adj* fidato, degno di fiducia.

truth (tru:θ) *n* verità *f* vero *m*. **truthful** *adj* veritiero, sincero.

try (trai) *n* prova *f*. tentativo *m*. *vt* **1** provare, tentare. **2** mettere alla prova **3** assaggiare **4** *law* processare. **try on** provare. **trying** *adj* **1** difficile. **2** fastidioso.

tsar (tsɑ) *n* zar *m invar*.

T-shirt *n* maglietta *f*.

tub (tʌb) *n* vasca, tinozza *f*.

tuba ('tju:bə) *n* tuba *f*.

tube (tju:b) *n* **1** tubo *m*. **2** ferrovia sotterranea *f*.

tuber ('tju:bə) *n* tubero *m*.

tuberculosis (tju bə kju'lousis) *n* tubercolosi *f*.

tuck (tʌk) *n* piega *f*. *vt* riporre, stipare. **tuck up** rimboccare.

Tuesday ('tju:zdi) *n* martedì *m*.

tuft (tʌft) *n* ciuffo *m*.

tug (tʌg) *n* **1** *naut* rimorchiatore *m*. **2** strappo *m* *vi* dare strattoni

tuition (tju:'iʃən) *n* insegnamento *m* instruzione *f*.

tulip ('tu lip) *n* tulipano *m*.

tumble ('tʌmbəl) *n* caduta *f* capitombolo *m*. *vi* cadere, ruzzolare **tumbler** *n* bicchiere senza stelo *m*.

tummy (ˈtʌmɪ) *n inf* stomaco *m* pancia *f*.
tumour (ˈtju.mə) *n* tumore *m*
tumult (ˈtumʌlt) *n* tumulto *m*
tuna (ˈtju.nə) *n* tonno *m*
tune (tju n) *n* **1** motivo *m* aria *f* **2** tono *m*. **in/out of tune** intonato/stonato ~*vt* accordare **tuneful** *adj* armonioso, melodioso
tunic (ˈtju:nɪk) *n* tunica *f*.
tunnel (ˈtʌnḷ) *n* galleria *f* traforo, tunnel *m*.
tunny (ˈtʌnɪ) *n* tonno *m*.
turban (ˈtə bən) *n* turbante *m*
turbine (ˈtə.baɪn) *n* turbina *f*
turbot (ˈtə:bət) *n* rombo *m*.
turbulent (ˈtə.bjulənt) *adj* turbolento.
turf (tə:f) *n* **1** tappeto erboso *m* **2** torba *f*. **3** campo da corse *m pl*. **turf accountant** *n* allibratore *m*.
turkey (ˈtə:ki) *n* tacchino *m*
Turkey (ˈtə:ki) *n* Turchia *f* **Turk** *n* turco *m* **Turkish** *adj* turco **Turkish** (language) *n* turco *m*.
turmeric (ˈtə.mərik) *n* curcuma *f*.
turmoil (ˈtə mɔil) *n* tumulto, scompiglio *m*.
turn (tə.n) *vt* **1** girare, voltare **2** cambiare **3** rendere, alterare **turn on/off** accendere/spegnere **turn out 1** mandar via **2** spegnere **3** risultare **turn over** rovesciare **turnover** *n* **1** *comm* giro d'affari *m*. **2** *cul* pasticcio *m*. *n* **1** giro *m*. svolta *f* **2** volta *f*. turno *m* **a good turn** un favore *m*. **turning** *n* svolta, curva *f* **turntable** *n* **1** piattaforma girevole *f* **2** piatto del grammofono *m*
turnip (ˈtə:nip) *n* rapa *f*
turpentine (ˈtə:pəntain) *n* trementina *f*.
turquoise (ˈtə kwɔɪz) *adj,n* turchese *m*.
turret (ˈtʌrət) *n* torretta *f*
turtle (ˈtə:tḷ) *n* tartaruga *f*
Tuscany (ˈtʌskəni) *n* Toscana *f* **Tuscan** *adj,n* toscano. **Tuscan** (dialect) *n* toscano *m*.
tusk (tʌsk) *n* zanna *f*.
tussle (ˈtʌsəl) *n* zuffa, rissa *f*. *vi* azzuffarsi.
tutor (ˈtju:tə) *n* **1** tutore *m* **2** insegnante privato *m*. **3** professore universitario *m*. *vt* istruire *vi* fare il tutore.
tweed (twi:d) *n* tessuto tweed *m*
tweezers (ˈtwi:zəz) *n pl* pinzetta *f*.
twelve (twelv) *adj,n* dodici *m* or *f* **twelfth** *adj* dodicesimo.
twenty (ˈtwenti) *adj,n* venti *m* or *f*. **twentieth** *adj* ventesimo.
twice (twais) *adv* due volte.
twiddle (ˈtwidḷ) *vt,vi* girare, giocherellare
twig (twɪg) *n* ramoscello *m*.
twilight (ˈtwaɪlaɪt) *n* crepuscolo *m*
twin (twɪn) *n* gemello *m*
twine (twaɪn) *n* spago *m* corda *f*. *vt* attorcigliare, intrecciare
twinge (twɪndʒ) *n* fitta *f*
twinkle (ˈtwɪŋkəl) *vi* scintillare, luccicare. *n* scintillio, luccichio *m*
twirl (twə l) *n* giro *m* piroetta *f* *vt* girare, roteare. *vi* girare.
twist (twɪst) *vt* **1** torcere **2** intrecciare, attorcigliare. **3** alterare. *n* **1** curva *f*. **2** filo ritorto *m*.
twitch (twɪtʃ) *n* **1** tic nervoso *m* **2** strattone *m*. *vt* dare uno strattone a. *vi* contrarsi, contorcersi.
twitter (ˈtwɪtə) *vi* cinguettare, pigolare.
two (tu) *adj,n* due *m*. **two-faced** *adj* falso. **twosome** *n* coppia *f*. **two-way** *adj* reciproco **two-way traffic** *n* traffico a senso doppio *m*.
tycoon (taɪˈku n) *n* capitalista, magnate *m*.
type (taɪp) *n* **1** tipo, genere *m*. **2** carattere *m*. *vt,vi* dattilografare. **typewriter** *n* macchina da scrivere *f*. **typist** *n* dattilografo *m*.
typhoid (ˈtaifɔɪd) *n* tifoide *m*
typhoon (taɪˈfu n) *n* tifone *m*.
typical (ˈtɪpikəl) *adj* tipico, caratteristico.
tyrant (ˈtaɪrənt) *n* tiranno *m*. **tyranny** *n* tirannia *f* **tyrannical** *adj* tirannico.
tyre (ˈtaɪə) *n* gomma *f* pneumatico *m*
Tyrol (tɪˈroul) *n* Tirolo *m* **Tirolese** *adj,n* tirolese

U

ubiquitous (ju:ˈbikwɪtəs) *adj* onnipresente
udder (ˈʌdə) *n* mammella *f*.
ugly (ˈʌglɪ) *adj* brutto, sgradevole **ugliness** *n* bruttezza *f*.
ukulele (ju.kəˈle.li) *n* chitarra hawaiana *f*.
ulcer (ˈʌlsə) *n* ulcera, piaga *f*.
ulterior (ʌlˈtiəriə) *adj* **1** ulteriore. **2** segreto.
ultimate (ˈʌltimət) *adj* ultimo, finale. **ultimatum** *n* ultimatum *m*.
ultraviolet (ʌltrəˈvaiələt) *adj* ultravioletto
umbrella (ʌmˈbrelə) *n* ombrello *m*
umpire (ˈʌmpaɪə) *n* arbitro *m*. *vt,vi* arbitrare.
umpteen (ʌmpˈtɪ n) *adj* innumerevole.
unable (ʌnˈeibəl) *adj* incapace, inabile.
unacceptable (ʌnəkˈseptəbəl) *adj* inaccettabile.
unaccompanied (ʌnəˈkʌmpnid) *adj* **1** solo. **2** *mus* senza accompagnamento.

unanimous (ju:'nanıməs) *adj* unanıme.
unarmed (ʌn'ɑ:md) *adj* dısarmato
unattractive (ʌnə'træktiv) *adj* poco attraente
unavoidable (ʌnə'vɔidəbəl) *adj* ınevitabile
unaware (ʌnə'wɛə) *adj* ıgnaro, ınconsapevole **unawares** *adv* ınconsapevolmente, ınavvertitamente.
unbalanced (ʌn'bælənst) *adj* instabile, squılibrato.
unbearable (ʌn'bɛərəbəl) *adj* insopportabile, intollerabile.
unbelievable (ʌnbı'li:vəbəl) *adj* incredibile.
unbend* (ʌn'bend) *vt* **1** raddrizzare. **2** slegare, allentare. *vi* rilassarsı, distendersı.
unbreakable (ʌn'breikəbəl) *adj* infrangıbile
unbutton (ʌn'bʌtn̩) *vt* sbottonare.
uncalled-for (ʌn'kɔ:ldfɔ:) *adj* superfluo, non meritato.
uncanny (ʌn'kænı) *adj* misterioso, prodigioso
uncertain (ʌn'sə:tn̩) *adj* incerto, dubbıo.
uncle ('ʌŋkəl) *n* zio *m*.
unclear (ʌn'kliə) *adj* poco chiaro.
uncomfortable (ʌn'kʌmftəbəl) *adj* scomodo, a disagio.
unconscious (ʌn'kɔnʃəs) *adj* **1** inconscio, involontario, inconsapevole **2** privo dı sensi.
unconventional (ʌnkən'venʃnəl) *adj* anticonformista, non convenzionale
uncooked (ʌn'kukt) *adj* crudo
uncouth (ʌn'ku:θ) *adj* rozzo.
uncover (ʌn'kʌvə) *vt* **1** scoprire **2** rivelare, esporre.
uncut (ʌn'kʌt) *adj* non tagliato.
undecided (ʌndi'saidid) *adj* incerto, ındeciso
undeniable (ʌndi'naiəbəl) *adj* innegabile.
under ('ʌndə) *prep* sotto. *adv* al di sotto.
undercharge (ʌndə'tʃɑ:dʒ) *vt* far pagare troppo poco.
underclothes ('ʌndəklouðz) *n pl* biancheria personale *f*.
undercoat ('ʌndəkout) *n* prima mano *f*
undercover ('ʌndəkʌvə) *adj* segreto
undercut* (ʌndə'kʌt) *vt* **1** colpire da sotto **2** vendere a minor prezzo di.
underdeveloped (ʌndədi'veləpd) *adj* sottosvıluppato.
underdone (ʌndə'dʌn) *adj* poco cotto, al dente.
underestimate (ʌndər'estimeit) *vt* sottovalutare.
underfoot (ʌndə'fut) *adv* sotto i piedi.
undergo* (ʌndə'gou) *vt* subire, sopportare, essere sottoposto a.
undergraduate (ʌndə'grædjuət) *n* studente unıversıtarıo *m*
underground (*adv* ʌndə'graund; *adj,n* 'ʌndəgraund) *adv* **1** sotto terra. **2** clandestinamente *adj* **1** sotterraneo **2** segreto, clandestino *n* metropolitana *f*
undergrowth ('ʌndəgrouθ) *n* sottobosco *m*
underhand (ʌndə'hænd) *adj* clandestino, segreto
underline (ʌndə'laın) *vt* sottolineare.
undermine (ʌndə'main) *vt* **1** minare **2** indebolıre, ınsıdiare
underneath (ʌndə'ni:θ) *adv* al di sotto. *prep* sotto, al di sotto di
underpants ('ʌndəpænts) *n pl* mutande *f pl*.
underpass ('ʌndəpɑ:s) *n* sottopassaggıo *m*.
underrate (ʌndə'reıt) *vt* sottovalutare.
understand* (ʌndə'stænd) *vt* **1** comprendere, capire. **2** sentir dire. **3** dedurre. **understanding** *n* **1** comprensione, conoscenza *f*. **2** accordo *m*
understate (ʌndə'steit) *vt* minimizzare.
understudy ('ʌndəstʌdi) *n* sostituto *m*. *vt* sostituire.
undertake* (ʌndə'teik) *vt* **1** intraprendere, impegnarsı a. **2** assumere. **undertaker** *n* imprenditore dı pompe funebrı *m*.
undertone ('ʌndətoun) *n* tono sommesso *m*.
underwater (ʌndə'wɔ:tə) *adj* subacqueo.
underwear ('ʌndəwɛə) *n* bıancheria personale *f*.
underworld ('ʌndəwə:ld) *n* **1** malavita *f*. **2** bassifondi *m pl*.
underwrite* ('ʌndərait) *vt* **1** sottoscrıvere. **2** *comm* assıcurare
undesirable (ʌndi'zaiərəbəl) *adj* indesiderabile.
undo* (ʌn'du:) *vt* **1** dısfare, slacciare. **2** annullare.
undoubted (ʌn'dautid) *adj* indubitato, ıncontestato.
undress (ʌn'dres) *vt* svestire, spogliare. *vi* svestirsı.
undue ('ʌndju:) *adj* **1** non dovuto, ingiusto **2** indebito
undulate ('ʌndʒəleit) *vi* ondeggiare
unearth (ʌn'ə:θ) *vt* scoprire, dissotterrare. **unearthly** *adv* **1** soprannaturale **2** lugubre, sinistro **3** assurdo
uneasy (ʌn'i:zi) *adj* **1** a disagio, impacciato **2** ansioso.
unemployed (ʌnim'plɔid) *adj* disoccupato **unemployment** *n* disoccupazione *f*.

unequal (ʌn'iːkwəl) *adj* **1** disuguale **2** inadeguato, incapace
uneven (ʌn'iːvən) *adj* **1** ineguale, irregolare **2** *math* dispari *invar*
unfair (ʌn'fɛə) *adj* ingiusto
unfaithful (ʌn'feiθfəl) *adj* infedele, sleale
unfamiliar (ʌnfə'miliə) *adj* poco conosciuto
unfit (ʌn'fit) *adj* **1** inadatto, incapace **2** inabile.
unfold (ʌn'fould) *vt* **1** spiegare, schiudere **2** rivelare
unfortunate (ʌn'fɔːtʃunət) *adj* sfortunato.
unfurnished (ʌn'fəːniʃt) *adj* non ammobiliato.
ungrateful (ʌn'greitfəl) *adj* ingrato
unhappy (ʌn'hæpi) *adj* **1** infelice. **2** poco opportuno
unhealthy (ʌn'helθi) *adj* **1** malsano, insalubre **2** malaticcio
unicorn ('juːnikɔːn) *n* unicorno *m*
uniform ('juːnifɔːm) *n* uniforme, divisa *f* *adj* uniforme, costante.
unify ('juːnifai) *vt* unificare
uninterested (ʌn'intrəstid) *adj* non interessato
union ('juːniən) *n* **1** unione *f* **2** (trade) sindicato *m*
Union Jack *n* bandiera britannica *f*
unique (juː'niːk) *adj* unico
unison ('juːnizən) *n* unisono *m*.
unit ('juːnit) *n* **1** unità *f* **2** gruppo, insieme *m*. **3** *mil* reparto *m*
unite (juː'nait) *vt* unire, congiungere *vi* unirsi **unity** *n* **1** unità *f* **2** armonia *f* accordo *m*.
United Kingdom *n* Regno Unito *m*
United States of America *n pl* Stati Uniti *m pl*.
universe ('juːnivəːs) *n* universo *m* **universal** *adj* universale.
university (juːni'vəːsiti) *n* università *f*.
unjust (ʌn'dʒʌst) *adj* ingiusto.
unkempt (ʌn'kempt) *adj* trascurato, sciatto.
unkind (ʌn'kaind) *adj* scortese, sgarbato
unknown (ʌn'noun) *adj* sconosciuto, ignoto
unlawful (ʌn'lɔːfəl) *adj* illegale, illecito.
unless (ən'les) *conj* a meno che (non), se non
unlike (ʌn'laik) *adj* dissimile diverso *prep* all'inverso di. **unlikely** *adj* improbabile, inverosimile.
unload (ʌn'loud) *vt* scaricare.
unlucky (ʌn'lʌki) *adj* **1** sfortunato **2** di cattivo augurio.
unnatural (ʌn'nætʃərəl) *adj* innaturale.
unnecessary (ʌn'nesəsri) *adj* superfluo
unofficial (ʌnə'fiʃəl) *adj* ufficioso.
unorthodox (ʌn'ɔːθədɔks) *adj* non ortodosso
unpack (ʌn'pæk) *vt* disfare *vi* disfare le valigie
unpleasant (ʌn'plezənt) *adj* spiacevole, sgradevole
unpopular (ʌn'pɔpjulə) *adj* impopolare
unravel (ʌnrævəl) *vt* **1** districare, sbrogliare **2** chiarire
unreasonable (ʌn'riːzənəbəl) *adj* irragionevole
unreliable (ʌnri'laiəbəl) *adj* infido
unrest (ʌn'rest) *n* agitazione *f*. fermento *m*
unruly (ʌn'ruːli) *adj* indisciplinato
unscrew (ʌn'skruː) *vt* svitare
unsettle (ʌn'setl̩) *vt* sconvolgere
unsightly (ʌn'saitli) *adj* brutto, spiacevole a vedersi
unsound (ʌn'saund) *adj* **1** in cattivo stato **2** non solido **3** difettoso
unsteady (ʌn'stedi) *adj* **1** instabile, vacillante **2** variabile
unsuccessful (ʌnsək'sesfəl) *adj* sfortunato, fallito
untangle (ʌn'tæŋgəl) *vt* districare
untidy (ʌn'taidi) *adj* disordinato, trasandato
untie (ʌn'tai) *vt* sciogliere, slegare
until (ʌn'til) *prep* fino a. *conj* finchè (non), fintanto che
untrue (ʌn'truː) *adj* **1** falso, erroneo **2** infedele
unusual (ʌn'juːʒuəl) *adj* insolito, fuori del comune
unwanted (ʌn'wɔntid) *adj* indesiderato.
unwell (ʌn'wel) *adj* indisposto, ammalato
unwind (ʌn'waind) *vt* svolgere, srotolare, dipanare
unwrap (ʌn'ræp) *vt* disfare, svolgere.
up (ʌp) *adv* **1** su, in su. **2** in piedi. *prep* su, su per. *adj* ascendente. **it's up to you** sta a te
upbringing ('ʌpbriŋiŋ) *n* educazione *f*
upheaval (ʌp'hiːvəl) *n* sconvolgimento *m*. sommossa *f*
uphill (ʌp'hil) *adv* in salita. *adj* **1** in salita. **2** difficile.
uphold* (ʌp'hould) *vt* **1** sostenere. **2** approvare
upholstery (ʌp'houlstəri) *n* tappezzeria *f*
upkeep ('ʌpkiːp) *n* manutenzione *f*.
uplift (ʌp'lift) *vt* sollevare, alzare *n* sollevamento *m*
upon (ə'pɔn) *prep* su, sopra.
upper ('ʌpə) *adj* superiore **upper-class** *adj* signorile. **upper hand** *n* sopravvento *m* **uppermost** *adj* il più alto, dominante *adv* più in alto di tutto

upright (ˈʌprait) *adj* 1 eretto, verticale, diritto. 2 onesto. *adv* in piedi.
uprising (ˈʌpraiziŋ) *n* rivolta, insurrezione *f*.
uproar (ˈʌprɔː) *n* tumulto, clamore *m*.
uproot (ʌpˈruːt) *vt* sradicare.
upset* (*v,adj* ʌpˈset; *n* ˈʌpset) *vt* 1 rovesciare, capovolgere 2 scombussolare *adj* sconvolto, turbato. *n* 1 scompiglio *m*. 2 rovesciamento *m*.
upshot (ˈʌpʃɔt) *n* risultato *m*. conclusione *f*.
upside down (ʌpsaid ˈdaun) *adv* sottosopra **turn upside down** capovolgere.
upstairs (ʌpˈstɛəz) *adv* al piano di sopra. *n* piano superiore *m*.
upstream (ʌpˈstriːm) *adv* controcorrente.
upward (ˈʌpwəd) *adv also* **upwards** in su, in alto. *adj* in rialzo, in aumento.
uranium (juːˈreiniəm) *n* uranio *m*.
Uranus (ˈjuərənəs) *n* Urano *m*.
urban (ˈəːbən) *adj* urbano.
urge (əːdʒ) *vt* 1 spronare, esortare 2 insistere su. *n* impulso, sprone *m*.
urgent (ˈəːdʒənt) *adj* 1 urgente 2 insistente **urgency** *n* urgenza *f*.
urine (ˈjuərin) *n* orina, urina *f* **urinate** *vi* orinare.
urn (əːn) *n* 1 urna *f*. 2 samovar *m*
us (ʌs) *pron 1st pers pl* 1 noi *m,f* 2 ci *m,f* 3 ce *m,f*.
use (*v* juːz; *n* juːs) *vt* usare, adoperare **use up** esaurire. ~*n* 1 uso *m*. 2 utilità *f* **usage** *n* uso *m*. usanza *f*. **used** *adj* usato **used to** abituato a. **useful** *adj* utile, vantaggioso **useless** *adj* inutile, vano
usher (ˈʌʃə) *n* usciere, cerimoniere *m* *vt* 1 introdurre. 2 annunciare
usual (ˈjuːʒuəl) *adj* usuale, consueto **as usual** come al solito. **usually** *adv* usualmento, di solito.
usurp (juˈzəːp) *vt* usurpare.
utensil (juːˈtensəl) *n* utensile, arnese *m*
uterus (ˈjuːtərəs) *n,pl* **uteri** utero *m*.
utility (juːˈtiliti) *n* utilità *f* profitto *m* *adj* utilitario, funzionale.
utmost (ˈʌtmoust) *adj also* **uttermost** estremo, ultimo, massimo. **do one's utmost** fare del proprio meglio.
utter[1] (ˈʌtə) *vt* 1 emettere. 2 esprimere
utter[2] (ˈʌtə) *adj* totale, assoluto, completo

V

vacant (ˈveikənt) *adj* 1 vuoto, non occupato 2 distratto. **vacancy** *n* posto vacante *m*.
vacate (vəˈkeit) *vt* lasciare libero.
vacation (vəˈkeiʃən) *n* 1 rinunica *f*. 2 vacanza *f*.
vaccine (ˈvæksiːn) *n* vaccino *m*. **vaccinate** *vt* vaccinare. **vaccination** *n* vaccinazione *f*.
vacillate (ˈvæsəleit) *vi* 1 vacillare. 2 esitare.
vacuum (ˈvækjuəm) *n* 1 vuoto, vuoto pneumatico *m* 2 lacuna *f*. **vacuum cleaner** *n* aspirapolvere *m*. **vacuum flask** *n* termos *m*.
vagina (vəˈdʒainə) *n* vagina *f*.
vagrant (ˈveigrənt) *adj,n* vagabondo nomade *m*.
vague (veig) *adj* 1 vago, indeterminato 2 distratto.
vain (vein) *adj* 1 vano, inutile. 2 vanitoso
valiant (ˈvæliənt) *adj* valoroso, prode.
valid (ˈvælid) *adj* valido
valley (ˈvæli) *n* valle, vallata *f*.
value (ˈvæljuː) *n* 1 valore *m*. 2 utilità *f*. *vt* 1 valutare, stimare, apprezzare. 2 *comm* valutare **valuable** *adj* 1 prezioso, di gran valore. 2 utile **valuables** *n pl* oggetti di valore *m pl*.
valve (ˈvælv) *n* valvola *f*.
vampire (ˈvæmpaiə) *n* vampiro *m*.
van (væn) *n* camioncino, furgone *m*
vandal (ˈvændl) *n* vandalo *m*. **vandalism** *n* vandalismo *m*
vanilla (vəˈnilə) *n* vaniglia *f*.
vanish (ˈvæniʃ) *vi* svanire, sparire.
vanity (ˈvæniti) *n* vanità *f*.
vapour (ˈveipə) *n* vapore *m*. esalazione *f*.
variety (vəˈraiəti) *n* varietà *f*. assortimento *m* **variety show** *n* spettacolo di varietà *m*.
various (ˈvɛəriəs) *adj* 1 vario, diverso. 2 parecchi.
varnish (ˈvɑːniʃ) *n* vernice, lacca *f*. *vt* verniciare, laccare.
vary (ˈvɛəri) *vi* differire. *vt* variare, cambiare **variable** *adj* variabile, mutevole **variant** *adj,n* variante *m*. **variation** *n* variazione *f*.
vase (vɑːz) *n* vaso *m*.
vasectomy (væˈsektəmi) *n* vasectomia *f*.
vast (vɑːst) *adj* vasto, ampio.
vat (væt) *n* tino *m*. tinozza *f*.
Vatican (ˈvætikən) *n* Vaticano *m*.

vault[1] (vɔ:lt) *n* **1** volta *f*. **2** cantina *f*. **3** sepolcro *m*

vault[2] (vɔ:lt) *vi* volteggiare, saltare. *vt* saltare *n* salto *m*

veal (vi:l) *n* vitello *m*.

veer (viə) *vi* cambiare direzione, virare

vegetable ('vedʒtəbəl) *n* **1** vegetale, ortaggio *m* **2** *pl* verdura *f* *adj* vegetale. **vegetarian** *adj,n* vegetariano. **vegetation** *n* vegetazione *f*

vehement ('viəmənt) *adj* veemente, impetuoso

vehicle ('vi:ikəl) *n* veicolo *m*

veil (veil) *n* velo *m* *vt* velare, nascondere.

vein (vein) *n* **1** vena *f* **2** umore *m*. vena *f*

velocity (və'lɔsiti) *n* velocità *f*

velvet ('velvit) *n* velluto *m* *adj* di velluto, vellutato

vendetta (ven'detə) *n* vendetta *f*.

veneer (vi'niə) *n* **1** impiallacciatura *f* **2** vernice, maschera *f*

venerate ('venəreit) *vt* venerare, riverire.

venereal disease (vi'niəriəl) *n* malattia venerea *f*

vengeance ('vendʒəns) *n* vendetta *f*

Venice ('venis) *n* Venezia *f* **Venetian** *adj,n* veneziano

venison ('venisən) *n* carne di daino *f*

venom ('venəm) *n* **1** veleno *m*. **2** cattiveria, malignità *f*

vent[1] (vent) *n* **1** apertura *f* foro *m*. **2** (in a jacket) spacco *m*.

vent[2] (vent) *n* sfogo *m* **give vent to** sfogare. ~*vt* sfogare

ventilate ('ventileit) *vt* ventilare. **ventilation** *n* ventilazione *f* **ventilator** *n* ventilatore *m*.

venture ('ventʃə) *n* **1** avventura *f*. **2** *comm* speculazione *f* *vt* avventurare. *vi* avventurarsi.

Venus ('vi:nəs) *n* Venere *f*.

veranda (və'rændə) *n* veranda *f*.

verb (və:b) *n* verbo *m*.

verdict ('və:dikt) *n* **1** *law* verdetto *m*. **2** parere, giudizio *m*

verge (və:dʒ) *n* orlo, limite *m*. **on the verge of** sul punto di ~*v* **verge on** rasentare, essere vicino a

verify ('verifai) *vt* verificare, confermare.

vermicelli (və:mi'tʃeli) *n* vermicelli *m pl*.

vermin ('və:min) *n* insetti parassiti *m pl*.

vermouth ('və:məθ) *n* vermut *m*.

vernacular (və'nækjulə) *adj,n* vernacolo *m*.

versatile ('və:sətail) *adj* versatile.

verse (və:s) *n* **1** verso *m* **2** versi *m pl*. **3** poesia *f*

version ('və:ʃən) *n* versione *f*

vertebrate ('və:tibreit) *adj,n* vertebrato *m*

vertical ('və:tikəl) *adj,n* verticale *m*

verve (və:v) *n* verve, brio *m*

very ('veri) *adv* molto, assai *adj* **1** vero e proprio. **2** esatto **3** stesso **4** proprio

vessel ('vesəl) *n* **1** *naut* vascello *m* nave *f* **2** recipiente, vaso *m*

vest (vest) *n* maglia *f*

vestment ('vestmənt) *n* veste sacerdotale *f*

vestry ('vestri) *n* sagrestia *f*

vet (vet) *n* *inf* veterinario *m* *vt* esaminare

veteran ('vetərən) *adj,n* veterano *m*

veterinary surgeon ('vetrinəri) *n* veterinario *m*

veto ('vi:tou) *n,pl* **-toes** veto *m* *vt* vietare

vex (veks) *vt* **1** affliggere **2** irritare

via ('vaiə) *prep* via, attraverso

viable ('vaiəbəl) *adj* **1** vitale. **2** praticabile

viaduct ('vaiədʌkt) *n* viadotto *m*

vibrate (vai'breit) *vi* vibrare, oscillare *vt* far vibrare. **vibration** *n* vibrazione *f*

vicar ('vikə) *n* parroco, curato *m*

vicarious (vi'kɛəriəs) *adj* **1** delegato **2** insostituzione

vice[1] (vais) *n* **1** vizio *m*. depravazione *f* **2** difetto *m*. imperfezione *f*.

vice[2] (vais) *n* *tech* morsa *f*

vice-chancellor *n* vice-cancelliere *m*.

vice-president *n* vice-presidente *m*.

vice versa ('və:sə) *adv* viceversa

vicinity (vi'sinəti) *n* vicinanza, prossimità *f*

vicious ('viʃəs) *adj* **1** crudele, dispettoso **2** vizioso

victim ('viktim) *n* vittima *f* **victimize** *vt* tormentare.

Victorian (vik'tɔ:riən) *adj* vittoriano.

victory ('viktri) *n* vittoria *f*. **victorious** *adj* vittorioso.

video-tape ('vidiouteip) *n* nastro televisivo *m*.

Vietnam (viet'næm) *n* Vietnam *m*. **Vietnamese** *adj,n* vietnamese.

view (vju:) *n* **1** vista *f*. **2** veduta *f* panorama *m* **3** opinione *f*. **4** intento, scopo *m*. **in view of** visto che. ~*vt* **1** vedere, osservare **2** ispezionare. **viewfinder** *n* mirino *m*.

vigil ('vidʒil) *n* veglia *f* **vigilant** *adj* vigile, vigilante

vigour ('vigə) *n* vigore *m*. energia *f* **vigorous** *adj* vigoroso

vile (vail) *adj* **1** abietto, sordido, vile. **2** pessimo

villa ('vilə) *n* villa *f*.
village ('vilidʒ) *n* villaggio, paese *m*.
villain ('vilən) *n* furfante, farabutto *m*.
vindictive (vin'diktiv) *adj* vendicativo.
vine (vain) *n* vite *f*. **vineyard** *n* vigneto *m* vigna *f*.
vinegar ('vinigə) *n* aceto *m*.
vintage ('vintidʒ) *n* vendemmia, annata *f*.
vinyl ('vainil) *n* vinile *m*.
viola (vi'oulə) *n* viola *f*.
violate ('vaiəleit) *vt* violare, violentare **violation** *n* violazione *f*
violence ('vaiələns) *n* violenza *f*. **violent** *adj* violento.
violet ('vaiələt) *n* **1** *bot* viola *m*. **2** (colour) viola *m invar*. *adj* violetto.
violin (vaiə'lin) *n* violino *m*.
viper ('vaipə) *n* vipera *f*.
virgin ('və:dʒin) *adj,n* vergine *f*.
Virgo ('və:gou) *n* Vergine *f*.
virile ('virail) *adj* virile, maschio.
virtue ('və:tju:) *n* virtù *f*. **virtual** *adj* virtuale, effettivo.
virus ('vairəs) *n* virus *m*. *adj* virale
visa ('vi:zə) *n* visto consolare *m*.
viscount ('vaikaunt) *n* visconte *m*.
vision ('viʒən) *n* **1** visione *f*. **2** capacità visiva *f* **3** intuito *m*. **visible** *adj* visibile, evidente
visit ('vizit) *vt* **1** visitare, fare una visita a **2** ispezionare *n* visita *f*.
visual ('vizjuəl) *adj* **1** visuale, visivo **2** visibile **visualize** *vt,vi* immaginarsi, raffigurarsi
vital ('vaitḷ) *adj* vitale, essenziale **vitality** *n* vitalità, forza *f*.
vitamin ('vitəmin) *n* vitamina *f*
vivacious (vi'veiʃəs) *adj* vivace, vispo
vivid ('vivid) *adj* vivido, vivo
vixen ('viksən) *n* volpe femmina *f*
vocabulary (və'kæbjuləri) *n* vocabolario *m*
vocal ('voukəl) *adj* vocale **vocal chords** *n pl* corde vocali *f pl*.
vocation (vou'keiʃən) *n* **1** *rel* vocazione *f* **2** inclinazione, attitudine *f*
vodka ('vɔdkə) *n* vodka *f*.
voice (vɔis) *n* **1** voce *f* **2** opinione *f* *vt* esprimere, dire.
void (vɔid) *adj* **1** vuoto **2** non valido, nullo *n* vuoto *m*.
volatile ('vɔlətail) *adj* **1** volatile **2** volubile
volcano (vɔl'keinou) *n,pl* **-noes** *or* **-nos** vulcano *m*.
vole (voul) *n* topo d'acqua *m*
volley ('vɔli) *n* scarica, raffica *f*. **volleyball** *n* palla a volo *f*.
volt (voult) *n* volt *m*.
volume ('vɔlju:m) *n* **1** volume *m*. **2** massa *f*.
volunteer (vɔlən'tiə) *n* volontario *m*. *vi* **1** offrirsi volontariamente **2** arruolarsi volontario **voluntary** *adj* **1** volontario, spontaneo. **2** voluto.
voluptuous (və'lʌptʃuəs) *adj* voluttuoso, sensuale
vomit ('vɔmit) *vt,vi* vomitare. *n* vomito *m*.
voodoo ('vu du) *n* vuduismo *m*.
vote (vout) *n* voto *m*. votazione *f*. *vt,vi* votare
vouch (vautʃ) *vi* **vouch for** rispondere di.
voucher ('vautʃə) *n* **1** documento giustificativo *m*. **2** tagliando *m* **3** garante *m*.
vow (vau) *n* voto *m*. *vt* **1** fare voto di **2** promettere.
vowel ('vauəl) *n* vocale *f*.
voyage ('vɔiidʒ) *n* viaggio *m*
vulgar ('vʌlgə) *adj* volgare.
vulnerable ('vʌlnrəbḷ) *adj* vulnerabile
vulture ('vʌltʃə) *n* avvoltoio *m*.

W

wad (wɔd) *n* **1** pacchetto, rotolo *m* **2** tampone *m* **wadding** *n* **1** imbottitura *f* **2** ovatta *f*
waddle ('wɔdḷ) *vi* camminare ondeggiando *n* andatura ondeggiante *f*
wade (weid) *vi* avanzare faticosamente *vt* guadare
wafer ('weifə) *n* cialda *f*
waft (wɔft) *vt* sospingere *vi* **1** fluttuare **2** (of a breeze) soffiare blandamente *n* soffio *m*
wag (wæg) *vt* scuotere, agitare *n* scodinzolio *m*
wage (weidʒ) *n* salario *m* paga *f* *vt* (war) intraprendere
waggle ('wægəl) *vt* scuotere, dondolare
wagon ('wægən) *n* **1** carro *m* **2** vagone merci *m*
waif (weif) *n* trovatello *m*
wail (weil) *vi* gemere, lamentarsi *n* gemito, lamento *m*
waist (weist) *n* vita, cintola *f* **waistband** *n* cintura, fascia *f* **waistcoat** *n* panciotto, gilè *m* **waistline** *n* vita *f* giro di vita *m*
wait (weit) *vi,vt* aspettare, attendere **wait on** servire. ~*n* attesa *f*. **waiter** *n* cameriere *m* **waiting list** *n* lista d'attesa *f* **waiting**

room *n* sala d'aspetto *f*. **waitress** *n* cameriera *f*.
waive (weɪv) *vt* rinunciare a, desistere da.
wake*[1] (weɪk) *vt* svegliare. *vi* svegliarsi **waken** *vt* svegliare, risvegliare. *vi* svegliarsi
wake[2] (weik) *n naut* scia *f*
Wales (weilz) *n* Galles *m*
walk (wɔ:k) *vi* camminare, andare a piedi *n* **1** passeggiata, camminata *f* percorso *m* **2** andatura *f* **walking stick** *n* bastone *m*. **walkout** *n* sciopero non autorizzato *m*. **walkover** *n inf* vittoria facile *f*
wall (wɔ:l) *n* muro *m* parete *f* **wallflower** *n* **1** violacciocca *f* **2** *inf* ragazza che fa da tappezzeria *f* **wallpaper** *n* carta da parati *f*
wallet (ˈwɔlit) *n* portafoglio *m*.
wallop (ˈwɔləp) *inf vt* percuotere *n* percossa *f* colpo *m*.
wallow (ˈwɔlou) *vi* rotolarsi, sguazzare
walnut (ˈwɔ lnʌt) *n* noce *f* **walnut tree** *n* noce *f*
walrus (ˈwɔ lrəs) *n* tricheco *m*
waltz (wɔ:ls) *n* valzer *m* *vi* ballare il valzer
wand (wɔnd) *n* bacchetta *f*
wander (ˈwɔndə) *vi* **1** vagare, vagabondare **2** deviare, smarrirsi **3** vaneggiare, delirare
wane (weɪn) *vi* **1** (of the moon) calare **2** diminuire *n* declino *m* **on the wane** in declino
wangle (ˈwæŋgəl) *vt* brigare, ottenere con intrighi
want (wɔnt) *vt* **1** volere, desiderare **2** aver bisogno di. *vi* mancare *n* **1** mancanza *f* **2** necessità *f* bisogno *m* *vt* **1** volere desiderare **2** aver bisogno di *vi* mancare
wanton (ˈwɔntn̩) *adj* **1** licenzioso, impudico **2** arbitrario **3** capriccioso
war (wɔ.) *n* guerra *f*. *vi* guerreggiare. **warfare** *n* guerra *f*. stato di guerra *m*.
warble (ˈwɔ.bəl) *vt,vi* trillare, gorgheggiare *n* trillo, gorgheggio *m*.
ward (wɔ:d) *n* **1** (of a hospital) reparto *m*. corsia *f*. **2** circoscrizione comunale *f*. **3** *law* pupillo *m* *v* **ward off** parare. **warden** *n* guardiano, custode *m*. **warder** *n* carceriere *m*. **wardrobe** *n* guardaroba *f*. armadio *m*.
warehouse (ˈwɛəhaus) *n* magazzino, deposito *m*.
warm (wɔ.m) *adj* **1** caldo. **2** ardente *vt* riscaldare. **warm-blooded** *adj* **1** appassionato. **2** a sangue caldo **warm-hearted** *adj* gentile, compassionevole **warmth** *n* **1** calore *m* **2** zelo *m*. **warm-up** *n* esercizio fisico *m*.
warn (wɔ n) *vt* mettere in guardia, avvertire **warning** *n* allarme, avvertimento *m*
warp (wɔ p) *vt* **1** storcere. **2** pervertire *vi* deformarsi. *n* ordito *m*.
warrant (ˈwɔrənt) *n* autorizzazione *f* ordine *m* *vt* assicurare, garantire
warren (ˈwɔrən) *n* garenna *f*.
warrior (ˈwɔriə) *n* guerriero, soldato *m*
wart (wɔ t) *n* verruca *f* porro *m*
wary (ˈwɛəri) *adj* diffidente, prudente
was (wəz, *stressed* wɔz) *v see* **be.**
wash (wɔʃ) *vt* lavare. *vi* lavarsi **wash up** lavare i piatti. ~*n* lavata *f* **washbasin** *n* lavandino *m*. **washer** *n tech* anello *m*. **washing** *n* bucato *m* **washing machine** *n* lavatrice *f* **washing powder** *n* detersivo *m*. **wash-out** *n inf* disastro *m* **washroom** *n* bagno *m*
wasp (wɔsp) *n* vespa *f*
waste (weist) *vt* rovinare, sprecare. *n* spreco, sciupio *m* **wasteful** *adj* prodigo **wastepaper basket** *n* cestino per carta straccia *m*.
watch (wɔtʃ) *n* **1** (wrist) orologio *m* **2** sorveglianza *f* *vt* guardare *vi* fare la guardia. **watchdog** *n* cane da guardia *m*. **watchful** *adj* attento
water (ˈwɔ.tə) *n* acqua *f* *vt* **1** inaffiare **2** diluire **3** abbevare *vi* (of eyes) piangere
water-closet *n* gabinetto *m*.
watercolour (ˈwɔ təkʌlə) *n* acquerello *m*.
watercress (ˈwɔ təkres) *n* crescione *m*
waterfall (ˈwɔ.təfɔ l) *n* cascata *f*
watering-can *n* annaffiatoio *m*.
waterlily (ˈwɔ təlili) *n* ninfea *f*.
waterlogged (ˈwɔ.təlɔgd) *adj* inzuppato.
watermark (ˈwɔ.təmɑ.k) *n* **1** livello di marea *m* **2** filigrana *f*
watermelon (ˈwɔ təmelən) *n* cocomero *m*.
watermill (ˈwɔ:təmil) *n* mulino *m*.
waterproof (ˈwɔ.təpru:f) *adj* impermeabile.
water-ski *vi* fare lo sci nautico. **water-skiing** *n* sci nautico *m*.
watertight (ˈwɔ.tətaɪt) *adj* ermetico
waterway (ˈwɔ.təwei) *n* canale *m*.
waterworks (ˈwɔ təwə ks) *n pl* impianto idrico *m*
watery (ˈwɔ.təri) *adj* acquoso.
watt (wɔt) *n* watt *m invar*
wave (weɪv) *n* **1** onda *f* **2** (of the hand) cenno *m* *vi* **1** ondeggiare. **2** far segno di saluto. *vt*

agitare. **waveband** *n* gamma di lunghezza d'onda *f*. **wavelength** *n* lunghezza d'onda *f*. **wavy** *adj* ondulato.

waver ('weɪvə) *vi* vacillare, fluttuare.

wax[1] (wæks) *n* cera *f*.

wax[2] (wæks) *vi* (of the moon) crescere, aumentare.

way (wei) *n* **1** via, direzione *f*. **2** modo *m*. **3** mezzo *m*. **by the way** a proposito. **in the way** ingombrante. **wayside** *n* bordo della strada *m*. *adj* sul bordo della strada.

waylay (wei'lei) *vt* tendere un agguato a.

wayward ('weiwəd) *adj* capriccioso, ostinato.

we (wi:) *pron 1st pers pl* **1** noi *m,f*. **2** si *m,f*.

weak (wi:k) *adj* debole. **weaken** *vt* indebolire *vi* indebolirsi. **weak-kneed** *adj* smidollato. **weakling** *n* creatura gracile *f*. **weakness** *n* debolezza *f*. **weak-willed** *adj* indeciso.

wealth (welθ) *n* ricchezza *f*. **wealthy** *adj* ricco.

weapon ('wepən) *n* arma *f*, *pl* armi.

wear* (wɛə) *vt* portare, indossare. *vi* logorarsi. **wear out 1** esaurire. **2** consumare. ~*n* uso *m*. **wear and tear** logoramento *m*.

weary ('wiəri) *adj* affaticato. *vt* **1** annoiare. **2** stancare.

weasel ('wi:zəl) *n* donnola *f*.

weather ('weðə) *n* tempo *m*. *vt* resistere a.

weave* (wi:v) *vt,vi* tessere. *n* tessuto *m*.

web (web) *n* **1** (of a spider) ragnatela *f*. **2** tela *f*. tessuto *m*.

wedding ('wediŋ) *n* matrimonio *m*. **wedding ring** *n* fede *f*.

wedge (wedʒ) *n* cuneo *m*. *vt* incuneare.

Wednesday ('wenzdi) *n* mercoledì *m*.

weed (wi:d) *n* erbaccia *f*. *vt* sarchiare.

week (wi:k) *n* settimana *f*. **weekday** *n* giorno feriale *m*. **weekend** *n* fine settimana *m*. **weekly** *adj* settimanale. **weekly magazine** *n* settimanale *m*.

weep* (wi:p) *vi* piangere.

weigh (wei) *vt* pesare. **weighbridge** *n* ponte a basculla *m*. **weight** *n* **1** peso *m*. **2** importanza *f*. **weight-lifting** *n* sollevamento di pesi *m*.

weird ('wiəd) *adj* strano.

welcome ('welkəm) *adj* benvenuto, gradito. *n* benvenuto *m*. *vt* dare il benvenuto a.

weld (weld) *vt* saldare.

welfare ('welfɛə) *n* benessere *m*.

well[1] (wel) *adv* bene. *adj* in buona salute. **be well** star bene.

well[2] (wel) *n* pozzo *m*.

well-bred *adj* beneducato.

well-built *adj* robusto.

well-known *adj* ben noto.

well-off *adj* benestante, danaroso.

well-paid *adj* ben retribuito.

well-spoken *adj* forbito nel parlare.

well-worn *adj* usato.

Welsh (welʃ) *adj* gallese. **Welsh** (language) *n* gallese *m*. **Welshman** *n* gallese *m*.

went (went) *v* see **go.**

wept (wept) *v* see **weep.**

were (wə:) *v* see **be.**

west (west) *n* ovest, ponente *m*. *adj* occidentale, dell'ovest. **westerly** . *adj* dell'ovest. **western** *adj* occidentale.

West Indies ('indiz) *n* Indie Occidentali *f pl*. **West Indian** *adj* delle Indie Occidentali.

wet (wet) *adj* **1** bagnato, umido. **2** fradicio. **3** fresco. *n* umidità *f*. *vt* bagnare, inzuppare. **wet blanket** *n* guastafeste *m*.

whack (wæk) *inf vi* bastonare. *n* percossa *f*.

whale (weil) *n* balena *f*.

wharf (wɔ:f) *n* banchina *f*.

what (wɔt) *pron* **1** che? che cosa? **2** ciò, che. **what for?** perchè? **what's the matter?** che cosa hai? ~*adj* **1** quale? che? **2** che. **what a** che. **whatever** *pron* qualsiasi cosa. *adj* qualunque.

wheat (wi:t) *n* frumento, grano *m*.

wheedle ('wi:dḷ) *vt* adulare, persuadere con lusinghe.

wheel (wi:l) *n* **1** ruota *f*. **2** volante *m*. *vt* far ruotare. **wheelbarrow** *n* carriola *f*. **wheelchair** *n* sedia a rotelle *f*.

wheeze (wi:z) *vi* ansimare. *n* respiro affannoso *m*.

whelk (welk) *n* buccina *f*.

when (wen) *adv,conj* quando. **whenever** *adv* ogni volta che.

where (wɛə) *pron,adv,conj* dove. **whereabouts** *adv* da che parte. **where to?** dove. *n* luogo *m*. posizione *f*. **whereas** *conj* mentre. **whereby** *adv* con cui, come. **whereupon** *adv* dopo di che. **wherever** *adv* dovunque, in qualunque luogo.

whether ('weðə) *conj* se.

which (witʃ) *pron* **1** chi? quale? **2** che, la qual cosa, il quale. *adj* **1** quale? **2** il quale **whichever** *pron* qualsiasi. *adj* qualunque.

whiff (wif) *n* soffio, sbuffo *m*.

while (wail) *conj also* **whilst** mentre. *n* momento *m*.

whim (wim) *n* capriccio *m*.

whimper ('wɪmpə) *vi* piagnucolare. *n* piagnucolio *m*

whimsical ('wɪmzɪkəl) *adj* capriccioso, bizzarro.

whine (wain) *vi* uggiolare. *n* **1** (of a dog) uggiolio *m*. **2** piagnucolio *m*

whip (wip) *n* frusta *f*. *vt* frustare.

whir (wə:) *vi* ronzare, rombare. *n* ronzio, rombo *m*.

whirl (wə:l) *n* vortice, giro rapido *m*. *vi* roteare *vt* far girare. **whirlwind** *n* turbine, vortice *m*. tromba d'aria *f*

whisk[1] (wisk) *vi* muoversi rapidamente. *vt* spazzare. *n* movimento rapido *m*

whisk[2] (wisk) *vt cul* frullare. *n* frullino *m*.

whisker ('wiskə) *n* baffo *m*.

whisky ('wiski) *n* whisky *m invar*.

whisper ('wispə) *vt,vi* sussurrare. *n* bisbiglio, mormorio *m*.

whist (wist) *n* whist *m*.

whistle ('wisəl) *vt,vi* fischiare. *n* fischio, sibilo *m*.

white (wait) *adj* **1** bianco, candido. **2** pallido. *n* **1** bianco *m*. **2** (of an egg) chiaro *m*. **3** *cap* Bianco *m*. **whiten** *vt* imbiancare. **whitewash** *n* calce *f*. intonaco *m*. *vt* imbiancare. **whiting** *n* merlano *m*.

Whitsun ('wɪtsən) *n* Pentecoste *f*.

whiz (wiz) *vi* fischiare. *n* fischio *m*.

who (hu:) *pron* **1** chi? **2** che, il quale. **whoever** *pron* chiunque.

whole (houl) *adj* intero, tutto. *n* tutto *m*. **wholemeal** *adj* integrale. **wholehearted** *adj* generoso, sincero. **wholesale** *n* vendita all'ingrosso *f*. *adv* all'ingrosso. **wholesome** *adj* sano, salubre. **wholly** *adv* completamente, totalmente.

whom (hu:m) *pron* **1** chi? **2** che, il quale.

whooping cough ('hu:piŋ) *n* pertosse *f*.

whore (hɔ:) *n* puttana *f*.

whose (hu:z) *pron* **1** di chi? **2** di cui, del quale, il cui.

why (wai) *adv* **1** perchè? **2** per cui. *conj* perchè.

wick (wik) *n* lucignolo *m*.

wicked ('wikid) *adj* cattivo, malvagio.

wicket ('wikit) *n* **1** sportello, cancelletto *m*. **2** *sport* porta *f*.

wide (waid) *adj* largo, ampio, esteso. *adv* **1** lontano, lungi. **2** bene. **widely** *adv* largamente, molto, diffusamente. **widen** *vt* estendere, allargare. *vi* allargarsi. **widespread** *adj* esteso, generale. **width** *n* larghezza, ampiezza *f*.

widow ('widou) *n* vedova *f*.

wield (wi:ld) *vt* **1** tenere, maneggiare. **2** (power) esercitare.

wife (waif) *n, pl* **wives** moglie, sposa *f*.

wig (wig) *n* parrucca *f*.

wiggle ('wigəl) *vt* dimenare. *vi* contorcersi.

wigwam ('wigwæm) *n* tenda dei pellirosse *f*.

wild (waild) *adj* **1** selvaggio, feroce. **2** incolto.

wilderness ('wildənəs) *n* **1** deserto *m*. **2** solitudine *m*

wilful ('wilfəl) *adj* intenzionale, fatto apposta.

will*[1] (wil) *v mod aux* **1** volere. **2** expressed by the future tense.

will[2] (wil) *n* **1** volontà *f*. volere *m*. **2** *law* testamento *m*. **willing** *adj* pronto, disposto. **willpower** *n* volontà *f*.

willow ('wilou) *n* salice *m*.

wilt (wilt) *vi* appassire.

win* (win) *vt,vi* vincere, guadagnare. *n* vincita, vittoria *f*.

wince (wins) *vi* trasalire. *n* smorfia *f*.

winch (wintʃ) *n* argano *m*. manovella *f*.

wind[1] (wind) *n* **1** vento *m*. **2** *med* flatulenza *f* **windfall** *n* fortuna inaspettata *f*. **windmill** *n* mulino a vento *m* **windpipe** *n* trachea *f*. **windscreen** *n* parabrezza *m*. **windscreen wiper** *n* tergicristallo *m*. **windswept** *adj* battuto dai venti. **windy** *adj* ventoso.

wind*[2] (waind) *vt* avvolgere, girare. *vi* serpeggiare. **wind up** caricare.

windlass ('windləs) *n* verricello *m*.

window ('windou) *n* finestra, vetrata *f*. **window box** *n* cassetta per fiori *f*. **window-dressing** *n* allestimento di vetrine *m*. **window-shop** *vi* guardare le vetrine.

wine (wain) *n* vino *m*. **wineglass** *n* bicchiere da vino *m*.

wing (wiŋ) *n* **1** ala *f*. **2** volo *m*. **3** *pl Th* quinta *f*. **wingspan** *n* apertura d'ali *f*.

wink (wiŋk) *vi* ammiccare, strizzare l'occhio. *n* batter d'occhio, cenno *m*.

winkle ('wiŋkəl) *n* chiocciola marina *f*.

winter ('wintə) *n* inverno *m*.

wipe (waip) *vt* pulire, strofinare. *n* strofinata *f*.

wire ('waiə) *n* **1** filo *m*. **2** *inf* telegramma *m*. *vt* telegrafare. **wireless** *n* radio *f invar*.

wisdom ('wizdəm) *n* saggezza *f*.

wise (waiz) *adj* saggio.

wish (wiʃ) *vt,vi* **1** desiderare. **2** augurare. *n* desiderio *m*. voglia *f*.

wisp (wisp) *n* ciuffo *m*. ciocca *f*.

wisteria (wis'tiəriə) *n* glicine *m*.

wistful (ˈwistfəl) *adj* pensoso.
wit (wit) *n* arguzia *f.* spirito *m.*
witch (witʃ) *n* strega *f.* **witchcraft** *n* stregoneria *f.*
with (wið) *prep* con, in compagnia di, presso.
withdraw* (wiðˈdrɔ:) *vt* ritirare. *vi* ritirarsi **withdrawal** *n* ritiro *m.*
wither (ˈwiðə) *vi* appassire, deperire, avvizzire.
withhold* (wiðˈhould) *vt* **1** trattenere. **2** nascondere.
within (wiðˈin) *prep* entro, in meno di. *adv* dentro.
without (wiðˈaut) *prep* senza (di).
withstand* (wiðˈstænd) *vt* resistere a.
witness (ˈwitnəs) *n* **1** testimone *m.* **2** testimonianza *f. vt* testimoniare, essere testimone di.
witty (ˈwiti) *adj* arguto, spiritoso.
wizard (ˈwizəd) *n* mago, stregone *m.*
wobble (ˈwɔbəl) *vi* vacillare.
woke (wouk) *v* see **wake**¹.
woken (ˈwoukən) *v* see **wake**¹.
wolf (wulf) *n, pl* **wolves** lupo *m.*
woman (ˈwumən) *n, pl* **women** donna *f.* **womanhood** *n* femminilità *f.* le donne *f pl.*
womb (wu:m) *n* utero *m.*
won (wʌn) *v* see **win.**
wonder (ˈwʌndə) *n* meraviglia *f. vi* **1** meravigliarsi. **2** domandarsi. **wonderful** *adj* meraviglioso.
wonky (ˈwɔŋki) *adj sl* **1** traballante. **2** incostante.
wood (wud) *n* **1** (material) legno *m.* **2** bosco *m.* **woodcock** *n* beccaccia *f.* **wooden** *adj* di legno. **woodland** *n* terreno boscoso *m.* **woodpecker** *n* picchio *m.* **woodpigeon** *n* colombo selvatico *m.* **woodwind** *n* strumenti a fiato *m pl.* **woodwork** *n* lavoro in legno *m.* **woodworm** *n* tarlo *m.*
wool (wul) *n* lana *f.* **woollen** *adj* di lana *f.* **woolly** *adj* **1** lanoso. **2** confuso.
word (wə:d) *n* **1** parola *f.* vocabolo *m.* **2** promessa *f.*
wore (wɔ:) *v* see **wear.**
work (wɔ:k) *n* **1** lavoro *m.* **2** daffare *m. vi* lavorare. *vt* far funzionare. **working** *adj* **1** che lavora. **2** che funziona. **working class** *n* classe operaia *f.* **workman** *n* operaio *m.* **workmanship** *n* abilità, esecuzione *f.* **workshop** *n* officina *f.*
world (wə:ld) *n* mondo *m.* **worldly** *adj* mondano. **worldwide** *adj* in tutto il mondo.
worm (wə:m) *n* verme *m.*
wormwood (ˈwə:mwud) *n* assenzio *m.*
worn (wɔ:n) *v* see **wear.**
worry (ˈwʌri) *n* preoccupazione *f.* tormento *m vt* **1** preoccupare. **2** tormentare. *vi* preoccuparsi.
worse (ˈwə:s) *adj* peggiore, peggio. *adv,n* peggio *m.* **worse and worse** sempre peggio **worsen** *vt* peggiorare, aggravare. *vi* peggiorare, aggravarsi.
worship (ˈwə:ʃip) *n* adorazione *f.* **His** *or* **Your Worship** Signor Giudice, Signor Sindaco. ~*vt* adorare.
worst (wə:st) *adj* peggiore. *adv* peggio.
worth (wə:θ) *n* valore, merito *m. adj* **1** degno di. **2** del valore di. **3** che merita. **be worth** valere. **worthwhile** *adj* che vale la pena. **worthy** *adj* degno.
would (wəd; *stressed* wud) *v* see **will**¹.
wound¹ (wu:nd) *n* ferita *f. vt* ferire, offendere.
wound² (waund) *v* see **wind**².
wove (wouv) *v* see **weave.**
woven (ˈwouvn̩) *v* see **weave.**
wrangle (ˈræŋgəl) *vi* discutere. *n* rissa *f.* alterco *m.*
wrap (ræp) *vt* **1** avvolgere. **2** incartare.
wreath (ri:θ) *n* ghirlanda, corona di fiori *f.*
wreathe (ri:ð) *vt* inghirlandare.
wreck (rek) *n* **1** naufragio *m.* **2** rovina *f.* **3** nave che ha fatto naufragio *f. vt* distruggere. **wreckage** *n* relitti rottami *m pl.*
wren (ren) *n* scricciolo *m.*
wrench (rentʃ) *vt* storcere. *n* storta *f.* strappo *m. vt* storcere.
wrestle (ˈresəl) *vi* lottare. **wrestling** *n* lotta *f.*
wretch (retʃ) *n* disgraziato *m.* **wretched** *adj* sfortunato, miserabile.
wriggle (ˈrigəl) *vi* contorcersi, dimenarsi.
wring* (riŋ) *vt* torcere, stringere, strizzare.
wrinkle (ˈriŋkəl) *n* ruga, crespa *f. vt* aggrinzire, corrugare. *vi* corrugarsi.
wrist (rist) *n* polso *m.*
writ (rit) *n* decreto, ordine *m.*
write* (rait) *vt,vi* scrivere. **writer** *n* scrivente *m,f.* **writing paper** *n* carta da lettere *f.*
writhe (raið) *vi* contorcersi.
wrong (rɔŋ) *adj* **1** sbagliato. **2** ingiusto. **be wrong** avere torto. ~*n* **1** torto *m.* **2** ingiustizia *f. adv* **1** erroneamente. **2** male.
wrote (rout) *v* see **write.**
wrought iron (rɔ:t) *n* ferro battuto *m.*
wrung (rʌŋ) *v* see **wring.**
wry (rai) *adj* ironico.

X

xenophobia (zenə'foubiə) *n* xenofobia *f.*
X-ray *n* radiografia *f.* *vt* radiografare
xylophone ('zailəfoun) *n* silofono *m*

Y

yacht (jɔt) *n* panfilo, yacht *m* **yachtsman** *n* **1** proprietario di panfilo *m.* **2** chi pratica la navigazione su yacht, velista *m.*
yank (jæŋk) *vt* tirare con violenza *n* strattone, strappo *m*
yap (jæp) *vi* guaire, abbaiare.
yard[1] (jɑ:d) *n* (measurement) iarda *f.* **yardstick** *n* pietra di paragone *f*
yard[2] (jɑ:d) *n* cortile, recinto *m.*
yarn (jɑ:n) *n* **1** filato *m.* **2** *inf* filastrocca, storia *f*
yawn (jɔ:n) *vi* sbadigliare. *n* sbadiglio *m.*
year (jiə) *n* anno *m* annata *f.* **yearly** *adj* annuale. *adv* annualmente.
yearn (jə:n) *vi* desiderare intensamente
yeast (ji:st) *n* lievito *m.*
yell (jel) *n* urlo, strillo *m.* *vi* urlare.
yellow ('jelou) *adj,n* giallo *m.*
yelp (jelp) *vi* guaire *n* guaito *m.*
yes (jes) *adv* sì
yesterday ('jestədi) *adv* ieri.
yet (jet) *adv* **1** ancora **2** ma *conj* ma, tuttavia
yew (ju:) *n* tasso *m.*
Yiddish ('jidiʃ) *adj,n* yiddish *m.*
yield (ji:ld) *vt* produrre. *vi* cedere *n* raccolto *m.*
yodel ('joudl) *vi* cantare alla tirolese
yoga ('jougə) *n* yoga *m.*
yoghurt ('jɔgət) *n* yogurt *m.*
yoke (jouk) *n* giogo *m*
yolk (jouk) *n* torlo d'uovo *m.*
yonder ('jɔndə) *adj* quello. *adv* laggiù
you (ju:) *pron 2nd pers s* **1** *fam* tu, ti, te *m,f* **2** *fml* Lei *m.* Ella *f* **3** *pl fam* voi, vi, ve *m,f.* **4** *fml pl* Loro *m,f*
young (jʌŋ) *adj* giovane **youngster** *n* ragazzo *m.*
your (jɔ:, juə) *poss adj 2nd pers s* **1** *fam* (il) tuo, (la) tua, (i) tuoi, (le) tue **2** *fml* (il) suo, (la) sua, (i) suoi, (le) sue **3** *pl fam* (il) vostro, (la) vostra, (i) vostri, (le) vostre **4** *pl fml* (il, la, i, or le) loro *invar* **yourself** *pron 2nd pers s* **1** *fam* tu stesso **2** *fam* ti, te **3** *fml* Lei stesso **4** *pl fam* voi stessi. **5** *pl fam* vi. **6** *pl fml* Loro stessi
yours (jɔ:z, juəz) *poss pron 2nd pers s* **1** *fam* il tuo, la tua, i tuoi, le tue. **2** *fml* il suo, la sua, i suoi, le sue **3** *pl fam* il vostro, la vostra, i vostri, le vostre **4** *pl fml* il, la, i, *or* le loro
youth (ju:θ) *n* **1** giovinezza, gioventù *f* **2** giovane *m* **youth hostel** *n* albergo della gioventù *m*
Yugoslavia (ju:gou'slɑ:viə) *n* Iugoslavia *f* **Yugoslav** *adj,n* Iugoslavo

Z

zeal (zi:l) *n* zelo *m* **zealous** *adj* premuroso.
zebra ('zebrə) *n* zebra *f* **zebra crossing** *n* passaggio pedonale *m*
zero ('ziərou) *n,pl* **-ros** *or* **-roes** zero *m.*
zest (zest) *n* **1** gusto *m* **2** sapore *m*
zigzag ('zigzæg) *n* zigzag *m invar.* *vi* andare a zig-zag.
zinc (ziŋk) *n* zinco *m*
Zionism ('zaiənizəm) *n* sionismo *m.* **Zionist** *adj,n* sionista
zip (zip) *n* chiusura lampo *f*
zither ('ziðə) *n* cetra *f*
zodiac ('zoudiæk) *n* zodiaco *m.*
zone (zoun) *n* zona *f*
zoo (zu:) *n* zoo *m*
zoology (zou'ɔlədʒi) *n* zoologia *f* **zoological** *adj* zoologico **zoologist** *n* zoologo *m*
zoom (zu:m) *vi* **1** ronzare, rombare **2** zumare